年谱丛刊

文徵明年谱

上

周道振
张月尊
著

中华书局

图书在版编目(CIP)数据

文徵明年谱/周道振,张月尊著. —北京:中华书局,2020.11
(年谱丛刊)
ISBN 978-7-101-14733-9

Ⅰ.文… Ⅱ.①周…②张… Ⅲ.文徵明(1470~1559)-年谱
Ⅳ.K825.72

中国版本图书馆 CIP 数据核字(2020)第 169419 号

书　　名	文徵明年谱(全二册)	
著　　者	周道振　张月尊	
丛 书 名	年谱丛刊	
责任编辑	胡　珂	
出版发行	中华书局	
	(北京市丰台区太平桥西里 38 号　100073)	
	http://www.zhbc.com.cn	
	E-mail:zhbc@zhbc.com.cn	
印　　刷	北京瑞古冠中印刷厂	
版　　次	2020 年 11 月北京第 1 版	
	2020 年 11 月北京第 1 次印刷	
规　　格	开本/850×1168 毫米　1/32	
	印张 30　插页 4　字数 700 千字	
印　　数	1-2000 册	
国际书号	ISBN 978-7-101-14733-9	
定　　价	110.00 元	

《文徵明年谱》出版说明

本书是一部详细记述明代著名书画家、文学家文徵明（1470—1559）生平与作品的年谱著作。作者无锡周道振先生（1917—2007），自幼仰慕文徵明志行书法，20世纪30年代起立志编纂文徵明年谱，遂致力于搜罗寻访相关资料，至50年代撰成初稿，此后又不断增删修订，四十馀年间六易其稿，期间由顾廷龙先生作序，直到1995年写定。

周道振先生《文徵明年谱》于1998年由百家出版社首次出版，并与已故夫人张月尊共同署名。本书按年、月一一载录文徵明的生平事迹、人际交往、书画作品等，其交往亲友能考证事行者，亦附于谱中，以便读者翻阅。本书首次出版距今二十馀年，仍不失为一种具有参考价值的文徵明年谱作品。

中华书局本次出版《文徵明年谱》，以百家出版社1998年版为基础进行修订。原版据手稿排印，存在不少鲁鱼亥豕之误，本次尽可能予以订正。由于本书撰写时代较早，体例方面有与现代学术规范相出入者，如引用文献时，并非直接引用，常有撮述改写；书后所附引证文献著录格式与现在通行规范不同，等等。本次再版《文徵明年谱》，保持原书撰写风格，核对引文之后，只纠正明显的疏误，不以今日学术规范强作要求。本书可能仍存在一些疏漏，敬请广大读者指正。

中华书局编辑部

2020年8月

目　录

上　册

卷　八

文衡山先生年谱序

一九五三年之春，武进张学曾君来合众图书馆，将其先德季惕先生惟襄遗稿见赠。张君习电机工程，而克承家学者，尝称其友周君道振致力于文衡山先生年谱之纂辑，欲来馆观书，搜集有关文氏资料。一日，张君介周君过访，果恂恂儒雅，相谈甚契。余乐助其搜采，自合众改历史文献图书馆，以至统一于上海图书馆，阅览无稍间。十年动乱，音信遂杳。其年，周君忽至，一别十馀年矣。言念往事，如同隔世。我馆同志佩君勤奋不怠，尽出所藏畀其纵览。今者年谱写定，已不止三易其稿矣。行将问世，属为一言。

余维年谱之作，或出于后学之景仰前贤，或出于子孙之追念先辈。夫前贤之足使后学仰慕者，尤必有其特立独行之操，历百世而尊崇不替者。道振秉承家学，自幼即敬仰衡山之品德高尚，博学多艺。昔姚涞《送文衡山南归序》有云："先生明经术以为根本，采诗赋以为英华，秉道谊以为坛宇，立风节以为藩垣。盖尝闻之：却吏民之赙，以崇孝也；麾宁藩之聘，以保忠也；绝猗顿之游，以励廉也；谢金张之馈，以敦介也；不慑于台鼎之议，以遂其刚毅也；不溺于辐凑之招，以植其坚贞也。此数者，足以当君子之论，而先生未始以为异也。"同辈之评价，皆亲见亲闻之事实，诚足以赅衡山之平生，亦所以为后生之楷模，岂偶然哉！道振穷年累月，访其遗著，求其逸事。凡石刻拓本，书画真迹,力所及者,收蓄一二。积累既富,先成《文徵明资料》若干卷,年谱其一也。

窃谓年谱之作,难于资料之搜集。凡谱主年寿高者,功业盛者,著述富者,艺事丰者,均必点滴积累而成,非一蹴即就之业。勤采博访,偶遇一事,如获至宝,亟以入谱,深恐一纵即逝。在同好者见之,自能称赏;在不事考证者见之,往往以为繁琐,此乃见仁见智之异也。

曩余撰《吴愙斋先生年谱》,多蒙老辈之指导,师友之瓻借。上距愙斋之去世,不过二十馀年。当时其高弟尚健在,嗣孙又能传家学者,亲友中亦多珍藏其遗墨,清代军机处档案亦允抄撮。搜集遗事,各方资助,尚不甚难。忽忽五十馀年,迭经沧桑,藏家零落,遗物星散;若至今日而始为之,则甚难矣。然道振追寻五百年前之风流遗韵,揖让于古君子之间,虽遭横逆,锲而不舍,失者重行访求,孜孜兀兀,卒抵于成。其艰辛甚于余者,不啻倍蓰。

今幸日月重光,躬逢盛世。又皆能安心笔札,重理旧业。余以垂暮之年,得先快睹,忘其耄荒,而乐为之叙。

一九八八年三月,顾廷龙于北京之北苑,时年八十有五。

凡　例

（一）本编记谱主家世事行。诗文（已校辑为《文徵明集》，上海古籍出版社，1987 年）、书画（已另编为《文徵明书画简表》，人民美术出版社，1985 年）择其关涉人事踪迹者。若交游而岁月可考者，酌举题目，间有摘句。

（二）谱主本集刊本，或结集颇早（如《甫田集》四卷本，书内简称《集四卷本》），或钞本颇有缺佚（如文嘉钞本《甫田集》，书内简称《文嘉钞本》），篇幅最多者（如《甫田集》三十五卷本，书内简称《集三十五卷本》），收录亦多未尽。今所编纂，源于上述三书外，每自集外诗文、书画著录或传世墨迹为耳目所及者，虽钩稽不厌其详，深恐挂漏犹多。

（三）谱主宦历甚浅，而词翰为东南重望。师友及从学之人，又多一时名流。追随过从之迹，据书画题跋、诗文酬和及诸家文集、杂记可考者，并以入谱。谱中略具生平行迹，其交谊深切者，录其生卒岁月，则平生相与之人，年齿高下，辈行先后，粗可循省。

（四）谱文稍简，语必证实。逐条分注，具详出处，或酌引原文。编者间有考正，识以"按"字。

（五）谱主书画，流传至夥，当有出于伪托者。今据书画著录及传世墨迹等入谱之事行，其原迹真伪，既难尽信；即所摭记，遇而存之，或未尽谛。

（六）谱主早年原名从"土"之"壁"（四十二岁起改名"徵明"，详本谱四十二岁条），所引诸书刻本，间有作从"玉"之"璧"者，本编径予改正。

一九八七年国庆节，编者识。

卷 一

文氏姬姓，裔出西汉成都守翁，始著姓于蜀。后唐庄宗帐前指使轻车都尉时，自成都徙庐陵。传十一世至宋宣教郎宝，实与宋丞相天祥同所出。宝官衡州教授，子孙因家衡山。至镇远大将军俊卿，仕元为湖广管军都元帅，佩金虎符，镇武昌；入明，授衡州千户。俊卿生六子：长子定开，从明太祖朱元璋平汉（张献忠）有功，授飞骑都尉荆州左护卫，赐名添龙；次定聪，以武臣子入侍，署散骑舍人，为都指挥蔡本赘婿，从蔡徙杭。定聪生四子，其仲子惠，为苏之张声远婿，因留居苏，为长洲人。

《集三十五卷本》卷二十六《先叔父中宪大夫都察院右佥都御史文公行状》：文氏姬姓，裔出西汉成都守翁，始著姓于蜀。后唐庄宗帐前指使轻车都尉讳时者，自成都徙庐陵。传十一世，至宋宣教郎宝，实与丞相天祥同所出。宝官衡州教授，子孙因家衡山。至镇远府君俊卿，仕元季为湖广管军都元帅，佩金虎符，镇武昌。生六子：长定开，入国朝为荆州左护卫千户，赐名添龙；次定聪，侍高皇帝为散骑舍人。后赘为都指挥蔡本婿，从蔡徙苏州，遂占籍为苏之长洲人。

《集三十五卷本》附文嘉《先君行略》：元有讳俊卿者，生六子：长定开，从高皇帝平伪汉，赐名添龙，以功授荆州左护卫千户；次定聪，侍高皇帝为散骑舍人，赘浙江都指挥蔡本婿。定聪生惠。自杭来苏，婿于张声远氏，遂为苏之长洲人。

《文氏族谱续集·衡山世系表》：五世：俊卿，一名寿孙，元镇远大将军，湖广管军都元帅，佩金虎符，镇武昌。明兴，授衡州千户。寻坐事，卒于长沙铁佛寺前。娶脱氏，继娶欧阳氏。六世：定聪，杭、苏之祖，号逸斋，散骑舍人。娶蔡。

《文氏族谱续集·苏州世系表》：散骑府君定聪娶都指挥蔡本女，从蔡徙苏，复随蔡徙杭。子四人：懋、惠、恕、愈。懋、恕、愈俱居杭州，子孙遂为杭人。存心府君惠，少侍散骑至苏，赘于苏张声远氏，因留居吴门，占籍长洲，是为苏州一支。

按：文氏庐陵世系，列表如下：

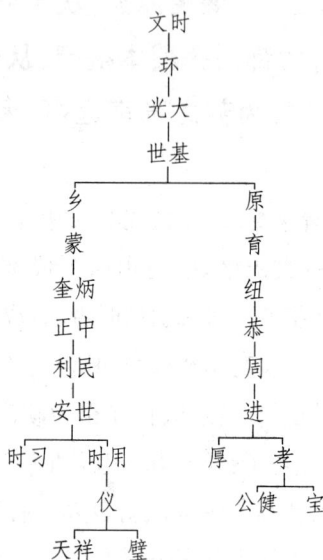

```
              文时
               |
               环
               |
              光大
               |
              世基
       ┌───────┴───────┐
       乡蒙            原育
       奎炳            纽恭
       正中            周进
       利民           ┌─┴─┐
       安世           厚   孝
     ┌──┴──┐        公健  宝
    时习  时用
         仪
       ┌─┴─┐
      天祥  璧
```

又衡山世系，列表如下：

```
文宝—翔彪—大——敏贵—受卿
                —祐卿
                —受六郎
                —瑞卿
                —俊卿—定开
                      —定英
                      —定聪——懋
                      —定源——惠—
                      —定清——恕
                      —定伟——愈
```

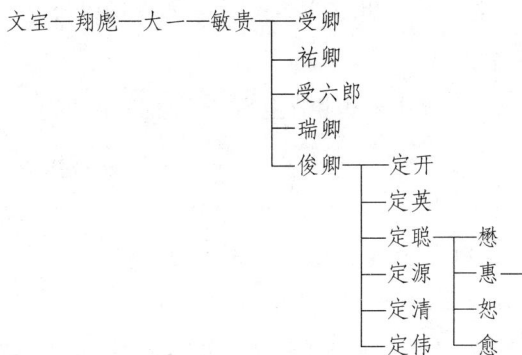

惠字孟仁，号存心老人，始读书，教授乡里。

《文氏族谱续集·苏州世系表》：惠字孟仁，号存心老人。

《集三十五卷本》卷三十《亡兄双湖府君墓志铭》：高祖而上，世以武胄相承。至曾大父存心府君讳惠，始业儒，教授里中。

惠生洪，字功大，一字公大，号希素，成化乙酉举人。

《文氏族谱续集·苏州世系表》：二世：洪字功大，号希素，成化乙酉举人，涞水县学教谕。子三：林、森、彬。

《文氏族谱续集·历世科目志·举人》：成化乙酉科：文洪，字功大，一字公大，涞水县学教谕。

《集三十五卷本》附文嘉《先君行略》：惠生洪，字公大，始以儒学起家，中成化乙酉科举人，仕为涞水县学教谕。

正德本《姑苏志》卷五十二《人物·名臣》：文洪，字公大。先出湖广武胄，父始占籍长洲。洪乃弃武就学，苦志刻力，无间昼夜。治《易》，邃甚。时从游者往往得高第，洪屡举屡北。后子林领乡荐，与洪偕会试，林遂中进士，洪在副榜，授涞水教谕。人皆羡林之捷，而悯洪之迟也。三载，致仕归，卒。洪尝求葬地,术者指一旧冢曰:"得此必世贵。"其家亦愿迁以售之,洪斥不用,人尤多之。

《冯元成集》卷五十五《明故卫辉府同知进阶朝列大夫端靖先生湘南文公(元发)墓志铭》:散骑次子存心公婿苏州张氏,苏有文,始存心也。自散骑前,世著武节,至存心独身事贾,而命子儒。其子洪遂登成化乙酉乡书,教谕涞水,名涞水公。涞水有隐德,以子贵,累赠太仆少卿。

《静志居诗话·文洪》:长洲文氏,世载其德,希素先生实始之。句如:"野猿窥落果,林蝶恋残花。""自得翻书趣,浑忘对客言。"饶有恬淡之致。传之交木、甫田,高曾之规矩不改也。

《明诗纪事》丙签卷四《文洪》:涞水以名德重,不以诗见长。自叙其诗云:"如春山早莺,初出深谷;舌弱语涩,不能成声。"古人之不自矜诩如此。

洪生三子。长温州知府林,字宗儒,号交木。次右佥都御史森,字宗严。次县学生彬,字宗质,以年资贡礼部,未仕而卒。女一,玉清,为县学生俞揖之配。

《文氏族谱续集·历世生卒配葬志》:二世:涞水府君洪,存心长子。妣陈,赠安人,年廿九卒。继顾,敕赠安人,再赠恭人,年卅一卒。又继吕氏,讳妙贞,敕封太安人,再赠恭人,卒弘治癸丑七月十五日,年五十三。子三人:林,陈出;森,顾出;彬,吕出。女一人,玉清,陈出。

张泰《吴中人物志》卷五《宦迹》:文林,字宗儒。其先衡山人,世为武胄。大父从其兄兵中,署散骑舍人来浙江,因家长洲。父洪,乡荐授涞水教谕。林举成化壬辰进士,除永嘉令,有旌能。改知博平,召还,补南京太仆寺丞。太仆政久弛弗振,吏不奉法。林奏按其罪,遂著为令。林尤尽心马事。深究其法,叙古今事宜,论畜牧之计,上《马策》三篇,冀其行。寻移疾归,归凡六年不起。温人以永嘉旧政,请于朝,以为守。林抵庙堂书力辞,不果,遂以单车赴任。至之日,首释系徒千人。郡多盗讼,俗尚鬼,好溺女,悉为科条处分,莫不备善。郡狱屡空。前后所毁淫祠殆尽,作《俗范》训其民。禾生骈穗。凡连上七疏,皆赋役章程不可已之事。一疏以灾异自劾,求退;而论镇守剥民尤切。以疾卒于官。

同治本《温州府志》卷十八《名宦》:文林,字宗儒。衡山人,长洲籍。成化初,授永嘉知县,擢太仆寺丞,升温州知府。平市价,程徭赋,使贪渔断割,群息咸植。……未几卒,箧中无一温物。

《七修类稿·辩证》:苏人文林,弘治间为温州太守。子名徵明,嘉靖间翰林待诏,皆名士也。原籍衡山人,故父子皆写衡山,如韩子昌黎意耳。今人只以父子何为同号?殊不知父自号交木也。

《锡金识小录》:文温州初名梁。弱冠时得云林《秋山雪霁图》,且晚耽玩不释,遂改名林。与兄共创一楼,题曰怀云阁。其向慕如此。

按:此条资料,颇难证实,录附备考。

《集三十五卷本》卷二十六《先叔父中宪大夫都察院右佥都御史文公行状》:公讳森,字宗严。成化丙午中应天乡试。明年丁未,中礼部试,廷试赐同进士出身。弘治四年辛亥,授河间府沧州庆云县知县。庆云地瘠民贫,属岁大旱,上疏乞免田租。户部以抚按无奏,不报。公疏再上,语加切,卒免其半。既而请赈于上官,按籍占数,计口而发,民被实惠。丁吕恭人忧归。服除,改山东兖州府郓城县。郓城地大雄繁,民犷健而喜讦。公至,缚奸人数辈,投成边徼,一时宿蠹为清。县有德王府庄田,岁输子粒至府,府官校每虐苦之。因疏于朝,极言王庄之扰,不报。召拜浙江道监察御史。会吏部缺尚书,大臣有夤缘求进者,公疏力论之。遂下诏狱,笞不问。会疾作,上疏乞告。庚午更化,再起为河南道监察御史,升南京太仆寺少卿。条列古今厩牧之法,与今之利病所宜兴革者,凡所言皆切中当时之弊。以都察院右佥都御史致仕。

《文氏族谱续集·苏州世系表》:三世:彬,字宗质,号贞山,庠生。

文元发《清凉居士自叙》:少卿生三子:长温州府君讳林,居士曾祖也。次中丞府君森,成化丁未进士,仕至都察院右佥都御史。又次贡生府君彬,以年资贡礼部,未仕而卒。

《文氏族谱续集·历世载籍志·附列》:贞山公彬,为文老苍,奇气奕奕。能武,善骑射。

《集三十五卷本》卷三十《俞母文硕人墓志铭》:硕人文氏,讳玉清,先公温州府君女弟,徵明之姑也。归俞氏,为县学生俞济伯之配。

《文温州集》卷九《继母太安人圹志》:太安人姓吕氏……女嫁生员俞揖。

林生三子:长奎,字徵静,以字行,更字静伯;次壁;又次室。

《松筹堂集》卷六《明故中顺大夫温州府知府文公墓志

铭》:子男三人,奎、壁俱县学生,次室尚幼。

《集三十五卷本》卷三十《亡兄双湖府君墓志铭》:府君讳奎,字徵静。后以字行,别字静伯。有田在阳城、沙湖之间,因号双湖居士。府君读书善笔札,聪明强解,达于事理。生平气义自胜,不为贵势诎折。虽素所狎昵,一不当其意,辄面加诋诃,至人不能堪不为止。

《文氏族谱续集·苏州世系表》:四世:室,字逸。子二:八郎、九郎。

按:王鏊《故中宪大夫知温州府事文公继室吴安人墓志铭》云:庶子室。则室庶出,素行不谨,故字亦不载。

壁,字徵明。后以字行,更字徵仲。以先世为衡山县人,故号衡山。

《集三十五卷本》附文嘉《先君行略》:公讳壁,字徵明。后以字行,更字徵仲。以世本衡山人,号衡山居士,学者称为衡山先生云。

《弇州山人续稿》卷一百四十八《吴中往哲像赞》:文衡山先生者,初名壁,字徵明,云故丞相天祥裔也。避其祖壁讳,以字行,更字徵仲。

按:此云天祥之裔及避祖壁讳,尽误,具见前列《文氏世系表》。

《太平清话》:文徵明,始名壁,徵明其字也。后更以为名。昔文文山死宋,而其弟文璧号文溪者附元,公之改名,意或憎此。

《鸥陂渔话》卷一《文衡山旧名》:相传衡山初名"璧",字徵明。因文信国弟璧仕元,不欲与同名,故以字行。然证以其兄名奎，及徵明之字俱与壁宿义近，似以作"壁"为是。……闻郡中某姓藏《文氏族谱》，印君印川昔曾见之，衡山尚有弟名室，是益可证其昆季皆从列宿命名。但考文肇祉为衡山孙，其撰《虎丘志》于《人物》门文温州名下只载二子徵静、徵明。徵静应即奎改名，而独不及室何欤？或云："室素行不谨，故文氏凡著作笔墨，皆削其名，仅载之《族谱》。"是或有之，顾不详其说所本。因忆姜绍书《无声诗史》所记衡山讼系其侄伯仁事，衡山贤者，不应出此，或即室所为而讹传欤？

《金陵琐事》上卷《画谈》：文伯仁幼年，与叔徵仲相讼，因于囹圄，病且亟。夜梦金甲神呼其名云："汝勿深忧。汝前身乃蒋子诚门人，凡画观音大士像，非斋戒不敢动笔。积此虔诚，今生当以画名于世也。"醒来殊觉病顿愈，而事亦解矣。此伯仁亲与余言者。

按：《无声诗史》卷二《文伯仁》所记徵明讼系其侄伯仁事本此。考文伯仁生于弘治十五年（1502），其父徵静卒在嘉靖十五年（1536），时伯仁年已卅馀岁。徵明事兄甚恭，安有讼其侄于兄尚在世时者？亦以不知徵明有庶弟室。伯仁言"与叔相讼"，闻者不知是室耳。

又按：《明史》卷二百八十七《文苑》三《文徵明》传中："初名璧"，"璧"字从"玉"不从"土"。考《明史》此传资料，大率取材于王世贞《文先生传》。因查王世贞《弇州山人四部稿》（万历五年世经堂本）卷八十三《文先生传》原文："文先生者，初名璧"，"璧"字既不从"土"，亦不从"玉"，而以"王"作底。王世贞虽于十九岁时因避倭迁居吴中，屡往谒徵明。时徵明年已七十五岁。世贞于徵明幼年事了解不深，致此传错误之处颇多。

如文林卒时,徵明年已三十岁,而作"年十六,温州公以病报",《明史》亦因之。其后《纪录汇编》于徐祯卿《新倩籍》、阎秀卿《吴郡二科志》、刘凤《续吴先贤赞》于文徵明传中"文璧"皆作"文璧"。往年曾撰《文徵明原名考证》(发表于《书法研究》1982 年第 4 期)以申述之。

又按:徵明初名壁,"壁"字从"土"不从"玉",可于文徵明早年书画中见之。然徵明于行草书"壁"字,每于"辛"字末竖笔带下先写"土"竖笔,而后再写两横。有时于"土"字竖笔时,笔略一顿。或后人误以为是"玉"而作"玉"者以此。

《文氏族谱续集·苏州世系表》列表如下,其徵明一支另详。

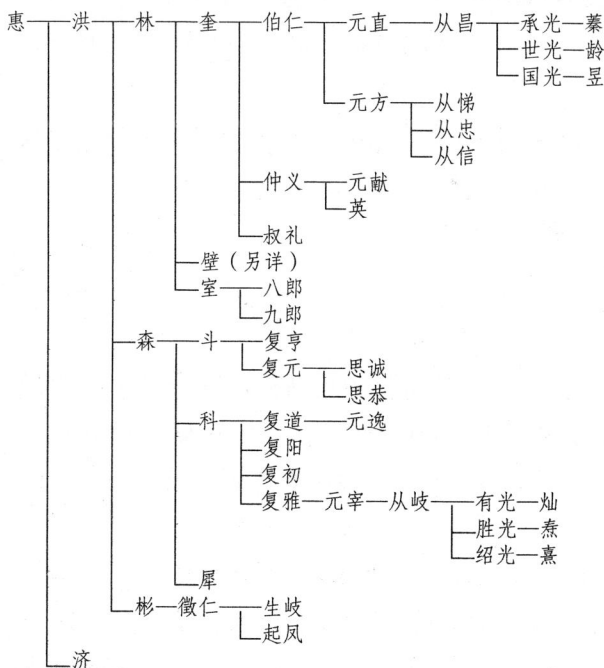

```
惠 ┬ 洪 ┬ 林 ┬ 奎 ┬ 伯仁 ┬ 元直 ─ 从昌 ┬ 承光─蓁
   │     │     │        │             ├ 世光─龄
   │     │     │        │             └ 国光─昱
   │     │     │        └ 元方 ┬ 从悌
   │     │     │               ├ 从忠
   │     │     │               └ 从信
   │     │     ├ 仲义 ┬ 元献
   │     │     │       └ 英
   │     │     ├ 叔礼
   │     │     ├ 璧（另详）
   │     │     └ 室 ┬ 八郎
   │     │          └ 九郎
   │     ├ 森 ┬ 斗 ┬ 复亨
   │     │     │    └ 复元 ┬ 思诚
   │     │     │           └ 思恭
   │     │     ├ 科 ┬ 复道 ─ 元逸
   │     │     │    ├ 复阳
   │     │     │    ├ 复初
   │     │     │    └ 复雅─元宰─从岐 ┬ 有光─灿
   │     │     │                      ├ 胜光─焘
   │     │     │                      └ 绍光─熹
   │     │     └ 犀
   │     └ 彬─徵仁 ┬ 生岐
   │                └ 起凤
   └ 济
```

明宪宗成化六年庚寅（1470）一岁

十一月初六日生。世居苏州府长洲县（今苏州市东北部）德庆桥西北曹家巷。

《泰泉集》卷五十四《将仕郎翰林院待诏衡山文公墓志铭》：夫人昆山吴氏，与公同生于成化庚寅十一月，夫人初一日，而公则初六也。

《文氏族谱续集·历世生卒配葬志》：待诏府君讳徵明，温州次子，生于成化六年庚寅十一月六日。

《锄经书舍零墨》：文徵明先生以庚寅岁生，尝镌一小印曰"惟庚寅吾以降"，盖用《离骚》句也。语极现成，想见前辈运思之妙。

乾隆本《苏州府志》卷二十七《第宅园林》：文温州林宅，在德庆桥西北，中有停云馆。子待诏徵明亦居此。

道光本《苏州府志》卷四十六《第宅园林》：文温州林宅，在三条桥西北曹家巷，中有停云馆。子待诏徵明亦居此，所勒《停云馆帖》十二卷，世甚珍之。

又卷二十九《津梁》：卢提刑桥，即停云桥，在德庆坊。宋卢革任广南提刑，子秉为发运使，奉亲居吴郡，表德庆坊，故又有德庆桥。明待诏文徵明居是里，有馆曰停云。人慕其高风，遂名停云。

按：《文氏族谱续集·历世第宅坊表志》附云："停云桥，在吴县德庆桥西北，待诏公建。"疑文徵明曾修卢提刑桥，人遂名之停云。桥跨吴县长洲界河，故曰在吴县。

民国本《吴县志》卷二十五《桥梁》：卢提刑桥、德庆桥、崇利桥（在安民桥北）与上二桥连，俗称三条桥。

又按：《集三十五卷本》卷二十二《跋吴中三大老诗石刻》："卢革字仲辛，本德清人。庆历进士乙科。历官知广南提点刑狱、光禄卿。致仕后，迁通议大夫，退居吴中。今吾家所居，相传为公故址，旁有卢提刑桥尚存。"徵明所居，应在今苏州市曹家巷。

《文温州集》卷一《还家十韵》：中外驱驰二十年，暂依桑梓息尘缘。岂无薄禄总非计，幸已还家莫问田。岁久先庐从敝甚，水边乔木故依然。过从喜有贫亲戚，检理犹存旧简编。千载秋风三径菊，一篙春水五湖船。饭抄云子长腰米，羹煮银丝缩项鳊。绕屋溪声林下乐，满窗花影日高眠。晚于世味骎骎淡，静觉闲居事事贤。作计已逃多辱外，收功能及未衰前。只应今夜西斋梦，不到红云北斗边。

按：据文林此诗，知所居乃其父文洪旧居，亦即其祖惠故宅。停云馆乃文林于官南太仆寺寺丞移病归后所筑。林弟森所居，道光本《苏州府志》卷四十六《第宅园林》云："文都宪森宅，在德庆桥南。"《文氏族谱续集·历世第宅坊表志》所记同。

又按：徵明兄徵静所居，《苏州府志》《长洲县志》《文氏族谱续集》均无记载。但必与徵明所居邻近。《集四卷本》卷二《以可饷蟹，书至而蟹不达，戏谢此诗》有云："应是吾侬近来俗，故教风味属邻墙。"又《明日见家兄，乃知误送其家。且笑云："若非误送，安得此诗。"因此意再赋长句》有云："吾家长公真善谑，径取雪螯点新酒。自云此物有佳处，但吃何须问谁某。岂知隔屋有馋夫，竟负持螯夜来手。"《续名贤小纪》云："文先生徵明字徵仲。……家居笃修内行,克恭厥兄。构屋数间,阁阁成矣。兄宣言曰:'胡侵吾宇?宜正疆焉!'一闻命,立召梓人斩其楹。夙兴,袒而谢。"

《文氏族谱续集·历世第宅坊表志》:待诏公停云馆,三楹。前一壁山,大梧一枝,后竹百馀竿。悟言室在馆之中。中有玉兰堂、玉磬山房、歌斯楼。

《太平清话》:文氏停云馆,乃温州公当时所成并署题。衡山则玉磬山房,庭内有双桐覆之。

又文衡山先生停云馆,闻者以为清閟。及见,不甚宽敞。先生亦每笑谓人曰:"吾斋馆楼阁,无力营构,皆从图书上起造耳。"

《南濠楛语》卷六《品画》:倪云林现居曰安处斋,杨铁崖所居曰七客寮,文待诏曰吉祥庵,休承曰萧闲斋,德承曰冰香室。

按:徵明《吉祥庵图》题识云:"徵明舍西有吉祥庵,往岁尝与亡友刘协中访僧权鹤峰过之。……抵今正德庚辰,又二十年矣。庵既毁于火,而权师化去又数年。"又《明良记》云:"善权居吉祥庵。一夕,被火,衣钵悉无顾,但从烈焰中持吴文定公所赠篇章,惊迸而出。"是吉祥庵非徵明所居也。

《沙河逸老小稿·吴趋杂咏》:中吴翰墨数停云,儒雅风流总轶群。留得芳兰旧池馆,欲携小象妙香熏。(予家有衡山先生小像)。

《吴趋访古录·停云馆,用文待诏韵。在德庆桥西北,明温州守文林宅。子徵明,勒〈停云馆帖〉十二卷》:宦越归来寄此身,幽居不羡五侯宾。溪山况有琴樽伴,翰墨能回天地春。尽许烟峦开别墅,好凭风月老诗人。法书合署《停云馆》,金薤琳琅未算贫。

《骨董琐记》:苏州城隍庙,相传周瑜宅。雍熙寺,顾雍宅。宝光寺,陆绩宅。狮林寺,倪云林别墅。准提庵,唐伯虎梦墨亭旧址。云锦公所,祝枝山读书处。七襄公所,文徵明停云馆旧址。

按:《文氏族谱续集·历世第宅坊表志》:"文阁学震孟宅,在宝林寺东北。有世纶堂,前为药圃。叠山凿池,构石经堂、青瑶屿。林木交映,为西城最胜。"震孟宅于清末民初为七襄公所,非停云馆旧址。

祖父洪,四十五岁。

《文氏族谱续集·历世生卒配葬志》:涞水府君洪,生于宣德元年丙午。

父林,二十六岁。

母祁守端,二十六岁,成化二年,年二十二岁时结缡。

《文氏族谱续集·历世生卒配葬志》:温州府君讳林,生于正统十年乙丑十月十八日。姒祁氏,讳守端,敕赠安人,生于正统十年乙丑。

《怀麓堂集》文卷二十六《文永嘉妻祁氏墓志铭》:成化丁酉秋九月,文君宗儒使自永嘉,缄书状各一道抵予……其状略曰:"吾妻姓祁氏,讳慎宁,吾乡祁彦和甫之女。年十九,始受聘。比归,二十有二。"

按:《文氏族谱续集》祁氏名守端,而《墓志》作慎宁。必有据。徵明《故严府君妻祁氏墓志铭》云:"硕人祁氏,讳守清。"皆以"守"字排行,殆二名。

《文温州集》卷九《怡闲翁墓志铭》:翁祁姓,长洲人也。讳旭,字彦和。生而爽朗,有口辩。身干魁梧,不为时俗态,且畏世利纷哗,故自号曰怡闲。……配徐氏。子男一人,即春。女三人,柯贤、严诚、文林其婿也。翁女以柔则为文氏妇十年,先翁卒。

按:《陶风楼藏书画目》二《明祁守端女史花卉轴》:纸本,设色。款"成化丁亥清和月写于永嘉令署之吟月弄书楼,吴郡祁守端制。"考丁亥为成化二年,文林犹未出仕。又1956年上海书画会主办宋、元、明、清书画展览会有着色双钩竹一轴,绢本,楷书题:"一夜喧春雨,修篁绿满阑。惊雷看起箨,计日渐成竿。虚节干云上,清影匝地寒。绕庭闲觅句,写出碧琅玕。成化十年春正月起蛰日,祁守端写并句。"下有"文进士妻""祁守端印"两方印。钱戴题云:"明文温州名林,安人祁氏,名守端。工诗善画。沈石田所称今之管夫人也,惜年不永。"钱题所云,不详语所自出。祁夫人工诗善画,他无所征。

叔父森,七岁;彬,三岁。

《文氏族谱续集·历世生卒配葬志》:中丞公森,生于天顺八年甲申。贞山公彬,生成化四年戊子五月廿二日。

兄奎,二岁。

《集三十五卷本》卷三十《亡兄双湖府君墓志铭》:府君讳奎,字徵静。后以字行,别字静伯。生成化己丑七月廿八日。

妻吴氏,一岁。是年十一月初一日生。

《文氏族谱续集·历世生卒配葬志》:待诏府君讳徵明……妣吴氏,敕赠孺人,生于成化六年庚寅十一月初十日。

按:《泰泉集·衡山文公墓志铭》吴氏生于十一月初一日,与《族谱》异。兹从《墓志》。

岳父吴愈,二十八岁。

《集三十五卷本》卷三十《明故嘉议大夫河南布政司右参政吴公墓志铭》:公生正统癸亥八月一日。

沈周,四十四岁。

《集三十五卷本》卷二十五《沈先生行状》:正德四年己巳,先生年八十有三。八月二日卒于正寝。据此,沈周应生于明宣宗宣德二年。

李应祯,四十岁。

《文温州集》卷九《南京太仆少卿李公墓志铭》:公以宣德辛亥八月二十一日生于南京。

史鉴,三十七岁。

《匏翁家藏集》卷七十四《隐士史明古墓表》:又二旬而疾作,家人进药,俾持去,曰:"吾治棺待尽久矣,且吾年六十三,又夭耶?"竟卒,弘治丙辰六月甲子也。据此,史鉴应生于宣德九年甲寅。

吴宽,三十六岁。

《吴都文粹续集》卷四十一李东阳《明故资善大夫礼部尚书兼翰林学士掌詹事府事加赠太子太保谥文定吴公墓志铭》:生宣德乙卯十二月丙寅。

庄昶,三十四岁。

《历代名人年谱》:明英宗正统二年,庄定山昶生。

朱存理,二十七岁。

《集三十五卷本》卷二十九《朱性甫先生墓志铭》:性甫死时,为正德癸酉七月廿又五日,享年七十。据此,朱存理应生于英宗正统九年甲子。

李东阳，二十四岁。

《疑年录》：李宾之东阳，生正统十二年丁卯。

王鏊，二十一岁。

《吴都文粹续集》卷四十一邵宝《大明故光禄大夫柱国少傅兼太子太傅户部尚书武英殿大学士致仕赠太傅谥文恪王公墓志铭》：嘉靖三年三月十一日，少傅王公卒于吴城里第。其生景泰七年八月十七日，寿七十五。

《历代名人年谱》：景帝景泰元年庚午，王文恪济之鏊生。

按：景泰元年至嘉靖三年卒为七十五岁。《吴都文粹续集》景泰七年应是元年之误。

沈云鸿，二十一岁。

《集三十五卷本》卷二十九《沈维时墓志铭》：君生景泰庚午八月一日。

林俊，二十岁。

乾隆本《兴化府莆田县志》卷十七《名臣传·林俊》：丁亥（嘉靖）疾且革，命子达草疏……享年七十有六。据此，林俊应生于景泰二年辛未。

李瀛，十六岁。

《集三十五卷本》卷三十《李宗渊先生墓志铭》：君生景泰六年乙亥六月四日。

杨循吉，十三岁。

《吴都文粹续集》卷四十三《明礼曹郎杨君自撰生圹碑》于碑文后识云：公生天顺戊寅十一月五日。

《历代名人年谱》：景泰七年丙子，杨君谦循吉生。

按：《吴郡名贤图传赞》卷六《杨主政》云："弘治初奏乞改

教,不许。遂请致仕归,年才三十有一。"如以《历代名人年谱》景泰七年生,至弘治元年应年三十三岁。以《吴都文粹续集》天顺戊寅生,本年十三岁,至弘治元年为三十一岁。

都穆,十二岁。

《吴都文粹续集》卷四十三胡缵宗《明中宪大夫太仆寺少卿致仕都公墓志铭》:年六十有七卒,实嘉靖乙酉九月二十二日。据此,都穆应生于英宗天顺三年乙卯。

祝允明,十一岁。

《雅宜山人集》卷十《明故承直郎应天府通判祝公行状》:其生为天顺庚辰十二月六日。

陈鑰,七岁。

《集三十五卷本》卷二十九《陈以可墓志铭》:以正德十一年九月癸酉卒于姚城,年五十有三。据此,陈鑰应生于英宗天顺八年甲申。

吴爟,五岁。

《雅宜山人集》卷十《太学生吴君墓志铭》:其生为成化丙戌十月九日。

刘嘉绪,三岁。

袁袠《唐伯虎集》卷下《刘秀才墓志》:列岁二十有四,以弘治四年某月日卒于皋桥故居。据此,刘嘉绪应生于成化四年戊子。

许陛,二岁。

《息园存稿》文五《摄泉隐君许彦明墓志铭》:丙申(嘉靖)六月疽发于背……是月二十二日竟卒,得年六十有八。据此,许陛应生于成化五年己丑。

陈沂，二岁。

《凭几续集》二《明故山西行太仆寺卿石亭陈先生墓志铭》：以成化己丑七月二日生。

彭昉，一岁。是年正月三日生。

《集三十五卷本》卷三十《彭寅甫墓志铭》：君生成化庚寅正月三日。

唐寅，一岁。是年二月四日生。

《怀星堂集》卷十七《唐子畏墓志并铭》：母丘氏，以成化六年二月初四日生子畏。

夏㫤卒，年八十三岁。

《历代名人年谱》：宪宗成化六年庚寅，夏仲昭卒于六月，年八十三岁。

《吴郡名贤图传赞》卷四《夏太常》：公姓夏，字仲昭。昆山人。永乐十三年进士。文皇帝课书学，独赏公书。官至太常少卿，画竹石名擅一时。

成化七年辛卯（1471）二岁

方太古生。

《疑年录汇编》：方元素太古生成化七年辛卯。

成化八年壬辰（1472）三岁

父林举吴宽榜进士，除永嘉县令。携家赴任。沈周、吴宽、李东阳、张泰等有赠行诗。周字启南，号石田，长洲相城人。祖、父皆以高隐称。自少笃学，行履高洁。诗文书画并为世所重。宽字原博，号匏庵，亦长洲人。本年会试、廷试皆第一。言词雅淳，文翰清妙，成、弘间以文章德行负天下重望三十馀年。东阳字宾之，号西涯，茶陵人。天顺八年进士，仕至吏部尚书，华盖殿大学士。立朝五十年，清节不渝。泰字亨父，太仓人。与东阳同榜进士，仕至修撰。恬淡自守，工诗。

光绪本《苏州府志》卷六十《选举·进士》：成化八年壬辰吴宽榜　长洲文林。

《松筹堂集》卷六《明故中顺大夫温州府知府文公墓志铭》：公举成化壬辰进士，官保尹公典铨，除令数人，独以公为永嘉，曰："此我所知，能治繁者也。"

《怀麓堂集》文卷二十六《文永嘉妻祁氏墓志铭》：及举进士，从上京师。或诮其服食太朴者，则曰："吾儒家妇也，固当尔。且仕固亦以荣其家，然鲜不以妻子之欲为身累，累其身以及其家，如亲何？吾为妇无他能，能不以口体累丈夫耳。"已而从官永嘉。

《文温州集》卷一《金华道中风雨忆故妻》：感昔年少壮，挈家来宦游。官卑无馆传，六口聚民舟。时时搁浅滩，乱石雷声俦。到县禄不给，送妻还故州。廿载复经行，白发被满头。清溪不改故，官舸乘中流。怀人渺何许？墓木空山秋。叹息泪盈把，促促生烦忧。

《沈石田先生集·送文宗儒尹永嘉》：载书作县一轻车，任喜南方且近家。山上层城连北斗，海边名郡说东嘉。吏疏牍事常无讼，鸟下公庭早散衙。此去三年成卧治，试看鸂鶒到金沙。

《匏翁家藏集》卷四《送文宗儒知永嘉》：同年出宰联翩去，大邑争夸浙水东。选士初行常法外，期君当在古人中。竹房夜照江心月，柳浪朝翻海面风。此地从来诗景胜，还闻拔擢论民功。

《怀麓堂集》诗卷十一《送文宗儒知永嘉和曹时中主事韵》：永嘉地僻还依海，西到金华路复东。孤刹着山浮水上，暗潮乘夜入城中。分封政合归贤令，述作君兼有古风。已办牛刀供小试，须知不数簿书功。

《吴都文粹续集》卷十二张泰《宗儒有永嘉之行往饯客楼奉赠长句》：此来曾并暮江帆，一官看君再向南。尊酒乾坤怀往路，扁舟吴越谢征骖。月中驯鹤孤标远，天下廉泉此味甘。左掖星郎元近御，东家诗景岂成耽。城楼海色宽秋望，水寺钟声节夜谈。公暇未妨书里醉，道存何惜府中参。幽崖白日群情喜，明府青春百事谙。见说蛟龙能大小，隔年云雨起江潭。

《明史》卷二百九十八《隐逸》：沈周，字启南，长洲人。祖澄，永乐间举人材，不就。所居曰西庄，日置酒款宾，人拟之顾仲瑛。伯父贞吉，父恒吉，并抗隐。构有竹居，兄弟读书其中。工诗善画，臧获亦解文墨。邑人陈孟贤者，陈五经继之子也。周少从之游，得其指授。年十一，游南都，作百韵诗上巡抚侍郎崔恭，面试《凤凰台赋》，援笔立就，恭大嗟异。及长，书无所不览。文摹左氏，诗拟白居易、苏轼、陆游，字仿黄庭坚，并为世所爱重。尤工于画，评者谓为明世第一。郡守欲荐周贤良，周筮《易》得《遁》之九五，遂决意隐遁。所居有水竹亭馆之胜，图书鼎彝充牣错列。四方文士，过从无虚日，风流文彩，照映一时。奉亲至孝，父殁，或劝之仕，对曰："若不知母氏以我为命耶，奈何离膝下！"居恒厌入城市，于郭外置行窝，有事一造之。晚年，匿迹惟恐不深。先后巡按王恕、彭礼咸礼敬之，欲留幕下，并以母老辞。

《明史》卷一百八十四《列传》：吴宽，字原博，长洲人。以文行有声诸生间。成化八年，会试、廷试皆第一，授修撰。……宽行履高洁，不为激矫，而自守以正。于书无不读，诗文有典则，兼工书法。有田数顷，尝以周亲故之贫者。友人贺恩疾，迁至邸，旦夕视之。恩死，为衣素一月。

《姑苏名贤小纪》卷上《吴文定公》：历官宫詹，侍康陵东宫。时侍竖不欲太子近儒臣，数移事间讲读，公即抗疏曰……上嘉纳。公进讲，闲雅详明，意存规讽。至理乱安危邪正之际，未尝不反覆朗诵也。公好古力学，望实郁茂，遭回不进，意泊如也。居翰林时，葺小圃，莳花木，退朝执一卷，日哦其间。客至，分题讽咏，清风穆然，如不知有官者。生平多雅游，而独不交富人。诗文淳美，书肖眉山，至今犹为吴珍。

《明史》卷一百八十一《列传》：李东阳，字宾之，茶陵人。以戍籍居京师。四岁能作径尺书，景帝召试之，甚喜，抱置膝上，赐果钞。后两召讲《尚书》大义，称旨，命入京学。天顺八年，年十八，成进士，选庶吉士，授编修。累迁侍讲学士，充东宫讲官。弘治四年，《宪宗实录》成，由左庶子兼侍讲学士，进太常少卿，兼官如故。五年……礼部右侍郎兼侍读学士，入内阁，专典诰敕。八年以本官直文渊阁，参预机务。久之，进太子少保、礼部尚书兼文渊阁大学士。……后与谢迁、刘健同受顾命。武宗立，屡加少傅兼太子太傅。刘瑾入司礼，东阳与健、迁即日辞位。中旨去健、迁而东阳独留。耻之，再疏恳请，不许。……

瑾既得志，务摧抑缙绅。而焦芳入阁助之虐，老臣忠直士放逐殆尽。……凡瑾所为乱政，东阳弥缝其间，亦多所补救。……刘健、谢迁、刘大夏、杨一清及平江伯陈熊辈几得危祸，皆赖东阳而解。其潜移默夺，保全善类，天下阴受其庇，而气节之士多非之。……为文典雅流丽，朝廷大著作多出其手。工篆隶书，碑版篇翰，流播四裔。奖成后进，推挽才彦，学士大夫出其门者，悉粲然有所成就。……立朝五十年，清节不渝。既罢政居家，请诗文书篆者填塞户限，颇资以给朝夕。

《四友斋丛说》卷八《史》四：刘瑾擅国日，人皆责李文正不去。盖孝宗大渐时，召刘晦庵（健）、李西涯（东阳）、谢木斋（迁）三人至御榻前，同受顾命，亲以少主付之。后瑾事起，晦庵去，木斋继去，使西涯又去，则国家之事，将至于不可言，宁不有负先帝之托耶？则文正义不可去，有万万不得已者。西涯晚年，有人言及此，则痛哭不能已。此一事，顾东江（清）言之。

张昶《吴中人物志》卷七《文苑》：张泰，字亨父，太仓人。由进士授翰林庶吉士，升检讨。用荐，提学河南，以疾辞。升修撰，卒。生而秀异。为人绝去崖岸，静嘿寡言，萧然闲野之适。自以宦居清华，况味有馀。文追古人，诗备诸体。长沙李侍讲东阳序其《沧州集》，而以高太史拟之，为天下惜也。

民国本《太仓州志》卷十八《人物》：张泰，字亨甫。本姓姚，曾祖瑞，代晋陵张某戍太仓卫，遂冒其姓。为人坦易有风度，衣缕萧散，闲静寡言。然嫉恶甚，酒酣岸帻，辄愤然。刘定之深服其文。少与陆钺、陆容齐名，世号"娄东三凤"。

李梦阳生。

《历代名人年谱》：宪宗成化八年壬辰，李空同梦阳生于十二月七日。

钱贵生。

　　《集三十五卷本》卷三十《明故鸿胪寺丞致仕钱君墓志铭》：庚寅（嘉靖）三月四日卒，年五十有九。据此，钱贵应生于本年。

成化九年癸巳（1473）四岁

顾鼎臣生。

　　《明史》卷一百九十三《列传》：顾鼎臣……十九年（嘉靖）十月卒官，年六十八。据此，顾鼎臣生于本年。

四月八日，徐经生。（梧塍徐氏宗谱）

成化十年甲午（1474）五岁

刘麟生。

　　《疑年录汇编》：刘南坦麟生于成化十年甲午。

　　按：《刘清惠公集》末附《部札》云：于嘉靖四十年四月初二日身故，年八十七岁。

成化十一年乙未（1475）六岁

祖父洪以乙榜授易州涞水教谕。

　　《文氏五家集》卷二《涞水文集·游黄金台故址记》：余少读书，见古贤君哲士之遇合，有遗迹在天下，未尝不思得以即其地而慰吾怀也。成化乙未，以乙榜授易州涞水教谕。

钱同爱生。

《集三十五卷本》卷三十三《钱孔周墓志铭》：君生成化乙未某月日。

成化十二年丙申（1476）七岁

生而外椎，本年方能立。

《冯元成集》卷五十《文待诏徵明小传》：公生而外椎，七岁始能立。

五月廿七日，母祁氏卒。先是，父林为迎养计，属妻兄祁春送祁氏及徵明兄弟返里。祁氏勤俭治业，肃家政，林无内顾忧。至是以病卒于家，年三十二岁。李东阳撰墓志铭。春，字元吉，业贾。

《文氏族谱续集·历世生卒配葬志》：温州府君……妣祁氏，卒于成化十二年丙申五月廿七日，年三十二。葬梅湾。

《怀麓堂集》文卷二十六《文永嘉妻祁氏墓志铭》：成化丁酉秋九月，文君宗儒使自永嘉，缄书状各一道抵予。其书略曰："吾妻卒于苏州，林将以觐事北上，归道苏，且葬之。已卜地于吴县之藏金湾，以明年三月某日从事，请吾子铭。"其状略曰："年十九始受聘，比归二十有二。时吾母弃养已久，事吾父及继母祗畏不懈，食饮衣服，必其手出。家或致馈饷，辄辞曰：'私馈非长者奉，又不可独啜，将焉用此？'林出就学，吾妻脱簪珥为笔札费。……已而从官永嘉，愈肃家政。二子一女虽幼稚，不遣窥外户。故林得尽力于官，三年无内顾忧。林之在永嘉也，念家君宦游北方，不得共朝夕，图迎养，于家业未就，无以为计，意时时不乐。吾妻谓林曰：'君在官巡，不得顾私养。养，吾责也，请以二子归，治旧业，为迎养地。'林感其言，遣归。未几，得疾，三月二日卒，年三十有二而已。"又曰："妇人而得正首丘，彼亦幸矣！然舅姑及夫，皆远处南北，图养未遂，竟以别死，此其志亦可悲也。"

按：《墓志》与《族谱》所记略异。名字不同，病卒之日不同，而葬在弘治六年亦不同。兹据《族谱》。

《文温州集》卷一《妻兄祁元吉为余携家累还吴》：西望吴门半月程，东风江上片帆轻。还家依旧贫妻子，知己平生外弟兄。越岭雨多宜避瘴，武林人转早回声。白云敛尽春城暮，渺渺晴空一雁横。

徵明兄弟抚于外祖母徐氏、母姨祁守清及母舅祁春。

《文温州集》卷九《祁母徐硕人墓志》：硕人，余外姑也。予令永嘉，尝遣家累归。未几，予妻卒于家，遗二子一女俱幼，硕人实视之，哺育衣被，三阅岁不衰。于时微硕人，予二子且无所归。

《集三十五卷本》卷二十九《故严府君妻祁氏墓志铭》：硕人，余从母也。先夫人之亡，先君官永嘉，余兄弟稚弱无所归，依外大母徐以居。而徐老不事事，硕人实抚鞠之。时硕人新寡，家又赤贫，无所得衣食。检故篚，得敝衣，浣濯补缀，随燠寒以给，呴沫备至。故余兄弟虽孤贫，不知有馁寒之苦。……硕人讳守清，余外大父祁公之中女。

又卷二十九《祁府君墓志铭》：府君祁氏，讳春，字元吉，先夫人母兄也。先夫人之亡，先君官永嘉，余兄弟才数岁。家既赤贫,又无强近亲戚。府君居数里外,率日一至吾家,委衣续食,哺鞠周至,终三年不衰。于时微府君,余兄弟且死。故余视府君犹母也,府君早岁,尝从其外舅施宗道官岭南。既壮,去游闽、越,涉淮、泗,修贸迁之业。

按:李东阳《祁氏墓志》及文林《徐硕人墓志》皆有"二子一女",则文林有女,不详于徵明为姊为妹。就徵明所作祁守清、祁春两志视之,或此女不久即夭,故继后无闻。

七月二日,顾璘生。

《集三十五卷本》卷三十二《故资善大夫南京刑部尚书顾公墓志铭》:其生成化丙申七月二日。

成化十三年丁酉(1477)八岁

语犹不甚了了。或疑其不慧,父林独器之,以为当晚成。

《泰泉集》卷五十四《衡山文公墓志铭》:公生而少慧,貌古神完。八九岁时,语言犹不分别。他人或易视之。而其兄奎爽朗俊伟,交木独器公曰:"此儿他日必有所成,非乃兄所及也。"

正月,朱应登生。

拓本《文衡山书凌溪先生墓志铭》(李梦阳撰):凌溪生成化十三年正月己未。

八月,陆深生。

《历代名人年谱》:宪宗成化十三年丁酉,陆子渊深生于八月十日。

成化十四年戊戌（1478）九岁

冬，祖父洪自涞水教谕谢病归。

　　《古今图书集成·明伦汇编氏族典·文姓部》：文洪，字公大，成化元年中应天乡试。再上礼部，中乙榜，得涞水教谕。在涞四年，训诲有方。年未老，决意弃官归。

　　按：《文氏五家集》卷二《涞水文集·游黄金台故址记》："涞水古燕赵之冲，燕昭求士黄金台在焉。思一登而吊之，未暇也。戊戌之夏，海虞桑民怿授泰和训导，将自京师赴颖上，乃纡道访余于涞。"据此，则本年夏，文洪尚在涞水任。归吴必在秋冬而后。

成化十五年己亥（1479）十岁

父林考绩在京，与李东阳等语及父洪归后动定。东阳与谢铎、张泰、吴宽、陈琼、陆容、杨一清、黄谦、吕㦂等赋诗撰文汇为《吴山归老卷》追赠之。庄㫤赋诗跋尾。谢铎字鸣治，号方石，浙江太平人。天顺末进士，性介特，力学慕古，讲求经世务。陈琼字玉汝，号成斋，长洲人。上年进士。刚正有节概。陆容字文量，太仓人。成化二年进士，官兵科给事中时，值边警，奏疏日三四上。虑远持正，士论归之。杨一清字应宁，号邃庵。父丧，葬丹徒，遂家焉。成化八年进士，与徵明父林为同年。性阔大,博学善权变,明于知人,晓畅边事。黄谦亦成化八年进士,字㧑之,号紫芝,江宁人。工诗善书。吕嵲字秉之,嘉兴人。诗名藉甚朝野。时以父荫官中书舍人。庄昶字孔旸,江浦人。嗜古博学。时以南京行人司副以忧归。丧除不复出。居定山二十馀年,学者称定山先生。

日本东京大学印本《中国绘画总合图录》:第二册《吴山归老图卷》李东阳《吴山归老诗序》:吴山归老诗若干首,为姑苏文先生公大作也。始先生与其子宗儒俱以乡贡士在礼部,大夫士之识先生者以宗儒。宗儒举进士,知永嘉,先生再举得乙榜,授涞水教谕。未几,则谢病归其乡。闻先生去者,欲为言赠之,而其迹已远不可致。今年宗儒考迹京师,道先生动定甚悉。潘君时用诵唐人"未满先求退,居闲不厌贫"之句,曰:"此诗殆为先生作也。"因隶为十韵,翰林凌君季行倡诸君赋诗为巨编。给事萧君文明大书其首曰"吴山归老",将畀宗儒归为赠。凡大夫士之为是□者,亦皆以宗儒。夫古之人壮则入官,老则谢事。今先生年方五十有四,未可以言老。且三载一满,满九载而役,今之官皆然。惟儒官例必九载而后得以满告。先生得官仅二载馀耳,而遽去,是其官满且不俟,而俟老乎?先生早志科目,既连不得售,循例附籍得一官。其志已倦,徒以年不应,例不得以致仕去。去以病,亦固将老焉,老且自今日始,著其志也。古之人官有所不可则去,身有所慕乐则去。于此有不得已者,则抱关可居,祠禄可乞,皆君子所不辞也。今先生无簿书之冗,奔走之辱,贪禄固宠之嫌。孔戣之二宜去,司空图之三宜休,求其一焉,殆不可得也。归而视其家,又无马少游财足之资,陶朱公可致之货,而必舍彼抱此,汲弁不能朝以夕,是其志之所乐,不在乎饱腹安逸间哉！宗儒在场屋,以文名;为县,以政事名。而年富志锐,有不可遏之势。永嘉之行,盖发轫地耳。先生之志,其有所托而然也。且东吴,文学之薮也。先生归而居于家,其恬退廉澹之风,隐然为乡后进楷式。使贵者知早退之为高,富者知廉得之为尚,则虽不以教为职,其淑诸人也,不既多乎！予又知先生之志有在也。翰林侍讲长沙李东阳序。"吴山归老"赐进士出身兵科给事中山海萧显为致仕教谕文公大先生题。成化十五年七月六日。"未":涞水深不极,惊浪涌如沸。独行我所怀,摄衣登岸未？峨峨属镂山,下有剑铎气。归来五柳门,黄花着根未？黄岩谢铎。张泰五古(略)。"满":吴宽五古,孙霖七古(均略)。"先":凌远七律,李杰七律(均略)。"求":萧奎七律,陈琼七律(均略)。"退":潘辰五古(略)。"居":休官不计入官初,此老清狂觉有馀。仕路浮名今已矣,田园乐事欲何如！朝催邻父篘新酿,暮督诸孙理旧书。令子才情更超逸,承欢能为赋《闲居》。昆东陆容。陈以性七律,杨一清七律(均略)。"闲":奚昊七律(略)。"不":黄谦、吕崰皆七古(略)。"厌":周轸七绝,黄燦五古,马绍荣五古(皆略)。"贫":姜立纲七绝,柳楷七律(皆略)。《致仕文先生赠行诗跋》:万事苍天已作迟,一毡白首更何辞。为贫在我从谁论,饮水惟人只自知。白酒醉来元有菊,青山老去得无诗？相逢各与行藏宜,尘世浮云梦岂痴。定山居士庄㫤书于看活水处。

　　《明史》卷一百六十三《列传》:谢铎,字鸣治,浙江太平人。天顺末进士,改庶吉士,授编修。预修《英宗实录》。性介特,力学慕古,讲求经世务。成化九年校勘《通鉴纲目》,上言:"愿陛下以古证今,兢兢业业,然后可长治久安,而载籍不为无用矣。"帝不能从。时塞上有警,条上备边事宜,语皆切时弊。秩满,进侍讲,直经筵。遭两丧,服除,以亲不逮养,遂不起。弘治初,言者交荐,以原官召修《宪宗实录》。三年,擢南京国子祭酒。明年,谢病去。家居将十年,荐者益众。擢礼部右侍郎,管祭酒事。居五年,引疾归。

《吴郡名贤图传赞》卷六《陈都宪》:公姓陈,讳琼,字玉汝,号成斋,长洲人。家陈湖大姚村。成化十四年进士。累官左佥都御史,兼督操江诸军。乞休。生平居官刚正,有节概。

《匏翁家藏集》卷七十六《明故太中大夫浙江等处承宣布政使司右参政陆公墓碑铭》:公讳容,字文量,姓陆氏。弱岁颖敏笃学。游乡校,不专治举子业,日取诸经子史,程诵不辍。与故翰林修撰张亨父、太常少卿陆鼎仪友善,三人俱以文行闻于乡。成化二年登进士第,授南京吏部验封主事。丁外艰。服除,改兵部职方司,再擢职方郎中。丁内艰。服除,改武选司,遂升右参政,致仕。公在兵部,勤于公事。边报或急,奏疏日三四上,虑远持正,士论归之。

《明史》卷一百九十八《列传》:杨一清,字应宁。父景,以化州同知致仕,携之居巴陵。少能文,以奇童荐,为翰林秀才。年十四,举乡试,登成化八年进士。父丧,葬丹徒,遂居焉。服除,授中书舍人。久之,迁山西按察佥事,以副使督学陕西。一清貌寝,而性警敏,好谈经济大略。在陕八年,以其暇究边事甚悉。入为太常少卿,寻拜左副都御史巡抚陕西。召还。拜户部尚书。寻改吏部。一清于时政最通练,而性阔大,爱乐贤士大夫,与共功名。凡为刘瑾所构陷者,率见甄录。朝有所知,夕即登荐。门生遍天下。

《金陵琐事》上卷《字品》:紫芝黄谦,字㧑之。行草遒劲古
雅,而榜书更妙。

《佩文斋书画谱》卷四十一《黄谦》:黄谦,字㧑之,号紫芝,
江宁人。成化壬辰进士,授工部主事。工诗,善书法。

《明书》卷一百二十一《名臣·吕原传》:吕原,字逢原。秀
水人。……子嵩荫,试中书舍人。举顺天乡试。历官南太常
卿,有学行。

《静志居诗话》:吕嵩,字秉之,秀水人。大学士原子。中
成化辛卯顺天乡试。由中书舍人迁礼部郎中,仕至太常卿。有
《九柏山房存稿》。太常诗名,藉甚朝野。特为吴中文、沈诸君
所推重,人不敢以任子视之。是时诗派,方习为纤丽圆熟。太
常独好盘硬语,宜其傲睨一世也。

《明史》卷一百七十九《列传》:庄㫤,字孔旸,江浦人。自
幼豪迈不群,嗜古博学。举成化二年进士,改庶吉士,授翰林院
检讨。与编修章懋、黄仲昭谏内廷张灯,忤旨,廷杖二十,谪桂
阳州判官。寻以言官论救,改南京行人司副。居三年,母忧去。
继丁父忧,哀毁。丧除,不复出。卜居定山二十馀年,学者称定
山先生。

《国琛集》:庄㫤,江浦人。南吏部郎中。逸思神授,浩然
于烟云花鸟之间。其诗豪,其文宕,其行飘乎若乘风太虚,富贵
利达,漠其无系也。同时游者,皆冲迈之似,于是流风泼泼,人
欲淬磨之,不暇矣。

光绪本《六合县志》:六合山,六峰环合,县因山而名。在
县南六十里,江浦县东北十里。后寺僧定慧居此,故又名定山。

明庄文节公晟筑室读书,建七亭山中。

八月,祖父洪卒,年五十四岁。

《文氏族谱续集·历世生卒配葬志》:二世,涞水府君洪,卒于成化十五年己亥八月乙巳日,年五十四。

徐祯卿生。

《历代名人年谱》:宪宗成化十五年己亥,徐昌毂祯卿生。

成化十六年庚子(1480)十一岁

始能言语,就外塾。

《冯元成集》卷五十《文待诏徵明小传》:逾十岁,始能言。其兄奎甚爽朗,温州独器公,曰:"此儿神明内蕴,奎不能及也。"

二月二日,朱承爵生。(文稿墨迹)

成化十七年辛丑(1481)十二岁

卢襄生。

《集三十五卷本》卷三十四《陕西布政使司左参议卢君墓表》:嘉靖十年辛卯闰六月八日,陕西参议卢君卒于家,年五十有一。据此,卢襄应生于本年。

安国生。

《续疑年录》:安民泰国生于成化十七年辛丑。

成化十八年壬寅（1482）十三岁

父林前以丁忧解官，至是起复知博平县。徵明随侍。

《松筹堂集》卷六《温州府知府文公墓志铭》：父丧，解职。起复知博平，邑小无事，惟以劝农海士为业，人甚宜之。而抗捍权要犹向风，益励不贬。凿渠、建学，虽居弗久，亦具有劳绩可书。

《匏翁家藏集》卷十《题台人钟希哲写文宗儒小象》（壬寅年）嬴马空囊貌不寒，吏曹重署博平官。他年若赴天书召，此幅须留父老看。

又卷三十四《博平县迁学记》：成化十八年，长洲文君林来为县。

《弇州山人四部稿》卷八十三《文先生传》：先生生而外椎，八九岁语犹不甚了了。或疑其不慧，温州公独异之，曰："儿幸晚成，无害也。"先生既长，就外塾，颖异挺发，日记数百千言。尝从温州公宦于滁……

按：《集三十五卷本》卷九《魏家湾有感》："博平县里侍亲时，四十年来两鬓丝。"此徵明五十四岁进京时途中所作，徵明从宦滁前，先曾从宦于博平。

华世祯生。（澄观楼法帖，濮恒题诗）

成化十九年癸卯（1483）十四岁

随父在博平。

王涣生。

《集三十五卷本》卷三十一《东川军民府通判王君墓表》：卒年五十有三，嘉靖乙未七月廿又五日也。据此，王涣应生于本年。

成化二十年甲辰（1484）十五岁

仍随父在博平。

六月二十八日，陈淳生。

《白阳集》附张寰《白阳先生墓志铭》：距其生成化二十年六月二十八日。夫人同邑张氏，实能相助于君。生成化十八年七月初一日，卒嘉靖十八年十月二十六日，春秋五十有八。

按：《历代名人年谱》：成化十八年壬寅，陈白阳道复生于七月一日。《疑年录》及近人《中国美术年表》《明代四大画家》皆据之，是误以张氏生年为陈淳生年。又《疑年录汇编》引《陈氏谱》作成化十九年生。兹据《墓志》。

孙一元生。

《历代名人年谱》：成化二十年甲辰，孙太初一元生。

阎起山生。

《集三十五卷本》卷二十九《亡友阎起山墓志铭》：正德丁卯卒，年二十四。据此，起山应生于本年。

朱应辰生。（《宝应历代县志类编》）

成化二十一年乙巳（1485）十六岁

父林以考绩还朝，徵明随侍。先是，博平岁贡梨为民

患,林命悉伐去。又论邑内德府赐田,官校征收子粒不便,乞付有司自纳,得允所请。至是补南京太仆寺丞。

《松筹堂集》卷六《温州府知府文公墓志铭》:乙巳,以绩召还朝。众咸拟公必为御史,当磊落有所为。或曰:"斯人在小官,尚刚讦如是,矧列之台端乎?"竟补南京太仆寺丞。其在博平,又论邑内德府赐田子粒事,谓官校征收不便,极陈利病,乞付有司自具以纳。既上,或旁惧啮指,疑事叵料,公不恤。卒从所请。

《苹野纂闻·文交木伐梨》:博平故多梨,甚美而硕。土人岁一贡,率以为常,而蒙害者甚众。至交木作县,悉斧去,谓其利微而害大也。交木讳林,字宗儒。其仲子壁与余交,尝道其事,为笔之以告司牧者。

《吴门补乘》:文林官永嘉时,地产美梨。有持献中官者,中官令民纳以充贡。林曰:"梨于民何济? 使岁为例,其何以堪?"命尽伐去之。中官大怒。会林举卓异,将擢宪职。中官谗之,竟授太仆寺寺丞。

《百爵斋藏历代名人法书·文衡山与杨仪部论墓文书》:太仆之迁,竟坐伐梨之事。

按:《吴门补乘》以伐梨为宗儒官永嘉时事,误。

《匏庵家藏集》卷十二《分题丰乐亭送文宗儒太仆》:何处亭成乐岁丰,琅琊山在乱云中。西南林壑夸尤美,六一文词信独工。幽谷泉鸣琴操古,石屏路转酒船通。幸当归马滁阳日,此地来游兴不空。

侍父林谒告还里时,曾滞留徐州,沈周有怀念诗。

《沈石田先生集·怀文宗儒父子久客徐州》:谒告久知辞

帝里,阻装何事客徐州?他乡父子生春色,故国妻孥念远游。冰雪残年应未见,江湖满地共谁忧?缄情欲寄鱼鸿远,独对寒灯怅白头。

返吴后,与唐寅、都穆订交,从穆学诗。寅亦时来徵明家,向文林请教益。寅字伯虎,更字子畏,居吴县(今苏州市西北部)吴趋里。工诗文书画,旷达不羁。穆字元敬,亦吴县人。善为文,好学,至老不倦。

《六如居士全集》卷五《送文温州序》:寅稚冠之岁,跌放不检。衡山文壁与寅齿相俦,又同井闬;然端懿自守,尚好不同,外相方圆,而实有埙篪之美。壁家君太仆先生,时以过勤居乡。一闻寅纵失,辄痛切督训,不为少假。寅故戒栗强恕,日请益隅坐,幸得远不齿之流。

又卷五《与文徵明书》:嗟乎吾卿,仆幸同心于执事者,于兹十五年矣。

按:唐寅此书,在弘治十三年,两人皆年卅一岁。

《南濠诗话》文徵明撰《南濠居士诗话序》:余十六七时,喜为诗,余友都君元敬实授之法。于时君有心戒,不事吟讽,而谈评不废。余每一篇成,辄就君是正,而君未尝不为余尽也。

《怀星堂集》卷十七《唐子畏墓志并铭》:唐氏世吴人,居吴趋里。……初字伯虎,更子畏。

《明史》卷二百八十六《文苑》二:唐寅字伯虎,一字子畏……寅诗文初尚才情,晚年颓然自放。

《吴郡名贤图传赞》卷七《唐解元》:有俊才,善属文,为人旷达不羁,磊落自异。其于应世诗文,不甚措意,谓后世知我不在是。奇趣时发,或寄于画,下笔辄追宋、元名家。

又《都太仆》：公姓都，讳穆，字元敬，吴县人。弘治十二年进士。善为文。官至太仆少卿，乞归。斋居萧然，日事雠讨。吴门有娶妇者，夜大风雨，灭烛。遍乞火，无应者。或曰：南濠都少卿家有读书灯在。叩其门，果得火。其老而好学如此。所与游者皆一时才俊，杨君谦、祝允明、馀姚王守仁皆与善，故一时声称藉甚。

成化二十二年丙午（1486）十七岁

与兄奎侍父在滁州南京太仆寺。寺政久弛，林锐意整饬。

《说听》：文公长子奎，从宦滁州时，与一客游……

《钦定续通志》：太仆寺。洪武四年沿袭旧制置群牧监，专司牧养。置监于滁州，改为太仆寺。三十年置行太仆寺于北平。永乐以后，以行太仆寺为太仆寺。其在滁州者，为南京太仆寺。

《匏翁家藏集》卷七十六《明故中顺大夫浙江温州府知府文君墓碑铭》：竟授太仆寺丞于南京。曰："寺丞非官乎？"至则以马政久弛，锐意举行，抉剔蠹弊，奸吏始无所容。僚长有狠愎者，正色与辩，卒亦信服。奏按南京将官及有司养马不遵旧制者数辈，于是人始知惧而事集。

蒋山卿生。

《列朝诗集》丙集《蒋参政山卿》：正德甲戌举进士……年二十九举进士。据此，蒋山卿应生于本年。

张寰生。

《历代名人年谱》:成化二十二年丙子,张允清寰生。

成化二十三年丁未(1487)十八岁

仍随父在滁,读书务稽古人之德,能自得师。

《泰泉集》卷五十四《衡山文公墓志铭》:随侍往滁,读书务稽古人之德,能自得师。

叔父森赴礼部试。初,文林将试礼部,杜琼铭小端砚以赠。至是林以砚授森,媵之以诗。期廷对之后,更授于三弟彬。既试,赐同进士出身。吕𫖮有诗。琼字用嘉,号东原,吴县人。人品与词翰俱重,以隐终身。

《集三十五卷本》卷二十六《先叔父文公行状》:成化丙午,遂中应天乡试。明年丁未,中礼部试,廷试赐同进士出身。

《文温州集》卷二十六《旧砚寄宗严》:壬辰岁,余试礼部,杜用嘉先生以小端砚相赠。其唇有窍,可以引绳携持。自铭其阴,为余廷对之兆。是岁果忝进士,携砚入对大廷。及今丁未,十又六年矣。宗严复试礼部,遂以付之,并寄此诗。期廷对之后,转以付宗质云:短砚稜稜紫玉肤,杜陵投赠手亲刳。曾携对策朝金阙,还拟传家代玉符。兄弟登庸轮及尔,子孙发轫计同吾。殷勤付去传胪后,转与三郎入仕途。

《吴都文粹续集》卷五十二吕𫖮《喜宗儒寺丞令弟宗严春试得隽》:涞水尊翁庆泽深,九原真遂高门心。春塘好梦酒连日,香土马轻花满簪。且置元兄说西抹,况闻季弟亦南金。家声如此官何物,为作丞哉不负吟。

《匏翁家藏集》卷七十二《杜东原先生墓表》:先生讳琼,字用嘉,姓杜氏,苏之吴县人。以成化十年十月二十六日卒。葬既十年,其里诸生吴宽始克表其墓曰:"先生今世之隐君子也。学不在于为文而已,行修家庭,而伦理蔼然以厚。教不止于授徒而已,化及乡间,而风旨超然以高。所谓隐不违亲,贞不绝俗者,先生其近之。"

《姑苏名贤小纪》卷上《渊孝先生杜东原》:东原先生琼,字用嘉,吴县人。先生少孤,能自刻厉,读书无所不通。旁及翰墨,亦皆精好。为人敦茂长者,一时品望甚贵。郡守况公迫欲见之,匿弗肯就。醇和安定,道韵袭人。年八十卒。尝割股愈母疾而秘之,人无知者。

吕嵩时官南京太仆寺少卿,徵明以僚友子弟,给事左右。

《集三十五卷本》卷二十五《南京太常寺卿嘉禾吕公行状》:公讳嵩,字秉之,姓吕氏,为嘉兴人。自小颖异,甫七龄,从文懿(名原,翰林学士,谥文懿,嵩父)授书,未尝挟册呻吟。比成童,诸书多已淹洽,操笔为诗文,已多惊语。……丙午,升南京太仆少卿。比先公官太仆,实公同僚,某因得给事左右,窃闻馀绪。

八月,宪宗朱见深卒。九月,太子祐樘即位。父林奉表入贺。

《历代名人年谱》:成化二十三年丁未。八月,帝崩。九月,太子祐樘即位。

《匏翁家藏集》卷七十六《温州府知府文君墓碑铭》:今上登极,君奉表入贺。

汤珍生。

《明清江苏文人年表》：成化二十三年，长洲汤珍生。

张弼卒。

《历代名人年谱》：成化二十三年丁未，张汝弼卒于六月，年六十七。

明孝宗弘治元年戊申（1488）十九岁

自滁还长洲，为邑诸生。岁试时，宗师批其字不佳，置三等。由是精研书法，刻意临学。

《集三十五卷本》卷二十五《上守溪先生书》：年十九，还吴。

又附文嘉《先君行略》：少拙于书，乃刻意临学。

《明清画苑尺牍·文徵仲》：文衡山，初名壁，为诸生时应岁试，宗师批其字不佳，置三等。于是精研楷法，为有明一代冠。

《明史》卷六十九《选举一》：于是大建学校。府设教授，州设学正，县设教谕各一。俱设训导，府四、州三、县二。生员之数，府学四十人，州、县依次减十。师生月廪食米人六斗，有司给以鱼肉。学官月俸有差。生员专治一经，以礼、乐、射、御、书、数设科分教。……提学官在任三岁，两试诸生。先以六等试诸生优劣，谓之岁考。一等前列者，视廪膳生有缺，依次补充，其次补增广生，一、二等皆给赏。三等如常。四等挞责。五等则廪、增递降一等，附生降为青衣。六等黜革。继取一二等为科举生员，俾应乡试，谓之科考。其充补廪增给赏，悉如岁试。其等第仍分为六，而大抵多置三等。三等不得应乡试。挞黜者仅百一,亦可绝无也。

与蔡羽、吴爟订交。羽字九逵,世居吴县之包山,因号林屋山人。为文奥雅宏肆,诗尤隽永。爟字次明,亦吴县人。诗文清简,善鉴古。

《林屋集》卷十二《春夜话别序》:予友在吴城者,多□前后离合,惟次明吴子、雁门文子,处几二十年。自予入郡中,未隶于学官,已兄事二人。于时为弘治戊申,忘其日月。

《明史》卷二百八十七《文苑三》:蔡羽,字九逵,由国子生授南京翰林院孔目。自号林屋山人,有《林屋》《南馆》二集。自负甚高。文法先秦两汉。或谓其诗似李贺,羽曰:"吾诗求出魏晋上,今乃为李贺邪?"其不肯屈抑如此。

《吴郡先贤图传赞》卷八《蔡孔目》:公姓蔡,讳羽,字九逵。自宋世居吴之包山。公高朗疏隽,聪警绝人。为文奥雅宏肆,诗尤隽永。早岁微尚纤缛,晚更沉着,而时出奇丽。

《巢林笔谈》卷三:蔡林屋善《易》,自号易洞。尝置大镜南面,遇其著书得意,辄整衣冠向镜拜,誉其影曰:"易洞先生,尔言何妙,吾今拜先生矣。"痴态中亦自饶逸韵。

《雅宜集》卷十《太学生吴君墓志铭》:君讳爟,字次明,世吴人也。幼而朗澈,受《易》于贺其荣先生。弱冠进隶学官为弟子,部使者最其文,饩之廪食。数荐京师,即数弗利。以年资入贡太学,未卒业而死。君综博信古,耻龊龊事经生占毕。为文简奥精深,划去枝蔓,弗以媚时。诗清越可诵。书法宗颜鲁公,尤善鉴古器物书画。饮酒博谑,辄纚纚谈所经见,奇谲瑰丽,有味乎其言之也。

《金石契》:次明仪度明粹,格态靖谧。智照物先,几通事隐。居官守之域，应收宰、季之科矣。觚翰之事，特臻其巧。而薰茗文玩，标点留情。屡接王恭之席，知愧毛曾之倚也。

文林在京，陈言《圣政十事》及条陈数事于朝。返滁时，吴宽、李东阳、杜堇有赠诗。堇字惧男，有柽居、古狂、青霞亭等号。丹徒人。工诗文，善绘事。

《文温州集》卷三弘治戊申陈言《圣政十事》：一、理性情以赞化学。二、审学术以求治道。三、广言路以防壅蔽。四、谨好恶以杜奸佞。五、察几微以检身心。六、率旧章以正风俗。七、简贤材以充任使。八、崇宽厚以懋德化。九、勤政事以戒宴安。十、饬武备以御侵侮。

《匏翁家藏集》卷七十六《温州府知府文君墓碑铭》：今上登极，君奉表入贺。陈言《圣政十事》，多见施行。又条陈数事于朝，谓江南牧马草场数千顷，为势家所侵，而马无所养。南方岁出马二万匹，徒劳解纳，而边境不获用。皆当究其实。

又卷十九《送文宗儒还滁》：官非京兆免台参，寺版题名也自堪。公事共知心独尽，直言曾上面无惭。续书騄牝才名出，家寄琅琊秀色含。触热却怜分手去，园林何日重高谈？

《怀麓堂集》诗卷八《送文宗儒太仆还南寺》：丰山东面琅琊北，官寺临山枕溪侧。泉甘石冷花柳香，幻出春花与秋色。东吴才子洋州裔，清比琅玕长数尺。锦囊秀句压骚人，玉麈雄谈惊座客。谁令散地容渠懒？尽有馀才供世剧。十年涸迹老风尘，三载高飞未云极。问君何曹似是马，丞不负君人自惜。知君自抱忧国心，岂为承平倦刍枥。南方一匹累数金，方且按图为骥索。州官县吏尽日输，营下老兵曾未识。书生经济须实用，谁为吾民苦区画？闻君献纳有嘉言，肯避旁人嗔越职。朝闻吏部书上考,耻以催征买资格。嗟余窃禄本无能,误向云霄问泉石。

《吴都文粹续集》卷五十二杜堇《题画送文太仆宗儒南还》:南国分司品位清,欧阳人望是先生。封章激烈公卿畏,纳谏如流圣主明。随柳傍花吟兴远,敞车羸马去途轻。春寒病起还相送,二十年前过爱情。

《艺苑卮言附录》卷四:杜堇,初姓陆,别号古狂。其界画楼阁,人物严雅,深有古意,而山水树石不甚称。亦是白描第一手也。花卉颇清雅。

《绘妙》:杜堇,字惧男,有柽居、古狂、青霞亭之号。镇江丹徒人。有籍于京师,勤学经史及诸子集录,虽稗官小说,罔不涉猎。举进士不第,遂绝意进取。善绘事。其白描人物花果鸟兽以至界画楼阁,无不臻妙,特山水不甚称耳。

杨慎生。

谢时臣生。

《历代名人年谱》:孝宗弘治元年戊申,杨用修慎生。谢樗仙时臣生。

华云生。

《句吴华氏本书》:府君讳云。生弘治戊申八月十三日。

弘治二年己酉(1489)二十岁

时学官严厉,拘文法,循章句。徵明习程式之文,而中心窃鄙之。以其间隙读《左传》《史记》、两《汉书》及古今文集。

《集三十五卷本》卷二十五《上守溪先生书》：以亲命选隶学官，于是有文法之拘，日惟章句是循，程式之文是习，而中心窃鄙焉。稍稍以其间隙，讽读《左氏》《史记》、两《汉书》及古今人文集，若有所得。亦时时窃为古人词，一时曹偶，莫不非笑之以为狂。其不以为狂者，则以为矫为迂。

《明史》卷六十九《选举一》：诸生应试之文，通谓之举业。《四书》义一道，二百字以上。《经》义一道，三百字以上。取书旨明晰而已，不尚华采也。

又卷七十《选举二》：科目者，沿唐、宋之旧，而稍变其试士之法。专取四子书及《易》《书》《诗》《春秋》《礼记》五经命题试士。盖太祖与刘基所定。其文略仿宋经义，然代古人语气为之。体用排偶，谓之"八股"，通谓之"制义"。

日临智永《千字文》数本，书遂大进。初仿元之康里巙、赵孟頫，宋之陆游、苏轼、黄庭坚、米芾。既悟笔法，遂悉弃去。隶亦妙得《受禅》三昧。篆学唐李阳冰。行、楷专法晋、唐，得《黄庭》《乐毅》笔意。温纯精绝，行体苍润。后乃独步一时。

《名山藏·高道记》：徵明初游郡学时，学官以严厉束诸生。辨色而入，张灯乃散。既日长，诸生皆饮噱啸歌，壶弈消暑。徵明独临写《千字文》，日以十本为率，书遂大进。

日本东京堂本《故宫历代法书全集》第六卷文嘉跋《文徵明四体千字文》：先君少以书法不及人，遂刻意临学。篆师李阳冰；隶法钟元常；草书兼摹诸体，而稍含晋度。小楷则本于《黄庭》《乐毅》，而温纯典雅，自成一家，虞、褚而下弗论也。

《书诀》：文壁，字徵明，长洲人，称为衡山先生。官至翰林学士。书学二王、欧、虞、褚、赵,清丽古雅,集名家之长,开元以来,无此笔也。

《弇州山人四部稿》卷八十三《文先生传》:书法无所不规,仿欧阳率更、眉山、豫章、海岳,抵掌睥睨。而小楷尤精绝,在山阴父子间。八分入钟太傅室,韩、李而下,所不论也。

《艺苑卮言附录》:天下法书归吾吴,而祝京兆允明为最,文待诏徵明、王贡士宠次之。待诏小楷师二王,精工之甚,惟少尖耳。亦有作率更者。少年草师怀素,行笔仿苏、黄、米及《圣教》。晚岁取《圣教》损益之,加以苍老,遂自成家。唯绝不作草耳。古隶在明世殊寥寥。闻云间陈文东颇合作,然未之见也。独文太史徵仲能究遗法于钟、梁,一扫唐笔。

《书法雅言·书统》:宰我称仲尼贤于尧、舜,余则谓逸少兼乎钟、张,大统斯垂,万世不易。第唐贤求之筋力轨度;其过也,严而谨矣。宋贤求之意气精神;其过也,纵而肆矣。元贤求性静体态;其过也,温而柔矣。其间豪杰奋起,不无超越寻常。概观习俗风声,大都互有优劣。明初肇运,尚袭元规。丰、祝、文、姚,窃追唐躅。上宗逸少,大都畏难。夫尧、舜,人皆可为,翰墨何畏于彼?逸少,我师也,所愿学是焉。奈自祝、文绝世以后,南北王、马乱真。迩年以来,竞仿苏、米。王、马疏浅俗怪,易知其非。苏、米激厉矜夸,罕悟其失。斯风一倡,靡不可追。攻乎异端,害则滋成。况学术经纶,皆由心起;其心不正,所动悉邪。

《四友斋丛说》卷二十七《书》:国初诸公,尽有善书者,但非法书家耳。其中惟吾松二沈,声誉藉甚,受累朝恩宠。然大沈正书效陈谷阳,而失之于软。沈民望草书学素师,而笔力欠劲，章草宗宋克，而乏古意。此后如吾松张东海、姑苏刘廷美、徐天全、李范庵、祝枝山、南都金山农、徐九峰，皆以书名家，然非正脉。至衡山出，其隶书专宗梁鹄，小楷师《黄庭经》。为余书《语林序》，全学《圣教序》。又有其《兰亭图》上书《兰亭叙》，又咄咄逼右军。乃知自赵集贤后，集书家之大成者，衡山也。世但见其应酬草书大幅，遂以为枝山在衡山上，是见其杜德机也。枝山小楷亦臻妙。其馀诸体虽备，然无晋法，且非正锋，不逮衡山远甚。

《玄览编·题丰人叔临逸少六帖后》：余尝评国朝名书：祝希哲有书家之才，而无其学。丰人叔有书家之学，而无其韵。文徵仲有其韵，有其才，有其学，而未大然。均之，未化。或谓希哲化矣，予谓才劲爽而笔剽捷然耳，彼功力尚未就于闲。夫闲以功深，化以闲入。未能闲，乌能化？若乃徵仲、人叔，闲矣！

《虚舟题跋·明文待诏隶书千字文》：文待诏隶书，金寿门谓其源出自蔡邕，而效法顾戒奢。顾戒奢书，寡陋者未之见；中郎鸿都《石经》，尝见数百字，未见有一毫似处。余谓待诏此书，专师钟繇《劝进》《受禅》二表，而兼取欧阳询《房彦谦碑》。盖自曹氏篡汉后，书法便截然分今古，无复汉人高古肃穆之风。犹羲之书《兰亭》，破坏秦、汉浑古风格，为后世妍媚者开前路。此昌黎讥右军，谓"羲之俗书骋姿媚"也。要之，风会自然，作者所不能自主也。

与祝允明、都穆、唐寅倡为古文辞。杨循吉先是自礼部主事致仕归，与允明皆年长于徵明十馀岁，折辈行与交。宜兴杭濂来吴，相与从游。循吉字君谦，号南峰，吴县人。成化二十年进士。好读书。归年才三十有

一。结庐支硎山之南峰。**允明字希哲，号枝山，长洲**
人。文章有奇气，尤工书法。草书号为明代第一。濂
字道卿，工诗文，志尚高古。

《荆溪外纪》文徵明《大川遗稿序》：弘治初，余为诸生，与
都君元敬、祝君希哲、唐君子畏倡为古文辞。争悬金购书，探奇
摘异，穷日力不休。偶然皆自以为有得，而众咸笑之。杭君道
卿来自宜兴，顾独喜余所为。遂舍其所业，而从余四人者游。

《集三十五卷本》卷三十三《题希哲手稿》：右应天倅祝君
希哲手稿一轴，诗赋杂文共六十三首，皆癸卯、甲辰岁作，于时
君年甫二十有四。同时有都君元敬者，与君并以古文名吴中。
其年相若，声名亦略相上下。而祝君尤古邃奇奥，为时所重。
又后数年，某与唐君伯虎，亦追随其间。文酒唱酬，不间时日。

又附文嘉《先君行略》：时南峰杨公循吉、枝山祝公允明，
俱以古文鸣。然年俱长公十馀岁，公与之上下其议论。二公虽
性行不同，亦皆折辈行与交，深相契合。或有问先君于祝君者，
君曰："文君乃真秀才也。"公名既起，然不苟为人述作。或有
托其名为文以售者，杨公辄能辨之。

《明史》卷二百八十六《文苑二》：杨循吉，字君谦，吴县人。
成化二十年进士，授礼部主事。善病，好读书。每得意，手足踔
掉，不能自禁，用是得"颠主事"名。一岁中数移病不出。弘治
初，奏乞改教，不许；遂请致仕归，年才三十有一。结庐支硎山
下，课读经史，旁通内典、稗官。……性狷隘，好持人短长；又好
以学问穷人，至颊赤不顾。……晚岁落寞，益坚癖自好。（节录）

《静志居诗话》：君谦好蓄异书，孜孜不及。有《书橱》《钞
书》诗。是时吴中藏书家多以秘册相尚，若朱性甫、吴原博、阎

秀卿、都元敬辈,皆手自钞录。今尚有流传,实自君谦倡之也。

《明史》卷二百八十六《文苑二》:祝允明,字希哲,长洲人。生而枝指,故自号枝山,又号枝指生。五岁作径尺字,九岁能诗。稍长,博览群集。文章有奇气,当筵疾书,思若涌泉。尤工书法,名动海内。

《名山藏·高道记》:祝允明,字希哲,长洲人。生而右手枝指,因自号枝指生。为人简易,不拘押,时时游伶酒间。然而好深湛之思,时独居著书,解衣槃礴,游心玄阒。或当广坐,谈笑杂遝,援毫疾书,有若泉涌。其书出入晋魏。晚益奇纵,为国朝第一。

《姑苏名贤小纪》卷上《祝京兆先生》:先生天才既捷,少则馆甥于李少卿氏(应祯),而外王父为武功徐公(有贞),故书学遂能超宋跞唐,凤翥龙变。蠕蠕六指,形而下者,其不朽乃藉此乎。

《明书》卷一百五十一《艺术传》:祝允明,字希哲,吴人。生而右手枝指,因自号枝指生。为人好酒色六博,不修行检。好负逋债,出则群萃而诃谇者至接踵,竟弗顾去。其草书为明第一云。

《吴郡名贤图传赞》卷七《祝京兆》:公姓祝,讳允明,长洲人,居日华里。家有怀星堂,本其舅氏徐武功旧第也。公天才颖发,博极群籍。工古文词,好为深沉涩奥,诗多缘情之作。书法钟、王,下至颜、欧、苏、米,无不精诣。晚尤横放,张颠、怀素,不足多也。

嘉庆本《宜兴荆溪县志》卷八《文苑》:杭濂,字道卿。天资秀颖,然志尚高古,不屑为时俗对偶之文。尝受业丁玉夫授

《易》。游吴中,与都元敬、祝希哲、唐子畏、文徵明游。诗文日益工,然竟以诸生老卒。后文徵明为序其遗稿。

观沈周画《长江万里图》于双娥精舍,意颇歆会,因从周学画。周初不欲徵明以艺事妨举业,终乃倾以相授,且极爱重之。尝为推策曰:"徵明庚甲何异,乃聪慧若此?"徵明亦每谓人曰:"吾先生非人间人也,神仙中人也。满百文某,安敢望及此老。"沈周与物无忤,而知己之交,仅吴宽、文林、都穆及徵明等数人耳。

《石田先生诗文集》钱谦益辑《石田先生事略》:王君虞卿,尝得石田先生画卷,联楮十有一幅,长六十尺。意象已具,而点染未就。以徵明尝从游门下,俾为足之。自顾拙劣,乌足为貂尾之续哉?忆自弘治己酉,谒公双娥僧舍,观公作《长江万里图》,意颇歆会。公笑曰:"此余从来业障,君何用为之?"盖不欲其以艺事得名也。然相从之久,未尝不为余尽。大意谓:"画法以意匠经营为主,然必气运生动为妙。意象易及,而气运别有三昧,非可言传。"他日题徵明所作荆、关小幅云:"莫把荆、关论画法,文章胸次有江山。"褒许虽过,实寓不满之意。及是五十年,公殁既久,时人乃称余善画,谓庶几可以继公,正昔人所谓无佛处称尊也。此卷意匠之妙,在公可无遗恨;若夫气运,徵明何有焉。嘉靖丙午望,后学文徵明识。时年七十有七。

按:沈集此文,"弘治己酉"作"弘治乙酉"。今从《艺苑掇英》第三十四期《沈文合作山水图卷》文徵明跋校正。

又按:徵明《病中怀吴中诸寺》诗中《宝幢寺寄石窝》云:"久客怀归问旧游,双娥精舍屋东头。"双娥精舍在宝幢寺中。

此诗题于有正书局《文徵明书怀归诗》作《承天寺璇石窝》。元黄溍《平江承天能仁寺记》中有云："曰承天、能仁者,并存其故额也。先是,尝于大界相之内,折其地为宝幢、永安、龙华、广福四院。久之,复归于一。寻又别立圆通禅院于其后,而分立宝幢、永安两教院于其前。凡建置沿革,与兴废之故,可见者如此。"是宝幢寺即承天寺。今废。

商务印书馆本《文衡山先生三绝卷》翁方纲跋云:余藏沈文合画长卷,衡山记"在双娥庵亲授"之语,谓"画是生平业障",盖相期者远也。

《弇州山人四部稿》卷八十三《文先生传》:于画师故沈周先生。

《吴郡二科志·文苑·文壁》:壁所善沈石田尤爱敬,尝为推策曰:"徵明庚甲何异?乃聪慧若此!"

《梦园书画录》卷九《沈石田竹庄草堂图》彭年跋云:石田先生人品高绝,文章古奥。一时钜公名流,咸所推仰。而寄情绘事,遂名闻天下,实有超出古人之妙。虽尺楮数笔,而专门者猝不能及。衡山文丈每曰:"石田,神仙中人也。岂后学所易到耶!"其推仰如此。

《弇州山人四部稿》卷一百三十八《石田山水》跋尾彭孔嘉称,文丈待诏云:"石田先生,神仙中人也。"此语吾亦闻之。待诏且云:"满百文某,安敢望此老。"前辈风流,推挹乃尔,令人叹慨遥深。

《艺苑卮言附录》卷四:文待诏称启南为"先生",每谓人:"吾先生,非人间人也,神仙人也,满百文某安敢望。"观启南得意处,理应如此语。

《无声诗史》卷二《沈周》:先生虽与物无忤,而披襟吐赤者,十不一二。惟吴少宰宽、都太仆穆、文温州林及温州子徵仲,则其莫逆之交也。此四人者,盖世所称笃行慕古,金玉伟人也。而徵仲则又师事先生云。

徵明画,远学郭熙,近学赵孟𫖯、沈周。得意之笔,往往以工致胜。其气韵神采,独步一时。

《四友斋丛说》卷二十九《画》:衡山本"利家"。观其学赵集贤设色,与李唐山水小幅,皆臻妙,盖"利"而未尝不"行"者也。戴文进则单是"行"耳,终不能兼"利"。此则限于人品也。

《弇州山人四部稿》卷八十三《文先生传》:丹青游戏,得象外理,置之赵吴兴、倪元镇、黄子久坐,不知所左右矣。

《艺苑卮言附录》卷四:待诏出吴兴及叔明、子久间,有北苑笔意,大概自启南不少也。遇合作处,单行矮幅,神采气韵,俨有生意,真堪嘉赏。

《五杂组》卷七:文徵仲远学郭熙,近学松雪。而得意之笔,往往以工致胜。至其气韵神采,独步一时,几有出蓝之誉矣。

《吴郡丹青志·妙品志》:文先生名壁,字徵明;后以字行,更字徵仲。画师李唐、吴仲圭,翩翩入室。

《妮古录》卷四:文待诏自元四大家以至子昂、伯驹、董源、巨然及马、夏间三出入。而百谷《丹青志》言:"先生画师李唐、吴仲圭",此言似绝不知画,且亦何以称待诏里客也。

《容台别集》卷六《题跋·画旨》:文人之画,自王右丞始。其后董源、巨然、李成、范宽为嫡子。李龙眠、王晋卿、米南宫及虎儿,皆从董、巨得来。直至元四大家黄子久、王叔明、倪元镇、吴仲圭皆其正传。吾朝文、沈，则又远接衣钵。古人自不可尽其伎俩。元季高人，皆隐于画史。国朝沈启南、文徵仲皆天下士，而使不善画，亦是人物铮铮者。此气韵不可学之说也。

《画山水诀》：元时诸子，遥接董、巨衣钵。明代王孟端、杨孟载、张来仪、徐幼文、杜东原、刘完庵、周白川、姚公绶继之；而文、沈、唐、仇尤为杰出，世传"四大家"。究其源流指归，衡山初师松雪翁，晚年化板为活，变而为梅道人泼墨法，遂造其极。

《契兰堂名人书画评》：衡山精细山水，得伯时、营丘之妙。花鸟不让宋、元。

《陶风楼藏书画目·汪笠甫花卉册》：善画兰者，宋推子固，元推子昂。管道昇作，非固非昂，别有一种清姿逸态，出人意表。明推衡山，嗣此竟成绝响。

《山静居画论》：衡山书画，骎骎乎入松雪之室。然其自具一种清和闲适之趣，以别吴兴之妍丽。亦由此老人品高洁所致。

《壮陶阁书画录》卷九《明沈石田竹堂观梅立轴》：明四家，文、仇最饶雅韵，往往出人意表，为元人所无，而脱尽南宋人刻画之迹。子畏画精能之至，有无韵者，模南宋人太过也。宋以后，穷工极巧，仍饶士气书味者，以停云为第一，大小李、右丞犹当避席，慎勿忽视。停云之画，香山之诗，同是仙品，是佛经中《法华》。石田山水如太白、东坡，专显神通，别是一种仙佛，经中首《楞严》也。

薛蕙生。

《西原遗集》附文徵明《吏部郎中西原先生薛君墓碑铭》：嘉靖二十年辛丑正月丙申，吏部考功郎中西原先生薛君以疾卒于亳之里第,卒年五十有三。按此,薛蕙应生于本年。

顾琛生。

陆之箕生。

《明清江苏文人年表》:弘治二年,上元顾琛生。太仓陆之
箕生。

弘治三年庚戌(1490)二十一岁

春,以省父至滁,游琅琊山、醉翁亭等均有诗。

《集四卷本》卷一《冬日琅琊山燕集》:琅琊古绝境,四月花
木春。探玩有深趣,行游及良辰。萧萧晋帝宅,渺渺江湖身。
古人不可见,文章环翠岷。伤哉多亭树,空复委荆榛。惟应千
年气,不改空嶙峋。乱流度回坂,薄照经疏筠。僧窗万松顶,清
风断埃尘。自余吴山来,此山便为邻。水石无异姓,相逢如故
人。间多济胜具,盛有山水宾。一载十回至,不受山灵嗔。

又卷一《雪中游琅琊诸山还饮醉翁亭上》七古,《晋元帝游
息废址在琅琊山》七律,诗均略。

按:《集四卷本》系写刻本,按年编次,识明年岁。于《冬日
琅琊山燕集》诗题下小字注"弘治庚戌"。下文引述,均据集中
编次,分系当年。《集三十五卷本》亦按年编次。前四卷即删
取《集四卷本》,但未注明年岁,编次亦稍不同。

有怀刘嘉缙诗。嘉缙字协中,吴县人。工诗文。

《集四卷本》卷一《有怀刘协中》:东风度幽馆,群鸟相和
鸣。念子会无期,茫然过清明。春江芳草远,怀人心自惊。如
何多朋友,我独傍山城。岂无樽酒欢,亦有花木荣。所怜异乡

物,徒令心怔营。白云度水去,日暮山纵横。倚阑咏修行,千里何当并。

《松筹堂集》卷六《明故刘文学墓志铭》:刘君讳嘉绪,字协中,吴中之名士也。考讳昌,为世大儒,著书甚富;位广东左参政。殁时,君才十五岁,学弥笃,为文滚滚千百言不竭。诗亦思致清远,隽味有馀。

按:道光本《苏州府志》卷七十九《人物六》:刘昌,字钦谟。少颖敏,过目成诵。弱冠中正统九年乡试第一。明年会试第二。对策忤执政,抑置二甲。景泰二年授南京工部主事。时诏修宋、元史,昌与昆山张和在选中。史事寝,复旧任。历员外、郎中,出为河南提学副使,迁广东左参政,内艰归。服阕,卒于家。子嘉绪,字协中。亦工诗文,早夭。

黄佐生。

《历代名人年谱》:弘治三年庚戌,黄才伯佐生。

黄省曾生。

《明清江苏文人年表》:弘治三年庚戌,吴县黄省曾勉之生。

皇甫沖生。

《疑年录汇编》卷七:皇甫子俊沖生弘治三年庚戌。

弘治四年辛亥(1491)二十二岁

李应祯升南京太仆寺少卿。应祯字贞伯,号范庵,长洲人。为人刚鲠,博古好学。书迹清古,为时所重。徵明以同僚子弟,执弟子礼惟谨。应祯以书诀授之。

《匏翁家藏集》卷七十六《明故中顺大夫南京太仆寺少卿致仕李公墓碑铭》：公李氏，讳甡，一讳维熊，字应祯；以字行，晚更字贞伯。其先从宋南迁至吴中，遂占籍长洲。宣德辛亥八月某日，公与其弟应祥同生。少警朗力学，好古博雅，尤尚气节。景泰癸酉登乡举。举进士不偶，入太学。成化乙酉，选授中书舍人。适有旨写佛经，上疏言："闻为天下国家有九经，不闻所谓佛经也。"言甚剀切，人皆危之。赖上仁明，特答而不问。平生书迹清古，文词简雅有法，为世所重。

按：《文温州集》卷九《南京太仆寺少卿李公墓志铭》：成化乙酉以太学生授中书舍人。癸巳乞归省祭，越四年戊戌升南京兵部武选司员外郎。丁继母忧，服阕改本部车驾司。丙午进职方郎中。弘治戊申改南京尚宝司卿。本年辛亥升南京太仆寺少卿。

《姑苏名贤小纪》卷上《太仆少卿李公》：公为人刚鲠，谔谔不挠。所至与人争辩，引经证典，莫能难也。郡守刘某征敛苛急，人呼"白面虎"。公作《虎渡河》诗致之，守犹不悛。猝遇守于道，面斥之，一市皆惊。守怒，按其籍，乃无寸土；诇其家，盖无浃旬积也，始惭服。公虽贫，缓急人不啬己。奖拔后进如恐不及，而待之甚严，曰："前辈自有矩度，过崇虚让，岂所以示教耶？"故人子弟有不畏父兄而绝畏公者。

《集三十五卷本》附文嘉《先君行略》：少卿李公应祯，博学好古，性刚介难近，少所许可；而独重公。公亦执弟子礼惟谨。

《集四卷本》卷一《上少卿范庵先生》：一官临老向滁滨，三十馀年侍从臣。天下共传《争坐帖》，山中又见作亭人。公能折行忘前辈，我幸通家讲世亲。吏退焚香常闭阁，每叩杖屦侍清真。

按：《姑苏名贤小纪》李公传又云："以善书选中书舍人。故事：中书班列给事、御史上。近辄易其次。公上书争至再，语侵大臣，不报。"徵明诗中《争坐帖》殆指此。

《集三十五卷本》卷二十一《跋李少卿帖》：家君寺丞在太仆时，公为少卿，徵明以同僚子弟得朝夕给事左右，所承绪论为多。一日，书《魏府君碑》，顾谓徵明曰："吾学书四十年，今始有得。然老，无益矣！子其及目力壮时为之。"因亟论书之要诀，累数百言。凡运指、凝思、呿毫、濡墨，与字之起、落、转、换，大、小、向、背，长、短、疏、密，高、下、疾、徐，莫不有法。

又《又跋李少卿帖》：公一日阅徵明书，有涉玉局笔意，因大咤曰："破却工夫，何至随人脚踵？就令学成王羲之，只是他人书耳。"

《妮古录》：衡山少从吴文定公游，遂学苏书。李范庵见之曰："何至随人步趋？"因变本色。

按：徵明以父命从吴宽游在弘治七年，在从李应祯学之后。尝见文林书《送吴叙州之任序》，其书作苏体。由知徵明早年书学苏，盖有所自。

有答唐寅诗。寅念徵明甚，至形诸梦寐，为诗以寄，故答之。

《集四卷本》卷一《答唐子畏梦余见寄之作》：故人别后千回梦，想见诗中语笑哗。自是多情能记忆，春来何止到君家。

秋，归吴。道过金陵，有《简周邦慎》诗。邦慎名密，宝应人。时知上元县。

《集四卷本》卷一《金陵马上简周上元邦慎》：空街雨过白

烟生,稳蹋尘沙独马行。恍惚眼前愁万里,夕阳高楼建康城。

　　万历本《上元县志·职官》:周密,字邦慎,宝应人。弘治二年任(上元县令)。

叔父森授河间府沧州庆云县知县,以都穆所遗《黄庭》不全本付徵明,徵明考而跋之。

　　《集三十五卷本》卷二十六《先叔父都察院右佥都御史文公行状》:明年戊申,孝宗皇帝登极,改元弘治,诏谕天下。公奉使历山东、凤阳、扬州、庐、淮诸郡,寻以纂修《宪宗皇帝实录》,奉使采访浙江,事竣以病予告还吴。弘治四年辛亥,起告赴部,授河间府沧州庆云县知县。

　　又卷二十一《题黄庭不全本》:此本纸墨刻拓皆近古,中"玄"字并缺末笔,固是宋本。自"还坐阴阳门"下皆无之,校他刻才得其半。字势长而瘦劲,涪翁所谓徐浩摹本为是。都元敬不知何缘得之,以遗从父庆云令转以付某。虽非完物,自可宝也。

刘嘉绪卒,年二十四岁。唐寅、杨循吉各为文铭识其墓。初,徵明所居之西有吉祥庵,尝与嘉绪访僧权鹤峰过之,且有倡和诗。鹤峰名善权,工画能诗。

　　《解元唐伯虎汇集》卷四《刘秀才墓志铭》:方将集百朋之誉,乃遽得二竖之疴。正谓玉匣难全,琉璃易脆。列岁二十有四,以弘治四年某月日卒于皋桥故居。

　　《松筹堂集》卷六《明故刘文学墓志铭》:卜以弘治九年十月乙酉葬仰天山之原。所与游者祝希哲、都玄敬、文徵明、唐子畏皆奇士。子畏又编其集,为之碣文云。

　　《艺苑真赏集》第三期《明文衡山吉祥庵图》:徵明舍西有

吉祥庵,往岁尝与亡友刘协中访僧权鹤峰过之。协中赋诗云:
"城里幽栖古寺间,相依半日便思还。汗衣未了奔驰债,便是
逢僧怕问山。"徵明和云:"殿堂深寂竹林间,坐恋棕阴忘却还。
水竹悠然有遐想,会心何必在空山。"

《明良记》:善权居吉祥寺……(全文已见一岁住宅引证)

《好古堂续收书画奇物记》:僧善权山水一轴,笔仿大痴,
而高简又有云林之致。上题诗云:"小笔云山入渺茫,纸肤莹
净墨痕香。老夫不是丹青手,遮莫人嫌浅淡妆。"字法眉山,亦
精。曾见史明古题僧画诗云:"倪迂死后犹存画,权衲图来更
有诗。头白老南重题品,董元曾是巨然师。"以上有沈石田题
跋也。盖以石田、善权比董、巨云。

章文生。

《弇州山人续稿》卷九十一《章筸谷墓志铭》:翁以弘治辛
亥生。

弘治五年壬子(1492)二十三岁

从学史鉴,且侍赵宽游。鉴、宽皆吴江人。鉴字明古,
号西村。博学洽闻,文章醇雅,隐居不仕。宽字栗夫,
官至广东按察使。为文雄浑秀整,诗亦俊雅。宽卒后,
徵明为校其遗集。

《西村集·与文徵仲》:别来三月矣,新岁曾有作否?《重
庆堂》《水月观》二记,适在案头,为庄定山、赵栗夫所见。庄谓
《重庆堂》胜,赵谓《水月观》胜,争执久之。予徐曰:"铺叙处
《重庆》不如《水月》,结构处《水月》不如《重庆》,俱未为全文。

二公抚掌谓然。因援笔批抹，盖合三人之见，而居执笔者也。以原稿奉上。"

《匏翁家藏集》卷七十四《隐士史明古墓表》：其学于书无所不读，而尤熟于史论。千载事历历如见，而剖断必公，盖有宋刘道原之精。至于时事人言，得于闻见，往往笔之成编，则有洪容斋之博焉。若其才，如钱谷水利之类，皆知其故。使得郡县而治之，恢恢乎无难者。为文章纪事有法，醇雅如汉人语。诗则不屑为近体。晚岁，筑小雅之堂，方床曲几，宴坐其中。明古状貌奇伟，须髯奋张。平生喜交游。三原王公巡抚江南时，闻其名，延见之。询以政务，尤许其才，然未尝言及私事。其讳鉴，初字未定，后始字明古。自号西村，人称西村先生。

嘉靖本《吴江县志》：史鉴，字明古。年十二三为四六近体语即惊人。既长，搜罗群籍，发为文章，雄深古雅，崛然成家。尤深于水利。不乐仕进，隐居穆溪之西。一时命使行部，辄咨访以治道，其言凿凿可行。卒年六十三。葬西山博士坞。所著有《西村集》《西村杂言》等书。

《王文恪公集·广东按察使赵君墓志铭》：君讳宽，栗夫字。自少读书，五行俱下。及有官，益肆力学问。自经史以及诸子百家，无不淹贯。为文浑雄秀整。行草亦清润。及董浙江学政，能推所学以变其习。

《吴郡名贤图传赞》卷六《赵廉访》：公姓赵，讳宽，字栗夫，吴江人。由刑部主事历官郎中，出为浙江提学副使，品鉴精敏。凡七年，士风为之一变。为人平易闲雅，人乐与交。文丰赡葩藻，下笔数千言立就。诗亦俊雅，有《半江集》。

《半江赵先生文集》费宏撰序：宏之成进士也，故广东按察使半江赵先生与典试事,受知颇深。先生之捐馆舍有年矣,宏顷归道吴江,访其庐而吊焉。见其子邑庠生禧,问其遗稿,禧乃出示此编。凡诗六卷,文如之。盖校于乡产文君壁,而同邑太学生王君明所为锓梓者也。

父林自南京太仆寺丞移病,适李应祯致仕,同舟东归,相从甚乐。抵家后,于所居隙地筑停云馆,有诗。

《文温州集》卷九《南京太仆寺少卿李公墓志铭》:在太仆甫二月,以贺万寿圣节诣阙下,遂力陈致仕还长洲,二年卒。林少公十馀岁,往来相知逾二十年。晚复同官太仆。公致政归,林以病告,同舟南下。由三茅,历张公洞,相从甚乐。

又卷一《停云馆初成》:居西隙地旧生涯,小室幽轩次第加。久矣青山终老愿,居然白板野人家。百钱湖上输奇石,四季墙根树杂花。尽有功名都置却,酒杯诗卷送年华。

按:文林与李应祯归长洲,两人墓志均未言及岁月,但应祯官太仆寺在前一年辛亥,两月后以贺万寿节赴京得致仕还,归二年而卒,则两人归长洲应在本年。

娶昆山吴愈第三女。徵明内行淳固,与夫人白首相庄。生平无二色。愈字惟谦,晚号遁翁。成化十一年进士。仕至河南参政。详审明察,狱无滞囚。除奸剔弊,不畏强梁。

《泰泉集》卷五十四《衡山文公墓志铭》:夫人昆山吴氏,河南参政愈之女。其母夏氏,出太常卿杲。杲受知成祖,文翰传家。夫人素守家范,及归,事公惟谨。

《弇州山人四部稿》卷八十三《文先生传》:内行尤淳固,与吴夫人相庄白首也。生平无贰色,足无狭邪履。

《续吴先贤赞》卷十一《文学·文壁》:若徵明与人无不容,而终其身未尝亵近妇女。此虽细行,可以观其概矣。

《花当阁丛谈·文太史》:太史平生无二色,足不履狎邪。年五十馀,即绝房欲。目不视窈窕,逢妓女必匿去。又绝不与优人狎。有令优人以妇人服进太史酒,太史斥之去,遂终身不复观剧。

《散花庵丛语》:蔡君谟知福州,饮于后圃,陈烈与焉。留妓佐酒,举歌一拍,烈惊怖,越墙攀木而逝。因有“山鸟不知红粉乐,一举檀板便惊飞”之句。唐六如邀文徵仲饮石湖上。半酣,六如呼妓,徵仲大诧,辞别。妓固留之,徵仲大叫,几赴水,遂于湖上买舴艋逸去。莱阳姜如须,偶落秦淮妓馆,冒辟疆执巨斧,作大盗来劫,如须长跪乞命。三君风韵亦大痴,然亦自趣,非假道学一流可托。

《识小录》:吾郡文待诏先生年九十,生平无二色。比部钱公有威亦然。

《集三十五卷本》卷三十《河南布政司右参政吴公墓志铭》:公姓吴氏,讳愈,字惟谦,晚号遁翁,世家苏之昆山。父凯,字相虞,仕终礼部主客司主事。修正强执,事母笃孝。年四十,弃官归养。以高年令终,乡人私谥贞孝先生。公生正统癸亥八月一日。成化戊子以县学生举应天乡试。乙未举礼部会试,廷试赐进士出身。戊戌授南京刑部广东司主事。己亥丁母忧。甲辰复除本司主事,历员外郎、郎中。公自少开朗,书过目不忘。资既颖异,又敏学强解,不遗馀力。既连举得隽,益精进不懈。初官法比,即思明法以达于政。每退自公,辄取狱词翻阅探竟。凡事始、章程、传爰、论报,悉究而通之,事至迎解,不烦检会。所部兼理畿辅事,尤苛剧。公省决敏利,庭无留狱,析律详明,所当必允。苟得其情,虽贵势不避。

按:徵明娶于何年,尚不可考。然廿五岁十月,子重金生。廿六岁《乙卯除夕》诗中有"幼女仍夸学语娇"句,是徵明先育一女,后生重金。祝允明于本年三月撰《送叙州太守吴公诗叙》有云:"文君之子壁其婿也。"窥其辞意,似已成婚,而非文定。则成婚必在本年三月前。

又按:徵明龀年,尝聘昆山王府博女,未婚而夭。其后乃改聘吴愈之女。王府博妻死后,文林曾代徵明撰祭文,附录于后。

《文温州集》卷十《代壁儿祭王府博妻文》:呜呼!事有不偶而心切不敢忘者,饮德之深也。事之成否,不可量也。壁在龀年,不识不良,东望玉峰,何啻千里?而获雀屏之选者,事之不敢期者也。幸辱门下者数年,而又见知者颇深,自以得拜堂下为半子之养矣。一旦睽异,若镜鸾相隔,山鸡照水,而形影寂灭也。继闻外姑复此见背,怀德莫报,何以自慰?呜呼!此人事之不可期,期而又相失者也,天之不遂人也有以夫!谨具菲仪,奠列俎肴,以招芳魂之必降也。呜呼哀哉!尚飨!

初,岳父吴愈以南京刑部郎中升叙州知府,沈周、朱存理、都穆、刘嘉绪等以诗歌为饯。徵明请沈周作《送别图》,聚卷以赠。至是,父林及祝允明撰送行叙。朱存理,字性甫,长洲人。笃学喜谈名理。闻有异书,必访求手录,既老不厌。于徵明为丈人行,而友且亲。

《集三十五卷本》卷三十《河南布政使右参政吴公墓志铭》:弘治庚戌,升四川叙州府知府。

《吴郡名贤图传赞》卷六《吴参政》:成化十一年进士,历任南京刑部主事、员外郎、郎中。详审明察,狱无滞囚。大臣荐公心术端正,才行超卓,堪任台宪。上于是有叙州之命。叙故民夷杂处,俗犷吏黠,公摘发如神。土官安鳌以马湖叛,众议用兵。公但遣数卒侦其动静。不数日,缚鳌以来。擢河南右参政。理屯田,除弊剔奸,不畏强御。镇守中官尝与弈,三胜之。同官蹑其足,不顾。中贵大沮。既出,同官曰:"得无已甚乎?"公曰:"吾正以杜其后。"

《韫辉斋藏唐宋以来名画集·明沈周送别图卷》:卷有沈周、陈琦、吴瑄、张习、都穆,朱存理、刘嘉绪等题诗,文林、祝允明撰序。柳暗金阊春未晴,叙南太守欲宵征。哦诗西日方成句,借笠东家拟饯行。笋苦曾闻涪老赋,荔红遥想僰人迎。莫言万里为遐郡,须信文翁政有成。长洲朱存理。 看君作郡南溪去,五十郎中鬓尚青。已识王阳甘坂道,不愁汲黯去朝廷。远人易格无如信,循吏深切不在刑。吊古表贤关政事,涪翁闻说有遗亭。丹阳都穆。

《送吴叙州之任序》弘治壬子三月初吉,长洲文林书。(序文略)

《送叙州府太守吴公诗叙》:……昆山吴公惟谦以南京刑部郎中升知叙州府,顺途过家以行。知者多作诗歌为饯。南京太仆寺丞文君之子壁其婿也,爰集为什,请沈启南先生作图,聚卷以归于公,复命允明序诸作者之意。……弘治五年三月十日,长洲祝允明序。

《集三十五卷本》卷二十九《朱性甫先生墓志铭》:性甫,长洲人,宋乐圃先生之后。性甫生颖异,少学于里师,觉其所业,非出于古人,遂谢去,从杜琼先生游。于时东南名士若吴兴张渊,若嘉禾周鼎,仕而显者若徐武功有贞、祝参政灏、刘参政昌、刘金宪珏,并折节与交,且推之为后来之秀。既而诸老凋落,吴文定公、石田先生继起,而性甫复追逐其间。最后则交杨仪制君谦、都主客元敬。余视性甫,丈人行也;性甫不余少,而以为友,视诸公为亲。

《姑苏名贤小纪》卷上《邢布衣先生附朱性甫先生》:存理字性甫,笃学善谈名理,读书杜户。与同时朱凯尧民称两朱先生。

《吴郡名贤图传赞》卷六《朱处士》:少学制科,谢去,从杜琼游。居恒无他好,惟闻有异书,必访得手录之而后快,既老不厌,惟坐贫,无以自资,其书亦旋散去。

有《赠邢丽文》诗。丽文名参。徵明后与吴爟、吴奕、蔡羽、钱同爱、陈淳、汤珍、王守、王宠、张灵为参“东庄十友”。参,长洲人。沉静蕴藉,嘉遁城市,户无长物,唯教授乡里,以著述自娱。吴奕字嗣业,号茶香,宽从子。善书,笔法类宽,尤精籀学。其人亦韵士。钱同爱,字孔周,号野亭,长洲人。好结纳。喜书,每手自摘录。陈淳,字道复。以字行,更字复甫,号白阳山人。家陈湖大姚村。从徵明游。工书,尤妙写生,咄咄逼真。汤珍,字子重,居长洲之碧凤坊。博综群籍,为文富瞻,尤长于诗,世称双梧先生。徵明子彭、嘉及彭年、张渊均师事之。王守,字履约,号涵峰,吴县人。性谨厚,不妄交游。王宠,字履仁,更字履吉,号雅宜,守弟。张灵,字梦晋,亦吴县人。豪侠有才思。游祝允明门。

善画,人物高远有致。

《集四卷本》卷一《赠邢丽文》:邢子玉为质,天生粹美人。襟期看落落,意思入闾阎。不为穷伤性,还资学养身。跻攀深识要,制作力排陈。久久前无古,骎骎颖出尘。妙书规褚瘦,苦句逼郊真。前辈争推服,同时未拟伦。清明好气宇,悠远擅风神。顾我交朋寡,因君出郭频。燕游多引召,文字互评论。久益知私厚,愚方幸灸亲。常闻先从祖,应是太初民。蓄德传家隐,为儒再世贫。知君能后者,投赠故谆谆。

《姑苏名贤小纪》卷上《邢布衣先生附邢丽文先生》:邢参,字丽文。或云:即用理先生之族孙也。为人沉静有蕴藉,固而不陋,嘉遁城市。贫无恒业,唯教授乡里,以著述自娱,无所干请。尝遇大雪,诸君往视之,则屋三角已垫,方携书坐其一角不渗者。相见但诵所得佳句,绝无惨凛色也。早岁丧妻,终不再娶,优游以终。

《续高士传·邢参》:邢参,字丽文,吴人也。早丧妻,不娶。教授乡里,以著述毕老。家贫,耻干谒。朋友之门,亦罕投迹。客至,或无茗碗。薪火断,则寒食。尝天雪累日,瓮无粟,兀坐不出。人往视之,方苦吟诵也。又连日雨,复往视,屋三角垫,参怡然执书坐一角不渗累日矣。以寿卒。

《静志居诗话·邢参》:明初高侍郎季迪有"北郭十友",丽文亦有"东庄十友":吴爟次明、文徵明徵仲、吴奕嗣业、蔡羽九逵、钱同爱孔周、陈淳道复、汤珍子重、王守履约、王宠履仁、张灵梦晋。故其诗云:"昔贵重北郭,吾辈重东庄。胥会语难得,同盟讵敢忘。"

《列朝诗集》丙集《邢处士参》:《怀友诗》,友凡九人,为吴爟次明、文徵明徵仲、吴奕嗣业、蔡羽九逵、钱同爱孔周、陈淳道复、汤珍子重、王守履约、王宠履吉。作于正德丁丑、庚辰间，前后几十八首。

按：正德丁丑，文徵明年四十八岁。疑张灵时已去世，故邢参诗不及之。

《林屋集》卷十八《落魂公子传》：吴文定公兄弟三人，其季元晖，生子名奕，字嗣业。元晖早世，嗣业秀而弱。文定居京师，弗能从，独与母处，读书医俗。年至二十，不屑见四方之士。然四方贤士，誉吴公子者日益众。嗣业不鼎鼎以偷，不匌匌以隘，不提提柔从，不孑孑独立。处于流俗之世，而能翩翩乎迈于众也。尝嗜杯酒，而陶陶乎不至荒也，故谓之落魂公子云。善文定书，尤精籀学。其烹泉爇香之法，吴僧无不传习，谓之茶香公子。事母孝，交朋友以道义。一时胜流，皆与深相得。

《姑苏名贤小纪》卷上《吴文定公》：公有从子名奕，号茶香。亦韵士。

《集三十五卷本》卷三十三《钱孔周墓志铭》：吾友钱君孔周，以高明卓绝之才，负轐轹奋迅之气，感慨激昂，以豪俊自命。雅性阔达，不任检押，所与游皆一时高朗亢爽之士，而唐君伯虎、徐君昌国，其最善者。视余拘检龌龊，若所不屑，而意独亲。时余三人与君皆在庠序，故会晤为数。时日不见，辄奔走相觅；见辄文酒宴笑，评骘古今。或书所为文，相讨质以为乐。君喜学，而好结纳。自少至老，未尝一日忘学，亦未尝一日忘取友以自益也。性喜蓄书，每并金悬购，故所积甚富。尤喜左氏及司马、班、扬之书，读之殆遍。遇有所得，随手札记，积数巨帙。至所不喜，虽世指以为切要，而君未始一注目也。君讳同爱，字孔周,别号野亭。钱氏其先江都人,五世祖益,仕元为常州府医学教谕,避乱来吴,遂占籍为长洲人。

《明史》卷二百八十七《文苑》三:陈道复,名淳,以字行。祖琼,副都御史。淳受业徵明,以文行著。善书画,自号白阳山人。

《吴郡丹青志·逸品志》:陈道复天才秀发,下笔超异。山水师米南宫、王叔明、黄子久,不为效颦学步,而萧散闲逸之趣,宛然在目。尤妙写生。一花半叶,淡墨欹毫;而疏斜历乱,偏其反而,咄咄逼真,倾动群类。

光绪本《苏州府志》卷八十六《人物》:汤珍,字子重,本嘉定人。徙长洲之碧凤里。为郡诸生,有名。博综群籍,以贡入太学,谒选时,或劝为之地,谢不往,得崇德县丞,一以平易为治。

《吴郡名贤图传赞》卷八《汤二尹》:公为文富瞻典则,尤长于诗。与文徵明、蔡羽、王宠等友善。彭年、文彭、文嘉俱师事焉。

《静志居诗话》:汤珍,字子重,长洲人。以岁贡生除崇德县丞,迁唐府奉祀,不赴,致仕归。有《小隐堂诗草》。读《浪淘沙》词,直诣刘宾客神境,非五岳、九遼所能及也。其词云:"淮河一道达清河,如此风波可奈何? 东岸沙崩西岸长,南船来较北船多。潋滟瞿塘险未平,冲沙恶浪总堪惊。相逢尽说公无渡,蜀道何曾断客行!"

《列朝诗集》丙集《汤迪功珍》:珍字子重,长洲人。与王履吉兄弟读书石湖治平寺凡十五年,为前辈蔡林屋、文衡山所推重。衡山二子及彭年皆出其门。子重家有双梧堂。

光绪本《嘉定县志·文学》:汤珍子重,世称双梧先生。

光绪本《苏州府志》卷七十九《人物》:王守性谨厚,容貌敦重,动止委蛇可亲。为给事中时,当张、桂用事,从容琐闼,时谓"中庸"。其可取者,惟不妄交游。五言律有王、孟风。

《吴郡名贤图传赞》卷八《王都宪》:公姓王,讳守,字履约。吴县人。家南濠,与弟宠同居。嘉靖五年进士,授宁波府推官,累擢吏科都给事,迁太常寺少卿。累进右佥都御史,巡抚郧阳,多异政。改督南京粮储,又改理河道,以右副都御史召还。公历任显官,处以宽简清静,未尝有所变更,人谓其令望足以镇之。又二年卒于官。

《集三十五卷本》卷三十一《王履吉墓志铭》:君讳宠,字履仁,后更字履吉,别号雅宜山人。

《明史》卷二百八十七《文苑》三:王宠,字履吉,别号雅宜。少学于蔡羽,居林屋者三年。既而读书石湖。由诸生贡入国子,仅四十而卒。行楷得晋法。书无所不观。

《新倩籍》:张灵,字梦晋。性聪明,善习技巧。家本贫窭,而复佻达自恣,不修方隅,不为乡党所礼。惟祝允明嘉其才,因受业门下。

《姑苏名贤小纪》卷下《张梦晋先生》:张灵,字梦晋。家故贫,屡作业,至梦晋始读书。好交游,任侠作达。与伯虎先生邻相善。梦晋能画,人物高远有致。然惟掩其醉得之,莫可构取。

《静志居诗话》:张灵,字梦晋,吴县人。梦晋狂生,游枝指生之门。其画山水,足亚伯虎。《对酒》一诗云:"隐隐江城玉漏催,劝君须尽掌中杯。高楼明月清歌夜,知是人生第几回!"可称绝唱。

《珊瑚网书录》卷十六《枝山文选跋书后》：……丁巳，祝允明笔，门人张灵时侍笔砚。

祝允明举于乡。主试吴县王鏊。鏊于九月便道过吴，留旬日。廿九日，文林饯行，沈周绘《送行图》，吴宽跋后。鏊字济之，号守溪。成化十年乡试、明年会试俱第一，廷试第三。博学有识鉴。数典乡试，取士尚经术，文体为一变。

《陆子馀集》卷二《承直郎应天府通判祝先生墓志铭》：岁壬子，举于乡。故相王文恪公主试事，手其卷不置曰："必祝某也。"果然。文恪益自喜曰："吾不谬知人。"自是连试礼部，不第。

《穰梨馆过眼续录》卷六《沈石田送行图》：弘治壬子九月廿九日，宫谕王先生将行，文太仆作饯。因和宫谕过太湖之作，系图送之。沈周。　济之宫谕以主试南闱之便，道过吴中，与亲友留者旬日。此则沈石田于文太仆席上所赠诗画也。吴宽。

《明史》卷一百八十一《列传》：王鏊，字济之，吴人。父琬，光化知县。鏊年十六，随父读书，国子监诸生争传诵其文。侍郎叶盛、提学御史陈选奇之，称为天下士。成化十年乡试、明年会试俱第一。廷试第三，授编修。杜门读书，避远权势。弘治初，迁侍讲学士，充讲官。中贵李广导帝游西苑，鏊讲文王不敢盘于游田，反复规切，帝为动容。讲罢，谓广曰："讲官指若曹耳。"寿宁侯张峦故与鏊有连，及峦贵，鏊绝不与通。……鏊博学有识鉴，文章尔雅，议论明畅。晚著《性善论》一篇，王守仁见之曰："王公深造，世未能尽也。"少善制举义，后数典乡试，程文魁一代。取士尚经术，险诡者一切屏去。弘、正间，文体为一变。

蔡羽始与乡试,不举。其后凡十四试,皆不售。

《集三十五卷本》卷三十二《翰林蔡先生墓志》:盖自弘治壬子至嘉靖辛卯,凡十有四试,阅四十年,而先生则既老矣。

王守生。

《明清江苏文人年表》:弘治五年壬子,吴县王守生。

弘治六年癸丑(1493)二十四岁

七月九日,李应祯卒,年六十三岁。明年十月葬吴县荐福山。父林为撰墓志铭。

《文温州集》卷九《南京太仆寺少卿李公墓志铭》:弘治癸丑七月九日,南京太仆寺少卿长洲李公卒。明年甲寅十月六日辛酉,葬吴县荐福山九龙坞之原。初,公之卒,林以太安人病剧,弗得往哭与襚。既阅月,始与友人沈启南、史明古经纪其家事。先是,尝托少宰吴公原博为墓碑,比葬犹未至。公弟应祥自南京来会葬,谓葬不可无铭。众以属林,遂不敢辞。

《吴郡名贤图传赞》卷二《李太仆》:年六十三。

七月十五日,祖母吕氏卒,年五十三岁。

《文温州集》卷九《继母太安人圹志》:太安人姓吕氏,长洲吕彦敬第三女。年二十四归先君为再继室。卒弘治六年七月十五日,年五十有三。生子彬,为县学生。

秋,至江浦。以父命从庄㫤游。㫤赠诗有"忘年得友"之语,有次韵诗奉答。

《集四卷本》卷一《谒江浦庄先生留宿定山草堂》:十亩青

松四面山，草堂宛转乱流间。若非清福安能主，为访高人得暂闲。竹圃眠云秋濯濯，水春供枕夜潺潺。就中何事尤堪羡，国是人非了不关。

《定山先生集·赠文二》：一灯何处写相知，对坐寒窗暮雨时。诗本平生非杜甫，琴才临老遇钟期。尽堪出手名家早，但觉忘年得友迟。肯许无言真妙处，欲将千古慰深思。

《集四卷本》卷一《再至定山辱庄先生赠诗次韵奉答》：稚齿穷身岂有知，偶陪高论得移时。感公不以愚顽弃，顾我何堪远大期。草阁便须终岁住，仆人休讶出山迟。归来乞得尧夫句，暮雨秋灯不断思。

《泰泉集》卷五十四《衡山文公墓志铭》：交木命往从庄定山晁游。晁与语奇之，赠行有"忘年得友"之句。既而见诸人浮谈上达，互相标榜，其势甚炽，遂口不谈及。

《冯元成集》卷五十《文待诏徵明小传》：随温州公宦于滁，事郎中庄晁，得其学。然不用以口谈。

按：文徵明从庄晁学，非文林官太仆时事，冯氏误。

有《不寐》诗，以读书谋仕为负其素志。

《集四卷本》卷一《不寐》二首：孤坐忽不乐，挑灯当我前。素书横几案，欲读已茫然。当年念有负，誓志轶前贤。富贵亦何物？未老已自怜。嗟哉昔恶闻，零落今同焉。

幽人清不寐，抚枕中夜起。缅怀百年上，终作何事已？昔贤重垂名，老大吾已矣。虽亦知所驰，竟累贫贱耻。读书殊故念，盗窃谋禄仕。拙哉末岁期，电露焉足恃。叹息良不禁，还坐惭素几。昏灯黯欲灭，细雨方瀰瀰。安得百年人，相对慰悲喜。

冬，自定山归。

按:《集四卷本》卷一本年诗有《大雪不出偶成八韵自斋中所见外皆禁不犯》中有句云:"童子传来看,家人报说深。卷书空自照,杯酒不辞斟。意赏何烦对,传闻不害吟。未应闭户卧,不及放舟寻。"是徵明返苏后作,则归自定山,必在本年冬。

十一月十一日,祖母吕氏及母祁氏葬于梅湾。

《文氏族谱续集·历世生卒配葬志》:涞水府君洪,继姒吕氏,讳妙贞。卒弘治六年癸丑七月十五日。卒之年十一月十一日葬梅湾。温州府君林,姒祁氏,弘治六年十一月十一日葬梅湾。

曹镆举进士。镆字良金,吴江人。仕至湖广佥事。工诗文,善绘事。与徵明及顾应祥友。应祥字惟贤,长兴人。弘治十八年进士,仕至刑部尚书,而仕不废学。

道光本《苏州府志》卷八十一《人物宦迹》:曹镆,字良金,吴江人。弘治六年进士。选庶吉士,授刑部主事,恤刑四川,多所平反,进员外郎。性鲠介,遇中贵人必折辱之,坐是左迁东昌府通判。时镇守太监在临清者,尤暴横。镆抗章劾其罪状,武宗从之。刘瑾怒,使人刺镆阴事,无所得,乃解。迁兴化府同知。都司刘全,瑾族也,恃势不法。镆举按其罪,降千户。已镆迁湖广佥事。甫去,而全即藉瑾力复旧职。镆闻,叹曰:"时事至此,何仕为!"遂乞休。与顾应祥、文徵明诸人游。为诗文不尚雕琢,又工绘事。于所居积土为山,植桐其上,自号桐丘。卒年九十三。

《皇明词林人物考》卷五:顾应祥,字惟贤,长兴人。弘治进士,累官刑部尚书。初历广东佥事,擒剿海寇雷振等,斩首千四百馀级。巡按云南,经略二十馀疏。更定永昌府卫、腾越州、凤梧所诸御署,筑寻甸等府城垣。添设永昌等府县学师儒,申明射礼。在刑部奏定《大明律例》。致仕归。卒年八十三。

《静志居诗话》:顾应祥,字惟贤,长兴人。弘治乙丑进士,累官南京刑部尚书。卒,赠太子少保,有《崇雅堂集》。尚书仕不废学,含经约史,惟日孜孜。

按:文徵明与曹、顾两人往来,在何时不可考,因至今尚未见有关诗文,盖《文嘉钞本》所缺十馀年诗,晚年所作也。或在徵明致仕以后,既难肯定,姑系于此。

弘治七年甲寅(1494)二十五岁

有题王银钩勒竹诗。银字世宝,昆山人。娶吴愈长女,与徵明为僚婿。所藏夏昺画《云山图》,徵明为跋。昺字孟旸,昆山人。官中书舍人。画学元高克恭。

《集四卷本》卷一《题友婿王世宝钩勒竹》:……古来画竹谁最优,先宋彭城元蓟丘。谁翻新格作钩勒,王君一派真其俦。稍从笔底超变相,遂能意外资穷搜。应以虚心本性在,不使粉节缁尘浮。清影虽改风骨是,意足肯于形色求!奇踪岂出汉飞白,古意尚有唐双钩。昔人论书谓心画,看君画笔知清修。……

《集三十五卷本》卷三十《河南布政使右参政吴公墓志铭》:公娶夏氏,太常卿仲昭女,封安人。有贤行。夏安人生女三人,长适王银,以子贵,赠翰林院编修;次陆伸;次文徵明。

又卷二十一《跋夏孟旸画》:右《云山图》,昆山夏孟旸作。孟旸名昺,太常仲昭兄,能书,作画师高房山。初未知名。洪武季年,为永宁县丞,谪戍云南。永乐乙未,仲昭以进士简入中书科习字。一日,上临试,亲阅仲昭书称善。仲昭顿首谢,因言臣兄昺亦能书。召试,称旨,与仲昭同拜中书舍人,时称"大小中书"。既而谢事,终于家。其书画平生不多作,故世惟知太常墨竹,而不知孟旸,予往见所书《西铭》,颇有楷法。此轴为王世宝所藏,亦不易得也。

《明史》卷二百八十五《文苑》一:昆山夏昺者,字孟旸。与其弟㫤以善书画闻,同官中书舍人,时号"大小中书"。

《无声诗史》卷一:夏昺,字孟旸,仲昭之兄。起自戎伍,为中书舍人。画学高房山,萧萧有林下风。

得古砚,名之曰"五星",诗以纪之。其后续得砚颇富。

《集四卷本》卷一《五星砚》:余得古端砚,锐首丰下,形如覆盆。面缕五星聚奎及蓬莱三岛,左右蟠双螭。刳其背令虚,镌东坡制铭。一龟横出作蠵蠯状。文缕精致,不知何时物也。因命为"五星砚"。卖市得古砚,雅与时制别。锐首下微丰,刳中面多缕。盘盘覆雕盆,斩斩截古铁。背铭龟巧负,周饰螭双揭。层阁拟蓬居,群星象奎列。骤观惊特奇,细玩有馀拙。制岂由常徒,材仍出下穴。……

按:"五星砚"外,载籍所记经徵明藏用或铭识之砚,有如下列:

金精砖砚　详四十二岁谱。

墨霞寒翠砚　详六十七岁谱。

天池浴日砚　王宠铭,见《雅宜集》。

景曜流晖砚　见董其昌跋《宋拓黄庭经》。

古砚　见《无梦园初集》自叙,有"良宵想无梦,有梦即同游"铭。

绿玉砚　文徵明铭,见《西清砚谱》。

汉铜雀瓦砚　文徵明铭,见《西清砚谱》。

停云馆石砚　文徵明行书铭,见《归云楼砚谱》。

赉尔圆砚　见《何义门家书》。

铜雀砚　见《砚小史》。

小白华砚　见《鲒埼亭诗集》。

凤兮砚　见《巢经巢诗集》。

高斋砚　又。

丁巳铭端砚　1978 年上海博物馆古代文具展览展出。铭云:琢水之肪,惟君子器。节坚后凋,石友之义。

金星歙石玉堂砚　见《端溪砚史》彭东原《历代名砚寓目录》。

《韵石斋笔谈》卷下:建炎己酉,宋高宗避兵航海。凡上方所储贡砚,载以自随。拍浮沧波,徘徊岛屿。于斯时也,风鹤传警,阳侯振荡,随行舳舻,往往飘没。砚之沦于波臣者,不知凡几。厥后渔人蜑户,偶或得之。流传闽、广,奚啻天吴紫凤。嘉靖间,福建许姓者,常估于苏。过文徵仲玉兰堂,见案上一砚,文颇珍重。许曰:"此砚,闽、广是处有之。"文笑曰:"此宋贡砚也,乃端溪旧坑,岂易得哉!"许知其说,逾岁即携宋贡砚二十方过姑苏。文见大骇,因叹至宝何以若是之多也。文易其四,士人争购之,颇得高价。嘉靖乙卯,许复携三十方,欲往姑苏,以觊厚值。时海上倭寇猖獗,乃客于金陵,为都中士大夫所买。询其所自,皆由古寺中得之,或见于乡村训塾。盖宋室将衰,迁于南海,故闽、粤是处有之,不但高宗所携也。

有寄都穆诗。时穆授馆无锡鹅湖华氏。

《集四卷本》卷一《怀元敬时客授梁溪》:都君诗律细还真,解炼人情句自新。吴下谁宜论此道?眼中久已服斯人。才名世上公难泯,贫病年来伎不神。翘首鹅湖刚百里,遥怜岁晚客间身。(共二首,录一首)

时唐寅放诞不羁。徵明虽与风尚各别,而欢然过从无间。有《简子畏》等诗。

《明史》卷二百八十六《文苑》二:唐寅,性颖利,与里狂生张灵纵酒,不事诸生业。

《解元唐伯虎汇集》袁褧序:唐伯虎者,名寅,初字伯虎,后乃更字子畏,吴县人也。少有隽才,性豪宕不羁。家贫,不问生产。好古文辞。与故京兆祝公允明、博士徐公祯卿、今内翰文公徵明相友善。

《集四卷本》卷一《月夜登南楼有怀唐子畏》:曲栏风露夜醒然,彩月西流万树烟。人语渐微孤笛起,玉郎何处拥婵娟?

又《简子畏》:落魄迂疏不事家,郎君性气属豪华。高楼大叫秋觞月,深幄微酣夜拥花。坐令端人疑阮籍,未宜文士目刘叉。只应郡郭声名在,门外时停长者车。

七月,太仓陆容卒,年五十九岁。子伸,字安甫。修学博览,以著述为事。娶吴愈次女,与徵明为僚婿。

民国本《太仓州志》:陆伸,字安甫。容子。弘治五年举人。纵览群籍,日以修学著书为事。

《列朝诗集》丙集《陆参政容》:子伸,字安甫。亦举进士,能读父书。撰《式斋藏书目录》,桑悦、祝允明、徐祯卿等为之序。

《集三十五卷本》卷三十《右参政吴公墓志铭》:夏安人生

三女:长适王银,次陆伸,次文徵明。

十月五日,子重金生;二岁而夭。

《文温州集》卷九《二殇埋铭》:一殇曰顺孙,予子,侧出。弘治癸丑十一月十一日生。呆蠢无似,生三年,呼其母尚未真。岁乙卯十一月五日痘发,十日死。一殇曰重金,予孙,仲子壁之子。弘治甲寅十月五日生。肌肤玉雪,眉目如画。甫期,便会人意指。乙卯十一月痘发,既愈,一疾亦死。

跋徐溥所得李应祯旧藏苏轼《楚颂帖》。溥字时用,宜兴人。景泰五年进士。时官吏部尚书,进华盖殿大学士。性凝重有度。在内阁十二年,从容辅导。

拓本《苏文忠公楚颂种橘乞居三帖》:吾乡山水佳胜,昔苏文忠公尝爱而居之,故其名益著。公之居此,其事特见于文集及郡志中。至访其手迹,仅有所题斩蛟桥八字而已。若此《种橘》一帖,乃长洲李应祯携以示予者。窃喜此为阳羡故事也,遂用摹刻于石,临视惟谨,不敢失真。既又得公《乞居常州奏状》,及余家旧藏一小简言买田事者,复次第刻之。而周益公、谢采伯跋语各附其后。盖其考据岁月,皆精当可览。若元人一二题咏,亦不忍弃焉。刻完,归置沭溪书堂,所以起乡人子弟景仰先贤之意,岂徒玩其笔画之妙而已哉?成化乙巳岁夏四月甲子,宜兴徐溥谨书。

《寓意编》:宜兴徐阁老藏东坡《乞居常州奏状》小楷,谢采伯跋。徐公尝以李少卿所藏《楚颂帖》与此帖共摹刻石。

《集三十五卷本》卷二十一《跋东坡楚颂帖真迹》:世传苏文忠喜墨书,至有"墨猪"之诮。而此实用淡墨。盖一时草草弄笔,而后世遂宝以为奇玩。宋、元题识凡九人,而周益公加详。予往时尝蓄石本，比在滁，始得观于太仆少卿李公所。其先藏金陵张氏，李以十四千得之。尝欲归阁老宜兴公，未果而卒。卒后，宜兴托家君寺丞致之，凡留余家半岁。盖宜兴公以其乡故事，致意特勤，石本即公所刻，无毫发失真。但去曾从龙、庄夏、仇远三跋，而益以《买田》《奏状》二帖。题其后云："文忠尝爱吾乡山水之胜，而欲居之。今所存惟斩蛟桥八字而已。"按题桥经崇宁禁锢，沉石水中。今十二字乃天台谢采伯家真迹。绍定间，其子奕修宰宜兴，携以入石者，非当时之物也。

按：《宋文忠楚颂种橘乞居三帖》石本，有宋周必大录附《宜兴续编图经四事》中一节云："长桥，元丰元年火焚。四年，邑宰褚理复石，榜曰兴济。未几，东坡过邑，为书曰：'晋周孝侯斩蛟之桥。'刻石道傍。崇宁禁锢，沉石水中。"

《明史》卷一百八十一《列传》：徐溥，字时用，宜兴人。景泰五年进士及第，授编修。官至礼部尚书，加少师兼太子太师，进华盖殿大学士。弘治五年，刘吉罢，溥为首辅，承刘吉恣睢之后，镇以安静，务守成法。与同列刘健、李东阳、谢迁等协心辅治，事有不可，辄共争之。弘治十一年以目疾乞归。帝眷留，久之乃许，恩赉有加。逾年卒，赠太师，谥文靖。溥性凝重有度，在内阁十二年，从容辅导。人有过误，辄为掩覆。屡遇大狱及逮系言官，委曲调剂。性至孝，尝再庐墓。自奉甚薄，好施与。置义田八百亩赡宗族。

初，曾以《孔子庙碑》易朱存理《汝南帖》，考定为米芾手临。都穆见而称爱，遂题而归之。

《集三十五卷本》卷二十一《题石本汝南帖后》：虞永兴《汝

南公主墓志》起草真迹，先宋时藏洛阳好事家，后归张直清，米元章尝见之。元初在郭祐之处，后不知所在，亦不知何年入石。按元章云："余临《汝南帖》，浙东好事者以为真，刻石。"今观此刻，字势长而肥，颇类米笔。又张氏本"十六日"下有缺文，校之良是。然无旁注小字"赫赫高门"等语及玄机题字。《云烟过眼录》记郭本有米跋，今亦不存。盖米喜临晋唐书，往往逼真。而一时题记，多略不录。况此帖世无别本，必米迹也。予以《孔子庙碑》易于朱君性甫，都元敬见而称爱，遂题以归之。

　　按：此跋及《跋东坡楚颂帖真迹》两文，皆未识岁月，但在八年乙卯《书东观馀论》之前，则此两跋，当在本年或后一年所撰。

庄㫤强起入都，徐溥欲复官翰林，以丘濬疾㫤，乃复以为行人司副。濬字仲深，琼山人。景泰五年进士。时官户部尚书武英殿大学士。去年徵明自定山归后，绝口不名庄氏学。

　　《明史》卷一百七十九《列传》：庄㫤……荐章十馀上，部檄屡趣，俱不赴。大学士丘濬素恶㫤，语人曰："率天下士背朝廷者，㫤也。"弘治七年有荐㫤者，奉诏起用。㫤念濬当国，不出且得罪，强起入都。大学士徐溥语郎中邵宝曰："定山故翰林，复之。"濬闻曰："我不识所谓定山也。"乃复以为行人司副。俄迁南京吏部郎中，得风疾。明年乞身归，部臣不为奏。又明年京察，尚书倪岳以老疾罢之。居二年卒，年六十三。天启初，追谥文节。

　　《明儒学案》卷四十五《诸儒学案》上：郎中庄定山㫤，江浦人。……即如出处一节，业已二十年不出，乃为琼台（丘濬）利害所忮,不能自遂其志。先生殊不喜孤峰峭壁之人,自取于寡厚迟纯;不知此处却用得孤峰峭壁者也。白沙(陈献章)云:"定山事可怪,恐是久病昏了。出处平生大分,顾令儿女辈得专制其可否耶?"霍渭崖(霍韬)谓:"先生起时,琼台已薨,是诬琼台也。"按先生以甲寅七月出门,九月入京朝见。琼台在乙卯二月卒官,安得谓起时已卒哉?况是时徐宜兴(徐溥)言:"定山亦是出色人";琼台语人:"我不识所谓定山也。"则其疾之至矣,安得谓诬哉?

《静志居诗话》:丘濬,字仲深,琼山人。景泰甲戌进士,选庶吉士,授翰林编修。历侍讲学士升礼部侍郎,进尚书,加太子太保,入直文渊阁。寻加少保,户部尚书武英殿大学士。卒,赠太傅,谥文庄。

《明史》卷一百八十一《列传·丘濬》:濬在位,尝以宽大启上心,忠厚变士习。顾性褊隘,尝与刘健议事不合,至投冠于地。言官建白不当意,辄面折之。与王恕不相得,至不交一言。

《弇州山人四部稿》卷八十三《文先生传》:以文赘庄旲郎中,庄公读而奇之,为诗以赠。然先生得其绪于门人,往往舍下学而谈上达,因绝口不名庄氏学。

陆粲生。

《陆子馀集》附尹台《明给事中贞山先生陆公墓志铭》:公生甲寅六月二十六日。

王宠生。

《集三十五卷本》卷三十一《王履吉墓志铭》:君生弘治甲寅十一月八日。

卷 二

弘治八年乙卯（1495）二十六岁

以父命从吴宽游，时宽居继母忧于家，喜甚，悉以古文法授之，且为延誉于公卿间。

《集三十五卷本》附文嘉《先君行略》：温州公于吴文定公宽为同年进士，时文定居忧于家，温州使公往从之游。文定得公甚喜，因悉以古文法授之，且为延誉于公卿间。

《明史》卷一百八十四《列传》：吴宽……弘治八年，擢吏部右侍郎。丁继母忧，吏部员缺，命虚位待之。

曾跋吴宽所得史鉴旧藏唐林藻《深慰帖》。

《集三十五卷本》卷二十一《跋林藻深慰帖》：右唐林藻《深慰帖》，元人跋者五：李倜士弘……张仲寿希静……邵亨贞复儒……袁华子英……张适子宜……又有柯九思、陈彦廉名印，盖其所藏也。而仲寿所题，亦云尝藏之。则此帖经三氏收藏无疑。后归吴江史明古，而吾师匏庵先生得之，故某数获观焉。今疏本末如此，其详则俟博雅君子。

《寓意录》卷一：林藻《深慰帖》，计字十九行。帖刻《停云馆帖》。

秋，始赴应天乡试，馆王韦家。不售。顾璘、都穆领荐。因穆识宜兴李瀛，一言定交。韦字钦佩，号南原，金陵人。父徽，成化时官给事中，直谏有声。徵明以父林故，得接侍之。璘字华玉，号东桥，吴县人。国初隶匠籍，徙居金陵。少负才名，虚己好士。与陈沂、王韦称"金陵三俊"。沂字宗鲁，后改鲁南，号石亭。先世鄞人，以医籍居金陵。沂、韦诗皆婉丽多致。金陵又有许㲉，字彦明，号摄泉，亦璘密友。性孝友耿介，隐居不仕。其后皆与徵明相知。瀛字宗渊，朴学有质行。工诗文。授徒给养。

《集三十五卷本》卷二十五《谢李宫保书》：自弘治乙卯抵今嘉靖壬午，凡十试有司。

墨迹本《文衡山书牍》：贱子计随南京，数辱教益，且有馆传之扰。

按：此系致王韦十札册之一

《续文献通考·选举考》：三年大比，以诸生试之直省，曰乡试。中式者为举人。次年，以举人试之京师，曰会试。中式者，天子亲策于廷，曰廷试，亦曰殿试。分一二三甲以为名第之次。一甲止三人，曰状元、榜眼、探花，赐进士及第。二甲若干人，赐进士出身。三甲若干人，赐同进士出身。子、午、卯、酉年乡试，辰、戌、丑、未年会试。乡试以八月，会试以二月。皆初九日为第一场，又三日为第二场，又三日为第三场。廷试以三月朔。

《集三十五卷本》卷三十二《故资善大夫南京刑部尚书顾公墓志铭》：公讳璘，字华玉，别号东桥居士，世为苏之吴县人。国朝洪武中，高祖通以匠作征隶工部，因占数为上元人。公以应天府学生领弘治乙卯乡荐。

《吴都文粹续集》卷四十三胡缵宗《明故中宪大夫太仆寺少卿致仕都公墓志铭》：乙卯领应天乡试。

《列朝诗集》丙集《王少卿韦》：韦字钦佩，上元人。父徽，宪宗朝给事中，直谏有声。钦佩，弘治乙丑进士，改庶吉士，授吏部主事。历河南提学副使，召拜太仆少卿。以母丧，毁瘠卒。

《明史》卷一百八十《列传》：王徽，字尚文，应天人。天顺四年进士，除南京刑科给事中。宪宗即位数月，与同官王渊、朱宽、李翔、李钧疏陈四事。末言：“自古宦官贤良者少，愿法高皇帝旧制，毋令预政典兵。”其冬，帝入万妃谮，废吴后，罪中官牛玉擅易中宫，谪之南京。徽复与渊等劾之。诏谓妄言邀誉，欲加罪。诸给事、御史交章论救，乃并谪州判官，徽得贵州普安。徽至普安，兴学校教士，始有举于乡者。弘治初，吏部尚书荐起陕西左参议。逾年，谢病还，卒，年八十三。子韦。

《明史》卷二百八十六《文苑》二：顾璘，字华玉，上元人。弘治九年进士。少负才名，与何、李相上下。虚己好士，如恐不及。初，璘与同里陈沂、王韦号“金陵三俊”。其后，宝应朱应登继起，称“四大家”。璘诗矩矱唐人，以风调胜。韦婉丽多致，颇失纤弱。沂与韦同调。陈沂，字鲁南，正德中进士，由庶吉士历编修、侍讲，出为江西参议，量移山东参政。以不附张孚敬、桂萼，改行太仆卿，致仕。王韦，字钦佩，父徽，成化时给事中，直谏有声。韦举弘治中进士，由庶吉士历官太仆少卿。

《列朝诗集》丙集《顾尚书璘》：璘，字华玉，吴县人。国初隶匠籍，徙居金陵。华玉少负才名，举进士，即自免归。与陈侍讲沂、王太仆韦肆力为古文，时称“金陵三俊”。官留曹六年，学益有闻。所与游者李献吉、何大复、徐昌谷，相与颉颃上下，声名藉甚。诗矩矱唐人，才情烂然，格不必尽古，而以风调胜。延接胜流，如恐不及。诏修《承天大志》，聘楚名士屏弃者王廷陈、王格、颜木分任之。书成，不称旨，士论以此益附之。晚岁家居，文誉藉甚。又居都会之地，希风问业者，户屦恒满。构息园，治幸舍数十间，以待四方之客。客至如归，命觞染翰，留连浃岁无倦色。即寸长曲伎，必与周旋款曲，意尽而后去。议论英发，音吐如钟。每一发端，听者倾坐，咸以为一代之伟人。处承平全盛之世，享园林钟鼓之乐，江左风流，迄今犹称为领袖也。

咸丰本《鄞县志》卷十六《人物》：陈沂，字鲁南，以医籍居南京。五岁能属对，十岁能诗，十二岁作《赤宝山赋》，传诵人口。正德十二年第进士，改庶吉士，年已四十有八，为凤名士矣。授编修，进侍讲。嘉靖初，忤大学士张璁，出为江西参议，改山东参政。入贺，道遇璁长安道上。璁劳之，且歆以内召。对曰："齐民困甚，能行吾疏，胜吾受德也。"璁怒，为所中，左迁山西行太仆卿。抗疏致仕。少负才名，与顾璘、王韦、朱应登称"四大家"。璘、应登羽翼李梦阳，而沂与韦颇持异议。三人仕宦皆不及璘。

《无声诗史》卷三：陈沂，字宗鲁，后改鲁南，号石亭。先世本鄞人，国初始家南都。父钢，长沙府倅。沂旁及书法绘事，皆掩映名流。书宗苏长公。画格清劲。

《息园存稿》文五《摄泉隐君许彦明墓志铭》：彦明许隐君，耿介沉默，处富不盈，居贱不诎，人鲜与合。独与姑苏文徵仲、南都陈鲁南、王钦佩及余四人为密友。四人者，亦爱隐君无他，乐为倾倒。时时赋咏相酬和，摅展情愫，不相较深浅工拙也。曾因事南游，登摄山，爱其泉，因自号摄泉居士，乐养生也。

同治本《上江二县志》：许瓒，字彦明。性孝友。伯兄荡产，悉偿其逋。寡姊无依，迎归厚奉以终。素好名书法画。登临啸咏，意兴闲适。

《集三十五卷本》卷三十《李宗渊先生墓志铭》：宜兴有朴学质行之士，曰李宗渊先生。形神木槁，而博洽善文。负其所有，颇孑孑自好。不能降意徇人，人故不之喜。家居，授徒给养。君讳瀛，字宗渊，其先晋陵人。父某，母邵氏，生君六年而亡。君能追思致孝，又曲意事其后母孙。为文简严不苟，于投赠诗尤工。所交皆天下士，故少司空沈公晖，吴文肃公俨，今少司徒二泉先生邵公宝，吾吴杨仪部君谦，都太仆玄敬，处士沈周先生其尤厚者。岁乙卯，余试应天，因玄敬识君，一言定交。

按：王韦父徽，文徵明《先友诗》咏及。徵明自叙云："徵晚且贱，弗获承事海内先达。然以先君之故，窃尝接识一二。"故与王韦、顾璘等订交必早。是年许瓒、陈沂皆廿七岁，顾璘廿岁。

画《金焦落照图》。吴瑞有诗，题谢长句。瑞字德徵，昆山人，成化十一年进士。时官南京工部，督理河道。邃于《易》，尤工古文词。

《集四卷本》卷一《余画〈金焦落照图〉吴水部德徵先生寄示二诗题谢长句》：忆昨浮船下扬子，平翻渺渺波千里。何来双岛挟飞楼，璀璨彤煌截涛起。夕峰倒堕满江阴，霜树高浮半空紫。舟人指点落日处，凌乱烟光射金绮。平生快睹无此奇，却恨归帆北风驶。至今伟迹在胸中，回首登临心不已。偶然兴落尺纸间，便欲平吞大江水。固知心手不相能，涂抹聊当卧游尔。晴窗舒卷日数回，不敢示人聊自喜。水部先生诗有名，忽寄瑶篇重称美。漫云家法自湖州,自愧区区何足齿。由来题品系名声,何况先生是诗史。君不见,当年画马曹将军,附名甫集犹不死。又不见,阎公自谓起文儒,池上俄蒙画师耻。人生固有幸不幸,拙劣何堪古人拟?江山千载等陈迹,一笑宁须论非是。 附水部二诗:戏拈秃笔写金焦,万里青天见玉标。未用按图神已往,耳边似接海门潮。 闲写金焦镇海门,夕阳孤鹜淡江痕。一枝画笔承传久,须信先生老可孙。

道光本《苏州府志》卷八十《人物·宦迹》:吴瑞,字德徵,昆山人。成化乙未进士。授南京吏部主事,改工部,历郎中,督理河道。凿高邮甓社湖左腹河四十馀里,以免覆溺之患。复上疏请蠲所凿田赋额。以疾乞归,绝意仕进。瑞邃于《易》,尤工古文词。著有《西溪集》,《官游》《居闲》二稿。

饮唐寅家,有诗。尝与寅商酌画法,以为作画应以六朝为师,设色以闲淡为贵。又谓宋李晞古画为后进之准,初学所宜专力。

《集四卷本》卷一《饮子畏小楼》:今日解驰逐,投闲傍高庐。君家在皋桥,喧阗井市区。何以掩市声,充楼古今书。左陈四五册,右倾三二壶。我饮良有限,伴子聊相娱。与子故深密,奔忙坐阔疏。旬月一会面,意勤情有馀。苍烟薄城首,振袖复踟蹰。

上海艺苑真赏社本《明文徵明诗稿真迹》:此余四十年前所作。当时与唐子畏言:"作画须六朝为师。然古画不可见,古法亦不存。漫浪为之,设色行墨,必以闲淡为贵。"今日视之,直可笑耳。然较之近时浓涂丽抹,差觉有古意。不知赏鉴家以为何如?嘉靖乙未九月十一日。

《南宋院画录·李晞古关山行旅图》：余早岁即寄兴绘事，吾友唐子畏同志，互相推让商榷，谓李晞古为南宋画院之冠。其丘壑布置，虽唐人亦未有过之者。若余辈初学，不可不专力于斯，何也？盖布置为画体之大规矩，苟无布置，何以成章？而益知晞古为后进之准。……嘉靖癸巳二月五日，文徵明识于悟言室。

十二月廿日，借观唐寅所藏《东观馀论》，题后。

《集三十五卷本》卷二十一《书东观馀论后》：……岁旃蒙单阏十二月廿日，从唐子畏借观，因题。

是月，邢参亦观唐寅藏《太玄集注》《太玄解》于寅家，并识。

《铁琴铜剑楼藏书题跋集录》卷三《太玄集注六卷太玄解四卷附太玄历一卷》宋钞本：弘治乙卯腊月，荐溪邢参观于皋桥唐伯虎家。　此本旧藏唐子畏家，后以赠钱君同爱。更无副本，唯赖此传诵耳。钱君幸珍藏之。丁巳冬，徐祯卿识。

婿王曰都生。

《陆尚宝遗文·王子美墓志铭》：君生弘治乙卯八月五日。

弘治九年丙辰（1496）二十七岁

二月，妻母夏氏卒。夏氏故太常卿㫤女。㫤，杲弟，字仲昭。善书能诗。精绘事，尤工墨竹，名重四裔。

《匏翁家藏集》卷六十九《吴叙州妻安人夏氏墓志铭》：叙州太守吴君惟谦有贤配曰安人夏氏，太常卿仲昭之女。惟谦自郎中擢守叙州，安人留居于家治内政。俄以疾卒，弘治九年二月二十八日也。享年五十八。女五人：长适承事郎王铭，次适乡贡进士陆伸，次适长洲县学生文壁，皆安人出。……

按：王银此作王铭。然徵明所书《吴公墓志铭》云："夏安人生女三人，长适王银。"是"银"非"铭"，疑吴集偶笔误。

《明史》卷二百八十五《文苑》一：昆山夏昶者，亦善画竹石，亚于王绂。画竹一枝，直白金一锭。然人多以馈遗得之。昶字仲昭，永乐十三年进士。改庶吉士，历官太常卿。

《无声诗史》卷一：夏昶，字仲昭，昆山人。举进士，为翰林院庶吉士。太宗尝召见之，谓曰："太阳丽天"，"日"宜加于"永"上。"昶"字宜作"昺"字。书有"昺"字始此。以善书供奉内省。尝扈从两京，授中书舍人。宣德中，转考功主事，仍供内直。正统中，用荐者升太常卿，致仕。昶既善书，亦能诗。精绘事，尝师王孟端。尤工墨竹，以至海外多饼金悬购，名重四裔。

有雨中卧病，忆王云家牡丹诗。云字汉章，长洲人。云叔父泰，娶于文。云子曰都，娶徵明女。

《集四卷本》卷一《雨中卧病忆王汉章西栏牡丹》：惆怅王家赪玉丛，春风只在小桥东。自怜刚及花时病，半月高眠细雨中。

《陆尚宝遗文·王子美墓志铭》：君讳曰都，字子美。君故医士节孙也。君父云，县学生。母仰氏。娶文氏。

《吴都文粹续集》卷四十周鼎《明故王聩斋先生墓志铭》：长男鼎之，卒先五年。次男节，太医院医士。次泰，邑庠生，升贡太学未行。次观，应名医之征，亦未行。皆忧故也。五女而夭其一。四婿曰庄练、陈廉、李圭、张玮。玮，京闱癸卯贡士。

又祝允明《王氏复墓记碑阴》：节推，泰也。曰三娘子坟之封也。节推先配文，而其诸殇则各有所依附也。

按：王云祖即瓒斋敏，父节，叔父观，皆善医。观少从学徵明祖父洪（详后四十九岁王观条）。云母姑嫁张玮。玮系张声远曾孙。徵明曾祖惠，娶张声远女。而云叔泰先娶文氏，当为徵明母姑行。故文王两家，旧有姻连。

六月，史鉴卒，年六十三岁。著《西村集》。徵明有《哭西村夫子》诗。父林致书吴宽为乞墓文。时宽已服满，起官吏部侍郎。

《匏翁家藏集》卷七十四《隐士史明古墓表》：前二年，予家居，一日，忽冒暑见过，饮冰水数碗而去。又二旬而疾作。家人进药，俾持去，曰：“吾治棺待尽久矣！且吾年六十三，又夭耶？”竟卒，弘治丙辰甲子也。

《西村集》附文壁《登小雅堂哭西村夫子》：六十三年盖代豪，掀髯想见气横涛。乡里总识衣冠古，流俗空惊论议高。前辈似公何可少？英雄终老亦云遭。凄凉小雅新堂上，曾把文章勖我曹。

《式古堂书画汇考》书卷二十四《文宗儒与匏庵札》：……史明古墓文，渠家累次托仆致意。且方俟此以为复土之期，不知公亦尝念及否也。千万作急寄付，以慰其子弟之望。……十一月望日，年弟文林再拜奉书匏庵少宰先生年兄执事。

宜兴李瀛至吴，以所著书相示，颇自悼其不遇。徵明为著《衍毁》一篇。宜兴又有吴纶、吴仕、吴祖贻等，徵明皆与交游。纶字大本，高尚不仕。自拟陶潜，号心远居士。仕字克学，正德九年进士，仕终四川参政。忤当

事,引疾归。嗜学,有《颐山诗稿》。仕有别业石亭山房,徵明、沈周等每过荆溪,辄寓于此。

《集三十五卷本》卷三十《李宗渊先生墓志铭》:岁乙卯,余试应天,因玄敬识君,一言订交。明年,扁舟过余吴门,示余所著书,颇自悼其龃龉不遇,余为著《衍毁》一篇。

按:《衍毁》未见,疑失传。

嘉庆本《宜兴荆溪县志》卷八《隐逸》:吴纶,字大本。性耽高尚,创别墅二于溪山间:南曰樵隐,北曰渔乐,逍遥其中。自拟陶潜,号心远居士。

又卷八《文苑》:吴仕,字克学。幼警敏,长尤嗜学。登正德九年进士。初授户部主事,终四川参政。引疾致仕。家居吟诵不辍,著有《颐山诗稿》。

光绪本《常州府志》卷二十三《人物》:吴仕,字克学。刚重有廉隅。正德举应天乡试第一,登进士。历官山西、福建、广西、河南、四川督学。抗法无私,衡鉴甚明,赏拔悉登高第。而忤于当事,引疾去。

嘉庆本《宜兴荆溪县志》卷末《寺观》:水月庵,在县南六里石亭埠东,俗名北庵。本参政吴仕别业,名石亭山房。沈启南、文徵仲、王元美、唐荆川每过荆溪,辄寓于此。

按:徵明二十三岁有《水月观记》(见"从学史鉴"注)。水月观或即水月庵,是徵明与吴仕早有交往。《集四卷本》于正德丙寅年诗有《余与宜兴吴大本别于金陵,十年矣……》,时徵明年三十七岁,则与吴纶交当是此数年中事。吴祖贻事行尚不可考。但己巳年诗已有《与宜兴吴祖贻夜话有作,就简李宗渊、杭道卿、吴克学》诗。

为昆山黄云作小画。后十六年正德辛未，始补题诗。时徵明画笔专学荆浩、关仝，沈周赠诗有"未用荆关论画法，先生胸次有江山"句。云字应龙，号丹岩。性度疏豁，家贫好学，熟于典故。工诗文，文宗苏轼，书法黄庭坚，皆为时所重。所著《丹岩集》，内多与沈周及徵明往来题咏之作。

《集四卷本》卷三《余为黄应龙先生作小画，久而未诗。黄既自题其端，复征拙作，漫赋数语》：尺楮回看十六年，残丹剥粉故依然。得君品裁知增重，顾我聪明不及前。小艇沿流吟落日，碧山浮玉涨晴烟。诗中真境何容赘，聊续当年未了缘。

《味水轩日记》卷二：文徵仲正月廿三日山水一轴，陆五湖师道题云："此衡山先生未改名时笔也。先生蚤岁专学荆、关，故笔意如此。尝闻石田翁赠先生之诗曰：'老夫开眼见荆关，意匠经营惨淡间。未用荆关论画法，先生胸次有江山。'愚谓此诗非先生不能当。然非石田之知先生，不能有此言。盖二公皆学洪谷，而能自得者。观于此图尤信。"

嘉靖本《昆山县志》卷十《文学》：黄云，字应龙，昆山人。由岁贡仕瑞州府学训导。性度疏豁，议论慷慨，不能作依违软美之态。家贫好学，博极群书，熟于典故。文宗东坡，书法山谷，皆为时所重。年七十馀卒。著有《丹岩文集》十卷。

《静志居诗话》：丹岩怀才不遇。尝渡清、淮，尽以文稿投诸水。晚就一毡，苜蓿之盘不饱，赋《阙食》诗云："妻子恒苦饥，生事转疏拙。矧兹秋收时，吾室瓶储阙。名微贱卖文，所得亦易竭。"又《绝粮》诗云："今朝断晨炊，家人尽僵卧。天阴动寒气，鸣屋霰交堕。入市籴脱粟，薄糜聊拯饿。"可谓穷矣。

《四库全书总目》卷一七五《集部·别集类·存目二》:《丹岩集》十卷,明黄云撰。云字应龙,丹岩其别号也。昆山人。弘治中以岁贡授瑞州训导。是集凡诗四卷,文六卷。其门人巡按御史朱实昌所编。中多与沈周、文徵明诸人往来题咏之作。

父林校刻张泰《沧州集》,时泰已卒。

《文温州集》卷一《校沧州集有怀亨父先生》:几度思君哭未休,断编残墨手亲衰。可怜功业惟馀此,况复遗亡不尽收。京国夜寒亲雪馆,潞河秋雨并兰舟。叔牙已死谁余及,拭泪小窗搔白头。

按:商务本《明贤遗墨》有徵明名壁时致安甫札中云:"《沧州集》寒家已印尽,匠人已去,不能重起被头。今却以一部及原价纳还。徐当更图也。"此时文林以南太仆寺寺丞移病在家。明年冬起为温州知府,《沧州集》当刻于此年或年前。安甫即陆伸,徵明僚婿。

是年,顾璘举进士。后三年,授广平县知县。

《集三十五卷本》卷三十二《南京刑部尚书顾公墓志铭》:明年丙辰举进士,己未授广平县知县。

陆治生。

《历代名人年谱》:孝宗弘治九年,陆叔平治生。

弘治十年丁巳(1497)二十八岁

与徐祯卿、钱同爱、沈律等交。并与祝允明、唐寅、蔡羽、都穆、黄云、朱凯、张灵等相从谈艺。祯卿字昌穀,一字昌国,吴县人。资颖特,家不蓄一书,而无所不通。

工诗歌，喜工丽。律字润卿，苏人。家世业医，多蓄法书名画。嘉靖中选入太医院，充唐藩医正。著《吏隐录》《邓尉山志》。凯字尧民，长洲人。读书不乐仕进。与朱存理所居相近，业又甚似，人称两朱先生。

《国光艺刊》第四期《宋郑所南国香图卷》：徵明往与徐迪功昌国阅此卷于润卿家，各赋小诗其上，是岁，弘治十三年庚申也。及今嘉靖己丑，恰三十年矣。追忆卷中诸君，若都太仆元敬、祝京兆希哲、黄郡博应龙、朱处士尧民、张文学梦晋、蔡太学九逵及昌国，时皆布衣，皆喜谈郡中故实。每有所得，必互相品评以为乐。

按：明年春，杨循吉饯文林于虎丘，徐祯卿已在座。又《集四卷本》于明年已有《秋夜不寐怀钱二孔周》《待孔周不至》等诗，故与钱同爱、徐祯卿等交往系于本年。

《明史》卷二百八十六《文苑》二：徐祯卿，字昌谷，吴县人。资颖特，家不蓄一书，而无所不通。自为诸生，已工诗歌。与里人唐寅善。寅言之沈周、杨循吉，由是知名。

《玉剑尊闻》卷三《文学》：徐祯卿幼精文理，不由教迪。著《交诚》《感暮赋》诸篇，词旨沉郁，长宿惊叹，称为"文雄"。

《吴郡名贤图传赞》卷八《徐博士》：幼作诗，喜工丽，世传诵其"文章江左家家玉，烟月扬州树树花"之句。

《中国文学家辞典》：沈律，字润卿，苏州人。家世业医。嘉靖中选入太医院，充唐藩医正。著有《吏隐录》二卷，《邓尉山志》一卷。

《集三十五卷本》卷二十九《朱性甫墓志铭》：吾苏有博雅之士曰朱性甫存理、朱尧民凯，两人皆不业仕进，又不随俗为廛井小人之事,日惟挟册呻吟以乐。成化、弘治间,其名奕奕,望于郡城之东。人以其所居相接,而业又相似也,丽称之曰两朱先生。

《金石契·朱凯尧民》:尧民性尚文和,韵含芳冽。求声韵于先懿,研行墨以穷年。嗜胜食色,旸移行寝。崇贤笃分,历久不渝。断金之谌牢,敝裘之度广。既如不及,犹恐失之。肇之饮惠实醲,惟惭勿报而已。赞曰:清矣尧民,爽然风尘。松颜靡落,芝臭常芬。

徵明既博古善议论,又洽闻元、明之际旧事,为时推服,与祝允明、唐寅、徐祯卿号为“吴中四才子”。

《新倩籍》:文璧,字徵明。笃好稽古,洽闻旧事。善议论,学者咸高之。

《太平清话》:文衡山太史极熟胜国人遗事,能口述其世系、官阀、里居。几多抄本小册,皆国初元末故实也。

《明史》卷二百八十六《文苑》二:祯卿少与祝允明、唐寅、文徵明齐名,号“吴中四才子”。

性端方,乐淡薄,不饰容仪,不近女妓。祝允明、唐寅、钱同爱等故跅弛自喜,数强魙之,终不为动。然异规齐尚,亦无间言。

《新倩籍》:文璧……性专执,不同于俗。不饰容仪,不近女妓,喜淡薄。俦类有小过,时见排抵。人有薄技,亦往往叹誉焉。

《续吴先贤赞》卷十一《文学·文璧》:徵明与人无不容,而终其身未尝亵近妇女。此虽细行,可以观其概矣。

《弇州山人四部稿》卷八十三《文先生传》:吴中文士秀异

祝允明、唐寅、徐祯卿日来游。允明精八法,寅善丹青,祯卿诗奕奕有建安风。其人咸跅弛自喜,于曹耦无所让,独严惮先生,不敢以狎进。先生与之异轨而齐尚,日欢然无间也。

《六如居士外集》卷一:伯虎与文徵仲交谊甚厚,乃其情尚固自殊绝,伯虎、希哲两公每欲戏之。一日,偕徵仲同游竹堂寺。伯虎先嘱近寺妓者云:"此来文君,青楼中素称豪侠。第其性猝难狎,若辈宜善事之。"妓首肯,已密伺所谓文君者。两公乃故与徵仲道经狎邪,伯虎目挑之,妓即固邀徵仲,苦不相释。徵仲怅然曰:"两公调我耳!"遂相与大笑而别。

又:文徵仲素号端方,生平未尝一游狎邪。伯虎与诸狎客纵饮石湖上,先携妓藏舟中,乃邀徵仲同游。徵仲初不觉也。酒半酣,伯虎岸帻高歌,呼妓进酒。徵仲大诧,辞别。伯虎命诸妓固留之,徵仲益大叫,几赴水。遂于湖上买舴艋逸去。

《四友斋丛说》卷十八《杂记》:钱同爱少年时。一日,请衡山泛石湖。雇游山船以行,唤一妓女,匿之艄中。船既开,呼此妓出见。衡山仓皇求去,同爱命舟人速行,衡山窘迫无计。同爱平生极好洁,有米南宫、倪云林之癖。衡山真率,不甚点检服饰。其足纨甚臭,至不可向迩。衡山即脱去袜,以足纨玩弄,遂披拂于同爱头面上。同爱至不能忍,即令舟人泊船,放衡山登岸。

又:同爱每饮必用妓,衡山平生不见妓女。二公若薰莸不同器,然相与一世,终不失欢。

有《读于肃愍旌功录有感》诗。肃愍,于谦谥。谦字廷益,钱塘人。少英异。永乐十九年进士。正统十四年,英宗北狩,弟郕王即位。谦以兵部侍郎拜尚书,辑安四

方。英宗复还。寻英宗复辟，谦弃市。天下冤之。成化初复官。弘治初，加赠并谥，赐特祠于墓曰"旌忠"。

《集四卷本》卷一《读于肃愍旌功录有感》：南迁议起共仓皇，一疏支倾万弩强。既以安危系天下，曾无羽翼悟君王。莫嫌久假非真有，只觉中兴未耿光。浅薄晚生何敢异，百年公论自难忘。老臣自处危疑地，天下遑遑尚握兵。千载计功真足掩，一时起事岂无名？（当时欲赦于、王。或谓"不杀二人，则今日之事为无名。"然则复辟之事，岂无名哉！）未论时宰能生杀，须信天王自圣明。地下有知应不恨，万人争看墓门旌。

《列朝诗集》乙集《于少保谦》：谦字廷益，钱塘人。永乐十九年进士。宣德初，授山西道御史。越五年，起行在兵部右侍郎，巡抚梁、晋。历十八年还部。己巳北狩，拜兵部尚书，历升少保。裕陵复辟，死西市。茂陵念其忠，赐谥肃愍。公少英异，过目成诵。文如云行水涌，诗顷刻千言。

《明书》卷一百二十三《名臣传八·于谦传》：时复议与也先和，且迎上皇。群臣王直等请之力，上意不怿，曰："我非贪此位，而卿等强树焉。而今复作纷纭何？"众不知所对。谦从容曰："大位已定，宁复有他？言和者，觊以解目前，而得为备耳。"上顾而改容曰："从汝，从汝。"于是左都御史杨善以奉使往。而上皇返驾。太上既归，上奉之南城。又欲易皇太子，谦以非所职，不敢争，而皇太子立。内阁九卿俱加师、傅等官，谦得太子太傅，且命兼支二俸。群公皆一辞，谦独再辞，其文婉约以示风。上弗许。……景帝不豫，石亨谋与中官曹吉祥等发南城锢，迎太上复辟。甫御殿，而执谦与大学士王文下狱，谓谦、文与中官舒良、王承、张永等谋迎襄王为帝，坐以谋反例，凌迟

处死。……既奏上，上犹豫曰："于谦实有功，若何？"时徐有贞
与亨比，前曰："不戮谦，此举为无名。"谦遂论斩弃市。籍其
家，自上赐外无常物。谦死之日，阴霾翳天，行路嗟叹。宪宗
初，谦子冕上疏白冤状，上怜而复其官。赐祭有云："当国家之
多难，保社稷以无虞。惟公道而自持，为权奸之所嫉。在先帝
已知其枉，而朕心实怜其忠。"天下诵而称之。孝宗初，加赠特
进光禄大夫柱国太傅，谥肃愍。赐特祠于其墓曰"旌功"。

《宾退录》卷二：景泰有易储心，语太监金英曰："七月初二
日，东宫生日也。"英叩头曰："东宫生日是十一月初四日。"帝
默然。事虽不即行，后卒易之。非于谦、王文之罪也。

按：《明书》卷一百二十三于《于谦传》末云：当敌之拥太上
而南，至宣府，宣人登陴曰："赖天地祖宗之灵，国有君矣。"至
大同，复如之。而谦又独飏言曰："社稷为重，君为轻。"斯言
也，功以之成，福以之生。然欤？否耶？谦以本兵，分不言和而
言战守。当太上之迎复，谦不为梗；小梗者，王文、杨俊耳。景
帝之信谦，谓其能固围。非有布衣腹心之素，一不合则暌，再不
合则去。夫人主以私爱欲易太子，虽留侯不能得之汉高，而谦
能得之景帝乎？

**寻有感徐有贞事，再赋。有贞初名珵，字元玉，吴县人。
博通群籍，志在用世。工诗文长短句。草书奇逸。宣
德八年进士。以金都御史治河张秋。天顺初，以迎复
功拜华盖殿大学士，兵部尚书，封武功伯。于谦之死，
实自有贞，人为侧目，未几，下狱，编戍金齿。三年赦
还，卒。**

《集四卷本》卷一《因读旌功录有感徐武功事再赋二首》：

固锁高垣事可吁，更凭何罪易皇储。诸公方有同谋惧，识者能无意外虞？机会如斯何可失，功名之际本难居。冤哉一掬江湖血，信史他年未必书。　　书生本欠封侯福，挥手旋乾事偶成。自古穷高招物忌，况公慷慨负才名。比肩绛灌知深耻，切齿高恭恨太明。白璧微瑕尤惜者，当时无用议迁京。

《列朝诗集》乙集《徐武功有贞》：有贞，初名珵，字元玉，吴县人。宣德八年进士，迁翰林院庶吉士，授编修。历春坊、谕德，以金都御史治河张秋。天顺改元，用迎复功，即日拜华盖殿大学士、兵部尚书，掌内阁事，封武功伯。未几，下狱，编戍金齿。三年赦还，卒于吴。公器质魁杰，文武兼资。于天官、地利、河渠、兵法、风角之书，无不通晓。志在经世。诗文取通达，不屑为雕章饰句。晚遭屏废，放情弦管泉石之间。好作长短句。以抒写其抑塞。激昂感慨，有辛稼轩、刘改之之风。草书奇逸，自负入神。登山临水，酾酒悲歌。笔墨淋漓，流传纸贵。至今吴下推风流儒雅，亦必以武功为领袖云。

按：《明书》于徐传末云：有贞时尚壮，负其才，谓"上思我，必且召。"上竟弗召。天下亦颇惜有贞才，而惜于谦才甚于有贞。其冤有贞又不如冤于谦。以故里居者十馀年，无推毂者。晚乃放浪山水间，颇以词翰著声。文雄奇，诗亦遒劲，竟郁郁不得志而卒。

四月十三日，长子彭生。彭字寿承，号三桥。能画，工诗。字学钟、王，出入怀素、孙过庭。工篆隶。镌刻图章，超卓古今。娶钱同爱女。

《珊瑚网书录》卷十五《文徵仲题咏遗迹》：三十相将始洗儿，百年回首即非迟。祖书敢谓今堪托，父道方惭我未知。愿鲁难凭苏子论，胜无聊有乐天诗。人间切事惟应此，对客那无酒一卮？　春风一笑锦绷儿，共道头颅较我奇。门户关心能不喜？贤愚有命可容期。百年正赖培来久，万事谁云足自兹？五十老亲遗世网，从今都是弄孙时。贱子今年四月十又三日，始举一儿。弥月之期，薄有汤饼之设。因识二诗，邀在席诸君同赋。是岁弘治丁巳，余年二十有八。

《姑苏名贤后记》：许毂《明两京国子博士致仕赠文林郎文公墓志铭》：吴有国子先生文公者，前太史衡山翁之长嗣也。生弘治丁巳四月十三日。

《六砚斋笔记》卷三：文衡山先生《洗儿》诗，年二十有八时作也，为弘治丁巳。弟不知举儿是寿承否？人传寿承前生，乃一绘士，在宜兴绘一土神庙壁，未竟而卒。托生文家，前所未了之壁，耿耿在念。后偶过庙，遂为了之。顾寿承自擅书名，世不见其画。寿承临终时，呓语作衡老状云："天曹发下许多诰轴，征书甚急，须大郎去一助。"藉令果有之，则翰墨文人，断然自为一流，出入瑶阶宝池，为玉霄侍书之职，不浪随五浊辘轳也。

《吴郡名贤图传赞》卷八《文国博》：公姓文，讳彭，字寿承，号三桥。衡山伯子。以明经廷试第一，仕为国子博士。家学渊源，画笔苍郁，山水似梅道人。能诗。字学钟、王，出入怀素、过庭。尤工篆隶。镌刻图章，超卓古今，人争宝之。卒年七十有六。

《詹氏小辨》：文彭篆、分、真、行、草并佳，体体有法，并自成家。不蹈父迹，才似胜之，功力远不及父。

《印人传·书文国博印章后》：文寿承彭，温州公孙，待诏公子，休承郡博兄。孙为湛持相国。其行径不待余述。国博在南监时，肩一小舆，过西虹桥。见一蹇卫驼两筐石，老髯复肩两筐随其后，与市肆互诟。公询之。曰："此家允我买石，石从江上来，蹇卫与负者须少力资，乃固不与。遂惊公。"公睨视久之，曰："勿争，我与尔值，且倍力资。"公得四筐石。解之，即今所谓"灯光"也。下者亦近所称"老坑"。先是，公所为章，皆牙章。自落墨，而命金陵人李文甫镌之。李善雕箧边。其所镌花卉，皆玲珑有致。公以印属之，辄能不失公笔意。故公牙章，半出李手。自得石后，乃不复作牙章。

国博公左目虽具，而不能视，如世人所云白果睛者。国博工诗。吴人张凤翼曰：文太史诗，未必上超开元，佳者亦不失大历。后生小子，信口诋訾。迨国博、郡博之作，谓之"文家诗"。今观寿承"姜家住近江淹宅，曾读消魂《别赋》来"。休承"五百年来几摹本，翠禽犹在最高枝"。可尽訾乎？

黄云赠诗有"仙史若修堪补阙，萧闲合住水晶宫"之句，盖以元赵孟頫相拟，因赋诗谢之。

《集四卷本》卷一《黄应龙先生赠诗，有"仙史若修堪补阙，萧闲合住水晶宫"之句，愧感之馀，题此奉谢》：吮毫研粉事殊卑，藻翰摛词伎亦微。顾未能为前辈役，夫何敢与列仙归。品题漫托知章重，骨相终惭若水非。莫笑佳人太容冶，眼中悦己似君稀。

按：赵孟頫自号水晶宫道人，以所居湖州，四面皆水也。

秋，过冶长泾，有诗怀钱贵。贵字元抑，家长洲漕湖之上。学务博综，文词尔雅。

《集四卷本》卷一《过冶长泾有怀钱元抑》：十里鹅津路，苍凉日照原。霜高溪见底，秋尽稻馀根。断霭知何处？荒鸡自一村。怀人隔西浦，去去暗消魂。

《集三十五卷本》卷三十《明故鸿胪寺寺丞致仕钱公墓志铭》：呜呼！余与君生同邑里，少则同游学官，晚仕同朝，相继归老于家。延缘追逐，四十年于此矣。君讳贵，字元抑，姓钱氏，吴越武肃王之后。宋有宝文阁学士讳端文者，卒官平江，遂家长洲漕湖之上。

《姑苏名贤小纪》卷下《鸿胪寺丞钱公》：公学务综博，文词尔雅。

父林丁忧服满，犹家居。十一月被命知温州。以病力辞，不得请。沈周有诗劝之。

《松筹堂集》卷六《温州府知府文公墓志铭》：弘治丁巳冬十一月，上起南京太仆寺寺丞文公于家，以为温州府知府。公抵庙堂书力辞，不果从，遂以单车赴任。

《吴都文粹续集》卷五十二沈周《闻宗儒除温喜而有作》：青阳布区宇，庶品乐化工。亦闻剖符竹，起子高卧中。卧者固自高，恐世卑黄龚。功名要人立，生才天自庸。会至亦何辞？达怀乘时通。双旌及行日，奔走来野翁。

叔父森，起兖州郓城知县。

《集三十五卷本》卷二十六《先叔父文公行状》：癸丑，丁吕恭人忧。丁巳，服除。改山东兖州府郓城县。

冬，病后夜读，赋诗有"卷中求道深知谬，意外图名抑又荒"句。又效曹植体赋《寂夜》写怀。

《集四卷本》卷一《冬夜读书》：故书不厌百回读，病后惟应此味长。千古精神如对越，一灯风雨正相忘。卷中求道深知谬，意外图名抑又荒。束发心情谁会得？中宵抚几自茫茫。

又卷一《寂夜一首效子建》：中宵闻零雨，抚枕起踱跚。昏釭栖素壁，流焰照重帏。感此寂无语，戚然兴我思。我思何郁伊，欲举梦如丝。少壮不待老，功名须及时。男儿不仗剑，亦须建云旗。三十尚随人，奚以操笔为！文章可腴道，曾不疗寒饥。仰屋愧尘浮，俯睐影依依。人生良有命，何独令心悲？心悲发为白，失脚令身危。欲为绝世行，道远恐不支。世情忌检饬，欲目俟其疲。谁能七尺身，受此千变机！役役亦徒尔，多忧得无痴？惟应慎厥躬，古人以为期。

为汤瑄跋沈周临王蒙小景。瑄字文瑞，吴县人。娶祝允明姑。性皋缓慎重。以善书援例授鸿胪寺序班。明年卒，祝允明为志墓。

《集三十五卷本》卷二十一《题沈石田临王叔明小景》：石田先生，风神玄朗，识趣甚高。自其少时作画，已脱去家习，上师古人。有所模临，辄乱真迹。然所为率盈尺小景；至四十外始拓为大幅。粗枝大叶，草草而成。虽天真烂发，而规度点染，不复向时精工矣。汤文瑞氏所藏此幅，亦少时笔。完庵诸公题在辛卯岁，距今廿又七年矣。用笔全法王叔明，尤其初年擅场者，秀润可爱。而一时题识，亦皆名人，今皆不可得矣。

《怀星堂集》卷十五《登仕郎鸿胪寺序班汤府君墓志铭》：府君讳瑄，字文瑞。母周氏，继徐继王。府君小学之年，则已知孝，皇皇犇问所以报亲者。事三母先后一致，终无衰减。而养事父宗本，尽五致之孝，尤称能敬。始在髫总，已蓄大志。以大病而学绪中断焉。年二十五，始娶允明姑氏。会有旨：善书者授秩署杂事，即奉例入授鸿胪寺序班，阶登仕佐郎。越三年，勾当江南。事竣，遂不复起。居久之，病。一旦音语如常，忽然而往矣，弘治戊午四月甲午，年五十八。府君操性皋缓，慎重不妄，盖孔子所称"以约失之者鲜矣"。

鄞人方志以监察御史督学南畿，恶古文辞。唐寅科考几下第，张灵为所斥罢。志字信之，成化二十三年进士。取士先德行而后文艺。士出门下，咸厉风检。

《吴郡二科志·文苑·唐寅》：衡山文林，自太仆出知温州，意殊不得。寅作书劝之，文甚奇伟。林出其书示刺史新蔡曹凤，凤奇之曰："此龙门燃尾之鱼，不久将化去。"寅从御史考下第。凤力荐之，得隶名末。未几，果中式第一。

又《狂简·张灵》：初，灵与寅俱为郡学生，博古相尚。适鄞人方志来督学，恶古文辞。察知寅，欲中伤之。灵挹郁不自遣。寅曰："子未为所知，何愁之甚？"灵曰："独不闻龙王欲斩有尾族，虾蟆亦哭乎？"后灵果为所罢斥。

咸丰本《鄞县志》：方志，字信之，成化二十三年进士。擢监察御史。弘治十年董学南畿。严立法程，先德行而后文艺。革浮费，抑奔竞。士出门下，咸厉风检。

皇甫涍生。

华察生。

《历代名人年谱》：弘治十年丁巳，华子潜察生。皇甫子安涍生。

弘治十一年戊午（1498）二十九岁

春，父林赴任，杨循吉饯于虎丘。同集者为沈周、韩襄及其从子寿椿、朱存理、唐寅、徐祯卿。沈周纪以图。

襄字克赞,号宿田,长洲人。善医,有高行,与沈周为莫逆交。后十日,沈周邀饯于杨循吉之南峰草堂。沈周、朱存理有诗,唐寅有《送文温州序》。行时,林有留别停云馆诗。

《文温州集》卷一《戊午春,将赴温州,杨君谦礼部邀饯于虎丘,同集者沈启南韩克赞二老,幅巾杖藜,韩从子寿椿与朱性甫青袍方巾,唐子畏徐昌国并举子巾服,而余与君谦独纱帽相对,会凡八人,人各为侣,适四类不杂》:鸟歌当离筵,东风逗微雨。会合饮中仙,两两各相侣。二老行纡徐,二妙足高举。儒袍联鲁生,乌纱对宾主。酒半散林壑,寻诗缕肝腑。词锋挽落晖,酣战走旁午。冥搜隘八极,光焰互吞吐。珠玑落吾手,拾袭谁敢侮。悠悠大块内,何物不参伍。嗟余独行迈,弃斥无所求。

又《后十日,启南复邀饯于君谦之南峰草堂》,诗五古,略。

《三邕翠墨簃题跋·沈石田为文温州画虎丘饯别图卷》:右《虎丘饯别图》,白石翁为文衡山待诏父宗儒太守官温州作也。图中主客凡八人。翁自题五古一首,韩襄题七绝一首,杨循吉题五古一首。此图不见各家著录,惟牧斋《列朝诗集》文温州传中载之綦详。末云:"为文氏世藏,余从文起阁学见之。"前辈风流,迄今犹令人慨慕云。

按:《美术生活》第三十七期《吴中文献特辑》有《明沈石田虎丘送别图》即此。

《石田先生诗文集》卷四《南峰饯别文温州》:先生移疾倦宦游,六年家居懒下楼。分符到门不可阻,欲行尚为乡山留。拌餐到处笋烂漫,饯腹自诧文湖州。灵岩昨已纪胜集,南峰未肯饶清幽。斜阳半岭溢人面,绿云夹树扶锦兜。村翁野衲亦追逐，半路出酒劝且酬。禽声上下太守醉，直与欧老争遨头。明朝雁荡泂奇美，但恐簿书山与魋。不如抱被补一宿，别后岁月其如流。（弘治戊午，温州公之任，诸公饯别，石田作画题此诗。画今藏文宫洗文起家。）

《明诗综》卷二十二朱存理《支硎山再饯文交木太守》：崇岭达深邃，芳漪激寒泉。言寻支公踪，阅历成千年。鹤飞远青冥，有亭尚岿然。草木属孟夏，山水尤清妍。祖饯此云再，广林启长筵。

《六如居士全集》卷五《送文温州序》：寅稚冠之岁，跌放不检约。衡山文壁与寅齿相俦，又同井闬；然端懿自持，尚好不同。外相方圆，而实有堭篡之美。壁家君太仆先生，时以过勤居乡，一闻寅纵失，辄痛切督训，不为少假。寅故戒栗强恕，日请益隅坐，幸得远不齿之流。然后先生复赞拔誉扬，略不置口。先后于邦闾耇老、于有司无不极至，若引跛鳖，策驽骦然。是先生于后进也，尽心焉耳矣。且夫周文之圣，积累仁义，诗人咏之曰："得四臣而天下附。"孔子之教，册籍纪焉，曰："有颜子、季路、闵、曾、游、夏之徒，而道益彰。"今蓬巷之士，颂先生守圈模，茹藿冠，素羹葵，饭脱粟，逶迤宽博，其异于鼓刀负贩之人，若芥发耳。不先有所引擢，后有所戴辅翊，其何能自致于青云之上？传言曰："朋友不信，不获乎上矣。"此后辈之所以必仰赖也。而为前辈者，道有所论援，相与优息，而无独知无徒之叹。而后辈则高山在瞻，有所标的，是上下相成也。今之后辈，被服姣丽，伸眉高论，旁视无忌，不复识有前辈之尊与益也，是岂长者绝之哉？庶后进之彦以寅观，则知前辈之用心用人也矣。今先生出刺温，以病谢，不报。赴郡有期，既当为诗以饯，敢又书此,以叙寅之所以德先生,而无可为报者。

《文温州集》卷一《赴温留别停云馆》:书馆不能别,凝情抚曲栏。心知为乐浅,只觉去家难。水石性终在,菊松盟又寒。殷勤向儿子,好护碧琅玕。

康熙本《长洲志》卷二十一《孝义》:韩襄,字克赞,魏公之孙。神医张志和子婿也。襄医差亚于志和。有高行。与沈周为莫逆交,凡周贻襄染翰,皆出奇品,人以此益重之。

《匏翁家藏集》卷六十《宿田翁生圹志》:成化丙午,翁年六十有六。以书来京师,请于余曰:"吾故韩氏孤童也,以家世业医也,命从从兄梅窗先生学,早夜肄习,亦既勤矣。盖吾之于医,虽不能过人;然于治病,未尝不尽吾心。或不可治,虽有厚利,直谢却之,使更他医而已。"其名襄,字克赞,宿田其别号也。

按:《中国美术年表》《明代四大画家·文徵明》《宋元明清书画家年表》皆误以文林赴温为徵明赴温,亦因王世贞《文先生传》中以"徵明年十六而父卒"之误。另详后三十岁。

四月十三日,长子彭周岁,有诗。

《集四卷本》卷一《儿子晬日口占二绝句》:堂前笑展晬盘时,漫说终身视一持。我已蹉跎无复望,试陈书卷卜吾儿。吾家积德亦云稠,不易生儿到岁周。印绶干戈非敢冀,百年聊欲绍箕裘。

秋夜不寐,有怀钱同爱诗。同爱美才华,有侠气。家温厚,累代以小儿医名吴中。

《集四卷本》卷一《秋夜不寐有怀钱二孔周》:客散西堂夜悄然,修筠凉吹供清眠。疏萤纨扇秋无赖,浅水红渠月可怜。

侍女银杯摇雪乳，谁家玉笛唱婵娟。意中忆得城东阙，孤鹤翩翩骨有仙。

《集三十五卷本》卷三十三《钱孔周墓志铭》：家本温厚，室庐靓深，嘉禾秀野，足以游适。肆陈图籍，时时招集奇胜满座中。酒壶列前，棋局傍临，握槊呼卢，凭陵翔掷。含醺赋诗，负轩而歌，邈然高寄，不知古人何如也。

《四友斋丛说》卷二十六《诗》三：钱同爱，字孔周。其家累代以小儿医名吴中，所谓"钱氏小儿"者是也。同爱少美才华，且有侠气，与衡山先生最相得。衡山长郎寿承，即其婿也。

与顾兰、唐寅同试应天。唐寅领解，独徵明不售。父林在任，还书诫慰之。兰字荣甫，居吴于塘临顿里。秀伟特达，读书不守章句。与徵明独友善。

《集四卷本》卷一《客夜》：旅馆沉沉睡思迟，新寒自拥木绵衣。功名无据频占梦，风土难便苦忆归。弄月谁家双笛细，伴人遥夜一灯微。男儿莫恃方年少，触事撄愁念已非。

《怀星堂集》卷十七《唐子畏墓志并铭》：戊午试应天府，录为第一人。

《集三十五卷本》附文嘉《先君行略》：唐亦中南京戊午解元。时温州在任，还书诫公曰："子畏之才宜发解，然其人轻浮，恐终无成。吾儿他日远到，非所及也。"

又卷十七《顾春潜先生传》：顾春潜者，吴于塘临顿里人也。春潜名兰，字荣甫。秀伟特达，读书不守章句，而聪绝人。少以隽茂选充邑学生。诸邑学生以经义相高，咸众人视春潜，春潜不恤也。独与同舍生文徵明友善，徵明虽同为邑学生，而雅事博综，不专治经义，喜为古文辞，习绘事，众咸非笑之，谓非所宜为。而春潜不为异,日相追逐唱酬为乐。弘治戊午,举应天乡试。

徵明两试不售,攻读益勤。尝赋《前年》诗以自悼。

《集四卷本》卷一《前年》:前年伴嫁南邻妹,今岁仍陪北舍姨。老大无媒心独苦,闭门好画入时眉。

有《咏文信国事》诗。先是。吴一鹏以《谒文信国祠》诗示沈周,周与吴宽、王鏊继和。徵明又画信国公像。一鹏字南夫,号白楼,长洲人。弘治六年进士。官翰林,遇宦官刘瑾无加礼,瑾衔之,迁南曹郎。瑾诛,方柄用。

《辛丑销夏记》卷五《明文待诏画文信公像沈石田诗合卷》:(沈诗四首不录)吴内翰南夫寄谒文信国公祠四诗,依韵为答。录寄理之,俾知近作。弘治庚申正月十九日,沈周识。

《须静斋云烟过眼录》:辛未正月二十日,大人从筹椒处持归文信国像卷,有王济之、吴匏庵、文衡山题谒相国祠诗。文书最纵横出色。

《集四卷本》卷一《咏文信国事四首》:地转天旋事不同,老臣临市自从容。誓将西岭填东海,忍着南冠向北风。千里勤王空赴义,百年养士独收功。人间别有成仁乐,未用区区悼此公。

仓卒勤王万里身,风尘颠倒作累臣。三纲已去嗟何补?一死临期认自真。直以安危系天下,未宜成败论斯人。遗文尚可诛奸贼,何但悲辛泣鬼神。 国势已离天命去,孤臣狼狈阻残兵。分当如此馀非计,事讫无成死有名。平日公卿咸食肉,千年忠义属书生。狂胡盗窃曾无几,惜不令公见肃清。 南北间关百馀战,此身宗社许驰驱。可怜功业惟诗在,自决存亡与国俱。

夷狄至愚犹叹服,皇天无意竟何如! 平生心事堪谁诉? 漫托他年半纸书。

《六砚斋二笔》卷一:文衡山诗清媛婉约,弇州、历下诸公每以“吴歈”目之。然独施于登眺燕集,或稍涉轻绹流易耳。余见屠伯起所藏公书《文信公事》诗四首,不独忠愤激烈,耿耿有贯虹偃日之气,而语格亦多雄浑典硕,舍杜老未易窥者。乃知公养邃蓄深,盖难为垂绖也。字学陆放翁,洒洒有致,亦别楮之上驷也。

道光本《苏州府志》卷一《风俗》:吴歈,吴人歌也。

按:曾见钱景塘所藏徵明所书诗卷,为《咏文信国事四首》中前二首及《崖山大忠祠》诗四首中后二首。其诗为:频年航海欲何为? 天厌中原遂不支。满地江湖无死所,际天风浪有平时。仓遑一念聊臣分,寂寞中流赖史知。回首又看强虏灭,寒潮自绕大忠祠。　　千古英雄遗恨在,怒涛惊浪日舂撞。有天肯与元同戴? 无面能看宋再降。烈士深悲空蹈海,中原未复竟如江。君王莫罪风波恶,应是愭人解覆邦。

《玉涵堂刻帖》:方鹏《宫保白楼先生吴公传》:公姓吴氏,名一鹏,字南夫,别号白楼,学者尊称曰白楼先生。世家苏之长洲山塘里。

《吴郡名贤图传赞》卷七《吴文端公》:公姓吴,讳一鹏,字南夫,长洲人。少丁内艰,庐于墓侧。中弘治六年进士,官翰林。遇逆瑾无加礼,瑾衔之,迁南曹郎。瑾诛,方见柄用。官至东阁大学士,终南京吏部尚书太子少保。居尝葺陈孝子祠,复陆宣公墓,建三贤祠以祀范文正、胡安定、尹和靖。其显扬先烈都类此。

《明史纪事本末》卷四十三《刘瑾用事》：瑾，陕西兴平人，故姓淡。景泰中，自宫为刘太监名下，因其姓。弘治初，摈茂陵司香，其后得侍东宫，以俳弄为太子所悦。太子即位，瑾朝夕与其党八人者，为狗、马、鹰、犬、歌舞、角觝以娱帝，帝狎焉。八人者：马永成、高凤、罗祥、魏彬、丘聚、谷大用、张永，其一瑾。瑾尤狡给，颇通古今，常慕王振之为人。至是渐用事。焦芳潜通瑾党，瑾遂引芳入阁，表里为奸。凡变素成宪，桎梏臣工，杜塞言路，酷虐军民，皆芳导之。

又有《崖山大忠祠》诗四首。

《集四卷本》卷一《崖山大忠祠四首》：鼎湖龙远野云阴，慷慨中流誓国心。臣力不支香气竭，忠魂有恨海波深。百年仁义空渐尽，此日神洲遂陆沉。峻节奇功磨不得，崖山突兀自千寻。

皇天不佑宰臣谋，万里楼船一浪休。飘荡已知吾事去，覆亡安用此身浮。袛今潮自如期至，终古江应不尽流。折戟并销尘海换，行人犹自说碙州。（后两首见前按语）

有怀宜兴杭濂诗。时濂在吴，居唐寅家。

《集四卷本》卷一《枕上闻雨有怀宜兴杭道卿时道卿客唐子畏西楼》：三更风雨闹虚檐，灯焰寥寥抱枕眠。应有旅游人不寐，凄凉莫到小楼前。

冬闰月，与沈周、祝允明、杨循吉、徐祯卿、唐寅、蔡羽等追和倪瓒《江南春》。时倪卷藏许国用家。国用，吴县人。瓒字元镇，号云林，无锡人。工诗，善书画。明初以高隐称。

《太虚斋珍藏法帖》：《江南春》汀州夜雨生芦笋，日出瞳眬帘幕静。惊禽蹴破杏花烟，陌上东风吹鬓影。远江摇曙剑光冷,辘轳水咽青苔井。落红飞燕触衣巾,沉香火微萦绿尘。春风颠,春雨急,清流泓泓江竹湿。落花辞枝悔何及,丝桐哀鸣乱朱碧。嗟我胡为去乡邑,相如家徒四壁立。柳花入水化绿萍,风波浩荡心怔营。瓒录上,求元举先生、元用文学、克用徵君教之。

又:燕口香泥迸么笋,东风力汰倡条静。烘窗晓日开眼光,湘庋披衮寻纸影。落花沉沉碧泉冷,馀香犹在胭脂井。楼头少妇泣罗巾,浪子马蹄飞软尘。　春来迟,春去急,柳绵欲吹愁雨湿。黄鹂留春春不及,千里王孙为谁碧?故苑长洲改新邑,阿嫱一倾国何立?茫茫往迹流蓬萍,翔鸟走兔空营营。《江南春》,后学沈周奉同。

《集四卷本》卷一《追和倪元镇先生江南春》:象林凝寒照蓝笋,碧幌兰温瑶鸭静。东风吹梦晓无踪,起来自觅惊鸿影。彤帘霏霏宿馀冷,日出莺花春万井。莫怪啼痕栖素巾,明朝红嫣麋作尘。　春日迟,春波急,晓红啼春香雾湿。青华一失不再及,飞丝萦空眼花碧。楼前柳色迷城邑,柳外东风马嘶立。水中荇带牵浮萍,人生多情亦多营。

按:苏州市怡园碧梧栖凤前壁间有文徵明、唐寅所书和《江南春》石刻一块。文书先后两通,皆小楷。第一通末云:"追和倪先生《江南春》二篇。篇后题元举者,盖王元举兄弟。克用为虞胜伯别字也。弘治戊午冬闰,文壁。"

《过云楼书画记》画类四《文衡山补图云林江南春卷》:是卷首篆"江南春"三字,昆山黄沐为国用书。徵仲《甫田集》有《题许国用汗漫游卷》,即其人矣。次金孝章题签。次倪元镇原唱《江南春》二章。次即徵仲《江南春图》。下即启南、希哲、君谦、昌毂、徵仲、子畏、九逵、履吉、尚之九家和辞。而启南三和,徵仲再和,二老兴尤不浅。希哲云:"国用得云林存稿命和。"昌毂云:"懒公高唱,国用君宝之。"启南再和云:"国用爱云林二词之妙。"知诸家题咏,徇国用请也。

按:顾氏所记和者九家,皆为许国用作。然王宠此时年仅五岁,故王、袁两和,乃后来所作。国用,许初父,见四十二岁为许国用题《汗漫游卷》引证。

《明史》卷一百九十八《隐逸》:倪瓒,字元镇,无锡人也。家雄于赀,工诗,善书画。四方名士,日至其门。所居有阁曰清閟,幽迥绝尘。藏书数千卷,皆手自勘定。古鼎法书,名琴奇画,陈列左右。四时卉木,萦绕其外。高木修篁,蔚然深秀,故自号云林居士,时与客觞咏其中。至正初,海内无事,忽散资给亲故,人咸怪之。未几兵兴,富家悉被祸,而瓒扁舟箬笠,往来震泽、三泖间,独不罹患。

《列朝诗集》甲前集《云林先生倪瓒》:瓒,字元镇,无锡人。其先以赀雄一郡,元镇不事生产,强学好修。洪武七年,元镇年七十有四,始还乡里,寓其姻邹惟高家,遂死邹氏。铁崖云:"元镇诗,才力似腐,而风致近古。"

父林在温,有《寄壁》诗。

《文温州集》卷一《寄壁》:种菊庭前花有无?小山松竹近何如?痴抛独乐了公事,悔拾虚名别故庐。伏腊正悬归老计,经秋不得寄来书。眼昏头白今如许,料理乃翁正在渠。

雪后,与蔡羽、徐祯卿登西城桥看月,有诗。

《集四卷本》卷一《雪后同蔡九逵徐昌国登西城桥看月》:川容浮动石梁明,领略闲情共款行。残雪不藏新月色,疏烟自度远钟声。寒灯历历初收市,野栅荒荒欲闭城。醉面不知霜并下,却惊归路敞裘轻。

光绪本《苏州府志》卷二十二《津梁》:西城桥,在县治西。明弘治八年知县邝璠建,文林记。

除夕,有诗。

《集四卷本》卷一《戊午岁除》:莫怪逢除意不佳,悠悠二十九年华。自怜辛苦行盘蚁,无奈逶迤赴壑蛇。聊换旧符循故事,尽分新历与邻家。无端春候才先到,已试寒梅一树花。

整理旧作诗稿,裁录得百十又七篇。

《集四卷本》卷一于《戊午岁除》诗后注云:余少喜作诗,日有课,岁有编。积十年,成数巨帙。今日视之,稚语耳。虽然,日力可念也。汰其已甚,得百篇。裁而录之,或从考其志焉。

万表生。

皇甫汸生。

《历代名人年谱》:弘治十一年戊午,万鹿园表生。皇甫子循汸生。

弘治十二年己未(1499)三十岁

都穆、朱应登举进士。唐寅因徐经科场案被累下狱,寻罢黜为吏,不就归。初,徵明与唐寅、都穆共耽古学,游从甚密。徵明且言于父林,使荐之当路。寅之得祸,都穆实发其事。寅既誓不与相见,而吴中诸公皆薄之。经字直夫,一字衡甫,号西坞,江阴人。恬静恭默,既镌名归,益肆力诗文。徵明尝为序其所撰《贲感集》。应登,字升之,号凌溪,宝应人。

《集三十五卷本》附文嘉《先君行略》:南濠都公穆,博雅好古。六如唐君寅,天才俊逸。公与二人者,共耽古学,游从甚密。且言于温州,使荐之当路。

《列朝诗集》丙集《文温州林》:居乡,与杨君谦、李贞伯、沈启南善。而其子徵明所与游唐寅、徐祯卿诸才士,皆慰荐之。

《明史》卷二百八十六《文苑》二:(寅)举弘治十一年乡试第一,座主梁储奇其文,还朝示学士程敏政,敏政亦奇之。未几,敏政总裁会试,江阴富人徐经贿其家僮得试题,事露,言者劾敏政,语连寅,下诏狱,谪为吏。寅耻不就。

《明史》卷七十《选举》二:弘治十二年会试,大学士李东阳、少詹事程敏政为考官。给事中华昹劾敏政鬻题与举人唐寅、徐泰,乃命东阳独阅文字。给事中林廷玉复攻敏政可疑者六事。敏政谪官,寅、泰皆斥谴。寅,江左才士,戊午南闱第一。论者多惜之。

按:徐经作徐泰,殆笔误。

《怀星堂集》卷十七《唐子畏墓志并铭》:己未,往会试时,傍郡有富家子亦已举于乡,师慕子畏,载与俱北。既入试,二场后,有仇富子者抨于朝,言与主司有私,并连子畏。诏驰敕礼闱,令主司不得阅此卷,亟捕富子及子畏付诏狱。逮主司出,同讯于廷。富子既承,子畏不复辨,与同罚黜,掾于浙藩。归而不往。或劝少贬,异时亦不失一命。子畏大笑,竟不行。

《明史》卷二百八十六《文苑》二:程敏政,字克勤,休宁人。南京兵部尚书信子也。十岁侍父官四川,巡抚罗绮以神童荐。英宗召试,悦之,诏读书翰林院。成化二年进士及第,授编修,历左谕德,直讲东宫。翰林中学问该博称敏政,文章古雅称李东阳,性行真纯称陈音,各为一时冠。(弘治)十二年,与李东阳主会试。举人徐经、唐寅预作文与试题合,给事中华昶劾敏政鬻题。时榜未发,诏敏政毋阅卷。其所录者,令东阳会同考官覆校。二人卷皆不在所取中。东阳以闻,言者犹不已。敏政、昶、经、寅俱下狱。坐经尝赍见敏政,寅尝从敏政乞文,黜为吏。敏政勒致仕,而昶以言事不实,调南太仆主簿。敏政出狱,愤恚发痈卒。后赠礼部尚书。或言敏政之狱,傅瀚欲夺其位,令昶奏之。事秘莫能明也。

《治世馀闻》上编卷二:己未春,程敏政与李西涯同主考礼闱,其第三问策题,程所出,以四子造诣为问。许鲁斋一段出刘静修《退斋记》,士子多不通晓。程得一卷,甚异之,将以为魁。而京城内外盛传其人先得题意,乃程有所私。为华给事中昶等所劾,谓私徐经、唐寅等。上命李公复阅,迟三日始揭晓。言路复论列,欲穷治之。上怒,下都给事中林廷玉等于狱,落言官数人职,而程亦致仕以去。亦一时文运之玷云。

乾隆本《江阴县志》:徐经,字直夫。中弘治乙卯科。父元献,成化庚子科第三人。经与吴门唐寅以才名相引重。寅发弘治戊午解元。公车北上,与经偕行。为都穆所忌,蜚语诬以贿主司程敏政家僮鬻得试题。实由戊子乡试,主司梁储奇寅文,还朝携以示人,敏政亦奇之。忌者妒二人才。因经家富,遂饰成蓁斐。言官风闻,劾之。下诏狱,分别谪遣。

光绪本《江阴县志》卷三十《识馀》:徐经,字直夫。同年十五举子之一。与吴门唐寅并以才名相引重。寅领戊午解,经与俱北上。吴门都穆恶之,蜚语流闻京师,经竟与寅同镌名。归益肆力诗文，著《贲感集》。黄溥赠诗云："夏商人物徐直夫，周汉以来人世无。穷年对坐不见客，闭门反观恒丧吾。四壁芸香时落蠹，千仓红朽食无鱼。迂余老眼亦空尔，公是公非敢厚诬！"

《鸿泥堂续稿·乡进士徐君衡甫行状》：经字衡甫，自号西坞。为人恬静恭默，虽承席累叶，丰亨之盛，若无所与。凡舆马之盛，服食之奉，声色之娱，一切屏去，不惟不屑为也，而并忘之。至于六艺之文，百家之编，则口吟手披，不绝也。且昼孜孜，务求远到。其资禀之粹，趣尚之高，识度之远，亦可想见矣。君宜富而能文，畜有誉于天下，人多害其成。己未春，赴礼部试。或造为蜚语中君，当道者风闻以为信然，即疏闻于上，就逮诏狱。久之，始得白。然犹坐除名，识者冤之。

《吴郡二科志·文苑·唐寅》：先是，洗马梁储校寅卷，叹曰："士固有若是奇者耶？解元在是矣。"储事毕归，尝从程詹事敏政饮。敏政方奉诏典会试，储执卮请曰："仆在南都，得可与来者，唐寅为最。且其人高才，此不足以毕其所长，惟君卿奖异之。"敏政曰："吾固闻之，寅，江南奇士也。"储更诣请寅三事，曰："必得其文观。"令寅具草上三事，皆敏捷。会储奉使南行，寅感激，持帛一端诣敏政乞文饯。后被逮，竟以此论之。寅罢归，朝臣多叹息者。

《敝帚轩剩语》：弘治中，唐解元伯虎以挂误问革，困厄终身。闻其事发于同里都阃卿元敬。都亦负博洽名，素与唐寅善，以唐意轻之，每怀报复。会有程篁墩预泄场题事，因而中之。唐既罢归，誓不与都穆接。一日，都瞰其楼上独居，私往候之。方登梯，唐顾见其面，即从檐跃下，堕地几死。自是遂绝，以至终身。闻都子孙甚微，或其修隙之报。然唐后亦不闻有贤者。此说得之吴中故老云。

《西山日记》:唐六如先生寅,天才宏放,负奇自喜。举乡试第一,当会试,为同载生株累,罢为吏。放浪诗酒山水间。多奇僻,踪迹诡异。尝一赴宁王聘,度有反形,佯为清狂不慧以免。卒年五十四。以景庙之宽仁也,程篁墩学士之重望也,子畏之高才也,竟以徐生事不能稍宽文法于耳目形迹外,国朝之严制科如此。当时无敢为唐生称冤者,令沦落不羁,赍志九原。何哉?读祝希哲《志铭》,千载堕泪。

乾隆本《无锡县志》卷二十七《宦迹》:华昹,字文光。弘治九年进士。由庶吉士改户科给事中。尝疏言:"天下之财聚于大官,大官之财聚于内官。"一时争诵其语。己未会试,劾罢考官程敏政、举子唐寅。寅高才,时议惜焉。

《制义科琐记》卷二《卖题》:弘治十二年己未科,三场毕,户科给事华昹言:"程敏政素行不谨,已放归田。营求李广,复官禁近,今为主考,甘心市井。将题语、论、表、策三问四问,卖与江阴徐经、苏州唐寅(戊午新解元)。二生先以题问人,且骄于众。败露至此,百口难掩。昔景泰年间,徐泰买中顺天解元,事露覆试,高谷曲护幸免。今徐经与泰同家,敏政又从而招徕之。朝廷科目,岂容再坏?"疏入,下昹狱。礼部尚书徐琼等令李东阳(时为正考官,敏政其副也)会五经同考官将场中硃卷凡经程敏政看者,重加校阅。果有情弊,出场之后,通行究治。二月二十九日阅毕揭晓,取伦文叙等三百人。林廷玉疏言:"臣在谏垣,据帘官所见程敏政阅卷可疑六事。"命逮廷玉、敏政俱下狱。三月,殿试揭榜。四月,会审科场卖题一案。黜举人徐经等十馀人为民,令敏政致仕。谪华昹南京太仆寺典簿,林廷玉海州州判。

秦酉岩《游石湖纪事》：戊寅（万历六年）春初，看梅于吴中诸山，于楞伽山会雅宜先生子龙冈。龙冈，故六如先生子婿，为说唐先生事，漫识于左。"子畏少英迈不羁，与南濠都君穆游，雅称莫逆。江阴有徐生名经者，豪富而好事。结交吴中诸公，间与六如友善。徐故太学生，弘治戊午岁大比，徐通考官得关节。徐亦能文，念非唐先生莫可与同事者，遂以关节一事语唐。唐得之，更以语穆。是岁，唐举第一人，而徐与穆亦得同榜。徐德唐甚，相与计偕。徐更通考官程敏政家奴，先期得场中试目，复以语唐。唐为人洞见底里，无城府，如前语穆。未揭榜前，穆饮于马侍郎（失其名）邸寓，与给谏华昶俱。会有要官谒马，马出接之。与谈会试事。宦云：'唐寅又举一第矣。'穆从隔壁耳之。宦去，马入与穆语，喜盈于色。穆辄起嫉妒心，遂语马以故，昶亦与闻之，一日而遍传都下矣。昶遂论程，并连唐、徐。至廷鞫，两人者俱获罪，程亦落职。是岁，凡取前列者，皆褫名。都以名在后，反得隽；而唐先生遂终身落魄矣。唐后与穆终恨恨，誓不相见。如此累年。有一友生，游于两君之门者，欲合其交。伺唐饮于友人楼上，亟闻于穆。乃语唐曰：'穆且至。'唐闻之，神色俱变。穆谓友已通情，疾入楼，袭见之。寅瞥见，遂跃楼窗而下，亟趋归。友人恐其伤也，踪迹之，已抵家，口呼'咄咄贼子，欲相逼邪？'亦竟无恙。两人者，遂终身不相见。穆后官至太仆，亦有文名。子畏郁郁不得志，以诗酒自娱。其绘事不减顾、陆。"按此事绝无知者，少尝闻之陆蕙田先生。先生陆海观南之子，性迂怪，好谈吴中故实。云"此事得之衡山文先生。衡翁长者，口不谈人过。方语之时，词色俱厉。且言

'人但知穆为文人，不知娼嫉反复若此？'"此事盖实录也。

杨静盦《唐寅年谱》三十岁注云：私家笔记每谓徐经与唐寅同乡举，殊误。按《南国贤书》，徐经系江阴县学增广生，治《易》。中弘治乙卯科乡试第四十一名。唐寅系苏州府学附学生，治《诗》。中弘治戊午科乡试第一名。经字衡父，固亦能文者。正德丁卯没于京师。著有《贲感集》，其友文徵明为之序。

按：徐经《贲感集》及徵明撰序均未见。徐氏所刻《晴山堂帖》中有徐经于弘治辛酉九月与钱福、薛章宪《蚤起联句》诗。则徐经能文且能诗者。又刻有徵明为徐经祖父徐颐撰像赞云："先大父寺丞尝馆于公，而先君温州辱交尤厚。"是徵明与徐氏世谊颇深。唐寅婿王子阳，即《游石湖纪事》中之王龙冈，王宠之子。宠与唐寅交谊极深，唐寅科场事实，王宠与子阳岂有不知者？而乃始自陆南子蕙田口中转告徵明所述？徵明与唐、徐皆至交，而所述错误甚多，殊颇费解。

又按：劝唐寅往就浙吏者，不知何人。《美术生活》第三十七期《吴中文献特辑》有《吴文定公为唐子畏乞情帖》云：自使旆到吴中，不得一书。闻敕书已先到，亦未审何时赴浙中，极是悬悬。兹有少□，今岁科场事，累及乡友唐寅。渠只是到程处为座主梁洗马求文送行，往来几次。有妒其名盛者，遂加毁谤。言官闻之，更不访察，连名疏内。后法司鞫问，亦知其情，参语已轻。因送礼部收查发落，部中又不分别，却乃援引远例，俱发充吏。此事士大夫间皆知其枉，非特乡里而已。渠虽尝奏诉数次，事成已无及矣。今便道告往浙省屠老大人，惜其遭此，定作通吏名目者。如渠到彼，切望与贵僚长杨、韩二方伯大人及诸僚友一说。念一京闱解元，平生清雅好学，别无过恶，流落穷途，非仗在上者垂眄，情实难堪。俟好音到日，或有出头之时，谅亦不忘厚恩也。冗中具此，不暇他及，惟冀心照不备。眷末吴宽再拜，履庵大参大人亲契执事。

《列朝诗集》丙集《朱参政应登》：应登，字升之，宝应人。弘治己未进士，除南京户部主事，知延平府。以副使提学陕西，调云南，寻升布政使左参政，罢归。卒年五十。升之举进士，年才二十三。是时顾华玉辈称"江南三才子"，升之后出，遂与齐名。执政多北人，忌其文，曰："此卖平天冠者。"于是凡号文学士，率不得列清衔。升之为外吏，廓落易直，恃才傲忽，卒坎壈投荒以老。何元朗曰："空同作朱凌溪志，其言'是卖平天冠者'，与'诗至李、杜，亦一酒徒'。此刘晦庵语也。晦庵北人，朴直，不喜文士，故有此语。"

《明史》卷二百八十六《文苑》二：朱应登，字升之。弘治中进士。历云南提学副使，迁参政。恃才傲物，中飞语，罢归。

《静志居诗话》：朱应登，字升之，宝应人。弘治己未进士，除南京户部主事。李、何并兴，李目空诸子。自三秦而外，得其门者益寡。心慕手追，凌溪一人而已。其口占绝句云："文章康、李传新体，驱逐唐儒驾马迁。"盖其文亦宗北地者。

按：唐寅、都穆与徵明交往颇密。即徐经与徵明本有世谊，惜尚未见交往有关资料，故详录各家所记诸有关资料庶可明了科场事实真相。

唐寅既被黜，撰长书致徵明，以述所志。又将远游闽、浙、湘、赣，以弟托之。

《吴郡二科志·文苑·唐寅》附《伯虎书一首》：寅白，徵明君卿。窃尝闻之，累吁可以当泣，痛言可以譬哀。故姜氏叹于室,而坚城为之隳堞;荆轲议于朝,而壮士为之征剑。良以情之所感,木石动容;而事之所激,生有不顾也。昔每论此,废书而叹。不意今者,事集于仆,哀哉哀哉!此亦命矣!俯首自分,死丧无日;括囊泣血,群于鸟兽。而吾卿犹以英雄期仆,忘其罪累,殷勤教督,馨竭怀素。缺然不报,是马迁之志,不达于任侯;少卿之心,不信于苏季也。计仆少年,居身屠酤,鼓刀涤血,获奉吾卿周旋。颉颃婆娑,皆欲以功名命世。不幸多故,哀乱相寻。父母妻子,蹉踵而没;丧车屡驾,黄口嗷嗷。加仆之宕跌无羁,不问生产;何有何无,付之谈笑。鸣琴在室,坐客长满;而亦能慷慨然诺,周人之急。尝自谓布衣之侠,私甚厚鲁连先生与朱家二人;为其言足以抗世,而惠足以庇人。愿赍门下一卒,而悼世之不常此士也。芜秽日积,门户衰废;柴车索带,遂及蓝缕。犹幸藉朋友之资,乡曲之誉;公卿吹嘘,援枯就生,起骨加肉。猥以微名,冒东南多士之上。方斯时也,荐绅交游,举手相庆。将谓仆滥文笔之纵横,执谈论之户辙。岐舌而赞,交口而称。墙高基下,遂为祸的,侧目在傍,而仆不知;从容晏笑,已在虎口。庭无繁桑,贝锦百疋!谗舌万丈,飞章交加。至于天子震赫,召捕诏狱。身贯三木,卒吏如虎;举头抢地,涕泗横集。而后昆山焚如,玉石皆毁。下流难处,众恶所归。织丝成网罗,狼众乃食人;马鬣切白玉,三言变慈母。海内遂以寅为不齿之士。握拳张胆,若赴仇敌;知与不知,毕指而唾,辱亦甚矣。整冠李下,掷墨甑中,仆虽聋盲,亦知罪也。当衡者哀怜其穷,点检旧章,责为部邮,将使积劳补过,循资干禄。而簦簑戚施,俯仰异态。士也可杀,不能再辱。嗟乎吾卿!仆幸同心于执事者,于兹十五年矣。锦带悬髦,迄于今日。沥胆濯肝,明何尝负朋友,幽何尝畏鬼神。兹所经由,惨毒万状,眉目改观,愧色满面。衣敝不可伸,履决不可纳。僮仆据案,夫妻反目。旧有狞狗,当门而噬。反视室中,甋瓯破缺,衣履之外,靡有长物。西风鸣枯,萧然羁客。嗟嗟咄咄,计无所出。将春掇桑椹,秋有橡实,馀者不遑,则寄口浮屠,日顾一餐,盖不谋其夕也。吁欷乎哉!如此而不自引决,抱石就木者,良自怨恨。筋骨柔脆,不能挽强执锐,揽荆吴之士,剑客大侠,独当一队,为国出死命,使功劳可以纪录。乃徒以区区研摩刻削之材,而欲周济世间。又遭不幸,原田无岁,祸与命期,抱毁负谤。罪大罚小,不胜其贺矣。窃窥古人,墨翟拘囚,乃有《薄丧》;孙子失足,爰著《兵法》;马迁腐戮,《史记》百篇;贾生流放,文词卓落。不自揆测,愿丽其后,以合孔氏不以人废言之志。亦将概括旧闻,总疏百氏,叙述十经,翱翔蕴奥,以成一家之言。传之好事,托之高山。没身而后,有甘鲍鱼之腥,而忘其臭者,传诵其言,探察其心,必将为之抚缶命酒,击节而歌鸣鸣也。嗟哉吾卿!男子阖棺事始定,视吾舌存否也!仆素佚侠,不能及德,欲振谋低昂,功且废矣。若不托笔札以自见,将何成哉!譬若蜉蝣,衣裳楚楚,身虽不久,为人所怜。仆一日得完首领,就柏下见先君子,使后世亦知有唐生者。岁月不久,人命飞霜;何能自戮尘中,屈身低眉,以窃衣食,使朋友谓仆何?使后世谓唐生何?素日轻富贵犹飞毛,今日若此,是不信于朋友也。寒暑代迁,裘葛可继,饱则夷游,饥乃乞食,岂不伟哉!黄鹄举矣!骅骝奋矣!吾卿岂忧恋栈豆、吓腐鼠耶?此外无他谈。但吾弟柔弱,不任门户,傍无叔伯,衣食空绝,必为流莩。仆素论交者,皆负节义。幸捐狗马馀食,使不绝唐氏之祀,则区区之怀,安矣乐矣!尚复何哉!唯吾卿察之!

《艺苑卮言》卷六:伯虎举乡试第一,坐事免。家以好酒益落。有妒妇,斥去之,以故愈自弃不得。尝作《答文徵明书》及《桃花庵歌》,见者靡不酸鼻也。 李少卿报苏属国书,不必论其文及中有逗脱者;其傅合史传,纤毫毕备,赝作无疑。第其辞感慨悲壮,宛笃有致,故是六朝高手。明唐伯虎《报文徵明》,王稚钦《答余懋昭》二书,差堪叔季。伯虎他作俱不称。

停云馆燕坐,有怀徐祯卿;与邢参登葑门城楼,皆有诗。

《集四卷本》卷一《停云馆燕坐有怀昌国》:山馆无人午篆残,便闲经日不簪冠。时凭茗碗驱沉困,聊有书编适燕欢。漠漠黄梅生湿润,纤纤白苎试轻单。梧桐小砌阴如许,不得君来共倚栏。又《与邢丽文登葑门城楼》,诗七律,略。

六月七日,父林卒。初,林在温州,省重役,疏滞狱,重人民,广文风。一岁中凡七上疏,皆言便民事。而思归日甚。至是以病卒于官,年五十五岁。

《吴都文粹续集》卷五十二沈周《闻温州消息漫寄》:白叟黄童拥道周,提封百里候华辀;国人皆好真难事,山水重临是旧游。康乐篇章动高兴,希文襟抱忆先忧;故国野老偏相怜,喜极深思漫倚楼。

《匏翁家藏集》卷七十六《温州府知府文君墓碑铭》:会温州守缺,知者交荐于吏部,以君为宜。命下,具疏恳辞,不果。于是去温二十年,人思之未已;及复至,相率走百里外,迎拜于前。至则首省重役,疏滞狱。更增修乡约,为政大率如前时。复令各里立代书辞状之人,以减狱讼。设立互相觉察之法,以免盗贼。严育女蠲役之条,以重人民。建军卫立学之制,以广文风。至于迎春、乡饮之礼,悉正其失。一岁中凡七上疏,皆言便民事,民方赖之,俄而疾作,遂卒。阖郡悲思,如失父母。君居官尚廉洁,尤善防间。及临民,惟恐伤之。苟有疾苦,必为除去之乃已。

《松筹堂集》卷六《温州府知府文公墓志铭》:至之日,首释系徒千人,民大悦。既而以法约豪强,咸遵于令。设施详明,惠洽黎庶。尊礼耆德,风以丕厚。盖一年而政化茂行。竟用己未六月乙未卒于官,年五十有五。……而温人以其永嘉之政,思得公甚,故朝廷以为守。其民喜,若获父母,穷山谷皆提携出迎,惟恐后而不得见。其在郡凡连上七疏,皆赋役章程不可已之事。中一疏,以灾异自劾求退。而论镇守剥民尤切。百姓益敬事公,无敢欺。而公思归日甚,将图潜逸,人辄知之,闭其城,不得行。乃留视事,以迄于殁。然而祷疾哭丧,温之人亦于公无废礼焉。其于官无所不可为,而尤事持廉。临终,或请所嘱,大言曰:"我男子死即死,再复何言。"人谓:"公谔谔不挠,至殁犹壮。"兹可钦惮云。

先是,徵明挟医省疾,后三日而至。郡邑循例致厚赙几千金,尽却不受。郡人异之,修故却金亭,以文林配前守何文渊。文渊知温时,廉靖平恕,郡中称治。

《泰泉集》卷五十四《衡山文公墓志铭》:弘治己未,闻交木有疾,挟医而往,至则殁已三日矣。故事:卒于官者,郡邑咸赙,官尊则益厚。时所赙几千金,公尽却之。为书以谢曰:"吾父以廉吏称,而吾忍污其死耶?《传》不云乎,父死之谓何?又因以为利!"温人骇异曰:"廉官则吾见之矣,未有为公子而廉者也。"由是声称藉甚。温人为立却金亭以识之。

《吴郡二科志·文苑·文壁》：父在任卒，壁往奔丧，府僚及县大夫金计以银千钱枢行。壁辞曰："先君忝作府，曾未货取一毫。不幸以疾卒，毙得其正。而使不肖受斯赠，是欺死父也。且先君以正死，不肖可以不正生乎！"固不受。居丧按礼，人多称之。

同治本《温州府志》卷二十一《寓贤》：文徵明，初名壁，以字行，更字徵仲，长洲人。父林，为温州太守，文章政事，有名于时。徵明少从宦游。林卒官，温人敛数百金为之赙，徵明固辞不受。温吏士谓"文氏父子皆能廉"，修故却金亭，以林配前守何文渊。

《百爵斋藏历代名人法书·文衡山答陈汝玉书》：所喻水手之事，不肖初意已决，岂得更有改易。彼上官及僚友之意，但知故事如此。而士之取舍，不可不择。诸公怜其贫困不给，或有所周，其意良厚。而不肖万一缘此以裕其家，则是以死者为利。不肖诚无状，亦何至利先人之死哉！《礼》，君子不家于丧，恶以死者为利也。万望以此意达于诸公，曲赐听纳，俾少全鄙志；不至遗先人之羞，以重不肖之罪，不肖拜赐多矣。

《明书》卷一百二十二《何乔新传》：何乔新，字廷秀，广昌人。父文渊，尝知温州府。廉靖平恕，郡中称治。

按：却金亭，《温州府志》虽于《寓贤》徵明传中有述，馀无纪载。于《永嘉名宦祠》云：在庙门外，祀……明梁瑺、李暎、潘庆、卓越、周纪、文林。"又《祠祀门·永嘉文刘二公祠》云："在礼贤坊，祀邑令文林、刘逊。"

又按：徵明本年丁父忧，年三十岁。惟王世贞《文先生传》

作："年十六，而温州公以病报，先生为废食，挟医而驰，至则殁三日矣。"于是《明史》《明史稿》《无声诗史》及沈德潜《文待诏祠记》皆沿袭不改。近段栻辑《文徵明先生年谱》及温肇桐编《明代四大画家》均以文林卒在徵明年十六岁时，皆为王世贞撰传所误。又传末云："与先生之子彭及孙元发撰次其事"，则徵明子孙亦竟未订正。崇祯七年，徵明外从曾孙薛益写王世贞此传时，始改为"年三十而温州公以病报"，为得其实。

又按：顾璘《赠文徵仲》诗："田仁甫弱冠，却赙矜清修。"袁袠《十怀诗》："内翰小子师，卓行古人杰。辞金抗幼龄，解组修晚节。"以并世交好，而语皆失实，殆未可解。岂徵明老寿，其少壮时事，自他人视之，岁月已远，遂有此误欤？然杨循吉所撰文林墓志，吴宽所撰墓碑，纪年甚明。又同治本《温州府志》卷十七《职官·温州府知府》，文林前任为康厚，河南人。弘治十年任。后任邓淮，吉水人，进士。十二年任。是居官岁月亦合，绝无可疑者。

初，林善数学，欲以授徵明，徵明谢不能。至是乃承遗命焚之。徵明博览，家富藏书。惟术数方伎之书不经览，盖早年即然。

《集三十五卷本》附文嘉《先君行略》：公读书甚精博，家藏亦富。惟阴阳方伎等书，一不经览。温州公善数学，尝欲授公，公谢不能。乃曰："汝既不能学，吾死，可焚之。"及公奔丧至温，悉取焚去。

按：徵明不学历数之书，盖因易于取祸，故不惜手泽之存，而亟于焚去，谨慎之至也。遗命云云，殆托词耳。

迨文林枢抵家，吊者纷然。沈周、吕䜣、杜启、唐寅、钱

同爱、徐祯卿、吴爟、刘㣧、杜㤚、杜愿等皆具祭文来奠。祯卿又有《文温州诔》。杨循吉设水陆道场以荐。启，琼子，字子开。礼、乐、兵、农、经、史、百家，靡不通究。成化廿三年进士，时官南京山西道监察御史。㣧，南京刑部尚书缨子，字美存。资端谨，吴诸生。㤚字敬心，启子。从祝允明游，笃于学，编《古易》十五卷，允明序。愿字原心。能诗。

《文温州集》卷十二《附录·沈石田祭文》：维弘治十二年岁次己未十一月十九日，友生沈周谨以清酌庶羞之奠，致祭于故温州知府文君之灵。呜呼！君卒之报，道路汹汹，无以诘讯。窃谓若斯人者，岂无永年？而止乎一郡！已而果然，用悼且震。人孰不死？死而不死，是有令闻。惟君之才，随方而施；就事而措，斡难为易，转逆为顺。惟君之气，事适于义者，虽群猜不能沮其行，三军不能格其旧。惟君之情，亲知缓急之托，排救任怨而毅进。及夫言论之次，侃侃凿凿，贯乎经史。其在坐者，竦听同列，而激发后俊，懋乎以为薄俗之镇。此余目历而知，心存而信者也。及夫捧读遗疏，则谠言直道，竭力为民之拯，以身为国之殉。盖君历官南北，远而莫悉其嘉猷茂迹，知非区区之所能尽。斯人者，当列诸古人，于今实仅。斯人者，天何中夺于完而吝。然堂堂事业，在世不灭，而天又可得而愍？而余之所为惜君者，为乡里之仪型，朋友之直谅，朝廷之忠荩。已矣乎！余尚期君大而昌者，在乎其胤。

又《吕太常祭文》：维弘治己未季冬丙戌朔越九日，南京太常寺卿友生吕㦂谨以清酌之奠，遣协律郎某，敬祭于故中顺大夫温州知府交木文先生之灵。……

又《杜子开祭文》:维弘治十二年岁次庚申八月朔越五日,门下生南京山西道监察御史杜启。……

又《钱孔周徐昌国祭文》:维弘治十二年岁次己未七月壬申朔越十八日丁丑,门下走钱同爱、徐祯卿……

又《唐子畏祭文》:维弘治十二年十一月廿七日,学生唐寅谨以修脯,致奠于故温州太守文先生之灵:惟兮温州,番番令杰。文为国纪,武振邦竭。三仕无喜,翩然明洁。茹饮园泉,若将终没。士女怀惠,投章守阙。再屈章绶,卧护瓯越。寅昔不敏,执席预列。敢谓凤成,实藉无斁。謦咳在耳,勉以睿哲。承训北征,强逐笔舌。公为苢职,远堕词札。不谓迩者,人事飘忽。寅坐罪谤,脱帻废斥。公罹祸殃,行车辍迹。使寅无阶,趋侍坐席。使公尚在,怒眥应裂。念此反复,涕集心结。吁嗟我公,眉目永别。城东言笑,正尔契阔。斗酒生刍,敢酹英烈。仰号再俯,不胜怅咽。三泉有知,歆其芳洁。

又《吴子明、刘美存、杜敬心,杜原心祭文》:维弘治十二年己未八月戊子朔越十六日癸卯,诸生吴燿、刘儆、杜慭、杜愿……

又《文温州诔》学生徐祯卿撰。(文略)

又《追荐功德疏一首》:建斋表妹婿吏部主事致事杨循吉,兹者,伏为新故内表兄中顺大夫温州知府文公,大限于本年六月初七日在任身故以来,比值返枢之次,谨命僧众修建水陆道场一昼夜。……

道光本《苏州府志》卷八十《人物·宦迹》:杜启,字子开,吴县人。琼子。弱冠肆力经史百家,凡礼、乐、兵、农,靡不通究。成化丁未登进士,授长垣知县。黄河决,筑长堤,分导河流，由古北道入海。有强冠数百，持械临城。启命大开门，鸣鼓集众。令居民木石填街，各蓄水于门。潜令勇士三百馀间道出为外应。寇避匿，县赖以全。擢南京御史，出为福建佥事致仕。屏居读书，不谒当道。王鏊修苏志，启与长洲朱存理、浦应祥笔削居多。

《匏翁家藏集》卷六十四《刘美存墓志铭》：刘微美存，资端谨，幼即不好嬉游。有馈以鸽令蓄以弄者，固却之。独好书册。长游吴学，居诸生中，治进士业，辄合程度。举于乡，屡不偶，然无嗟怨声。事其父都宪公、其母李恭人甚得子道。都宪公仕于外，代理家事，事纷至于前，处之裕如也。某有丧，不能举，或为持券假贷，意其耻也，阳辞之。他日，袖白金潜往为助，且戒无令人知。其人感德，竟不能隐。人知其心之厚也。

《怀星堂集》卷二十五《杜敬心古易序》：门人杜慤，以为晁氏、吕氏、朱子所定《古易》，但复汉初之本，皆为近之，而未合孔氏之旧。……乃定以羲皇三画八象为一篇，文象上下两篇，周爻上下二篇，孔翼十篇，共十五篇。书成，不以示人，独持谒余请序。……自云：入山唼薤凡三十年方得之，其勤苦如此，亦勤矣。杜为吴中世儒，高隐之家。慤为渊孝先生之孙，余师金宪先生之子。志复而行狷。笃学力贫，不苟谐一人一事。游神风埃之上，有轩举霞外想，奇士也。

　　按：杜愿疑是慤弟，《集四卷本》卷一有《次韵答原心见怀》诗。事行待考。

十月，常熟桑悦来吊。悦，文林表弟，字民怿，以乙榜授泰和训导，仕至柳州通判。以才名吴中，而任诞怪妄不羁。

《文温州集》卷十二《附集·桑民怿祭文》：弘治十二年岁次己未十月十又三日，表弟桑悦谨具果酌，致奠于表兄温州先生之灵而言曰：惟悦与兄，卭角相知。匪但亲戚，实以文词。仕辕南北，间岁差池。相逢怒詈，别去而思。戊午之岁，悦还乡里。兄把一麾，瓯江之涘。声誉方张，讣音忽至。高才伟业，胡遽有此？呜呼已矣！悦何所从？平生所愿，藐焉皆空。零雨战帏，落叶鸣风。一觞临奠，情靡终穷。

《明史》卷二百八十六《文苑》二：常熟有桑悦者，字民怿，尤怪妄，亦以才名吴中。书过目辄焚弃，曰："已在吾腹中矣。"敢为大言，以孟子自况，或问翰林文章，曰："虚无人，举天下惟悦，其次祝允明，又次罗玘。"……年十九，举成化十年乡试，试春官，三试得副榜。除泰和训导。迁长沙通判，调柳州。会外艰归，遂不出。居家益狂诞，乡人莫不重其文而骇其行。

《松筹堂集》卷六《故柳州府通判桑公墓志铭》：弘治癸亥六月四日卒于故邑常熟之寓馆，年五十七。先生讳悦，字民怿。以乙榜授泰和训导。三为考官，皆大省，号能得士。秩满，冢宰三原公方执政，将荐用之，不果。以资拜长沙通判，又以催科无绩，调柳州府。柳边岷杂居，多窃发。先生出入贼巢穴，示以恩信，来附者万家。柳人至绘象以祀。

文氏与桑氏有世缔。悦伯父瑾，尝以其兄琼画像示徵明，为撰像赞。瑾字廷璋，号瀹斋，官处州通判。孝友之行，可方古人。瑾卒后，有祠，以悦附。徵明为撰祠记。瑾子介，字于石，由岁贡中式，官滋阳知县。执法不阿，豪衔之，遂归。改天河，不往。与徵明同撰《赓吟集》。

《集三十五卷本》卷二十《桑廷瑞画像赞》：余家于海虞桑
氏有世缔。至先大父涞水府君于瀹斋公通守，复讲笔砚之好。
而柳州于先温州尤亲狎。故某获接诸父馀绪，有以知其渊源之
学出廷瑞公。而生也后，不识其人。他日，瀹斋出其葬文画像，
始得其详。……

光绪本《苏州府志》卷三十六《坛庙祠宇》：桑渊静先生祠，
在常熟县阜门内。祀明处州通判桑瑾，侄柳州通判悦附。文徵
明记。

嘉庆本《常昭合志·列传》：桑瑾，字廷璋。以儒士领乡
荐，与兄琼、弟瑜在国学有名。谒选得处州通判。秩满，当迁，
引疾致仕。瑾孝友之行，可方古人。以亲不逮养，终身不受燕
贺。琼病于京邸，为尝恶以验疾。仲兄琳墓割隶太仓，立祠祀
于家。姊少寡，迎归以养。门人私谥渊静先生。琼字廷瑞，举
顺天乡试，官中书舍人，早卒。

康熙本《常熟县志》卷二十《文苑》：桑介，字于石，瑾子。
由岁贡中式。初在南雍时，条陈十二策，如祀周公、完六经等
议，皆书生所不能言者，为湛公若水、林公文俊所赏。谒选得滋
阳知县。有倚宗藩横夺人田庐子女者，法之。豪衔公，遂拂衣
归。三月而当道改天河，竟不往。著《和陶诗》十六卷。与文
徵明《赓吟集》并行于世。器度坦直。

道光本《苏州府志》卷一百二十三《艺文》二：《赓吟集》二
卷，桑介同文徵明。

杨循吉撰《明故中顺大夫温州府知府文公墓志铭》。
徵明以墓志不及博平伐梨、疏论处置德府子粒及太仆
上言事；又所述温州同知李恭暴卒事近诞，不足增重，

因求损益,忏循吉意。乞徐祯卿为解,而后得请。

　　《百爵斋藏历代名人法书》卷中《文衡山与杨仪部论墓文书》:先公仕官不甚达,然随事建明无所避。若博平处置子粒及伐梨二事,及太仆前后所按官吏及上言圣政十事,虽皆小小补塞,而其志实有可尚。今执事第云上马政三策,馀皆略之,岂鄙此数事以为不足为欤?然不肖尝忆上《子粒疏》时,举家惶恐,谓祸且不测。而先公行之不疑。太仆之迁,竟坐伐梨之事,此群耳目不可涂者。夫生以此获祸,而身后又不得暴其事,岂不悲哉!况前后数章,朝廷俱以次施行,于法恐亦得书。若李同知之事,既已诞异;又传者之言,非必事实。中间万一出于好事者之口,不亦失之诬乎?

　　又《石田先生请行状填讳》:温同知李恭,湖广道州人。尝以秽滥,不为先人所齿,每每恨患。近者欲以公费数事,文致为先人私。典守者皆不肯承。方督遣次,忽中疾,连呼文公文公。比舁至衙,已死,九月十一日也。永嘉民王□昨以书寄不肖,道此事甚异。且寄诗云:“除暴冥冥事亦奇,民将立庙继罗池;不须纪德东山石,五色苍生口是碑。”此事不肖不敢私志,谨用附上,或可备新闻采录耳。

　　又《与徐昌国》:先公墓铭,蒙杨公执笔,不肖兄弟感刻无已。昨偶荐竿牍,请益数事,荒塞不知所云,遂致搪突尊严,见反粗币,有绝外之意。不肖闻命悚仄,自咎狂率,不能自已。拟欲匍匐请罪,念方赫怒之初,不敢即前。而吊客纷然,亦不得离次。辄敢求通于吾兄。伏望吾兄委曲一言。倘杨公意有可回,不肖谨当俯伏门下以请。

吴宽有《哀文宗儒》诗及《祭文温州文》。其后徇徵明

请,撰《明故中顺大夫浙江温州府知府文君墓碑铭》。宽时官吏部左侍郎兼翰林学士,入内阁专掌制诰。

《匏翁家藏集》卷二十五《哀文宗儒》:吾乡沈衢州,远致尺书在。发书报文侯,有疽发于背。我忧体肥人,此疾恐为害。犹冀有良医,或倚以致瘳。忧怀适浃旬,浙疏驰独快。乃六月七日,死期特兼载。哀哉此良牧,天夺真可怪。念昔为永嘉,勤政略不懈。豪民户先鉏,淫鬼祠必坏。抚下自有术,百里免凋瘵。及此领郡符,先声过疆界。穷谷争出迎,耄倪总罗拜。君初闻再起,仕路厌行迈。因察民情欢,下车归无悔。爬梳积弊源,一旦决欲溃。坐堂日孜孜,访问及细碎。孰为狼所贪?孰为蚊所喙?犴狱满怨囚,亲手为破械。去岁东海涯,光气作妖怪。横飞类鬼车,数丈无首戴。具疏即自劾,遂及弊事概。谓此如许除,吾宁自引退。有司格不行,当道有窒碍。公退长太息,空负民所爱。吾惟尽职业,庶偿为守债。使民自按堵,守法勿受逮。百家立为约,礼义相告戒。民曰贤侯言,敢不各敬佩。君终抱忧思,弊事卒吾败。大者如盐铁,骨髓竭称贷。彼力固已穷,吾体亦有恚。遥遥走一使,求去乃至再。知己总爱才,不使投甌内。孰知今日事,俄有此变态。凡君求归休,民辄叹无赖。群情达铨曹,以及寮与案。今也魂渺渺,棺归只空廨。岂惟民无依,失侣嗟我辈。久为晚年期,几杖作乡会。对酒乏清言,临事无善诲。城西多旧游,山色愁晚对。有穴未及临,泪尽继以慨。

又卷五十六《祭文温州文》:惟弘治十二年岁次己未十一月丁巳朔,越二十四日庚辰,吏部左侍郎兼翰林院学士吴宽,谨遣俟奕以清酌庶羞之奠,致祭于故温州太守文君宗儒之灵曰:

官制之分，必有内外；外与民亲，守令为最。君两为县，永嘉、博平，并有异政，卓尔腾声。孰不召用，君当称首；谗言阻之，而君顾后。太仆有丞，丞实负予，敛其设施，困翼不舒。君曰"何哉？莫非命吏，马政必修，以复故例。"列郡相顾，惟循其常；例卒不复，吾其故乡。称病七年，田园自足；大臣荐扬，有诏以促。君曰"何哉，吾心已安；况也古温，郡寄益难。"未至百里，父老争候；旧令载瞻，如获慈母。兴利除弊，扶弱抑强；或怨或詈，吾身自当。奏疏迭陈，莫匪民事；或格或行，吾力已至。终欲引去，自劾无能；民则固留，身不可兴。嗟哉君子，何命不淑！季夏七日，一逝不复。郡失贤守，泣声相闻；何以系思，子孙氏文。属县奔趋，竞以财赙；衰服累然，泣血以拒。曰"父在官，无取于人；于此取之，上累吾亲"。君虽云亡，幸有贤子；治可移官，信乎家理。闻讣数月，时一戚然；顾独后死，长君十年。修短死生，必有定命；闻有梦征，特假以病。未及临穴，聊以写哀；复有墓文，以慰泉台。

《我川寓赏编·三吴书翰册》：知岁终有襄事之举，不及临穴，怅怅曷胜。适令岳叙州公行，附上薄祭仪并文一通，匆匆具此，殊不尽意。所要墓表，只封志铭及平日事迹与奏疏来。此外若用一物润笔，即非契旧之情也。呵冻不他及。宽拜，徵明茂才大孝。令兄同此。祭文不及写，可令舍侄奕一写为妙。十一月二十七日。

《百爵斋藏历代名人法书·文衡山与匏庵先生书》：妻父吴叙州回，再领诲函，兼拜奠仪之辱。而祭文叙述详复，捧读摧绝。且又波及不肖，谓其庶几不辱先人。不肖何人，辄敢当此？惭悚无地。先人埋铭，比缘日薄，不能上请，遂属杨仪部撰次，已纳圹中。惟是墓上之石,必当世名公为之表章。不肖揆之于义,卜之于心,舍先生无所于托。故敢率易干陈,遂承慨允,岂任悲感。比欲薄致粗币,而教帖辞拒惇恳,叙州又传致眷眷盛情,遂不敢有所尘渎。知苛礼虚情,不可以干冒尊严也。

按:徵明却赙事,吴宽于所撰文林墓碑铭中铭文述及云:"民曰公死,我宁与偕;莫救其身,阖郡同哀。敛金助丧,以授其子;稽颡辞之,无以为此。吾父生廉,顾污其死?爰考遗事,尚究其志。"

又按:祭文中有"闻有梦徵,特假以病。"事见《庚巳编》卷六《九仙梦验》:福建仙游县有九仙者,以祈梦著灵异。文太守林知温州时,遣二隶往问数寿。答云:"问孔老人自知之。"先是,文命孔老人锯解一木。隶还,报知。明日,文升堂。老人适跪白板数,云:"五十五片"。与文年数正合,为之悚然。问曰:"尚可解乎?"曰:"朽烂不堪解。"文大不乐。未几,疽发背卒。

十二月,葬父林于吴县梅湾凤翔冈。

《匏翁家藏集》卷七十六《温州府知府文君墓碑铭》:温州知府文君以弘治十二年六月己未卒于官,其年十二月丙甲,归葬于吴县梅湾之原,君所自卜也。

乾隆本《苏州府志》卷三十《冢墓》一:温州知府文林墓,在梅湾凤翔冈。孙国子博士彭祔。

是年,次子嘉生。嘉字休承,号文水。岁贡生。仕终和州学正。工诗,能鉴古。山水疏秀幽淡。小楷精劲,尤善行书。

《吴郡名贤图传赞·文和州》:公姓文,名嘉,字休承,号文水,衡山仲子。以贡为吉水训导,后为和州学正。能鉴古。山水疏秀似云林而有肉。虽着色山水,有幽淡之致。能诗。小楷精劲,尤善行书,卒年八十有三。

《文氏族谱续集·历世生卒配葬志》:和州府君讳嘉,待诏次子。岁贡生。初任吉水县训导,升乌程县学教谕,仕终和州学正。生于弘治十二年己未,卒于万历十年壬午,年八十四。妣张氏,侧翁氏。葬待诏公墓昭穴。著《文和州集》,张凤翼、张献翼序。

按:《历代名人年谱》《中国美术年表》皆作生于弘治十四年辛酉。卒万历十一年癸未,年八十三。《文徵明先生年谱》作生于弘治十三年庚申。兹据《文氏族谱续集》更正。

徐溥卒,年七十二岁。

《明史》卷一百八十一《列传·徐溥》:十一年,皇太子出阁,加少师兼太子太师,进华盖殿大学士。以目疾乞归,帝眷留,久之乃许,恩赉有加。逾年卒,赠太师,谥文靖。

《明清江苏文人年表》:己未,弘治十二年,宜兴徐溥死,年七十二。

庄㫤卒,年六十三岁。

《历代名人年谱》:弘治十二年己未,庄定山卒,年六十三岁。

弘治十三年庚申(1500)三十一岁

以继母命,与兄析居。

《百爵斋藏历代名人法书》卷中《文衡山与匏庵先生书》:春来以老母之命,与家兄析居。既立门户,遂有食指之忧。

有《风木图》及诗，以寄哀思。

《鲒埼亭诗集·题文待诏风木图》：待诏为其先人温州小祥后作也。其题句云："肝肠屠裂恨终天，已抱深悲过一年。门户渐乖非复旧，儿身善病只如前。春风手泽庭前树，夜雨精魂陌上阡。做上清明寒食节，又垂双泪看新烟。"词旨凄怆。

按：诗系春月所作，非文林丧已周年时也。

撰《送周君还吉水序》。周字廷器，前苏州巡抚周忱孙。是年，郡中立忱祠，廷器自吉水以遗像来，讫事将去。沈周等徵诗文送行，嘱徵明为序。忱于宣德、景泰间抚吴，治财赋，民不扰而廪有馀羡，故吴人思之。

西泠印社本《名贤手翰真迹》第一辑：石丈书来，欲烦公作送周文襄乃孙诗。且云："子畏说：五言已就，只欲促之耳。"想非漫言也。草草。壁顿首上，子畏先生解元执事。

《集三十五卷本》卷十六《送周君还吉水叙》：故工部尚书周文襄公抚循江南，大有功德于民。去之五十年为弘治己未，有诏以公与故户部尚书夏忠靖公并祠于吴，从有司之请，以慰答吴民之愿思也。明年庙成。庙有像设，而公去吴久，蔑所拟似。于是公之孙廷器自吉水以公画像来，讫事乃去。吴之老长先生以吴人幸于奉公颜色，而喜廷器君之来也，谓其归不可无言，猥以属某。某之生在公去吴二十年之后；然习闻遗德，宛犹瞻承，有不容已于言者。方公未至之先，有司诛求不少弛，而积逋至八百万。公既损民常出，而官复羡赢。此虽公之才局去人远甚，而其理亦岂不有可推者哉。

《明史》卷一百五十三《列传》：周忱，字恂如，吉水人。永乐二年进士，有经世才。宣德五年九月，帝以天下财赋多不理，而江南为甚。苏州一郡,积逋至八百万石。思得才力重臣往厘之。乃用大学士杨荣荐,迁忱工部右侍郎巡抚江南诸郡,总督税粮。终忱在任,江南数大郡,小民不知凶荒,两税未尝逋负,忱之力也。赞曰:周忱治财赋,民不扰而廪有馀羡。此无他故,殚公心以体国,而才力足以济之。

六月十日,跋沈云鸿藏元康里巎书李白诗及自作诗。云鸿字维时,周子。喜积书及古遗器物书画,甄品精驳。云鸿尝建保堂,徵明及祝允明皆有记。

《书菀》第五卷六号《康里子山号·跋康里子山自书诗》:……此三帖为相城沈氏藏。借观数月,各附数语于后。维时好古博雅,必能谅其寡昧也。弘治庚申六月十日,衡山文璧停云馆书。

又《跋康里子山书李白诗》,略。

《集三十五卷本》卷十八《相城沈氏保堂记》:沈氏自茧庵徵君以儒硕肇厥家,二子起而继之,曰陶庵,曰同斋。媲声丽迹,郁为时英。至于今而石田先生遂以布衣之杰,隆望当代。薄海内外,莫不知诵之,於戏盛矣!而君子于此有忧焉。盖其侈满成习,易为骄诞;势之所至,有不终之渐,此维时所为作保堂也。

《怀星堂集》卷二十八《保堂记》:沈君维时以"保"署堂,乞允明记。……

《集三十五卷本》卷二十九《沈维时墓志铭》:沈君维时,讳云鸿,其字维时。世家长洲相城里。曾大父孟渊,大父恒吉,父曰石田先生启南。……其学长于考订。或举一事,必深竟颠末,断断不厌。为诗工用事,而不苟于命意。特好古遗器物书画。遇名品，摩拊谛玩，喜见颜色，往往倾橐购之。至寻核岁月，甄品精驳，又历历咸有据依。江以南论鉴赏家，盖莫不推之也。又喜积书，雠勘勤剧。

作伊乘《感事诗》叙。乘字德载，吴县人。成化十四年进士，官终四川佥事。性嗜学，诗文有古作者风。前十四年以终养乞归，有感事之作三首，属交游和之，而以序嘱徵明。

《集三十五卷本》卷十六《佥宪伊先生感事诗序》：佥宪伊先生侍其家君承德公之居吴门也，某以里中契家子获从容侍杖履。先生为言先朝拔擢之恩，与先夫人乳育之德，辄慷慨流涕，如不能已。他日示某三诗，则感事之作也。先生成化末，自蜀臬入贺万寿节，属龙驭升遐，弗获成礼，为二韵诗二章。先是以刑曹郎推恩褒录其亲，而母氏遗荣久，龙章贲于藏丘，为四韵诗一章。还吴来十有四年，而遗弓之痛，罔极之情不少置。至是，出其诗属交游诸公和之，而命序于某。先生名乘，字德载。其先有尚宝卿恒，工科给事中侃，皆名臣。先生其世济忠贤者欤。

道光本《苏州府志》卷八十《人物宦迹》：伊乘，字德载，吴县人。成化戊戌进士，授南京刑部主事，进员外郎。居官不苟纵驰，而持法甚平。尚书张瑄特委重之。擢四川佥事。秩满乞终养归里。父殁，遂不复出。卒年七十六。乘平生嗜学，至老不倦。所著诗文，有古作者风。

秋，夜坐闻雨，有次韵怀唐寅诗。

《集四卷本》卷一《夜坐闻雨有怀子畏次韵奉简》：皋桥南畔唐居士，一榻秋风拥病眠。用世已销横槊气，谋身未办买山钱。镜中顾影鸾空舞，枥下长鸣骥自怜。正是忆君无奈冷，萧然寒雨落窗前。

十月,手抄父林所撰《琅琊漫抄》,总四十八则。

　　《琅琊漫抄》:先公官太仆时,政事之馀,楮笔在前,即信手草一二纸。或当时见闻,或考订经史。间命壁录置册中,而一时逸亡多矣。……在温一二事,散录诗文稿中,不忍弃去,并抄入之,总四十八则。弘治庚申十月,仲子壁拜手谨书。

长至日,徐祯卿至,拜文林像有诗。

　　《徐昌毂全集·长至日拜文温州画像》:平生袍笏宛如存,泫尔登堂破泪痕。尹父共怜中路夭,汉阡何处百年魂。江山易起英雄恨,谈笑难忘国士恩。寥落一编封事在,应留精爽护黄昏。

是年,有送王献臣上杭丞叙。献臣字敬止,号槐雨。吴人。弘治六年进士。自行人擢御史。明法守轨,多所绪正,有直臣风。为东厂辑事者所中,下诏狱,命杖,谪上杭丞。

　　《集三十五卷本》卷十六《送侍御王君左迁上杭丞序》:国朝以仁厚立业。更累朝列圣纲维,综核之馀,诞章丕绪,深密完固;殆无可施力。而士之用世,亦惟持重博大为宜。或稍出廉隅,有所建画,往往得喜事徇名之谤。及今百馀年,所以消阻浮薄,崇长忠厚,诚不为无益也。而其间固亦有幸于无事,以自盖其瘝旷之愆者矣。盖遄奭蓄朒,谓惟因循自恕,足取持重博大之名。呜呼!古之所谓持重博大,固如是哉!往岁先君以书问士于检讨南屏潘公,公报曰:"有王君敬止者,奇士也。是故吴人。"他日还吴,某以潘公之故,获缔好焉。及君以行人迁监察御史,先君谓某曰:"王君有志用世,其不能免乎?"乃弘治庚申,君以事下诏狱,镌两阶,左除福建上杭丞。始君按辽阳,明法守轨,多所绪正。用事者不便,为飞语中君。而其徒有气力者,又从中酝酿之,而君遂得罪去。议者谓:"君不自省约,以敛怨时人,迄抵祸败。"或又谓:"君感慨激昂,不能俯仰,其得罪固宜,而亦其所乐受。"凡此皆非所以论君也。君以圣天子耳目之臣,奉使边徼,其任不为不重。而辽阳国家要害,不得不慎。苟为避喜事之名,因循自恕,以侥幸塞责,则循习之弊,将久而益滋。而一旦事出非料,则其祸之所遗,岂独一身一家而已哉。故操切屏捍,惟法之循。至于得罪以去,固非所乐,而实亦所不暇计。其心诚不欲以一身之故,而遗天下之忧。若君者,今之所谓喜事徇名,而古之所谓持重博大者欤!此潘公之所谓"奇士",而先君之所为叹其不免也。君将赴上杭,取道还吴,吴撙掫之士聚诗为赠,而推叙于某。因叙君之所以得罪之故,而复推本其所存如此。虽然,天下之事,尚有大于此者,君当无以是自惩。

《明史》卷一百八十《列传》:王献臣,字敬止,其先吴人。弘治六年举进士,授行人,擢御史,巡大同边。请亟正诸将姚信、陈广闭营避寇,及马昇、王杲、秦恭丧师罪。悉蠲大同、延绥旱伤逋赋,以宽军民。帝多从之。尝命部卒导从游山,为东厂辑事者所发,并言其擅委军政官。微下诏狱。罪当输赎,特命杖三十,谪上杭丞。

道光本《苏州府志》卷八十《人物·王献臣》:献臣疏朗峻洁,博学能文,遇事踔发。当孝宗朝,峨冠簪笔,俨然有直臣风。**与徐祯卿同观宋徽宗《王济观马图》及郑思肖画兰于沈律家。与祯卿各题诗郑画兰卷上。**

《湘管斋寓赏编》卷五《宋徽宗画王济观马图》:徵明往与徐迪功昌国阅此卷于沈君润卿家,是岁为弘治十三年庚申也。……

《国光艺刊》第四期《宋郑所南国香图题咏》:江南落日草离离,卉物宁知国事移!却有幽人在空谷,居然不受北风吹。沈润卿示予所南画兰,谨识小诗。文壁。

又:徵明往与徐迪功昌国阅此卷于润卿家,各赋小诗其上。是岁弘治十三年庚申也。……

按:徐祯卿题七绝一首,略。

弘治十四年辛酉(1501)三十二岁

人日,集于徐祯卿西斋;立春前一日,祯卿来访,各有诗。

《集四卷本》卷一《人日昌国西斋小集》:景色融融日有晶,太平人日喜晴明。正须行乐酬新岁,难得文谈对友生。宛转上眉春酒健,逡巡恋褐晓寒轻。草堂诗句千年在,怪得清吟苦不成。

又《立春前一日昌国过访停云馆同赋》:绕阶寒色淡晴辉,一榻寥寥对掩扉。日午隔帘闻笑语,东家儿女看春归。 自是与君还往熟,新年三辱过茅堂。贫家无物掩留得,两壁图书一炷香。

《徐昌穀全集·立春前一日过徵明小斋闲咏二绝》:萧森花石掩精庐,时有清风为扫除。天气向温春候早,绕盆闲看小游鱼。 宴坐融融日满斋,春晴不上野人怀。炉香消尽鸡声歇,一树花影过午阶。

夏,有赠阎起山诗。起山字秀卿,苏人。时馆授刘氏,所居相近,日夕过从,逾年不倦。

《集四卷本》卷一《赠阎秀卿》:君过小桥无百步,清言端不厌频来。坐添佳客山斋重,手展清篇病眼开。自古相知真有数,吾曹所乏真非才。图书绕案香萦壁,消尽桐阴茗一杯。

《集三十五卷本》卷二十九《亡友阎起山墓志铭》:余始识君于尤君宗阳之门,尤君为言其敏慧勤学。于时年甚少,余犹意其经生也。既而叩之,其言甚高,其志甚锐,而其为学已卓乎可畏矣。既而君馆授刘氏,所居去余近,率日一至吾庐。至即出所业评订,或考论古人,或商近事,逾年不厌益勤。阎之先,临江人。国初以事徙隶苏州卫,遂为苏人。祖宗实。父鋕,娶马氏。生君于洞庭山中,因名起山,而字秀卿。

过吉祥寺,有追和刘嘉緒诗。

《集四卷本》卷一《过吉祥寺追和故友刘协中遗诗》:尘踪俗面强追闲,惭愧空门数往还。不见故人空约在,黄梅雨晴郭西山。

闰七月一日,与兄奎邀江阴薛章宪及李瀛、杭濂、朱存理、都穆等燕集于家,有联句纪事。章宪字尧卿,晚号浮休居士。恬愉自得,旷达好游。工于诗词,隐居不仕。著有《鸿泥堂小稿》。

《鸿泥堂小稿》卷五《联句·并合》:闰七月一日,馀暑骄未退(章宪)。一时群彦并,平生故人在(瀛)。开樽得主贤,折简亦吾逮(致祥)。佳辰良以欢,往事深足嘅(濂)。可语孰二三?深叨倪今再(洵)。偶来如有期,一笑聊随队(存理)。广席杂

羞珍,清言共流辈(穆)。扫斋纳高贤,濯耳聆多诲(奎)。岂惟
慰契阔,兼得倾肝肺(壁)。操瓠属经始,授简乃赓载(章宪)。
投琼惭报非,倚玉觉形秽(瀛)。囊锥颖期脱,匣剑锋始淬(致
祥)。钝语漫追随,尘襟亦沾溉(存理)。清挹晚风凉,媚怜日
西态(穆)。带屋树沉沉,投巢鸦对对(奎)。昼穷还秉烛,肴竭
仍羹菜(壁)。呼卢续馀欢,洗盏见真爱(章宪)。狂歌醉都忘,
酣战败敢溃(瀛)。因纵谈得醒,更煮茶涤秽(致祥)。情本贵
洽浃,礼应遗细碎(存理)。安闲废六用,游戏剧三昧(穆)。虽
无曲水盛,敢援西园配(奎)。浣手制珠玑,他年话风裁(壁)。

《盛明百家诗·薛浮休集》:吾常之江阴,有隐士之逸,曰
薛浮休。平生恬愉自得,旷达好游。工于词赋。名章宪,字尧
卿。隐于弘、正间。卒年六十。

光绪本《江阴县志》卷十六《人物乡贤》:薛章宪,字尧卿。
少为诸生。退学邓旸之溪上。洽闻博物,杰然称古作者。吴人
都穆读其文,拟之商彝夏鼎。性喜佳山水,意之所有,辄轻千里
赴焉。居恒敛肱默坐。古貌瞿瞿。有《鸿泥堂集》。晚号浮休
居士。

按:《鸿泥堂续稿》卷一《雁头赋》有云:"徵明设燕,与者十
四人,极一时会合之雅。"不知即此燕集否?诗中"瀛"是宜兴
李濂,致祥不知何人,待考。"濂"是宜兴杭濂。"洵"或是濂弟
字允卿者,曾哀录濂遗文请徵明撰叙。"存理"是朱存理。"穆"
则都穆,与章宪交往极密,曾为章宪序其所撰《鸿泥堂小稿》。

十九日,刘㦬卒。年三十三岁。有《祭刘美存文》。

《匏翁家藏集》卷六十四《刘美存墓志铭》:其年三十三,俄
以疾卒。稍相知皆痛惜之,曰:"美存为人,不宜致夭,而何以

得此!"卒以弘治十四年闰七月十九日。

《集三十五卷本》卷二十四《祭刘美存文》,略。

秋,钱同爱、徐祯卿同试应天;徵明以居忧未往,有诗怀之。是年,徐祯卿与陈沂同举乡试。

《集四卷本》卷一《怀钱孔周、徐昌国时应试南京》:停云寂寞病中身,旅梦秦淮夜夜新。见说踏槐随举子,终期鸣鹿荐嘉宾。人言漫漶真无据,吾道逶迤合有伸。想见马蹄轻疾处,薄罗微染帝京尘。

道光本《苏州府志》卷六十一《选举》三:弘治十四年辛酉科:吴徐祯卿。

《凭几续集》卷二《明故山西太仆寺卿石亭陈先生墓志铭》:辛酉,始举乡试。

八月,金琮卒。年五十三岁。琮字元玉,自号赤松山农,金陵人。禀赋颖敏,酷嗜字学,法赵孟頫、张雨。徵明极爱之,所得皆装潢成卷,题曰"积玉"。

《无声诗史》卷二:金琮,字元玉,金陵人。禀赋颖敏,尤酷嗜字学。初学赵魏公,得其真似。晚师张伯雨,更神隽可爱。画梅花有逃禅老人笔意。尝游浙之赤松山,爱其佳,徘徊不能去,因自号赤松山农。以弘治辛酉八月十五日卒,年五十有三。

《金陵琐事》卷上《书品》:山农金元玉,初法赵子昂,晚年学张伯雨,精工可爱,落笔人便持去。吴中文徵仲极喜元玉字。凡得片纸,皆装潢成卷,题曰"积玉"。

九月,有滁州之行。时陈公度方从徵明学《易》,至是归,求徵明书画,乃题张灵画赠之。

《唐宋元明名画大观·张梦晋画》:友生陈公度,端重寡言,尚德好义。负笈远来,从余授《易》。方期公度得隽,为乡里耀;不意余有滁州之行,公度东归。征余诗画,一时不及,以梦晋此画赠之。着是数语,聊以志别云。弘治辛酉秋九月,文壁。

按:陈公度事行待考。张灵此画,于《吴越所见书画录》《一角编》皆有纪录。

叔父森,由郓城知县召拜浙江道监察御史,以言事下诏狱,答不问。

《集三十五卷本》卷二十六《先叔父中宪大夫都察院右佥都御史文公行状》:在郓三年,巡抚使者交荐其才可大用。十四年辛酉,召拜浙江道监察御史。会吏部阙尚书,大臣有夤缘求进者,公疏力论之。因举宜为吏部尚书者,疏刘大夏、周经进以召。时营进者甚锐,且有力。或从中酝酿之,谓是专擅选法,非所宜言,遂下诏狱。赖上仁明,特答而不问。

又卷三十一《叔妣恭人谈氏墓志铭》:府君历仕中外,皆以清白称。及为御史,以言事下诏狱,事且不测。人为傍惧,而恭人无所悔恨。府君尝自言:"当草疏时,恭人实秉烛侍。知必掇祸,而不为沮止。使其时有言,余亦不能不动也。"

《治世馀闻》上篇卷二:辛酉冬,马司马文升转太宰。御史张津、文森、曾大有论:"马宜在兵部,且熟知边事。吏部宜慎择正人居之。"奏上,奉旨:"进退大臣,朝廷自有公道。这御史每如何辄擅铨衡?"皆下狱,送法司拟罪。金谓辄擅铨衡,准律文其罪不小,皆为危之。后得旨:如拟运炭还职。方知上意,初未尝怒言者,恐论列者众,故先批如此。圣人之度,何尝有所适莫哉。方太宰缺时,马与刑部闵圭皆以资望相应。北人主于马，南人主闵。推者以马为首，遂相嫌。马在部，移怒于属司。一年之间，刑部十三司无一转官者。可谓隘矣。弘治末，为何御史天衢所劾，遂罢去。

除丧服，读书奋励，丙夜不休，友人朱良育尝有荣禄不能及时之忧。徵明以为当勤业俟命，不可困忧失志。良育字叔英。吴县人。积学不第，以明经终。著有《草堂诗集》。

《弇州山人四部稿》卷八十三《文先生传》：先生服除，益自奋励。下帷读，恒至丙夜不休。

《新倩籍·文壁》：与诸生朱良育善。良育亦卓雅通古，谓壁曰："夫禄不能代养，荣不能庇身，时逝日暮，将愁厄之不胜。子其计之。"壁曰："否、否，命不可枉，时不可忽。人生实难，不勤何获？奈何计硁硁之忧，反不困邪？子行矣，无戾我图，异日当不苦余言也。"良育竟深贤之。

《人海记》：吴县朱良育，积学不第，膺岁贡。子鸿渐，成进士，官主事。貤封不受，竟以明经终。

道光本《苏州府志》卷一百三十三《艺文》二：《草堂诗集》，吴朱良育字叔英。

是年，跋王云所藏詹希元书王宾《叙字》，希元及宾皆明初人。希元字孟举，新安人。仕终中书舍人，工书。宾字仲光，吴人。博综文籍，制行奇狷，云之从玄祖也。隐于医。

《停云馆帖·国朝名人书卷第十》：右詹中书孟举书吾乡王光庵先生《叙字》一首，孟举，婺源人。仕元为供奉监照磨，历善用库副使。洪武初，授吏部奏差铸印局副使，后为中书舍人卒。其书评者谓兼欧、虞、颜、柳之法，而有冠冕佩玉之风，为国朝书家第一。此纸，沈氏物。光庵从玄孙云偶购得之。装池成卷，俾予疏其事。詹书近时绝少，此文既有关王氏，而又家集所不载。云之宝此，岂可以寻常翰墨论哉。弘治辛酉，徵明。

按：《停云馆帖》卷十刻于嘉靖三十五年二月，此文或上石时重书，故款"徵明"。

《珊瑚网书录》卷二十四《吉水解缙书学传授谱》：临川危素太朴，饶介介之，得文敏（赵孟頫）传授。而太朴以教宋璲仲珩、杜环叔循、詹希元孟举。孟举少受业子山（康里巎）之门。詹希元，后更名希原，字孟举，新安人。号逸庵、丙寅讷叟。幼从父官胜国。至洪武初为铸印副使，后卒官中书舍人。

《悬笥琐探》：苏州知府姚公善，多才下士。在郡闻有才者，必躬诣之。有王宾仲光，博学能文，隐于医。姚公过之，宾不为礼，姚公笑而退。明日又过之，宾衣母氏布袄，持扇佯狂踞坐。姚公上与语，辄吐涎仆跌。姚公又笑而退。泊三过之，始款论如平生。

钱穀《吴中人物志》：王宾，字仲光。博综文籍，经史诸子，历数兵政，百氏小说，靡不该贯。而制行奇狷，不娶不宦。又以药点面及肘股为创，鬈发短衣，或箕踞道傍爬搔。虽知者亦不敢荐达。姚善为守，特往求见。宾执礼抗节，风轨甚高。性至孝，奉母甚笃。年七十病革，抱母不舍，死而复苏，呼母连声始绝。既葬，神归于家，方午，闻其杖履声。呼母曰："孃孃，儿舍孃孃不得。"良久乃灭。别号光庵，以医名家。

《贫士传》下卷《王宾》：王宾，字仲光，吴郡人也。永乐中，自坏其面，终身独居，无妻子。鬈髻布袍，游行市中。家贫无业，卖药以资。所至，群儿随焉。郡守姚善枉谒衡门，宾据坐受拜，以道海之，若师弟子。姚少师广孝贵，来访，弗肯见。方盥，掩面走。

王榖祥生。

《皇甫司勋集·明吏部文选清吏司员外郎王君墓表》：惟辛酉君以降。

弘治十五年壬戌（1502）三十三岁

常熟顾氏自闽中移植荔枝数本，经岁遂活。沈周使人折枝示闽人，良是，因作《新荔篇》。承命同赋，又为作图。

《集四卷本》卷一《新荔篇》：常熟顾氏，自闽中移荔枝数本，经岁遂活。石田使折枝验之，翠叶芃芃，然不敢信也。以示闽人，良是，因作《新荔篇》，命壁同赋。（诗七古）略。

《艺海勺尝录·文徵明闽荔吴栽卷》：衡山所画，绢本，闽荔十枝，尽态极妍，皆用古法。曩读吴荷屋《辛丑销夏记》载蔡君谟所绘荔枝。余未见蔡画，不知神妙何如。若衡山此卷，枝叶扶疏，绛衣斑驳，使人心折矣。卷后纸本，衡山自书和沈石田《新荔篇》长古，诗既秀发，书尤流美。中有误书添注一二笔，正姜白石所谓偶有误书，不以为病者。

为吴奕书李东阳撰《东庄记》。

《匏翁家藏集》卷五十五《题东庄记石刻后》：先侍郎府君治东庄时，吾弟原晖实往助之。府君既不幸即世，而原晖继亡；亦幸有子奕稍长能守旧业，以今宫保长沙李公所作记书屏间。

岁久漫灭，请其友文徵明为隶古，刻石以传永久。其于先志，可谓能继矣。盖府君之治兹庄，固思续古之人，然陶靖节不求自安之意，至老不衰。若原晖所以结屋种树，勤力于此，又岂李卫公爱惜草木，以供玩好者耶？凡为吴氏子孙，皆当知之。石刻成，书其后以示。壬戌五月十六日。

与浦应祥、王铨登洞庭东山，宿兴福寺之慧云堂。饮酣赋诗，萧然忘寐。应祥字有徵，有文誉。成化十二年举人。官至高州同知。铨字秉之，鏊弟。正德间以贡授杭州府经历，值刘瑾乱政，遂不赴。

拓本《兴福寺重建慧云堂记》：弘治壬戌，余与友人浦有徵、王秉之泛舟出渡水桥，绝太湖而西，蹑屩以登，由百街岭而上。始自翠峰，历能仁、弥勒、灵源诸寺，延缘登顿，转入俞坞，至兴福而次止焉。兴福视诸刹为劣，而松筠阴翳，流濑琤琮，九峰回合，室宇靓深。余憩恋久之不能去。是夕宿寺之慧云堂，主僧勤公，老而喜客，焚香荐茗，意特勤慎。余与二客饮酣赋诗，萧然忘寐。夜久僧定，寂无人声。山月入户，林影参差，恍然灵区仙境。

道光本《苏州府志》卷九十八《人物·文苑》：浦应祥，字有徵。为诸生，有文誉。成化丁酉举于乡，历高州同知。王鏊修《姑苏志》，应祥多所撰述。

又卷一百三《人物·隐逸》：王铨，字秉之，吴县人。文恪公鏊之弟。质鲁学迟，而志甚笃。正德间，以贡授杭州府经历。时值逆瑾乱政，叹曰："此岂求仕时耶？"遂不赴。隐居水东之塘桥，作且适园。文恪赠以诗，有"输与伊人一着高"之句，因颜其堂曰"遂高"。所著有《梦草集》，皆与兄倡和作也。

乾隆本《苏州府志》卷二十四《寺观》:兴福寺,在洞庭东山俞坞西。梁天监二年,干将军舍宅建。旧在山之东麓,唐时始迁此。

有次韵题唐寅所画《黄茆小景》诗。时寅倦游归里,因病不复出,托丹青以自娱。家以好酒日落,因事出妻。故徵明怀唐寅诗有"若非纵酒应成病,除却梳头即是僧"句。

《集四卷本》卷一《次韵题子畏所画黄茆小景》:斜日翻波山倒浸,晚晴幻出西南胜。绝岛双螺树色浮,遥天一线鸥飞剩。谁剪吴淞尺纸间?唐君胸有洞庭山。古藤危磴黄茆渚;细草荒宫消夏湾。我生无缘空梦堕,三十年来蚁旋磨。睡起窗前展画看,恍然垂手矶头坐。湖山宜雨亦宜晴,春色笼葱秋月明。知君作画不是画,分明诗境但无声。古称诗画无彼此,以口传心还应指。从君欲下一转语,何人会吸西江水。

按:《大观录·唐六如黄茆石壁图卷》,徵明题诗末有"谨次唐君原韵。君尾句重押'指'字,辄为易之。衡山文壁徵明甫。"唐寅原题末四句为"人生谁得常如此,此味唯君曾染指。若还说与未游人,生盲却把东西指。"故徵明诗及识如此。

《唐寅年谱》:先生年三十三岁,倦游归里,得疾。少愈,治理旧业。

《吴郡二科志·文苑·唐寅》:归无几,缘故去其妻。

《文衡山诗稿墨迹·月下独坐有怀伯虎》:经月思君会未能,空床想见拥青绫。若非纵酒应成病,除却梳头即是僧。友道如斯谁汝念?才名自古得人憎。夜斋对月无由共,欲赋幽怀思不胜。

为吴奎题吴隐之画像。奎,宽兄宗之子。

《集四卷本》卷一《吴隐之画像》:贪廉自我非泉致,刺史诗篇万古新。展卷萧然袍笏在,世间多少负惭人。　千年遗像识真难,重是高风不可刊。一样广州俱刺史,几人传入画图看。

《匏翁家藏集》卷二十二《为奎侄题吴隐之刺史遗象》:南行曾是饮贪泉,百世清名尚卓然。遗象未知还似否? 赋诗惟与后人传。

按:吴宽题在弘治丁未。

又卷六十三《亡兄处士墓志》:亡兄讳宗,字原本。子男二:曰奎、曰畲。

与蔡羽燕坐,为写竹石并题。

《集四卷本》卷一《与逵甫燕坐小斋为写竹石》:对坐焚香习燕清,好风如水泛帘旌。夕阳忽见疏疏影,落木空江生远情。

五月一日,侄伯仁生,兄奎长子。伯仁字德承,号五峰。庠生。诗文法白、韩,书法钟、王,画法王蒙。卓然名家。

《文氏族谱续集·历世生卒配葬志》:五峰公伯仁,双湖长子。庠生。生于弘治十五年壬戌五月一日。

《吴郡名贤图传赞》卷八《文高士》:公姓文,讳伯仁,字德承,号五峰。衡山先生侄。禀质颖异。年十五,补博士弟子员。文战屡踬,退而耕于阳城湖之上。亲没,卜居金陵,绝意仕进。游都门,以书画自给。故交沈炼以言事忤严嵩,下诏狱。朝士无敢白其冤者。公裸而詈于门屏间,一时义声震四方。与何柘湖、陆五台、朱射陂诸君子结诗社,徜徉湖山间。为文法韩昌黎,诗法白太傅,书法钟、王,画法王叔明。卓然名家,为海内推重,年七十四卒。

是月,薛章宪以嗜杨梅来吴。因徵明食性多禁,尤不喜此,与沈周同作诗相戏。作《解嘲诗》。

《艺苑掇英》第二十期《明沈周杨梅村坞图》:馋饕聚坞杨家果,悭奈诗人食禄何!千树已空嗟太晚,一丸聊足记曾过。属厌挂腹宜为少,适可濡唇不在多。亦胜矫同文仲子,忌沾滋味似哇鹅。　尧聊薛君嗜食杨梅,暑中,辍农功驾舟特往,时采摘殆尽,仅获一丸紫而大者啖之。且云:"一不为少。"却邀余作图与诗识其事。末语及徵明,以素不喜食者,亦发徵明一笑。弘治壬戌夏五下浣,沈周。

《鸿泥堂续稿》卷七《食杨梅戏投徵明》:倾筐入市走殷雷,快嚼真堪慰永怀。微雨最宜多亦怕,高风信美少能侪。或添崖蜜韵都失(石田好擘碎之,渍以蜜),量掺吴盐味转佳。颇怪衡山文仲子,不知何事却须哇。

《吴郡二科志·文苑·文壁》:食性多禁,尤不喜杨家果。人或笑之,作《解嘲诗》。其词曰:"南风微微朝夜吹,暑雨未到山中时。此时珍果数何物?五月杨梅天下奇。纤牙仿佛嚼冰雪,染指顷刻成胭脂。论名列品俱第一,我不解食犹能知。天生我口惯食肉,清缘却欠杨梅福。冰盘满浸紫葳蕤,常年只落供吟目。千金难致漠北寒,北人老去空垂涎。渠方念之我弃捐,食性吾自知吾偏。十年枉却苏州住,坐令同侪笑庸鄙。几回欲作解嘲诗,曾未沾唇心不死。叶生生长杨梅坞,眼看口啖日千颗。愿从君口较如何,补作西崦杨梅歌。"

《七修类稿》:吴文徵明不食杨梅,士人诮之。自作诗解嘲云:"天生我口惯食肉,清缘却欠杨梅福。"

有秋夜怀徐祯卿诗。

《集四卷本》卷一《秋夜怀昌国二首》:初秋雨时霁,夕景敛炎疴。蹀屧遵广除,矫首睇明河。白露浣衣带,商飚振庭柯。缟月升云阙,照我东墙阿。故人不得将,良夜空婆娑。非无一樽酒,顾影当奈何! 阴虫抱莎啼,秋风在庭户。微凉逗短葛,月出照团露。惊禽飞漠漠,顾见庭中树。柔枝日以疏,安能共迟暮。人生岂独坚,坐阅衡杓度。忧来搔短发,衰薄已堪数。

至昆山,宿妻父愈分绿斋,时友婿王银新卒,有怀悼诗。

《集四卷本》卷一《宿昆山吴氏有怀王世宝友婿》:萧萧风竹撼空枝,分绿斋中独到时。细雨昏灯亲戚话,寒窗短榻死生期。寂寞子敬孤琴迹,感慨安仁寡妇辞。宿草未成双泪尽,屋梁残月不胜思。

与昆山陆洲叔侄交。洲字宗瀛,少负异才,诗文重海内。与其侄梓字子才者,均与徵明及唐寅为诗文友。洲所藏元柯敬仲墨竹,徵明尝为题。

《集三十五卷本》卷二十一《题陆宗瀛所藏柯敬仲墨竹》:文湖州画竹,以浓墨为面,淡墨为背。东坡谓:"此法始于湖州。"柯奎章此幅甚奇,人多不知其本,盖全法湖州也。虞文靖云:"丹丘虽师湖州,而坡石过之。"但时世所传湖州竹绝少,余两见又皆小幅,无坡石可验。用书伯生之论,以答宗瀛,聊当评语。

乾隆本《昆山新阳合志》:陆洲,字宗瀛。少负异才,诗文重海内。勋戚徐魏国欲延于塾,赍币数往还,终不就。曰:"曳裾侯门,吾岂其俦哉?"世传《二陆先生遗稿》,洲与从侄梓也。

又:陆梓,字子才。居陈墓里。嘉靖癸卯举人。再踬春官,遂绝意进取。与叔洲及唐子畏、文徵仲为诗酒社，不问生产，远近高之。

按：徵明于四十三岁题画寄陆梓云："十载交君父子间。"故与陆洲叔侄交系于本年。

八月十七日，沈云鸿卒，年五十三岁。为撰《沈维时墓志铭》。

《集三十五卷本》卷二十九《沈维时墓志铭》：君生景泰庚午八月一日，年五十有三，以弘治壬戌八月十七日卒。明年癸亥十一月甲申葬益字乡新茔。君长余二十年，而修世讲特厚，相知为深。故其葬也，余不得不铭，而石田先生实又命之。

十月，抱病经旬，有《病中》及《十月》等诗。徵明体弱多病，故病中之作甚多。

《集四卷本》卷一《病中》：山馆新寒送寂寥，一帘深坐拥绨袍。眉棱向晓駸駸重，骨节经秋叠叠高。零落旋教人事减，淹留独与病魔遭。发如庭树相将脱，镜满秋风怕见搔。

又《十月》：江南十月乍风埃，帘箔垂寒昼不开。身计萧萧存断简，人情黯黯付深杯。雨中秋树芙蓉尽，霜后时新橘柚来。抱病经旬宾客减，卧看香鼎篆萦回。

李瀛以唁沈周丧子来吴，周画《铜官清远图》以答。寻来访，别时有诗，徵明次韵答之。

广仓学窘本《艺剩·明沈石田铜官清远图》：荒居僻泽中，两度枉高迹。始发沮半道，兹来尚生客。我方坐衰疢，肠割心炙赫。世裔失望远，顿绝犹中画。君言苦唁我，语语出药石。吹火对床夜，宽慰引古昔。西风号长林，堕叶间红碧。留恋不即舍，酒尽再四索。老人重故旧，情长如景迫。各愿持久要，对此庭下柏。复申殷勤意,聊假笔砚释。何当奋衰惫,报以铜官屐。 宗渊李先生远唁余丧子之悲,且出《观下竺画壁》清篇,以慰痛怀。临别,作《铜官清远图》,遂和高韵,填于上方。庸答雅厚,且以少释云。弘治壬戌九月二十九日,沈周。

《集四卷本》卷一《次韵答李宗渊》:金陵一笑偶相同,山馆时来觅旧踪。岁月几何堪屡别?栖迟如此愧初逢。苏公踏雪翻怜雁,东野鸣秋却类蛩。离墨铜官空有约,未随君去意重重。

十一月七日,跋李应祯书《大石联句》。

《宝翰斋帖》卷六:予少以家庭子给事李公笔砚颇久。公书不苟作,或时得意,辄穷日挥洒;不然,经月不执一笔。每每怒詈拒人,故亦艰得之。今人家所存,往往片纸数字,又多古人诗,若其自作及大书累幅者盖少。右《大石联句》,五百馀言,而一时东南名胜咸在,可谓盛矣。且此诗自壁间大书外,仅仅见此耳。有好事者捐一石,摹而刻之,岂非吴中胜事哉!自成化戊戌抵今,二十有五年,而公之去世,亦已数年。缅想风范,俨然笔画间。吴中前辈如公者,渐不复存。予所为致慨于此者,岂独翰墨而已耶!弘治壬戌十一月七日,后学文壁记。

袁褧生。

《集三十五卷本》卷三十二《广西提学佥事袁君墓志铭》:君生弘治壬戌十月二十六日。

弘治十六年癸亥(1503)三十四岁

时唐寅任达自放,落魄愈甚。徵明每规劝之,几致失和。

《唐寅年谱》三十四岁条下云："频年颓放，与弟申亦异炊"。又注云："先生为天才横溢之人，既被科场所累，益郁郁不得志。则放情诗酒，寄意名花，在所不免。而至友如枝山、梦晋辈，又非礼法之士，相与把盏啸傲，缠头争掷，亦无可讳言。"

《明史窃》第七十三《康杨桑顾朱刘文唐祝列传》：与祝希哲及张梦晋尝雨雪中作乞儿鼓节，唱《莲花落》，得钱沽酒，野寺中痛饮，曰"此乐恨不令太白知之。"三人皆以风流自豪。

《六如居士全集》卷五《答文徵明书》：寅顿首，徵明足下。无恙，幸甚。昔仆穿土击革，缠鸡握雉，身杂舆隶屠贩之中，便投契足下。是犹酌湜沚以饎饎，采葛覃而为絺绤也。取之侧陋，施之廊庙冠剑之次；人以为不类，仆窃谓足下知人。比来痴叔未死，狂奴故若，遂致足下投杼，甚愧甚愧。且操奇邪之行，驾孟浪之说；当诛当放，载在礼典，寅固知之。然山鹊莫喧，林鹗夜眠；胡鹰耸翮于西风，越鸟附巢于南枝；性灵既异，趋从乃殊。是以天地不能通神功，圣人不能齐物致。农种粟，女造布，各致其长焉。故陈张以侠正，而从断金之好；温荆以偏淳，而畅伐木之义。盖古人忘己齐物，等众辩于瞉音；出门同人，戒伏戎之在莽。寅束发从事，二十年矣，不能翦饰，用触尊怒。然牛顺羊逆，愿勿相异也。谨覆。

秋，有夜坐怀陈淳诗。

《集四卷本》卷一《夜坐怀陈淳》：清宵忆汝意难忘，木榻能甘野寺荒。却是秋来有佳思，卷书斜映佛灯凉。

御史顾潜起告北上，有送行诗。潜字孔昭，昆山人。鼎臣侄。弘治九年进士，选庶吉士，改御史，以疾在告。鼎臣字九和，弘治十八年状元。官至礼部尚书，武英殿

大学士。卒于官，赠太保，谥文康。与徵明配吴夫人为表兄妹。

《集四卷本》卷一《顾孔昭侍御起告北上》：心逐江流百折东，青山不似圣恩隆。著书偶作周南滞，簪笔还收柱下功。行李自囊新草疏，都人争识旧乘骢。老成摧抑时情异，犹持台端论独公。

道光本《苏州府志》卷八十一《人物·宦迹》：顾潜，字孔昭，昆山人。鼎臣兄子。弘治丙辰进士，选庶吉士，改御史。奉敕往山东河南印信马匹。疏言马政耗弊，多由拆色、子粒、俵买等项，互累军民。乞复洪武、永乐旧制。上敕所司罢行之。以疾在告，辑唐宋以来可为法者，附以论断，名《稽古治要》，上之。

《明史》卷一百九十三《列传》：顾鼎臣，字九和，昆山人。弘治十八年进士第一，授修撰。正德初，再选左谕德。

《吴郡名贤图传赞》卷七《顾文康》：公姓顾，讳鼎臣，字九和，号昧斋，昆山人。家鳌峰桥西。弘治十八年廷试第一，授修撰。世宗即位，以讲学被知遇，进詹事，赐金锜。凡上所厘改制度，正祀典，行耕藉礼诸议甚详。进礼部侍郎。历少宰。两命教习庶吉士。上疏言东南财赋所出蠹败民者四事，上皆嘉纳。进大学士。岁时宴赐，宠逾诸臣。追疾作，遣医慰问相继。犹疏五事，眷眷以水地边计为念。卒于位，年六十八。谥文康。

按：吴愈父名凯，字相虞，号冰蘗。幼失父，养母以孝闻。永乐中以能书赴京，预修《大典》。十八年中顺天乡试。宣德中，授刑部主事，改行在云南司。正统中改礼部主客司。以母老乞归，不复仕。精敏有才，而能以礼自持。风仪峻整，人望而畏之。卒年八十五岁,私谥贞孝先生。生三子:恩、惠、愈。女二,适顾恂者生子鼎臣。见《吴梅村先生年谱·世系》。

为王献臣书扇,并题所藏元赵雍画马。

《集四卷本》卷一《书王侍御敬止扇》:江湖去去扁舟远,莫道丞哉不负君。恋阙怀亲无限意,南来空得见浮云。

又《又题敬止所藏仲穆马图》:荦荦才情与世疏,等闲零落傍江湖。不应泛驾终难用,闲看王孙《骏马图》。

十月,登洞庭东山,有诗。与徐祯卿五月游西山诗并互和之作,合刻为《太湖新录》,徵明序,吕𫘤题。

光绪本《苏州府志》卷一百三十七《艺文》:文徵明《太湖新录》一卷,徐祯卿同撰。

《顾氏四十家小说·太湖新录》:文徵明《游洞庭东山诗序》:洞庭两山,为吴中绝胜处。余友徐子昌国,近登西山,示余纪游八诗。余读而和之。于是西山之胜,无俟手披足蹑,固已隐然目睫间。而东麓方切倾企。属以事过湖,遂获升而游焉。留仅五日,历有名之迹四。归而理咏,得诗七首。辄亦夸示徐子,俾之继响。癸亥冬十月。

又,吕𫘤诗:湖上东西二洞庭,二豪诗句动英灵。令人歆慕抛尘相,与世流传胜《水经》。鹏鸟堪随六月息,君山只是一螺青。若为是地重搜览,他日归吴更细听。

《集四卷本》卷一《游洞庭东山诗》七首:《太湖》《百街岭》《宿静观楼》《游能仁、弥勒二寺》《宿灵源寺》《翠峰寺》《游洞庭将归再赋》。

又《再和昌国游洞庭西山八首》:《自胥口入太湖》《缥缈峰》《下缥缈峰小憩西湖寺》《经桃花坞》《左神洞》《左神道中》

《谒毛公坛雨不果行》《资庆寺》。

按：以上十五首，皆七律。诗略。

冬，病中承诸友过访，赋诗以谢。

《集四卷本》卷一《病中承诸友过访》：小病牵愁未破除，药炉香鼎愧端居。晓寒围榻霜华薄，午翠摇窗竹色虚。滋味不甘新减食，业缘难断尚操书。慰怀多谢诸君在，日日清言款敝庐。

有送毛珵擢山东参议诗。珵字贞甫，号砺庵，吴县人。成化二十三年进士。沉敏精悍，抗疏直言，不事唯诺。官户科给事中时，以言事忤大司马。旋大司马转冢宰，乃有此擢，实疏之也。长子锡朋，娶徵明叔父森女良卿。

《书法丛刊》第三十三期《明文徵明隶书赠毛中丞饯行册》：司谏毛先生擢拜山东参议，敬饯小诗：十年禁闼拾遗臣，忽诏参藩鬓未星。总道仲山宜屏翰，终疑汲黯远朝廷。逶迤公自关时数，晚末吾犹及典刑。落日泰山弥节处，可应回首小滁亭！（小滁，公后圃亭名）契家生文壁谨上。

《吴郡名贤图传赞》卷六《毛中丞》：公姓毛，讳珵，字贞甫，号砺庵，吴县人。成化二十三年进士，授南京工科给事中。与其僚纠守备太监蒋琮，两广总镇安远侯柳景不法，咸抵罪。又抗疏论辅臣丘濬。以该博佐刚愎，为学士则有馀，为宰执则不足。时论韪之。引疾归。起任户、兵两科，以言事失大司马指；旋大司马转冢宰，出公参议山东。升浙江参政，以病乞休。致仕十年，起为南京鸿胪卿，累官郧阳巡抚，乞归，卒年八十二。

《集三十五卷本》卷二十六《明故嘉议大夫都察院右副都御史毛公行状》：丙辰，以病予告，家居久之。庚申，起告北上，留为户科给事中。会北边有警，馈饷不继，师徒摧衄，多所亡失。公劾奏诸将校逗留不职。因言："兵部尚书马文升坐视溃败，无所展画，不宜在本兵之地。"他所奏拟及檄驳论荐，咸切事机。丁巳，奉玺书清储岭南，道拜兵科右给事中，骎骎向用矣。会倪文毅公卒，马公为吏部，即擢公山东布政司左参议。自徵仕郎转六阶为朝列大夫，外示进秩，实疏之也……子男三人：长锡朋，戊子乡贡进士，娶文氏，我先叔父佥都御史讳森之女。次锡嘏，娶德庆州判官沈公冕之女。次锡畴，娶刑部尚书吴公洪之女。俱县学生。

光绪本《苏州府志》卷一百十八：文良卿，都宪森女。年十四，父疏劾刘瑾，家人群阻之。良卿曰："大人素怀忠鲠，又居言路，岂儿女子所当劝止耶？"嫁孝廉毛锡朋。姑韩，喜读书，良卿撰《北齐史演义》以娱之。有妹许字进士陆坦子。夫殁，誓不再字。良卿为造小阁以居。米盐薪菜之属皆馈焉。年未四十，病死。良卿哭之，过时而悲，其友爱如此。

为沈锷撰《沈府君石表阴记》。沈氏自宋以医仕。家长洲，有宋高宗御书"良惠堂"匾，人称良惠沈氏。锷父廛，字宗常，治病有奇效，吴宽为表其墓，又请徵明记其碑阴。

《集三十五卷本》卷十八《沈府君石表阴记》：太史延陵公之表沈府君之墓也，称其良于医，而书治疗之实，尝验于人尤彰灼者若干事。事核而详，文繁而不杀；其法盖昉于太史迁。迁所论次多简质，而于太仓公之事加详。凡所为治病死生，验者几何人，主名为谁，及所投疗何药，并条列之不厌。噫！迁迺有意哉！而延陵公所为历历于是者，亦岂焉以徇其子孙之志哉？

而为之子孙者,则不可不谓之幸也。府君之子锷,既伐石登公
之文,乃来乞余言,刻诸石阴。

《匏翁家藏集》卷七十四《吴医沈宗常甫墓表》:吴中医家
之盛,有沈氏。沈氏医术之良,有宗常甫。宗常讳廛,其字宗
常,自号怡晚。少读儒书,用以资于医。且家故多良方,又庭闱
中父兄相处,言必及医事,宗常得于见闻者尤多。出而治病,遂
数著奇效。沈之先,为汴人。从宋南迁,家吴中,今为长洲人。
自宋以医仕,其先不可考。家有思陵御书"良惠堂"匾,至今人
称良惠沈氏。宗常娶张氏,保定太守枳之女;继陆氏,苏州卫镇
抚熊之女,皆贤而无子,以季弟圭之子锷为后。宗常享年六十
五。其生正统丁巳十二月三日,卒于弘治辛酉七月十日。卜又
明年十二月三日葬吴县隆池新阡。锷请其内兄乡贡进士张君
文臣为状。其从大父翰林编修良德乃来道锷意,请文表于墓
上,曰:"锷有孝行,欲显扬其父甚切也。"

除夕,旧病未愈,值女新丧。怅然有作。

《集四卷本》卷一《癸亥除夕抱病停云馆怅然有作》:婆娑
樽酒地炉温,已与穷安不用文。灯火残冬馀病在,风烟息女有
新坟。愁中春帖惊才减,醉后霜钟惜岁分。却是春风能次第,
旋吹花木照停云。

**是年,阎起山撰《吴郡二科志》。目徵明云:"性方古,
威仪轩举。时云间张弼书名雄天下。识者评之,不如
壁远甚。"弼字汝弼,号东海,松江华亭人。成化二年
进士,官至南安知府。善诗文,工草书,怪伟跌宕。**

《吴郡二科志》:阎起山《吴郡二科志序》:弘治癸亥,予家
居无聊,更多人事之扰。因思郡之为文苑者,颉颃相高,流美天

下。是生有荣而没有传，不可几矣。为狂简者，磊落不羁，怨愁悉屏，是任其真而全其神，不可几矣。遂类其言，作《二科志》。

《明史》卷二百八十六《文苑》二：张弼，字汝弼，松江华亭人。成化二年进士，授兵部主事。进员外郎，迁南安知府。弼自幼颖拔。善诗文，工草书，怪伟跌宕，震撼一世。自号东海，张东海之名，流播外裔。

《画禅室随笔》：东海在当时以气节重。其书学醉素，名动四夷。自吴中书家后出，声价稍减。然行押书尤佳。今见者少耳。

桑悦卒，年五十七岁。

《松筹堂集》卷六《故柳州府通判桑公墓志铭》：弘治癸酉六月四日以柳州府通判卒于故邑常熟之寓馆，年五十七。

弘治十七年甲子（1504）三十五岁

二月，与祝允明、唐寅游东禅寺清溪堂。允明为僧云空书《饮中八仙歌》。

《味水轩日记》卷八：万历四十四年丙辰三月八日，购得祝京兆擘窠行书《饮中八仙歌》一册。有款云："甲子仲春，同文徵仲、唐子畏游东禅清溪堂。云空上人持纸索书，有感酒仙，漫录以应之。枝山允明。"

道光本《苏州府志》卷四十二《寺观》：东禅教寺，在长元县学东南。吴赤乌二年，陈丞相宅池中生瑞莲，遂舍为寺，名镇国院，唐大中间，敕改东禅明觉寺。旧有异僧遇贤塑像。元至正末毁。明洪武间重建。

《吴门补乘》:东禅寺红豆一本,结为连理枝,高至三丈。花时,沈启南、文徵仲、唐子畏、汤子重诸君恒修文酒之会。后为疾风所拔。

又:东禅寺清溪堂,前明天玑禅师与吴匏庵、沈石田、唐伯虎、文衡山、祝枝山诸君子往来倡和于此。石田题其额曰"伴月"。

又与蔡羽、唐寅、徐祯卿放棹虎丘,相集竟日。徵明有诗并图。

《红豆树馆书画记·明文衡山虎丘千顷云图》:历历烟峦列翠屏,阴阴松桧拥空亭。登临不尽怀人意,把酒凭栏看白云。弘治甲子之春,偕林屋先生及子畏、昌毂辈放棹虎丘,登千顷云,相集竟日。把酒临风,不觉有故人之思。遂即景图此,并系短句,以记一时之事云尔。衡山文壁徵明甫识。

病中,有次韵答沈周诗。

《集四卷本》卷二《病中次韵答石田先生》:春来百日滞风痰,引步庭阶力渐堪。未老已偿多病债,薄缘深负对花谈。人生行乐梦中梦,岁事转头三月三。业在笔端难解脱,败毫先为故人含。

沈周作《落花诗》十首,徵明与徐祯卿有和作,周喜而反和之。秋,徵明应试至金陵,谒吕㦂;㦂时官南太常寺卿,又续和之。沈周益喜,又从而反和之。十月,徵明小楷各诗并记。

《过云楼帖》:弘治甲子之春,石田先生赋落花之诗十篇,首以示壁。壁与友人徐昌毂甫相与叹艳,属而和之。先生喜,从而反和之。是岁,壁计随南京,谒太常卿嘉禾吕公,相与叹艳，又属而和之。先生益喜，又从而反和之。自是和者日盛，其篇皆十，总其篇若干，而先生之篇，累三十而未已。其始成于信宿，及其再反而再和也，皆不更宿而成，成益易而语益工。其为篇益富而不穷益奇。窃思昔人以是诗称者，惟二宋兄弟。然皆一篇而止。而妙丽脍炙，亦仅仅数语耳。若夫积咏而累十盈百，实自先生始。至于妙丽奇伟，多而不穷，固亦未有如先生今日之盛者。或谓："古人于诗，半联数语，足以传世；而先生为是，不已烦乎？岂尚不能忘情于胜人乎？抑有所托而取以自况也？"是皆有心为之。而先生不然，兴之所至，触物而成。盖莫知其所以始，而亦莫得究其所以终。其积累而成，至于十于百，固非先生之初意也；而传不传又何庸心哉。惟其无所庸心，是以不觉其言之出而工也。而其传也，又奚厌其多邪？至于区区陋劣之语，既属附丽，其传与否实视先生。璧固知非先生之拟，然亦安得以陋劣自外也。是岁十月之吉，衡山文璧徵明甫记。

按：西泠印社本《文待诏小楷草书真迹》，乃以此翻印。

《过云楼书画记》书类四《文待诏落花诗卷》：弘治甲子春，石田首倡《落花诗》，衡山、迪功和之。旋衡山随计吏南都，又属吕太常秉之再和。金声玉应，备极唱于之盛。石田又各有酬报，先后累至三十篇。是岁十月，衡山以精楷书之，都四家六十篇。自为跋语。

按：诗见《集四卷本》及《集三十五卷本》。但第一首在《集四卷本》为："扑面飞帘漫有情，细香歌扇障盈盈。红吹干雪风千点，彩散朝云雨满城。春水渡江桃叶暗，茶烟围榻氅丝轻。从前莫恨飘零事，青子梢头取次成。"在《集三十五卷本》为："点径沾篱已灿然，飞帘扑面更翩联。红吹晴雪风千片，锦簇春云浪一川。老惜鬓飘禅榻畔,醉看燕蹴舞筵前。无情刚恨通宵雨,断送芳华又一年。"所见本年小楷及丁卯年行书,皆与四卷本同。岂《集三十五卷本》另有所本欤。

又按:《过云楼帖》刻《落花诗》,尚非真迹。其中涉及徵明此时名"璧"时,"璧""璧"互见。末所用"文璧印"白文方印,"璧"字亦从"玉"。徵明兄名"奎",庶弟名"室",俱与璧宿义近,故"璧"应从"土"不从"玉"。古人于姓名皆郑重,徵明尤谨慎不苟。此书存疑。

三月廿八日,子榖生生。当即第三子台。台字允承,号祝峰。画师李公麟。

摄影本《文衡山致吴遁庵十札留真册》,三月晦日一札云:"此月廿八日寅时,生一男子,子母托庇俱安。虽穷人多累,亦足以慰失女之悲。"又四月廿一日一札云:"新生子名榖生,已将弥月,颇亦健乳。"

按:三月晦日札中有"今秋应试,就体力占之,恐又是虚应故事。"及"舍亲柳勉子诚来中州买卖,索书进谒"等语。考吴愈于癸亥进河南右参政,明年甲子致仕。故文台之生,必在本年。又去年除夕诗有"风烟息女有新坟"句,此云"慰失女之悲",盖丧女后旋又生子也。

《文氏族谱续集·苏州世系表》五世:台字允承,号祝峰。又《历世生卒配葬志》:祝峰公台,待诏幼子。葬待诏公穆穴。

按:生卒未言及,谅失考。

又《历世载籍志·附列》:祝峰公台,画师李龙眠。

观沈律所藏唐阎立本画,元赵孟頫书,各为考订跋之。

《集三十五卷本》卷二十一《题赵魏公二帖》:右赵魏公与

丈人节干、月窗判簿二帖。节干即公舅氏管公直夫。月窗不知何人，意亦是管之姻家。当时跋者十有三人。陆友仁谓兵部时书。帖意以除授未定，欲遣二姐归侍。二姐，管夫人仲姬也。以公至元丙戌入京，除兵部郎中。后二年戊子始以夫人北上，不应先有是语。或是元贞元年，自济南赴史馆时。而公是岁归吴兴。此是未归时所遣，不可知也。二帖行笔秀润，与他书殊不类，是早年学思陵书如此。其署名犹袭宋人。或谓出《圣教序》者，非也。管公无子，公奉之甚至。及殁，建孝思道院以主其祀，亦厚矣哉。

　　按：民国廿五年本《故宫日历》跋文后有"沈润卿氏藏魏公书甚富，疑此帖有异，特以相示，余为考订岁月，定为史馆时书。甲子，衡山文璧。"

　　《集三十五卷本》卷二十一《题沈润卿藏阁次平画》，文略。

　　又《题赵松雪千字文》：永禅师书《千文》八百本，赵魏公所书，当不减此。此卷大德五年为韩定叟书。定叟，会稽人，与公厚善，集中赠定叟及留别诗可考。公以大德三年为江浙儒学提举，此当是为提举过会稽时书。是岁，公四十有七，正中年书也。……

　　按：《大观录》卷八《赵文敏楷书千文》，文徵明此跋末款"文璧"。跋后都穆识云："弘治甲子七月廿一日，观于沈润卿氏之仰止楼。吴郡都穆。"是徵明跋当亦在此年，且在都跋七月之前。

沈律尝掘地得宋高宗与岳飞手敕刻石。沈周与徵明皆题《满江红》词。徵明所作，尤激昂感慨，抉宋高宗之隐。

《词苑丛谈》:夏侯桥沈润卿掘地得宋高宗赐岳侯手敕刻石,文徵明待诏题《满江红》词云:"拂拭残碑,敕飞字依稀堪读。慨当初,倚飞何重,后来何酷!岂是功成身合死,可怜事去言难赎。最无端堪恨又堪悲,风波狱。 岂不念,封疆蹙?岂不念,徽钦辱?念徽钦既返,此身何属。千古休谈南渡错,当时自怕中原复。笑区区一桧亦何能,逢其欲。"激昂感慨,自具论古只眼。

《闲处光阴》:宋高宗城府甚深,文衡山此词,可谓能抉其隐者。昔汉元帝闻萧望之自杀,却食涕泣,召石显等责问。以议不详,皆免冠谢。良久而后已。嗣望之之子八人,三至大官,此方可谓杀望之者,石显等也。武穆死于狱,子弃市,高宗有一言乎?武穆《贺和议成表》云:"唾手燕云,终欲复雠而报国;誓心天地,要令稽首以称藩。"高宗安于耻辱,而事仇雠;盖惟恐父兄回也!武穆寸寸节节,以此挑之,焉得不衔之次骨。前陈建储说,高宗声色俱变。顾高宗之欲甘心于武穆者久矣。秦桧之毒害善良,罪难指数。若此狱者,自当以"逢其欲"为定论。

《清啸阁藏帖》:汴鼎南迁,漫流寓江南如客。可涕泣,疮痍凋瘵,倩谁医国?好个忠飞天下将,奈他逆桧舟中贼。把英雄顿挫莫成功,成冤殛。飞不死,宋之得;飞不死,金之失。恨飞之一死,桧全奸策。万里长城麟足折,两宫归路乌头白。笑昏夫亦有小聪明,看遗敕。苏城沈润卿,好古博学,锄圃得是刻,拓以见遗。装为卷,系跋如右,以寄愤愤。因录一通,以答润卿云。弘治甲子七月一日,长洲沈周。

夏,久雨,有次阎起山诗。

《集四卷本》卷二《久雨次阎采兰韵》:零雨回风苦后时,翠沾惊见竹松倚。黄梅过候宁期倒？绿水分秧却恨迟。积潦门庭人寂寞，馀寒帘幕燕差池。近来玩《易》知无妄，顺理无为类不葘。

　　按：《亡友阎起山墓志铭》未言及起山号采兰，然徵明友好中阎姓者仅起山，故采兰当即起山。

索书画者颇多，缣素盈几。陈子复有扇索画已五年，至是始成。题句有"世人不相谅，调笑呼画史"句。盖徵明习画，颇为同学非笑，以为非所宜为。

　　《集四卷本》卷二《为陈子复画扇戏题》：长松荫高原，虚亭写清泚。重重夕阳山，忽堕清谈里。吾生溪壑心，苦受尘氛累。时从笔墨间，涂抹聊尔耳。亦知不疗饥，性僻殊事此。有如鱼吹沫，不自知所以。世人不相谅，调笑呼画史。纷然各有须，缣素盈案几。袜材真足厌，研吮良自耻。经句一执笔，累岁不盈纸。交友怪逋慢，往往遭怒訾。岂知书生为，未可俗工拟。五日画一石，十日画一水。虽无王宰能，此例自可倚。陈君乃何人，亦自向庸鄙。一扇五更年，此负真缓矣。吾方惧获怒，君顾得之喜。一笑题谢君，贤于二三子。

　　按：徵明习画，颇为同学非笑事，见前廿九岁得交顾兰条引证中。陈子复事行待考。

五月，陪吕𫍽、沈周游虎丘；梅雨后沈周有言怀诗，徵明均有诗次韵。

　　《集四卷本》卷二《奉陪吕太常沈石田游虎丘次韵》，诗七律，略。

　　又《次韵答石田梅雨后言怀之作》：江南五月春如扫，寂昼清阴占物华。梅子雨晴鸠逐妇，楝花风急燕成家。旋除还满愁随草,已散难搏友似沙。羡杀忘忧沈东老,诗书白发自生涯。

《沈石田先生集·闲怀用郭天锡韵》:落魄青衫随草色,萧条白发遗年华。徒劳梦寐费忧国,错认诗书能起家。愚去客舟忙觅剑,饥来索饭误炊沙。人间亦自有乐地,酒绕山巅与水涯。

《弇州山人四部稿》卷一百三十一《三吴楷法十册》第五册:文待诏徵仲小楷甲子杂稿,凡诗四十七首,词四首,文八首。其中亦有率意改窜者。楷法极精。比之暮年,气骨小不足,而韵差胜。诗亦楚楚情语。如《元日》《梅雨言怀》《无题》《梦中》诸篇,皆晚唐南宋之佳境也。

沈周画山栀以配徵明画菊并题;次韵。

《集四卷本》卷二《石田先生写山栀配余画菊,题诗云:"徵明小笔弄秋黄,老欲追踪脚板忙。聊写山栀共一笑,不同颜色但同香。"愧悚之馀,辄次其韵》:平生儿口漫雌黄,见此令人自失忙。大似身行天竺国,只闻薝卜更无香。

读徐祯卿《忆母诗》,题后。

《集四卷本》卷二《书昌国忆母诗后》:音容杳渺梦中尘,游子空吟寸草春。莫怪掩篇双泪落,就中吾是有心人。 春草冥冥雨暗阡,转头二十七更年,平生自谓坚如铁,肠断徐卿《泣母篇》。

七月十日,吴宽卒于礼部尚书任,年七十岁。宽以文章德行,负天下重望,迄不得柄用,天下惜之。谥文定。徵明哭之以诗,且书其墓志。

《吴郡文粹续集》卷四十一李东阳《明故资善大夫礼部尚书兼翰林学士掌詹事府事加赠太子太保谥文定吴公墓志铭》:卒于弘治甲子七月戊戌,寿七十。配陈氏,累赠淑人。贰室陈

氏,生二子:奭、奂。以明年乙丑十一月丙申葬于吴县花园山新
阡之原。公早学晚达,虽有奇遇殊宠,而弗究于用,天下有遗望
焉。公识趣高雅,行履端洁,孝友天至,遇族里有恩。其居官廉
慎律物。以权势所在,未尝宁处。既复就清简,虽优诏累留,而
引退不置。惟于学,充然自得。所为文,醇古有法。诗得唐格。
书酷似苏体。辞命在朝廷,记载在史局,碑版翰墨遍于天下,执
此亦可以不朽矣。

《玉堂丛话》卷一《行谊》:吴公为人,静重醇实。自少至
老,人不见其过举。不为慷慨激烈之行,而能以正自持。遇有
不可,卒未尝碌碌苟随。言词雅淳,文翰清妙,无愧士人。成、
弘间以文章德行,负天下之望者三十年。然位虽通显,而迄不
得柄用,天下惜之。

《七修类稿》:苏城集福庵,居尚书吴匏庵之北,知州施肤
庵之西。弘治中,诏毁淫词,有司欲为匏庵后圃。吴曰:"僧
庵,吾世邻也,不忍其毁,安忍为吾有耶?"有司复欲为肤庵别
业。施曰:"何不送匏翁而送我也?"有司述其言以告。施曰:
"我独不能为匏庵耶?"亦辞之。其庵竟存。嘉靖初,又有诏
毁。知府伍畴中用价承佃,都御史毛贞甫亦用价佃之。一则
曰:"近吾家也。"一则曰:"地、旧吾施也。"竟成讼夺。且毛、伍
新结姻义。时人追思往事,因为谣曰:"昔日吴与施,官送犹逊
辞;今日毛与伍,讦告到官府。"呜呼!以一庵之小,而致四公
之高下。则人心不古,世道日下可知矣。

《皇明纪胜》:吴文定公卒后,朝廷赠官谥议,命祭葬,仍官
其一子为中书舍人。时公长子奭已承荫为国学生;部以次子奂
进。上特改奭为中书舍人,而以奂补国学,谓弟不可先兄也。

群臣叹服。

《集四卷本》卷二《哭匏庵先生四首》：闻道连章欲引年，伤心一夕竟难砭。空令海内尊韩子，不见朝廷相仲淹！沉厚坐消流辈巧，遄回足印此心恬。哀荣终始公无恨，独是斯民失其瞻。

心情老去转萧闲，精力平生笔砚间。一代风流已陈迹，百年词翰照名山。坐令功业为文掩，还见安危与世关。何必西洲方感恸，居闲常是泪潸潸。　近收书帖墨犹浓，岂谓秋来遽哭公。殄瘁共兴邦国叹，典型并觉老成空。静思语笑常如在，晚及门墙愧不终。尘满西堂宾客散，凄凉丛桂月明中。　薄业何缘荷点评，更劳延誉到公卿。悔无少效酬知己，空忆微言隔此生。北阙风尘闻病倦，东庄乐事喜亭成。只缘难负君恩重，误却香山岁晚情。

《古今碑帖考·国朝碑》：吴文定公墓志，文徵明书。在苏州。

试应天，陈淳同行。往返经惠山，均登览有作。舟中又有黄婆墩、金山寺等诗。既试，仍不售。

《集四卷本》卷二《金陵客楼与陈淳夜话》：卷书零乱笔纵横，对坐寒灯夜二更。奕世通家叨父行，十年知己愧门生。高楼酒醒灯前雨，旅榻秋深病里情。最是世心忘不得，满头尘土说功名。

又《王婆墩次杨仪部韵》：遥看坞一聚，到只屋三间。妪姓随墩在，僧廊得薜殷。秋浓山照阁，雨足水浸关。依旧刺船去，回瞻树杪栏。

又《游惠山》：几度扁舟过惠山，空瞻紫翠负跻攀。今来坐探龙头水，身在前番紫翠间。　惠山新梦特相牵，裹茗来尝第二泉。惭愧客途难尽味,瓦罐汲取趁航船。

又《润州道中夜发》:行李匆匆扬子桥,依依残漏出荒谯。秋风征帽栖寒露,明月归帆溯落潮。却听吴音乡里近,不禁柔橹梦魂摇。百年行役男儿事,未敢轻怜季子貂。

又《咏惠山泉》,七古;《丹阳泥淖不能出陆,遂从江行》,七律;《江船对月效乐天何处难忘酒》,五律;《金山寺待月》,七律;《再游惠山》,七古,皆略。

小集钱同爱园亭,有诗。

《集四卷本》卷二《钱孔周池亭小集》:病身憔悴困青袍,适意名园得屡邀。池上秋容霜点叶,樽前风味蟹流膏。物华迤逦侵年少,文采翩跹属我曹。记取城南溪一曲,兴阑乘月夜回桡。

有次韵答沈幽寄示七诗。幽,周庶弟,字翊南。能诗。

《集四卷本》卷二《次韵答沈翊南寄示诸诗》。《客中忆侄维时》:不见阿咸经几年,客窗相忆夜潸然。音容别后惟凭梦,酒薄愁深竟不眠。又《枕上有感》《送别》《咏梅》《春游》《端阳有感》《闻笛》六首,皆七绝,略。

《吴都文粹续集》卷四十陈欣《同斋沈君墓志铭》:子男三:长即周,次召,早卒,次幽,庶出也。

《集三十五卷本》卷二十五《沈先生行状》:庶弟幽稚,未练事,为植产,使均于己。

《珊瑚网画录》卷十六《沈石田雪馆情话》:寒云江郭路沉沉,客在蓬门雪正深。我欲留人天亦阻,冷须添火酒加斟。陶家莫说煎茶事,王子难为返棹心。此夜此心何处见,溪山如玉照清吟。沈幽。有"修竹所""翊南"两印。

十一月廿日,与陈淳阅孙凤藏唐僧怀素书《清净经》,

因草书贾谊《吊屈原赋》。凤字鸣岐，长洲人。喜读书，善装潢。徵明与薛章宪曾过之观画，章宪有诗。

《石渠宝笈》卷三十《明文徵明仿怀素草书一卷》：素笺本，书贾谊《吊屈原赋》。款识云："偶与陈淳阅藏真所书《清净经》，戏书此赋，多见其不知量也。甲子十一月廿日，文壁。"文嘉跋云："此卷（清净经）旧藏孙鸣岐家，故先君得频阅之，因发兴写此《吊屈原文》。同阅者陈淳，即道复之名，时方二十一岁，从先君习举业，遂直书其名，而不以为嫌耳。然亦可以见当时师道之严如此。"

《盛明百家诗·薛浮休集·和文徵明夏日过孙氏楼啜茶观画》：苇绡百尺鲛人织，秋水盈盈出冰室。并刀剪制垂满堂，寒色凛然销夏日。孙郎好事能致客，文子乃肯留真迹。时方逐逐竞奔走，独有幽人乐闲寂。山林朝市各自在，未易究竟谁得失。一瓢九鼎随所寓，适意在我宁在物。嗟予下士晚闻道，岂独面墙仍面壁。逝留须捷饭脱粟，聊御款段驱下泽。似吞酸咸啖土炭，积习未解谁非癖。固之弗告聊自私，讵意遽为君所得。趋庭金石所自有，掩耳不闻如未识。时从措大习冷淡，屏去纷华事清逸。弃捐凡近多侈心，造诣高深无德色。笔法二王诗二谢，每事羡君能猛入。啜茶观画信手拈，三复令人三叹息。

《孙氏书画抄》：孙凤，字鸣岐，长洲人。雅善装潢，喜读书。人有以古昔书画求装潢者，别录其诗文跋语。积久成帙，名之曰《孙氏法书名画抄》。

十二月十五日，为无锡华顺德跋其先世华幼武撰《黄杨集》，集为幼武次子贞囦手录。顺德，贞固七世孙。

《黄杨集》：无锡华顺德示余《黄杨集》写本，盖其远祖栖碧翁所为诗,翁之子贞固所手书也。前集五十篇,陈方子贞为叙;续集五十七篇陈子平为叙。此诗洪武丁卯其门人吕纬文尝刻入梓,俞员木叙之;而吕亦自为之引。此有二陈叙,而无俞吕之文,盖未刻前所录。但刻本类分六卷,共五百馀篇,而此仅百馀篇,又是漫录,岂选本邪? 其所分前后自有深意,而后人妄意乱之,赖此册之存犹得考。见顺德尚取刻本刊正之,庶几不失前人之意也。　弘治甲子腊月望,衡山文壁书。

岁阑,与陈鑰、钱同爱、彭昉等有酬唱之作。鑰字以可,御史琼子,淳父。性资明豁,赋诗作字有思致。昉字寅之,长洲人。性质融朗,贯综群籍。

《集四卷本》卷二《立春日病起(十二月廿三日)》:青丝裹饼荐春盘,喜见鞭春在腊前。便与一冬除旧病,尚馀七日是残年。梅花消息严寒后,彩胜情怀薄酒边。旋取物华供帖子,暖痕浮绿草生烟。

《六艺之一录·□鑰与衡山诗》:甲子廿四夜即事,奉次廿三鞭春霜押,因便录呈博笑:腊雪漫漫春意悭,儿童灯火闹庭前。昨朝末耦迎新岁,今夜田蚕卜小年(俗呼廿四夜为小年夜)。长饮淘溶情有限,短吟消遣兴无边。流光可惜还堪赏,杨柳柔条半锁烟。鑰顿首上,衡山先生吟伯。

按:此陈鑰作也。徵明亲友中名"鑰"者仅此。

《集四卷本》卷二《次韵孔周岁除之作》及《再次寅之韵》,皆七律,略。

《集三十五卷本》卷二十九《陈以可墓志铭》:以可讳鑰,故都察院左副都御史长洲陈公讳琼之仲子也。公起家进士,官中朝,涉历台寺,所交游皆当世伟人。以可以佳子弟周旋其间,珠玉朗润,进止详雅,大为诸公贵人所喜。比长,归吴中,更激昂任事,启拓门户,广事生殖。田园邸店,纵横郡中。寻用推择,为阴阳正术。以可性资明豁,不乐委琐。少尝学举子,以不能受程格谢去。赋诗作字,亦有思致。独能审画世务,有所规创,往往出人意表。蓄播畜牧,必尽地利。而訾算干没,尤其所长。

又卷三十《彭寅甫墓志铭》:君性质融朗,而气复迈往,少则勤苦自将,能以志帅气。既通诸经,又贯综群籍,扬榷探竟,得其隽膄。君讳昉,字寅甫,其先清江人。高祖学一,国初以尺籍徙隶苏州卫,遂居苏之长洲。

除夕,赋长古写怀。

《集四卷本》卷二《除夕有感》:呢呢小儿语,耿耿灯烛明。空斋薄羞设,言饯岁将行。人行有归期,岁行无复程。谁云无复程?行与来岁迎。不嫌去日远,端愁来岁并。岁亦何去来,送迎自人情。人生良有限,七十云已盈。后此未可知,今已半践更。诗书苦无验,冉冉白发生。富贵非不乐,功业亦所荣。少壮不相待,老大徒心惊。安得柔脆躯,与此浮世争!圣贤岂常在,古人崇令名。感叹宁有益,浊酒还自倾。

是年,王献臣以事再谪广东驿丞。

光绪本《苏州府志》卷八十《人物》:王献臣……十七年,复以事谪广东驿臣。

《沈石田先生集》七言律一《送王献臣谪琼州》:流行坎止世途中,万事由天天自公。失马未能知祸福,辩乌何必在雌雄。赐环拟望崖山月,用楫当归涨海风。白发一杯分袂酒,相迎还许送时翁。

卷　三

弘治十八年乙丑（1505）三十六岁

元日，有《元日书事效刘后村》诗。

《集三十五卷本》卷二《元日书事效刘后村》：不求见面惟通谒，名刺朝来满敝庐。我亦随人投数纸，世情嫌简不嫌虚。共二首，录一首。

三日，有《西斋对酒示陈淳》诗。又有《期陈淳不至》诗，有"顾兹一日长，屈置门生俦"；及"未敢轻知己，终然愧后生"句。

《集四卷本》卷二《新正三日西斋对酒示陈淳》：西斋掩晴昼，有客过我游。揽衣起肃客，一笑散清愁。新声丽屋角，碧草披高丘。涉春始三辰，已觉气变柔。行看换朱白，清阴复墙头。青春来何易？白日去何遒？愿言惜白日，努力继前修。芳樽浮浊醪，短案登嘉馐。客情方眷眷，我意亦绸缪。绸缪何所为？薄言气相投。顾兹一日长，屈置门生俦。浅薄晚无闻，奚以应子求？三年守残经，一举不能谋。岂曰属时命，要是业未优。业至名自成，德渊心日休。勋猷贵乘时，少壮靡迟留。德荒学不讲，吾与子共忧。

又《期陈淳不至》：美人期不至，寂寞绕阶行。短架闲书帙，幽窗听履声。空令开竹径，深负洗茶铛。春草暮云合，梅花初月明。蹉跎残诺在,次第小诗成,未敢轻知己,终然愧后生。新年池上梦,旧雨酒边情。眼底非无客,相看意独倾。

初六日,与客泛舟至东禅小集,有诗。

《集四卷本》卷二《初六日与客自葑门泛舟至东禅小集》:残痕霏绿澹烟光,远树依依春水长。落日五人浮野艇,东城三里到溪堂(寺有清溪堂)。馀寒人日梅枝瘦,半醉僧寮菜饭香。转信投闲闲不得,题诗还博静中忙。

人日,朱存理、吴爝、钱同爱、陈淳及从弟津同集停云馆。微明有诗并画,朱存理等有和作。是日,邢参、朱正、阎起山期而未至。邢参、朱正有追和诗。津字道通,号莪斋,陈鏼字以严之子,琼孙。津笃志力学。能继祖武。正字守中,长洲人。能诗书。又善医,有奇效。早卒。

《中国古代书画图目》二《明文徵明人日诗画卷》:乙丑人日,友人朱君性甫、吴君次明、钱君孔周、门生陈淳、淳弟津,集余停云馆,谈燕甚欢。辄赋小诗乐客。是日,期不至者,邢君丽文,朱君守中,塾宾阎采兰。 新年便觉景光迟,犹有馀寒宿敝帷。寂莫一杯人日雨,风流千载草堂诗。花枝未动临佳节,菜饭相淹亦胜期。春色到今深几许?小山南畔草痕知。文璧。

人日阴寒花事迟,草堂暂假董生帷。欣陪雅集何当客,重辱高情先寄诗。荏苒年光新节物,淋漓春酒旧襟期。幽怀耿耿那堪写,延伫春风怅所知。朱存理。 岁首寻芳未较迟,条风送暖动帘帷。叩门偶赴停云约,试笔先赓人日诗。闲倚轩楹看暮雨,醉衔杯酒问花期。人生适意惟行乐,世事纷纷底用知。钱同爱。 西斋笑语得归迟,猎猎东风动短帷。鼻观清芬参妙

篆,宾筵胜事写新诗。芳樽人日能无负？细雨梅花恰及期。千
载风流文社在,晚生何幸托相知。门人淳谨次。　晤言樽酒坐
来迟,暮色无端看入帷。漠漠一帘留客雨,离离满纸报春诗。
漫云此日人皆得,却喜冲筵宿有期。景物渐佳应不负,少陵新
句最深知。津谨次。　自愧平生见事迟,岂能披却故人帷。梅
华江路空留楫,蕙草庭除尽赋诗。一雨祁祁谐节叙,百年落落
共襟期。唯予寂寞谁相慰？只许高情鲍叔知。邢参。　春阴
阻我出游迟,剩想芳筵列绮帷。世事难逃远公社,野人多慕少
陵诗。满山残雪犹须伴,一岁灵辰又负期。试向卷馀留短札,
相违应得报君知。朱正。

乾隆本《长洲县志》卷二十四《人物》三:陈津,字道通,号
荄斋,琼孙。笃志力学,绳其祖武。

按:王鏊撰陈琼墓志铭云:"子男四,镃、钥、键、镞。"由《大
观录》王鏊、陆完跋《米元晖大姚村图》中知镃字以时。由《尧
峰文钞》卷三十六《记志铭石刻事》知键字以弘。钥为以可。
文徵明于正德五年冬有《同次明过伍君求雁村草堂邂逅陈以
严高希贤及以严子津同集》诗,知镞应即以严,而津为镞子。

《怀星堂集》卷十八《朱守中家传》:守中名正,字守中。朱
氏世居吴郡葑门之郭,富而谷之室也。至守中,特高出族里,为
秉仁而秀,孝于亲,令于族,信义于朋友。世父瓒鞠之。九龄从
里师金孟愚,授读甚严;守中亦甚敏且勤。成童时,都少卿玄敬
未仕,守中宗人尧民致主家塾,守中往从之。虽指授与众同,守
中每见推于是时。使入庠序,捐家政,一力科举。华节妇与老
姑谓,久大之家胤遗独但守中,单然一线缀世绪,爱其躯,不遑
爱其志,俾得遂也。然而守中居常慷慨,恐落其操尚,读书为文

辞皆不少倦废。诗律严密,字画秀润,知者爱之。守中性最倜傥,颛尚信义,周恤人急,发箧如拾芥。喜结纳,还往名卿满座,过金满堂也。而余其最契协,烛照肝胆者。所著书有《诗摘要》《僻圃吟稿》。其舅氏医也,守中以余力攻其说,遂至超诣,往往治人取奇效。郡县因以名医应诏,征起之。守中虽籍于有司,未行。正德辛未为督上道,既至,以母节未受旌典,辞其事以归。壬申病伤寒,才三日,自切脉,云:"吾何死之亟耶!"涉旬,果卒,仅四十三岁尔。守中,长洲人。

沈周至,名徵明次子为嘉。谓"彭""嘉"二字俱从"士",盖以文士期之。

《吴越所见书画录》卷一文嘉跋《沈石田仿唐宋元六大家卷》:嘉六七岁时,石田先生至舍,先君请命之名。先生云:"'彭'、'嘉'二字俱从士",盖以文士期吾兄弟耳。今七十馀年,偶览此六图,因漫及之。若先生风神清朗,飘飘若仙之韵度,则至今犹在目睫也。万历戊寅秋九月,后学文嘉题,并赋诗云:"忆为童子事逢迎,藜杖萧然步履轻。白发题诗图画后,命名期不负先生。"

《前尘梦影录》卷下:有谓文氏昆仲名皆石田翁所取,起笔"士"字,祝之作士大夫云。

有答彭昉赠诗。徵明与昉少尝同学,而又同年,故诗有"论学平生愧知己,定盟当日是同庚"句。

《集四卷本》卷二《答彭寅之见赠》:寅之与余尝同笔砚,交游最旧,辱诗有相如之目,推与过矣。 弱冠追随渐老成,中间多故各深更。扁舟憔悴横江梦,短榻淹留共砚情。论学平生愧知己,定盟当日是同庚。赠诗珍重知君意,贫病年来类长卿。

徐祯卿北上会试,撰文与徵明叙别。旋与王韦、陆深、徐
缙同举进士。孝宗遣中使问祯卿及陆深名,深遂馆选为
庶吉士,授编修。祯卿以貌寝不与,授大理寺左寺副。
深字子渊,号俨山,上海人。文章有名,工书,赏鉴博雅,
为词林冠。仕至詹事府詹事,致仕。缙,王鏊婿。字子
容,号崦西,吴县人。生有异禀。选庶吉士,授编修。

《徐昌毂全集·与文子叙别》:徐子昌国与雁门文君徵明
友善。昌国将去国,再拜而别之。且告曰:於戏!知己道丧久
矣!子不我弃,知我者子。我试论之:大雅特介,吾孰与子?议
论英发,吾孰与子?诗藻工绝,吾孰与子?书画精丽,吾孰与
子?闻见博洽,吾孰与子?五者皆弗如也。然又少于君九岁,
君先吾学十年,乃与君同荣誉于乡曲,又先君捷于有司。事故
翻复,岂不大谬也哉!於戏!四序之气,迭为成功;一推一还,
第有疾徐,于君亦何虑哉!然君居于此,里闬昵近,有晋昌唐
君,延陵吴子,彭城钱二,京兆杜三。杯酒唱酬,不异畴昔。而
吾茕然无朋,独往千里;悠悠青山,我怀如何!

按:文中所称晋昌唐君系唐寅,延陵吴子乃吴奕。彭城钱
二指钱同爱,同爱有兄同仁,太医院御医。京兆杜三名杜璠,璠
有两兄。详后四十四岁。

《明史》卷二百八十六《文苑》二徐祯卿……举弘治十八年
进士。孝宗遣中使问祯卿与华亭陆深名,深遂得馆选。而祯卿
以貌寝不与,授大理寺左副,坐失囚,贬国子博士。

又:陆深,字子渊,上海人。弘治十八年进士,二甲第一,选
庶吉士,授编修。仕至詹事府詹事。深少与徐祯卿相切磨,为
文章有名。工书,仿李邕、赵孟頫。赏鉴博雅,为词臣冠。然颇

倨傲，人以此少之。

道光本《苏州府志》卷八十一《人物·宦迹》：徐缙，字子容，西洞庭人。生有异禀，童乌之令，日记数百言，属对惊四座。时王鏊起东山，有女通经史，为择婿：一见缙，曰："西山乃有是儿耶？"遂以女许之。授举子业，携至京师，命受《易》于靳贵，得其传。弘治乙丑成进士，选庶吉士，授编修。

时大学士李东阳持天下文柄。户部郎中李梦阳讥其萎弱，与何景明等倡言："文必秦、汉，诗必盛唐。"祯卿既与李、何游，亦悔其少作。徵明学诗从陆游入手，娟秀妍雅，得中晚唐格外趣。为文恬雅谨饬。或有以格律气骨为论者，徵明不为动。梦阳字献吉，庆阳人。弘治七年进士，仕至江西提学副使。才思雄鸷，以复古自命。景明字仲默，信阳人。弘治十五年进士，仕至陕西提学副使。志操耿介，尚节义，与梦阳并有国士风。

《明史》卷二百八十六《文苑》二：李梦阳，字献吉，庆阳人。父正官周王府教授，徙居开封。母梦日堕怀而生，故名梦阳。弘治六年举陕西乡试第一；明年成进士，授户部主事。梦阳才思雄鸷，卓然以复古自命。弘治时，宰相李东阳主文柄，天下翕然宗之。梦阳独讥其萎弱，倡言"文必秦汉，诗必盛唐，非是者弗道"。与何景明、徐祯卿、边贡、朱应登、顾璘、陈沂、郑善夫、康海、王九思等号十才子。又与景明、祯卿、贡、海、九思、王廷相号七才子。皆卑视一世，而梦阳尤甚。

又：何景明，字仲默，信阳人。八岁能诗古文。弘治十一年举于乡，年方十五。十五年第进士，授中书舍人。与李梦阳辈倡诗古文，梦阳最雄俊；景明稍后出，相与颉颃。景明志操耿介，尚节义，鄙荣利，与梦阳并有国士风。

又：徐祯卿……其为诗，喜白居易、刘禹锡。既登第，与李梦阳、何景明游，悔其少作，改而趋汉、魏、盛唐。然故习犹在，梦阳讥其守而未化。

《集三十五卷本》附文嘉《先君行略》：诗兼法唐、宋，而以温厚和平为主。或有以格律气骨为论者，公不为动。

《四友斋丛说》卷二十六《诗》三：衡山尝对余言："我少年学诗，从陆放翁入门，故格调卑弱，不若诸君皆唐音也。"

《皇明诗评》：大抵衡山诗如老病维摩，不能起坐，颇入玄言。又如衣素女子，洁白掩映，情致亲人，第无丈夫气。

《艺苑卮言》卷五：文徵仲如仕女淡妆，维摩坐语。又如小窗疏阁，位置都雅，而眼境易穷。

《国雅品》：吴中往哲，如公之博鉴，雅步艺苑者，宜冠林壑矣。其文恬雅谨伤，诗亦从实境中出，特调稍纤弱。

《明人诗品》：文徵仲贞献先生，人品第一，书画次之。尝语何孔目元朗云："我少年学诗，从陆放翁入，故格调卑弱，不若诸君皆唐音也。"然则诗文之得失，先生自知。岂若左虚子辈，妄自夸诩者哉！

许国用及吴燧先后雨中来访，题画赠之。时徵明画名，已盛称于吴中。

《集四卷本》卷二《题画赠许国用》：穷巷十日雨，泥深断来客。西斋午梦破，趯然识高屐。启户延故人，一笑慰乖隔。闲窗设香茗，短榻散书册。涉笔写沧洲，居然见泉石。春山正沉沉，春雨犹霡霡。密竹晓低迷，弱云晚狼藉。挟盖缘高冈，貌子独行迹。子迹良已奇，吾意无乃剧。吾生雅事此，亦颇自珍惜。愿为识者尽，不受俗子迫。惟君鉴赏家，心嗜口不索。吾终不君靳，不索翻自获。君能用君法，吾自适吾适。当得吾意时，知否初未择。偶落好事手，谬谓能入格。馀人惟和声，遂使虚名赫。虽得知己怜，颇为遗者责。谁云兴致高，正坐能事厄。几欲谢胶铅，就中有深癖。我癖君更甚，收此顾何益？君言有妙理，意自不能释。我画惜如金，君藏慎于璧。好画与好藏，同是为物役。

　　按：上海图书馆藏写刻《甫田集》四卷本，有朱书注并录集外诗词多首。于此诗题下有注云："雨中次明见过，索画。既副其意，题此诗以奉一笑。"是此诗曾另题赠吴爟者。一诗数题，在徵明非鲜见也。

有送杨季静南游诗，即题于唐寅画《南游图卷》。吴奕、祝允明、邢参、王涣、刘布、钱同爱、黄云及江阴徐元寿均有题。彭昉序。季静，苏人，善琴。涣字涣文，别号墨池子，长洲人。少与徵明及陆南齐名。南字世明，号海观。亦长洲人。与涣均工诗文。布字时服，宣德间山西按察司佥事刘珏廷美曾孙，沈周之甥。弘治十五年进士，官至工部主事。元寿字尚德，少年散资结客，已而折节好学，极深博。晚号纳斋，经叔。

　　《大观录》卷二十《唐六如南游图卷》：江上春风吹嫩榆，挟琴送子曳长裾。相逢若有知音者，随地芟茆好结庐。　嵇康昔日《广陵散》，寂寞千年音调亡。今日送君游此地，可能按谱觅宫商？吴趋唐寅。　吾识雅素翁，蔼笑闲举止。平生七尺琴，泠然写流水。简静讵尔浮，颇识声寄指。翁新传诸妙，季也心独契。古调得真传，馀巧发天思。岂独艺云精，检修仍肖似。维昔名能琴，粤有刘鸿氏。吾苏有琴名，实自翁父子。寥寥六

十年,一派属君季。口惜知音稀,囊琴走千里。秣陵古名郡,去
去尚有遇。铿然振孤音,一洗筝笛耳。长洲文璧。

又:《送琴师杨季静游金陵诗序》:吾苏杨季静善琴,自其
先人传之。曲操引弄,博综无所不该。而宫徵缨绎之妙,以独
追于古先。尝为鼓一再行,欲平躁释知。季静之于斯,至于斯
极者矣,而学之未能也。季静慨知者之罕遇,以故挟其所有,不
远千里而游。乙丑之二月,携琴一囊,复上金陵。钟山秦淮之
畔,解衣磅礴,试一鼓焉。浑浑古调,琅琅清响,其无感而兴者
乎? 非徒行也。于其行,钱孔周赋一律以赠,继而作者凡若干
篇。陇西彭昉识。

按:徐尚德七绝二首,王涣七绝二首,刘布五律,黄云七绝,
祝允明《招凤辞送杨子游金陵》,钱同爱七律,邢参五古,皆略。
吴奕篆引首。又彭昉文,以墨迹参校。

康熙本《长洲县志》卷十九《人物》:王涣,字涣文。读书能
文,尤善古赋。诗宗白傅,晚效放翁,顷刻数百言,操瓠立就。
中正德己卯举人,通判嘉兴。居官不修章程,深文苛礼,有所不
屑。改东川军民府,未上而卒。

《花当阁丛谈·陆海观》:吴闾人陆海观名南,有诗文名。
陆吏部水村之被逮也,南吊以诗曰:"子规啼罢鹧鸪啼,何事先
生不见机。云梦已收韩信去,鲈鱼正待季鹰归。功名自此分成
败,史笔凭谁定自非? 寂寂朱门春去也,杨花燕子自争飞。"最
为人传诵。会试不第归,至某关,主政索船税。南遗之诗曰:
"献策金门惜未收,归心日夜水东流。扁舟载得愁千斛,不道
君王也税愁。"主政得诗,追而礼之,赠遗甚厚。

《戒庵老人漫笔》卷七《三夸三豪》:余少时见苏城妇女祭

所谓太妈者,献酒,拜伏,必祝曰:"今夜献过太妈娘娘三杯酒,愿得我家养子像陆南、王涣、文徵明。"遍城皆然,习以为例。今人所皆知者,亦唯文耳。

乾隆本《苏州府志》卷五十六《人物》:王涣,字涣文。少与文徵明齐名。吴俗礼神必祝云:"生子当如陆南、王涣、文徵明。"

按:《集三十五卷本》卷十七《送陆君世明教谕青田叙》云:"自弘治乙卯至正德己卯,凡九试,始得举于乡。"康熙本《长洲县志》卷十五《科目》:"正德十四年己卯科,陆南,青田教谕。"据此,陆世明应即陆南。

乾隆本《苏州府志》卷三十七《选举》二《进士》:弘治十五年壬戌康海榜:长洲刘布时服,工部主事。

《列朝诗集》乙集《刘金事珏》:珏,字廷美。长洲人。宣德中,中应天乡试,除刑部主事,迁山西按察金事。居三年,即弃官归。年甫五十。操履清白,老而好学。行草师李邕,画师黄鹤,皆得古人笔意。所与唱和者,徐武功、沈恫轩、沈白石而已。曾孙布,举进士,刻其诗曰《完庵集》,吴原博序之。

《过云楼书画记》画四《沈石田杏花轴》上方诗云:"与尔近居亲亦近,今年喜尔掇科名。杏花旧是完庵种,又见春风属后生。"盖石翁寄贺布甥壬戌科登第者。

乾隆本《江阴县志》:徐尚德,字若谷。由诸生为上舍。少年散赀结客,驰骋毬马场,似豪公子也。已而折节好学,聚书万卷。凡唐、宋以前异书,多方购致之。遂冥搜逖览,其学益深博无涯涘。所作跌宕豪迈,虽遇吴中唐祝诸名士,未尝少屈。晚乃作《游仙诗》,制衲子服服之。因自号衲斋。屏居一室,萧然有遗世之思焉。有《玉几山人集》《黄庭室稿》《物外英豪》

诸书。

　　按:光绪本《江阴县志》:徐尚德字若容。

　　又按:《靖山堂帖》刻文徵明书李东阳《明故中书舍人徐君墓志铭》:徐颐子二,元献其长,次侧出元寿。颐卒于成化癸卯,元献先六月卒。孙一,经,元献子。又吴宽《乡贡进士徐君元献墓志铭》,元献名也,其字尚贤。　文徵明于正德四年应徐颐子尚德之请,撰《内翰徐公像赞》,尚德应即元寿。元寿名而尚德字。《江阴县志》所记,或元寿后以字行,更字若谷或若容。俟续考。

三月病后,重题旧赠顾兰画。

　　《石渠宝笈》卷八《明文徵明飞瀑松声图轴》:千山飞瀑带松声,记得前年信手成。病懒近来惟打睡,相看无复旧心情。此纸,余往岁为荣夫而作者。终日涂抹,乐而忘倦。比来病后,不喜事此。间或弄笔,亦不能琐琐若此。今荣夫持以相示,不觉有感,因赋之如右。乙丑三月,文壁记。

有简黄云及题瑞州清风亭诗,亭为夏杲守郡时作。云由岁贡官瑞州训导,追为记,乞诗。

　　《集四卷本》卷二《简黄应龙先生》诗,七律,略。

　　又《寄题瑞州清风亭,亭为夏太常仲昭守郡时作,黄应龙追记其事,乞诗》:瑞州山色照江青,瑞州太守风泠泠。时移事换太守去,清风自荫山间亭。山亭无尘石齿齿,百岁风流人仰止。同乡博士怅来迟,抚景怀贤托文字。写心状物记当时,我不识亭心已至。清规寺左万松长,仿佛与客登崇冈。松声激耳溪流快,月色洒面梧桐凉。清风濯人固自爽,景物快意还相当。须知物尽风有歇,惟有德在人难忘。瑞人缘德护斯亭,我复因亭见典型。亭前千挺琅玕清,亭中之人能写生。此君本无食肉相,老守况负清馋名。只今墨君满天下,清风何独瑞州城!

咏吴爟、钱同爱、彭旳、邢参、朱良育、吴奕各诗一首。

《集四卷本》卷二《咏次明》:风神凝远玉无瑕,十载论交似饮茶。深静不教窥喜愠,宽闲能自应纷华。寄情时有菖蒲乐,博物咸推鉴赏家。犹自一经淹举子,年年随伴踏槐花。

又《咏孔周》:围坐清谈麈尾长,墨痕狼藉练裙香。水亭纨扇歌《杨柳》,春院琵琶醉海棠。王谢风流才子弟,齐梁烟月锦篇章。豪华岂是泥沙物,好在挥毫白玉堂。

又《咏寅之》:十年昂首抗风尘,未信儒冠解误身。行比曾参还负谤,文师韩子力排陈。鸡群落落孤栖鹤,瑞世翘翘一角麟。莫怪操竽经岁困,赏音须属当家人。

又《咏丽文》:萧散平生一布裘,纸窗竹榻自夷犹。常贫总坐能诗累,积学曾非应举谋。方外老僧邀结夏,山中啼鸟伴吟秋。病妻稚子从侵迫,眉上元来不着愁。

又《咏叔英》:白襕憔悴走尘埃,曾有声名动缙绅。零落田园多故后,淹留场屋过时人。群居学道能违俗,半世收书不讳贫。怪是偏多岩壑意,自家生长太湖滨。

又《咏嗣业》:楚楚琼枝出谢庭,紫芝眉宇玉生棱。《茶经》陆羽曾传诀,书品阳冰已入能。闲洗碧桐留野客,醉围红袖狎山僧。相思不到西轩下,想见清香对榻凝。

春,多雨,有次阎起山《苦雨》诗。

《集四卷本》卷二《次韵阎采兰春日苦雨二首》:坐看闲云树杪行,苦缘花事较阴晴。谁知野老东郊外,一尺春泥带雨耕。另一首略。

写《闲舟图》寄葛汝敬。汝敬，苏人，隐于医。

《集四卷本》卷二《写闲舟图寄葛汝敬》：小舟依渡不施桡，正似闲人远世嚣。满径绿阴初睡起，坐临流水看春潮。

《怀星堂集》卷二十二《言医赠葛君汝敬》：世迁道裂，人习苟陋，口以耳言，足以目行。胥四海而一，其能廓玄见以躅古，积功力以给用者无几。鬻小大之务，人皆若人，习皆若习，万事如何而治哉！……余将平骘今古，固不胜慨。因葛君疗疾，将赠之言，而触于怀，由医而发也。……葛君字汝敬，其为道，吾能识其超拔高妙，所谓廓玄见以躅古，积功力以给用者，而不能指言之。因称以语人曰："仁哉汝敬乎，活今人之心；智哉汝敬乎，得先圣之道。"盖汝敬，可久玄孙也。知可久，知汝敬矣。

又卷二十六《跋为葛汝敬书武功游灵岩山词后》：外祖武功公为此游此词时，允明以垂髫在侧，于斯仅五十年矣。当时缙绅之盛，合并之契，谈论之雅，游衍之适，五十年中，予所接遇，皆不复见有相似者，真可浩叹。独此词士口盛传，风趣常新，又可喜耳。会闲舟作图，倩书其颠，因系此感。如闲舟潇散，得此一段情味于辞墨间，盖自有甚乐者，又闲舟守道简古，其所得复有在此外。乡郡美风，前后辈缀旒，亦当有在闲舟耳。

按：自祝允明两文，葛汝敬或号闲舟。允明《怀知诗》中《葛隐居汝敬》云："独承华绪振芳尘，想见先公气魄新。开口只传前辈事，存心不共此时人。城中紫陌藏巢许，门外青山是主宾。布褐一逢埃土尽，谁言叔度贱且贫。"并录附于此。

清明日，陈淳过访；上巳前一日，与陈镛泛舟游伏龙山。皆有诗。

《集四卷本》卷二《清明日陈淳过访》：愁病春来次第加，清

明寂寞类僧家。留人野饭新挑菜,乞火邻墙旋煮茶。晴日檐楹
杨柳色,微风帘幕海棠花。故人念我能相过,不遣良辰负物华。

又《上巳前一日与陈以可泛舟游伏龙山》:新波得雨夜来
添,淑景撩人意思恬。三月光阴须解惜,一村花柳漫相淹。踏
青湖岸春衫薄,烧笋僧厨野饭甜。莫怪清游还薄暮,人生四事
苦难兼。

与吴爟同舟至昆山,时妻父吴愈已致仕归里。舟中有
次吴爟旧作诗。

《集四卷本》卷二《与次明宿昆山舟中次明诵其近作因次
韵》:寒山突兀背孤城,野寺晨谯乱杀更。别港潮生舟暗动,远
汀烟定火微明。鸡声风雨还家梦,春水江湖对榻情。邂逅他乡
是知己,此心端合向谁倾?

《集三十五卷本》卷二十九《吴公墓志铭》:癸亥,进河南右
参政,明年甲子致仕。

次韵沈周题吴宽临终手书诗。

《石田先生诗文集》卷十《石田先生事略》:徵仲《次韵石田
题匏翁临终手书》云:"百年韩孟气相投,四海平生几旧游?岂
谓书来隔今古,空馀迹在想风流。蹉跎乡社成长负,珍重交情
到死休。莫怪独持双鲤泣,江东菰米为谁收?"王守溪跋云:
"文定以甲子七月十日奄逝,此札作于是月之六日,相去四日
耳。点画法度具在,言词温润谆切,与平日无异也。公于石田
最厚,往来简牍尤多,而此札则若与永诀者,故尤重之宝之。"

按:文徵明诗载原集。沈周原诗,《沈石田先生集》及《石
田先生诗文集》皆失载。

夏,饮陈鑰家,有作。

《集四卷本》卷二《夏日饮以可池亭》，诗七律，略。

九月八日，饮于钱同爱有斐堂，有诗。

《集四卷本》卷二《重阳前一日饮孔周有斐堂》：尘土欺人两月忙，深秋才上故人堂。却怜违阔翻情厚，不觉淹留入话长。翠箔香风吹桂子，布袍寒信作重阳。百年辛苦还防死，好对良辰尽此觞。

与祝允明等有和王鏊白莲花诗。时鏊方以父忧在家，徵明从游。

《集四卷本》卷二《奉和守溪先生秋晚白莲之作》：风漪露盖碧差池，惊见庭前玉树枝。凉袜素波凌冉冉，晓檐残月堕迟迟。诗篇新丽非雕饰，佛相端严妙有为。明洁不从凡卉竞，深秋记取独开时。

《山樵暇语》：守溪王公咏白莲诗，吴中和者甚众，勍敌殊罕。守溪独赏祝京兆允明一章云："宾馆秋光聚曲池，玉杯承露阁凉枝。孤客未必遗真赏，开布何须怨较迟。长恨六郎殊不肖，徒闻十丈亦何为？徐摇白羽开新咏，相对薇花独坐时。"

《明史》卷一百八十一《列传·王鏊》：寻以父忧归。正德元年四月起左侍郎。

《集三十五卷本》卷二十八《太傅王文恪公传》：孝考末年，励精为治，遂用为吏部，且有援立之渐。会公以忧去，而仙驭亦遂宾天矣。

宜兴吴伦寄茶，郑太吉雪夜送慧山泉，乃酌泉试茶。次夜又会茶兄奎家，均有诗。

《集四卷本》卷二《谢宜兴吴大本寄茶》：小印轻囊远寄遗，故人珍重手亲题。暖含烟雨开封润，翠展枪旗出焙齐。片月分

明逢谏议，春风仿佛在荆溪。松根自汲山泉煮，一洗诗肠万
斛泥。

又《雪夜郑太吉送慧山泉》:有客遥分第二泉，分明身在慧
山前。两年不挹松风面，百里初回雪夜船。青箬小壶冰共裹，
寒灯新茗月同煎。洛阳空说曾驰传，未必缄来味尚全。

又《是夜酌泉试宜兴吴大本所寄茶》，七律，略。

又《次夜会茶于家兄处》:慧泉珍重著《茶经》，出品旗枪自
义兴。寒夜清谈思雪乳，小炉活火煮溪冰。生涯且复同兄弟，
口腹深惭累友朋。诗兴扰人眠不得，更呼童子起烧灯。

按:郑太吉事行待考。

赵宽卒于广东按察使任，年四十九岁。

《明清江苏文人年表》:弘治十八年，吴江赵宽死广东按察
使任，年四十九。

彭年生。

《弇州山人四部稿》卷九十一《明故征士彭先生及配朱硕
人合葬墓志铭》:彭先生生乙丑正月十三日，卒嘉靖丙寅十二
月初十日，寿六十有二。

按:《历代名人年谱》，彭年生于弘治八年乙卯，卒于嘉靖
四十五年丙寅，年六十。《中国美术年表》同。然按吴氏所记
推算，彭年卒时应年七十二岁。《姑苏名贤小纪》《吴郡名贤图
传赞》皆云卒年六十二。兹据墓志更正。

明武宗正德元年丙寅(1506)三十七岁

春分日，与陈琼相期游竹堂寺，时琼已自南京都察院左

副都御史致仕归里。琼未至,徵明独游有诗。九月,琼卒。

《集四卷本》卷二《春分日,陈中丞相期竹堂看梅,既而风寒不出,独游有作》:古堞差差一径斜,乘闲来叩老僧家。遗踪漫说名园竹,清供难消野灶茶。时节春分生恋惜,郊原雨过积光华。风寒争得尧夫出?空绕梅花候小车。

《王文恪公集·通议大夫南京都察院左副都御史陈公墓志铭》:弘治乙丑冬,南京都察院左副都御史陈公致仕归吴,明年,正德元年九月十日卒于家。

《静志居诗话·陈琼》:成斋出西涯之门。当时虽不以诗名,而恒与西涯、匏庵诸公接席联句,知见赏于西涯者深矣。

乾隆本《长洲县志·寺观》:正觉寺,即大林庵废基。明宣德十年,滇僧弘此宗再建,奏赐今额。寺多美竹,故俗称竹堂寺。唐寅尝画罗汉象于壁,并书赞。今寺圮。

按:陈琼家陈湖大姚村。琼贵后,始迁城中查家桥,见《吴郡名贤图传赞》琼传。

四月,与杜启、浦应祥、祝允明、蔡羽、朱存理、邢参等同修《姑苏志》成。主修王鏊,以吴宽等旧稿搜补以成,共六十卷。启时已自福建佥事致仕。

正德本《姑苏志》卷首《重修姑苏志序》:成化间,鄱阳丘侯霁守苏,则有志修述。时则有若刘参政昌、李中舍应祯、陈训导顾各应聘修纂。会丘罢去,事遂已。弘治中,河南史侯简、曹侯凤又皆继为之。时则有若张佥事习、都进士穆,而裁决于吴文定公宽。久之,二侯相继去,文定公不禄,书竟不就。然文定公之惓惓是书也,虽病在告,未尝释手。淡墨细书,积满箱案。今广东林侯世远由近侍来守，才优政举，化行讼息。宿弊尽划，文事聿兴。一日，抱文定遗稿属余曰："敢以溷子矣。"余谢非其人，且郡多文士，有杨仪部循吉辈在焉，盍以属诸？而仪部固辞。予以侯之美意，文定之苦心，使缺焉泯没，则予诚若有罪焉者。侯乃延聘文学，得同志者七人，相与讨论。合范、卢二志，参以诸家，裨以近事。阅八月成，得六十卷，以复于侯。发凡举例，一依文定之旧。搜遗阐隐，芟繁订伪，则诸君子之功居多，予何能焉。其亦会其要而折其衷者也。正德纪元二月之吉，嘉议大夫吏部右侍郎国史副总裁震泽王鏊序。

又《重修姑苏志后序》：启卧病却扫之三月，忽刘都宪与清款扉而入，告曰："郡侯林公且至。"启乃凭几而见客。公曰："某将有事于郡志，已得请于少宰王先生及延诸彦某某辈，佥谓不可无君。君固疾也，不可辞。况馆与君邻，床设具存，亦可调摄，君不可以疾辞。"既去，启窃念之：《苏志》之修屡矣！景泰间，前守陇西汪公尝有意焉，而渊孝先君实董其事，后不果成。成化间，鄱阳丘公复举之。时先君且老，复与校雠，将成亦废。箧稿尚有一二存者。矧林公之辞也恳，遂携枕席药饵赴之。立例、举凡、分类、定卷，周旋笔砚者逾月。病复作，乃归，凡五阅月矣。一日，林公至曰："志已成，请君叙其后。"启惊起曰："是何速也？"又二月，少宰赴召。且行，持稿授启曰："烦君次第之。或尚有缺，当足成耳。"启曰："诺"。遂与诸君编次成之入梓云。正德元年四月朔，奉政大夫福建等处提刑按察司佥事致仕前南京山西道监察御史杜启序。

又修志名氏：资善大夫礼部尚书吴宽　嘉议大夫吏部右侍郎王鏊　同修：奉议大夫福建按察司佥事杜启　乡贡进士浦应

祥　乡贡进士祝允明　苏州府学生蔡羽　长洲县儒士文璧
长洲县儒士朱存理　长洲县儒士邢参

有次韵吴瑞《江南弄》诗。

《集四卷本》卷二《次韵吴德徵先生江南弄》：烟霏晓色彤
楼开，美人倚醉临妆台。韶华莫驻颜如玉，镜里年光转朱毂。
春风江岸蘼芜绿，落尽闲花绮尘馥。翠屏自度春寒曲，帘箔重
重燕双宿。

夏，有怀悼吴宽诗。

《集四卷本》卷二《怀吴文定公》：丛桂堂前春草生，欧公不
见岁重更。山川明丽悲陈迹，乡里凋零忆老成。一代文章端有
系，百年恩义独关情。眼中未忘西州路，几度临风洒泪行。

题沈恒画《修竹仕女图》。恒字恒吉，号同斋，周父。
善绘事，工诗。志尚高邈，怡隐不仕。

《集三十五卷本》卷二《题沈同斋修竹仕女》：开尽闲花草
漫坡，青春零落奈愁何！诗人自惜铅华冷，翻出天寒翠袖歌。

《无声诗史》卷二：沈贞字贞吉，弟恒字恒吉，长洲相城里
人，征士孟渊子也。孟渊当永乐间，以才徵，不就。使二子学于
陈嗣初，一时士无不倾动。贞吉兄弟诗亦相若，自相倡和。下
至其家人子亦能之，几若郑玄家婢。又皆善绘素，貌人畜工绝。
每图构辄逾时乃就，亦不肯轻为人作，故少存者。

《静志居诗话·沈恒》：愚山云："沈氏二先生，贞字贞吉，
号南斋。恒字恒吉，号同斋。皆以字行，善绘事，工诗。同斋，
则石田先生之父也。"

初，海寇窃发于崇明，都御史艾璞、巡按御史曾大有及
知府林世远等平定之。徵明与祝允明等皆有诗颂其

事。徵明又撰《靖海颂言叙》。

《集四卷本》卷二《林府公平寇诗〈世远〉》：海岛愚民偶震惊，使君坚重自长城。鱼游鼎釜终成困，禽在原田利有征。谁以茧丝烦尹铎？却缘烽火识真卿。老农更不忧年旱，昨日天河洗甲兵。（时久旱得雨。）

又《靖海元功（都宪艾公）》及《平海伟迹（侍御曾公）》两诗，皆七律，略。

《怀星堂集》卷二十二《邦侯晏海颂》：林侯为吴邦之四年，狗鼠馀魂，弄兵东岛。厪天子赫，命相时柎禽。一时文武小大之臣，集思用命，罔弗奔走，而要会于侯。期年底定，惊波载夷，三锡焕被，万口衔颂。其为士者，各文其词，汇题之曰"晏海之什"。小子矢厥终始，标其最者曰伐谋，曰精忠，曰除器，曰饷给，曰整暇，曰扬武，曰来安，曰信赏，曰旋凯，曰劳谦。凡为十目，目为颂一首。盖丙寅之绩，莫巍乎侯。而侯力莫重于十事，我不敢俀。

按：颂皆四言略。

《集三十五卷本》卷十六《靖海颂言叙》：正德改元之禩，侍御曾公以简命按苏。苏属邑崇明，治东海中。其民素犷健梗治。先是，豪民施天泰争鱼苇之利，噪于海滨。有诏徙其家远州。其党钮东山者，溃归逸于海。复啸其徒为乱。出没卤掠，民不胜扰，于是濒海诸邑复大震。有司以闻，诏发诸路兵讨之；而公与今中丞艾公实领其事。夏四月首事，徂秋八月，竟扼贼而歼之。降其胁从，俘其老弱，而四民用宁。方贼之猖蹶也，郡郭亦警。及是解严，士民欢曰："凡所以惠安我民，以保生聚，得不及于难者，皆侍御公之力。侍御公实生我民，其曷以报？"

乃相率为诗，咏歌其事，而属序于余。窃维天下之事不可常，而人之才，贵乎养之有其素。今夫衔一命，寄一方，孰不幸其无事也；而事变之来，或出于意料之外。彼龊龊遄夔，往往避事而害成；而好为不靖者，又或挟之以侥幸于一掷，以为功名之会。此其人皆以身为计者，卒之亦不能办其身，而民用受其辜焉。侍御公之来，当夫承平百年之馀，而苏又在畿辅之内，岂常有意于变哉？而卒然遇之，有不易于为计者，而公处之无难焉。方师之兴，饷给浩穰，文檄旁午，凡审势相方，部分调发，莫不于公之出。人皆讶其不素而克，而不知其所已试于为邑者，既尝验矣。盖公初以进士宰定远，适妖贼构乱，势张甚。公设奇御之，用全其城。今悉数郡之众，以当区区窃发之徒，固已优为之矣，是岂侥幸于一掷者哉！公之出按也，以志计销顽梗，以德惠抚疲癃。仁威并著，吏畏民怀。庶政之举，不可殚述，兹特著其平寇之一事云尔。

康熙本《常熟县志》卷四《祠祀》：怀德生祠。弘治中，海寇窃发，都御史艾璞，巡按御史曾大有，御史张昊，郡守林世远，邑令杨子器有惠爱。邑人立生祠祀之。

光绪本《苏州府志》卷五十二《职官·历代郡守知府》：林世远，四会人。弘治十五年以监察御史任。

《明武宗实录》卷一一四：乙酉，致仕都察院右副都御史艾璞卒。璞字德润，江西南昌县人。成化辛丑进士。初授工部主事，调兵部。历通政司右通政、光禄寺卿。弘治乙丑升都察院右副都御史，巡抚苏松等处，平海寇施天常等。降敕奖励，有白金文绮之赐。正德丁丑以裁革还。巡抚时，以会勘功臣庄田，忤刘瑾，逮系锦衣狱，重杖之，编置海南。瑾诛，遇宥复职致仕。

夏,过陈鑰,不在。子淳出示吴宽独游半舫诗,次韵。

《集四卷本》卷二《夏日过以可不在,其子淳出文定公独游半舫之作,因次其韵》:入门便索卧溪堂,爱此萧闲水竹庄。溽暑薰蒸人欲病,晚风吹拂意差强。繁蝉隐树飘弦管,新卉过墙见女郎。日暮不妨题壁去,主人应识醉毫狂。

有寄陆伸诗。

《集四卷本》卷二《寄陆安甫》:吾友陆士龙,瑰姿照瑶壁。谁令厄世网,老大媚泉石。海滨郁相望,无由慰乖隔。萧然点笔馀,千里盈一尺。飞泉落寒空,细路缘绝壁。如闻犬吠声,不见人行迹。白云缥缈际,应有神仙宅。阆风吹瑶华,知君有遐适。顾君庙廊器,岂久在山泽。

宜兴吴纶来访,别于金陵已十年。信宿而别,徵明有诗。

《集四卷本》卷二《余与宜兴吴大本,别于金陵十年矣,忽承惠访,信宿别去,不能为怀》:淮水西风别十年,铜棺离墨梦魂间。空收书札何如面?无奈相逢便索还。石井裹茶虚夜月,洞庭落日见秋山。明年倘得寻翁去,传语溪堂莫掩关。

秋,与祝允明等会于城南,有次允明诗。别后,允明有见怀之作,徵明答诗,且乞草书。

《集四卷本》卷二《秋日会于城南祝希哲有诗次韵二首》:胜游何幸托诸君,野鹤山鸡漫着群。凉逐暑光随雨退,笑将乐事与忙分。剧谈未可无车胤,识字还应愧子云。忽见新篇传座上,墨痕狼藉散清芬。 闲品清真诧竹君,纵谈书法到《鹅群》。眼中文物轻千载,坐上觥船放百分。寒砌点霜馀短菊,秋空阁雨有微云。莫言邂逅匆匆事,一段风流久更芬。

又《次韵答希哲见怀兼乞草书》：墙外车音寂不闻，闲缘谁解病中纷。凉风着意吹芳树，落日含情咏碧云。高谊乍违黄叔度，清篇先枉沈休文。秋来定有临池兴，拓得《鹅群》倘见分。

沈周临元黄公望《富春大岭图》见赠，赋诗以谢。是年，周年八十。

《珊瑚网画录》卷十四《沈启南临富春大岭图》：酒散灯残梦富春，墨痕依约寄嶙峋。山光落眼浑如雾，莫怪芙蓉看不真。徵明灯下强余临大痴《富春大岭图》，老眼昏花，执笔茫然。以诗自诵，不工尔。八十翁沈周。丙寅。

《集四卷本》卷二《石田灯下作富春大岭图见赠，赋诗有隔雾看花之语，题此谢之》：白头强健八旬翁，劳谢灯前写浙东。老眼莫言浑似雾，最宜山色有无中。

《平生壮观》：《沈周富春大岭图》，水墨，中短纸幅。诗跋，灯下为文衡山作。虽云仿《富春山》，而能自运笔墨。其胸次磊落，所以不束缚于前人。即令子久见之，必加叹服。

于相城晤宜兴王德昭，为烹阳羡茶，有作。

《集四卷本》卷二《相城会宜兴王德昭为烹阳羡茶》：地炉相对语离离，旋洗砂瓶煮涧澌。邂近高人自阳羡，淹留残夜品枪旗。枯肠最是搜诗苦，醉眼翻怜得卧迟。不及山僧有真识，灯前一啜愧相知。

按：王德昭事行待考。

初，徵明每至陈鏴家，辄淹留终日。鏴因为筑小室，以供偃息。徵明为题曰假息庵，以诗落之。

《集四卷本》卷二《余每至陈氏，辄终日淹留，厅事高明，颇妨偃息。以可为治小室于西偏，问名于余，为题曰假息庵。其成也,以诗落之》:剪棘依垣小筑居,短檐横启纸窗虚。造门已惯非缘竹,据案相忘况有书。徐孺每劳悬木榻,陶潜何必爱吾庐。从今更不论宾主,一半幽闲已属余。

归有光生。

《归震川年谱》:明正德元年丙寅十二月二十四日,先生生于昆山城之宣化里。

何良俊生。

《四友斋丛说》卷八《史》四:尝记得小时,余年十六岁,为正德辛巳。按据此,良俊应生于本年。

李诩生。

《戒庵老人漫笔》李如一序:先大夫戒庵翁历世八十有八,癸巳岁夏五不幸背弃。

按:癸巳是万历十五年(1593)

正德二年丁卯(1507)三十八岁

兄奎以事遘难,百计为之调护,至废寝食。累月而事解。三月廿二日,奎还家,有《夜话有感》诗。奎性刚难事,徵明恭顺将事,惟恐失欢。

《集三十五卷本》附文嘉《先君行略》:公兄双湖公徵静,性刚难事,公恪守弟道,而以正顺承之。双湖公频涉危难,公极力周护,得不罹祸。

光绪本《苏州府志》卷三十七《坛庙祠宇》二:《文待诏祠》沈德潜《文待诏祠记》:伯兄遘难,百计脱之,至两阅月忘寝食。

《集四卷本》卷二《三月廿二日家兄解事还家夜话有感》:

虚堂漠漠夜将分,黯黯深愁细语真。零落尚怜门户在,艰难谁似弟兄亲。扫床重听灯前雨,把酒惊看梦里人。从此水边松下去,但求无事不妨贫。

《续名贤小纪》:文先生徵明,家居笃修内行,克恭厥兄。积米一篮,遣苍头鬻于市。奴归,嗫不能发声。叩之,曰:"罄矣,伯氏易去数锱矣!"先生笑曰:"呆竖子,伯氏橐即我橐,何诧为?"

按:前有构屋数间一节,见一岁居曹家巷引证。

正月,阎起山卒,年二十四岁。为撰墓志铭。

《集三十五卷本》卷二十九《亡友阎起山墓志铭》:余辱君相知,睹其所遭,不能戚;然而莫克振之,愧君多矣。又忍不铭君,以慰之地下哉?卒年二十有四,正德丁卯正月乙亥也。

四月二十日,过杜堇,观元王渊画《芙蓉鸂鶒》,有题。

《爱日吟庐书画录》卷一《元王渊芙蓉鸂鶒图》:江上芙蓉缀似云,一双灵鸟蘸寒滨。披图拭目忘忧色,欣仰前贤笔有神。元季武陵王澹轩先生,绘事宗于黄荃,而得赵承旨指授。故能脱去町畦,洗尽尘俗,无院体气,诚超凡入圣之手也。余过青霞亭,得观此图,神采夺目,迥出望外,漫题;并书数语识之。正德丁卯四月廿日,长洲文璧。

夏,有次韵陈鑰《观莳秧》及《喜雨》诗。

《集四卷本》卷二《次韵陈以可观莳秧》:妻孥空舍出,秧稻及晴明。匝岸清歌动,分畦翠浪生。田家自村乐,岁事卜蛙声。惭愧城中客,长腰饭玉粳。

又《次韵喜雨》诗,五律,略。

五月十一日,往相城访沈周,周有赠诗。又为周钩摹无

锡华氏藏《唐摹万岁通天进帖》。

《集三十五卷本》卷七《雨中检箧得石田先生丁卯岁赠诗云：多时契阔费相思，就见江城喜可知。时事但凭心口语，老人难作岁年期。林花及地风吹糁，檐溜收声雨散丝。明日孤踪又南北，教云封记壁间诗。后题五月十一日……》。

按：沈周此诗，沈集未载。

《停云馆帖·唐摹晋帖卷第二》：《唐摹万岁通天进帖》后刻沈周一札云："奉上华氏唐摹晋帖九种，盖双钩之精者。阁下研心书翰，欲烦妙手一一更拓之存于家，以见曾阅前代之迹。切恳切恳。知京行在迩，必拨冗可也。华亦早晚来取，其亦自宝者。不宣。周再拜，徵明契家道谊阁下。"

《清仪阁题跋·跋真赏斋火前本》：文氏《停云馆帖》于《万岁通天帖》载石田翁手札所云"京行在迩"，当是嘉靖九年壬午，文年五十有三，贡入成均。其时或未与中父友也。

按：徵明以岁贡赴北京，在嘉靖二年，前十四年（正德四年），沈周已卒。此云"京行"，盖指乡试往南京。华夏与文徵明相识亦早，正德十四年徵明已为华夏藏《淳化阁帖》作跋。

又按：《华氏本书》云："东沙公讳夏，生于孝宗朝。"由文徵明撰华夏父华钦墓志，知华钦生于成化十年甲午，本年年三十四岁。此时华夏年事尚少。沈周札中所云"华氏"，不知即华夏否？徵明跋所摹《通天进帖》仅云："吾乡沈周先生从华假归，俾徵明重摹一过。"（见《停云馆帖》）未识钩摹岁月，姑系本年。

永嘉赵君泽寄瓯兰，作谢诗。秋，张辨之以兰卷相示，因为补空，并录此诗其上。祝允明、陈淳、黄云、都穆、

杨循吉、陈沂、顾璘、徐霖、卢襄等有题。霖字子仁，吴人，徙南京。豪爽跌宕，工词翰及篆书。山水花卉，无不臻妙。徵明赠诗有"乐府新传桃叶渡，彩毫遍写薛涛笺"句。家有快园，园有晚静阁，徵明书额。卢襄字师陈，吴人，与兄雍皆以文学称。

《集四卷本》卷二《谢永嘉赵君泽寄兰》：草堂安得有琳琅？傍案猗兰奕叶光。千里故人劳解佩，一窗幽意自生香。梦回凉月瓯江远，思入秋风楚畹长。渐久不闻馀冽在，始知身境两相忘。

《石渠宝笈》卷四十三《明文徵明温兰图一轴》：素笺本，墨画。款题诗（诗见前），"近承友人寄赠温兰，秋来着花甚盛，因作此诗谢之。张辨之适以兰卷相示，既为补空，就录此诗其上。文壁。"拖尾都穆跋云："近世画兰者，多拘拘于形似，殊乏天然萧散之趣。徵明此幅，虽草草若不经意，而天趣溢目，知非俗工所能到也。丁卯蜡月廿又四日，前进士都穆元敬父。"又跋云："兰不与众草为伍，君子以之。寂寥幽谷，知己何人？只自芳而已，尔尚暇求之故旧者否？因览此卷，感交友之凉薄，漫为辨之书之。南峰山人。"

按：南峰山人为杨循吉。祝允明题古诗，陈淳题识，黄云题七律，顾璘、徐霖跋，陈沂题七律，卢襄题五绝，皆略。

《无声诗史》卷二：徐霖，字子仁，先世长洲人。其祖以事谪戍南京，遂籍焉。子仁生而广面长耳，体貌伟异，机神凤解。九岁，大书辄成体，通国呼为奇童。年十四，补博士弟子员，督学御史每试，必称奇才。然任放不谐俗，忌刻者尝侧目视之，竟遭诬黜落。由是益博极群籍。尤工词翰，旁及篆书并山水花卉,无不臻妙。性好游观声伎之乐,筑快园于城东。善制小令,得周美成、秦少游之诀。又能自度曲,棋酒之次,命伶童侍女传其新声,盖无日不畅如也。爱云间之胜,自号九峰道人,或称为快园叟。或羡其美须髯,又呼为髯仙。

《金陵琐事》上卷《曲品》:徐霖少年,数游狭斜。所填南北词,大有才情,语语入律,娼家皆崇奉之。吴中文徵仲题画寄徐有句云:"乐府新传桃叶渡,彩毫遍写薛涛笺。"乃实录也。

《明诗纪事》丁签卷十二《徐霖》:《帝里明代人物略》云:九峰徐子仁,豪爽迭宕。开快园武定桥东。中有翠篠清涟,芳林幽砌。台曰振衣,刻名公题咏。下有丽藻堂,乔伯岩书。晚静阁,文衡山书。风流旷达,一时豪贵悉礼下之。武宗南狩,幸其晚静阁。钓鱼得金鲤,又失足落池中。今园有奎章堂、浴龙池,纪其实也。

《集三十五卷本》卷三十四《陕西布政使司左参议卢君墓表》:君讳襄,字师陈。父纲,以长子贵,封河南道监察御史。母孺人陈氏,生君兄弟二人。长雍,仕终四川提学副使。次即君,自幼颖异,读书不烦督率。君家自彦实以来,世业农。至御史公始读书,教授乡里。而君兄弟相继起进士,皆至连率显官,又皆以文学政事著称,可谓盛矣。

秋,试应天,不售。同试者王庭,字直夫,号阳湖。长洲人。耿介自守,有经世志。伍馀福,字君求,吴县人。喜著述,诗亦工。袁翼亦吴县人,字飞卿。善制举义,好奇文秘记。

《集四卷本》卷二《丹阳道中次王直夫韵》:句曲东来草树秋,车音隔陇思悠悠。西风黄土污人面,落日青山触马头。息影道傍分茂阴,濯缨桥下得清流。平生笑杀朱翁子,辛苦刚酬妾妇羞。

又《八月十三之夜,与君求、希问、希济看月于飞卿所寓水阁,阁正面女墙,水月浮动,俄有小舟载琵琶过其下,颇发清兴,赋诗纪之》诗,七律,略。

《姑苏名贤小纪》卷下《徵君国子博士王先生》:王先生敬臣,字以道,学者称少湖先生,阳湖参知王公庭子也。世占吴中儒籍。阳湖公以进士起家,有经世志。时事一不当,即挂冠归。耿介自守。与先太史、王吏部、陆尚宝诸贤游从甚洽,时称名大夫。

《两浙名贤录》卷四十二《恬愉·江西布政司参议王直夫庭》:王庭,字直夫,其先金华人。宋南渡,徙居长洲之阳城村,故人称曰阳湖先生。

光绪本《苏州府志》卷七十九《人物》:伍馀福,字君求,吴县人。正德丁丑进士,授长垣知县。期年大治。嘉靖初,转营缮主事,革免摄司篆积羡千金,悉归公帑。历刑兵二部郎中,以“议礼”廷杖,谪安吉知州,迁镇远知府,致仕。惟以简册自娱。喜著述,有《三吴水利论》。诗亦工。

《集三十五卷本》卷三十二《袁飞卿墓志铭》:飞卿讳翼,其字飞卿,姓氏袁,苏之吴邑人也。飞卿三岁而孤,育于母王氏。少奇警异常,母授之书辄能领解。十龄能把笔为文。稍长,益粹砺精进。寻补郡诸生,益事博综。奇文秘记,多所探阅。闻有未见书,辄奔走求之。

《姑苏名贤小纪》卷下《袁飞卿先生》:迹袁先生生平,盖亦一时奇旷士也。袁先生多读书,善制举义。其名篇大都入王文恪稿中，而先生不第。故世知文恪，不知飞卿。

晤仪真蒋山卿于储罍处。将别，山卿有长诗。山卿字子云，仪真人。髫年学诗，及见顾璘、朱应登，教以读唐以上诗，诗以有进。罍字静夫，号柴墟，泰州人。成化二十年进士，谆易恬静，介然自守。工诗文。好推引文士。时以左金都御史总督南京储粮。

《盛明百家诗·蒋南泠集·放歌行别文子》：我昔浮舟适吴越，倚棹阊门长不发。一夕思君不见君，徘徊惟有江心月。我今漫游下秦淮，逢君亦自吴中来。中丞门下邀相见，豁如披雾青天开。华堂宾客尽豪英，高论能令一座惊。意气相倾即相许，向人肝胆如平生。此时君将渡江水，我欲留君君复止。揭来遍访名山游，相携共宿城南寺。坐盘白石松风清，行穿曲磴烟萝紫。翠阁丹崖半空出，宝阁香台照云日。绝顶登攀览八荒，俯眺遥临趣非一。山川表里望皇州，双阙岩峣瑞气浮。谬忝群公召燕会，偏怜学士最风流。已载芳樽游别苑，更乘明月醉高丘。若看长安万种花，先过甲第五侯家。红罗艳舞春风细，翠管繁喧落日斜。落日春风桃李溪，武陵仙客亦相迷。美人一曲娇如玉，渌酒千钟醉似泥。醉来挥袖屡低昂，举坐笑我为颠狂。君不见，东山太傅有安石，又不见，竹林贤士如嵇康。古人落魄尚如此，世俗白眼空茫茫。吁嗟古人名至今，今人谁识古人心？我今与君俱失意，君诚于我为知音。君才岂是寻常者，龙鬐凤鬣真神马。騕驾何惭千里姿，垂头久伏盐车下。万卷便便藏满腹，尽皆大雅无凡俗。落笔争看飞锦绣，吐辞直见飞珠玉。季子上书不遇秦，貂裘敝却空贫身。岂无公卿借颜色，终是悠悠行路人。我奉君觞君击鼓，君为楚歌我楚舞。男儿得志会有时,富贵功名能自取。君不见,虞卿蹑屩何贱贫,一朝谈笑欣逢主。黄金百镒白璧双,侯封万户连珪组。乃知丈夫荣辱传千秋,眼前碌碌何足数。放歌行,归去来,莫向长安道上空悲哀!

《盛明百家诗》:蒋公名山卿,字子云,直隶仪真人。正德甲戌进士。尝以谏被谪。复起官,止布政司参政。闻其人,盖达生而有容德者,其诗亦似其人。

《皇明词林人物考》卷六《蒋子云》:蒋山卿,字子云,仪真人。以进士授工部主事。正德己卯,武庙南狩,与同官林大辂、何遵伏阙谏,几毙杖下。谪南京前府都事。嘉靖改元,诏复原官,改刑部,终南宁知府。归田后,惟徜徉诗酒,校雠文艺。所著有《南泠集》。

《列朝诗集》丙集《蒋参政山卿》:其诗集自叙谓:"髫年学诗,弱冠渡江见东吴顾吏部、宝应朱户曹,教以读汉、魏、晋、宋、唐人之诗。年二十九举进士,始与同年亳州薛蕙研工古作。"

《明史》卷二百八十六《文苑》二:储巏,字静夫,泰州人。九岁能属文。成化十九年乡试、明年会试皆第一。授南京考功主事。吏部尚书耿裕知其贤,调北部。考注臧否,一出至公。正德二年改左佥都御史,总督南京粮储。巏淳行清修,介然自守。工诗文,好推引知名士,辟远非类,不恶而严。进士顾璘尝谒尚书邵宝,宝语曰:"子立身当以柴墟为法。"柴墟者,巏别号也。

《皇明人物考》卷四《文懿公储巏》:字静夫,泰州人。成化二十年进士。历南京考功主事,文选郎中。弘治十年升太仆少卿。公谆行清修,与物无竞,而自守介然。考功三年,臧否不湑，交游稀寡。尝荐张吉等五人可任谏官，论救庞泮等不宜以言事下诏狱。又上言乞令史官纪注言动，如古左右史。康陵初，升太仆卿。明年，金都御史总粮南京。闲居无事，专心经史，访辑国朝故事。又明年召为户部侍郎。逆瑾专权，公卿奔走瑾前。公愧愤，引疾求去。长沙与公善，得允致仕。内批公"有才望，行且超群。"公去数月，瑾诛，公复起。权幸继用事，公亦不乐。明年乞休，改南京户部，又改南京吏部，公辞益力。其谞易恬静，人皆羡之。卒谥文懿。

按：蒋山卿《放歌行》，似作于举乡试前或谪南京前府都事后。蒋山卿谪官在正德十四年己卯，是年乡试，徵明在南京与林达等游静海寺、卢龙观、三宿岩等，未提及蒋山卿。后三年为嘉靖元年，蒋官复原职。故谪后晤面为不可能。弘治十一年乡试，蒋山卿十三岁，十四年辛酉徵明以父丧未乡试，十七年甲子乡试，蒋山卿十九岁，方向顾璘、朱应登学诗。此三次乡试均无相晤机会，与诗意亦不合。本年后三年为正德五年庚午。文徵明与吴爟等五人至京，适王㒜新丧，有吊唁等事，未提及山卿。又后三年正德八年癸酉乡试，山卿已在前一次或本次中举。因正德九年蒋山卿已中进士。故以文、蒋相晤系本年，而储巏好推引知名士，文、蒋亦肯登其门者。

九月十日，饮钱同爱家，有诗。

《集四卷本》卷二《九月十日过孔周》：紫蟹经霜酒出篘，高堂落日小淹留。故人有约过重九，新梦无聊话石头。桂子团圞何处月？芙蓉闲淡自家秋。已将沉醉拚千日，更莫樽前浪说愁。

赋《秋晚田家乐事》十首寄陈鑰，时鑰筑室陈湖，专理

农业。

《集四卷本》卷二《陈以可近岁筑室陈湖,专理农业,时以诗见寄,夸其所得,比来秋成,当益乐,辄赋秋晚田家乐事十首寄之》:筑室姚江上,陈湖东复东。旧谙风俗厚,近喜岁年丰。晚醉茅柴酒,朝羹踏地菘。村居今已习,那复念城中。 甲第城中好,何如小隐家?剪茅苫屋角,引蔓束篱笆。社动喧村鼓,场干响稻枷。谁言田舍苦,随分有年华。 散步蒲为屦,端居衲御风。观傩逐邻里,筑圃课儿童。谁识佳公子,真成田舍翁。只应吟兴在,时复走诗筒。 日落山围屋,霜清水映门。鱼虾时作市,鸡犬自成村。新味香粳饭,常情老瓦盆。浑家得醉饱,时事更休论。(录四首,馀略。)

《集三十五卷本》卷二十九《陈以可墓志铭》:俄解官,筑室姚城江之上,曰:"此吾先庐所在,吾将老焉。"于是劝农振业,疆理阡陌,陂鱼养花,以文酒自适,不复与城市问闻。

六月二十四日,徐经卒,年三十五岁。

《明清江苏文人年表》:正德二年丁卯,江阴徐经死,年三十五。《梧塍徐氏宗谱》

正德三年戊辰(1508)三十九岁

元日,饮王云家,有诗。

《集四卷本》卷二《元日饮王汉章小楼》:元日高楼小合并,物华无语岁年更。一樽对面贫亲戚,四秩临头老弟兄。恋腊馀寒风漠漠,入春生意雨盈盈。向来日月寻常过,谁有涓埃答太平?

二月,长洲教谕莆田林僖升寿州知州,徵明写《丘壑高闲图》并诗以赠。沈周为赋《庐山高》诗。僖字待受,俊弟。

康熙本《长洲县志》卷十三《师儒》:林僖字待受,福建莆田人。刑部尚书俊之弟。弘治八年举人。历元和县、长洲县教谕。正德丁卯升授知州。

《集三十五卷本》卷十六《寿大中丞见素林公序》:公之弟寿州守,曩教长洲,某以诸生获出门下。

《集四卷本》卷二《题庐山图》:余为林师写《丘壑高闲》,用谢幼舆事也,而石田丈以《庐山高》赋之,辄亦赋此。(诗七古,略。)

又《二月十日与诸友送林师至宝带桥作》:望断吴江是越津,送公无语泣沾巾。受知自愧才能薄,难别都缘道谊亲。云暗长河寒欲雨,风疏弱柳淡生春。还凭宝带桥头月,千里悠悠伴玉人。

又《是夜归闻雨有怀再赋》诗,七律,略。

二月望,与吴爟、陈淳、钱同爱、朱凯登天平山,饮于白云亭,次第得诗四首。归,作《天平山图》,就录其上。

《集四卷本》卷二《二月望与次明、道复泛舟出江村桥,抵上沙,遵陆,邂逅朱尧民、钱孔周,登天平,饮白云亭,次第得诗四首》:不教尘负踏青游,出郭聊为一笑谋。新水已堪浮艇子,好山无赖上眉头。风撩鬓影春衫薄,树掩溪阴翠幄稠。一坞桃花偏入意,江村桥畔小淹留。　舟行欲尽有人家,记得横桥是上沙。南望风烟随鸟没,西来墟落带山斜。暖催新绿初归柳,水映酣红忽见花。残酒未醒春困剧,汲溪聊试雨前茶。　十里

扶舆渡野塘,旋穿松峤入苍苍。风吹麦叶平畴乱,日炙草花村
路香。春色酿晴供乐事,岩光摇翠落飞觞。清忙刚被山灵笑,
却笑担夫为底忙? 松根小径入天平,共舍篮舆历翠屏。陟巘
试穷千里目,勺泉聊憩半山亭。石崚苍霭相离立,树匝晴烟不
断青。落日英贤呼不得,荒祠乔木有仪型。

**修禊日,跋苏轼《御书颂》。徵明早年喜苏书,所见
颇多。**

《石渠宝笈》卷二十九《宋苏轼御书颂一卷》:长公书,余所
见凡十馀卷,而满意者寡。《养生论》,粉泽纸书;大草书《千
文》,乃黄腊笺所写;《乞居常州奏状》,虽小楷淳古,而剥蚀处
多;如《赤壁赋》则前缺数行;《宜春帖》又中失一纸。其《寒食
篇》《芙蓉城诗》与《九辨》帖皆削去题名,都非长公完璧。惟
《伯时三马图赞》《宸奎阁记》《烟江叠嶂歌》与此《御书颂》,可
谓拔乎萃者矣。时正德戊辰修禊日漫识于玉磬山房。长洲文
徵明。

按:文嘉《先君行略》,筑玉磬山房在徵明致仕归里之后。
则此时尚未有玉磬山房。然《太平清话》云:"先生每笑谓人
曰:'吾斋馆楼阁,无力营构,皆从图书上起造耳。'"又《藏书纪
事诗》云:"余所见待诏藏书,引首皆用'江左'二字长方印,或
用'竺坞'印,或用'停云'圆印。其馀藏印曰'玉兰堂',曰'辛
夷馆',曰'翠竹斋',曰'梅花屋',曰'梅溪精舍'。又有'烟条
馆'一印,见《天禄琳琅·明刻文选》,又有'悟言室'一印,'惟
庚寅吾以降'一印,临池用之,藏书不常见也。"据此可知一室
之间,壁张榜额,即可名之为斋,为山房,为轩,为屋。文人好
事,每多有之。如'玉磬山房'一印,曾屡见用之。且于《拙政

园书画册》见有'玉磬斋'一印,是屋名山房或斋,亦不一定。"

又按:《文氏族谱续集·历世第宅坊表志》云:"待诏停云馆三楹。前一壁山,大梧一枝。后竹百馀竿。悟言室在馆之东。中有玉兰堂、玉磬山房、歌斯楼。"则名实相符者,仅四、五处耳。

三月十日,与朱凯、唐寅、吴奕等同集竹堂寺。徵明与唐寅各有画,朱凯等题。

有正书局本《中国名画》第二十集《明文衡山雨景》:偶向空门结胜因,谈无说有我何能。只应未灭元来性,云水悠悠愧老僧。戊辰三月十日,偶与尧民、伯虎、嗣业同集竹堂。伯虎与古石师参问不已,余愧无所知,漫记此以识余愧。文壁。 春去柴门尚自关,那知樱笋已阑珊。凭君写出朝来景,霭霭浓云叠叠山。唐寅。 我爱云闲自来往,老僧心定笑云忙。倏焉散去山亦静,云意僧心俱两忘。朱凯。 渺渺云封竹院深,闲来时得纵幽寻。今朝知客留题处,挥塵清谈愧道林。吴奕。

《吴越所见书画录》卷一《唐解元正觉禅院牡丹图立轴》:接箭投梭了却春,牡丹且喜未成尘。共怜色相凭师证,转世年康第几人?三月十日,偕嗣业、徵明、尧民、仁渠同饮正觉禅院,仆与古石说法,而诸公谲浪。庭前牡丹盛开,因为图之。唐寅书。 居士高情点笔中,依然水墨见春风。前身应是无尘染,一笑能令色相空。文壁。

二十日,观王献臣藏赵孟頫书《烟江叠嶂歌》,与沈周各补一图。又为跋蔡襄《龙茶录》。时献臣已自广东驿丞迁永嘉知县,徵明有诗寄之。寻通判高州。

文物出版社本《元赵孟頫书烟江叠嶂诗》,有沈周、文徵明两图。文画题云："正德戊辰春三月廿日,衡山文壁观槐雨先生所藏松雪翁书,因补此图。"

《味水轩日记》卷二:万历三十八年六月四日,过项宏甫,出观赵子昂书苏子瞻《烟江叠嶂歌》,笔法雄厚,徐季海、李北海、柳诚悬、颜清臣无不有也。后有沈石田、文衡山二图。衡山纯用元晖染法,风韵较胜。

《集三十五卷本》卷二十一《龙茶录考》:蔡端明书,评者谓其行草第一,正书第二。然《宣和书谱》载御府所藏,独有正书三种,岂不足于行草耶? 欧公云:"前人于小楷难工,故传于世者,少而难得。君谟小字,新而传者二。"谓《集古录序》及《龙茶录》也。端明亦云:"古之善书者必先楷法,渐至行草。某近年粗知其意,而力已不及。"观此,则其行草虽工,而小楷尤为难得。当时御府所收,仅有三种,而《茶录》在焉。盖此书尤当时所贵,尝刻石传世。数百年来,石本已不易得,况真迹乎! 侍御王君敬止,不知何缘得此,间以示余,盖希代之珍也。

《清河书画舫》:蔡君谟《茶录》真迹一卷,原系王敬止故物,后入严分宜家。小楷精谨,纸墨如新,故文徵仲太史极称赏之。

按:《集三十五卷本》诗文亦皆编年。此文在正德庚午《跋东坡五帖叔党一帖》前,当是本年前后作,故系本年。

同治本《温州府志》卷十七《职官》:永嘉县,王献臣,吴县人。正德二年以御史谪任。

《明史》卷一百八十《列传·王献臣》:弘治十七年,复以张天祥事被逮。……谪广东驿丞。武宗立,献臣迁永嘉知县。

按:王献臣于后两年请文徵明记其父墓碑阴文中称"高州

府通判献臣。"

《集四卷本》卷二《寄王永嘉》：曾携书箓到东瓯，此际因君忆旧游。落日乱山斜带郭，碧天新水净涵洲。从知地胜人偏乐，近说官清岁有秋。西北浮云应在念，乘闲一上谢公楼。

四月廿二日，书旧作《洞庭诗》赠乌程王济。济字天雨。少颖敏好学。以郡学生补太学，屡试不售，谒选授广西横州州判，寻以母老乞归。家富好客，沉酣古雅。时在吴。

《宝翰斋帖·国朝书法十一·文待诏书》：正德戊辰四月廿二日，访乌程王天雨于阊门客楼。出素册俾录旧作，因书洞庭诸诗请教。天雨家去太湖不远，扁舟往游，此册或可据也。倘能一一和之，不惜寄示。长洲文璧记。

《碧里杂存》下：王雨舟，名济，湖之乌镇市人也。后官横州别驾。词翰俱佳。性坦夷，有大度。穷极声色，富乐终身。

《两浙名贤录》卷四十二《恬裕·广西横州判官王伯雨》：王济，字伯雨，乌程人。少颖敏好学，以郡学例补太学。屡试不售。谒选曹，选授广西横州判。退食之暇，植湘竹盈庭，吟咏其下。采其风土物宜，与域中大异者，编为一类，曰《君子堂日询手镜》，远近传之。无何。以母老疏乞终养。横民倾城留之，不得。归，侍母又十年，色养之馀，沉酣古雅，寄兴山水。时致仕尚书刘南坦麟、佥宪龙西溪霓、太白山人孙一元太初，方结社湖南，喜济之归，争邀致之。济衣冠甚古，居当吴、越要冲，骚人墨客，日常盈庭。酒行意畅，忽自称紫髯仙客。或病其放，济不屑也。天性孝友，而尤乐施与。

按：《七修类稿·天地类》于《铁树开花》条下云："予友乌

镇王天雨济,为横州州判。"是雨舟、伯雨、天雨,皆王济之字。

有送皇甫录服阕北上诗。录字世庸,号近峰,长洲人。登弘治九年进士。善教子,四子冲、涝、汸、濂,皆有文名,称"四皇甫"。

《集四卷本》卷二《送皇甫员外服阕北上》诗,七律,略。

道光本《苏州府志》卷八十一《人物》:皇甫录,字世庸,长洲人。登弘治丙辰进士,授都水主事,改礼部,历仪制郎中。以忤刘瑾,出为顺庆知府,被劾归。有别业在虎丘之旁,因号近峰。日以著述游览为事。所著有《苹溪》《容台》《果山》三集。又有《下陴纪谈》《近峰漫稿》。尤善教子,四子相继登科,而录夫妇偕老,优游禄养。

光绪本《苏州府志》卷八十八《人物》:皇甫涝,字子安。父录,生四子:冲、涝、汸、濂。

《明诗别裁》卷七《皇甫冲》:字子浚。与弟涝、汸、濂并有盛名,称"四皇甫"。吴中诗品,自高季迪、徐昌毅后。应推皇甫兄弟。以造诣古淡,无一点浓纤之习。时二黄、三张,空存名目耳。

五月二日,母舅祁春卒,为撰墓志铭。

《集三十五卷本》卷二十九《祁府君墓志铭》:府君祁氏,长洲人。讳春,字元吉,先夫人母兄也。先君平生特贤爱之,居常非府君莫与计事。盖与同忧乐,通有无者四十年。府君长数岁,尝约先君:"我死,子必铭我。"及先君亡,乃以属某曰:"汝其终而父之志。"他日治寿藏,则又命曰:"吾老矣,尚庶儿及吾见之。"盖久而未能,亦恃府君康裕,有可俟也。讵意遂铭其死邪!府君卒于正德戊辰五月二日,享年七十有八。

叔父森，以御史乞告在家已四年。刘瑾擅权，用例致
仕。徵明有诗。

《集三十五卷本》卷二十六《先叔父文公行状》：十六年癸
亥，奉诏河南清军伍，会疾作，上疏乞告，明年甲子还吴。阅二
年丙寅，改元正德，逆瑾擅权，用例致仕。

《集四卷本》卷二《叔父侍御致仕诗四首》：桑梓栖迟已有
年，虚烦优诏赐归田。时人总道才堪惜，贤者聊因退自全。白
日试倾无事酒，画桡新制泛湖船。衔名留得成何用？只办山中
管石泉（自号一泉）。　　未用逢人问是非，先生原自宦情微。
虽存轩冕终成隐，已在丘园底用归？三径萧条黄菊在，五湖浩
荡白鸥飞。遥知骑马趋朝客，羡杀张翰独见机。　　馀二首略。

《明史纪事本末》卷四十三《刘瑾用事》：二年三月，刘瑾矫
诏：京官养病三年不赴部者，革为民。未久者，严限赴京听选。
瑾知科道等官忤己者，养病避祸，故严禁锢之。

陆伸中进士。时有以匿名书诋刘瑾者，伸连累下狱，竟
死。后伸子之箕来访，夜话有诗。之箕字肖孙，累举不
第。后以诸生充贡，未仕卒。

《纲鉴易知录·明鉴易知录》：刘瑾创罚米法，尝忤瑾者皆
摘发之。自马文升、刘大夏而下数十人悉破家。死者系其妻
孥。六月，得匿名文书于御道，诋刘瑾所行事。瑾矫旨召百官
跪承天门外，瑾立门左诘责。日暮，收五品以下官三百馀人尽
下狱。是日酷暑，主事何钺、顺天府推官周臣，进士陆伸暍死。
李东阳等力救，乃获宥。

《集四卷本》卷四《与外甥陆之箕夜话》：一笑灯前睹陆云，
后生殊是逼吾频。文章有待成先志，眉目分明见故人。潘岳任

咸千载恨，何充王导一家亲。虚斋短榻寒相对，礼数虽疏意
却真。

按：诗题下有注云："安甫子"。

又按：《集四卷本》卷四壬申年诗四十四首中，《集三十五
卷本》选十七首入卷二戊辰年诗中。

民国本《太仓州志·人物》：陆之箕，字肖孙；之裘，字象
孙，俱伸子。之箕沉懿忠信，议论平正。之裘倜傥不羁，以经济
自许。慨然慕张子厚欲结客取洮西故事。大同之变，著论嘲柄
国者，以为唾手可定。累举不第，并以诸生充贡。之箕以需次
卒。之裘终景宁教谕。

五月，应黄云请，为草书旧作卷。

摄影本《文徵明草书诗卷》：博士丹岩先生以素卷命书鄙
作。诗既不佳，字复无法，深愧来辱之意。然或庶几可以因是
请教，故亦不得自掩其丑也。戊辰五月，衡山文壁记。

按：所见不全，约为五古及七律各若干首。

夏，彭昉过访；又得林僖寄书，皆有作。

《集四卷本》卷二《夏日彭寅之过访》：五月斋居意绪昏，喜
闻佳客款柴门。只凭谈笑淹车马，还有图书佐酒樽。别院绿阴
添夏意，小溪宿雨涨新痕。不妨挥汗酬闲债，聊得消磨赤日烦。

又《得林长教书》：幸及门墙备扫除，经时违阔重愁予。祇
从片月瞻颜色，忽剖双鱼得素书。海内风波殊未定，越南舟楫
近何如？吴门恩泽今如许，桃李阴阴覆屋庐。

**七月既望，墨笔画卷送许州通判施文显行，朱存理、邢
参、祝允明、吴奕皆有诗赋题赠。文显字焕伯，纯明谨
厚，博极群书。以《易》教授吴中，造就甚多。**

《石渠宝笈》卷六《明文徵明江天别意图一卷》：素笺本，墨画。款识云："正德戊辰秋七月既望，文壁写。"拖尾祝允明书《送别赋并序》云："先辈许州别驾施公，顷缘公程，经驻故里。忽惊返驾，赋以申怀。赋云：遵修途之靡靡，饬官务之遑遑。采丝贡于南州，致黼黻于衣裳。沿清淮而东之，蹈湖流于故邦。才老乐夫朋来，集游从之锵锵。咸遇目于扬休，候惕衷于回樯。叙离心于祖岐，纷总总其盂觞。顾贤劳于王事，效经纬于文章。衮职远以冈缺，徒营营于七襄。来清风而顺济，美哉水乎洋洋。方行行而道远，匪伤离乃以庆。祝允明。"又吴奕题云："适喜荣回复送行，匆匆不尽故乡情。别时休借临流醉，此会应知又一程。吴奕。"又朱存理题云："公事驰驱一月留，匆忙门外又鸣驺。令人耿耿生离思，送客频频动别愁。岂是弦歌居小邑，还期文艺表中州。江亭祖席皆吾辈，顷刻诗成片雨收。朱存理。"又邢参题云："趋晨遥送别，入夜渺追思。羽节将离处，螺杯已饯时。公程原有约，乐事岂容为。树晚家山隔，鸿秋道里縻。古来多跋涉，兹去亦驱驰。正是贤人事，期将政德施。学生邢参。"

《寓圃杂记》卷五《施先生》：施焕伯先生文显，纯明谨厚，清瘦挺立。士大夫相见，皆称"先生"而不字。自少博极群书，以《易》教授。吴中及远方子弟之集其门者，尝有数十人。屡却赘，见贫者或反资之。其所造就甚多，且有恩焉。尝因夫人之葬，士子送者塞路。校官见之，叹曰："施先生门人，侈于庠序矣。"年五十馀，始得许州别驾，非其志也。

秋，赴昆山。在岳父吴愈席上，题诗以寿。又有赠诸友诗。

《集四卷本》卷四《席上题扇景寿外舅大参吴公》：解组归来岁五更，天教闲散养修龄。东华风浪今无梦，南极休徵已见星。阅世尽容醒眼白，倚楼自爱晚山青。扁舟或献《南飞》曲，凭仗东坡醉里听。

又《昆山题赠诸友》：西风闲迹滞江城，三日扁舟未许行。笔砚难酬随处债，笑谈深愧故人情。尊前世事浮云过，阁外秋山落照明。回首动成经岁别，殷勤自记壁间名。

按：吴愈于弘治甲子致仕，至本年适五载。其生正统癸亥八月一日。文徵明赴昆山，当在七月底。

为王闻作《存菊图》轴。继又为作图卷，吴奕、皇甫录、唐寅、祝允明、杜启、顾潜等皆有题。闻字达卿，号存菊，穀祥从兄。善医。洒落不羁，有晋人风。

墨本《文衡山存菊图轴》：西风采采弄秋黄，种菊人遥菊未荒。老圃尚馀清节在，残英长抱故枝香。愁侵九日还逢雨，寒入东篱忽践霜。珍重孤儿偏护惜，百年手泽自难忘。正德戊辰秋日，为存菊先生赋此，并系以图。长洲文壁。

按：此图一九三九年见于上海书画展。

《大观录》卷二十《文徵仲存菊图卷》，诗同，无岁月，诗末款“长洲文壁。”吴奕篆引首。题诗者有程遵、皇甫录、唐寅、陆宇、张珍、谢朝宣、顾潜、谢表、钱贡等。祝允明撰《存菊解》。杜启撰《存菊堂记》，有曰：“子曰闻，字达卿，其亲爱民。爱民、予中表兄云和贰教公明之婿，闻犹吾所自出。累世医家。闻之祖时学者，尝召入御药局。今闻青年，道盛行于苏，人有称焉。”黄省曾撰《存菊诗序》。

又按：文嘉跋文徵明为王闻小楷《金刚经》云：“存菊名闻，

字达卿。禄之吏部从兄,以医鸣吴中。善谈名理,洒落不羁,有晋人风。"见《秘殿珠林》,详五十三岁谱。

与沈周、杨循吉、祝允明、唐寅、邢参、朱存理、浦应祥、陆南等有送别戴昭诗。戴冠叙。昭,休宁人。曾从唐寅学诗。冠字章甫,长洲人。笃学过人,以贡授绍兴府儒学训导,后四年卒,徵明撰《戴先生传》,并手录其所著《闲中杂录》。

《珊瑚网书录》卷十四《诸名贤垂虹别意诗并叙》:久客怀归辞旧知,扁舟江上欲行时。多情最是垂虹月,千里悠悠照别离。长洲文壁。另沈周、祝允明、唐寅、杨循吉、邢参、朱存理、浦应祥、陆南等三十五人诗均略。

又:休宁宗弟戴生昭,年富质美。予教授绍兴府学时,与其父思端有同谱之好,往来情意甚笃。因挈来游于吴,访可为师者师之。初从唐子畏治《诗》。昭为人,言动谦密,亲贤好士。故沈石田、杨君谦、祝希哲辈,皆吴中名士,昭悉得与交。交辄忘年忘情。及昭学渐就绪,去家且久,不能无庭闱之思。将告归,众作诗送之。昭字明甫,同余出唐道国忠公胄之后,盖徽之双溪世家云。正德戊辰中秋吉旦,浙江绍兴府儒学训导长洲戴冠书。

《集三十五卷本》卷二十七《戴先生传》:戴先生者,苏长洲人也。名冠,字章甫。生而颖异,笃学过人。弘治四年始以年资贡礼部,就选得浙江绍兴府儒学训导。所著有《戴子》若干卷,随笔类记若干卷,《濯缨文集》若干卷。先生年七十有一,以正德七年正月二十一日卒。

《湘管斋寓赏编》卷四《王履吉手卷》:朱筠跋云:"余家有

文徵仲手书戴濯缨《闲中杂录》二卷,为袁与之重装且题签者。"

偶往见陈鑰归自陈湖,有诗。

《集四卷本》卷四《以可病起归自湖上偶往见之》:喜子近归湖上舟,还闻病间走相投。衰迟且博樽前笑,贫贱空悬意外忧。落日池塘初歇雨,西风草树已惊秋。须知良晤非容易,灯火高斋小滞留。

有赠溧阳史后诗。又赋其归得园中知山堂诗。后字巽仲,弘治九年进士。时已致仕。

《集四卷本》卷四《赠史黄门》:世胄推炎汉,衣冠重溧阳。风波新梦断,岩壑欲情长。后业存青鬓,明时束皂囊。黄花初辟径,绿野旧开堂。逸兴秋山远,冲襟暮雨凉。江天垂短景,泽国滞行艎。有胜供游屐,无人识琐郎。鸿泥寻往迹,兰芷浥馀芳。穷巷寡轮鞅,高贤辱币将。追随慰倾渴,浅薄愧游扬。素月当空满,归云逐鸟翔。不须深怅别,百里本同乡。

又《知山堂为黄门史公赋》:会心非远只樽前,十里苍寒兴渺然。爽气高秋归拄笏,清风雅调托鸣弦。平生仁寿存真性,千载烟霞有宿缘。笑杀当年谋隐者,苦从人乞买山钱。

乾隆本《溧阳县志》卷五《进士》:史后,字巽仲。弘治九年丙辰朱希周榜。授南京刑科给事中。致仕。以赈荒晋阶光禄寺少卿,朝列大夫。

又卷四《园林》:史氏归得园,光禄少卿后宅畔之园也。山水潆洄,楼榭错布。有洞曰归云,有岛曰霞屿,有堂曰知山。薛章宪为之记。

按:《溧阳县志》于史后仕履极简,致仕前或曾官黄门,故徵明诗题云云。容续考。

有怀林僖诗。

《集四卷本》卷四《怀林长教先生》：梦落闽南路几千，吴江枫冷又残年。蹉跎德业荒于旧，漫澷时情不似前。倚阁谁吟《乌石》雨，裹茶空试虎丘泉。尺书早晚随征雁，坐对春风意惘然。

冬，兄奎召工整治徵明斋前小山，徵明赋十诗。

《集四卷本》卷四《斋前小山，秽翳久矣，家兄召工治之，剪薙一新，殊觉秀爽，晚晴独坐，诵王临川"扫石出古色，洗松纳空光"之句，因以为韵，赋小诗十首》：急溜涤嚣埃，方墀净于扫。寒烟忽依树，窗中见苍岛。日暮无来人，长歌薙芳草。录一首，馀略。

有题钱贵画象诗。徵明年长于贵二岁，故有"再岁称兄惭我长"句。

《集四卷本》卷四《题钱元抑小像》：奕奕才名二十年，画中人物眼中贤。文优关键争为式，义满交游不见愆。再岁称兄惭我长，一经发解合君先。犹嫌绘笔难能尽，为赋空梁落月篇。

　　按：《集十五卷本》卷三十《明故鸿胪寺丞致仕钱公墓志铭》云："庚寅三月四日卒，年五十有九。"是年徵明年六十一岁。

海盐陈生同僧秀携诗过访，有诗。秀，天宁寺僧，名明秀，字雪江，自号石门子，工诗。

《集四卷本》卷四《海盐陈生同僧秀携诗过访》：双竹亭亭照雨清，似闻藜杖款柴荆。有僧便觉诗篇胜，绝俗能令病眼明。云水相逢如旧好，江湖推与愧虚名。莫轻一面匆匆事，才入分携便有情。

《静志居诗话·释子》：明秀，字雪江，自号石门子。海盐
人。祝发天宁寺，晚居钱塘胜果山。王伯安谪龙场驿丞，雪江
送以诗云："峦烟瘦马经山驿，瘴雨寒鸡梦早朝。"一时传诵之。
有《雪江集》。

时士大夫阡表墓铭，多属徵明撰书。石工章文，世工镌
刻，因藉徵明以售其技。是岁十月，卢雍有赠章文诗。
文字简甫，长洲人。工小楷，绝类徵明，时年十八岁。
雍字师邵，襄兄。后二年辛未进士。仕终四川提学副
使。嗜学能诗，喜表章先贤。徵明与卢氏兄弟订交，或
在是时。

《冯元成集》卷五十《文待诏徵明小传》：其为文明畅典雅，
为诗深裕冲悠，而以其馀隙工书画，咸精绝。太傅王公鏊甚重
之。有以厚币乞王公志文者，王公谢曰："若丐余衔以荣其亲
耶？抑丐余文以不死其亲耶？"其人曰："为公文必传，能不死
我亲耳。"王公曰："审若是，必文生也能不死若亲。"固令公
为之。

《弇州山人续稿》卷九十一《章篑谷墓志铭》：章叟讳文，字
简甫，后以字行。其先自闽徙而为吾吴之长洲人。赵宋时，已
负善书名，兼工镌刻。而叟之大父景，父浩尤著，至叟则益著。
叟生而美须眉，善谈笑，动止标举有儒者风。叟不欲自名其书，
而楷法绝类待诏。叟以弘治辛亥生。

《味水轩日记》卷八：万历四十四年丙辰五月四日，与客展
玩国朝诸公手迹卷。文衡山小楷精妙，德、靖间，士大夫阡表墓
铭，必乞其手书，镌石以行。而石工有章文者，因藉衡老以售其
技，至取润屋之资。卢石湖有诗赠之，云："文子文章暇，兴至

辄临池。俯仰千载间，二王真我师。行隶各臻妙，小楷尤奇绝。
笺麻满几案，金壶墨淋漓。人子扬先德，争乞书铭碑。碑书非
李邕，不孝相诋嗤。当时李邕书，刻者伏灵芝。文子属何人？
章文实多资。惟章世镌勒，铁笔当畬菑。我昔识厥祖，白发两
垂肩。专工松雪体，书刻老不衰。而父名益张，旁郡咸相推。
年方四十馀，有此宁馨儿。成童擅巧技，即受文氏知。甫接乞
书客，首问刻者谁？客曰将委文，握管乃不辞。文书亦文刻，姓
名雅相宜。附丽用不朽，百世允为期。正德戊辰十月十日，石
湖卢雍书于杉渎寓舍。"

　　道光本《苏州府志》卷八十一《人物·宦迹》：卢襄，字师
邵，吴县人。正德辛未进士，授御史，仕终四川提学副使。性嗜
学，能诗。为李东阳所赏。尤喜表章先贤。所著有《万舟》《联
舫》二集，奏疏诗文若干卷。

　　按：《集三十五卷》卷三十四《陕西布政左使参议卢君墓
表》有云："余交兄弟仅二十年。"徵明撰文时年六十四岁。

**题画送钱尚仁南还。尚仁字德夫，一字德孚，姚江人。
徵明家塾师，亦善装帖。**

　　《集四卷本》卷四《题画送钱德夫南还》：匆匆岁暮束书还，
樽酒淋漓怅别间。明日西斋检行迹，暮云空见越南山。

　　《壮陶阁书画录》卷十《明文衡山吴枫送别图》：德孚，弘治
间处余西塾。……

　　《丛帖目》卷四《来禽馆法帖三卷》王穉登跋《澄清堂帖》：
《澄清堂帖》，不知刻在何地，亦未详几卷。始疑为吴中故家所
藏。后见钱德夫题名，乃知是停云馆中物。德夫，姚江人。最
善装帖。文寿承、休承两博士童子师也。

《壮陶阁书画录》卷二十一《唐刻北宋拓右军十七帖册》有识云："正德十五年岁在庚辰夏四月既望装。"下有"钱尚仁""德夫"两印。

是年,王宠年十五岁,徵明折辈行与交,引与游处。与宠齐名有郭邵者,敏而好学。徵明与蔡羽爱其早成,与为忘年交。邵字汉才,长洲人。时年十七岁。

《集三十五卷本》卷三十一《王履吉墓志铭》:余年视君二纪而长,君自卯角即与余游,无时不见。

《皇明诗评》:徵明生少后于允明,而与徐祯卿、唐寅齐名友善。已又与蔡羽、王宠同倾一时。后来者倚以为重。徵明亦善接引,随所长称之。

《横云山人集·明史稿·文苑》:徵明长宠二十四岁,折辈行与交,王雅宜之名满天下。

《吴都文粹续集》卷四十三蔡羽《郭子墓志铭》:郭子讳邵,字汉才,世为苏之长洲人。敏而嗜学,自幼不为嬉戏。父知其不凡,令遍从文章巨公,用是器日益充。御史院试,辄居一等。与太原王宠齐名。时衡山文徵仲、济阳蔡羽年皆倍郭子,爱其早成,与为忘年交。郭子生于弘治壬子十月廿一日。

钱縠生。
陈鎏生。

《历代名人年谱》:正德三年戊辰。钱叔宝縠生。陈子兼鎏生。

正德四年己巳(1509)四十岁

元旦有诗。唐寅次韵。

《集四卷本》卷三《元日试笔》：晨光霭霭散祥烟，宝历初开第四年。井里萧条占岁俭，人情薄劣与时迁。雪残梅圃难藏瘦，日转冰池欲破坚。老大未忘惟笔砚，小窗和醉写新篇。

《真迹日录》卷五：一曲阳春早为传，东风冉冉物华迁。梅花近水疑寒雪，柳色当门弄晓烟。论道昔看重戴席，题诗今日乐尧年。餐霞应接安期寿，自适逍遥世外篇。奉答徵仲先生削正，友弟唐寅草。

按：徵明此时，尚未更字徵仲，唐寅诗帖，疑张氏原书笔误。未见墨迹，未可臆定。识此待考。

春，为金陵严宾题旧作《桐阴高士图》，时宾来吴，出观此图，因题。宾字子寅，号鹤丘。能诗及书画。所藏书画颇多，精鉴赏。与徵明交好甚厚，得徵明画颇多。所画小景酷似之。

《珊瑚网画录》卷十五《衡山桐阴高士图》：旧画重题二十年，碧梧秋色尚依然。而今点染浑忘却，老去聪明不及前。子寅自南都来，持余旧作《桐阴高士图》观之，盖有年矣。可见岁月易增，笔力易减；较之于今，大不如前，为之怅然。因题一过。己巳春，徵明记。

《无声诗史》卷六：严宾，字子寅，号鹤丘。正、嘉中为学博士弟子，以群哄点斋台史，褫革之。字法米帖，粗能诗及画兰竹。所蓄古法书名画颇多。往来东桥、衡山诸公之门。小景酷似徵仲。

《金陵琐事》上卷《画品》：严宾，字子寅，号鹤丘。精于赏鉴。与文翰林徵仲交好最厚，得徵仲画百馀幅。画小景酷似徵仲。

按:徵明廿岁前虽已学画,此重题款乃用"徵明",岂未识"己巳"有误?徵明与严宾交往亦早,姑系于此。

有怀吴爟诗。

《集四卷本》卷三《怀次明》:高居寂历雁村前,中有幽人抱枕眠。见说常贫妨道味,从教小病养闲缘。三旬闭户桃花雨,一味安心柏子烟。安得被除将艇子,横塘新水绿娟娟。

三月十九日,与陈鏴、郑尚伯及伍馀福等游城西诸山,次第得诗九首。

《集四卷本》卷三《三月十九日,同陈以严、郑尚伯、伍君求及二子津泘游城西诸山,自阊门泛舟,抵支硎登陆,历贺九岭、一云庵、北峰寺、天池、天平,次第得诗九首》:《郭西闲泛》:雨足新蒲长碧芽,野塘十里抱村斜。青春语燕窥游舫,白日流云漾浅沙。湖上修眉远山色,风前薄面小桃花。老翁负汲归何处,深树鸡鸣有隐家。《贺九岭相传为吴王贺重九处》:截然飞岭带晴岚,路出馀杭更绕南。往迹漫传人贺九,胜游刚爱月当三,岩前鹿绕云为路,木末僧依石作庵。一笑停舆风拂面,松花闲看落毵毵。(馀略)郑尚伯事行待考。

兄奎,一病几殆,有诗慰之。

《集四卷本》卷三《家兄比岁罹无妄之灾,尝作诗慰之,今岁复得奇疾,垂殆而生,因再次韵》,诗七律,略。

游吴奕东庄,赋诗以赠。自吴宽卒后,奕萧然东庄之上,款客无间布素。

《集四卷本》卷三《游吴氏东庄题赠嗣业》:渺然城郭见江乡,十里清阴护草堂。知乐漫追池上迹,振衣还上竹边冈(中有知乐亭、振衣冈)。东郊春色初啼鸟,前辈风流几夕阳?有约明朝泛新水,菱濠堪着野人航。

《林屋集》卷十八《落魄公子传》:文定既殁,嗣业则萧然东庄之上。美箭嘉木,环渠隐冈。琴酒款客,来即自如。钓而饮,饮而歌。布素之士,无少贬挫。

孙一元过访。一元字太初,自称秦人。姿性绝人,善为诗。风仪秀朗,踪迹奇谲。所至谈论赋诗,往往倾其座人。

《集四卷本》卷三《诗人孙太初过访》:把剑南来赋远游,又看东上浙江舟。山斋动是经时别,菜饭聊堪半日留。醉里江湖真有味,春来花鸟正关愁。天台雁荡平生梦,凭仗诗囊次第收。

《明史》卷二百九十八《隐逸》:孙一元,字太初。不知何许人。问其邑里,曰:"我秦人也。"尝栖太白之巅,故号太白山人。或曰:安化王宗人,王坐不轨诛,故变姓名避难也。一元姿性绝人,善为诗。风仪秀朗,踪迹奇谲,乌巾白裌,携铁笛鹤瓢,遍游中原。东逾齐鲁,南涉江淮,历荆抵吴越。所至赋诗,谈神仙,论当世事,往往倾其座人。

兰溪方太古亦来吴中,与沈周、杨循吉、孙一元及徵明结诗酒社。太古字元素,号质夫,又号寒溪子。少受经章懋。年十八,谒陈献章,归弃经生业,读书学古。负气慷慨,博学能诗。

《列朝诗集》丙集《方处士太古》:太古字元素,兰溪人。少受经于章枫山。年十八,走南海,谒陈公甫。归而废经生业,读书学古。已而复出游,吊公甫于江门。泛彭蠡,陟三天子鄣,纵游金陵吴会。与杨君谦、沈启南、文徵仲暨孙太初结诗酒社。

《两浙名贤录》卷四十四《高隐·寒溪子方元素太古》:方

太古，字元素，金华人。少警敏，博学能诗，有声缙绅间。居女埠溪上，自号曰寒溪子。性好游，放舟三吴中，与姑苏杨循吉、都穆、文徵明相倡和。已而入武夷，称鲁孙。谒天姥，登九鲤。复历探匡庐、九华、句曲、秣陵诸名胜。以山水之奇，供其挥洒，而诗益工。其诗颇似郊、岛，大率感时愤俗之意为多。著有《寒溪集》藏于家。

《明诗纪事》丁签卷十五：方太古，字元素，兰溪人。有《寒溪子集》，太古负气傲岸，山泽俊人。诗亦洒落不凡。

按：章懋，字德懋，号闇然子。兰溪人。成化进士第一，授编修。疏谏元夕张灯，廷杖谪官。累迁福建按察司佥事。政绩甚著。致仕归。奉亲之暇，以读书讲学为事。世称枫山先生。后官至南京吏部尚书，卒谥文懿。

暮春，雨后，陈以钧邀游石湖，登治平，有诗。

《集四卷本》卷三《暮春雨后陈以钧邀游石湖，遂登治平》：贪看粼粼水拍堤，扁舟忽在跨塘西。千山雨过青犹滴，四月寻春绿已齐。湖上未忘经岁约，竹间觅得旧时题。晚烟十里归城路，不是桃源也自迷。

按：陈以钧事行待考。

四月，王鏊乞休家居，徵明与蔡羽、王守、王宠等皆往从游。徵明有《上守溪先生书》。

《纲鉴易知录·明鉴易知录》卷七：武宗毅皇帝，己巳，正德四年夏四月，大学士王鏊致仕。

《王文恪公年谱》正德七年壬申，六十三岁。公性恬退，既归田，不复预闻世务。日惟耽玩书史，操弄文翰，朝夕坐起，不离卷帙。暇则与乡里诸名士登山临水，遨游园林寺观。在山则有隐士东冈施凤、林屋蔡羽、五湖张本、弟秉之等。入城则有门下诸生祝允明、文徵明、唐寅、陆粲、黄省曾、王守、王宠、陈怡、杜璠等,相与谈说古今。

《集三十五卷本》卷二十五《上守溪先生书》:昔张籍、皇甫湜,虽皆一时豪俊,精于文者,然其所作,视韩愈非其似也。而韩公得其文以为奇,从而品目焉。而世徒以其尝出于韩公之门,以为是故韩愈氏之徒也,相与跻而列于韩氏。而天下后世,遂不能少其文焉。某于籍、湜无能比拟,而明公则今之韩子也。倘不以某为不肖,而与进焉。使他日人称之曰:是亦尝出王氏之门者,岂不幸哉!

无锡华世祯亦从王鏊受经,并与徵明及沈周、祝允明、唐寅等游。世祯字善卿,号西楼,人称之为湖桥生。富才藻。

《华氏本书》:东郊公长子曰蒙,蒙生世祯,字善卿,号西楼,人称之湖桥生。

《华氏传芳集·西楼府君宗谱传》:府君讳世祯,字善卿,号西楼。世饶于赀,率俭约善保。府君独好客为豪举。少从王文恪公学经。补博士弟子,以才藻见推。所交皆一时名胜,若文待诏徵明、沈山人周、祝京兆允明、唐解元寅、许太仆初、丰吏部道生辈,日醉吟山水。其风流雅韵,多播于吴闾。

《澄观楼法帖》:八世祖西楼公,生当有明中叶,与吴中文人学士游。如祝京兆、唐六如、文衡山诸先辈,皆一时名俊。……裔孙瑞清跋。

为王贞撰二子守、宠字辞。贞字清夫,居吴县之南濠。

《集三十五卷本》卷二十《王氏二子字辞》:王君清夫,居金闾南濠之上。地中嚣会，人习华诩，利贿惟其常。王君恬性文雅，虽尘埃鞅掌，而能收蓄古器物书画以自适。喜亲贤人士夫，与相过从为乐，视他市人独异也。余间尝过君，见其二子伯守仲宠，秀颖好修，器业并可观。窃叹君之所为，非独可以润身，而所为沾溉其子者，亦既可徵矣。已而有司选士，二子并以里俊补校官弟子员。于是以其父命诣余，再拜请字。……其师沈明之，余友也，又从为之请，乃即其名义训之。……字守曰履约，字宠曰履仁。

按：王宠后更字履吉。

五月廿二日，西斋独坐，有怀陈淳诗。

商务印书馆本《明贤墨迹》：西斋独坐，有怀道复茂才，辄寄短句：不见元龙费我思，十年相长敢称师？疏慵自笑边韶懒，贫薄常惭鲍叔知。白日崇兰生道味，绿阴山馆负幽期。牙签插架书千轴，想见临窗独勘时。五月廿二日，壁肃拜。

《白阳集·湖上初扣停云馆，值王氏兄弟，漫赋》：湖上弥旬雨，乘波看竹来。短篱分樾阴，香径锁莓苔。脱屐窥清秘，虚襟斗草莱。风流逢俊逸，词翰愧高才。一笑慈心赏，相看古道回。墨浮玄玉砚，茶覆碧磁杯。昼永真成岁，天阴正熟梅。明将返归棹，临别重徘徊。

又《新秋扣玉磬山房，获观秘笈书画》：秋暑殊未解，言向城北隅。爰登君子堂，如坐冰玉壶。纵观《循吏传》，载展《醉仙图》。如恐襁褓讥，此意真成孤。

又《七夕》：小憩停云木榻前，闭门深静日如年。试酬佳节陈瓜果，聊咏闲情弄简编。拂坐茶香人醉后，漫山雨气稻花天。清凉不觉迟归去，回首城南霭暮烟。

墨本《陈白阳墨花卷》：陈道复作画，不好模楷，而绰有馀趣。故生平所制，无一点尘俗气，此卷尤其合作者。吴中少年，不胜家鸡之贱。余得其片纸，未尝不磅礴竟日也。徵明题。

按：以上徵明及陈淳诗文，颇多后来所作。徵明一跋，奖许颇深，且因吴人轻视陈淳书画而不平。以知师生谊非泛泛。乃《艺苑卮言附录》卷四云："家弟一日问待诏：'道复尝从翁学书画耶？'待诏微笑，谓：'吾，道复举业师耳。渠书画自有门径，非吾徒也。'意不满之如此。"然证以徵明集中诸作，及《梅花草堂笔谈》盛称徵明好奖许后进之说，疑王世贞误解徵明语意。故孙鑛《书画跋跋》卷三《陈道复书画》云："衡翁对敬美或是自谦语，且道其实。司寇公（王世贞）误疑为不满耳。道复书亦近米，不知吴中少年，何为贱之。"

次韵孙一元、沈周《夜泛石湖》诗，一元再次。一元自称吟啸仙，徵明为题其《吟啸仙卷》。

《式古堂书画汇考》卷三十《明名公石湖夜泛诗卷》：《夜泛诗引》，（文略）正德己巳六月一日，沈周。望望苍茫里，闲云度渚田。山空偏爱月，水阔不分天。酒盏初侵夜，星河半在船。白袍江湖上，樗散自年年。关西孙一元。　夜游同白日，波静似平田。拨桨水开路，洗杯江动天。诛求思乐土，谈笑有吾船。明月代秉烛，老怀追少年。长洲沈周。　烟敛依依树，鸥飞漠漠田；短箫吹夜月，高兴落江天。远火摇轻浪，跳鱼惊过船。良辰不易得，吾敢卜明年。文壁奉同。　微茫风日暮，归鸟下青田；暝色遥吞树，波容淡写天。豚鱼不吹浪，菱叶故迎船。笑杀鸱夷子，浮家不记年。一元次。

按：沈周诗后有殷云霄、钱仁夫、钱德承三诗。孙一元次韵诗后有顾鼎臣等诗，均略。

《怀星堂集》卷七《赠孙山人一元，自称吟啸仙》，诗七律，略。

《集四卷本》卷三《题吟啸仙卷》：行吟坐啸自逍遥，野鹤孤云在沉寥。委蜕未能聊寄傲，浮游得意欲凌歊。春来逸思愁花鸟，天外长风送海涛。千载闲情谁领略？碧山回首月轮高。

七月，过汤珍小隐堂观种菊，有诗。

《集四卷本》卷三《汤子重小隐堂观种菊》：七月闲庭过雨凉，绕庭新翠菊苗长。谁从根橜知高节？漫设藩篱护草堂。逸事未应输老圃，佳期次第到重阳。幽贞自是凌寒物，不怕迟开夜有霜。

有次韵王铨《新庄书事》诗。

《集四卷本》卷三《次韵王秉之新庄书事》诗，七律，略。

八月二日，沈周卒，年八十三岁。周天性孝友，隐遁不仕，修谨谦下，喜奖掖后进。徵明哭之以诗，为撰行状。并请王鏊撰墓志铭。

《集三十五卷本》卷二十五《沈先生行状》：正德四年己巳，先生年八十有三，八月二日以疾卒于正寝。于是云鸿先卒数年矣。复乃相其孙履治丧，以七年壬申十二月廿日葬先生于所居之东某乡某原。属将求铭当世有道，以信于后，俾某有述。某辱再世之游，耳受目瞩，知先生为详，遂不克让，用论次如右。谨状。

《集四卷本》卷三《哭石田先生二首》：苦雨凄风玉树零，吴山还秀水潜神。此公要自关千载，一代缘知不数人。摩诘丹青聊玩世，龟蒙隐约遂终身。及门曾是通家客，目惨愁云涕满巾。

不堪惆怅失瞻依,手把图书梦已非。文物盛衰知数在,老成凋谢到公稀。石田秋色迷寒雨,竹墅风流自夕晖。未遂感恩酬死志,此生知己竟长违。(先生所居号有竹庄。)

拓本王鏊撰《石田先生墓志铭》:先生事同斋,色养无违。同斋好客,先生侍客饮,必醉。同斋殁,乃绝。母张夫人以高寿终,先生年亦已八十,而孺慕毁瘠,杖而后兴。弟病瘵,终年与同卧起。馆嫠妹,抚孤侄,皆有恩义。尤喜奖掖后进,有当其意,必为延誉不已。先生所著有《石田稿》《石田文钞》《石田咏史补忘》《客座新闻》《沈氏交游录》若干卷。独其诗已大行于时。文徵明曰:"石田之名,世莫不知。知之深者,谁乎? 宜莫如故吴文定公及公。阐其潜而掩诸幽,则惟公在。"予诺焉。

《蒹葭堂杂著摘抄》:沈周,号石田,吴中名士也。博学工诗画。放浪山水间,隐居不求仕进。晚年尝有诗戒其子云:"银烛剔尽漫咨嗟,富贵荣华有几家? 白日难消头上雪,黄金都是眼前花。时来一似风行草,运退真如浪卷沙。说与吾儿须努力,大家寻个好生涯。"虽语涉俚,然亦有意趣可诵。乃易篑时,口占一律云:"了却平生事已休,又承仙诏赴瀛洲。清风明月人三个,野草闲花土一丘。梦短梦长终是梦,愁多愁少总成愁。于今大寐茫茫去,不管人间春复秋。"词意凄婉,闻者为之堕泪。

徵明画法,得沈周指授为多,相期颇深,故徵明感之终身。

商务印书馆本《文衡山先生三绝卷》:余藏沈文合画长卷,衡山记在双娥庵石田亲授之语,谓"画是平生业障。"盖相期者远也。松禅居士翁同龢。

《四友斋丛说》卷二十六《诗》三：余至姑苏，在衡山斋中坐，清谈竟日。见衡山常称："我家吴先生，我家李先生，我家沈先生。盖即匏庵、范庵、石田，其平生师事者，此三人也。"

《皇明词林人物考》卷七《沈启南》：沈石田先生周，字启南，长洲之相城人。自号曰石田，晚更号石田翁。以处士卒，年八十三。文衡山恒向人称"我家沈先生，"其推重亦可知矣。

无锡华珵字汝德，性好古，筑尚古斋以贮诸玩好，因号尚古生。时时从沈周游，出所藏相评骘。成、弘间东南好古博雅，首称沈周，而珵次焉。徵明有《华尚古小传》。

《集三十五卷本》卷二十七《华尚古小传》：华尚古名珵，字汝德。尝仕有官称，以其仕不久，又性好古，故遗其官不称，称尚古生。尚古生，常之无锡人。出南齐孝子宝之后。家有尚古楼，凡冠屦盘盂几榻，悉拟制古人。尤好古法书名画鼎彝之属，每并金悬购，不厌而益勤。亦能推别真赝美恶，故所蓄皆不下乙品。时吴有沈周先生，号能鉴古。尚古时时载小舟，从沈周先生游。互出所藏，相与评骘，或累日不返。成化、弘治间，东南好古博雅之士，称沈先生，而尚古其次焉。

乾隆本《无锡县志》卷三十三《行义》：华珵，字汝德，以贡授大官署丞，未几，移疾归。事生殖，好为德于乡。每元朔，受其泽者，扶携叩首，常满户庭。珵无德色。善鉴别古彝器法书名画，筑尚古斋，贮诸玩好。鉴古之名，亚于沈石田周。又多聚书，制活板甚精密。每得秘书，不数日而印本出矣。

为吴纶补沈周未完小画并题。纶没后，杭淮见图，次韵志感。淮字东卿，宜兴人，濂兄。天性孝友，好聚书。

弘治十二年进士,仕终右副都御史。

《集四卷本》卷三《为吴心远补石田未完小画并次遗韵》:石翁已赋白玉楼,画图犹记荆溪游。残缣未了人事改,百年生世真如浮。补亡到我愧貂尾,绝笔从前推虎头。坐中见画谁最愁,吴翁昨日共经丘。故人何处山在眼,岁月不待江空流。东来无限西洲感,画船十日为迟留。

《双溪集·沈石田与吴心远游鼋画溪,灯下作画,题诗为别,石田殁后,而文衡山添一舟,貌二公于中,今心远亦殁矣,见画兴感次韵》:石田逍遥心远逸,携手共作清溪游。风吹柳条映沙白,水涵舟楫兼天浮。画中谁为石田老?潇洒纶巾欹白头。心远飘然若仙俦,意气已觉凌丹丘。惜今二老不复作,空使感叹临长流。赖有衡山补遗墨,清溪明月至今留。

嘉庆本《宜兴荆溪县志》:杭淮,字东卿。弘治十二年进士,授刑部主事,仕终右副都御史,总督南京粮储。天性孝友。平生无他好,独爱聚书。解组后,日与四弟澜、濂、洵、溱怡游觞咏于泉石间。所著有《双溪集》。

《四库全书总目》:淮与济并负诗名,其诗格清体健。在弘治、正德之际,不高谈古调,亦不沿袭陈言,颇谐中道。

按:杭济,淮从兄。

为卢襄赋芝秀堂诗。

《集四卷本》卷三《芝秀堂为卢师陈赋》诗,七律,略。

乾隆本《苏州府志》卷二十七《第宅园林》一:二卢宅在石湖上。卢雍、卢襄所居。有芝秀堂。

八月廿一日,吴祖贻过访,留宿兄奎雅歌堂。徵明作画并题,兼简李瀛、杭濂、吴仕。祖贻归示杭淮,淮有

和作。

《味水轩日记》卷一：万历三十七年己酉十月十四日，徐贾持文待诏小景一幅，上题一诗云："有客扁舟自阳羡，夜堂风雨对高眠。不辞谈笑成佳会，只觉淹留有宿缘。别后交游如梦里，意中山水落樽前。青灯酒醒还生恋，明日相思更渺然。己巳八月廿又一日，宜兴吴祖贻过访，适风雨大作，留宿家兄雅歌堂。饮次为作小画，并赋此以道契阔之怀，兼简李健斋、杭道卿、吴克学诸故人，聊发百里一笑。文壁。"

《双溪集·文徵明与吴祖贻夜宿雅歌堂，徵明作画题诗为别，祖贻持示请和》：作画题诗风雨夕，想应终宴不知眠。画看满幅沧州趣，诗寄良朋宿昔缘。逸思飘飘入云表，寒泉渺渺落灯前。雅歌堂上留遗迹，一笑当时岂偶然。

为徐元寿撰《内翰徐公象赞》并书。

《靖山堂帖》第二册《内翰徐公象赞》：内翰江阴徐公，殁三十年矣。壁生晚，不及瞻承，然先大父寺丞尝馆于公，而先君温州辱交尤厚，用是得其为人之详。今其子尚德寄示画象，遂为之赞。（赞略）。

按：内翰徐颐，元寿父。

朱应登自南京户部主事升延平知府，顾璘与陈沂、王韦征诗为赠。徵明为作《剑浦春云图》。

《息园文稿》文二《送朱延平循良属望诗序》：淮南朱君升之拜延平太守，治装上道。璘与文学陈鲁南、考功王钦佩征诗赠之。

《穰梨馆云烟过眼录》卷十八《明人送朱升之出守延平诗翰文衡山剑浦春云图卷》：淮阳朱君，擢守剑南，友人文壁作

《剑浦春云图》，以系千里之思。

冬李瀛来吴，居陈淳家。徵明有诗题赠。

《集四卷本》卷三《冬日道复东斋围炉煮菜题赠宜兴李宗渊》：翠雨堂中续旧盟，梅花的历纸窗明。焚香对展青缃帙，煮菜亲调玉糁羹。樽酒故人强健在，北风残雪岁功成。等闲聚散都难约，日暮相看生远情。

功名未就，以笔墨为生计，不无食指之忧，有寄陈鑰乞米诗。

《集四卷本》卷三《寄陈以可乞米》：秋风百里梦姚城，无限闲愁集短檠。零落交游怀鲍叔，逡巡书帖愧真卿。谋身肯信贫难忍，食指其如累不轻。见说湖南风物好，何时去买薄田耕？

按：陈鑰于徵明有无通假者近三十年。故徵明祭陈以可文有云："三十年来，气浃情怡。有无通假，过失相规。呜呼以可，今则已矣，孰知我贫？孰相我事？契阔生死，方从此始！"

宿相城，有怀悼沈周之作。

《集四卷本》卷三《宿相城有怀石田先生》：何处重占处士星？草堂突兀夜灯明。风流已与人都尽，手泽空怜物有情。依旧短墙围夜色，不禁高树起秋声。伤心未了生前约，渔子沙头一棹横。

寄南京黄谦诗。谦官工部主事，被宦官诬害去官，改业医。

《集四卷本》卷三《寄南京黄撝之先生》（先君壬辰榜同年，罢官业医）：解组归来息世尘，妙传家学久通神。此身不试因多艺，雅志难忘更活人。千里高风怀建业，平生先友托壬辰。还凭好梦随诗去，白下梅花已试春。

《金陵琐事》下卷《进士以医用》：黄谦，中成化壬辰进士，授工部主事，管砖厂三月，被宦官刘朗诬害去官，耻归金陵，遂卖药于燕市。后医太后有功，授太医院判。

黄姬水生。

《历代名人年谱》：正德四年己巳，黄志海姬水生于十月二十六日。

正德五年庚午(1510)四十一岁

正月廿八日，为朱承爵跋所藏苏轼父子帖。祝允明亦有跋。承爵字子儋，号舜城漫士，又号左庵，江阴人。为文古雅有思致。诗亦清丽。尝和徵明《落花诗》。著有《存馀堂诗话》《鲤退稿》等。

《集三十五卷本》卷二十一《跋东坡五帖叔党一帖》：右苏文忠公五帖。首帖与郭君廷评者，无岁月可考。次二帖皆与忠玉提刑。按：公同时还往，有王瑜、马瑊，并字忠玉。集中不载此帖，莫知为谁。然王尝为浙宪。公元祐六年三月罢守杭州，四月到阙。内一帖以四月四日发，而有"来日渡江，愈远左右"之语，当是自杭赴召途中与王忠玉者。又次《歙砚帖》，亦元祐四年在杭时书。公尝云："高丽墨如研土炭。"此又自矜其墨用高丽煤，何耶？最后《食蠔帖》，己卯冬至前二日书。是岁元符二年，公自惠移儋之三年，于是公年六十有四矣。明年移廉，寻复官北归，以迄于没，距是才两年耳。风流笑傲，盖未尝减也。先是，公在惠，与中原故人书，谓"颇习其风土食物。"而议者亦谓公"饮咸食腥，凌暴飓雾，恬然自乐。"观于此帖，岂直寄其谑浪笑傲而已！友人朱子儋藏此五帖，装为一册，而附以叔党三诗。自由里寄至，俾为评论。公书尚敢评哉？然涪翁谓"公晚年书挟海上风涛之气，非馀人所能到。"则《食蠔》固优矣。斜川诗语字画，妙有家法，昔人谓"能乱真乃翁，"此帖非题名固莫能辨也。正德庚午正月二十八日。

《怀星堂集》卷二十五《跋苏文忠公五帖》：右苏文忠五帖，其一与郭廷评，二与中玉提刑。廷评不知名，提刑不知姓。所言报答小事。外《献蠔帖》，极言蠔之美，至令叔党勿宣传，北方君子恐求谪海南，以分其味。《苏钧秀才帖》言歙砚发墨滑润，虽非绝品，亦不必它求。闵仲叔不以口腹累人，公人品绝世，岂以一蠔秘于人？大率寄其高逸之韵，如以啖荔欲长作岭南人，游事奇绝，而不恨死，皆此意也。然复以此望于人，可见其视世满目，皆同志君子也。即品研之旨亦然，何其宏博大人至如此！帖在朱子儋所。后一纸为叔党题郭平远三绝，气度正尔与乃公相缀属，尤可敬爱。

按：《大观录》卷五《眉山六帖合册》云："明武宗时朱子儋集配成册，祝、文俱有楷书长题。"祝跋末识"正德庚午祝允明跋。"文跋在祝跋后，末识"正德庚午春三月朔，文壁题。"与集岁月不同。或一是撰稿，一是书卷之时。

光绪本《江阴县志》卷十七《人物·文苑》：朱承爵，字子儋。盛年锐志进取，累试不利，遂弃去。益多购书，下帷发愤，以古文辞名世。与唐寅、文徵明相倡和。家蓄鼎彝名画甚富，著有《鲤退稿》等编。

《无声诗史》卷三：朱承爵，字子儋，号舜城漫士，又号左庵，江阴人。文徵仲称其为文古雅，有思致。诗亦清丽，尤工笔翰。时出新意写花鸟竹石，亦秀润合作。

《列朝诗集》丁集《朱太学承爵》：承爵字子儋，江阴人。有《存馀堂诗话》。自署盘石山樵。

又《落花诗次文徵仲韵二首》：雨雨风风太惨情，眼前红白霎时盈。骏寻紫燕穿香户，寂寞红鹃哭锦城。短梦一场春事散，好怀三月客愁轻。明朝急就东园醉，试取残诗补得成。少妇含情半自伤，有丹疑可驻春光。樽前好事风前影，雨底残脂泪底妆。倩此落霞烘老圃，趁它飞絮绕横塘。珠帘锦瑟南朝怨，乐府谁翻字字香。

二月，为王铨作山水小卷。

《味水轩日记》卷八：万历四十四年丙辰四月二十七日，姑苏邵姓者袖示文衡山小卷。长尺有咫，颇秀润。题云："百叠春云百叠山，杏花三月雨斑斑。分明记得横塘路，一叶轻舟载雨还。正德庚午春仲，坐雨停云馆。秉之持佳纸索图，戏为写此。长洲文璧"。

为钱尚仁画洛神。四月十八日，祝允明书《洛神赋》于上。

《寓意录》卷四《文衡山洛神》：纸本。上截为枝山小楷《洛神赋》。正德庚午夏四月十有八日，长洲祝允明书。

按：后二十年徵明为华云跋此，详嘉靖九年三月八日。

六月，小楷李东阳《明故中书舍人徐君墓志铭》。

《靖山堂帖》第一册《明故中书舍人徐君墓志铭》：翰林侍读学士长沙李东阳撰。正德庚午夏六月，长洲文璧重录。

按：此文当应徐元寿请补书。

过宜兴，宿李瀛家，有诗。

《集四卷本》卷三《过宜兴宿李宗渊家》：珍重高情已尽觞，更延清话对匡床。承家已见儿曹大，感事空惊岁月长。永漏疏风秋梦薄，碧桐摇月夜堂凉。相逢不似相违易，为写新诗向短墙。

与吴爟、彭昉、蔡羽、钱孔周、汤珍等同试应天。昉中举，次年进士。馀皆不售。

《集四卷本》卷三《金陵秋夜与彭寅之汤子重步月》：双阙深沉夜向阑，碧天露下葛衣单。风吹急柝严城闭，月照行人古道寒。往事悠悠歌凤去，青山靡靡识龙蟠。壮怀万里同游在，满目风烟引剑看。

《集三十五卷本》卷二十九《彭寅甫墓志铭》：年四十，始领乡荐。继登上第。

乾隆本《苏州府志》卷三十七《选举二·进士》：正德六年辛巳杨慎榜　吴县彭昉。

与吴爟等往祭王徽，时徽新卒。徽子韦，时官南京吏部考功。

墨本《文衡山书牍》：不意庆门有变，先公丈人奄弃荣养，惊悼无已。到此即拟候拜几筵，缘素服未便，先此附承孝履。蒲履素帕，漫往将敬。轻渎，皇恐。辱友文壁顿首，吏部钦佩先生苦次，廿四日。

又：今日与次明、寅之、九逵、孔周同诣尊公先生几筵，少展束刍之敬。先此奉问。壁顿首，考功钦佩先生苦次。

为黄云题宋巨然《庐山图》及倪瓒二帖。时云已自瑞州训导致仕归。

《集四卷本》卷三《题黄应龙所藏巨然庐山图》：筠阳文学

倦官职，十年归来四壁立。探囊大笑得片纸，不啻琼珠加什袭。携来示我俾品评，谓是名僧巨然笔。涣迹漓踪那辨真，行间双印还堪识。古篆依稀赣州字，先宋流传非一日。要知源委出珍藏，未论谁何定名迹。墨渝纸敝神自存，老笔嶙皴况超逸。冈峦迤逦蒙密树，浦溆萦纡带村室。盘盘细路绕山椒，斜引鱼梁更东出。途穷山尽得幽居，穹宫杰构临清渠。仙邪佛邪定何处？仿佛胜境如匡庐。还从文学问何如，大笑谓我言非虚。自言远游真不俗，曾见庐山真面目。五老之峰披白袍，玉虹万丈时飞瀑。某丘某壑皆旧游，展卷晴窗眼犹熟。只今老倦到无由，对此时时作卧游。惭余裹足不出户，闻君此语心悠悠。高怀咫尺已千里，眼中殊觉欠扁舟。

《集三十五卷本》卷二十一《跋倪元镇二帖》：倪先生人品高轶，风神玄朗。故其翰札语言，奕奕有晋宋人风度。雅慎交游，有所投赠，莫非名流胜士。右二帖，一与慎独有道，一与寓斋先生。……此则吾友黄郡博应龙所藏，间徵予题，为疏其略如此。

应吴兴吴琉请，撰送刘麟擢守西安叙。麟字元瑞，金陵人。弘治九年进士。除刑部主事。正德初，出为绍兴知府，以忤刘瑾，五月而罢。贫不能归，客琉家。与龙霓、陆昆、孙一元及琉结为社，人称"五隐"。琉字汝琇，号甘泉。轻财好客，博于学。霓字致仁，南京籍。亦弘治九年进士，官至浙江按察金事。父瑄，字克温，自号半闲。博涉经史，尚风义。徵明与陈淳皆与交往。昆，字如玉，号玉厓，归安人。与麟、霓皆同榜进士，官至监察御史，以劾刘瑾除名。瑾诛，复官致仕。

《集三十五卷本》卷十六《送刘君元瑞守西安叙》：正德戊辰，金陵刘君元瑞以刑部属出守绍兴，寻以先事忤权倖罢。自被命至去郡，为日仅五十有六。然而绍兴之人，惜其去，如失慈母。父老子弟，奔走追饯，争致馈遗，君悉麾去无所取。乃相率饰祠庙，肖君像事之。于是刘君之名，一日闻天下。庚午更化，悉起前时被斥之人，首擢君知西安府。君初罢官，贫不能归，迤逦至吴兴，吾友吴君汝琇客之。至是，汝琇与郡逢掖士聚诗为君赠，不远百里走吴中，乞余叙其事。

《两浙名贤录》卷四十四《高隐》：吴琉，长兴人。励志读书，不屑举业。筑室董坞山，与安仁刘麟、金陵龙霓、关西孙一元、归安陆昆结社湖南，称吴兴五隐。郡守刘天和每有请质，必造其庐。晚精皇极数，博极群书。所著有《三才广志》三百卷，《史类》六百卷藏于家。

《明史》卷一百九十四《列传》：刘麟，字元瑞，本安仁人。世为南京广洋卫副千户，因家焉。绩学能文，与顾璘、徐祯卿称"江东三才子"。弘治九年成进士。言官庞泮等下狱，麟偕同年生陆昆抗疏救。除刑部主事，进员外郎。录囚畿内，平反三百九十馀人。正德初，进郎中，出为绍兴府知府。刘瑾衔麟不谒谢，甫五月，摭前录囚细故，罢为民。士民醵金赆，不受。为建小刘祠以配汉刘宠。因寓湖州，与吴琉、施侃、孙一元、龙霓为"湖南五隐"。瑾诛，起补西安。

《刘清惠公集》附熊明遇《建廉立祠碑记》：迁公守绍兴，至郡几五十日，境内大治。瑾因摭比部时事，褫公职，且谋利剑刺公。公避瑾，浮湛白下。益贫，甚至笔耕糊口。时陆公为南御史。一日，偶经公所，从者讯呵喧闹，恶童子读书声，辄不辍，怒而钳其傅，则公也。陆公谔然，下马曰："刘侯一寒如此哉！"乃握手语移时而别。时长兴吴子琉者，布衣侠也，世号甘泉先生。轻财数万，好客自喜。因陆公言，遂迎匿公，置公于弁山之南坦，约为婚姻。公自此寓长兴矣。会陆公亦以言事罢官归浙，金宪宜春龙公、关中隐士孙太初并来寓湖中。公于是招结为社，时人称"五隐"焉。

《金陵琐事》下卷《小刘祠》：南坦刘公麟，以刑部郎中擢守绍兴，汉刘宠故处也。在郡精核廉敏。甫五十日，郡声大治。逆瑾衔公出守不修谒，犹掇郎中时琐细，废为编氓。郡人争致赆。公曰："勤苦诸君，吾治不逮前刘，敢蒙一钱惠耶？"既去，越人肖其像，为小刘祠。

《静志居诗话·刘麟》：尚书由二千石登三九之列，数弃官去。好为山水游，流寓长兴之南坦，自号坦上翁。与孙山人一元、龙金事霓，及苕中名士吴琉、施侃等结诗酒社，号"苕溪五隐。"

《明诗纪事》丁签卷七《龙霓》：龙霓，字致仁，南京牧马千户所籍。本宜春人。弘治丙辰进士，官浙江按察金事。

又《金陵诗征》：致仁罢官后，与刘南坦、吴甘泉、陆玉厓、孙太初为"五隐。"

《列朝诗集》丙集《龙居士瑄》：瑄，字克温，宜春人。家世袭父职，遂为南京人。少警敏，博涉经史，遨游四方，与丘仲深、罗彝正、陈公甫为布衣交。重然诺，尚风义，朋游有急，挥金如土苴，江湖间声称藉甚，曰："过金陵不识龙克温，犹徒行也"。著作甚富。自号半闲居士。子霓，字致仁。弘治癸丑进士，官副使。罢官后，入苕溪社，与刘南坦齐名。

《明清藏书家尺牍》:《落花卷》强勉作得,奉命诚为污卷。况迟迟,多罪,矜恕,幸万也。文先生原有一跋,不审要录否?且此奉告,望斟酌之。外画一纸,文先生命淳寄上,乞目上。跋就录去。二日,淳生顿首,半闲世伯大人尊丈。

《明史》卷一百八十八《列传》:陆昆,字如玉,归安人。弘治九年进士,授清丰知县。以廉干征擢南京御史。武宗即位,疏陈重风纪八事,章下有司。又劾中官高凤、苗逵、保国公朱晖,因请汰南京增设守备内臣,广开言路,屏绝燕游骑射,帝不能从。八党窃政,朝政日非,昆偕十三道御史薄彦征、史良佐、李熙等上疏极谏。疏至,朝事已变,刘健、谢迁皆被逐。于是彦征为首,复上公疏,请留健、迁,而罪永成、瑾等。瑾怒,悉逮下诏狱,各杖三十,除名。后列奸党五十三人,彦征等并与焉。瑾诛,复昆官,致仕。世宗初,起用,未行而卒。

《纲鉴易知录·明鉴易知录》卷七:五年,杨一清驰至宁夏,张永亦至。永时与刘瑾有隙,一清因说永除瑾。永因献俘(安化王寘鐇)奏瑾不法,下瑾于狱,磔于市。诏自正德二年所更政令悉如旧。

按:《明史》及《静志居诗话》于"苕溪五隐"中有施侃而无陆昆。《两浙名贤录》卷四十七《文苑》施侃传,未言侃在"五隐"中。容续考。

秋,游陈鏞姚城别业,有诗。

《集四卷本》卷三《秋日游陈以可姚城别业》:卜筑姚城独远嚣,幽居宛转带长濠。白浮断苇兼天雪,绿衍横畴万顷膏。斜引陂塘成曲沼,乱垂榆柳荫平皋。循墙细径穿修竹,护砌疏篱束败蒿。小隔烟霞如别境,近通墟落有轻舠。采山钓水盘中愿，寻壑经丘栗里陶。胜事千年追往哲，清游一笑属吾曹。西风寂历黄花节，短发刁骚白苎袍。玉糁肥浓羹土芋，茆柴香滑荐村醪。野田初下披绵雀，邻籫能供啄雪螯。晴日满场秋获稻，重湖绕宅夜闻涛。去城便有江乡乐，涉世方知畎亩高。坐恋闲情浑欲老，偶分馀席亦云叨。留诗漫作频来券，寄谢元龙莫惮劳。

光绪本《苏州府志》卷三十五《古迹》：摇城，《越绝书》：吴王子居焉。后越摇君居之。稻田三百顷，在邑东南，肥饶水产，去县五十里。《姑苏志》：今其地名大姚。

又卷八《水》：大姚浦，在东南三十八里，属长洲县。吴淞江由庞山湖流至此。又东北流，折为三江，俗名上清、中清、下清江。又东入昆山县界。"姚"一作"摇"，其地本名摇城。

乾隆本《苏州府志》卷二十七《第宅园林》：陈都宪琼故宅在大姚。都宪孙白阳山人道复亦居此。

为长洲知县吾翁书扇。翁字廷顺，开化人。初以乙榜署教谕，教化大行。寻举进士，知长洲。廉明刚果，人不敢干以私。

《集四卷本》卷三《书吾尹扇》诗，七绝二首，略。

隆庆本《长洲县志》：吾翁，开化人。进士，四年任。峻厉不能容物。升应天通判。

《两浙名贤录》：吾翁，字廷顺。以会试乙榜，署天长教谕。严而有恩，奖贤表节，教化大行。寻举进士，知长洲。廉明刚果，人莫敢干以私。擢判应天，转工部主事。丁内艰，遂不仕。四方从游者甚众。所著有《易说》《浚庵稿》等藏于家。

朱存理来借《水西清兴诗》墨迹，录于自藏《玉山集》

后,十月十八日录竟并识。

《铁琴铜剑楼藏书题跋集录》卷四《玉山唱和集一卷附录一卷》抄本:右《水西清兴诗》廿二首,借徵明家遗墨,命庚孙录于《玉山集》后。正德五年十月十八日,老安窝有发僧合十书。

按:黄丕烈有识云:"大半为性甫书,有印记可证。"《甫田集·朱性甫先生墓志铭》云:"孙男曾、庚、乾。"

冬夜闻雨,有怀陈淳诗。

《集四卷本》卷三《冬夜闻雨怀陈淳》:黯黯萧斋玉漏沉,重裘自拥病中身。寒声破梦孤灯雨,夜色侵愁四壁尘。壮业蹉跎惊岁晏,旧游零落念门人。香销酒醒都无赖,一卷残书意独亲。

与吴爟至伍馀福家,遇陈鏚、高希贤及鏚子津等,小集有诗。

《集四卷本》卷三《同次明过伍君求雁村草堂,邂逅陈以严、高希贤及以严子津同集》:纸屏獠几竹方床,一笑淹君旧草堂。寒挟北风摧木叶,晚延西日弄窗光。茗薰结静聊随性,笔砚酬闲更得忙。邂逅七人成胜集,共题名字向南墙。

按:高希贤事行待考。

重葺停云馆,钱同爱、陈淳咸有助。既毕事,钱、陈及从弟津并吴爟、汤珍、卢襄、郑尚伯、陈道济等过饮,有倡和诗。是日,伍馀福未至,徵明诗及之。

《集四卷本》卷三《岁暮重葺西斋承诸友过饮》:偶葺南荣佚此身,也堪展席对嘉宾。窗光落几盈盈水,檐隙封泥盎盎春。如复高明离故处,依然俭陋本先人。堆床更有图书在,岁晚相看不当贫。

又《答钱孔周》：图书漫绕病中身，风月聊充座上宾。元亮平生难适俗，尧夫一室自藏春。苍苔依旧无尘迹，白板分明类野人。为谢平原王录事，草堂肯念少陵贫。西斋之葺，孔周、道复咸有所助，故云。

又《答陈道复》：尘土劳劳未隐身，经营深愧郤嘉宾。纸窗竹榻相将老，杂树幽花次第春。未恨凝尘空四壁，更能邀月作三人。凭君莫笑规模俭，正恐光华不称贫。郤超闻有隐志者，辄为起宅。

又《答汤子重》《答郑尚伯》《答吴次明》《答陈道通》《答陈道济》诗皆略。

《伏庐书画录·文徵明草书诗卷·四答伍君求》：书生拙用自康身，折简安能致贵宾？旧雨漫留他日诺，野梅空试小园春。止尼有在谁非命？检点无宁我负人。穷巷由来多辙迹，凭君莫厌席门贫。是日，君求期而不至，故云。

按：《伏庐书画录·文徵明草书诗卷》中，《四答伍君求》在《集四卷本》为《次韵陈道通见赠》。《八答卢师陈》为《答伍君求》。陈道济事行待考。

次韵答汤珍病中见怀诗。珍屡和，徵明屡答之。诗有"对客何曾讳典衣"及"负郭无田聊食砚"等句。又有答卢襄诗。

《伏庐书画录·文徵明草书诗卷·次韵答子重病中见寄》：经时不见款山扉，忽寄新篇感病违。后进逼人真可畏，衰慵如我欲安归？云延暮色侵书幌，风猎穷寒袭敝衣。正是忆君情不极，绕阶残叶雨飞飞。　《子重再和再答一首》：风吹白版野人扉，燕坐萧然与世违。寒雀羁栖天欲雪，流光奄忽岁云归。

童心已尽馀枯研,壮志难酬愧故衣。木落烟空秋万里,自梯高阁看鸿飞。 《三答子重》:寂寞停云昼阖扉,悠悠心迹转乖违。野情于世终难合,文社非君孰与归?负郭无田聊食砚,长年多病不胜衣。凌风老鹄今垂翅,羞更从人说奋飞。 《四答子重》:十年清梦落岩扉,尘土欺人念念违。往事已成那可说?虚名久假得无归。出门最是慵修谒,对客何曾讳典衣。灯火虚斋又除夕,愁中日月感梭飞。

《集四卷本》卷三《答卢师陈》:造物悠悠每忌全,虚名悔出众人先。聪明渐觉非前日,英发难追让少年。满眼梅花怀往度,一函白雪枉新篇。蜡言枢貌真何益,珍重愚溪记鬶鞭。

王献臣自高州通判丁父忧归。父瑾,封监察御史。后二年,刻所受制词于墓道。徵明记其碑阴。

《集三十五卷本》卷十八《王氏敕命碑阴记》:封监察御史王公瑾受命之十年,正德庚午卒于吴门里第。又三年,葬阳山大石坞。于是其子高州府通判献臣奉公所受制词勒石墓道。……某与公通家,目睹其盛,敢遂论次其语,列诸石阴。

谢铎卒。

《明史》卷一百六十三《列传·谢铎》:铎经术湛深,为文章有体要。家居好周恤族党,自奉则布衣蔬食。正德五年卒,赠礼部尚书,谥文肃。

陆师道生。

《续疑年录》:陆子传师道,六十四岁。子传,嘉靖戊戌进士,以礼部告归,年未三十。穆庙初,再以尚宝卿予告。其生年当在正德十年以前。

《弇州山人四部稿》卷十五《悲七子篇》:隆庆壬申初冬,梁礼部思伯以使事访我还南海。明年万历改元六月，余之楚皋，过吴门，文博士寿承丧归自燕，余往吊，传云间何元朗物故。寻访陆少卿子传，以疾不能见。许太仆元复送余闾门，王茂才君载至枫桥，沈山人道桢抵金山乃别。未几，得家信，君载别余之次日暴卒。寻马宪副某以元复、子传讣来。余迁岭藩，还抵九江，遇张生复以思伯讣来。冯参议某以道桢讣来。盖四月馀而六人者次第逝，并寿承七矣。

　　按：据王世贞语，陆师道卒在万历元年（1573）。《弇州山人续稿》卷七十六《陆子传先生传》云：卒之年六十四，陆师道应生于本年。

正德六年辛未（1511）四十二岁

以字行，更字徵仲。兄奎亦以字徵静为名，更字静伯。

　　《集三十五卷本》卷三十《亡兄双湖府君墓志铭》：府君讳奎，字徵静。后以字行，别字静伯。

　　按：徵明初名壁，字徵明。自各家著录及今所见存书画墨迹题名作徵明者自本年始。然亦有仍署文壁者。四十四岁而后，不复更题旧名。文奎以字行，或亦在同时，姑系于此。

正月四日，昆山知县方豪过访，不值，留诗而去。徵明因答。豪字思道，开化人。正德三年进士。才思奇逸，有善政。历官湖广副使，罢归。

　　《集四卷本》卷三《新正四日，雪后，方昆山思道过访，值余不在，留诗而去，奉答一首》：偶扶藜杖出柴荆，虚却王猷过访情。高兴自缘修竹住，通家还许小儿迎。百年契分明君厚，一笑闲缘愧我轻。留得新诗珠满案,纸窗残雪共光荣。

《明史》卷二百八十六《文苑》二:方豪,字思道,开化人。正德三年进士。除昆山知县,迁刑部主事。谏武宗南巡,跪阙下五日,复受杖。历官湖广副使,罢归。

道光本《苏州府志》卷七十三《名宦》:方豪,……以进士知昆山。己巳、庚午,吴中大水,野无炊烟,死者相枕。豪以民皆逃死,不能催征,便服自诣郡狱。在狱具奏,请如汉文减租,兼停一切钱粮,俟丰年带征。朝廷特从其请。苏松四郡及浙西三郡,并免漕粮。其疏稿及上巡抚书,吴中至今传诵之。豪才思奇逸,所至皆有题咏。

吾翁邀游虎丘,有联句并次联句韵等作。

《集四卷本》卷三《吾尹邀游虎丘奉次席间联句》诗,七律,略。

题画赠皇甫录。录以仪制郎中忤刘瑾出为顺庆知府。

《集四卷本》卷三《题画赠皇甫太守》诗,五古,略。

道光本《苏州府志》卷八十一《人物·宦迹》:皇甫录……历仪制郎中。逆瑾用事,欲私进译字生,不可。又欲借河泊税,随请改印文,又不可。出为顺庆知府。

二月,徐祯卿卒。祯卿诗熔炼精警,为吴中诗人之冠。卒年三十三岁。有文祭之。

《吴都文粹续集》卷四十二王守仁《徐昌国墓志铭》:正德辛未二月,太常博士徐昌国卒,年三十三。

《明史》卷二百八十六《文苑》二:祯卿体癯神清,诗熔炼精警,为吴中诗人之冠。年虽不永,名满士林。

《集三十五卷本》卷二十四《祭徐昌穀文》:呜呼昌穀,在昔家食，不妄交游。惟吾二人，心孚分投。出入偕遨，有无通假。期惟暮终，有允弗舍。云泥异趣，差池岁年。身世乖隔，心则弗迁。畴昔之时，惠言缱绻。谓当南还，展笑非远。曾未几时，讣音来驰。丹旌在目，遽哭君帏。呜呼昌毂！百年悠悠，君归何遽？岂无他人，孰如君故。

杨循吉闭户著述，兼习净业。徵明以瞻对无由，有诗怀之。

《松筹堂集》卷五《礼曹郎杨君生圹碑》：正德初，严慈既殁，寝苫先陇，倾赀修筑靡千金。既毕大事，每岁率持斋诵经一百日不出以报。如此十三年。

《集四卷本》卷三《杨仪部君谦纂述之馀，颇修净业，瞻对无由，怅然成咏》：不见高人动经月，似闻观道独澄怀。一函自课维摩品，百日方持白傅斋。春到梅花开小阁，梦回凉月印空阶。以知不受风尘累，二十年前已乞骸。　春风二月尚凄然，忽见梅花忆大年。岁晚著书酬雅志，日长闭户养闲缘。鬓丝寂寞茶烟外，斋粥精勤绣佛前。未得相从闻至理，梦中时到古濠边。

汤珍以诗求画，因先以小幅并和诗答之。珍次韵为谢，再答。

《集四卷本》卷三《子重赋诗征余逋画，未即践言，先以小幅展限，就和来押》：飞岚叠巘翠撑空，画得幽居似剡中。满地清影山木合，隔溪野色小桥通。倚阑诗思萧萧雨，绕榻茶烟细细风。想得高人方闭户，那知市上软尘红？

又《子重次韵见谢再答一首》：年来零落万缘空，犹寄馀情笔砚中。赢得虚名惭立本，何曾清梦到江通。读君秀句真餐雪,老我无成类捉风。惆怅昔人呼不起,临阑一笑夕阳红。

送崔深应召赴京诗。深字静伯,震泽县人。弘治十七年以荐授中书舍人,以谗归。后官鸿胪卿。工书,善画梅,徵明称之。祝允明亦有赠诗。深兄澂,字渊甫。少为诸生,已厌举业。好古攻诗,为吴宽、沈周等所重。早卒。

《集四卷本》卷三《送崔静伯应召之京》:春阳播明丽,崇文敷光荣。之子谢故园,祇召趋神京。逸羽慕高汉,潜鳞念东溟。岂无丘樊乐,宿志在恢宏。伊昔困谗构,戢翼暂收声。涸辙讵终淹,日月遭休贞。束帛贲岩穴,拔茅汇斯征。川途阻以修,怅别难为情。愿言保荣业,仡矣遗令名。

《怀星堂集》卷七《赠崔鸿胪深》:才分震泽清,山玉映人明。济北想崔瑗,九江惭祝生。笼鹅道士喜,辨鲊座人惊。相对华风外,无因共好兄。静伯兄渊父,交予最久。其人弱冠之耆俊也。不幸早没,句尾及之。吟馀惨然。

康熙本《震泽县志》:崔深,字静伯,泽溪人。工书画。弘治十七年以荐授中书舍人。文徵明称其字比赵子昂,梅类王元章云。

《静志居诗话》:崔澂,字渊甫,吴江人。国子监生。有《传响集》。渊甫年未三十而夭。当其存日,杨君谦、吴原博、李贞伯、都元敬、沈启南、周伯器、史明古诸君子皆与订忘年之交。原博尤重之,呼为崔小先生云。集中和唐诗多至三百七十馀首,恪守唐人矩矱,而未甚变化。使假之年,当不止是。此诸君重为悼惜也。

道光本《苏州府志》卷九十八《人物·文苑》:崔澂,字渊父,吴江人。少为诸生,已厌场屋之习。及入太学,遂绝意进取。出所藏经史,闭门诵读,穷日夜不休。三年学成,从其师曹孚谒同郡吴宽、沈周诸名公,质疑订惑,必探其底蕴而后已。尤工于诗,气象风格,力追唐人。卒年仅二十九。有《传响集》。

汤珍来访,且示近作,有诗。

《集四卷本》卷三《子重过访兼示近作》:寻幽有客到贫家,相对无言落照斜。山馆闲缘时弄笔,野人清供自呼茶。别来日课诗添草,病起春风树着花。一笑不辞还往数,欲从文社托生涯。

吴纶过吴。归时,徵明饯于北寺水亭,赋诗赠行。

《集四卷本》卷三《宜兴吴心远操舟过吴,留数日而返。余与饮北寺水亭,赋此为赠》:思君不见动经年,忽漫相逢野寺前。白发未妨行乐趣,青春刚及艳阳天。新凉汲涧供茶灶,落日看山泊酒船。明发高踪何处觅?铜棺一发太湖边。

夏,集于汤珍小隐亭,有诗。

《集四卷本》卷三《夏日饮汤子重园亭》:城居何处息炎蒸?与客来投小隐亭。五月葵榴晴折绛,四檐梧竹昼围青。从知心远柴门静,不觉风微宿酒醒。怪是淹留便终日,主人萧散旧忘形。

写《碧梧高士图》寄钱同爱。

《集四卷本》卷三《孔周经时不见,日想高胜,居然在怀,因写碧梧高士图并小诗寄意》:漠漠疏桐洒面凉,溅溅寒玉漱回塘。马蹄不到清阴寂,始觉空山白日长。

《宝颜堂秘笈·笔记》:吴中钱孔周,所与游唐伯虎、徐昌国、汤子重、王履约、履吉、文徵仲,室庐靓深,嘉禾秀野。性喜蓄书,每并金悬购,故所积甚富。山经地志,稗官小说,无所不有。遇有所得,随手札记,积数巨帙。文先生极重之,写赠《碧梧高士图》。

六月三十日,吕㦤卒于家,年六十三岁。为撰行状。

《集三十五卷本》卷二十五《南京太常寺卿嘉禾吕公行状》:今上登极,再乞致仕。有旨,令驰驿回;而公已先还矣。时年五十有九。既归,日以诗酒为乐,绝口不及时事。逆瑾用事,方督过诸大臣,虽家居不免。公益韬敛忧畏,阅四年为正德辛未六月三十日戊申,以疾卒于家,年六十三。

九月,撰《陆隐翁赞》。翁名伯良。成化间曾以当路议广江南马政,上书极论弗便,获寝。徵明与修郡志时,得读其文。慨科输日繁,因作此赞。

《息园存稿》文五《洞庭友朴陆君墓志铭》:五传至伯良,为友朴君父,亦负四方之志。当路议广江南马政,发愤上书,极论弗便之状,事竟获寝,众归其力。

《穰梨馆过眼续录》卷八《包山隐德题咏卷》:《陆隐翁赞有叙》:比岁余从郡士夫纂修郡乘,读成化间洞庭陆伯良甫所上当道《马役状》,辞理切实,处置精审,窃伟其人。厥后获交其孙郡学生鸁,乃知翁死已久,而其所为惓惓之情,人至今能言之。间观今太原公所为寿文,则尽记其为人之详,与当时陈书之事。于是亦钦其心之公而勤也,慨斯人之不作,念科输之日繁,爰作赞曰。……正德辛未九月下浣,衡山文壁。

有咏王鏊真适园诗十六首。

《集四卷本》卷三《柱国王先生真适园十六咏》:《苍玉亭》:种竹绕虚亭,寒光锁浓绿。新凉自何来?微风四檐玉。

眷兹贞素人,天寒在空谷。日夕饱清虚,何云食无肉。　《湖光阁》:平生旷远怀,幽居出丛木。日出五湖明,波光上层屋。白云度遥空,万顷在一掬。何能往从之,临澜弄清渌。　《来禽囿》:南风自何来?吹春著芳树。嘉果日夕成,青阴遽如许。右军日以远,古帖非复古。悠悠千载中,谁会幽人趣?　《菊径》:陶翁赋归来,三径殊未荒。清霜集枯樊,爱此秋菊黄。谁言衢路侧,采采自成行。南山忽在目,日暮歌柴桑。

按:录四首。馀《莫厘峰》《太湖石》《香雪林》《款月台》《寒翠亭》《鸣玉涧》《玉带桥》《舞鹤衢》《芙蓉岸》《涤砚池》《疏畦》《稻塍》十二首略。

光绪本《苏州府志》卷四十五《第宅园林》:王文恪公鏊宅,在东洞庭山。别墅曰招隐园。又有得月亭,在湖滨,公父赠柱国惟道所构。又有真适园,文衡山有《题真适园》诗。

为黄云补题弘治九年所作画。

《集四卷本》卷三《余为黄应龙先生作小画久而未诗,黄既自题其端,复徵拙作,漫赋数语,画作于弘治丙辰,讵今正德辛未十有六年矣》:尺楮回看十六年,残丹剩粉故依然。得君品裁知增重,顾我聪明不及前。小艇沿流吟落日,碧山浮玉涨晴烟。诗中真境何容赘,聊续当年未了缘。

《弇州山人四部稿》卷一百三十八《文太史云山卷后》:文太史徵仲诸生时,为黄博士应龙作此卷。画仿老米,气晕生色,遂不减高彦敬。书法圆熟,翩翩出晋人。比之晚年笔,少骨多韵。诗虽大历以后语,亦自楚楚。应龙绝宝爱之,戒其后人弗为饼金悬购者所得去。六十年而其诸孙强以留余,得厚值而去。余聊以寓吾目而已。平泉庄草木,不能毕文饶身,人失弓,人得之，吾又安能预为子孙作券耶！

十月五日夜，宿南濠王守兄弟溪楼，有作。

《集四卷本》卷三《十月五日出城，暮归门阃，留宿南濠王氏溪楼，与履约昆仲夜话有作》：永济桥南水阁斜，夜深投宿静无哗。淹留短榻行边约，咫尺孤城梦里家。碧树报风吟细叶，青灯闪雨落寒花。玄言寂寞都无寐，消得清脾一味茶。

又《履约出示蔡九逵山中寄诗，次韵题赠》《履吉陪余夜话达旦，别赠一首》，皆七律，略。

九日，吴爟、蔡羽、陈淳及王守兄弟过饮，有作。

《集四卷本》卷三《十月九日，辱次明、九逵、道复及履约兄弟过饮，时淮北小警，吴中城禁稍严，客有居郭外者，索归甚遽，故卒章云》：高贤次第款柴关，旋爇清香设菜盘。浮世自知闲有味，贫家聊以淡为欢。行窗竹影离离日，过雨茅檐漠漠寒。天际轻阴会当散，未须愁暮促归鞍。

有答顾璘诗。璘时官开封知府。

《集四卷本》卷三《答顾开封华玉见寄》诗，七律，略。

《集三十五卷本》卷三十二《故资善大夫南京刑部尚书顾公墓志铭》：壬戌，徵入为南京吏部验封司主事，进稽勋郎中。正德己巳，升河南开封府知府。

题沈周旧为许国用作《汗漫游卷》。

《集四卷本》卷三《题许国用汗漫游卷》：江湖踪迹自年年，去住随缘兴浩然。三月莺花燕市酒，一床书画米家船。留连胜事登山屐，狼藉春风买笑钱。回首马迁今不作，为君重赋《远游篇》。

按：《弇州山人四部稿》卷一百二十九《跋汗漫游卷》云：

《汗漫游卷》，故许国用先生物。有范庵李少卿题篆，石田沈山人画复系以长句，枝山祝京兆为之赋，西涯少师、守溪少傅、青溪太宰、匏庵、篁墩二宗伯、九柏太常辈皆有诗。诸公成化、弘治间贤公卿士人，以词翰著名。而祝书沈画，尤是昭代逸少、恺之，绝不易致，嘉靖末，余偶从吴中得之，为箧笥清玩。今年春，先生子元复太仆来访海上。语及之。太仆叹曰："余髫时所习读也，失且五十馀年矣。"余辍以还太仆，且为题一诗于后，作许氏故事。知先后为此卷题者有李应祯、祝允明、李东阳、王鏊、倪岳、吴宽、程敏政、吕㦂等。

次蔡羽诗。又有诗寄王宠，时宠从蔡羽学于洞庭。

《集四卷本》卷三《次韵寄蔡九逵》：怀人何处楚天长，第一峰前月满堂。妙思红蕖初濯水，短书甘橘未题霜。心如木叶秋萧索，目断烟波夜渺茫。何日能来修白社，试倾春酒倒诗囊。

又《再用人字韵简王履吉时游学洞庭》：溪楼回首别经旬，又是江南试小春。梦里扁舟湖上雨，灯前诗卷意中人。晚山四面窗蟠翠，秋鲙千丝筯绕银。见说壮游多乐事，未须来往叹参辰。

《林屋集》卷十二《春夜话别序》：晚得三友，为太原王守暨弟宠，中山汤子子重。宠以正德庚午奉莆田黄公之教，并与兄守来师予。

有古风赠长洲教谕郑鹏。鹏字于汉，号蒲涧，侯官人。弘治辛酉举人。著有《编苕集》。

《集四卷本》卷三《古风赠郑先生》：紫兰生谷中，英英苗琼芽。芳根抱幽独，不如桃李花。桃李当春时，明丽烘朝霞。物化归有尽,秾艳无常华。风雨日夕至,零落空泥沙。回看幽谷丛,奕叶含芬葩。旁滋百亩蕙,留夷均揭车。申椒杂薜芷,百馥纷交加。终资熹纫收,岂久在天涯。胡犹困簧菉,日暮令人嗟。被服平生怀,欲往道匪遐。愿言从明洁,卒岁保贞嘉。

隆庆本《长洲县志·教谕》:郑鹏,字于汉,闽县人。由举人升武进教谕,王府教授。

康熙本《常州府志》卷二十一《名宦》:郑鹏,字于汉,侯官人。由乡举任教谕。抗志不苟合。九载考绩,徐庄裕有文美之。

《明诗纪事》丁签卷九《郑鹏》:郑鹏,字于汉,闽人。弘治辛酉举人。除淮安教谕。有《编苕集》。

十二月十三日,饮伍馀福家,阅去岁今日留题,有感再次。

《集四卷本》卷三《腊月十三日饮伍君求雁村草堂,阅旧岁留题,适亦腊月十三,为之感叹,因再次前韵》:去年残腊醉君床,题字依然在草堂。竹下寻盟犹昨日,风前抚卷惜流光。情如秋水从教淡,坐恋梅花失却忙。煮茗焚香聊足乐,何须浊酒过邻墙。

与朱存理、朱凯、祝允明、邢参、陈淳等宴集于杨循吉家,分韵赋诗。

《集四卷本》卷三《冬日,杨仪部家宴集,会者朱性甫、朱尧民、祝希哲、邢丽文,陈道复及余六人分韵得酒字》诗,五古,略。

二十日,虎丘剑池水涸,徵明往观,有诗。得古砖,归斫为砚,名曰“金精”,并铭其侧。

《集四卷本》卷三《虎丘剑池相传深不可测，旧志载秦皇发阖闾墓，凿山求剑，其凿处遂成深涧，王禹偁作剑池铭，尝辨其非。正德辛未冬，水涸池空，得石阙中空，不知其际。余往观之，赋诗贻同游者，和而传焉》：吴王埋玉几千年，水落池空得墓砖。地下谁曾求宝剑？眼中吾已见桑田。金凫寂寞随尘劫，石阙分明有洞天。安得元之论往事，满山寒日散苍烟。

按：于武进冯氏家见所藏《明文衡山金精砖砚》，有小楷识铭，在砚右侧："正德辛未冬，剑池涸，余往观，得古砖归，外剥而中坚，盖阖闾幽宫物。爰研为砚，铭之曰：金精相守，历二千霜；升诸棐几，宝胜香姜。文璧。"

孙一元迁居承天寺，与徵明邻近，时有倡和之作。

《集四卷本》卷三《孙山人迁居承天寺，喜余相近，作诗见寄次韵奉答》诗，五律，略。

又《除夕》：欢惊入病垂垂减，素发侵愁冉冉加。谁有声名垂宇宙？自怜零落负年华。东风彩帖裁春草，残雪青灯剪夜花。惜取一樽酬见在，中原戎马暗惊沙。

《太白山人漫稿》卷六《和文徵明除夜见怀》：节序惊心每忆家，小窗无奈客愁赊。风前布褐穷难送，梦里江湖鬓未华。香滑春盘堆菜甲，煖分岁酒媚椒花。浮云西北应还念，坐对寒灯夜画沙。

有寿刘缨七十诗。缨字与清，号铁柯，吴县人。成化十四年进士。初官县令，以治最召为御史。所至有风裁。累迁南京刑部尚书。与文林相好甚密。及告归家居，徵明尝为撰《铁柯记》，并为之图。

上海图书馆藏《文衡山诗稿墨迹·刘铁柯七十》：老成共

仰三朝旧,寿考仍夸七秩稀。出镇风声传西蜀,留司宠寄重南畿。天教强健常膺福,身系安危未□归。称庆不为时世祝,□□□□□巍巍。

《集三十五卷本》卷二十六《资德大夫正治上卿南京刑部尚书刘公行状》:公姓刘氏,讳缨,字与清,号铁柯。父曰宗政,娶张氏,以正统七年壬戌八月五日生公于吴城凤凰里。……癸未,以疾卒,实三月十又六日也,年八十有二。某先君温州,与公居同里,既仕同朝,相好甚密。某以契家子早辱公教爱。及公归里。遂得以晚进厕迹宾阶。

《吴郡名贤图传赞》卷六《刘司寇》:成化十四年进士,除武陵令。丁母忧。服阕,补滕县。以治最召为御史。再按广东。所至有风裁。还朝,疏论外戚,忤旨拜杖。九载,迁太仆卿,历巡抚四川六载,所绥怀得蕃落心。改抚湖广,为逆瑾所憎,因用蜀事下狱,自理得释。累迁南京刑部尚书,告归。

《集三十五卷本》卷十八《铁柯记》:少司马吾苏刘公,自号铁柯,故太保吴文定公及今少傅守溪公皆为之说。他日,以示某曰:"吾初官内台,念古御史冠铁柱,示不挠也。于是思有以自励。及尝观于松柏,乔乔千尺,贯四时不改柯易叶,与铁参劲,窃又慕之。俄得汉铜章,故有'铁柯'字,此殆造物者成吾志也。遂以自况,而人亦谅之,不以为过。二公之文,虽所取义不同,实皆吾之意,子当绎而记之。"……

《真迹日录》二集:文徵仲《铁柯图卷》,全师赵松雪,后有祝希哲记文,尚存刘公后人处。

是年,右佥都御史俞谏治水苏杭诸府,知徵明才而贫,欲有所惠,徵明终却之。谏字良佐,桐庐人。弘治三年

进士，与文森同官。有至行，徵明撰文记之。

《弇州山人四部稿》卷八十三《文先生传》：俞中丞谏者，先生季父中丞公同年也。念先生贫，而才先生，欲遗之金。谓曰："若不苦朝夕耶？"先生曰："朝夕饘粥具也。"俞公故指先生蓝衫曰："敝乃至此乎？"先生佯为不悟者，曰："雨，暂敝吾衣耳。"俞公竟不忍言遗金事。一日，过先生庐，而门渠沮洳。俞公顾曰："通此渠，若于堪舆言，当第。"先生谢曰："公幸无念渠。渠通，当损旁民舍。"异日，俞公乃自悔曰："吾欲通文生渠，奈何先言之。我终不能为文生德也。"

按：俞谏欲赠金通渠事，当时盛传。第未识明年岁，计必在俞谏治水苏杭时，故系本年。又文森举成化二十三年丁未进士，俞谏乃弘治三年进士，非同年也。

《明史》卷一百八十七《列传》：俞谏，字良佐，桐庐人。举弘治三年进士，授长清知县，擢南京御史。迁河南佥事，历江西参政，迁广东副使，中道召为大理少卿。正德六年，擢右佥都御史，治水苏杭诸府，修治圩塘，民享其利。

《集三十五卷本》卷十八《记中丞俞公孝感》文，略。

正德七年壬申（1512）四十三岁

元日，访孙一元。有倡酬诗。

《集四卷本》卷四《元日，承天寺访孙山人》：六街斜日马蹄忙，自觅幽人叩竹房。残雪未消尘迹少，一函《内景》对焚香。（共七绝二首，录一首）

《太白山人漫稿》卷六《奉和文徵明元日见访》：箫鼓迎春

节序忙，喜惊闲客过山房。主人依旧清狂甚，笑博枭卢送酒香。

人日，集于钱同爱有斐堂，有诗。蔡羽期而不至，作诗见怀，次韵。

《集四卷本》卷四《人日孔周有斐堂小集》：华堂漠漠悄寒轻，聊应芳辰设菜羹。竹外风烟开秀色，樽前云日丽新晴。占微谁问东方朔？思发空怀薛道衡。短鬓寂寥花胜在，相看无复少年情。

又《九逵期人日会城中，既而不至，作诗见怀，奉答一首》诗，七律，略。

与蔡羽、吴爟、汤珍、陈淳及王守兄弟等每相聚，考德问学，讲艺而外，必就佳山水游观。三月，泛石湖。登治平等，分韵赋诗。

《林屋集》卷十二《春夜话别序》：……见之日，必相考德问学，讲艺赋咏乃退。暇之日，必就佳山水，游息临观焉，而石湖之治平寺为多。是故语默趋向履操之间，庶几获寡过焉。

《集四卷本》卷四《三月既望，同吴次明、蔡九逵、陈道复、汤子重、王履约、履仁泛舟石湖遂登治平，以天朗气清惠风和畅为韵分得朗字》：良期每多违，佳节怅虚往。薄言城西游，馀春迟幽赏。日色漾涟漪，天光发融朗。清吹飘文裾，瑶湍激兰桨。寄怀涉清川，平目眺远壤。晴霏动遥岑，清烟散修莽。亚竹孤卉明，隔水春禽响。及此单祫成，聊寄临流想。

《白阳集·上巳九逵蔡子邀集治平寺以天朗气清惠风和畅赋诗，余得惠字》：溪柳拂晴昊，新波渺无际。兰舟荡春和，寻盟集交契。未藉河朔饮，聊祓山阴禊。良晤既已适，湖山矧佳丽。幽讨陟梵宇，花竹照游袂。柔条散闲风，醉颜洒清惠。

后会当何时？勿使年光迟。

乾隆本《苏州府志》卷二十四《寺观》：治平教寺，在县西南十二里，临石湖之北，梁天监二年建。旧亦名楞伽寺。宋治平元年改今额。

有送释宗奎还杭诗。宗奎善书，祝允明尝为赞其署书。

《集四卷本》卷四《送善书奎上人还杭》诗，七律，略。

《佩文斋书画谱》卷四十四《释宗奎》：释宗奎，杭州人。祝允明《奎上人署书赞》曰："雄颖伟墨，突如其来。云谁之为，缁师宗奎。佛有三昧，散在百观。子以其馀，戏入书翰。天宫宝树，截万桢干。昆刀瑚珠，钩铖锁钻。纵横阖辟，缔构辗转。按规拊矩，束带顶冕。千力万气，曳矷不断。平原风骨，溥光首面。耳目警耸，谁敢亵玩？众天瞻仰，老史作赞。"

按：此文载《怀星堂集》卷二十七《杭州奎上人署书赞》。

有次韵毛珵《辞召》诗。时珵以浙江参政致仕家居。

《集四卷本》卷四《次韵毛大参辞召有感之作》诗，七律，略。

《集三十五卷本》卷二十六《明故嘉议大夫都察院右副都御史毛公行状》：在藩三年，以疾乞归，有旨进浙江参政致仕，家居十年，言官数有论荐，皆以疾辞。

有画寄陆梓并题。

《集四卷本》卷四《题画寄陆梓》：语言修简意萧闲，十载交君父子间。感没怀生情不极，夕阳遥见洞庭山。

题画送王宠赴洞庭。时宠与兄守从学蔡羽，与徵明时诗简酬答。

《集四卷本》卷四《题画送履仁赴洞庭》：春风初泛洞庭舟，

鼓箧囊琴是壮游。明日烟波情满目,思君独上夕阳楼。

《集三十五卷本》卷三十一《王履吉墓志铭》:少学于蔡羽先生,居洞庭三年。

按:《集四卷本》卷四是年有《王履约履吉屡负余诗,叩之九逵云,已得二句矣,忆东坡督欧阳叔弼兄弟倡和,有昨夜条侯壁已惊之句,与此颇类,因次韵奉挑》《履约兄弟得诗,竟不见答,因再叠前韵》等诗,皆七律,略。

长洲知县吾翁升应天府通判,作画并诗送之。

《集四卷本》卷四《题画送吾尹之应天倅》:德在吴民民不知,看移春雨向京师。虎丘山下棠千树,都属君侯去后思。

闰五月廿一日,跋徐宗毓藏元钱良右书《吴仲仁春游诗卷》。

《集三十五卷本》卷二十二《题吴仲仁春游诗卷后》:右诗一卷,律绝共四十有五篇。辞旨清丽,书法遒美。盖前元时吴寿民仲仁者,游吴中,与诸文士春游倡和之作,而书笔悉出钱良右翼之。翼之,吴人,号江村民。雅以书学名家,而诗律尤精。有高行。年六十七,卒于至正七年。此至正三年书,时已六十馀矣。真行间出,姿态横生,不少衰竭。吴人徐宗毓氏藏此,使人持以示余。……

按:此卷今藏苏州市博物馆。1957年苏州市文管会举办文物展览会展出,末有"正德七年壬申闰五月廿又一日,文壁谨题。"徐宗毓事行待考。

夏,侍王鏊西园游集,有倡和诗。

《集四卷本》卷四《侍守溪先生西园游集,园在夏驾湖上》:名园诘曲带城闉,积水居然见远津。夏驾千年空往迹,午桥今日属闲人。江南白苧迎新暑，雨后孤花殿晚春。自古会心非在远，等闲鱼鸟便相亲。

《王文恪公集》卷六《徵明饮怡老园，有诗，次韵》：吴王销夏有残圃，特起幽亭谢李津。曲径转时迷到客，短墙缺处见行人。绿扬动阴鱼吹日，红药留香蝶送春。为问午桥闲相国，自非刘白更谁亲。

有次韵答彭昉诗。昉上年举进士，寻出知湖广之公安。

《集四卷本》卷四《次韵答彭寅仲见寄》：尺书缱绻见高怀，天远孤云自一涯。别后春风添白发，梦回凉月满空斋。游鲲击水三千里，跃马看花十二街。见说京华尘似海，可应回首忆苍崖。

《集三十五卷本》卷三十《彭寅甫墓志铭》：彭君寅甫，以进士出知湖广之公安……

与徐霖、祝允明、薛章宪、唐寅、陈沂、王韦、陆深、王宠等追和王冕画梅，皆题于画幅四周绫上。冕字元章，诸暨人。通《春秋》诸传及古兵法。诗雄浑跌宕。善写梅花竹石。明太祖取置幕府，授咨议参军。以病卒。

上海博物馆藏《王冕墨梅图轴》：江南十月天雨霜，人间草木不敢芳。独有溪头老梅树，面皮如铁生光芒。朔风吹寒珠蕾裂，千花万华吹如雪，仿佛蓬莱群玉妃，夜深下踏瑶台月。银珰泠泠动清韵，海烟不隔罗浮信。相逢漫说岁寒盟，叹我飘流霜满鬓。君家秋露白满缸，放怀饮我千百觥。兴酣脱帽□□□，拍手大叫梅华王。五更窗前博山冷，□凤飞鸣酒初醒。起来笑挹石丈人，门外白云二万顷。乙未年春正月□写于草堂。　西湖老树凌风霜，敷英奕奕先群芳。贞姿不作儿女态，炯然冰玉生寒芒。穷寒袭人肤欲裂,幽人自咏孤山雪。至今秀句落人间,暗香浮动黄昏月。却恨无人续高韵,墨痕聊寄江南信。不关素质暗缁尘,刚爱铅煤点新鬓。恍疑寒影照昏缸,刻画无盐谁滥觞?逃禅已远嗣者寡,仿佛尚记山农王。山农何处骨已冷,展卷令人双目醒。何因为唤玉妃魂,极目晴波湖万顷。衡山文徵明和。

按:文徵明诗载《集四卷本》卷四。另在画轴绫边上有茂苑祝允明、云间陆深、陈留谢承举、江阴薛章宪、吴门王宠、吴郡徐霖、葵丘王韦、晋昌唐寅、石亭陈沂等和诗。"谢承举,字子象。储柴墟在南考功,引与同社。累十举不第,退耕国门之南,自号野全子。顾华玉志野全墓云:'成、弘间之诗,李西涯主清婉,尚才情;陈白沙主沉雅;庄定山主浑雄;并尚理致。金陵有二才子,曰谢子象、徐子仁,凌踔词苑,陶冶其模廓。谢得其雄,徐得其婉。'"见《列朝诗集》丙集。

《无声诗史》卷一:王冕,字元章,诸暨人。本田家子。少即好学。长七尺馀,仪观甚伟,须髯若神。通《春秋》诸传。尝一试进士举,不第,即焚所为文,益读古兵法。有当世大略。东游吴,吴人雅闻其名。君又善写梅花竹石,士大夫皆争走馆下,缣素山积。君援笔立挥,千花万蕊,成于俄顷。每竟一幅,则自题其上,皆假图以见意。为歌诗雄浑跌宕,以古豪杰自居。久之复游金陵,北上燕蓟,纵观居庸古北之塞。

《列朝诗集》:甲集《王参军冕》:长安贵人争来求画,乃自画一幅张壁间,题其上曰:"冰花个个圆如玉,羌笛吹他不下来。"或以为刺时,欲执之,即日遁归,携妻孥隐于九里山。结茅庐三间,自题为梅花屋。王师取婺州,将攻越。物色得冕,置幕府，授谘议参军。一夕，以病死。

为王贞作《处竹》诗并图。

《集四卷本》卷四《处竹为清夫赋》：爱此王猷宅，萧萧竹数竿。虚心聊自托，高节许谁干。择里得君子，坚盟有岁寒。端能谢尘俗，常得共平安。静里酬孤悄，风前觅淡欢。横窗铁锁钩，护砌碧琅玕。酒醒闻珂响，诗成洗玉刊。相亲恐相失，长日绕虚阑。

《澹复虚斋画缘录·文衡山处竹亭图》：诗同，末款"徵明为清夫赋并图。"

按：此画商务印书馆《名人书画》第一集及上海人民出版社《宋元明清画选》另有一帧，《藤花亭书画跋》又有一幅。

作《海山图》以寿嘉定知县王应鹏祖、父重庆。应鹏字天宇，鄞县人。正德三年进士。端方清慎。后擢监察御史，徵明为撰赴召叙。

《集四卷本》卷四《海山图寿王嘉定祖父重庆》：……有翁八十垂高堂，平生乐善贫自将。有田自耕山自藏，只今老大身逾康。膝前有子六十强，鬓眉映坐交雪霜。当年筮仕从藩王，染指薄禄归徜徉。谁言指使杖一乡，尚能儿啼着斑裳。上堂拜庆称瑶觞，下堂含笑抚诸郎。一家二老欢未央，诸生奕奕还成行。由来重庆家国祥，况此四世遥相望。有孙有孙金玉相，出宰百里方践扬。高才行履登岩廊，万里云汉看翱翔，百年心事真有托，会看积寿如陵冈，海不竭兮山无疆。

乾隆本《嘉定县志》卷七《县令》：王应鹏，正德五年任。陈克宅，正德九年任。

又卷九《名宦志》：王应鹏，字天宇，鄞县人。正德戊辰进士。少从王阳明先生游。为人端方清慎。簿书细琐，无不亲核。尝按府倅黄某罪，斥县丞张某贪，境内肃然。后擢监察御史赴京。僚佐馈赆，一介不取。行至淮，有持金二镒、布百匹献者。惊问其故，曰："盛恩切骨耳。"应鹏笑曰："有是哉！"乃受布一匹，仍制衣以赏篙工。其清介类如此。

《集三十五卷本》卷十六《送嘉定尹王君赴召叙》：四明王君，以戊辰进士出知苏之嘉定，历岁甲戌，始以御史徵。而嘉定之民，重惜其去，顾其势不可留，则谋所以系君之思；而耆民刘璃氏从余乞言。余于君有雅故，固尝重其为人，而于其去嘉定而就徵也，加重焉。

秋，有寄陈沂诗。

《集四卷本》卷四《寄鲁南陈子》：江入秦淮八月寒，长干只在断云间。闭门自觅惊人句，细雨秋风忆后山。满地干戈卒未休，吴江枫冷又惊秋。美人何处烟波渺，手把芙蓉特地愁。

昆山周伦起告北上，有送行诗。伦字伯明，弘治十二年进士。令新安时，有异政，拜监察御史。值刘瑾用事，致仕。

《集四卷本》卷四《送周伯明侍御起告北上》：昨岁徵书起老成，青山淹恋故迟行。才名似子能终弃？廷议于今况已明。天上金鸡新雨露，都门骢马旧风声。也知吾道关行止，未敢临岐重别情。

《吴郡名贤图传赞》卷七《周康僖》：公姓周，讳伦，字伯明，昆山人。弘治十二年进士。令新安，有异政，拜监察御史，巡视居庸、龙泉等关，疏陈六事，皆中机宜。正德中，逆瑾用事，以除丧还京逾限一年，致仕。瑾诛，复起御史，劾奏大学士焦芳、总兵张洪等,上嘉纳之。

《集三十五卷本》卷二十八《周康僖公传》:时武宗初政,喜公不畏权势,特赐宝钞羊酒,以旌其直。寻被旨阅实边关,闻父病疡,乃移疾归省。抵家而父亡,遂解官持服。时逆瑾用事,京朝官在告不得逾年,逾者罢叙。公业已与告,不得言守制,竟坐逾期致仕。

中秋日,与诸友看雨月洲亭;十七日,与钱贵、陈淳、顾朝镇、朝楚等夜泛漕湖,皆有作。

《集四卷本》卷四《中秋日与诸友月洲亭看雨有作》诗,七律,略。

又:《漕湖一名蠡湖,相传范蠡所开,或谓通漕运而设,癸酉秋八月十又七日,同钱元抑、陈道复、顾朝镇、朝楚夜泛有作》:渺渺中流溯小舠,露华初冷碧天高。一痕落镜秋宜月,万籁无风夜自涛。消尽霸图犹说蠡,传流饷道不通漕。浮樽自适东南兴,何必淋漓汗锦袍。

按:此诗题癸酉,是壬申之误。癸酉乡试之年,十七日三场始毕,决不能飞舟归游。后一首游东禅,曾见墨迹乃壬申年作,更可为证。

又按:《怀星堂集》卷二十八《斐斋记》有云:"太学顾君朝镇以'斐'颜其斋",又云:"朝镇蓄书满斋",事行皆未详。顾朝镇、朝楚事行待考。

九月九日,期蔡羽、陈淳不至,独与汤珍游东禅寺,有诗。初,沈周留诗东禅,待徵明和作。至是寺僧天玑出示,次韵题后。

《集四卷本》卷四《九日,期九逵不至,独与子重游东禅作诗寄怀,兼简社中诸友》:东郭名蓝带曲隈,三年行乐二回来。依然旧境墙遮树,久断尘踪砌有苔。落日怀人流水远,秋风抚掌菊花开。良辰在眼休教负,相对山僧把一杯。

按:《域外所藏中国名画集·文衡山菊石轴》,诗同上。末识:"壬申九日,同子重游东禅,赋此纪兴。是日与道复诸君期而不至,坐中有怀,故颈联及之。"

《集四卷本》卷四《石田先生留诗东禅,命壁牵和,久而未能。寺僧天玑出以相示,于是先生下世三年矣,感今怀昔,抚卷凄然,因次韵题其后》:杖履空然记昔年,高情无复看云眠。溪堂白发留遗照(堂中有先生遗照),竹榻清香感断缘。奄忽流光惊梦里,蹉跎残诺负生前。只应旧事僧知得,洒泪同看《独夜篇》。

《石田先生诗文集》卷十《石田先生事略》:先生原倡云:"清溪作别过三年,家里藤床久病眠。今次又逢樱笋候,旧游追忆牡丹缘。再期踪迹何知后?太觉筋骸不及前。爱是芭蕉满新绿,烧灯连夜写新篇。己巳四月廿一日过清溪精舍,不到三年矣!蹇衰步履,良艰出远,非清溪厌客也。天玑欲志数语,因留此篇。老人思致,不能副其雅情,惟徵明和而连赓则可。"

宁王朱宸濠使来,贻书币为聘;辞病不纳,亦无报书。旋赋诗有云:"千金逸骥空求骨,万里冥鸿肯受罗!"同时,唐寅、谢时臣、章文应聘俱往。时臣字思忠,苏人。善画。

《弇州山人四部稿》卷八十三《文先生传》:宁庶人者,浮为慕先生,贻书及金币聘焉,使者及门,而先生辞病,亟卧不起。于金币无所受,亦无所报。人或谓:"王今天下长者,朱邸虚其左而待,若不能效枚叔、长卿曳裾乐耶?"先生笑而不答。

墨迹《文待诏自书诗册》之《病中遣怀二首,壬申岁》:经时卧病断经过,自拔闲愁对酒歌。意外纷纭知命在,古来贤达患名多。千金逸骥空求骨,万里冥鸿肯受罗?心事悠悠那复识,白头辛苦服儒科。　潦倒儒冠二十年,业缘犹在利名间。敢言冀北无良马,深愧淮南赋《小山》。病起秋风吹白发,雨深黄叶暗松关。不妨穷巷频回辙,消受炉香一味闲。

按:诗亦见《集四卷本》卷四。

《夷白斋诗话》:衡山文先生徵明,有《病起遣怀》二律,盖不就宁藩之徵而作也。词婉而峻,足以拒之于千里之外,后宁藩败,凡应辟者崎岖万端,公独晏然,始知公不可及也。

《弇州山人续稿》卷九十一《章赟谷墓志铭》:宁庶人国豫章,慕叟能,而罗致邸中,与故知名士唐伯虎、谢思忠偕。伯虎觉其意,佯清狂不慧以免。

《无声诗史》卷三:谢时臣,字思忠,苏州人。善画,颇有胆气。长卷巨幛,纵横自如。气势有馀,韵秀不足。

按:朱宸濠,明太祖第十六子权玄孙。权封宁王,国大宁,后改南昌。宸濠于弘治中袭封宁王。交通肘腋,党羽甚众。时武宗无储嗣,游幸不时,人情危惧,宸濠遂谋乱。

作《西川归棹图》及《寿大中丞见素林公叙》寄莆田林俊,时俊以副都御史巡抚四川致仕在家。俊字待用,号见素。成化十四年进士,除刑部主事,进员外郎。居官廉约。性侃直,不随俗浮沉。尝上疏极论妖僧继晓及中贵梁芳之罪,下诏狱拷掠,寻谪官。直声振都下。与徵明父林为故交,且与徵明妻父吴愈为联官。徵明以

通家子弟数与俊接。俊弟僖，解寿州守过吴，徵言为寿，因为作此。徵明尝为俊书其父母碑铭，俊有答书，并勉其毋以不第为怼。

《集四卷本》卷四《题西川归棹图奉寄见素中丞林公》诗，七古，略。

《集三十五卷本》卷十六《寿大中丞见素林公叙》：成化、弘治间，中外之臣，以气节行能高天下者，三数人而已。一时朝廷之所倚注，台谏之所论拟，与夫士大夫之瞻属依归，必在三数人者，今大中丞见素先生莆田林公，实一人焉。……公于先温州最故，而外舅参政吴公惟谦在郎署时，实又联官相好。某以通家之故，凡一再接公。别去十馀年，光仪教范，奕奕在目。公之弟寿州守曩教长洲，某以诸生获出门下。及是解郡南归，道出吴门，为余道公勋定甚悉。因徵言为寿，用敢论次如此。

《见素集》卷二十八《答文徵明》：先大夫先淑人碑铭，承不鄙书篆。近又拜寿文之辱，因亲而及亲之与，吾契之徵也。感慰！感慰！自辞令先郡伯之赗，曰：叔世有是，王戎固为之矣。古文字之高，曰：书生有是，元宾固为之矣。书画之美，曰：馀力有是，苏文忠、赵文敏固为之矣。僖弟备道峻节孤风，使人倾怀注臆，有不可及之叹。私怪经义策士，徒求之绳墨寸寸之间，不足致磊落奇伟之材。而吾契之宛珠傅玑，又非循常肉眼之所易识。吴文定公亦坐是久之，而竟大遇。刖足连城，均是物也！然以相告，浅矣！矧相待耶？吾人尽在我。至举世无知，后世亦无知；吾之道，无损益也。自爱自爱！人便，谨此申谢臆，且附私怀，不具。

《明史》卷一百九十四《列传》：林俊，字待用，莆田人。

成化十四年进士，除刑部主事，进员外郎。性侃直，不随俗浮
沉。事涉权贵，尚书林聪辄属俊治之。上疏请斩妖僧继晓，
并罪中贵梁芳。帝大怒，下诏狱拷讯。后府经历张黻救之，
并下狱。太监怀恩力救，俊得谪姚州判官，黻师宗知州。时
言路久塞，两人直声振都下。寻以正月星变，帝感悟，复俊
官，改南京。弘治元年用荐擢云南副使，进按察使，五年，调
湖广。九年，引疾，不待报径归。久之，荐起广东右布政使，不
拜。起南京右佥都御史，督操江。寻以母忧归。……正德四年
起抚四川。败擒保宁蓝廷瑞、鄢本恕等。……俊在军，与总督
洪钟议多左。中贵子弟欲冒从军功，辄禁止。由是受构陷，致
仕归。言官交请留，不报。俊归，士民号哭追送，时正德六年十
一月也。

　　《国琛集》下卷：林俊，莆田人。性简检，居官廉约。至隶
金公廪，托以谢之。厌末俗侈泰，欲以身为表率。自筮仕迄归
田，进退无瑕衅可议。妖僧继晓挟近幸梁方以左道进，公极
论之。

九月十九日，与汤珍观菊伍馀福家，用珍诗韵继赋。

　　《集四卷本》卷四《重阳后十日伍君求家观菊，子重有诗，
用韵继赋》：重阳已过菊花时，更与高人把一枝。零落《离骚》
山泽味，萧条栗里岁寒姿。满庭夕露沾衣袖，一笑西风倒接篱。
志士从来看晚节，相逢不用叹衰迟。

冬，病中有寄怀汤珍诗。病起，吴㼿、钱同爱、伍馀福、王守兄弟携酒过访，赋谢。

　　《集四卷本》卷四《病中，久不至子重草堂，兼负琳宫看月
之约，作诗寄怀》诗，七律，略。

又《病起，辱次明、孔周、君求、履约、履吉携樽过访》：欣然笑语集嘉宾，土盎浮酒草屋春。小被残疴聊对酒，久逃空谷喜逢人。蹉跎岁事惊初雪，零落庭柯见短筇。还有图书消燕坐，柴门相过不妨频。

有送塾师钱尚仁归馀姚诗。

《集四卷本》卷四《馀姚钱德孚馆于余六年，儿子彭、嘉蒙其开益为多，癸酉冬告归，作诗送之》诗，七律，略。

按：此诗亦应是壬申之作。

月夜，与汤珍登阊门西虹桥，同赋。

《集四卷本》卷四《月夜登阊门西虹桥与子重同赋》：白雾浮空去渺然，西虹桥上月初圆。带城灯火千家市，极目帆樯万里船。人语不分尘似海，夜寒初重水生烟。生平无限登临兴，都落风阑露楯前。

又《附子重》：重门人散市初收，步蹑飞虹俯急流。城上乌声霜映月，水中帘影火明楼。天风吹袂寒相袭，野雾迷空澹自浮。十载金阊亭畔路，胜怀谁办夜深游！

十二月十八日，雨中过汤珍，遇王宠，燕谈竟日，赋长句以赠。

《集四卷本》卷四《腊月十八日，冒雨过汤子重草堂，适王履吉亦在，燕谈竟日，因赋长句，奉赠二君》：穷阴约雨风凄凄，短靴荤确沾丰泥。草堂旧路行不迷，依然碧凤坊之西。荒庭无聊野烟合，暮云欲压寒檐低。平生故人忽在眼，升阶一笑欣相携。汤君秀润拟文犀，王郎饤坐哀家梨。二君真是后来秀，风仪濯濯情依依。文章奕煜焕星斗，意度坦荡和天倪。祥麟一角世所稀，乃肯下友同山麑。顾余骯髒何所有？当年豪气腾虹霓。世间万事不比数，欲起古人相与齐。区区薄劣不自知，力小负重成颠挤。空然虚誉动州里，渐久亦尽行如澌。迩来推与愧诸彦，大似野鹤容山鸡。我真老大曳尾龟，公等骇跃凌云骖。已窥正的宁有失？坐蹑高峻何烦梯？百年文运端有属，万里修程方发蹄。还闻问学贵忠信，非德有受终无稽。弥文曼采只自困，如屋不栋车无輗。深言赠君君勿疑，由来丹凤无卑栖。前贤风躅去未远，我不足道君当跻。

立春日，相城舟中有诗。

《集四卷本》卷四《立春相城舟中》：城里鞭牛岁事阑，城东客思浩漫漫。风光欲动先零雨，水气相蒸尚薄寒。绕竹探梅移画舫，行厨传菜有春盘。未裁帖子吟芳草，且覆茶杯觅淡欢。

按：此诗题下原有小字注"甲戌"二字，而诗首句"城里鞭春岁事阑"，则立春非在岁首而在岁阑。《集三十五卷本》卷六，首为《甲戌岁朝，明日立春，东坡元日诗有"土牛明日莫辞春"之句，因以为韵，赋七诗》，则此《相城舟中》一诗，非甲戌年作，亦非癸酉年岁底作。实是壬申年底所作。文徵明相城之行，盖为沈周之葬。

二十一日，沈周葬于相城西牒字圩之原。徵明隶书王鏊所撰墓志铭。章浩刻。浩，文父。

拓本《石田先生墓志铭》：以壬申十二月二十一日葬相城西牒字圩之原。光禄大夫柱国少傅兼太子太傅户部尚书武英殿大学士知制诰国史总裁同知经筵事郡人王鏊撰。章浩刻。

按：此志小八分书，三十行，行三十字。无书丹人名。然与文徵明小隶跋沈维时藏康里巎帖两跋及《靖山堂帖》中徵明四十岁时《内翰徐公像赞》笔法相同，是徵明所书。刻工章浩，章文之父。时文应朱宸濠聘在江西。

有次韵蔡羽山中寄诗。

《集四卷本》卷四《次韵九逵山中见寄》:湖山高人三亩宅,青山缥缈水萦回。遥知乐事初分橘,欲寄相思未有梅。百里看云心共远,一缄如面手亲开。城西旧社萧条甚,安得从君把一杯?

又《附九逵原倡》:听雨中秋如昨日,春风又逐柳条回。西山落月千门雪,东郭笼烟几寺梅?旧社当惊诗草富,新年频梦笔花开。沧江未老周南客,且尽看云浊酒杯。

撰《先友诗》八首,咏李应祯、陆容、庄㫤、吴宽、谢铎、沈周、王徽及吕㦂。

《集四卷本》卷四《先友诗》:壁生晚且贱,弗获承事海内先达。然以先君之故,窃尝接识一二。比来相次沦谢,追思兴慨。各赋一诗,名曰"先友",不敢自托于诸公也。《太仆李公应祯》:太仆在三舍,抗言拒刑臣(公在太学,中官牛玉欲延教子,公正言拒之)。平生强执志,已究未达身。十年更外制,耿挺标清真。矫矫孤飞鸿,翘翘一角麟。卿监晚回翔,白发已盈巾。故国有佳山,长岐多风尘。终然绝俗姿,逸去畴能驯。《定山庄公㫤》:定山古通儒,学道希圣贤。古义与时违,敛息贲田园。黄花媚幽径,白鸟泳清川。悠悠青山适,一往三十年。高罗弗为求,欲致无由缘。非无济世心,亦有清庙篇。惜哉用违材,零落成弃捐。《文定吴公宽》:有伟延陵公,居然古明德。道义周一身,文章可华国。悠悠明堂思,允矣清庙瑟。惜哉晚登庸,位用殊未极。还能敦薄夫,坐亦消谗慝。德渊物为迁,曾谁睹声色!圣贤不复生,斯人重吾忆。《处士沈公周》:东南有一士,兰带芙蓉裳。琼珠杂瑶玦,皎然明月光。不随鸣凤下,甘与黄鹄翔。秋风自寥廓,罗纲漫高张。采芳涉秋苑,看云抚层冈。不为平世得,白首聊徜徉。悠悠天随子,千载永相望。

（陆容、谢铎、王徽、吕䓕四诗略）

《弇州山人续稿》卷一百六十三《京兆感知诗墨迹》:在昔延之《五君》,子美《七哀》,非托况前哲,即循感故知。而吾郡文徵仲亦仿,第皆逝者。

岁暮,过独墅湖遇雪;雪中至陈湖访陈鑰,皆有诗。

《集四卷本》卷四《岁暮过独墅湖舟中遇雪》:岁暮长空吹朔雪,平湖南去即天涯。横迷断岸才分影,乱闪寒涛并作花。一笑披裘传画本,千年移棹属诗家。不愁兴尽空归去,独墅东头有酒赊。

又《雪中至陈湖访以可夜坐有作》:相思百里梦劳劳,相见灯前首重搔。坐抚流光悲往事,不堪衰病到吾曹。扁舟独墅寒冲雪,尊酒陈湖夜听涛。明日又从城郭去,野田回首暮云高。

制《兰房曲》,贺王宠娶妻。

《集四卷本》卷四《兰房曲戏赠王履吉效李贺》:彤云旖旎霏祥光,兰椒沃壁含琼芳。流苏裊裊闹洞房,晚波绣烛摇鸳鸯。鸳鸯双飞情宛转,紫带垂螭觉螭缓。绿膏照粉玉缸斜,瑶鸭融春翠云暖。海绡落枕夜何如?美人笑掷双明珠。巫云朝敛金钗溜,不恨巫云恨花溜。

按:由《王履吉墓志铭》知王宠卒年四十岁,子阳,娶唐寅女,孙男一。是王宠父子皆早婚。本年王宠十九岁,文徵明此诗,贺诗也。

又按:王宠此时,尚以履仁为字,后一年五月游吴氏东庄等诗题可证。前此诗题中涉及王宠，每称"履吉"，此则《集四卷本》誊写误书。

撰《送提学副使莆田陈公叙》：陈名琳，字玉畴，号石峰。弘治九年进士。以监察御史视学南畿，以陶育人材为务。徵明尝为撰《石峰记》。刘瑾乱政，琳以谏谪揭阳丞。瑾诛，起嘉兴守。时擢山东提学副使。

《集三十五卷本》卷十六《送提学副使莆田陈公叙》：正德壬申之秋，诏嘉兴守莆阳陈公为山东按察副使，领提学事。先是弘治中，公以监察御史视学南畿，振德惊愚，轩轾惟允。未几，逆竖恣权，谋乱庶政。天子惑之，公上疏极谏，遂以得罪，镌两阶，左迁潮之揭阳丞。及朝廷更化，而公稍起倅嘉兴，寻以为守。今兹由浙而鲁，得再见于吴门，因献是言……

又卷十八《侍御陈公石峰记》，文略。

《夷白斋诗话》：闽陈侍御琳典南畿学，甚得士子心。正德中以谏去国，诸生中独朱良育送诗最为传诵。其诗云："春风露冕出郊原，落日停骖望国门。抗疏要谈天下事，谪官应过海南村。汤汤江汉羁臣泪，纳纳乾坤圣主恩。历试古来名节士，为言身屈道尤尊。"

按：文徵明与朱良育交往亦密，但良育诗极少，因录附此诗。

乾隆本《兴化府莆田县志》卷十六《人物》：陈琳，字玉畴。弘治丙辰进士，改庶吉士，授监察御史。遇事侃侃不避。督南畿学政，以陶育人才为务。正德初，逆瑾乱政，顾命大臣刘健、谢迁并去位，言官戴铣等被逮。琳上"惜老成、宥狂直以全圣德"疏，谪揭阳县丞。瑾诛，起嘉兴府同知，寻擢知府。未几，进山东提学副使，其养士一如南畿。擢江南布政司参政，又擢广东左右布政使。嘉靖初，拜都察院右副都御史，巡抚江西，改大理寺卿，升南京兵部右侍郎卒，年六十有八。琳直亮坦夷，能急人之困，喜扬善而讳其所短。

编弘治庚戌以后所作诗，成《甫田集》四卷。陈道济读后有诗。徵明次韵有"平生未得文章力，漫向词场著姓名"句。

《集四卷本》卷四《次韵陈道济读甫田新集见寄》：草草新编漫入评，十年憔悴苦吟声。要知有玩皆为丧，莫道能鸣是不平。茆屋雨声灯照梦，芙蓉秋冷月关情。平生未得文章力，漫向词场著姓名。

除夜，有诗。

《集四卷本》卷四《除夜》：拥寒枯坐夜无聊，杯茗炉薰次第消。独有恋人灯黯黯，可堪卒岁雨萧萧。醉供春帖闲吟草，病抚辛盘懒颂椒。少日凭陵都遣却，只将双鬓待明朝。

按：以上引证诗，大都录自《甫田集》四卷本。亦即传为文徵明手写刻本。但此本于徵明初名"璧"作"璧"；诗目中"陈以严"误"陈以年"；卷三《重葺西斋》倡和诸作，《答陈道通》《答钱孔周》《答陈道复》《答汤子重》不应在原倡之前；《答卢师陈》与重葺西斋无关，不应列于倡和诸作中；王宠此时尚未更字，而已不称"履仁"而曰"履吉"，颇觉费解。《文翰林甫田集》三十五卷本以《集四卷本》卷四《新年》诗下注"壬申"者起共四十四首中选十七首为正德戊辰年作。其中未选入诗如《席中题扇景寿外舅大参吴公》《寄王钦佩》诗，考之吴王事行，确皆戊辰年作。　又癸酉诗中，《题画送吾尹之应天倅》，考吾翁以正德四年己巳任长洲知县,后任任舜臣以正德七年壬申任,则送吾翁诗必壬申年作。馀如夜泛漕湖、九日与子重游东禅、追和石田东禅留诗、病中遣怀等皆壬申年事,非癸酉诗也。

又甲戌年诗《立春相城舟中》亦壬申年作,前已考定。故《集四卷本》实起于弘治庚戌,止于正德壬申。此集如是文徵明手写,不应有如许差错。且徵明年五十四岁始出仕,不应此集诗目前有"翰林待诏文徵明字徵仲"一行款识。故《甫田集》四卷本是否文徵明亲手写刻,尚待考证。

朱凯卒。凯与朱存理皆喜留心吴中故实。所著集已散佚,仅存《句曲纪游诗》一卷。

《集三十五卷本》卷二十九《朱性甫墓志铭》:正德壬申,尧民卒。

道光本《苏州府志》卷九十八《人物·文苑》:朱凯,字尧民,与朱存理齐名。成化、弘治间,其名奕奕于郡城之东,人称两朱先生。正德壬申,尧民死。明年,性甫死。自两人死,吴中故实无所考,凯集不传,有《句曲纪游诗》一卷。

《怀星堂集》卷二十四《高陵编序》:宋滕城作孙王墓记。洪武中,卢舍人熊辨之,诸贤表跋歌诗,前后班班,亦可以观。谨缀一编,镌诸东邑黄文学应龙之私笮。吾党朱尧民取次第附益之,而沈润卿以入刻,然后不泯。夫封于祀孔,昔君用誉;史郡国者,丘垄之载,不可缺也。而为事至于无所为者,而义见焉,于是亦有以识尧民之义也。

《四库全书总目》卷一七五《集部·别集类存目二》:《句曲纪游诗》一卷,明朱凯撰。凯所著有《尧民集》,久已散佚。此本乃马裕家所藏,末有马人伯跋,谓"崇祯乙巳仲秋摹录成、宏诸先哲诗,因凯度先生谈及,借得此本,抄于双橘斋中"云云,则明末尚有传本。编中古体八首,近体十七首,乃正德丁卯三月十三,凯与东阳沈用之、沈宜永兄弟同游三茅山而作。前有凯自序,末有凯友吴奕跋。

都穆以太仆寺少卿致仕。

《吴都文粹续集》卷四十三胡缵宗《明中宪大夫太仆寺少卿致仕都公墓志铭》:仕为礼部主客司郎中。年五十有四,即上书乞骸骨归,许之。加太仆寺少卿致仕。

《矶园稗史》:弘治己未,程篁墩敏政鬻试目,给事中华昶发其事,始于举子都穆玄敬,为昶西宾,言之,昶因举劾。昶与穆誓死不相累,故昶虽被掠笞,终不及穆。至今人咸弗之知。嘉靖初,昶侄孙钥为职方主事,语予云。时昶历方伯,都为郎中,俱归休矣。

正德八年癸酉(1513)四十四岁

正月廿五日,祖姑素延卒。后二年葬,徵明为撰墓志铭。

《集三十五卷本》卷二十九《赵硕人墓志铭》:硕人文氏,讳素延,余曾大父存心府君长女,先大父涞水府君女弟,先君温州之姑也。归赵氏,为故修职佐郎良玉之配。良玉讳琼,尝游学官,后从事镇江卫,满考,铨注吏部,垂仕而卒,时弘治四年辛亥也。后二十有二,硕人年七十又六,乃卒,是为正德八年癸酉正月二十五日。又明年乙亥正月三日,葬吴县天平山,从修职君之兆。

过甫里，月夜至白莲寺，访唐陆龟蒙祠。

《集三十五卷本》卷五《偶过甫里，乘月至白莲寺，访陆天随故祠》：一龛灯火白莲宫，古社犹题甫里翁。坐挹高风千载上，依然旧宅五湖东。雨荒杞菊流萤度，月满陂塘斗鸭空。故草已随尘土化，空瞻遗像寂寥中。祠有唐时遗像，为狂人所仆，满腹中皆翁手稿。后像虽设，而稿不可得矣。

光绪本《苏州府志》卷三十七《坛庙祠宇》：甫里先生祠，在甫里保圣寺之白莲院。祀唐处士陆龟蒙，即其宅。或云：卒后就葬其旁。庙食于此。宋嘉定十七年，钱唐龚时备别建祠于左。元至正间，县尹马麟重建。明正德十四年，里人马经重建，方鹏记。

游沧浪池，有诗。

《集三十五卷本》卷五《沧浪池上》：杨柳阴阴十亩塘，昔人曾此咏沧浪。春风依旧吹芳杜，陈迹无多半夕阳。积雨经时荒渚断，跳鱼一聚晚波凉。渺然诗思江湖远，便欲相携上野航。

《静志居诗话·文徵明》：先生人品第一，书画次之。曩从父维木公治别业于碧漪坊北，池荷岸柳，有轩三楹，悬先生手书于壁，即《池上》一诗。少时讽诵，至今犹未遗忘。视集中所载，尤出尘埃之表。拾遗珠于沧海，天下之宝，当与天下共之矣。

乾隆本《苏州府志》卷二十七《第宅园林》：沧浪亭，在郡学之东。积水弥数十亩。旁有小山，高下曲折，与水相萦带。庆历间，苏子美得之，傍水作亭曰沧浪。欧阳文忠诗云："清风明月本无价，可惜只卖四万钱。"由是沧浪之名始著。

五月六日，与吴爟、蔡羽、钱同爱、王守兄弟及东禅寺僧天玑，游吴氏东庄，有诗并图以赠吴奕。

广州越秀山美术展览会展出《明文衡山游东庄赠吴嗣业图》：相君不见岁频更，落日平泉自怆情。径草都迷新辙迹，园翁能识老门生。空馀列榭依流水，独上寒原眺古城。匝地绿阴三十亩，游人归去乱禽鸣。近游东庄，有怀先师吴文定公，赋得小诗一章，并系拙图，奉赠嗣业二兄。是日同游者：吴次明、蔡九逵、钱孔周、□□□、王履约、履仁、东禅僧德璇。癸酉五月六日，徵明。

按：诗亦载《集三十五卷本》卷五作《过吴文定公东庄》。德璇即天玑，徵明《京邸怀归诗》中怀吴中诸寺于东禅寺诗末作"右东禅寺璇天机"。

与郑鹏等游石湖；后与王宠登虎丘，皆有诗。

《集三十五卷本》卷五《陪蒲涧诸公游石湖》：杜若洲西宿雨过，行春桥下长蘼芜。青松四面山围寺，白鸟双飞水满湖。故垒春归空有迹，扁舟人远不堪呼。相看不尽兴亡恨，落日长歌倒玉壶。

又：《同履仁濯足剑池》：舍舟即嵚崎，探策入窈窕。穷崖擘苍铁，直下千寻表。绝磴悬飞梁，仰首心欲悼。阴壑多长风，六月更幽悄。秋声落井干，翠雨滴深筱。与君富闲怀，竟日恣幽讨。都将双足尘，濯向千年沼。

七月廿五日，朱存理卒。年七十。存理工于诗，著《野航集》，杨循吉、祝允明序。徵明为撰墓志铭。

《集三十五卷本》卷二十九《朱性甫先生墓志铭》：吾苏有博雅之士，曰朱性甫存理、朱尧民凯。两人皆不业仕进，又不随

俗为廛井小人之事。日惟挟册呻吟以乐。好求昔人理言遗事
而识之。对客举似,如引绳贯珠,纚纚弗能休。素皆高赀,悉费
以资其好,不恤也。成化、弘治间,其名奕奕望于郡城之东。人
以其所居相接,而业又甚似也,丽称之曰两朱先生。正德壬申,
尧民死;明年,性甫又死。自两人死,吴中故实,往往无所于考。
而求其遗书,亦无所得。惜哉! 初,性甫尝相约为传,不果。及
是葬,而其子以状来速铭。状固不若余能详也。……其诗精工
雅洁,务出新意,得意处追蹑古人。所著《野航集》,君谦实叙
之。尤精楷法,手录前辈诗文,积百馀家。他所纂集,有《经子
钩玄》《吴郡献徵录》《名物寓言》《铁网珊瑚》《野航漫录》《鹤
岑随笔》,总数百卷。既老不厌,而精力不加,又坐贫无以自
资,而其书旋亦散去。每抚之叹息,其意殊未已也;而岂意其遽
死耶! ……尤为郡邑大夫所礼。前守洛阳史公,新会林公先后
修郡志,并以性甫从事。岁时乡饮,必致为上宾,时人荣焉。性
甫死时,为正德癸酉七月廿又五日,享年七十。

《吴都文粹续集》卷五十六朱存理《募刻诗疏》:伏以呕心
少日,已无锦囊之才;流泪终年,空有碧云之叹。白发因他搜索
而生,雌黄正我推敲而用。抹去若干,存未二三。早蒙知赏,前
辈推毂之恩;晚遇校编,同侪斤削之力。拈出三十年之前,选得
一百首之外。欲望收拾在后之子孙,莫若流传先自于朋友。刻
梓不必如宋版之精,鉴藻岂觊拟唐风之盛。疏请诸盟,义当厚
助。友生朱存理再拜。

按:杨循吉、祝允明撰《朱性甫诗序》,均见《吴都文粹续
集》卷五十六,略。

廿九日,过朱承爵寓楼,观元钱选画《孤山图》,为录宋

林逋诗于后。

《郁氏书画题跋记》卷四《钱舜举孤山图》：偶过子儋寓楼，阅雪翁所画《孤山图》，因录和靖诗数首，用以相发云。正德癸酉七月廿九日，徵明记。

再试应天。时顾璘以开封知府得罪宦官，贬广西全州。便道还家，与徵明及王韦等相晤。徵明与乔宇、李熙、陈沂、王韦等赋诗为饯，并叙其首。璘亦有留别之作，由王宠录于卷后。宇字希大，号白岩，山西乐平人。成化二十年进士。诗文雄隽，兼通篆籀。官吏部时，有人伦鉴，而门无私谒。时官南京礼部尚书。熙字师文，上元人。弘治九年进士，正德初，官御史。因请诛刘瑾，系锦衣狱，廷杖后罢归。

《集三十五卷本》卷三十二《顾公墓志铭》：癸酉，谪授广西全州知州。

又卷十六《送开封守顾君左迁全州叙》：余友顾君华玉，少负才隽，以文学闻于时。筮仕宰广平，又以吏能闻。升朝为郎，以清强闻。及守开封，绥怀得情，剸裁靡窒；而其声闻，益闳以达。正德癸酉，君得罪中官，逮赴诏狱。已而君竟被罪镌三阶，左除广西之全州。君故吴人而家金陵。及是便道过家，上冢以行。余得合诸友赋古律诗八首为饯，叙其首。

又卷五《与王钦佩顾华玉夜话》：烛跋荧荧照酒明，故人相对说平生。差池何止三年别，老大难忘一举名。残夜池塘分月色，绕门杨柳度秋声。不辞笔砚酬嘉会，去住江湖各有程。

《藤花亭书画跋》卷二《正德诸贤赠行游览诗卷》：诸公赋诗为东桥赠行，东桥亦有留别之作，而难于自书，王履仁为代录于后。昔薛校书为杜樊川书《西川行卷》,杜作诗谢之。东桥能不援此例有赋乎?癸酉八月十三日,徵明记。 诗四首,不录。末识:"秋日秦淮西堤泛舟,兴之所到,因错综用韵,以纪其事。盖游与饯,实兼之矣。白岩山人乔宇识。"另有:衡山文徵明、建业李熙、鄞陈沂、葵丘王斗、吴门顾璘等诗。末"正德乙亥秋七月壬辰汝南孟洋跋。"

按:王斗款下有"钦佩"印,王斗应是王韦之误。顾璘《南原王先生传》:"上世自睢徙江浦,再徙金陵。"故称"葵丘"。

《明史》卷一百九十四《列传》:乔宇,字希大,山西乐平人。成化二十年进士,授礼部主事。弘治初,王恕为吏部,调之文选。三迁至郎中,门无私谒。擢太常少卿,选光禄卿,历吏部左右侍郎。刘瑾败,大臣多以党附见劾,宇独无所染。拜南京礼部尚书。久之,改兵部。宁王宸濠反,扬言旦夕下南京。宇严为警备。综理周密,内外宴然。……世宗即位,召为吏部尚书。宇自为选郎,有人伦鉴。及是铨政一新。诗文雄隽,兼通篆籀。

《息园存稿》文五《浙江按察副使李君师文墓志铭》:初,李君为御史,当正德初,太监刘瑾等始乱国纪,君抗章请诛,犯众怒,矫诏系锦衣狱,廷扑三十,罢归。髀肉尽销,不死。瑾犹衔之。逾年,复摘旧牍得君名,文致微过,诏于南京廷扑五十,囊举而出。人谓死矣,已而肤附骨生,竟活。君讳熙,师文其字也。先世苏人,入国朝始为上元人,居饮虹桥侧,时辈称曰饮虹先生,亦况其负气而善藏也。喜赋诗,所存有《尚友集》《明农稿》。君生于天顺乙酉某月某日,生三十一年登弘治丙辰进士第。

试后,往滁州访叔父森,时森自河南道监察御史升南京

太仆寺少卿。游醉翁亭不果。宿江浦,追怀庄㫤。皆有诗。

《集三十五卷本》卷二十六《先叔父文公行状》:庚午更化,再起为河南道监察御史,推掌三法司事。壬申,升南京太仆寺少卿。

济阳蔡氏本《文衡山癸酉诗帖·滁州官舍留别少卿家叔》:宦辙滁阳弟踵兄,我缘诸父得重经。只应故榻曾听雨(先君宦滁时,少卿尝留止其处),敢谓虚堂是聚星。两世相看亲叔侄,百年好在旧门庭。夜阑无限分违意,月满空阶酒初醒。

《集三十五卷本》卷五《游醉翁亭不果寄滁州故人》:当时踪迹两峰间,匹马重来不及攀。曾有题名留坏壁,羞将尘面见青山。未应啼鸟知人乐,空望清泉裹茗还。寄谢故人休见诮,百年双足会须闲。

又《宿江浦有怀定山先生》:惊风木叶夜毿毿,独宿江城酒半酣。千载名山无谢傅,一生知己愧羊昙。青灯暮雨残诗帖,明月苍松旧草庵。二十年来头欲白,当时心事向谁谈?

王庭举乡试,年二十六岁。徵明不售。归,与王宠同舟。失解无聊,用王宠韵写怀,兼简蔡羽。王鏊有次韵之作。

《两浙名贤录》卷四十二《恬裕·江西布政司参议王直夫庭》:年二十六,举于乡。

隆庆本《长洲县志·科第》:正德八年癸酉科 王庭

《卷三十五卷本》卷五《失解无聊,用履仁韵写怀,兼简蔡九逵》:夜半休惊负壑舟,已应吾道属沧洲。梦中桂树青天月,江上芙蓉玉露秋。瘦马尚怜衔橛在,冥鸿翻困稻粱谋。倦游更忆相如远,落日苍茫立渡头。

《王文恪公集》卷六《次韵徵明失解,兼柬九逵》:野渡空横尽日舟,兼葭生满白苹洲。毛嫱自倚能倾国,秭稗宁知剩有秋。学就屠龙谁与试?技同操瑟不相谋。人间得失无穷事,笑折黄花插满头。

九月十六日,跋陈沂所藏宋欧阳修《付书局帖》。

《三希堂帖》:欧公尝言:"学书勿浪书,事有可记者,他日便为故事。"且谓"古之人皆能书,惟其人之贤者传。使颜公书不佳,见之者必宝也。"公此数帖,仅仅数语,而传之数百年,不与纸墨俱泯。其见宝于人,固有出于故事之上者。正德八年癸酉秋九月十又六日,后学文徵明拜手谨题。

按:徵明此跋前为正德己巳祝允明一跋,中云"为故黔阳大夫陈君所藏,黔阳之子进士君鲁南出示。"是徵明此跋亦为陈沂作。

与杜瓈、汤珍游东禅寺,珍有诗,次韵。瓈字允胜,别号澹岩,长洲人。与徵明志业相契,时相质疑。

《集三十五卷本》卷五《秋日同杜允胜、汤子重游东禅,次子重韵》诗,五古,略。

又卷三十《杜允胜墓志铭》:余与君比里而居,又志业相契,每有疑义,必从君问难。数日不见,必有异闻。所为资益余者甚众。君讳瓈,字允胜,别号澹岩。先世松江之青龙镇人。曾大父宗敏,赘于长洲林子恒氏,故今为长洲人。

邢参来访,话旧有作。参尝得宋王涣之书吴中三大老诗拓本,以字多刓缺,属徵明重书于后。

《集三十五卷本》卷五《邢丽文顾访小斋话旧》:十年踪迹

一追欢,已觉萧萧两鬓残。里社与君游最久,头颅如此见何难?不忘习气评新业,相顾尘埃只旧冠。为说流光堪恋惜,故盟从此莫教寒。

又卷二十二《跋吴中三大老诗石刻》:右宋吴中三大老诗,皆为乐圃先生作,信安王涣之书以入石者。三老:元绛字厚之,程师孟字公辟,卢革字仲辛。涣之,衢州常山人,王介之子。元丰进士,官吏部侍郎,宝文阁学士,知中山府。其兄汉之尝为吴郡,故涣之尝游于吴。乐圃先生朱氏,名长文,字伯原。元祐进士,本州教授,秘书省正字,以疾解任。乐圃在今雍熙寺之西,已废为民居。吾友朱性甫相传为乐圃之后,故此石留其家。性甫没,不知所在。邢君丽文得拓本,装池成轴。顾其字画多已刓缺,恐益远而遂失之,俾余重书一过,并疏其大略如此。

钱贵以会试赴京;陈沂亦以赴试至吴访别,徵明皆有诗送之。又有寄金陵许陞兼简王韦诗。

《集三十五卷本》卷五《陈鲁南将赴试南宫,过吴中访别,赋诗送之》《送钱元抑会试》《寄金陵许彦明兼简王钦佩》诗,皆七律,略。

十二月六日,冒雪过昆山,有诗画赠同行吴敬方。

《味水轩日记》卷四:谭孟恂携项子蕃所蓄书画来观。其一文徵仲雪林,笔意简古,远山只作七八勾断,而层叠之势自见。题云:"河堤衰柳不胜吹,又值东来岁暮时。木落夷亭潮信断,雪迷真义棹行迟。村墟杳霭天低树,凫鸭惊飞草满陂。三里桥畔孤塔影,相看已是隔年期。癸酉冬十二月六日,冒雪过昆山,舟中赋此,赠同行吴敬方,并记小图。"

《雅宜集》卷三《送吴三敬方之京》:季子之上国,南冠猎曼

缨。秋风高隼疾,江馆候虫鸣。紫阙天为带,黄图玉作京。早
逢杨得意,知尔赋先成。

按:吴敬方事行待考。

寿谢雍五十诗。雍字元和,号云庄,长洲人。读书不仕,以孝友称。

上海图书馆藏《文衡山诗稿墨迹·谢云庄五十》:七叶名
宗族,五旬贤弟昆。家庭初曳杖,圣主近旌门。出岫云心懒,交
知荆树□。知非转强健,况复好儿孙。

《祝枝山诗文集·赠谢元和序》:某先参政门弟子有举人
谢君名会,字维贞,同里人也。实有学行,不幸早死。其子昺,
字明仲,执礼于先君甚恭。先君已矣,而明仲之子雍字元和交
予益亲。维贞有遗文,雍汲汲校录,刻木以图传。凡所以为孝
友事,勉之不怠,而德义文业之间,相资辅于彼此者,日隆甚矣。

又《谢云庄夫妇像赞》:予谓谢子有君子之道六焉:孝其
亲;友其昆;朋党任恤;族戚睦姻;景风之温,醍醐之醇;金玉作
礼,锦綮为文。遁操先引而逍遥,贵显后来以振振。予与子为
四世师友,子在邦为七叶同门。

按:谢雍手录《枝山诗文集》赠文徵明者,末识"嘉靖甲辰
四月十日,谢雍时年八十一岁。"雍本年年五十岁。

正德九年甲戌(1514)四十五岁

正月初二日立春,以苏轼元日诗为韵,赋七诗。

《集三十五卷本》卷六《甲戌岁朝,明日立春,东坡〈元日
诗〉有"土牛明朝莫辞春"之句,因以为韵,赋七诗》:开岁四十

五,吾行已云衰。岂乏青云志,老大难为期。学道苦无成,白首操文辞。东风泛碧草,缅然起遐思。　梅花忽已动,岁时行亦新。倾城出行乐,谁念端居人?端居岂不好?负此芳树春。昨岁花前客,今为树下尘。

按:共七首,录末两首,馀略。

初六日,与汤珍晚步至竹堂寺,有诗并图。

《吴派画九十年展·文徵明疏林茅屋轴》:佛座香灯竹里茶,新年行乐得僧家。萧然人境无车马,次第空门有岁华。几日南风消积雪,一番春色近梅花。坐吟残照归来缓,古木荒烟散晚鸦。春初偶同子重过竹堂,赋此。是岁正德甲戌。徵明。

按:诗见《集三十五卷本》卷六,题作《新正六日同子重晚步至竹堂》。

蔡羽、汤珍各有诗见寄;王宠亦有《春江即事》之作,皆次韵答之。

《文嘉钞本》卷六《次韵答蔡九逵见寄》:百里川原入望迷,去来舟楫苦难齐。别君又见新年月,扫壁空馀旧日题。郭外青烟初着柳,梅边小雨不成泥。春来逸兴何由遣?梦魂依稀笠泽西。

《集三十五卷本》卷六《次韵答子重新春见怀》诗,七律,略。

又《次韵履仁春江即事》:二月江南黄鸟鸣,春江千里绿波平。朱甍碧瓦参差去,水荇兰苕次第生。风外秋千何处笑?日斜钟鼓隔花晴。洞庭烟霭孤舟远,茂苑芳菲万井明。唱断《竹枝》空复恨,流连芳草不胜情。何时载酒横塘去,共听吴娃打桨声。

顾璘举进士。璘字英玉,字横泾,上元人。璘从弟。性孤介。徵明亦与交往。

《息园存稿》文九《遗七弟英玉书》:四月十八日,乡人谢钺者驰传至州,始知吾弟得举进士,殊为喜溢。吾弟行业,固宜取上第。然交游中祝希哲、陈鲁南赫然其声,又复落羽;文、蔡诸君,尚失乡举,此岂可谓非天乎!

《明史》卷二百八十六《文苑·顾璘》:从弟璘,字英玉,以河南副使归。居园侧一小楼,教授自给。璘时时与客豪饮,伎乐杂作。呼璘,璘终不赴。其孤介如此。

《静志居诗话》:顾璘,字英玉,上元人。璘之从弟。正德甲戌进士,除南京工部主事,改兵部,历郎中。谪知许州。终河南按察副使。有《寒松斋存稿》。东桥诗有"落魄吾家苏季子,风流南郡小冯君。"盖谪牧许州时所寄也。

《四友斋丛说》卷十:南京顾横泾璘,字英玉。乃东桥之弟。亦有文章,登正德甲戌进士。有重名。为南京兵部武库郎中,在官清严之极,毫发无所私。后以副宪致仕家居。去官后,惟居临街一小楼匾寒松斋,训童蒙数人以自给。

按:徵明致仕出京于任城简顾璘诗云:"不见逋翁十二年",是两人此时已相识。

为沈氏题沈周背临米友仁《大姚村图》诗。

《集三十五卷本》卷六《题沈氏所藏石田临小米大姚村图》:长洲沈氏旧藏小米真迹。成化间,有假中官之势取之。石田为追摹此图:春云沉空山有无,眼明见此姚江图。图穷烂漫得题字,照人百颗骊龙珠。平生雅识敷文书,绍兴岁月仍不诬。岂知尤物能媒祸,茧纸兰亭已非故。石翁信是学行人,能使邯郸还故步。忆昔憸人贿为囿，黩财更假狂阉手。千里珍奇归检括，故家旧物那容守！沈氏藏兹二百年，一朝掣去心茫然。谁言物聚必有散，手泽相关常累叹。未能一笑付亡弓，且喜百年还旧观。岂余钝眼错颜标，抵掌真成孙叔敖。区区不独形模似，更存风骨骊黄外。一时点笔迥通神，得非小米是前身？从来艺事关人品，敢谓今人非古人！

《六砚斋笔记》卷三：小米《大姚村图》，澄心堂纸所作。诗句藻逸，书画遒润，得乃父风。不易得之物，为吾苏沈汝融之世藏。成化末，王瘸括货江东，此卷属其鹰攫。汝融日惄若废饮食者。以余尝观，求追写其所记忆；久亦付之茫然矣。近过徐甥，出元晖大行书三诗，即其副本耳。遂临一过，复漫补此图归汝融，始塞其意。且谓之曰："物之聚散自有数，正不使人容心其间。譬之此卷在王云浦所，两得两失，而转之子家。子家方一失已，安知他日不复得乎？余请以拙恶为死马骨以媒之。弘治壬子九日，长洲沈周跋。"后有吴宽、都穆、杨循吉、祝允明题或跋。祝跋在弘治六年。末文徵明跋。　米元晖《大姚村图》，澄心堂纸所画。墨树三攒，屋四五间，云气与冈阜相抱。四面空阔皆水。右角微作远峦，以大姚在太湖中故也。此卷元时为王云浦者所得，已失之；又复得，因手题于后。倪元镇有次元晖韵诗。国初此卷入沈汝融家，有徐源、王行题。成化间，有王瘸者，挟中人以检括进奉为名，此卷掠去。沈石田追忆补图，气韵亦雄浑自恣。譬《禊帖》之有唐临，亦天地间罕物也。

《明书》卷一百五十八《宦官传》：王敬事宪宗为太监，与王臣等以购书采药为名，乘传南行。王臣者，初为奸盗，被擒伤胫，号王瘸子。多妖术，所至纵暴横，索诈货财，搜取奇玩，官民并受其害。凡江南书画古玩之奇绝者,检括殆尽。

春,饮于王献臣园池,有诗。

《文嘉钞本》卷六《饮王敬止园池》:篱落青红径路斜,叩门欣得野人家。东来渐觉无车马,春去依然有物华。坐爱名园依绿水,还怜乳燕蹴飞花。淹留未怪归来晚,缺月纤纤映白沙。

三月刘麟赴陕西布政使任,过吴门言别,徵明写赠《两溪草堂图》,王宠有题。麟尝与顾璘、唐寅、祝允明观徵明画扇有题。

《明史》卷一百九十四《列传·刘麟》:瑾诛,起补西安,遭父忧,乐吴兴山水,奉父柩葬焉。遂居湖州。起陕西左参政,督粮储。

《裨勺》:文待诏赠刘清惠公麟《两溪草堂图》一帧:"弁山南下玉浮澜,荫白堂前白日闲。此去安西征马上,可应回首两溪间。南坦先生将赴陕西,过吴门言别,为写《两溪草堂图》并赋此致意。正德甲戌三月二十七日,长洲文徵明记。"又王宠履吉题云:"美人西去入三秦,春风问我桃花津。江南三月草齐绿,渭水天河云正春。倘向凤凰台下过,寄声聊问秣陵人。"

《味水轩日记》卷七:万历四十五年乙卯六月五日,大雨竟日。沈伯远二便面册叶留案头,展阅有味。一面文衡山散笔小景,极粗辣。题者俱名公。"太古不可见,悠然泉石存。离离芳树绿,烟雨过吴门。南坦刘麟。""远树淡无色,崇岩歆欲飞。幽居自堪老,何事未言归。顾璘东桥。""衡山妙小笔,落落出古意。枯木带松痕,灵石含元气。唐寅。""触石涧潮碧,堕林枫叶丹。苍然平野外,更看几重山。祝允明。"

四月,无锡华夏过吴,访祝允明,请补书《出师》两表于

赵孟頫画《武侯图》后。夏字中甫，号东沙。富收藏，善品鉴。与允明及徵明交往颇密。

日本三省堂本《书菀·祝枝山集·小楷出师表》：正德甲戌四月十二日，华中甫过吴访余，出赵荣禄所画《武侯图》，惜失后二表，强余书此。真似炼石补天，恐不免识者之诮也。长洲祝允明识。

《华氏本书》：东沙公讳夏，字中甫，东沙其别号也。生于孝宗朝，而著声于肃皇帝时。师阳明先生，而友文徵仲、祝希哲。其于阳明，于学未得称入室；于文、祝则称合志之友。幼颖敏，识伟志昂，长业成均，声动南雍。遘蛊疾，弃举子业。乃寄情于古图史金石之文。其所珍三代鼎彝，魏晋书法，皆品极上之上者。大江以南赏鉴家则首推华东沙，项叔子次之。年七十四卒。

光绪本《无锡金匮县志》：华夏，字中甫。少师事王守仁。守仁谪龙场驿，夏周旋患难。中岁与吴下文徵明、祝允明辈为性命交。金石缣素，品鉴推江东巨眼。文徵明为之铭。《真赏斋》拓本妙埒宣和，《停云》《快雪》而下，不敢望也。

五月十三夜，与汤珍、王守兄弟石湖行春桥看月，有长诗。

《集三十五卷本》卷六《五月十三夜，与子重、履约、履仁石湖行春桥看月》诗，七古，略。

追和元杨维桢《花游曲》，并录当时诸和作以寄王守。守请补图，后六年始成。

《集三十五卷本》卷六《追和杨铁崖石湖花游曲》：石湖雨歇山空濛，美人却扇歌回风。歌声宛转菱花里，鸳鸯飞来天拍水。当时仙伯醉《云门》，酒痕翻污石榴裙。遗踪无复芳尘步，湖上空馀昔人墓。昔人既去今人来，千载风流付一杯。雪藕紫丝荐冰碗，蛱蝶飞来逐歌板。夕阳刚在画桥西，一段春光属品题。伤心不见催花使，只有黄鹂啼再四。无限春愁谁与笺，玉奴会唱《紫霞篇》。

《六砚斋笔记》卷四：至正戊子三月十日，会稽杨维祯同贞居张伯雨诸人游石湖，有侑者琼英与坐。各为《花游曲》一章，词情美丽，实一时之盛。莫氏修《石湖志》，乃以为秽而去之。文太史徵仲深为惋惜，特作蝇头细书录成卷。仍为补图，留作山中故实。余谓志乘成于一人之意，修改不常。如此瑰玮之作，托于志，不若托于太史之宝图名翰为不朽也。

《过云楼书画记》画类四《文衡山花游图卷》：老铁以至正八年三月十日偕张贞居、顾仲瑛游石湖诸山，为《花游曲》。后百六十七年为正德九年，衡山追和原韵，并为图写其芳轨。全湖风景，历历在目。远望楞伽，焦塔一痕，与夕阳波光相上下。近则宝积诸寺，出苍松翠桧间。湖堤游人如织。平头船子，系缆行春桥下，犹见当年裙屐之盛。盖伎为小琼英，客则汝阳袁华字子英，娄东马麟字孟昭，河南陆仁字良贵，淮南秦约字文仲，匡庐于立字彦成，均见《玉山草堂》。惟昆山郭翼，集中《白云海次韵诗》未著其字。今考《列朝诗集》小传，知字为羲仲也。

《明史》卷二百八十五《文苑》一：杨维祯，字廉夫，山阴人。少时，日记书数千言。父宏，筑楼铁崖山中，绕楼植梅百株，聚书数万卷，去其梯，俾诵读楼上者五年。因自号铁崖。元泰定四年成进士。……擢江西儒学提举，未上。会兵乱，避地富春山，徙钱塘，再徙松江。洪武二年，太祖召诸儒纂《礼》《乐》书，遣翰林詹同奉币诣门，赐安车诣阙廷。留百有一十日，所纂叙例略定，即乞骸骨。帝成其志，仍给安车还山。维桢诗名擅一时，号铁崖体。与永嘉李孝光、茅山张雨、锡山倪瓒、昆山顾瑛为诗文友。

按：杨维桢原词云：三月十日春蒙蒙，满江花雨湿东风。美人盈盈烟雨里，唱彻湖烟与湖水。水天虹女忽当门，午光穿漏海霞裙。美人凌空蹑飞步，步上山头小真墓。华阳老仙海上来，五湖吐纳掌中杯。宝山枯禅开茗碗，木鲸吼罢催花板。老仙醉笔石阑西，一片花飞落粉题。蓬莱宫中花报使，花信明朝二十四。老仙更试蜀麻笺，细写春江花月篇。

秋，与吴爟等闲泛采莲泾有作。

《集三十五卷本》卷六《同次明诸君采莲泾闲泛》：采莲泾上雨初收，秋色催人烂漫游。日暮白苹风乍起，陂南黄叶水交流。美人齐唱《沧浪曲》，彩鹢斜穿窈窕洲。落尽晚花无那冷，一樽相属更夷犹。

八月，以卷请王鏊书近作，鏊为行书五诗。

《柳南随笔》卷六：前代不以书名而其书绝佳者，为震泽王文恪公。家侍御次山峻尝为余言之。友人顾文宁士荣藏公行书一卷，为公自书所作《泛南湖饮湖心亭》《游治平寺登吴王郊台》《至太仓欲观海不遂》《舟中望昆山》《雨登昆山雨阻还至夷亭》《六月十九日避暑偃月冈》诸诗。公自题其后云："徵仲以此卷索近作，草草书此以复。徵仲览之，能不有以见教乎？东山拙叟王鏊。时正德甲戌八月也。"

为朱承爵题元高克恭画横幅。

《集三十五卷本》卷六《题高房山横轴》:春云离离浮纸肤,翠攒百叠山模糊。山空云断得流水,咫尺万里开江湖。依然灌莽带茅屋,亦复断渚迷菰蒲。冈峦出没互隐见,明晦阴晴日千变。平生未省识匡庐,玉削芙蓉正当面。宛转香炉霏紫烟,依稀梦泽分秋练。未遂扁舟梦里游,酒醒独展灯前卷。问谁能事夺天工,前元画史推高公。已应气概吞北苑,未合胸次饶南宫。南宫已矣北苑死,百年惟有房山耳。只今遗墨已无多,窗前把卷重摩挲。世间呿笔争幺么,扫灭畦径奈尔高公何!

《大观录》卷十八《高尚书秋山暮霭图卷》,文徵明题诗末识"徵明为子儋题。"

赠李璧诗。璧字白夫,广西武缘人。好学能文,操行谨谦。时以仁和教谕升四川剑州知州,道经吴门。

《集三十五卷本》卷六《剑守南宁李君璧,与余雅不相识,比以仁和教谕校文南畿,颇有意于浅薄,格于异经不果荐,甲戌自杭赴蜀,道出吴门,邂逅及此,因赋赠二诗》,诗皆七律,不录。

《七修类稿》卷下《琢斋先生言行略》:琢斋先生姓李氏,讳璧,字白夫,广西武缘人也。弘治辛酉举乡荐,壬戌以乙榜署教浙之兰溪。……正德丙寅起复,补署仁和之教。历癸酉九载考绩,天曹以其才能,授四川剑州知州。嘉靖甲午,升南京户部员外,弗及任而卒矣。先生好学能文,而操行谦谨,士林皆爱重之。

撰母姨祁守清墓志铭。

《集三十五卷本》卷二十九《故严府君妻祁氏墓志铭》:府君卒之三十有七年,厥配硕人卒。且葬,于是其子悦泣告余曰:

"先府君之亡，悦生甫五年，府君懿行无所知。惟是硕人之葬，不可无铭，子其图之。"呜呼！先夫人之亡，于兹三十年馀矣。岁时升堂，见硕人，犹见先夫人也，矧有恩焉！而今已矣，其何以为情耶！而于其葬也，忍不有铭以昭之耶？硕人祁氏，讳守清。年若干，归府君为再继室。府君卒时尚少，日抚悦以泣。悦稍长，教以治生。俾从姊子习乾没，而戒饬之甚至。悦或时持钱货归，必问其所从得。苟不出其身，则不喜。盖未数年，而悦以有成，家日充拓。而硕人目击其盛，人咸称之，谓庶几府君之不亡也。硕人之卒，为正德三年某月某日，年七十有一。葬以九年十一月三日。

有送提学御史黄如金序。如金，莆田人。继陈琳视学南畿，所为悉如琳，而高朗雍容，破崖岸，略章程。至是擢按察司副使，视学广西。旋卒，徵明与王宠有祭文。

《庚巳编》卷七《王提学》：前南畿提学御史黄先生如金，莆田人。弘治甲子举福建乡试第一。……

《集三十五卷本》卷十六《送提学黄公叙》：国家取士之制，学校特重。自学校升之有司，苟谐其试，则谓之举人。自有司升之礼部，苟谐其试，则谓之进士。凡世之大官腬仕，悉阶进士以升。进士之升，有司礼部实操之枢焉。然而士习之隆污，儒风之显晦不与也，惟督学宪臣为能轩而轾之。宪臣之所趋，士亦趋之；宪臣之所格，士亦格之。有不待文法教令，而自无不及者。盖其职专，而其地又近，故其于士也亲，而为之化之也易。学校之所养，有司礼部之所举，皆是人也。是故有司礼部能举之，督学宪臣能化之。宪臣之所任，不既重哉！比岁督学南畿者，操其所谓主意以律士，而峻法临之，谓必合于是而后可。学者至于摘抉经书，牵率词义，以习其说。而士习为之一变，有识者嗤之。于是莆田陈公至，特矫其弊而变焉。陈公去而黄公嗣之。黄公盖尝出陈公之门者。凡其所为，悉出陈公，而辅以高朗之识，优以雍容之度。破崖岸，略章程，而一出于正。其所取士，往往向时摘抉穿凿者之所不齿；而向所称合格之士，率废不录。于是士皆崇硕大而黜异说，上博综而下训诂。数年以来，士习为之一变而善焉。士习而善，则有司之所选，礼部之所举，与夫朝廷之所登用，有不善焉者，不可得也。呜呼！若公者，岂非所谓能充其任者耶！正德九年，公以年劳擢拜按察司副使，视学广西。属学诸生，咸惜其去。而某特叙次其所为变士习者如此。……

又卷二十四《祭黄提学文》：吴郡诸生文某、王宠，谨具香帛之仪，缄词敬祭于尊师提学先生黄公之灵。……粤在曩岁，公来督学；振溺起衰，蹈厉扬榷。余二人者，或以颓堕，或在童孱，猥以薄劣，荷公陶甄。与进则隆，教诏无已。盖将达其致用之材，必欲致之奋庸之地。观其吹荐之勤，用情之至，使人中心衔感，而直欲为之死也。……岂图一再见之后，而契阔死生，已邈乎其难凭。呜呼！升沉荣辱，在吾二人者固不可必，而我公不可复生矣！呜呼悲哉！呜呼痛哉！

又有送崇明尹吴华赴召叙。华字德辉，江西临川人。正德五年以进士任。沉毅果断，培养士类。

《集三十五卷本》卷十六《送崇明尹赴召叙》，文略。

乾隆本《崇明县志》：吴华，字德辉，江西临川人。正德五年以进士任。性沉毅果断，扶弱惩强，不拘文法。培养士类，惟恐不及。每值宾兴赴试者，必赋诗以赠。一时人才，多所成就。

擢浙江道御史。建言崇明便民十事,遗爱无穷。

冬,撤停云馆,有诗。

《文嘉钞本》卷六《岁暮撤停云馆有作》:不堪岁晏撤吾庐,愁对西风瓦砾墟。一笑未能忘故榜,百年无计庇藏书。停云寂寞良朋阻,寒雀惊飞故幕虚。最是夜深松竹影,依然和月下空除。

是年,祝允明谒选得兴宁令。明年抵任。又明年,应命修补地志。冬,手写《正德兴宁志》并序。

《明史》卷二百八十六《文苑》二:允明以弘治五年举于乡。久之,不第。授广东兴宁知县。捕戮盗魁三十馀,邑以无警。

《过云楼书画记》书类四《祝枝山楷书拟诗外传卷》:以《集略·五十服官政效白公诗》“吾年五十五,始受一官寄”计之,知宰兴宁时岁在甲戌,年五十五。

中华书局本《正德兴宁县志》:惠兴宁之志,国朝以前,有无不可知。成化末,邑人知上石西州殷君舆始为之。正德乙亥,余来知县事。问之士庶,独有殷书木刻存其家。丙子冬,承台省檄治通志,辞不获。将自县趋召。因以意授弟子员张天赋等使以殷书为本,徵加见闻,补漏匡误,迄于今事,为编以归余。舟中稍为之芟除比联,以成书四卷。题曰《正德兴宁志》,以别于旧。是岁冬十二月二十九日乙亥,长洲祝允明序。

唐寅应宁王朱宸濠聘,至南昌。见宸濠有反状,佯狂求归。明年三月返吴,筑室桃花坞。

《明史纪事本末》卷四十七《宸濠之叛》:八年夏四月,宁王宸濠建阳春书院,僭号离宫。宸濠怀不轨,术士李自然等妄称天命,谓濠当为天子。又招术士李日芳等,谓城东南隅有天子气,遂建书院当之。

《明史》卷二百八十六《文苑二·唐寅》:宁王宸濠厚币聘之。寅察其有异志,佯狂使酒,露其丑秽。宸濠不能堪,放还。筑室桃花坞,与客日般饮其中。

乾隆本《昆山新阳合志》卷二十《人物》:王秩,字循伯,号前山。成化丁未进士,官至云南右布政。官江西副使备兵南赣时,宁庶人有异志。秩谓家人曰:"王志满气扬,必且为乱,不出十年矣。"时唐寅客王所,秩微示意,寅始佯狂以归。

《西园杂记》上:姑苏唐寅,南圻解元也。善诗画,知名于时。宸濠礼致之,日与赓诗论画。酒间,语涉悖逆,寅即佯狂不答。或作丧心状,遇人若泄其谋者。濠惧,遣归,得不及祸。浮梁汪文庆有才器,濠重其人,欲官之。汪辞曰:"某疏散菲才,不堪任使。"刘养正力为从臾,汪又谢之。寅笑曰:"汪君所处是也。丈夫安能作佛座八角狮头鬼耶?"言所负者重,卒不可脱也。寅外若放诞,而中有所主如此。

《艺苑卮言附录》卷四:正德末,待诏困诸生,而伯虎为山人以老。宁庶人慕其名,以金币卑礼聘。待诏谢弗往,伯虎往而睹庶人有反状,乃佯为清狂,宁使至,或纵酒箕踞以骂,至露其秽。庶人曰:"果疯邪?"放之归。归二年而反,伯虎已卒矣。

按:唐寅于本年至江西,其所作《许旌阳铁柱记》有"正德甲戌,余过豫章"之句。宸濠反于正德十四年,唐寅卒于后四年嘉靖二年。王世贞所言失实。

商务印书馆本《明贤墨迹·唐寅致姜梦宾柬》:仆自去年游庐山,欲溯江而上,悉览诸名胜。不意留顿豫章。三月中旬,得回吴中矣,所谓兴败而返也。

薛章宪卒,年六十岁。

《明清江苏文人年表》:正德九年甲戌,江阴薛章宪死,年六十。

周天球生。

《历代名人年谱》:明武宗正德九年甲戌,周公瑕天球生。

卷 四

正德十年乙亥（1515）四十六岁

春，重筑停云馆，避喧，居观音庵二月。王宠、汤珍有贺诗，皆有答。

《文嘉钞本》卷六《乙亥春，避喧，居观音庵，庵在深巷中，颇为幽僻，时积雨连旬，阒无游踪，窗前梨花一株盛开。庵僧文庚，焚香设茗，款接勤至，不觉淹留两月，为赋此诗，以纪踪迹》：苔径无尘古寺偏，幽栖赖有己公贤。小窗坐对梨花雨，瓦鼎闲消柏子烟。万事不如方外乐，多生偏结静中缘。春风莫忘淹留地，绿树阴阴叫杜鹃。

又《重葺先庐，履仁有诗奉答一首》：基构百年谋，依然四壁秋。庭阴分树色，檐影带云流。客到从题凤，余生本类鸠。稍令供燕祭，此外复何求。

又《再答子重一首》诗，五律一首，略。

叔父森，以徵明手写祖父洪《括囊稿》授梓。前四年辛未，王鏊序。至是年二月，李东阳序。是年，森以南京太仆寺少卿升都察院右佥都御史。

《文氏族谱续集·历世载籍志》：涞水公洪《括囊稿》，王鏊、李东阳序。

《吴都文粹续集》卷五十六文洪《括囊稿自序》：古人于诗，

以发情止义为主，故不必工，不必不工。工则泥于雕琢，不工则流于鄙近。予性喜作诗，少与内兄张豫源共学。日有所课，不间寒暑。稍长，从事举业，遂置去不省。潦倒场屋三十年，童习忘之久矣。然燕居游赏，间关羁旅，卒不能终忘也。一时欲言之旨略，已就之觳率。间自评之，谓如春山早莺，初出深谷，舌弱语涩，不能成声。盖虽不涉于雕琢，而鄙近特甚。以求所谓发情止义而合和平醇厚之旨，何可得哉。暇日，检前后所作，汰其已甚，得百篇，联录为册，时自展适，不敢示人，因命《括囊稿》云。

《王文恪公集·括囊稿序》：故易州涞水县学教谕文先生，苏之长洲人也。古貌古心，清苦力学，学又深于《易》，吴下士多从之游。从游者多去为显官，而先生久不达。晚乃授涞水教谕。未几，辄自免归以卒。初，先生于世无所好，顾独好为诗。时有张豫源者，实与之相上下。豫源天才豪宕奔佚，顷刻千言，见之辟易。先生讷焉如不能言者，而兴寄闲远，有唐人之风焉。初读之，若简淡；咀嚼之久，乃有味乎其言也。故豫源之名，大噪吴下，而先生则以经学名。非与其游者，殆不知其工于诗也。忆成化初，鏊侍先生傅于太学，始学为诗。先生过之，授以诗法。今老矣，于其言之未能忘，而亦终莫之至也。闻其家有所谓《括囊稿》者，思一见而读之，则未暇也。今年春，先生仲子监察君森，始出以授鏊。读之数过，未尝不喜其精而恨其少也。虽然，诗岂在乎多哉！杂著若干篇，监察君选附于后。先生讳洪，字功大，赠太仆寺丞。今列祀郡学之乡贤祠，正德辛未二月之吉。

《吴都文粹续集》卷五十六李东阳《括囊稿序》：《括囊稿》

者,涞水教谕赠南京太仆丞文君功大所著诗也。其子知温州府
林,欲刻于郡斋,未果而卒。今南京太仆少卿森,手自编校刻于
家。比上京师,请序首简。夫士之为古文者,每夺举业,或终身
不相合。至于山林岩穴之间,虽当有述作,或不本之经术,卒未
免支离畔散,而无所归。论者盖两难之。封君早邃于经学,执
经问业者往往掇巍科,阶膴仕以去;君独不时售,累举仅得一
第。而程试之暇,不废吟讽。其所为诗,又尚风韵,有节制。宁
朴而不为巧,宁简而不为泛。故虽月累岁积,而其所自择者,止
于如此。且其古体有谨身慎独语,又词人艺匠所不能道,非根
于经术者能然乎? 杂文若干篇,亦皆平实简静,类其为诗,今并
为一集。虽非君所自择,而亦君之志也。且经学之于词赋,深
浅难易,固不俟论;然苟可以合绳墨,取名籍而已。又不若行四
方,传后世者,其难尤甚。故父子祖孙,世守经业者,时不乏人,
而词赋之承传,殆不数见。文氏兄弟继举进士,职业治行,光于
前人;又皆以词翰侈声闻东吴,文献于是有徵焉。君之孙徵明,
方绩学待用,尤善楷书,是稿其手录者,故附书之。正德十年二
月朔,特进光禄大夫柱国少师兼太子太师吏部尚书华盖殿大学
士长沙李东阳序。

《集三十五卷本》卷二十六《先叔父文公行状》:乙亥考绩,
赴京,道升都察院右佥都御史。

**有诗怀汤珍及王守兄弟,时珍等俱读书石湖治平寺。
又有诗寄宜兴杭濂,其"坐消岁月浑无迹,老惜交游苦
不齐"句,为时传诵。濂后以诸生老卒。徵明为叙其
遗稿。**

康熙本《长洲志》卷十九《人物》:汤珍,字子重,务学耽书,

与王履吉兄弟读书石湖治平寺,凡十五年,为蔡林屋、文衡山所推重。石湖有五贤寺,祀文衡山、唐伯虎、二王及珍,吴人至今以为美谈。

《集三十五卷本》卷六《春日怀子重履约履仁》:二月东风已物华,谁教寂寞向僧家。关心夜雨应无寐,侵晓开门看杏花。

湖上花枝暖欲燃,寺前杨柳绿生烟。凭君莫信春光早,宝积山头有杜鹃。共三首,录二首。

又《寄宜兴杭道卿》:古洞花深谢豹啼,春来频梦到荆溪。坐消岁月浑无迹,老惜交游苦不齐。多难共添新白发,翻书时得旧封题。亦知造物能相忌,从此声名莫厌低。

《存馀堂诗话》:中吴文徵仲寄宜兴杭道卿诗云:"坐消岁月浑无迹,老惜交游苦不齐。"唐子畏咏帽云:"堪笑满中皆白发,不欺在上有青天。"人皆传诵。

《荆溪外纪》:文徵明《大川遗稿序》:及是四十年,诸君相继物故,余与道卿亦既老矣。方拟扁舟从君于荆溪之上,相与道旧故,悯穷困,以述宿好,而君又不禄。呜呼!尚忍言哉,尚忍言哉!君卒之明年,其季弟允卿哀录其遗文若干卷,不远数百里走吴门属余序。……

按:杭濂卒在何年,徵明此序撰在何时,皆不可考。姑附系于本年。

有画题赠李瀛。又有《古木高士图》寄王守兄弟。

《文嘉钞本》卷六《题画赠李宗渊》:张公洞口山如黛,周处桥边水似油。剥笋烧茶将艇子,因君忆得旧时游。

又《题古木高士图寄履约兄弟》诗,五古一首,略。

四月六日,为德成临宋楼钥所书《圣主得贤臣颂》。德

成家世孝义，徵明曾画《高树栖鸦图》以赠，吴宽题。

《平远山房法帖》文徵明楷书《圣主得贤臣颂》：德成孝廉购得宋贤楼攻媿所书颂文小卷，朱丝织成栏界。字迹古茂，瘦劲如欧体，精妙可爱。惜绢素损裂，颇多遗缺。因请余临摹一通。自揣手拙，不能追配古人耳。正德乙亥四月六日书于停云馆中。文徵明。　待诏此书，规摹宋人楷法，而一准欧体，殆为得意笔。德成家世孝义，有《高树慈乌》沈启南画藏于家。仲山王问谨识。

《辛丑销夏记》卷五《明文待诏高树栖鸦图轴》：君家有高树，夜夜宿慈乌。乌好人亦好，为君还作画。文壁为德成孝廉先生画并诗。　慈乌飞宿处，乔木孝廉家。月明霜满叶，夜半听哑哑。吴宽为德成孝廉题画。

按：画系早年笔。德成姓氏待考。

五月廿七日，跋邹光懋藏宋李建中书《千字文》，考定为真迹。

《集三十五卷本》卷二十二《题李西台千文》：西台书，世不多见。此卷《千字》，结体遒媚，行笔醇古，存风骨于肥厚之内。惟是题名为隐语，或以为疑。然宋元题识数人，皆极称赏。而所谓"柱史裔孙"者，固寓李姓其间也。此其事虽不可考，要之为西台书无疑。邹君光懋，世宝此卷。余借留斋中数月，因题而归之。

按：《清和书画舫》于此跋末有"正德十年五月廿又七日，衡山文徵明题"款识。邹光懋事行待考。

六月，陪郑鹏等泛舟登虎丘，有诗。

《文嘉钞本》卷六《夏日陪蒲涧诸公泛舟登虎丘二十韵》

诗,五言排律,略。

有诗简王宠。

《集三十五卷本》卷六《简履仁》:端居苦长夏,思我平生友。独坐闻车音,开轩竟何有? 空庭飞鸟雀,闲门荫榆柳。白云团午阴,悠然落虚牖。对此情更怡,无能共樽酒。西郭隐层楼,下临清江口。积雨江流深,南风藕花秀。相望不可即,长吟一搔首。

秋,与吴爟、汤珍、王守兄弟饮城西葛氏墓,玩月而归。继再与汤珍、王宠夜饮葛墓,皆有诗。

《文嘉钞本》卷六《秋日同次明、子重、履约、履仁纵步城西饮于葛氏墓看月而归》:荒冢秋风白日沉,古松苍霭月华新。行歌自踏花间影,不饮其如地下人。南望青山消世事,西来流水隔车尘。白头无那闲缘浅,刚为清游愧此身。

《集三十五卷本》卷六《月夜葛氏墓饮酒与子重、履仁同赋》:明月照行路,青松起悲风。凉秋饶霜露,草木行已空。顾影不自得,起行荒寂中。道逢双石阙,知为古幽宫。古人不可见,丰碑自穹窿。上题生前爵,下表没世功。辛勤名世图,岁久已尘蒙。剔藓三过读,漫灭不可终。人生本柔脆,所恃身后公。金石且复尔,浮云安足崇! 步出城西门,言登葛君墓。葛君生世时,声光盛流布。那知百年内,倏忽草头露。遗骸委空山,风雨谁一顾? 寒月照玄堂,荒蒿断行路。谁应识君来? 惟有青松树。见树不见人,青松乃坚固。乃知人易凋,独以婴情故。鉴此念前人,云胡复悲慕? 惊风西北来,萧然动情愫。扬杯谢诸公,愿言保迟暮。

《故宫历代法书全集》第二十卷《元明书翰》王宠《和文衡

山饮酒葛氏墓之作》：昨日我入城，今朝君出郭。秋风笑人来，胡为而不乐？偶然云林踪，因得寄所托。莺花虽阒寥，草木未黄落。仰见秋空高，意兴俱寥廓。俯爱流水远，颠倒飞朱阁。年华忽已凋，白日谁能缚？富贵不可待，神仙亦冥漠。何以延赏心？唯此林下酌。君其且无归，明月窥金爵。　四望何累累？古墓垂杨柳，无悲地下人，且进杯中酒。宁知千载后，而复悲我不？万化有终穷，英雄亦刍狗。皓月当我头，金厄落吾手。醉来卧空林，天地亦何有？我爱刘参军，荷锸随其后。

夜读刘嘉绪遗诗，有作。

《文嘉钞本》卷六《夜读亡友刘协中诗》：不见刘郎二十秋，西昌□□□□□。眼中堪恨埋琼树，天上徒闻有玉楼。颜色依稀劳梦想，孤嫠沦落愧交游。不亡赖有残编在，细雨孤灯夜自雠。

李瀛来访，话旧有感。

《文嘉钞本》卷六《李宗渊再过话旧有感》诗，七律，略。

雨中出横塘，舟中望楞伽山，怀汤珍、王守兄弟，有诗。

《文嘉钞本》卷六《雨出横塘，舟中望楞伽山，有怀子重、履约、履仁三君子》：兹晨理孤榜，背雨出南郭。挂席横塘西，遥见楞伽塔。怀哉二三子，岁晏寄禅榻。空谷无俗情，同心自酬答。嗟此城居人，头颅转萧飒。岂不怀清真，无由解尘杂。竭来思所期，去去从一榼。湿云暗青枫，川原迥迥合。欲往不能从，日暮山千匝。

十二月五日，王宠独留治平寺。徵明有怀念之作。并写图以寄。

《珊瑚网画录》卷十五《文太史治平山寺图》：遥遥治平寺，

乃在楞伽麓。之子神情秀,空山裏云宿。月冷石床清,孤眠未能熟。还持一束书,起傍梅花读。灯昏夜参半,饥鼠鸣古屋。凄风西北来,吹堕檐间木。感此霜露繁,坐觉芳华促,少壮曾几时,岁晏在空谷。念子隔重城,何能慰幽独? 玄阴失昏旦,朔吹号枯株。怀君别未久,奄忽岁云徂。空庭飘微霰,惨淡集饥乌。城郭黯以凄,况复空村居。空村白日短,寒云暗郊墟。青山不为容,黄叶绕精庐。遥知松窗下,时披古人书。古人不可见,愿言掇其腴。谁令事干禄?雕镂失其初。嗟余亦丧志,与子同厥趋。岂不怀远业?均受贫贱驱。朱门富华屋,长途有高车。宁知饥寒士,一饱不愿馀?栖栖斥鷃翔,岂与鸿鹄俱?何当长风发,共夺青云衢。正德乙亥十二月五日,徵明。

为府县学生作书上吏部尚书陆完,请复洪武时岁贡旧额。完字全卿,长洲人。成化二十二年进士,时官吏部尚书。

《明史》卷一百十一《表》第十二《七卿年表》:正德十年乙亥闰四月,陆完任吏部尚书。

《集三十五卷本》卷二十五《三学上陆冢宰书》:比承荣膺简注,进秉钧衡。邸报播闻,薄海内外,莫不鼓舞称忭。况乡里后生,与有光宠者乎?恭惟明公累朝旧德,盛世圭璋,特达光明,大雅恺悌,出入将相,声望伟然。天下之人,所为望霖雨于明公者,非一日矣。今兹端委庙堂,进退百官,以佐天子出令,而运斯世于掌握间,固明公分内事也,某等猥贱晚末,莫展贺私,方与四方人士,咏嗟盛德,以为天下斯文之庆。岂敢意外干犯,辄有陈请?而事机可乘,势有不容己者;亦恃雅度汪濊,不深谴责,故卒言之。窃惟我国家入仕之阶,惟有学校一途。而当时法式章程,咸出我太祖高皇帝亲定,最为详密。而累朝列圣,不无少有更张。诚以圣化优游,泳涵滋久,人材蝟兴,其势有不得不更者;故随时消息,而行者不以为敝,论者不以为非。盖自洪武二十五年重定岁贡额数:郡学岁贡二人,州学再岁三人,县学岁一人。当时人才尚少,儒学生徒,往往不充。廪增正数,除乡试中式之外,其馀在学者不过五六年,升贡者不出三十岁。故其人皆精力有馀,入仕可用。而其功名政业,往往参于正奏之列,无少轩轾也。自永乐元年、正统二年、景泰元年三次开科,各处解送举人不拘额数,遂有顿增至二百名者。一时国学人众,乃量减贡额。然中间或行或否,皆视解额增损。厥后解额既定,而贡额竟不能复。坐是学校壅滞,遂有垂白不得入仕者。于是胡忠安公在礼部思以通融振塞,建行四十强仕之例,而士子稍复自拔。历五十馀年,人材又多,学校又大壅滞。太原周公在礼部,乃举复洪武二十五年之例。然仅仅五年而止。迤逦至于今日,开国百有五十年,承平日久,人材日多,生徒日盛。学校廪增,正额之外,所谓附学者不啻数倍。此皆选自有司,非通经能文者不与。虽有一二幸进,然亦鲜矣。略以吾苏一郡八州县言之,大约千有五百人。合三年所贡,不及二十;乡试所举,不及三十。以千五百人之众,历三年之久,合科贡两途,而所拔才五十人。夫以往时人才鲜少,隘额举之而有馀,顾宽其额。祖宗之意,诚不欲以此塞进贤之路也。及今人材众多,宽额举之而不足,而又隘焉,几何而不至于沉滞也?故有食廪三十年不得充贡,增附二十年不得升补者。其人岂皆庸劣驽下,不堪教养者哉?顾使白首青衫,羁穷潦倒;退无营业,进靡阶梯;老死牖下,志业两负,岂不诚可痛念哉!比闻侍从交章论列，而当道者竟格不行。岂非以不材者或得缘此幸进，而重于变例乎？殊不知此例自是祖宗旧制，而拔十得五，亦古人有所不废，岂可以一人之故，并馀人而弃之？或谓四十之例若行，则不胜求仕者之多，将遂无所位置，此又何足病哉？今但杜其愿就教职之请，限以依亲之例，程其入监之期。一时士子幸而解其学校之苦，稍纾目前之急，莫不甘心自引，岂皆以得禄为荣哉。不然，即有所授，亦不至大妨天下之贤。即如近时上马、入粟者，皆得比于充贡之例，循资历岁，亦皆有所畀授。此其人固有能自立者，然而幸进者不为不少。朝廷所得于彼者几何？遂使纨袴之子，得以夺贤俊之路，有识者固尝疾首痛心于此矣！明公崛起学校，奋身贤科。操古人之心，负天下之望。目历而知，身更而信，能不有慨于心？今当可为之时，在得为之地，能不惜一举手振袂之劳，则其事无不济者。若四十之例，事大体重，不敢觊觎。而岁贡二人，则是洪武旧制，又经近岁举行，伏望留意检察。昔宋富郑公当国，而同学友段希元、魏升平犹滞场屋。公不欲私于二人，乃建一举三十年推恩之例。当时以为盛事，后世以为美谈。近时胡忠安公四十强仕之举，太原周公一岁二贡之例，或谓皆有所为而行。盖皆不欲私于一人，而必推之天下也。二公一代名臣，世之论者，曾不以此少公，而更以为美。诚以其能公天下之心而行也。若明公今日之举，则又以天下之心，行天下之事；初无二公之为，则其所成所益，又当出于其上，不特二公而止也。

《寓圃杂记》卷五《四十岁监生》：宣德中，胡忠安公濙奏取四十岁廪生入监，依次出身。此即富文忠一举三十年推恩之遗意也。忠安先与王守正同学，公官已至大宗伯，守正贡期尚未及。忠安因立此法，不欲私于一人，故通行天下。及守正亦至秋官主事，今南京冢宰王公俣其子也。

又《义官之滥》：近年补官之价甚廉，不分良贱，纳银四十两，即得冠带称"义官"，且任差遣，因缘为奸利。故皂隶、奴仆、乞丐、无赖之徒，皆轻资假贷以纳。凡僭拟豪横之事，皆其所为。长洲一县，自成化十七年至弘治改元，纳者几三百人，可谓滥矣。

《明史》卷一百八十七《列传》：陆完，字全卿，长洲人。为诸生。中官王敬至苏，以事庭曳诸生，诸生竞起击之。完不与，恶完者中之，敬遂首列完名上闻。巡抚王恕极论敬罪，完乃得免。举成化二十三年进士，谒选，恕方为吏部，曰："是尝击阉人者，当为御史。"入台果有声。正德初，历江西按察使。宁王宸濠雅重之，时召预曲宴，以金罍为赠。……正德七年，以平霸州贼刘六、刘七功，还朝进完太子少保左都御史。荫于锦衣世百户。明年代何鉴为兵部尚书。完有才智，急功名，善交权势。刘晖、许泰、江彬皆其部将，后并宠幸用事，完遂得其力。……十年，改吏部尚书。宸濠反，就执。中官张永至南昌，搜其籍，得完平日交通事，上之。帝大怒，执完，收其母妻子女。……以平贼功，在八议之列，遂得减死，戍福建靖海卫。卒于戍所。

唐寅致书徵明，从颜路年长而为弟子之例，愿以徵明为师。且云："非词服，乃心服也。"

《六如居士全集》卷五《又与文徵仲书》：寅与文先生徵仲交三十年。其始也，卯而儒衣，先太仆爱寅之俊雅，谓必有成，每每良燕，必呼共之。尔后太仆奄谢，徵仲与寅，同在场屋，遭乡御史之谤。徵仲周旋其间，寅得领解。北至京师，朋友有相忌名盛者，排而陷之，人不敢出一气指目其非，徵仲笑而斥之。家弟与寅异炊者久矣，寅视徵仲之自处家也。今为良兄弟，人不可得而间。寅每以口过忤贵介，每以好饮遇鸩罚，每以声色花鸟触罪戾；徵仲遇贵介也，饮酒也，声色也，花鸟也，泊乎其无心，而有断在其中。虽万变于前，而有不可动者。昔项橐七岁而为孔子师，颜路长孔子十岁，寅长徵仲十阅月，愿例孔子以徵仲为师。非词伏也，盖心伏也。诗与画，寅得与徵仲争衡；至其学行，寅将捧面而走矣。寅师徵仲，惟求一隅共坐，以消熔其渣滓之心耳，非矫矫以为异也。虽然，亦使后生小子钦仰前辈之规矩丰度，徵仲不可辞也。

《涌幢小品》卷一：唐子畏长于文衡山，自请北面隅坐。其书曰(即前书)。袁中郎叹曰："真心真话，谁谓子畏狂徒哉！"

顾璘在全州，有诗远寄。明年，起知浙江台州府，升浙江布政使司左参政。

《浮湘集》卷三《寄文徵仲》：儒林挥笔掩群贤，湖海倾心二十年。藻鉴尘埃无伯乐，规模乡国有颜渊。黄花别泪临湖水，白雁乡书断楚天。山馆穷愁欹枕日，拭君图画转凄然。

按：《浮湘集》系顾璘由开封知府谪知全州时作。

《集三十五卷本》卷三十二《顾公墓志铭》：丙子，起知浙江台州府，升浙江布政使司左参政。

立春日，待陈淳不至，怀念有作。

《集三十五卷本》卷六《立春日迟道复不至》：东风吹彩燕，晓色动帘旌。迟子不时至，南楼春自生。裁诗供帖子，阁酒听啼莺。白日流云暖，梅花初雪晴。闲窗落香烬，残火宿茶铛。败叶鸣阶圮，分明识履声。

按:《文嘉钞本》于此诗后一首《春日游支硎天平诸山》诗题下注"丙子",故此诗应是本年作。

正德十一年丙子(1516)四十七岁

春,陈沂来吴,同游吴山,各有诗。

《文嘉钞本》卷六《登吴山绝顶同鲁南赋》:上方疏雨望中收,绝巘千盘取次游。落日平临飞鸟上,太湖遥带碧天流。春来芳草埋吴榭,烟际青山见越州。正好淹留却归去,自缘高处不禁愁。

四月廿一日,宿太仓陆伸家。遇都穆,穆归里已久,此前迄未相见。时伸卒已八年,徵明有诗,并赠伸子之箕、之裘。之箕娶穆长女,故诗有"中外婵联总至亲"句。之裘字象孙,倜傥不羁,以经济自许。累举不第,后以诸生充贡,终景宁教谕。

《文嘉钞本》卷六《四月廿一日,雨中过太仓,邂逅都玄敬,同宿友婿陆安甫家。余与玄敬不胥会者十年,而安甫之没亦八年矣,因赋呈玄敬,并赠安甫之子之箕之裘》:画堂更漏坐来深,绛烛荧荧见跋频。感旧共悲黄壤客,逢君况是白头人。苍茫谈笑今何夕?中外婵联总至亲。不忘西窗听雨约,短床重扫十年尘。

《吴都文粹续集》卷四十三胡缵宗《明中宪大夫太仆寺少卿致仕都公墓志铭》:女二,嫁太仓州学生陆之箕、太学生陆采。

民国本《太仓州志·人物》:陆之箕,字肖孙;之裘,字象孙,俱伸子。之裘倜傥不羁,以经济自许,慨然慕张子厚欲结客取洮西故事。大同之变,著论嘲柄国者,以为唾手可定。张宣辑州志,实赞成。既累举不第,以诸生充贡。终景宁教谕。

　　按:都穆次婿陆采,字子元。少读书不屑章句,从妇翁都穆学古文词。于文喜六代,诗宗盛唐,晚好谢康乐,造语往往似之。时为近体,亦蕴藉可喜。年十九,作《王仙客无双传奇》,兄粲子馀助成之。曲既成,集吴门老教师精音律者,逐腔改定。然后妙选梨园子弟登场教演,期尽善而后出。性豪荡不羁,困于场屋,年四十而卒。

有席上赠刘缨诗。缨时以南京刑部尚书致仕已四年。

　　《文嘉钞本》卷六《席上赠刘司寇先生》诗,七律,略。

　　《集三十五卷本》卷二十六《南京刑部尚书刘公行状》:庚午升南京刑部尚书。辛未,是岁公年七十,再上疏乞休,不允。越明年癸酉,尚书满三载。三月,赴部考绩,有旨令复职。五月,上疏再乞休致,六月再疏。八月还次扬州,再申前请,因遂归家待命。十月又连上疏,始得请。

五月十三日,放舟石湖访汤珍及王守兄弟夜而留宿楞伽寺,有长诗。

　　《中国古代书画图目》十五《五月十三日放舟石湖,期会子重、履约、履仁为泛月之游。比至而雨作,入夜转盛,因留宿楞伽寺,纵饮达旦。忆往岁亦以此日与三君玩月此地,至是两易岁矣。感怆今昔,记以长句》:五月江南新暑多,故人湖上偏萧爽。春尽青苔有落花,山深白日无留鞅。百年水石信幽迥,三子神情亦高朗。辛苦初来为一经,超摇久自离尘想。昨夜月明思见君,晓来自理江头榜。行逐青山意已倾,遥看白塔心先往。

不愁西日困修途,已觉南湖落纤掌。天工巧与人事会,僮子收帆雨如泱。本期水月溯空明,翻对湖山怅烟莽。长风驾壑卷平地,雨脚垂空几千丈。诸君相顾各茫然,万事由来不容强。且复随缘觅笑欢,谁令对酒生凄怆?识取江山行乐情,雨声月色皆堪赏。况是山空夜寂寥,重湖挟树千岩响。万壑凉声破郁蒸,绕檐风色添悲壮。高谈纵饮不复眠,杂以笑呼凌万象。酒醒万虑集虚窗,坐久孤灯动寒幌。忆得前年今夕时,金厄写月兰桥上。江山人物两无恙,独有天时不如曩。天时悠悠苦无赖,人情冉冉还多态。顾余潦倒老乏程,明年有月知谁在?

夏,与郑鹏等游石湖,有诗。

《集三十五卷本》卷六《陪蒲涧诸公游石湖》:横塘西下水如油,拂岸垂杨翠欲流。落日谁歌桃叶渡?凉风徐度藕花洲。萧然白雨醒烦暑,无赖青山破晚愁。满目烟波情不极,游人还上木兰舟。

七月,李东阳卒。东阳罢相家居,颇资诗文书篆以给朝夕。尝以篆书自负,及见徵明隶书,曰:"吾之篆,文生之隶,蔑以加矣。"东阳所居在西涯,故以为号。徵明有《西涯图》,乔宇跋。

《纲鉴易知录·明鉴易知录》卷七:正德丙子十一年秋七月,致仕大学士李东阳卒。赠太师,谥文正。

《宾退录》:刘健、谢迁以劾"八竖"去,而李西涯东阳独留。有俟其出而投以尺素者,公归而启之,乃一绝句。其词曰:"才名直与斗山齐,伴食中书日又西。回首湘江春草绿,鹧鸪啼罢子规啼。"讽意深远,西涯不觉读之而叹。

《四友斋丛说》卷八《史》四:刘瑾擅国日,人皆责李文正不去。盖孝宗大渐时，召刘晦庵、李西涯、谢木斋三人至御榻前，同受顾命，亲以少主付之。后瑾事起，晦庵去，木斋继去。使西涯又去，则国家之事，将至于不可言，宁不有负先帝之托耶？则文正义不可去，有万万不得已者。西涯晚年，有人及此，则痛哭不能已。

《列朝诗集》丙集《李少师东阳》：罢相家居，购请诗文书篆者，填塞户限，颇资以给朝夕。一日，夫人方展纸砥墨，公有倦色。夫人笑曰："今日方设客，可使案无鱼菜耶？"遂忻然命笔，移时而罢，其风操如此。

《泰泉集》卷五十四《衡山文公墓志铭》：西涯李文正公东阳，以篆自负；及见公隶，曰："吾之篆，文生之隶，蔑以加矣。"

《明诗纪事》丙签《李东阳》：《西涯杂咏》诗后附注云：《沅湘耆旧集》：梧门祭酒法式善《西涯考略》云：纳兰容若《渌水亭杂识》云：李长沙赐第在西长安门西，俗呼李阁老胡同是也。其别业在北安门北。集中《西涯十二咏》，程篁墩学士和之。有《桔橰亭》《杨柳湾》《稻田》《菜圃》《莲池》，而响牐、钟鼓楼、慈恩寺、广福观皆在十二咏中。今其遗址不可问，当在越桥相近。盖响牐即越桥下牐，而钟鼓楼则园中可远望尔。汤西涯《怀清堂集·题李文正慈恩寺诗序》云：乔庄简跋文衡山《西涯图》云：寺之后曰西涯。考公《怀麓堂集》有《西涯》十二首，第四篇即慈恩寺。其他如杨柳湾、钟鼓楼四诗中亦互见。则慈恩寺在西涯。东、西涯之名，所由来久，公因以自号。今亦不能复识其处。公诗首篇云：几人城市此曾游。又云：城中尚有山林在。集中《重经西涯》云：城中风景梦中路。又云：禁城阴里御河西。《慈恩寺偶成》云：城中第一佳山水。则西涯之在城中无疑。《渌水亭杂识》所云"西涯有李长沙别业，"考其地在今德胜门西。予近年数得经此，见风漪弥望，直接德胜桥，而东有法华庵在其上。意其为当时之西涯。所云积水潭、海子亦此地。但相去二百馀年，不特琳宫佛屋，劫灰无存；而图中所有乔木苍岩，长桥断岸，亦不复能仿佛矣。

秋，试应天。谒南京礼部尚书乔宇。宇出无锡邵宝所饷惠山泉及宜兴吴俨所寄阳羡茶烹以相款，徵明有诗。宝字国贤，少学于庄㫤。学以洛、闽为的，一出于正。成化二十年进士。时以户部左侍郎终养在里。俨字克温，成化二十三年进士。正德初，掌南京翰林院，召修《孝宗实录》，直讲筵。忤刘瑾，罢官。瑾诛，复职。俨弟侗，从弟仕，皆与徵明交。侗字克类。

《集三十五卷本》卷六《邵二泉司徒以惠山泉饷白岩先生，适吴宗伯宁庵寄阳羡茶亦至，白岩烹以款客，命余赋诗》：谏议印封阳羡茗，卫公驿送惠山泉。百年佳话人兼胜，一笑风檐手自煎。闲兴未夸禅榻畔，月明还到酒樽前。品尝只合王公贵，惭愧清风被玉川。

《西园杂记》下：白岩乔公宇，长身伟貌，声如洪钟。博学好文，工篆隶，善围棋。负一长者，悉得延见奖拔。遇事从容裁处，无疾言遽色。待属官有礼，驭舆台有恩，盛怒未尝出恶言。德器深厚，宽洪简重，有大臣之度。虽其天质之美，而所以养之者亦有素也。

《明史》卷二百八十二《儒林》一：邵宝，字国贤，无锡人。年十九，学于江浦庄㫤。成化二十年举进士，授许州知州。正德四年擢右副都御史，总督漕运。忤刘瑾，勒致仕去。瑾诛，起巡抚贵州。寻迁户部右侍郎进左侍郎。命兼左佥都御史,处置粮运及会勘通州城濠。归奏称旨,寻疏请终养归。学以洛、闽为的。为诗文典重和雅,以东阳为宗。至于原本经术,粹然一出于正,则其所自得也。学者称二泉先生。

又卷一百八十四《列传》:吴俨,字克温,宜兴人。成化二十三年进士。改庶吉士,授编修。历侍讲学士,掌南京翰林院。正德初,召修《孝宗实录》,直讲筵。刘瑾窃柄,闻俨家多赀,遣人啖以美官,俨峻拒之。瑾怒,会大计群吏,中旨罢俨官。瑾诛,复职。官至南京吏部尚书。

《漫堂书画跋·跋仇十洲沦溪图卷》:义兴吴克类俌,世宗朝宗伯文肃公俨之弟。

同试中举者伍馀福、袁翼(字飞卿)、卢襄、周镗,徵明与钱同爱、袁褧俱不售。镗字振之,长洲人。后从选调得高安知县,徵明有送行序。褧字永之,号胥台,吴县人。七岁能诗。时年十五岁。

《袁永之集》卷十七《中顺大夫镇远府知府伍公行状》:伍公讳馀福,初字君求,更字畴中。正德丙子举于乡。

《集三十五卷本》卷三十二《袁飞卿墓志铭》:自弘治甲子至正德丙子,凡四试,始举于乡。

又卷三十四《陕西布政使左参议卢君墓表》:弘治甲子,以儒士试应天,不利,归补郡学生。丙子再试,遂中高科。

又卷三十三《钱孔周墓志铭》:君自弘治辛酉至正德丙子,凡六试应天,试辄不售。而年日益老,遂自免归。

又《广西提学佥事袁君墓志铭》:君讳褧,字永之,别号胥台山人,世吴人。君于群从中最少,而奇颖异常。五龄知书,七岁赋诗有奇语。十五试应天，再试再不利。

道光本《苏州府志》卷六十一《选举·明举人》：正德十一年丙子科，长洲周镗振之，高安知县。

《集三十五卷本》卷十七《送周君振之宰高安序》，文略。

按：袁氏兄弟六人：衮、袠、表、袠、褒、裒，时称"六俊"。

至是，徵明已七试应天矣，有《失解东归口占》诗。

《集三十五卷本》卷六《失解东归口占》：七试无成只自怜，东归还逐下江船。向来罪业无人识，虚占时名二十年。

八月，吴奕来访，为题吴宽旧藏沈周画册。

《听帆楼续刻书画记》卷下《明沈石田文徵仲山水合卷》：石丈高情点笔间，悠然胸次白云闲。凭君莫作元晖看，自写吴门雨后山。　吴门何处墨淋漓，最是西山雨后奇。一段胜情谁会得？千年摩诘画中诗。　当年诗律号精成，晚岁还怜画掩名。世事悠悠谁识得？白头惭愧老门生。　高人不见沈休文，渔子沙头几夕曛？断墨残编和泪看，碧山千叠锁愁云。石田先生，人品既高，文章敏赡，而学力尤深。出其绪馀，以供游戏。要非一时庸工俗匠，所能及也。先生早师叔明、子久，继入董、巨之室。愈造愈深，莫可端倪。此六册，为匏庵先生所作。用笔布景，尤出寻常。匏翁命余补其馀纸，余谢不敏。然不能拂其所请，偶拟唐句四联，漫为涂抹。但拙劣之技，何堪依附名笔，徒有志愧。今匏翁下世数载，而石翁亦物故，其侄嗣业携以相示，不胜人琴之叹。聊赋四诗，并识如此。时正德丙子秋八月，后学文徵明书于玉磬山房。

按：此册今流失国外，存沈周五幅，徵明一幅。

又按：《林屋集》卷十八《落魄公子传》云："正德丁卯母夫

人丧之明年,其弟祠部君暴变,悲痛相继,遂病不起,是冬卒。"是吴奕卒于正德二年丁卯冬。《雅宜集》卷十《吊吴嗣业文》云:"嗣业美风仪,倩盼而髯,鸾停玉立,俨若仙辈。然性逸旷,喜自便,饮酒舞歌,履舄交错,枭卢叫啸,罚筹如猬,日夜不厌,卒以此得疾死,死时年四十八。"岁月未详。果如蔡羽所传,则王宠生于弘治七年甲寅,至正德二年丁卯,才十四岁,未得遽参与交游。徵明于正德三年、四年、八年皆与吴奕往来。正德三年七月吴奕且题诗徵明画卷赠施文显任许州通判。《林屋集》丁卯纪年必误。正德丁丑以后,往还之事无征,则丁卯或是丁丑之误。

重阳日,小集唐寅北园,有诗。时寅已治圃舍北桃花坞中,结亭曰梦墨,自号六如。

《文嘉钞本》卷六《九日子畏北园小集》:野蔓藤梢竹束篱,城闉曲处有茅茨。主人萧散同元亮,胜日登临继牧之。踏雨不嫌莎径滑,抚时终恨菊花迟。欲酬良会须沉醉,况有霜螯送酒卮。

《怀星堂集》卷十七《唐子畏墓志并铭》:子畏罹祸后,归好佛氏,自号六如,取四句偈旨。治圃舍北桃花坞,日般饮其中。

《祝枝山诗文集·补遗·梦墨亭记》:曾侥朕于闽之神所谓九鲤湖者,梦神惠之墨万个。比自四方而归,结亭阊门桃花坞中,目之曰梦墨亭,章神符也。

《明史乐府·桃花坞》:桃花坞中有狂生唐伯虎,狂生自谓我非狂,直是牢骚不堪吐。渐离筑,祢衡鼓,世上英雄本无主。梧枝旅霜真可怜,两袖黄金泪如雨。江南才子足风流,留取图书照千古。且痛饮,毋自苦。君不见,可中亭下张秀才,朱衣金目天魔舞。

撰送毛珵诗。珵时起官南京鸿胪卿。

《文嘉钞本》卷六《送毛砺庵南京鸿胪》诗，七律，略。

《集三十五卷本》卷二十六《都察院右副都御史毛公行状》：家居十年，言官数有论荐，皆以疾辞。正德丙子，始起为南京鸿胪卿。

过王守兄弟小楼，有诗。又为写《落木寒泉图》。

《集三十五卷本》卷六《过履约》：浪迹归来意渺茫，思君今日上君堂。厌看流俗求同志，喜对时羞是故乡。白发持螯能几醉？黄花在眼即重阳。马蹄不到阑干曲，日暮江楼数雁行。

《石渠宝笈》卷八《明文徵明落木寒泉图轴》：上方书《九辩·悲秋》一则，款识："正德丙子秋日，过王氏小楼，同履约兄弟诵宋玉《九辩》之一章，因写《落木寒泉》，并书此词。徵明。"

九月，陈镛卒，年五十三岁。有《祭陈以可文》，并为撰墓志铭。

《集三十五卷本》卷二十九《陈以可墓志铭》：俄筑室姚城江之上。晚得末疾，乃稍稍就医城中。疾亟，辄舁以往，曰："吾生于斯，固宜终于斯也。"竟以正德十一年九月癸酉卒于姚城，年五十有三。

又卷二十四《祭陈以可文》，略。

冬，寄许瀪诗。又有次韵答蔡羽诗。

《文嘉钞本》卷六《寄金陵许彦明》：憔悴东归意渺然，还思用晦在长干。风吹白下梅花动，木落淮南雁影寒。新梦绕江书未达，旧游回首岁空残。凭虚阁外千峰雪，谁共幽人暮倚栏？

《集三十五卷本》卷六《次韵答九逵见寄》：季子徒存舌，相如已倦游。人方夸北阮，吾自爱东丘。病卧吴门雨，遥怜震泽秋。渚云淹暮景，江草识离忧。朴学难为用，微名费屡求。千金怀敝帚，半夜失藏舟。伏枥馀初志，投襦愧本谋。网罗空自密，零落不堪收。

题画寄顾潜。潜以忤刘瑾私人吏部尚书刘宇之子，以御史出为马湖知府，旋以格律罢归。

《文嘉钞本》卷六《题画赠顾孔昭太守》：疏松漱玉翠粼粼，坐占山中太古春。世事不供君一笑，底须白眼看他人。

道光本《苏州府志》卷八十一《宦迹·顾潜》：正德初，刘瑾用事。吏部尚书刘宇，瑾私人也，其子为畿辅令，谒潜，潜不为礼，衔之。乃出潜为马湖知府。旋以格律罢其官。

应新安民请，撰《送侍御吴公还朝诗叙》。吴名钺，盗流劫新安时，疏捕却之，民赖以安。

《集三十五卷本》卷十六《送侍御吴公还朝诗叙》：正德八年，监察御史吴公持节按太平诸郡，轨道绪正，无所规随。抉微兴坏，所部振肃。属傍省盗起，流劫新安，公疏捕追北，境以宁粲，一时称才焉。然公重迟自将，不事搏击，而能达一方之急，以宣明天子之恩。其展采错事，有出于寻常按职之上者，列郡誉之；而新安之民怀其保厘之庸，加誉焉。及是代去，相率歌其功能，不远千里，以序属余。余不及识公，而独喜公得下人之誉，有不易易者。……公名钺，字宿威。抚之崇仁人。

正德十二年丁丑（1517）四十八岁

人日，雨。有诗怀城西诸友。

《文嘉钞本》卷七《人日雨中怀城西诸友》:惝惝坊陌断车轮,漠漠风窗落暗尘。愁里更逢人日雨,江南还负菜盘春。柳条暗逐青阳动,花胜争如白发新。安得一樽酬令节,南湖有待玉生粼。

二月,送杜璠赴宜兴徐氏塾诗。

《文嘉钞本》卷七《送杜允胜赴宜兴徐氏塾》:二月江南鸟乱啼,故人书剑下荆溪。远游足为文章助,他日还看易道西。小雨闲斋春试茗,青烟栖叶夜燃藜。斩蛟桥下吾曾到,君去烦为觅旧题。

与蔡羽西虹桥晚眺有作。

《文嘉钞本》卷七《西虹桥晚眺同蔡九逵赋》:从来佳丽地,昌阖更雄华。大舶浮江下,飞楼带郭斜。春旗摇落日,暮堞倚晴霞。天外疏烟合,兰桥入望赊。

有《拨闷》四绝。

《文嘉钞本》卷七《拨闷》:东郊南陌走香车,柳色轻撩织翠裾。惟有衡山穷学究,不成一事漫雠书。　朱铅碧箓自仇身,煦日和风故恼春。新柳拂堤花刺眼,输他湖上踏青人。　春色三分过一分,书生愁绪乱如云。一般清昼啼黄鸟,不似楞伽寺里闻。　春来频梦水西头,想见新波碧玉流。浪拂桃花千嶂雨,何时去鼓木兰舟。

作《湘君图》并仿倪瓒楷法书《湘君》《湘夫人》。先是,仇英自太仓徙居来吴,徵明嘱绘《湘君图》,未惬,因自作以赠王宠。英字实父,号十洲。画秀雅纤丽,工仕女,神采生动。尤善临摹。尝游徵明门。

《江村销夏录》卷二《文待诏湘君图》:运笔如丝,朱碧简淡,观其自识云:取法于吴兴二公,然逸韵处当出蓝也。自跋作小楷五行,其上又书屈子《九歌》二章,仿云林,楷法清劲有致。署云:"正德十二年丁丑二月己未,停云馆中书"。

《大观录》卷二十《文太史湘君图》:设朱碧色,能以幽澹取胜。师赵吴兴而有出蓝寒冰之妙。跋款作小楷五行:"余少时阅赵魏公所画湘君湘夫人,行墨设色,皆极高古,沈石田先生命余临之,余谢不敏。今二十年矣。偶见画娥皇女英者,顾作唐妆。虽极精工,而古意略尽。因仿佛赵为此,而设色则师钱舜举。惜石翁不存,无从请益也。衡山文徵明记。""文太史此图,笔法如屈铁丝,如倪迂所云力能扛鼎者。非仇英辈所得梦见也。戊寅七月,王穉登题。""先君写此时,甫四十八岁,故用笔设色之精,非他幅可拟。追数当年,已六十二寒暑矣,藏者其宝惜之。万历六年七月,仲子嘉题。"

按:《中国美术全集》所载文徵明《湘君湘夫人图轴》上王跋作"少尝侍文太史,谈及此图,云'使仇实父设色,两易纸皆不满意,乃自设之,以赠王履吉先生。'今更三十年,始获睹此真迹。诚然笔力扛鼎,非仇英辈所得梦见也。王穉登题。"与《大观录》不同,即文徵明、文嘉两跋字句亦略不同。岂吴氏所见,另是一幅欤?《九歌》两章,《吟香仙馆明人法帖》收刻。

《艺苑卮言附录》卷四:仇英者,号十洲。其所出微,常执事丹青,周臣异而教之。于唐宋名画无所不摹写,皆有稿本。其临笔能夺真,米襄阳所不足道也。

《壮陶阁书画录》卷十陈銮跋《仇十洲丹台春晓图》:吾吴仇子十洲,最喜临摹,往往乱真。盖尝游文太史之门,朝夕追随,故能临摹辄肖,无不合辙也。

《无声诗史》卷三：仇英，字实父，号十洲，太仓人。移居吴郡。所出微，尝执事丹青，周臣异而教之。英之画，秀雅纤丽。毫素之工，侔于叶玉。尤工仕女，神采生动，虽周昉复起，未能过也。

撰《送宗伯昭还建平》诗，时伯昭以修《金陵志》来吴。伯昭，宣城人。幼为林俊所许，轻财以侠闻。在吴与徵明及王守兄弟等游。

《文嘉钞本》卷七《送宗伯昭还建平》：伯昭以纂修《金陵志》留吴两阅月而归，作诗送之。诗七言排律一首，略。

《续吴先贤赞》卷十五《寄寓》：宗伯昭者，宣城人。父为方伯闽，曾携之见于乡先生林见素，时年十七，许以王佐才。性轻财，好推分恤人之匮，缓急向之，无不竭焉者，遂以侠闻，然非其意。能读书，即所解出域外。又不封己自多，究寻义若不及。有所避来吴，见徵明诸君，遂倾焉，日与游；履吉兄弟皆为石交，时有和歌，才亦相埒。

有寿姑夫俞揖七十诗。揖字济伯，长洲人。业儒而贫。妻文玉清，徵明之姑。饘鬻不继无愠色，人称贤妇。

上海图书馆藏《文衡山诗稿墨迹·寿姑夫七十》：行年七十鬓初斑，强健如公自古难。折心清贫安晚节，不缘辛苦悔儒冠。无营于世闲为贵，有子承家老更欢。荣辱升沉何限在，年来多付醉中看。

又《再寿》：桃花吹雪照初筵，潦倒儒冠白发前。父党至亲公独老，乡闾长者众推贤。□家□□安仁宅，累世诗书食砚田。造物故存消□理，为将贫贱博长年。

《集三十五卷本》卷三十《俞母文硕人墓志铭》：硕人文氏，

讳玉清,先公温州府君女弟,徵明之姑也。既筓,归俞氏,为县学生俞君济伯之配。俞故吴中名族,业儒而贫。硕人少受学家庭,通《孝经》《语》《孟》及小学诸书,皆能成诵。

光绪本《苏州府志》:文氏玉清,文洪女也。归县学诸生俞济伯,贫不治生。翁姑相继没,适济伯赴应天试,氏脱簪珥以含敛。济伯归,无遗憾。氏幼承庭训,通《孝经》《论语》《孟子》及小学皆成诵。每行事必循古训。与济伯相处,白首益恭。饘饔不继无愠色,人称贤妇。

有怀郑鹏诗。鹏已由长洲训导升武进教谕。

《文嘉钞本》卷七《怀郑蒲涧先生》:春风山馆梦初长,敬为南丰一瓣香。醒眼怕看新世事,白头空恋旧门墙。飞花已是经年别,对酒何能一日忘。犹有当时陈迹在,绿阴芳草遍横塘。

康熙本《长洲县志》卷十三《师儒·教谕》:郑鹏……由举人任,升武进县教谕。

过汤珍,燕坐有诗。

《文嘉钞本》卷七《过子重草堂燕坐》:高斋有吟声,深径无行迹。知君谢逢迎,未厌幽寻客。我时避喧烦,晤对意殊适。小儿爇清香,临窗散书册。嗒然两相忘,坐久语音寂。闲庭霁景新,落日射高壁。顾瞻两青桐,凉影忽在席。鸣禽递幽深,燕室延虚白。静寄得本怀,延缘不知夕。

四月,与王宠漾舟虎丘东溪,皆有诗。

《文嘉钞本》卷七《虎丘东溪漾舟与履仁同赋》:四月春都尽,东溪得再过。夷犹青雀舫,浩荡白鸥波。山偃看宜远,川萦不厌多。水风牵荇带,云日翳松萝。倒影飞朱阁,浮岚写翠峨。疏疏梅子雨,袅袅竹枝歌。弱桨依兰渚,幽概得涧阿。澄怀甘

寂寞,顾影惜蹉跎。放鹤无支遁,传觞企永和。依然鱼鸟在,尘
土欲如何!

廿七日,为江阴蔡子山跋《玉枕兰亭》。

《寓意录》卷二《宋搨玉枕兰亭》:《玉枕兰亭》,相传褚河
南、欧率更缩而入石者。按桑世昌《兰亭考》备著传刻本末,所
疏不下百本,而毕少董所藏至三百本,并不言《玉枕》,疑是近
世所为。柳文肃云:"贾魏公数本,如《玉枕》则是以灯影缩而
小之。"岂此刻即始于秋壑耶?正德十二年岁在丁丑四月廿又
七日,时雨新霁,几席生凉,展阅数四,意度闲远,辄题数语。若
源流之详,更俟博雅君子。衡山文徵明书于停云馆中。　此
刻,正德丁丑岁,江阴蔡子山持至吴中,托余乞家君跋尾。今嘉
靖癸丑,复观于钱叔宝之悬磬室。感念今昔,为之惘然。茂苑
文嘉识。

按:蔡子山事行待考。

五月,有《雨中杂述》诗。又有诗简王守。

《集三十五卷本》卷七《雨中杂述》:雨从四月晦,数日尚愆
晴。润与黄梅并,寒侵白苎生。断烟迷竹色,悬溜杂鸡鸣。莫
自嫌行潦,东郊久待耕。　十日江城雨,霖淫势已滔。檐端宿
云雾,屋脚卷波涛。已扫苏端迹,仍深仲蔚蒿。无钱供晚醉,行
拟质春袍。共四首,馀略。

又《简履约》诗,七律,略。

五日,跋唐寅藏《石经》残本,考定为宋高宗书。

《集三十五卷本》卷二十二《跋宋高宗石经残本》:右小字
《石经》残本百叶,约万有五千言。前后断缺,无书人名氏。余
考之,盖宋思陵书也。按绍兴二年,帝宣示御书《孝经》,继书

《易》《书》《诗》《春秋》《左传》《论》《孟》及《中庸》《大学》《乐记》《儒行经解》，总数千万言，刻石太学。后孝宗建阁奉安，名曰光尧石经之阁，即此是也。此书楷法端重，结构浑成，正思陵之笔。但所书惟《易》《春秋》《左传》，又皆不全，视全本百分之一耳。唐君伯虎宝藏此帖，余借留斋中累月，因疏其本末，定为思陵书无疑。正德十二年岁在丁丑夏端阳日跋。

十一日，雨中追和沈周丁卯岁赠诗。

《集三十五卷本》卷七《雨中捡箧，得石田先生丁卯岁赠诗云（诗见三十八岁五月十一日条）后题五月十一日。适是日亦五月十一，及今丁丑恰十年，而先生下世八年矣。因追和其韵，以致感叹》：碧云何处寄遐思？往事惟应岁月知。奕奕风流今昔梦，离离残墨死生期。忆公感慨身难赎，顾我飘零鬓亦丝。欲咏江城当日句，泪花愁雨不成诗。　花落江城有所思，双娥寺里写相知。高人不见王摩诘，长笛空悲向子期。细草含烟情脉脉，凉风吹雨泪丝丝。十年不踏西州路，忍启缃奁读旧诗。

有画赠李瀛。又题画寄史后。

《文嘉钞本》卷七《题画赠李宗渊》：自古义兴山水郡，风烟只在洞庭西。云封翡翠张公洞，月浸玻璃罨画溪。百里扁舟空约在，几番图画为君题。劳樽记取灯前话，他日来游定不迷。

又《题画寄史知山黄门》：高人踪迹杳难攀，知在清泉白石间。松粉浮香云细细，花须吹玉雨斑斑。曾闻摇佩联青琐，谁遣焚鱼住碧山？昭代每申求旧典，只愁追诏不容闲。

与吴爟、王守兄弟纳凉治平寺；又与蔡羽游东禅寺，均有诗。

《集三十五卷本》卷七《夏日同次明履仁治平寺纳凉》：山中六月可逃禅，相与清斋佛座前。风细石坛松落子，雨深沙窦竹垂鞭。别来光景浑依旧，壁上题名不记年。底用忘归归自好，晚霞新月载溪船。　　寂寂云堂车马稀，阴阴灌木暑光微。竹根雨过蛙争吠，松下日斜僧未归。每见青山羞世网，欲临流水置柴扉。紫薇胜概吾能领，只恐时情与愿违。

按：《文嘉钞本》作《夏日同次明履约履仁治平寺纳凉》。共三首，录二首。

又《东禅寺与蔡九逵同赋》：何处晚凉多？溪堂夜来雨。乔然两青衫，繁阴遽如许。山僧候岩扉，喜听松间履。为破明月圆，自吸寒泉煮。

寄王献臣诗。时献臣所居园池已定名为拙政园。

《文嘉钞本》卷七《寄王敬止》：流尘六月正荒荒，拙政园中日自长。小草闲临《青李》帖，孤花静对绿阴堂。遥知积雨池塘满，谁共清风阁道凉。一事不经心似水，直输元亮号羲皇。

按：《明清藏书家尺牍》有都穆致王献臣一札云："府学前有南园，乃五代钱氏故地。后为苏沧浪所居，名著吴中。执事之园，当名'小南园'，以续沧浪故事如何？侍生穆再拜，槐雨先生尊契兄。"是王献臣曾问园名于吴中诸名士。第不知拙政园为何人所名。

《五石脂》：城内娄、齐二门间，有拙政园者，大宏废地也。嘉靖朝，御史王献臣得之，营为别墅。文待诏徵明为之记。后其子负博，售之徐氏。未几竟归海虞宗伯。尝构曲房其中，以娱所嬖柳夫人。而海宁相公继之，遂没于官。为驻防旗人所居。后归王永宁，益务侈靡。造楠木厅，柱础皆刻升龙。永宁与吴三桂有连。至康熙十八年再没入官,始改建苏松常道署。后署废,归蒋氏名复园。旋归平湖吴氏。

光绪本《苏州府志》卷四十六《第宅园林》:拙政园,在娄、齐二门间。嘉靖中,王御史献臣因大宏寺废地营建别墅,以自托潘岳拙者之为政也。文待诏徵明为图记。后其子以樗蒲失之,归里中徐氏。国初,海宁陈相国之遴得之。中有连理宝珠山茶,花时烂红夺目。相国谪塞外,此园入官,为驻防将军府。旗军既撤,迭居营将,又为兵备道馆。既而为吴三桂婿王永宁所有,复藉官。康熙十八年改苏松常道新署。苏松常道缺裁,散为民居。后归蒋氏,名曰复园。又归海宁查比部世倓,复归平湖吴氏。咸丰庚申,粤匪踞为伪王府。城复,归官。同治八年改为八旗奉直会馆。

按:拙政园于康熙十八年改苏松常兵备道署。道署裁撤后,散为民居,归蒋诵先改为复园者,仅原园之半。太平天国忠王李秀成驻军苏州时,改为忠王府。清兵再陷城后,又为江苏巡抚署。同治十年改为八旗奉直会馆,仍名拙政园。园之西部,由吴县张履谦另建补园。辛亥革命时,江苏都督程德全曾在园召开江苏临时省议会。抗战后,苏州沦陷,园亦沦为伪江苏省政府。抗战胜利后为国立社会教育学院校舍。一九四九年苏州解放,学院改组,迁往无锡。由苏南行署苏州专员公署使用。一九五一年十一月将拙政园移交苏南区文物管理委员会管理。将东部东园及西部补园仍合而为一。即加修理。至一九五二年竣工,于十一月六日起正式开放。园有拜文揖沈之斋,为张履谦建园时筑。内有沈周及文徵明像。又有文徵明小楷《千字文》及《王氏拙政园记》等石刻。(以上节录苏南区文

物管理委员会《拙政园》)

题汪廷器《西游卷》。廷器,歙人。善制墨,自号水晶宫客。

《文嘉钞本》卷七《题汪廷器西游卷》:沙草漫漫万里秋,曾将书剑客边州。归来留得诗篇在,白发蒙头说壮游。　旧游回首几经秋,裘剑豪华逐水流。怪是襟怀老犹壮,长竿亲见挂胡头。

《戒庵老人漫笔》卷七《笔墨》:曩时买墨于金闾,吴山泉饷余以文衡山帖一,中乃记墨法也。"余往岁喜用水晶宫墨,盖歙人汪廷器所制。廷器自号水晶宫客。家富而好文雅,与中朝士大夫游,岁制善墨遗之。然所制仅仅数十挺,特供士大夫之能书者,而不以售人,故其制特精。"

有题王守小室诗。

《文嘉钞本》卷七《题履约小室》:小室都来十尺强,纤尘不度昼偏长。逡巡解带围新竹,次第移床纳晚凉。石鼎煮云堪破睡,楮屏凝雪称焚香。关门不遣闲人到,时诵《离骚》一两章。

邹先懋以所藏元吴镇画寄示,为题七古一首。

《文嘉钞本》卷七《题邹先懋所藏梅花道人大画》:苍苍东绢七尺垂,惨淡水墨开淋漓。高堂展轴见突兀,气骨耿挺含华滋。阴崖迸雪落高涧,苍干屈铁松离奇。松阴十丈堕地走,白日惨惨吹凉飔。云英匼匝摇青芝,根株钩锁珊瑚枝。两翁何人?乃是列仙之儒。冠服伟丽庞眉须,森森毛发欲生动,倏忽身境坐与江山移。初疑不似画,熟视惊绝奇,伊谁作者梅沙弥。前元画法谁最逸?沙弥老笔云纷披。寻常挥洒具书法,一扫丹粉无妍姿。常时竹石满天下,一纸兼金不当价。然多草草存风神,未有此幅烂漫皆天真。邹君得之自何所?爱好不啻如珍。缄题寄我意有在,愧我凡弱欲赋难为陈。安得思如杜陵笔,千秋与画争嶙峋。

按:邹先懋与前藏李建中书《千字文》之邹光懋不知是一人否?识此待考。

秋,作《抚孤松而盘桓图》以寿岳父吴愈。愈致仕归里已十四年,时年七十五岁。王宠有题。

《天绘阁画粹第一集·文衡山山水幅》:画左楷书题:"门甥文徵明奉为外舅遁庵先生寿。"画上端王宠书《抚孤松而盘桓》五古一首,末款"正德丁丑七月晦日,晚生王宠谨书。"王题后徵明行书题云:"悠然白发对青山,强健悬车十载前。时会故人修白社,不忘初业课春田。老成自是先朝旧,遗爱犹为远郡传。莫谓有才施不尽,只将闲散博长年。"

有《秋兴》三首。

《集三十五卷本》卷七《秋兴》:浮云奄忽互相逾,北首长安万里馀。灞上将军真戏尔,回中消息近何如?祥麟谁见游郊薮?寒雁空闻有帛书。泽国西风秋正急,有人东望忆鲈鱼。清秋早晚自江东,摇落河山日夜风。白马去从天竺国,铜驼谁问洛阳宫?九朝文物于今盛,万里车书自古同。憔悴稽生无复事,只留双目送飞鸿。 江上芙蓉玉露零,秋风乍起阖闾城。白龙终见沙虫困,黄鹄何时羽翼成?四海只今怀德化,诸公须用答昇平。苍梧万里云千叠,日暮空怀帝子情。

以诗寿杨循吉六十。

《文嘉钞本》卷七《寿杨仪部六十》:华阳老却陶弘景,见说年来白发生。谁遣蹉跎违世用?天留强健待书成。文明正际千年会,制作还收一代名。何必尊前称杖者,久忝乡社作耆英。

作《飞鸿雪迹图》并诗赠杨进卿归金陵,唐寅、陆南、王涣、钱贵等均有次韵。

《岳雪楼书画录》卷四《文待诏飞鸿雪迹图卷》:踪迹怜君似雪鸿,南来岁岁逐秋风。宁知白发重逢处,又是黄花细雨中。十载声名惭海内,一时冠盖满江东。玉兰堂上瞻行色,欲咏江云苦不工。进卿自金陵来吴,顾访玉兰堂,题赠短句。徵明。

书缄屡辱寄鳞鸿,好在安流与便风。深盏旧醅谈笑里,绕梁明月梦魂中。当时惜别鸡声上,今日重逢马首东。欲赠暮云春树色,尽将心绪比良工。奉和文停云赠进卿杨先生诗韵。吴郡唐寅。 客思悠悠逐断鸿,轻帆数幅晚生风。青云意气交游内,白下山川指顾中。争羡清游似司马,况闻高誉压陈东。江梅多少冲寒放,一路凭君看化工。海观陆南次文停云韵。 冥冥踪迹托飞鸿,岁岁来宾逐好风。闾阖一声传白下,稻粱千亩寄吴中。马迁壮志周寰内,杜甫收诗过瀼东。闻说明年云路远,琅玕呈献代天工。长洲王涣。 嘹呖一声天外鸿,吹嘘千里故人风。难禁最是梦回处,忽遇正当愁绝中。吴苑菊随秋共老,秣陵人与道俱东。当筵莫话明朝别,诗为逢君语正工。松冈杨先生,乃余之故人也。以庄业在齐女门之北,岁每一至,至必有饯别诸作,传于吴下。归必有留行诸作,传于秣陵。其于交诗践盟,汲汲犹饥渴。耕获乎道义,而蓄畜于文学,固其性之常乎?治生盖其馀事也。此归,衡山先生首以诗画赠之,诸君子从而和之。予诗最后,兼记数语,亦聊以副所委耳。正德丁丑腊月下浣,长洲漕湖钱贵书。

按:钱贵诗二首,录一首。另有宗训、都穆、邹璧诗,略。陆南、王涣初与徵明齐名,诗罕见,附录于此。杨进卿事行不可考。味钱贵题语,似富而知文墨者。

有《朔风》《惊寒》诗。

《集三十五卷本》卷七《朔风》:朔风吹惨渡江城,北雁时传塞上声。此日文章宁有益?中朝爵禄久还轻。徒闻汉室诛曹节,不见长沙召贾生。千里苍苍云日暮,更梯高阁望神京。

又《惊寒》:惊寒木叶已纷纷,老大悲秋不自欣。旅雁南来逢朔雪,夕阳西去隐浮云。支离岁月都无益,粉饰承平漫有文。愧杀仲连天下士,只将谈笑却秦军。

次韵郡博谢元《雪中》诗。元,瓯宁人。

《文嘉钞本》卷七《次韵谢郡博雪中二首》,七律,略。

乾隆本《苏州府志》卷三十四《职官三·苏州府儒学》:谢元,瓯宁人。岁贡。正德十三年任。

雪后,泛舟游石湖,宿楞伽寺有诗。

《文嘉钞本》卷七《雪后泛舟游石湖》:夜闻飞雪晓何浓?想见楞伽矗万峰。出郭漫浮银舴艋,过湖来看玉芙蓉。试寻往迹迷沙鸟,不改苍颜有涧松。日暮云门何处觅?破烟遥认上方钟。

《集三十五卷本》卷七《雪夜宿楞伽寺》:天寒万木僵,月出四山静。积雪缟清夜,幽崖自辉映。上方衣裘单,俯视寒芒正。长风扫纤云,平湖竟天净。倒影落僧窗,横飞湿银镜。微澜玉塔摇,秀色千岩竞。俄然万象沉,坐觉群翳屏。一鸟不复飞,光华久逾盛。吟怀共朗彻,禅心寄枯劲。只觉尘界卑,忘身在高琼。半空击瑶簪,泠然发孤咏。万里吾目中,悠然一渔艇。

按:共二首,录一首。《文嘉钞本》题作《是夜宿楞伽寺》。

十二月,张玮卒。为撰墓志铭。玮字嘉玉,长洲人。成化二十三年进士,仕终工部都水司郎中。居官严慎,执法秉正,名闻江淮。曾大父声远,即徵明曾大父惠之外舅。

《集三十五卷本》卷二十九《明故奉政大夫工部都水司郎中张公墓志铭》:……丁丑十二月癸卯以疾卒,享年六十有五。公讳玮,字嘉玉,别号历斋。其先真扬人。洪武初以赤籍徙隶苏州卫。曾大父声远。时吴文定在太学,遂从授业焉。归补郡学生。成化癸卯,举应天乡试。丁未,举礼部试,廷试赐同进士出身。……壬戌还朝,复除都水郎中,领漕河如故。公居官严慎,所至率职。釐革缮治,必尽民利,而轨法绪正,不为势挠。中贵人道管内辄敛辑,相戒避张郎中。于时张郎中之名闻江淮间,赫赫若神明然,然卒以此掇祸。尤事持廉,历官二十年,田庐服用,乃损于旧。晚岁益贫,家徒四壁,晨夕饎爨,或不时举。既死,室无一钱,郡邑为赙襚,始克就殓;乡人士共敛资葬之。

康熙本《长洲县志》卷十九《人物》:张玮,字嘉玉。登成化丁未进士,授工部主事,晋郎中。初榷杭关,子希范以公价买民竹篚,立索还之。……

有寿汤珍父鉴五十诗。鉴淡于进取,以子珍而名益起。

上海图书馆藏《文衡山诗稿墨迹·汤馀闲五十》:人生百年期,五十始强壮。汤君发抹漆,已复事高尚。嗟余行艾衰,论年本相望。顾君有佳儿,才名出吾上。既此重通家,于君遂非伉。去我仅三年,已是丈人行。清风吹布裘,在野更闲旷。缓步当安居,童颜自春盎。□□□□□,诸子足供养。

《林屋集》卷十八《处士汤君墓志铭》:汤君,苏之练川人也。某年徙郡城,居□里。羽初未识汤君,然君之子珍同郡庠已数年,名渐起。正德庚午始交珍。一再往复,因获奉君几杖。容貌甚古,温温可亲。私叹曰:"古有至人,神全而意闲,岂其俦耶?"衡山文子在座,笑曰:"知晚矣。汤君不汲汲于进,不戚戚于取。然趋向甚明,礼贤教子。取友之诚,今鲜其比。自馀不足加意,故厥养全。"羽曰:"如子言。"

除夕,有长诗写感。

《文嘉钞本》卷七《除夕感怀》:江城日暮生寒烟,空斋雨收更漏传。更长烛烬夜不眠,推枕起视天茫然。梅花未动雪在屋,春光已到椒盘边。老人多情恋残腊,岂识寒暑相推迁。人生百年恒苦悭,一举已费三十年。青衫尘土手一编,束发事此今华颠。流光把玩不可回,坐阅逝景如奔川。亦知文字非有益,直是贫贱驱无缘。忆当少小不自贵,往往流辈相争先。古人勋业一语足,安用突兀声摩天。故应造物忌多取,老大追悔徒生怜。裹巾结带曳白襕,不耻白发追时贤。谁能慷慨事角逐?漫尔抉裂成雕镌。伤心习业儿童间,儿女慰藉空翩跹。一樽婆娑灯影里,万感寂历鸡声前。鸡声萧萧日欲出,车马在门吾有役。

是年,陈沂、伍馀福举进士。沂改庶吉士,授编修。馀福授长垣知县。

《列朝诗集小传》丙集《陈太仆沂》:正德丁丑进士,改庶吉士,年已四十八矣。授编修,进侍讲。

道光本《苏州府志》卷八十一《人物·宦迹》:伍馀福,字君求。正德丁丑进士,授长垣知县。

正德十三年戊寅（1518）四十九岁

正月七日，王穀祥雨中来访，观欧阳修画像及赵氏《兰玉卷》，徵明作画记之。穀祥，观次子。字禄之，号西室，时年十八岁。少从学王宠。又与徵明次子嘉从祝允明学书。观字惟颙，号款鹤。尝从徵明祖父洪学，以医名。

《郁氏书画题跋记》卷十二《衡山林堂图》：雨中，禄之过访停云，共观欧文忠公画像及赵氏《兰玉卷》，焚香设茗，遂淹留竟日，聊此纪事。戊寅子月七日，徵明。

《明史》卷二百八十七《文苑》三：王穀祥，字禄之。由进士改庶吉士，历官吏部员外郎。忤尚书汪鋐，左迁真定通判以归。与师道俱有清望。

《皇甫司勋集·明史部文选清吏司员外郎王君墓表》：君讳穀祥，字禄之。惟辛酉君以降。而上世尝颂"西室"者，适符其生，因题其室，而自称西室云。童乌之龄，即能属文。乐安之岁，选充县学弟子。文恪王公一见奇之，曰："吾宗千里驹，殆此子是矣。"时文待诏、蔡孔目尚在诸生中，引为忘年交。

《弇州山人续稿》卷一百六十四《三吴楷法廿四册》：第十三册。王考功禄之与其师王履吉尺牍，精谨有法。

《岳雪楼书画录》卷五《明王西室行书千字文卷》：王西室少与余同学书于枝山先生。后乃弃去，专意赵文敏公。茂苑文嘉。

《吴都文粹续集》卷四十祝允明《款鹤王君墓志铭》：君王氏，讳观，字惟颙，族于长洲最久且望。君为聘斋第四子。少从文教谕先生洪为进士学。既去,述聩斋之事。其为医,操远识,集奇效,先后不可胜算。初自号杏圃,吴令文天爵尝馈之鹤,更号款鹤。子男二,长曰毂祯,国子生。次曰毂祥,县学生。祝氏胡氏,二子妇也。

按:毂祥兄毂祯,娶祝允明女。《陆子馀集·祝先生墓志铭》:女一,嫁湖州府经历王谷祯。

正月二十八日,王宠为题所藏宋克画竹。宠时已改字履吉。克字仲温,长洲南宫里人。洪武初,任凤翔同知卒。工书,尤喜画竹。

《真迹日录》三集:奉题衡山先生所藏宋克画竹:胡运昔崩折,龙蛇斗中原。矫矫云台器,秉时欲飞翔。濩落宇宙间,空抱《阴符》言。腾骧数枝竹,洒笔披烦冤。清风动林壑,高节贲丘园。吁嗟盘礴切,郁郁丹青痕。斯人则已矣!风流今尚存,文君后来彦,清世抱屿璠。挥洒满天下,词林避孤骞。骅骝稍弄辔,凡马尽奔惊。南宫虽久芜,百年心可论。叱咤丈夫志,吾将排帝阍。戊寅正月廿八日,宠顿首顿首。

按:本年蔡羽《惠山茶会序》已称王宠为履吉。

《无声诗史》卷一:宋克,字仲温,长洲南宫里人。少跌宕不羁,家居以气节自励。一旦厌事,杜门谢客,操觚染翰,日费千纸,遂以书名。章草久不传,至克始得其法。尤善画竹,虽寸岗尺堑,而万玉千篁,萧然出俗。洪武初,同知凤翔,卒。

二月九日,与王守兄弟饯蔡羽、汤珍于虎丘,时羽往润州,珍往句曲。期望后会武进,以徵明将往访郑鹏。

《中国古代书画图目》二《文徵明惠山茶会图》:戊寅春,九逵将往润州,子重往句曲。二月九日,余与履约兄弟饯别于虎

丘,赋赠二诗,期望后会晋陵。盖余三人亦将访郑蒲涧先生于
武进也。《送九逵》《送子重》诗皆五律,略。

又:蔡羽《惠山茶会序》:渡江而润,金、焦、甘露胜。由润
入句容,三茅山胜。由句容至毗陵,白氏园胜。由毗陵至无锡,
惠麓胜。……尝与衡山文徵明、中山汤子重、太原王履约、王履
吉谋行。正德丙子之秋,长洲博士古闽郑先生掌教武进,居于
毗陵。明年丁丑夏,吾师大学士太保靳公致政居于润。又明年
戊寅春,子重以父病将祷于茅山。履约兄弟以煮茶法,妙欲定
水品于惠。其二月初九,余得往润之日,与诸友相见于虎
丘,又辞以事,乃独与箭泾潘和甫挟舟去。子重亦与其徒汤子朋同载
前后行。

**十五日,与王守兄弟同舟往武进,于无锡道中乘月夜
行,皆有诗。**

《文嘉钞本》卷七《望夜乘月发浒墅舟中与履约兄弟同
赋》:竹枝风动处,百里暮扬舲。涌月寒潮白,沉山宿霭青。轻
帆移断岸,急桨乱春星。浩荡中流兴,深惭双玉瓶。

《中国古代书画图目》二《文徵明惠山茶会图》:王守及王
宠《锡山舟中对月》诗,皆五律一首,略。

**十六日,晤教谕郑鹏于武进学廨,留宿。十七日,蔡羽、
汤珍亦至。同游白司寇园。十八日归,雨宿武进城外。**

《文嘉钞本》卷七《晋陵学廨与郑师话旧二首》:蹉跎经岁
别,失喜见江城。剪烛知非梦,联床稍叙盟。青毡贫博士,白发
老门生。消尽东堂酒,迟迟月二更。(录一首)

又《游白司寇园二首》:小山开洞府,列榭压回塘。路入虎
溪误,门通柳浪长。千年三品石,四海午桥庄。宾客今谁在?

啼禽自夕阳。（录一首）

又《雨宿晋陵城外有怀郑公》诗，五律一首，略。

按：白司寇园，疑即白昂家园。昂字廷仪，武进人。天顺进士，后以巡江治河有功，入司风纪，历掌邦刑，有平恕老成人之誉。卒谥康敏。

《中国古代书画图目》二《文徵明惠山茶会图》蔡羽《惠山茶会序》：三宿达润，余既拜太保公于其第，获登甘露寺，由多景楼故址以观江海。居二日而退舟。甲申宿丹徒，乙酉宿毗陵，丙戌晨饭于舟中，起拜学谕公于官舍。时子重之舟至自茅山。徵明、履约、履吉至自苏，已馆郑公。郑公以吾七人燕，获周览于三白氏之园。丁亥，暴风雨。戊午为二月十九日，清明。

又蔡羽《与诸友复会武进郑掌教官舍》《白氏园》诗，皆五律一首，略。

又汤珍《夜燕蒲涧先生官舍》《游白氏园三首》《留别蒲涧先生》诗，皆五律，略。

又王守《郑博士官舍夜集》《白氏园》；王宠《蒲涧先生官舍夜集》《白氏园宴集》《晋陵夜泊怀蒲涧先生》诗，皆五律，略。

十九日，清明，雨中至无锡，霁。与蔡羽、汤珍、王守、王宠、潘镜及汤子朋茶会于惠山。蔡羽、汤珍、王守兄弟皆有诗。羽又撰《惠山茶会序》，徵明作图。镜字和甫，香山人。子朋，珍徒。

《文嘉钞本》卷七《还过无锡同诸友游慧山酌泉试茗》：妙绝龙山水，相传陆羽开。千年遗智在，百里裹茶来。洗鼎风生鬓，临阑月堕杯。解维忘未得，汲取小瓶回。

《中国古代书画图目》二《文徵明惠山茶会图》，蔡羽《行次惠山泉》：惠麓烟中见，名泉拄杖寻。蔽亏多翠木，宛转向云林。世有煎茶法，人无饮水心。清风激修竹，山谷得馀音。汤珍《惠山作》：雨足青山晓，春泉滑正流。松云含竹色，珠雪洒龙头。煮茗醒酲熟，分杯玉醴柔。名贤留胜赏，合向《水经》收。　王守《惠山作》：登临逢午霁，飞磴恣翱翔。激水穿云窦，悬崖嵌石堂。玉杯含竹气，春服眩花光。饮此百灵集，宁然消渴长。王宠《惠山作》诗，五律，略。

又蔡羽《惠山茶会序》：戊子为二月十九，清明日，少雨，求无锡未逮惠山十里，天忽霁。日午，造泉所。乃举王氏鼎，立二泉亭下；七人者，环亭坐，注泉于鼎，三沸而三啜之。

又《文徵明惠山茶会图》："惠山茶会"，蒲涧。（此郑鹏行书引首）《惠山茶会序》正德十三年戊寅春三月朔旦，林屋蔡羽。《惠山茶会图》，有"文印徵明""玉兰堂"两白文方印。"文徵明行书五律"：西来共得拙诗十有二首，录上蒲涧先生，用见一时鄙况云尔。门生文徵明顿首。　"蔡羽行书五律"：鄙诗十一首，呈蒲涧老先生改教，诸生吴郡蔡羽再拜。　"汤珍楷书五律十六首"：右小诗呈蒲涧先生，求教和。吴郡诸生汤珍顿首再拜稿。　"王守行书五律五首"：吴郡王守。　"王宠行书五律五首"：吴郡诸生王宠顿首稿呈。

《过云楼书画记》画类四《文衡山惠山茶会图卷》：卷首有蔡九逵楷书《惠山茶会序》（文同前）称：今图作半山。碧松之阴，两人倚石对谈。一童子执军持而下。茅亭中二人倚井阑坐，就支茶灶。几上列铜鼎石铫之属。有二童篝火候沸，傍一人拱立以待。正龙吻玉溅，羊肠车转时也。被服古雅，景色妍丽,酷似松雪翁手笔,当为吾楼文卷第一。后装九逵、子重、履吉精楷书纪游诗各数首,惟衡山无诗。

　　按:文徵明《惠山茶会图》两卷,皆见影本。图各不同。一卷后有文、蔡、汤、二王诗,由诗末款识,知是赠郑鹏者,故诸诗俱全,郑鹏有行书引首。一卷缺文诗且缺王守诗。

　　按:《文博通讯》八二年第四期潘信旦《香山潘祠文祝碑记探讨》云:"潘叙,号半岩居士。子錤,太学生。"南京博物馆展出《文徵明劝农图卷》题云:"正德十五年,吴中大水,胥口潘半岩课童奴极力车戽。……及是其子和甫来京师……"知和甫名錤。

四月廿一日,与蔡羽、郭邵、王宠同观宋文天祥书苏轼词于尹山寺。又与蔡羽、郭邵同宿浒墅舟中有作。

　　《湘管斋寓赏编》卷一《文文山书东坡词》,后有题识云:"正德十三年戊寅夏四月廿又一日,吴郡文徵明、蔡羽、郭邵、王宠同观于尹山精舍。"隶书三行,是衡山手笔,不用印。

　　《吴都文粹续集》卷三十二王宠《尹山精舍》:"古殿深岩曲,朱门碧水开。铃声冲鸟落,幢影拂云回。院入斜舟槛,宾迎滑藓苔。东来车马道,聊尔涤尘埃。"后钱榖注云:"崇福教寺,在长洲县三十一都尹山,故称尹山寺。"

　　《文嘉钞本》卷七《同蔡九逵郭汉才宿浒墅舟中》:世事真难料,溪风夜进船。问人还自误,失路竟难前。浒墅临关月,阳山隔树烟。相看有知己,不是对愁眠。

　　按:郭邵后四年即卒。蔡羽《郭子墓志铭》云:嘉靖壬午秋试,复下第,遂病不起,以其年十月十六日卒。郭子生于弘治壬子十月廿一日,距卒年三十一岁。

送蔡宗兖赴兴化教授诗。宗兖字希渊，浙江山阴人。性孤介，不诡于俗，从王守仁游。正德十二年进士，官至四川提学佥事。

《文嘉钞本》卷七《送蔡希渊进士赴兴化教授》：使君南下掇朝班，早辨先生苜蓿盘。自古为贫辞厚禄，于今有味是闲官。风吹桃李春阴合，影落江湖夕照寒。满目浮云殊不定，去从何处望长安？

《明史》卷二百八十三《儒林》二：蔡宗兖，字希渊。正德十二年进士。官至四川提学佥事。

《见素集》卷二十九《书·与席方伯》：蔡宗兖乐道甘贫，外物无足介其意。璞玉浑金，祥风瑞日，将慕程伯子之和，以藏叔子之介。自闺门以至酬物，无一不足人师。莆士无福，为异己所中。当道误听，轻处之。义在必去，谁复能留？其所以调斡迟滞，使托校文，为台察地也。又深文绳之，过矣过矣！贤者为我而去，已大不幸。而前后所历五月之俸，仅支一月，斋夫仅支四两；诸生参补节仪，分毫无干。此在吾辈，均之未能。且家贫，何恃能去？而和粹从容，有问即引过，无纤毫尤人及不豫之色。此非素养纯深，其能至此哉！

《国琛集》下卷："良知"之讲，布四方之知。而应之者，能辄弁其沉痼，如云龙风虎，其势蹶焉以起，有不可以枚举。其若肖而速颖，迄于今不鲜传。虽浅深渐顿，生熟不齐，要能决向背之机矣。炳炳在生，例未即述；惟既定盖棺，爰为举之。……有蔡宗兖，会稽人。毅确不诡于俗。

《中国人名大辞典》：蔡宗兖，浙江山阴人。字希渊，号我斋。从王守仁学。正德进士，以教授奉母。孤介不为当道所喜,辄思弃去;守仁以为伤于急迫,乃止。入为太学助教,南考功郎,擢四川督学佥事。有《蔡氏律问》。

雨中对停云馆前王献臣去年赠竹,赋诗谢之。

《文嘉钞本》卷七《旧岁王敬止移竹数枝,种停云馆前,经岁遂活,雨中相对,辄赋二诗寄谢敬止》:远移高竹种前楹,珍重王猷属我情。时日难忘君子爱,岁寒聊结故人盟。随根宿土经冬在,出槛新梢带雨生。有待夜凉残酒醒,满窗明月听秋声。(两首,录一首)

有次韵卢襄杉渎新居诗。

《文嘉钞本》卷七《次韵卢师陈杉渎新居之作》,诗七律,略。

秋,月夜同钱同爱饮桂花下,有诗。

《文嘉钞本》卷七《月夜同钱孔周饮桂花下》:桂子团团白露浓,斐然堂下一樽同。行歌《招隐》怀千里,坐抚秋风思一丛。夜久香迷金粟界,月寒人在玉华宫。明年拟赴甘泉台,应许扬雄赋最工。

九月既望,跋朱承爵所藏宋周文矩画《重屏会棋图》。借观累月,至是释"重屏"之义而归之。

《西清札记》卷四《宋周文矩重屏会棋图》:右周文矩所作《会棋图》,乍展徽庙金题,殊不解"重屏"为何义。及细阅之,二人据胡床对弈,二人端坐观局,各极其神情凝注之态。傍设一榻,陈列衣笥巾箧,一童子拱侍而听指挥。上设屏障,障中画人物器皿几榻,设色高古。后作一小屏,山水层次掩映,体认方得了了。始悟重屏之名有以也。……近为吾友朱君子儋宝藏。借观累月,爱玩不能已,谨题赗尾而归之。正德戊寅九月既望，长洲文徵明识。

十月，过王守兄弟家，为作水墨菊花并题。守与宠皆有作。

《好古堂家藏书画记》卷下《明人高幅杂画·文衡山水墨菊花》：新寒十月满西楼，断送篱花一雨休。犹有双英供酒盏，不教全负一年秋。今岁菊事颇迟，重以积雨，遂尔落寞。偶过王氏小楼。见瓶中一枝，因纪短句。戊寅十月，徵明。　荆榛冒长堤，秋光媚幽石。怀彼漉酒生，怅怅空采摘。王守。　白露围空下，秋花倚石栽。深怜好颜色，不愧后时开。王宠。

十一月六日初度，诸友来贺。夜阑独坐，诵李白《紫极宫诗》，有感，次韵。

《集三十五卷本》卷七《十一月六日初度，与客饮，散，独坐诵太白紫极宫诗，有感次韵》：西风自何来，吹我檐下竹。更阑客已散，夜色凄可掬。起行照疏灯，履影不愧独。百年已强半，大梦才信宿。老作负辕驹，无疑我何卜。圆景有盈虚，逝水无终复。天道良不私，吾人自倾覆。岂无径路趋？思之亦云熟。

十二月廿二日，有画并手柬托陈卫南寄王韦，时韦将赴河南提学副使。卫南，亦金陵人，徵明亦有诗画赠别。

《文嘉钞本》卷七《题画寄王钦佩时将赴河南》：青溪溪上树离离，忆共临流看月时。今到洛阳追往事，故人乡土总成思。

又《题画赠别陈卫南》：两度相过总不留，东归竟上秣陵舟。别离先重明朝忆，竹树萧萧雨满楼。

印本《明清画苑尺牍》：徵明顿首。自附令婿书后，再不得嗣音。比来怀抱殊恶，兼有儿子婚娶之扰，忙窘相并，百事废失，况能近笔砚乎？坐是久逋尊委，数勤诲言，岂胜感慨。兹承有河南之行,踪迹益远,如何如何。卫南归便,欲附一诗,解装忙迫不暇,聊奉小画一轴,系以短篇,亦用展限而已。……徵明顿首再拜,提学南原先生尊兄,腊月廿又二日。

　　按:手札中称"儿子婚娶",或指文彭。文彭本年廿二岁。彭娶钱同爱女。徵明致岳父吴愈十札中有云:"岁终粗毕儿女子姻事。"或即指此。

李瀛与子采来,留宿数日,烧灯夜话,意思凄然。瀛曰:"吾老,恐不能数至,尚庶几儿辈无相忘耳。"明年三月,以病卒。

　　《集三十五卷本》卷三十《李宗渊先生墓志铭》:正德戊寅,从其子采来,留凡数日,烧灯夜话,意思凄然。曰:"吾老,恐不能数至,尚庶几儿辈无相忘耳。"盖归未几而病,病数月竟死。君生景泰六年乙亥六月四日,卒正德十四年己卯三月十七日,享年六十有五。

除夕,有诗。

　　《文嘉钞本》卷七《除夕》:世事茫茫未有涯,东风次第到贫家。醉供帖子吟春草,闲卜流年候烛花。海内吹嘘名是妄,镜中勋业鬓生华。一经不负朱翁子,休说□飞暮景斜。

正德十四年己卯(1519)五十岁

正月二日,雪中登王献臣拙政园梦隐楼;四日,饮阊门陈津兄弟家;人日,饮杜璠南楼,皆有诗。

　　《文嘉钞本》卷八《新正二日冒雪访王敬止,登梦隐楼,留饮竟日》:开门春雪满街头,短屐冲寒觅子猷。逸兴未阑须见面,高情不浅更登楼。银盘错落青丝菜,玉爵淋漓紫绮裘。起舞不知天早暮,醉看琼阙上帘钩。

又《四日过阊门陈氏为道通兄弟留饮赋赠》《人日杜氏南楼题赠允胜》诗,皆七律,略。

与友探梅竹堂寺,怀宗伯昭,赋诗寄之。

《文嘉钞本》卷八《同诸友竹堂看梅有怀宗伯昭赋寄》:不知春色在僧家,醉眼欣逢雪后花。曾是蹉跎伤岁暮,未妨疏淡占年华。风前有忆人如玉,溪上无言日月斜。驿使不来情脉脉,月明飞梦绕天涯。

二月既望,补《深翠轩图》。初,国初诸公为谢晋作诗文一卷,而逸其画。至是徵明重为补图并跋。晋字孔昭,吴县人。性耿介,以诗画名。

《六砚斋笔记》卷一:国初谢孔昭《深翠轩诗文》一卷,文徵仲补图,徵仲作精楷题云:"孙生咏之,视余《深翠诗文》一卷,国初诸名公为吾乡谢孔昭作。卷首题额篆楷各二字,篆出滕待诏用衡,楷出詹中书孟举。记文三首,首为俞都昌有立,次解学士大绅,又次王文靖汝玉,皆出亲书。卷中诸诗,亦多名人,字画皆精谨可爱。盖一时诸人,皆胜国遗材,故形诸篇翰,犹有前辈典刑。自洪武己巳至今,百又三十年矣。尾首完好,独逸其画。咏之征余补为此图。……正德十又三年岁在己卯二月既望之夕,张灯记此。徵明。"

按:《六砚斋笔记》所录徵明跋间有错字,以《朵云》五集所印墨迹改正。己卯为正德十四年,乃笔误。

《平生壮观》:《深翠轩》,明初诸公为谢孔昭作诗文一卷,衡山补图,笔墨秀润,精楷长题。滕用衡篆"深翠"二字,詹孟举正书"深翠"二字于前。俞有立、解大绅、王汝玉作记。后题诗者十三人，姚广孝、张肯、卞同、卢充耘之外，皆比丘，不知名人也。

《过云楼书画记》画类四《衡山补图元贤深翠轩诗文一卷》：此卷为谢孔昭作。孔昭以诗画名，而姜绍书《无声诗史》既云"谢晋字孔昭，善山水。"复云："谢缙号葵丘，中州人。善山水，宗赵松雪。"一人两传，要亦无考使然。藉非衡山从正德己卯上溯洪武己巳百三十年之后，重为补图，乌知吾吴有深翠道人也哉。

《列朝诗集小传》乙集《谢葵丘晋》：晋字孔昭，吴县人，号葵丘。工画山水，重叠烂漫。寻丈之间，不日而就。性耿介，里人疾之，以绘工起贡京师，侨居金陵廿馀年，以目眚放归。亦能诗，有《兰亭集》。

三月三日，为王鏊跋阎立本《秋岭归云图》。

《岳雪楼书画录》卷一《唐阎右相秋岭归云图卷》：余闻上古之画，全尚设色，墨法次之，故多用青绿。中古始变为浅绛、水墨杂出。以故上古之画尽于神，中古之画入于逸。均之各有至理，未可以优劣论也。立本此卷，墨法既妙，而设色更神。铅朱丹碧，互为间沓；千岩万壑，怪怪奇奇。莫知其所以始，而亦莫知其所以终。吾故谓立本当从十洲三岛来，胸臆手腕，不着纤毫烟火，方能臻此神妙。近日士人所称《西岭春云图》固为至极，犹当让此一筹。是卷旧藏松陵史氏，一夕为奴子窃去，不知所之。少傅王公向慕久矣，无从快睹。今春孙文贵持来求售，少傅公不惜五百购之，可谓得所。一日，出示索题，余何敢辞，敬书其后。正德十四年三月三日，文徵明跋于湖光阁。

按:此卷著录者又有《宝绘录》《听帆楼续刻书画记》及《三秋阁书画录》。梁章钜《浪迹丛谈》卷九《宝绘录》:前明崇祯间,有云间张泰阶者,集所选晋唐以来伪画二百件,刻为《宝绘录》,凡二十卷。自六朝至元明,无家不备。宋以前诸图,皆杂缀赵松雪、俞紫芝、邓善之、柯丹丘、黄大痴、吴仲圭、王叔明、袁海叟十数人题识,终以文衡山,而不杂他人,览之足以发笑。岂先流布其书,后乃以伪画出售,希得厚值耶?《四库全书总目》:《宝绘录》二十卷,上海张泰阶撰。泰阶字爱平,万历己未进士。家有宝绘楼,自言多得名画真迹,持论甚高。然如曹不兴画,据南齐谢赫《古画品录》已仅见其一龙首,不知泰阶何缘得其《海戍图》?又顾恺之、陆探微、展子虔、张僧繇,卷轴累累,皆前古之所未睹。其阎立本、吴道玄、王维、李思训、郑虔诸人,以朝代相次,仅厕名第六、七卷中,几以多而见轻矣。揆以事理,似乎不近。且所列历代诸家跋语,如出一手,亦复可疑也。据此,《宝绘录》著录古画之不可信如此。所录文徵明题跋不一;亦有题诗见于《甫田集》者。此处聊举一例,所谓过而存之也。

五月十四日,题沈周旧藏王绂《墨竹》小幅,即次王绂、沈周原题。绂,洪武时无锡人,字孟端。工诗歌。写山水竹石,妙绝一时。永乐中官至中书舍人。

《故剑篇》:王舍人画竹二枝赠陈孟敷,题诗下方云:“征衣漠漠带风沙,暂得归来重可嗟。在客每忧难作客,到家谁信却无家!解装差贳邻翁酒,借榻初分野衲茶。堪笑此身沦落久,梦中犹自谪天涯。孟敷与仆,云内先后南归,相去百里间,不遑一见。乘便写此竹奉寄,并录《初归》诗去,发一笑也。庚辰五月，绂。”石田翁题诗云：“故国归计似搏沙，万事荒荒付一嗟。蚁国不须论幻梦，燕巢今已过邻家。赠人墨老流离竹，借榻诗存感慨茶。百岁此图三展转，后来得失尚无涯。洪武庚辰王舍人孟端与孟敷陈先生同涉难北归，间写此竹及诗以寄。孟敷于余家亦有世好，陶庵世父因转得之。陶庵化后，又失去。余今复得，恍然如梦。念夫先辈情致翰墨，今不可得。又念得失相寻，而不偶于不相知者，亦不可得。遂和其韵，以识感慨。……弘治甲子中秋日，后学长洲沈周题于平安亭。以甲子距庚辰，得一百八年，余亦年七十又八云。”衡山先生题诗云：“落日怀人渔子沙，凄然长笛不胜嗟。风流未泯看遗墨，造化无情感故家。有竹庄中春咏雨，玉兰花底昼分茶。十年尘迹千年梦，人事推移岂有涯。偶阅石田先生故物，不胜流落之感，因次原韵如此。渔子沙，先生所居。有竹庄、玉兰花皆其家所有也。时正德十四年乙卯，去先生之卒，十有一年矣。五月望前一日，契家子文徵明记。”

按：《故剑篇》从《石田先生诗文集》附《事略》中录出。

《明史》卷二百八十六《文苑》二：王绂，字孟端，无锡人。博学，工歌诗，能书，写山木竹石，妙绝一时。……永乐初，用荐以善书供事文渊阁。久之，除中书舍人。

十五日，跋华夏所藏宋拓《淳化祖石刻法帖》六卷。

《郁氏书画题跋记》卷一《宋拓淳化祖石刻法帖六卷》：世传《淳化帖》为法帖之祖，然传刻蔓衍，在宋已有三十二本。……无锡华中甫偶得旧刻六卷，相传为阁本，而银锭擐痕，隐然可验。楮墨既异，字复丰腴。至于行数多寡，与今世传本皆不同。……然此帖要非寻常传刻本也。正德已卯五月望，衡山文徵明题。

七月既望，为王延喆考定郭忠恕《避暑宫图》并跋。又跋其所藏张旭《四诗帖》。延喆字子贞，鏊长子。以荫入官，由中书舍人官至兖州府推官，谢病归。

《集三十五卷本》卷二十二《题郭忠恕避暑宫图》：画家宫室，最难为工。谓须折算无差，乃为合作。盖束于绳矩，笔墨不可以逞。稍涉畦畛，便入庸匠。故自唐以前，不闻名家。至五代卫贤，始以此得名，然而未为极致。独郭忠恕以俊伟奇特之气，辅以博文强学之资，游规矩准绳中而不为所窘，论者以为古今绝艺。此卷《水殿图》，千榱万桷，曲折高下，纤悉不遗。而行笔天放，设色古雅，非忠恕不能也。……旧传此为《钓鳌图》。按赵与时《宾退录》载唐人酒令有《钓鳌图》一卷，刻木为鳌鱼，沉水中，钓之以行劝罚。此图有鳌鱼之类浮水面，岂避暑时用以行酒邪？其事不可考，而此图则《避暑宫》无疑矣。……中书舍人王君子贞出以相示，遂为记此。正德十四年己卯七月既望书。

《式古堂书画汇考》卷七《张长史四诗帖》：张长史书，在宋已不多见，况今时耶！……此帖旧藏长洲金氏，予数年前尝与沈石田先生借观，竟不肯出。今归王舍人子贞，因借留予家数月，惜不能起石田与之共论其妙也。正德十四年己卯七月既望，衡山文徵明书。

《藏书纪事诗》：王延喆，字子贞，为王文恪公鏊长子。以荫入官，由中书舍人擢太常寺右寺副，出为兖州府推官。谢病归。

秋，又试应天，子彭侍行。与许揎、林达等晤聚，即留宿

许隍之惟适轩。间游金陵诸名胜,均有诗。达字志道,
俊子。正德九年进士,官至南京吏部考功郎中。能诗
文,工篆隶。

《姑苏名贤后记》许毂《明两京国子博士致仕赠文林郎文
公墓志铭》:余忆弘、正间,先考功(许隍)以韦布善吟,即缔交
于太史翁甚密。自是每应秋试,辄携先生伯仲(文彭、文嘉)至
我斋头。余方为童子,翁既视如犹子,而先生亦以爱弟遇之,遂
称通家。

《集三十五卷本》卷八《金陵客怀两首》:当户寒蛩泣露莎,
盆池疏雨战衰荷。飘零魂梦惊初定,羁旅秋光得最多。江上时
情传警报,樽前壮志说登科。帝京烂漫江山在,满目西风抚剑
歌。 青衫潦倒发垂肩,一举明经二十年。老大未忘馀业在,
追随刚为后生怜。槐花十日金陵雨,桂子三秋玉露天。壮志乡
心两无着,夜呼儿子话灯前。

又《登观音阁》《与许彦明夜话有怀王钦佩赋寄》《天界
寺》《与林志道兵部宿碧峰寺》诗皆七律,略。

《续莆阳文献志》:林达,字志道,号愧吾,俊子。正德甲戌
进士。历官南京吏部考功郎中。工篆隶,能诗文。

八月六日,闻宁王朱宸濠事败被擒,有《书事》二首。
明年十一月,宸濠伏诛,馀党亦逮至京师磔诛。谢时
臣、章文于宸濠举兵后,先事遁逃,仅以身免。至是人
始服徵明有远识。

《集三十五卷本》卷八《八月六日书事二首》:万甲仓皇起
一呼,如闻黠房债洪都。本忧江左非勍敌,岂谓淮南是浪图。
翠辇南巡方授钺,捷书西上已成俘。可怜刘濞区区业,赢得功

名属亚夫。　十载招怀自作奸,区区号召等童孱。冥鸿已在虞罗外,残鲋方游鼎釜间。三计果看从下蔡,一丸那辨守函关。笑他李白成何事,便拟金陵作小山。

《明史纪事本末》卷四十七《宸濠之叛》:武宗正德二年夏四月,刘瑾受宁王宸濠重赂,矫诏擅复护卫屯田。宁藩旧在大宁,今三卫地也。初,太祖诸子,燕王善谋,宁王善战。靖难兵起,燕王以计挟宁王迁北平。后以其地与朵颜三卫,遂徙封江西。天顺间,宁府不法,革去护卫,改为南昌左卫。九年春三月,复宁王宸濠护卫屯田。宁王宸濠自称国主,妄传护卫为侍卫,改令旨为圣旨。十年春二月,宁王宸濠招举人刘养正入府密谋。濠闻养正有才名,习兵法。延至府,讲论宋太祖陈桥之变。养正甚称濠有拨乱之才,密约待时举事。十四年六月丙子,宁王宸濠反,都御史孙燧、按察司副使许逵死之。提督南赣军务都御史王守仁移檄远近,暴露宸濠罪恶,起兵讨之。秋七月,宸濠率兵出江西,留其党宜春郡王拱樤同内官万锐等守南昌。自与拱栟、李士实、刘养正、闵廿四等六万人号十万,载其妃媵世子从。总一百四十馀队,分五哨出鄱阳,舳舻蔽江而下。丁巳,宸濠朝群臣,执其不尽力者将斩之。争论未决。官兵四集奋击之。火及宸濠副舟,贼复大溃。宸濠与诸妃嫔泣别,妃嫔皆赴水死。将士执宸濠及其世子、郡王仪宾并伪丞相、元帅等官李士实、刘养正……宸濠见守仁,呼曰:"王先生,我欲尽削护卫,请降为庶民可乎?"守仁曰:"有国法在。"遂俯首不言。初,宸濠谋反,妃娄氏泣谏,不听。及宸濠被擒,于槛车中泣语人曰:"昔纣用妇人言而亡天下,我以不用妇人言而亡其国。今悔恨何及!"守仁为求娄妃尸葬之。八月,上下诏亲征。时王守仁擒宸濠捷书未至,诸边将在豹房者,各献擒濠之策。上亦欲假亲征南游。太监张永等见钱宁、臧贤等事败,又欲因此邀功。于是上自称奉天征讨威武大将军镇国公,边将江彬、许泰、刘晖,中贵张永、张忠等俱称将军。所下玺书,改称军门檄。上方出师,驻跸良乡,而守仁捷书至。 十一月,上在南京,张忠、许泰、刘晖等复营内旨,领京边军讨宸濠馀党。时江西已宁,忠等搜求微隐,罗织平民,妄诛戮以为功,而没其货财。军马驻省城五阅月,糜费浩繁,江西骚然,不胜其扰。十五年,冬十月,上自南京班师还京。十二月,上至通州,赐宸濠死,燔其尸。馀党至京师,磔诛之,独抑王守仁功未叙。至嘉靖初,始起为南京兵部尚书,封新建伯。

《弇州山人续稿》卷九十一《章笈谷墓志铭》:庶人卒谋反,挟叟与思忠从行,谋脱身不得。至中道,乃尽出所赐金帛与守者,弛之;夜分偕跳,宵行乱军中,几死者数矣。裸袒二千里而归,谒其父,相抱哭。时叟年仅三十。

《集三十五卷本》附文嘉《先君行略》:宁藩遣人以厚礼来聘,公峻却其使。同时吴人颇有往者,公曰:"岂有所为如是,而能久安藩服者耶?"人殊不以为然。及宁藩叛逆,人始服公远识。

徵明平生作书画有三戒:一不为阉官作,二不为诸侯王作,三不为外夷作。故处刘瑾、宸濠之际,超然远引,天下高之。

《五杂组》卷十五:文徵仲作书画有三戒:一不为阉官作,二不为诸侯王作,三不为外夷作。故当时处刘瑾、宸濠之际,而超然远引。二氏籍没,求其片纸只字不可得,亦可谓旷世之高士矣。

《艺苑卮言》卷六:文徵仲太史有戒不为人作诗文书画者三:一诸王国,一中贵人,一外夷。生平不近女色,不干谒公府,不通宰执书,诚吾吴杰出者也。

八日,雨中无聊,读许㽣所藏元赵奕《梅花诗卷》并识。

《石渠宝笈》卷三十六《元王冕画梅花赵奕书梅花诗一卷》:赵仲光书,虽不脱文敏家法,而行墨结字,微有不同。王子敬云:"外人那得知?"要之不可臆论也。今世传文敏及仲穆书不少,而仲光书独不多见。至其诗,尤不易得。金陵许彦明,藏其手书《梅花杂咏》,多至五十首,可谓富矣。仲光号西斋,晚居吴中,与昆山顾仲瑛交,仲瑛称其"风流文雅,有王孙风度,而无纨绮故习。"观于此诗,有可想者。文敏三子:长亮,次即仲穆名雍,仲光其季也。或以为次子,岂以亮早卒,无所见邪?己卯秋,留宿彦明之惟适轩。雨中无聊,因尽读诸诗,辄识其后,八月初八日也。衡山文徵明书。

与昆山方鹏订交。鹏字时举,号矫亭。正德三年进士。诗文平实典雅。时官南京吏部郎中。

《矫亭存稿·答文衡山》:古之为士者,道德为重,文章次之。今之为士者,则专以文章名家而已。于其所当重者,或反忽焉。方今海内之士,虽不能遍交而尽识之;求如执事者,指不能多屈也。孝友之行,狷介之节,既已成章。而其持身待物,固不激以为高,亦不徇而为卑。屡试屡斥,而不以为怨。徵诗索文者,庭无虚迹,而非其人则不轻与,此皆古人所难,而况于今乎!仆愿见而请益之诚,积非一日。然道德负于初心,文章夺于举业,无一可者。恐见麾于门墙之下,是以屡前而复却也。

昨蒙不以先施为辱，俯赐教言，如获拱璧。夫执事片纸只字，世以为宝，袭而藏之，然得其次而已。而不知执事自有所当重者，盖不在此也。不宣。

　　按：文、方订交在何年，不可考。方鹏此书所述，皆此时事，因系本年。

　　《吴郡名贤图传赞》卷七《方太常》：公姓方，讳鹏，字时举，昆山人。少颖悟。正德三年进士，授南京礼部主事，历吏部郎中。"大礼"议起，张璁、桂萼皆在南部，公是其说。未几，升浙江左参议，迁山西提学副使。已而张、桂议行，因改公右春坊右庶子兼翰林院修撰、经筵讲官，主顺天乡试。及张璁入相，事多更张，不满人望。与公论事颇不合。公乃移病，迁南京太常寺卿。予告归。以著述为事。诗文有《矫亭存稿》，卒年七十一。

既试，王守、王涣、陆南、王同祖举于乡，徵明与蔡羽不售。同祖字绳武，银子。于六经、子、史，阴阳律历，山经地志，靡不记览。为文操笔立就。

　　隆庆本《长洲县志·科第》：正德十四年己卯科　陆南，青田教谕　王涣，嘉兴通判

　　道光本《苏州府志》卷六十二《选举·举人》：正德十四年己卯科　吴县王守　长洲陆南、王涣　昆山王同祖

　　《吴郡名贤图传赞》卷八《王司业》：公姓王，讳同祖，字绳武，昆山人。公于六经子史外，阴阳律历，山经地志，靡不记览，为文操笔立就。

将归，阻风江上，与蔡羽等游静海寺阁、卢龙观、三宿岩等地，有诗。既渡江，又有《渡江》及《遣怀》诗。其《遣怀》诗中有"敢讳画师呼立本，终惭狗监荐相如"句，盖

于书画及出处,坚持不阿也。

墨迹《明文待诏自书诗册·遣怀》:老大丹铅未扫除,等闲宣索到公车。百年玩物能无丧?万事随缘自有馀。敢讳画师呼立本,终惭狗监荐相如。白云万里山千叠,岂不怀归畏简书。

按:诗载《集三十五卷本》卷八及《文嘉钞本》卷八,但字略异。

《集三十五卷本》卷八《阻风江上同蔡九逵诸君登静海寺阁》《卢龙观》《三宿岩》《渡江》等诗,皆七律,略。

有留别许暟诗。

甫里殷氏刻《文待诏金陵诗帖·留别许彦明二首》:常爱金陵古帝州,每怀玄度晋风流。十年踪迹三回别,一榻风烟两月留。别院凉声荷叶雨,疏帘明月桂枝秋。为题贻谷堂中意,付与他时说旧游。　红尘来往十年交,三宿高斋不惮劳。脱略时情真长者,延缘世讲到儿曹。重闻夜雨惊陈事,相对秋风惜鬓毛。难会不堪容易别,归心已逐暮江涛。

上海图书馆藏《文三桥诗稿墨迹·别许摄泉父子》:十年踪迹石头城,此夕分违独怆情。父子交游谁最久?弟兄冷落独心惊。每怀白下风光好,几见秦淮月色明。去住百年浑漫尔,一樽重酌话平生。

按:文彭此诗未注岁月,或此时作,录附于后。

九月,继母吴氏卒。母有贤行,徵明却温人赙,母实赞成之。十二月十三日葬梅湾,王鏊撰墓志铭。

《文氏族谱续集·历世生卒配葬志》:温州府君,姚祁氏,继吴氏,敕封安人。卒于正德十四年己卯九月。卒之年十二月十三日葬梅湾祁安人之右。

《王文恪公集》卷三十《故中宪大夫知温州府事文公继室吴安人墓志铭》：弘治十二年,中宪大夫知浙江温州府事文公卒于官,返葬吴县梅村之原,安人祁氏祔。后二十□年为正德己卯九月某日,继室安人吴氏卒。其年十二月十有三日,祔葬祁安人之右。安人考讳清,仕终永康县学教谕。……安人随官博平丞、南太仆,总持内政。宾客祭祀之奉,下至米盐筐箧,巨细罔遗漏。而内外之限尤严,大夫以是无内顾忧。及官温州,单舸之任。比疾,始迎安人以往。未几,大夫不禄,诸子在吴,含殓殡奠,皆合仪法。已则阖廨舍,约臧获辈,无敢阑出入。悉籍图史及官府薄书,扃鐍以须其子之至。郡人归赗甚腆,子却之。安人曰："是无忝乃父矣。"归家即谢膏沐,屏处一室,虽亲姻罕睹其面。大夫之子三:曰徵静、徵明,祁出也。以文学世其家。徵明虽未第,名已彻海内。每秋试,主司以不得徵明为慊,而徵明未尝以不第为怼也。庶子室。孙男八,女三。

为徐缙题薛荔园诗。园有陆深记,陈淳图,邵宝、李梦阳、何景明、顾璘、朱应登、薛蕙、袁袠等题。徵明亦另有图。蕙字君采,亳人。正德九年进士。貌癯气清,持己峻洁,于书无所不读。

《文嘉钞本》卷八《徐子容园池十三首》,皆五律,略。

《珊瑚网画录》卷十六《陈白阳薛荔园图》:正德十二年十月,上海陆深记。正德己卯九月邵宝辞十三首。李梦阳、何景明、顾璘、文徵明、朱应登、薛蕙、景旸、袁袠诗,皆五律,十三首。

《平生壮观》卷十:文徵明《薛荔园》,绢本,丈馀,设色。前胡缵宗篆三大字,后邵宝题诸景词。

《明史》卷一百九十一《列传》:薛蕙,字君采,亳州人。年十二能诗。举正德九年进士,授刑部主事。谏武宗南巡,受杖夺俸。旋引疾归。起故官,改吏部,历考功郎中。嘉靖二年,廷臣数争大礼,与张璁、桂萼等相持不下。蕙撰《为人后解》《为人后辨》及辨璁、萼所论七事,合数万言上于朝,天子大怒,下镇抚司拷讯。已,贳出之,夺俸三月。寻以给事中陈洸外转事疑蕙,令解任听勘,蕙遂南归。既而事白,吏部数移文促蕙起;蕙见璁、萼等方用事,坚卧不肯起。十八年诏选宫僚,拟蕙春坊司直兼翰林检讨。帝犹以前憾故,报罢;而蕙亦卒矣。

撰陈键墓志并书。键字以弘,琼季子,钥弟。

《尧峰文钞》卷三十六《记志铭石刻事》:文待诏先生为陈以弘撰志铭一首。八分书,亦先生笔。以弘者,名键,都御史琼季子,太医院周原已婿,即今姚城陈氏之先也。当时既刻石矣,不知何故不归于陈,竟留落乘鲤坊民家。民妇误以秽器置其上,是夜寒热谵语,若有凭之者,责妇不当擅污此石。民家大恐,百方祷祀,始愈。遂疑此石为祟,移送西邻禅兴寺中。寺僧愚俗,亦不之识也,由是弃诸庭中墙隅者若干岁矣。寺中相传石之由来如此。族子右衡,尝读书于寺。以予之好访前贤名迹也,乞诸寺僧,遣两舆夫舁来城西示余。予因以一舟载归山庄。稍暇,考先生《甫田集》,又何故不载此作?独爱其文章之整丽,笔墨之端秀,乃嵌庄右垣中,盖由志所云正德己卯,到今康熙壬戌,相去凡一百六十四年。

按:王鏊《通议大夫南京都察院左副都御史陈公墓志铭》:子男四:镃、钥、键、鍭。

祝允明在兴宁县任,曾与典乡试。

《雅宜集》卷十《明故承直郎应天府通判祝公行状》:丙子、

己卯乡试,公皆参典文衡,得士之盛,与有劳焉。

正德十五年庚辰(1520)五十一岁

正月,过王鏊园居,观元曹知白山水卷有题。

《穰梨馆过眼续录》卷四《曹云西山水卷》:胜国曹云西名知白,东吴人。画师北苑、巨然,间亦出入郭熙。有早岁、中、晚稍异之别。若此卷全法董、巨,而无杂体,清润之气,扑人眉睫间,正中年精锐笔也。一日,偶过少傅公园居,值腊梅盛开。赏玩之馀,出此索跋,为识数语,而复系以短句(诗七绝,略)。正德庚辰春王正月,长洲文徵明题。

上巳日,独行溪上有怀九逵赋短韵并系小图奉寄。

《集四卷本》卷四,《珊瑚网画录》卷十五:郭外青烟柳带柔,洞庭西去水悠悠。故人不见沙棠楫,燕子齐飞杜若洲。日落晚风吹宿酒,天寒江草唤新愁。佳期寂寞春如许,辜负山花插满头。

春暮,与吴爟、蔡羽、王守兄弟重游大云庵,有诗。

《集三十五卷本》卷八《重过大云庵,次明、九逵、履约兄弟同游》:沧浪池水碧于苔,依旧松关映水开。城郭近藏行乐地,烟霞常护读书台。行追春事花无迹,闲觅题名壁有埃。古桧苍然三百尺,只应曾见宝昙来。

康熙本《长洲县志》卷十八《寺观》:大云庵,在南禅寺东。一名结草庵。元至正间,僧善庆建。居一水之中,前有函石塔;后亘土冈,延四十丈。古木深竹径类村落间,宜为修禅读书之地。沈周游此,记之以诗。今则坍颓不堪矣。

夏,莆田郑洛书来访。洛书字启范。正德十二年进士。除上海知县。慈惠明敏,有善政。

《文嘉钞本》卷八《郑启范乍见即别不能为情赋赠短句》:万里青云振玉珂,仙郎弱冠起岩阿。古来勋业须年少,今代文章重甲科。落日千山愁望眼,长河六月正风波。相知不在相逢后,怪得临岐别意多。

康熙本《松江府志》卷三十三《名宦》:郑洛书,字启范,福建莆田人。正德十二年进士,除上海知县。县素称难治。洛书慈惠明敏,凡讼听自息。不息者,召而折之以理,平情而退。

白悦来访,留饮停云馆,夜话有诗。悦字贞夫,号洛原,武进人。少从王守仁游。为古文歌诗,行草小楷,皆有法。

《文嘉钞本》卷八《白贞夫夜话》:金陵谈笑重留连,再见停云又隔年。乐事转移非复旧,野人贫贱只如前。灯花照梦春无赖,樽酒淹情夜不眠。江阁秋风天万里,试追陈迹已茫然。

《佩文斋书画谱》卷四十三《书家传》:白悦,字贞夫,号洛原,武进人。少从阳明王先生学。嘉靖壬午举顺天乡试。官至尚宝司丞。为古文歌诗,行草小楷。皆有法。意兴所到,濡笔引纸,往往屈其座人。

过王氏,王守有诗,次韵。

《文嘉钞本》卷八《过王氏草堂履约有诗次韵奉答》:草堂西郭外,迂辙访幽人。密竹四檐雨,孤花六月春。盘餐通市近,樽酒共芳邻。我欲时分席,凭君莫厌频。

秋,过王宠,有诗。

《文嘉钞本》卷八《过履吉草堂》:凄凄零雨霁,稍稍隆曦收。端居寡所谐，驾言出行游。呦呦子云居，乃在城西陬。谁云寡轮鞅，亦复临喧湫。惟兹世网疏，遂尔谢鸣驺。双扉白日阒，时有二屦留。物性各有适，之人实余述。入门慰良觌，开轩散烦忧。孤花晚犹灿，木阴还复稠。新篁不知微，风至亦鸣秋。疏桐不蔽远，仰视青天流。清霜迅冉冉，白云霭浮浮。感此念迟暮，眷焉笃朋俦。瑶觞实琼醴，朱豆陈兰羞。清言迷落景，酩酊更劝酬。挥觚弄□翰，临筵结绸缪。绸缪何所为，愿言企前修。

有《秋怀》二首。

《集三十五卷本》卷八《秋怀》：零露瀼瀼陨玉柯，西风吹起洞庭波。江东菰米空愁绝，汾水楼船奈乐何！万里边声鸿雁急，四檐金气候虫多。伤心最是邯郸道，忍听佳人倚瑟歌。

江城缥缈度飞鸿，露下高天月正中。宫调谁家歌《白苧》？商飙昨日到青桐。云迷八骏应回辔，凉入三边合奏功。桂楫兰桡期不至，芙蓉开满五湖东。

李采自宜兴来访，以治命来乞铭，为撰《李宗渊先生墓志铭》。

《文嘉钞本》卷八《李宗渊子采自宜兴过访》：正兹相忆忽相逢，秉烛虚堂似梦中。劳谢殷勤修世好，分明眉宇见而翁。老人自重存亡感，君子无忘继述功。酒醒更阑还别去，依然高树起秋风。

《集三十五卷本》卷三十《李宗渊先生墓志铭》：卒正德十四年己卯三月十七日。所著《健斋集》《似游录》《宜兴新志》，多未脱稿。娶萧氏，生子四人，长即采，今为县学生。葬以卒之又明年辛巳二月某日，墓在县南之篠岭。于是采以治命来乞铭。

九月，《花游图》成，题而归之王守。

上海博物馆藏《明文徵明花游图卷》：比岁书《花游倡和》寄履约，履约欲余补是图，偶疾作而不果。兹过余玉磬山房，复申前请。为写此以归之。自甲戌抵今，七年矣。日就勤劳，笔意芜略，聊用遣兴，以塞白耳。若以为不工，则非区区之所计也。正德庚辰九月望，徵明识。

访王铨不遇，其子延望留饮，有作。

《文嘉钞本》卷八《访王秉之不遇为其子延望留饮》：渡水桥边觅断踪，草堂依旧白云中。偶来何必逢安道，一笑还欣对阿戎。黄菊秋风三径外，渔舟落日五湖东。追思十八年前事，只有青春鬓不同。　十八年来事渺茫，重将白发上君堂。不图回首于今久，已见生儿似我长。坐喜通家情不断，老嗟浮世会难常。眼中无限潇湘意，独采芙蓉下晚塘。

题顾潜《樱笋清游卷》。

《文嘉钞本》卷八《顾孔昭樱笋清游卷》：孔昭与诸兄弟奉尊翁游家园，自为记，致感叹之意。诗七律，略。

道光本《苏州府志》卷八十一《宦迹》：潜生平以礼自持。家居侍亲十二年，于舍南凿池，为展桂堂娱之。

题无锡华云所藏《寒塘凫雀图》。云字从龙，号补庵。少颖异，能诗文。曾师从邵宝、王守仁。

《文嘉钞本》卷八《题华从龙所藏〈寒塘凫雁图〉》，诗七古，略。

《句吴华氏本书补编》：府君讳云，字从龙，号补庵，海月府君长子。少颖异，能文章。十三题《画凤》，有"去从君子道，来协圣人期"之句。从二泉邵先生游,益自淬励。闻阳明王先生之学,复往师之。嘉靖辛卯魁顺天,辛丑举进士,试政都察院,奉使将行。会选庶吉士,座师留行。曰:"亲老矣,行可便省觐。"明年父疾作,得侍疾,治大事。……卜筑菰川田舍,为读书堂。交游遍海内,惟临海金一所、天台王西轩、仙居应容庵、姑苏文衡山数公为定执也。

光绪本《常州府志》卷二十三《人物》:华云,字从龙,无锡人。师事邵文庄公,游王文成之门。嘉靖举进士,榷税九江,秋毫无染。时严嵩用事,云疏请改南,升刑部郎中,遂乞休。云家故饶于资,乃能以之行义,由亲逮疏,凡有窘急,悉需以济。其于庶弟寡妹,恩礼尤笃。外家甚贫,日廪给之。晚岁仿范文正公义庄事,捐田千亩以赡族,肖先世孝子象其中。筑真休园于宅傍,法书名画,充牣其中。暇则放舟溪壑,倡咏忘归。

无锡安国索诗寿杨一清。一清以吏部尚书入内阁,加武英殿大学士,以灾异自劾归。居丹徒。安国字民泰,号桂坡。以赀雄于时。性警敏,有远略。

《文嘉钞本》卷八《寿邃庵杨先生二首》:柱国相公邃庵先生,先温州壬辰同年进士也。徵明晚贱且远,不及接侍。顾辱不鄙,时赐眷存,通家之情甚至也。锡山安君索诗寿公。徵明于公,固有不能已于言者,辄赋鄙句,用叙区区:苍山屹立大江滨,胜概淹留社稷臣。千载高风又丁卯,一时先友纪壬辰。平生磊落淮夷业,晚节优游洛社人。见说白头强健在,梅花如玉照青春。 三朝供奉侍皇銮,一日功成即挂冠。独际明时都将相,中更多事悉艰难。关西声教思杨震,江表风流属谢安。何用书生强称祝,龙章高烛斗牛寒。

《明书》卷一百二十九《列传·名人传·杨一清》：正德六年改吏部尚书。中原盗起，上平贼十一策。金山之捷，皆其贻书陆完，指画机宜，卒如所算。贼平，加少保。一清在吏部时，给事中王昂劾吏部，谪官；御史孟洋劾内阁，谪官；云南陕西镇守太监诬奏巡按御史张璞、刘天和，王天相；一清皆疏救。十年入内阁，加少傅太子太傅武英殿大学士，尚书如故。一清不屑曲敬，钱宁恶之，以灾异自劾去，归丹徒。

光绪本《无锡金匮县志》：安国，字民泰。性警敏，有远略，以赀雄于时。赡宗党，惠乡里；乃至备倭寇，浚白茆河诸大役，国皆有力焉。父丧，会葬者五千人。所居胶山，数里无水。会岁饥，大出米，课民凿渠。日集千夫，自春至夏，成巨浸。民赖以活，石田转为沃壤，而其圃亦成，所谓西林也。

《安氏旧家谱》：桂坡美行义举，不可殚述。翰林华察赞曰：“廊庙遗材，江湖逸士。行谊著于乡评，声华动于朝市。嘉惠后学，则梓绣典坟；崇祀乡贤，则鼎新祠宇。子贵而与物无骄，赀盈而自奉不侈。执此以考其生平，殆庶几所谓富而好礼者欤。”

按：《珊瑚网画录》卷八《赵子昂·仲穆·彦徵三马图》文徵明跋末云：“安君名国，字民泰，号桂坡，锡山人。”

十一月晦，跋监察御史张鳌山藏李怀琳摹《绝交书》。鳌山字石磐，安福人。能诗，书亦俊健。

《集三十五卷本》卷二十二《跋唐李怀琳〈绝交书〉》：右唐胄曹参军李怀琳所摹《绝交书》，今监察御史安成张公鳌山所藏。双钩廓填，笔墨精绝，无毫发渗漏，盖唐摹之妙者。正德庚辰十一月晦跋。

按：此帖及文徵明小楷跋，后摹刻入《停云馆帖》卷二。

《四友斋丛说》卷十五《史》十一：张石磐鳌山为南直隶提学，其所取文字，专尚清新。一时陈腐者皆被黜，江南文体为之一变。在南京取文衡山与宗伯昭辈修书。时吾松徐存翁相公与张掌科方在弱冠，即拔在优等。其巡历松江，适一巡抚刘姓者在松。刘先发，石磐设席饯之，赠以诗曰："我送中丞君，黄梅三月雨。紫燕语雕梁，滑莺坐春渚。风便快轻帆，花落怨东主。人生贵适意，适意应如许。"诗甚清逸，即当代名家不能远过。书亦俊健，今写在李塔汇寺壁。石磐乃简肃之子，少为翰林庶吉士。其子凤林名秩者，又在翰林。三代皆闻人，亦国朝一盛事也。

《明书》卷一百二十七《名臣传》：张敷华，字公实，安福人。天顺八年进士，入翰林为庶吉士，出为兵部主事，弘治十四年官右都御史，总南台，与林瀚、林俊、章懋称南都四君子。十八年迁南刑部尚书，寻召还北都察院。正德元年，瑾矫旨逐归田。卒赠太子少保，谥简肃。

《明史》卷一百八十六《列传》：张敷华……孙鳌山，官御史。

按：张鳌山是敷华子或孙，待考。

冬，与蔡羽、王守兄弟燕集于王鏊之东堂。徵明制《燕集图》并题。蔡羽等有诗。时唐寅亦从鏊游。

《郁氏书画题跋记》卷十二《文衡山王文恪公燕集图》：冬日，侍柱国太原公东堂燕集，奉纪小诗。同集者济阳蔡羽九逵、太原王守履约、王宠履吉，敬邀同赋。是岁正德庚辰。（诗略）学生文徵明。

按：徵明诗七律二首。蔡羽五律一首，王守五律二首，王宠五古一首、七律四首。均款"门下生"。《题跋记》云：图着色，人物山水。隶书"徵明"二字款。

墨迹《明贤翰墨册》：竹径留欢地，频过侍孔融。幽篁喧暮鸟，丛菊耐秋风。醉怯樽中绿，歌怜席上红。不愁销桦烛，片月已临空。与同志集王少参园作。录呈衡山先生教正，唐寅顿首稿。

为金山寺僧宜铨次所哀古今诗并序。

《金山志》卷七《艺文》：文徵明《金山志后序》：世言山川灵境，必藉文章以传。永柳诸山，非有子厚诸记，人固不得而知也。或又谓文章必得江山之助，杜子美夔州诸诗，所为尤不可及。金山在大江中，号为胜绝。由唐以来，题咏多矣，世独称张祐、孙鲂二诗，以为绝唱。自今观之，二诗诚未易及，然在唐人中未为极致，徒以金山故，独得不废。诗以山传耶？山以诗传耶？要之，人境相须，不可偏废，而传不传固有幸不幸存焉。今味泉宜公哀录古今诸诗，虽妍媸工拙，不能皆同，然莫不各有意义。使选得其当，尚无益于传否，况酸咸异嗜，可以一人之见私之耶？顾其意不可辞，则为铨次先后，正其伪误而还之。

又施儒《跋金山志后》：正德己卯岁，儒偕吴门袁褒太学游金山。……急访宜师听潮馆中，欲观志焉。师曰："刻在郡斋，岁深，且漫灭矣。将新之山中，而未能也。"二人曰："诚哉缺典，其早图之。"又明年辛巳之春，师持袁书访余雪上，则知新志已刻。

按：由施跋，知徵明序文，当撰于本年。施儒字聘之，归安人。正德进士，官至兵备副使，直谏有声。

吉祥庵已毁于火，僧权鹤峰亦已化去；追感与刘嘉緒游

踪,因再叠旧作。

《珊瑚网书录》卷十五《文徵仲三题吉祥庵卷》：……抵今正德庚辰,又二十年矣。庵既毁于火,而权师化去,亦复数年,追感昔游,不觉怆然。因追叠前韵:当日空门对燕闲,伤心今送夕阳还。劫馀谁知邢和璞,老去空悲庾子山。

为县学教谕刘林撰《褒节堂记》。林,河南汝宁人。

《集三十五卷本》卷十九《褒节堂记》:正德八年癸酉,御史按河南上言:"汝宁民刘汉死,妻余年十九,矢死弗贰。汉且葬,丧行而水至,余阻不得渡,便哭踊溺水自殒,父母救出之。寻就雉经,亦以觉免。既求死不得,乃抚二岁孤林以居。阅三十有五年,养舅姑以寿终,子亦成立。今余年五十有三,法应旌表。"事下所司,核实以闻。诏旌其门曰"贞节",有司奉诏,书事惟谨。乃十年乙亥,树表复其家如制。于是其子亦登名荐书,为乡进士矣。乃作褒节之堂,用侈上命。他日以县文学来教长洲,进其门生文某使为记。曰:"吾微母夫人,无以有今日;微明天子至恩,无以昭母夫人之德如今日,此吾所为名堂也。"……

按:乾隆本《苏州府志》卷三十四《职官三·长洲县儒学》于正德间仅有"刘汝清,闽县人,举人。正德十五年任,教谕。"不知即刘林否!

除夕,阅王绂于洪武丁巳除夕所写墨竹,感而有作。

《集三十五卷本》卷八《庚辰除夕,西斋独坐,阅壁间王孟端画竹,自题洪武丁丑岁除夜作,抵今一百二十四除夕矣,感而有作》:醉墨淋漓玉两枝,淡痕依约两行书。不知丁丑人何在?忽把屠苏岁又除。凉影拂墙烧烛短,清声入夜听窗虚。不辞霜鬓萧疏甚，已有春风绕敝庐。

是年，长子彭与王宠同寓治平寺读书。

《吴越所见书画录》卷二《明王履吉书倪云林赠徐良夫耕渔轩诸诗卷》：文彭跋云："此卷为雅宜所书，时正德庚辰，寓读治平，余亦同事笔砚。"

长孙肇祉生。肇祉字基圣，号雁峰，彭长子。

《文氏族谱续集·苏州世系表》：肇祉字基圣，号雁峰，上林录事。

又《历世生卒配葬志》：上林公肇祉，国博长子。以诸生入太学，选授上林苑录事。生于正德十五年庚辰。

按：黄佐《衡山文公墓志铭》作"孙男五人；元肇，国子孙。"是肇祉初名元肇。

孙一元卒于吴兴，年三十七岁，吴琬筹葬之道场山。

《明史》卷二百九十八《隐逸·孙一元》：时刘麟以知府罢归，龙霓以佥事谢政，并客湖州，与郡人故御史陆昆善；而长兴吴琬隐居好客，三人者并主其家。琬因召一元入社号苕溪五隐。一元买田溪上，将老焉。举人施侃雅善一元，妻以妻妹张氏，生一女而卒，年三十七岁。琬等葬之道场山。

正德十六年辛巳（1521）五十二岁

人日，与诸友泛舟登虎丘，分韵有作。

《文嘉钞本》卷八《人日同诸友泛舟登虎丘，分韵得人字》诗，七言排律，略。

二月八日，与刘稚孙追话同其父嘉绪吉祥庵唱和前事，

写《吉祥庵图》，并录两家旧作与之。稚孙字复孺，工书，名擅一时。娶徵明兄徵静女。

《珊瑚网书录》卷十五《文徵仲三题吉祥庵卷》：他日，偶与协中之子稚孙谈及，因写此诗，并图其事，付稚孙藏为里中故实云。时十六年辛巳二月八日也。

按：此图于《郁氏书画题跋记》《退庵金石书画跋》亦有记录。《艺苑真赏集》《美周汇刊》均有印本，但不相同。

《佩文斋书画谱》卷四十二《书家传》：刘稚孙，字复孺，号七芝居士。刘昌孙。文待诏以兄子妻之。字学苏眉山，尤工秦、汉篆。名擅一时。

三月十五日，为张辨之跋宋高宗《徽宗御集序》。

《玉虹楼鉴真帖》：右宋高宗御书叙文一首。前有缺简，后称臣称名，盖御制《徽宗御集序》也。……正德十六年岁在辛巳三月之望，衡山文徵明书于停云馆。正德庚辰仲冬望后一日，文彭敬观。　右宋思陵所书《徽宗御集叙》，真迹，有胡三省、袁清容跋语。旧藏吴中张辨之家，因请先君跋定，而先兄寿承亦题名其后。记跋时，卷留余家最久，因得朝夕把玩。今不知几易主，乃归昆山茂实张君，暇中持来相视，展卷不胜慨然，因为书此。时万历六年岁次戊寅十月二十日，茂苑文嘉识。

有怀蔡羽诗。时以徵明与羽同称，故诗有"乡里声名愧我齐"句。

《集三十五卷本》卷八《怀九逵》：春来相见一何稽？病里相思意欲迷。雨洗碧桃三月尽，风吹落日五湖西。眼中人物如公少，乡里声名愧我齐。老大未忘乘驷马，仙桥待与长卿题。

是月，武宗卒，年三十一岁。无子，遣诏迎取兴献王子

厚熜入继嗣位。

《明书》卷十二《武宗毅皇帝本纪》：十六年辛巳三月乙丑，上大渐，惟太监陈敬、苏进在左右。上曰："朕疾殆不可为矣。尔以朕意达皇太后，天下事重，其与内阁辅臣议处之。"丙寅，上崩于豹房，寿三十一。内官奔告慈寿皇太后，乃移殡于大内。是日，传遗诏曰："以朕疾弥留，皇储未建。朕皇考亲弟兴献王长子厚熜，年已长成，贤明仁孝，伦序当立。遵奉祖训兄终弟及之义，即日遣官迎取来京嗣皇帝。"

五月，赋《雨晴书事》诗，有"狂卓岂知郿坞散，孝文方自代藩来"；"一代明良开景运，万方父老望升平"等句。

《集三十五卷本》卷八《五月雨晴书事二首》：甘雨如膏遍草莱，清风庭院少尘埃。一番春事飞花尽，万里青天宿雾开。狂卓岂知郿坞散，孝文方自代藩来。不辞零落江湖远，潦倒元非贾谊才。　绕院春风野鹊鸣，如传吉语到江城。虎贲仓卒收梁冀，宣室从容召贾生。一代明良开景运，万方父老望升平。野人更识农情喜，尽日西堂听雨声。

《纲鉴易知录·明鉴易知录》卷七：辛巳，正德十六年。三月，帝崩。皇太后与大学士杨廷和等定议，奉遗诏迎立兴献王世子厚熜。江彬伏诛。初，上崩，彬偶不在左右。皇太后召杨廷和等议，恐彬为乱，秘不发丧，以上命召彬入。彬不知上崩，并其子入，俱收之。皇太后下制暴彬罪恶，论磔于市。籍其家，金七十柜，银二千二百柜，金银珠玉珍宝首饰不可胜计。隐匿奏疏百馀本。

按：《明书》卷十三《世宗肃皇帝本纪》：正德十六年夏四月

癸卯,即皇帝位,颁诏改明年为嘉靖元年。大赦。时日正中,久旱,霖雨忽霁,万象咸新,识者知为更新之兆。甲辰,命大臣自陈无功封拜之人,许自劾。引诱蛊惑奸党,言官参奏。各衙门弊政,俱遵祖制改正。发宣府银二十万备赈。义子勒令复姓。丙午,谕阁臣迎母妃于兴邸。以钱宁等家赀济边,代民赋。戊申,谕议兴献王主祀称号。下王琼等于狱,夺谪有差。罢湖广镇监李铠。复太监王岳、范亨官,恤其家。革镇平伯陆永等爵。五月,录忠谏诸臣陆震等,死加赠荫,馀次第起用。凡内外内官,一遵旧制,夺其旗牌诸物,不许干预他事。闭大理府矿场。革先朝冒滥军功官。遣使存问谢迁。庚申,取回各非旧制内官。壬申,钱宁伏诛。追夺内臣兄弟侄封荫。畿内皇庄,查给本主。 以上世宗四、五两月初政,故文徵明诗如此。

又闻将起用王鏊,有诗。鏊次韵。

《文嘉钞本》卷八《闻太原公起用》:圣皇求旧起岩阿,诏起夔龙集凤坡。海内斯文真有寄,先朝名德已无多。莫厌岁晚千头橘,笠泽秋风万顷波。见说故园多乐事,苍生其奈谢公何!

《王文恪公集》卷八《次韵文徵明见赠之作》:十年稳卧碧山阿,姓字无缘落谏坡。江上静凫元自佚,日边威凤况云多。正逢圣理方更化,岂谓温纶亦漫波。几度怀恩思自效,塞疲难进欲如何。

七月朔,题画以赠王守南雍之行。

《式古堂书画汇考》卷七《明法书名画高册》第九幅《文徵仲秋风得意图》:柳外新凉送马蹄,秋风人去秣陵西。丹阳郭里看新月,白下桥南认旧题。天府江山千古丽,辟雍冠盖万方齐。知君得意今游道,不用临风叹解携。履约将赴南雍,赋此奉赠。正德十六年辛巳七月朔，徵明。

题何孟春《四使图》。孟春字子元，号燕泉，郴州人。少游李东阳门，学问赅博。弘治六年进士，时官右副都御史。

《文嘉钞本》卷八《题何燕泉中丞四使图》诗，七律，略。

《明史》卷一百九十一《列传》：何孟春，字子元，郴州人。少游李东阳之门，学问赅博。第弘治六年进士，授兵部主事。世宗即位，由右副都御史迁南京兵部右侍郎。

《馀冬序录摘抄内外篇》卷二：燕泉，春别号也。郴城之西，有燕泉者，在桂城坊东，而春先人故居之西，相去数十步耳。泉倾喷沙石间，寒冽而甘，四时不涸，傍泉居人取汲焉。谓之燕者，春燕来时，泛滥东流，合三川水，过游鱼案，入通波堰，有灌田之利。燕去则否。南天秋雨多，燕之去，泉与农无功矣。

是月，张璁上大礼疏。世宗朱厚熜既即位，诏礼官集议崇祀兴献王礼。群臣上议称孝宗曰皇考，改称兴献王为皇叔父。议三上三却。璁时在部观政，上疏言："继统不继嗣，宜崇所生。"璁字秉用，永嘉人。为文林在永嘉所取士。本年进士。

《纲鉴易知录·明鉴易知录》卷七：辛巳，正德十六年。夏四月，命礼部会议崇祀兴献王典礼。礼部尚书毛澄请于大学士杨廷和。廷和出汉定陶王、宋濮王事授之，曰："此篇为据，异议者即奸谀，当诛。"澄会公卿台谏等官六十馀人议："汉成帝立定陶王为嗣，以楚孝王孙景为定陶王，奉共王祀。今上入继大统，宜以益王子崇仁主后兴国。其崇号则袭宋英宗故事，以孝宗为考，兴献王及妃为皇叔父母，祭告上笺称侄署名，而令崇仁主考兴献王,叔益王。"上览曰:"父母可互易若是耶!其再议。"秋七月,观政进士张璁上大礼疏。璁疏曰:"朝议谓陛下入嗣大宗,宜称孝宗皇帝为皇考,改称兴献王为皇叔父,王妃为王叔母者,不过拘执汉定陶王、宋濮王故事耳。夫汉哀、宋英皆预立为皇嗣,而养之于宫中,是明为人后者也。故师丹、司马光之论施于彼一时犹可。今武宗皇帝已嗣孝宗十有六年,比于崩殂,而廷臣遵《祖训》,奉遗诏迎取陛下入继大统,遗诏直曰:'兴献王长子伦序当立。'初未尝明著为孝宗后,比之预立为嗣,养之宫中者较然不同。夫兴献王往矣,称之曰皇叔父,鬼神固不能无疑也。今圣母之迎也,称皇叔母,则当以君臣礼见,恐子无臣母之义。礼,长子不得为人后;况兴献王惟生陛下一人,利天下而为人后,恐子无自绝父母之义。故陛下为继统武宗,而得尊崇其亲则可,谓嗣孝宗以自绝其亲则不可。臣窃谓今日之礼,宜别为兴献王立庙京师,使得隆尊亲之孝。且使母以子贵,尊与父同,则兴献王不失其为父,圣母不失其为母矣。"疏入,上遣司礼监官送至内阁,谕曰:"此议实遵'祖训',据古礼,尔曹何得误朕!"杨廷和曰:"书生焉知国体!"复持入。上熟览之,喜曰:"此论一出,吾父子必终可完也。"十二月,除张璁南京刑部主事。先是,帝下"大礼或问"于礼部。时杨一清家居,遗书乔宇曰:"张生此论,圣人不易,恐终当从之。"宇不听。至是杨廷和衔璁,授意吏部除为南京主事。石瑶语璁曰:"慎之,大礼说终当行也。"璁怏怏去。

《明史》卷一百九十六《列传》:张璁,字秉用,永嘉人。正德十六年登第,年四十七矣。世宗初践祚,议追崇所生父兴献王,廷臣持之,议三上三却。璁时在部观政,以是年七月朔上疏

曰。（疏见前）

《弇州山人四部稿》卷八十三《文先生传》：亚相张公者，温州公所取士也。

八月，唐寅过玉磬山房，为写《潇湘八景卷》。

《壮陶阁书画录》卷十《明唐子畏潇湘八景卷》：正德辛巳八月，写于玉磬山房。晋昌唐寅。　裴景福云：此卷清润沈细，皴染兼至，殆欲追步右丞。为衡山作，宜其精也。

有寿刘缨八十诗。

《文嘉钞本》卷八《寿刘铁柯先生八十》诗，七律二首，略。

秋，与蔡羽等诸社友宴于比邻杜子钟家。羽撰《桂子宴序》。

《林屋集》卷十二《桂子宴序》：正德辛巳之秋，圣天子嗣位之年，嘉靖改元之前岁也。四海浣濯，万物再造之胜，至是尤良焉。训科杜子钟氏，吴之名家也。有圃焉，树石苍古，不鄙不泰，合乎雅道。厥祖恒庵翁手植四桂，阴衰数亩。每秋天香大发，熏炙城邑。花之胜，今莫良于杜也。子钟氏于余友衡山文君为比邻。衡山于人艰合，于物艰好，于酒食艰过从，独于子钟氏忘怀焉。必且挈其社之诸文学，以即杜氏为飨，以成子钟氏之美。呜呼！酒食宴乐，岂易为哉。以是秋是桂，而又得是客如衡山。余怪子钟氏之兼三胜也，作《桂子宴序》。

按：《集三十五卷本》卷三十《杜允胜墓志铭》云："父恒庵先生祥，仕为崇明医学训科。"子钟应是杜璠之字。璠时年四十。

十月，沈林卒。林字材美，长洲人。成化十七年进士，官至都察院右副都御史。性简静，刚正有守。少与文

林同学,继又同官。徵明以契家子数得接侍,因为撰行状。林孙大谟字禹文,后从徵明游。

《集三十五卷本》卷二十六《明故嘉议大夫都察院右副都御史沈公行状》:公讳林,字材美,世为苏之长洲人。成化甲午遂中应天府乡试,辛丑登进士,授晋州知州。……壬申升都察院右副都御史。……辛巳十月四日,卒于正寝。孙男四:大谟以公荫为国子生。公为人刚正有守,虽不为高亢,而孑孑自将,不肯婟婀随俗。所至持廉,不私羡馀。公堂钱悉贮官帑,或用以葺廨舍,供具宾客而已。性尤简静,居常进止有度。端坐终日,未尝跛倚。与人处,择言而发,或相对无一语。公少与先君同学,继复同朝相好。某以契家子数得接侍,知公为深。及是二子遂属某为状,谨为叙次如右。

《泽秀集》:沈浔州,名大谟,字禹文,长洲人。卒于浔州。

《苏斋题跋》卷下《明沈禹文手札》:沈禹文,名大谟,吴郡人。尝游于文衡山之门。予斋中有其小楷书《秋葵》诗,与文氏二承及周公瑕诸人同赋者,书法得衡山手意。

长洲知县高第升刑部主事。第字公次,绵州人。正德十一年以进士任。以文学饰吏治,郡士多被礼接。徵明尝撰序以赠。

道光本《苏州府志》卷五十三《职官》:高第,正德十一年任。郭波,正德十六年任。

又卷七十三《名宦》:高第,字公次,绵州人。进士。正德十一年知长洲县。以文学饰吏治,郡士多被礼接。升刑部主事。历吏部郎云南副使。

《集三十五卷本》卷十六《赠长洲尹高侯序》:侯以进士高

科,试邑于此。始至而吏詟其严,既而民安其业,上官与其能。期年之间,邑以大治。誉闻隆赫,旌褒加焉。然求其所以为理,每出于簿书期会之外。而读书为文,无废业焉。间引邑中贤士,与相酬倡。论者往往以文学誉侯,而不知侯之心未尝不以民也。

祝允明自兴宁令迁应天通判,是年致仕归。

《陆子馀集》卷二《承直郎应天府通判祝先生墓志铭》:稍迁通判应天。无何,乞归。又五年卒。

《名山藏·高道记》:祝允明……所得官俸及四方饷遗,辄召所善客与饮,歌呼费尽乃已。或分与持去,不遗一钱。逋债盈门,诃诔满路,殊不顾问。

王同祖举进士,选庶吉士。

《吴郡名贤图传赞》卷八《王司业》:正德十六年进士,选庶吉士。

明世宗嘉靖元年壬午(1522)五十三岁

正月,华夏刻《真赏斋帖》,徵明为钩摹,章文刻石。又尝与章文为汪芝摹刻《黄庭经》及《怀素自叙》等帖。

拓本《真赏斋帖》:嘉靖改元春正月既望,真赏斋摹勒上石,长洲章简父镌。

《古今法帖考·真赏斋帖》:锡山华东沙出其所藏古迹,勒成三卷。钩摹者为文待诏父子,刻石者为文氏客章简甫。摹勒既精,毡蜡尤妙,为有明一代刻帖第一,出《停云馆》上。

《书画跋跋》卷二《真赏斋帖》:章简甫乃迩来刻石第一手,

尤精于摹拓。闻为华东沙刻此帖时,既填朱登石,乃更取原帖置面前玩取形势。刻成后,再较对,有毫发不似,必为正之。盖刻石而又兼手临者,以故备得笔意。内惟《季直表》系小楷,亦尚未逼真。若《袁生帖》及唐摹王相家帖,笔势飞动,真所谓周昉貌赵郎,并得其情性者。止下唐时书丹刻一等,《淳化》《太清》,俱不及也。

《清仪阁题跋·真赏斋帖火前本》:无锡华东沙,住荡口。此三卷刻成,即遭倭乱,石毁。嗣更从真迹摹勒。其前刻者,上卷袁泰第一跋第十第十一两行倒置,鉴者以此为辨别。余细校之,除此二行外,丝毫不异。唯"万岁通天二年"一行,前刻者"万"字与"史馆新铸之印""新"字中画平;后刻则年款高三四分,与"新"全字平耳。故前后两本,原毫无轩轾,特以前刻拓本更少,愈加珍重耳。

按:《季直表》后袁泰两跋,原系行书,见《壮陶阁帖》。华氏所刻,系文徵明楷书,但印章是原物。

又按:《辞海·艺术分册》及《中国美术辞典》以此帖为章藻刻。王世贞撰章文墓志云:"叟他所摹刻,华氏《真赏斋帖》。……子三人:草、藻、芝。"章藻是章文次子。章文本年年三十二岁,章藻即生,年龄尚幼,安能操刀?故刻《真赏斋帖》者,应是章文,而非章藻。

《玄览编·题汪芝黄庭后》:吴孝廉复阳常为余说汪芝事:"其家始者有六七千金。以好帖,结客金闾,将刻《黄庭》。先结文太史与章简甫,凡二人意志,靡不求得当焉。盖二君摹刻,尽一代名手。而又供养之笃,即二君虽不为肉,而其礼意若此,固宜其为殚精也。一摹一刻,垂十馀年,始克竣事。乃后又刻释怀素《自叙》、宋仲珩《千文》、祝京兆草书歌行，尽为海内称赏。刻成而金尽，又卖石吴中。迄归，赤然一身，然尚蓄一鹤。后数年，以贫死。"

又《跋汪芝黄庭赠陈玉叔廷尉》：予少时，问《黄庭》善本于文太史、许太仆，皆云"无如汪芝本"。或谓"还须宋拓"。公曰："以所见宋拓，视汪芝本且退三舍。物固有今而胜古者，乌可以时代限之。"

文物出版社本《怀素自叙帖真迹·文徵明跋》：……成化间，此帖藏荆门守江阴徐泰家。后归徐文靖公。文靖殁，归吴文肃。最后为陆冢宰所得。陆被祸，遂失所传。往岁，先师吴文定公尝从荆门借临一本，间示徵明曰："此独得其形似耳，若见真迹，不啻远矣。"盖先师殁二十年，始见真迹。回视临本，已得十九，特非郭填，故不无小异耳。余既获睹真迹，遂用古法双钩入石，累数月始就。视吴本虽风神气韵不逮远甚，而点画形似，无纤毫不备，庶几不失其真也。

《玉堂漫笔》：《怀素自叙》帖，近刻石于苏州，兼刻古今题跋。出于文徵明父子之手，烂然可观。内苏栾城一跋云："予兄和仲，"盖谓东坡。自题曰："苏辙同叔，"在绍圣三年三月谪高安时所写，岂有所讳耶？将别有字行，而子瞻、子由特显著者耶？其印仍曰"子由"。李西涯跋云："旧闻秘阁有石本，今不及见。"在弘治十一年九月所写，时已入阁，似指今内阁而言。空青曾纡绍兴三年曾跋一过，而文徵明所引曾空青云："冯当世本后归上方，而石刻为内阁本。"此指宋内阁而言。按宋无内阁，而本朝无秘阁。用字微有不同，而制度当考。

按：汪芝《黄庭》，今罕有知者，亦未见拓本。《怀素自叙》

末文徵明小楷跋，未识岁月，亦未知为何人刻。跋言于吴宽卒后二十年始见真迹，遂用古法双钩入石。考吴宽卒在弘治十七年（1504），时徵明年三十五岁。后二十年则徵明五十五岁，方官京师。故为汪芝摹《黄庭》及《自叙》等帖，必开始于未入京前。《自叙》后又有文彭于嘉靖壬辰（1532）楷书释文。文徵明跋文后有"嘉靖壬辰六月廿又二日，长洲陆氏水镜堂藏石"题识一行。壬辰，文徵明年六十三岁。此刻当即是汪芝所刻，至壬辰六月售石于陆氏，故陆氏题识不云"摹勒上石"而云"藏石"。且与《玄览编》所云"一摹一刻，垂十馀年"大致相合。

《钤山堂书画记》：《怀素自叙》帖一，旧藏宜兴徐氏。后归吾乡陆全卿氏，其家已刻石行世。以余观之，似觉跋胜。

按：文嘉所云"陆家已刻石行世"，与陆氏水镜堂藏石是一是二，莫可知也。汪芝事行待考。

徵明与子彭、嘉，皆善双钩临摹，为明代第一。

《丛帖目》王穉登跋顾从义翻刻本《阁帖》：唐人双钩廓填，类能乱真。米襄阳好作赝书，睹者莫辨。皆一时之绝技。国朝惟文内翰父子，烂漫为之，并精妙罕匹。其馀祝京兆、王太学辈，虽书家者流，然才一临摹，便成脱塍。信钩填之不易耳。

《清秘藏·叙临摹名手》：临摹双钩，唐人欧褚，北宋老米，皇朝徵仲父子，俱第一手也。临摹名画，宋老米第一，子昂次之，启南、伯虎、徵仲又次之。馀俱未得其神。

《书法正传》卷八《书家小传》：文徵明，字衡山，长洲人。官翰林待诏。工小楷。子博士彭、教谕嘉，皆能书。双钩廓填能手。

又与彭皆擅篆刻印章。雅而不俗，清而有神，得六朝、

陈、隋之意。

《印章集说》：朱文印，上古原无，始于六朝，唐宋尚之。其文宜清雅而有笔意。不可太粗，粗则俗。亦不可多曲叠，多则类唐、宋印；且板而无神矣。赵子昂善朱文，皆用玉筋篆，流动有神。国朝文太史仿之。

《摹印述》：赵松雪始以小篆作朱文印，文衡山父子效之，所谓圜朱文也。虽非古法，然自是雅制。作印能作圜朱文，可谓能手矣。

《续三十五举》：《蜗庐笔记》曰："文太史印章，虽不能法秦汉，然雅而不俗，清而有神，得六朝、陈、隋之意。至苍茫古朴，略有不逮。"今之专事油滑，牵强成字者，诸恶毕备，皆曰"文氏遗法"，致为识古家所薄。夫文氏之作，岂如是乎？

丁敬《论印集句》：三桥制作允儒流，步骤安详意趣遒。何事陶庵《印人传》，不知待诏先箕裘？

《印说》：汉印以后，六朝因之，始变白文为朱。笔法朴秀，与汉表里。唐、宋代远，其风遂卑。赵孟頫之流，不足观也。百年海内，悉宗文氏。嗣后何、苏盛行，后学依附，间有佳者，不能尽脱习气。转相仿效。以耳为目，恶趣日深，良可慨也。

《印典·作印名人》：……元明间之吾衍、王厚之、朱应晨、吴敦；复有名仲徽者，失其姓；吴璇、朱圭、文徵明、文寿承、顾汝修、王元祯、甘旸，皆能法古正今，乃后世之出类拔萃者也。

有寄贺王同祖选庶吉士诗。

《文嘉钞本》卷九《寄王绳武吉士》：年少登科不拜郎，木天清切且徊翔。雠书夜照青藜杖，奏赋晨趋白玉堂。一代储材周典礼，万年鸣盛汉文章。老来喜尔遭逢极，地下任咸已不亡。

（共二首，第二首略）

次顾璘题王冕《梅竹卷》诗。

《文嘉钞本》卷九《题梅竹图次顾东桥韵》诗，七古，略。

《息园存稿》诗七《题王元章梅竹卷次祝鸣和》诗，七古，略。

林俊起任刑部尚书。过吴，会王鏊。邀晤徵明舟中。寻致书工部尚书李充嗣，以徵明属荐之，时充嗣兼领苏、松水利事抚吴。充嗣字士修，内江人。成化二十三年进士。

《明书》卷一百七《忠节传·林俊》：世宗在藩邸，知俊名。入即位，召起工部尚书。疏三辞，敦促。转刑部尚书。未至，即疏祖宗亲儒臣故事，乞倾心延接，加意采纳。使邪念消，妄心息，骄气平，以出政布令。又言：今太仓之储，尽于无名之冗食；小民之蓄，尽于无名之诛求。陛下初诏所革，皆其坏极而不得不革者也。然贵近之臣，往往称不便，冀万一更。诚更之，则诸所更者尽复，而天下之公议废矣！

《见素集》卷三十《寄李宫保》：白茆之役，初闻亦异，既乃知利人，甚慰甚慰。李贞伯少卿物品，时出伯緗吾辈诸人之上，吴文定公不能过也。乡贤未入，子孙之微尔矣！可观世矣！文徵明奔父丧，却赙金几千许；宁庶人屡召不赴，气节有如此者。其温粹之养，介特之行，深博之学，精妙之笔法，皆眼中所少。一诸生，名动天下，苏人以为星凤。意当以潘南屏例荐之。昨会守溪翁，谓"尚过南屏。"致之舟上，与语连日，知之深；且已见喜气充溢，乡、会恐不能易，亦无待荐。然吾人道不当遗此贤者也，不具。

墨迹本《文衡山致吴遁庵十札册》：徵明见柯公说："徽号已定，先王称兴献帝，太妃称兴国太后。见素先生至镇江不止，已北上矣。"

《明史》卷二百一《列传》：李充嗣，字士修，内江人。登成化二十三年进士。正德十二年以右副都御史自河南移抚应天诸府。宁王宸濠反，充嗣将精兵万人，西屯采石。传檄部内。……进户部右侍郎。有建议修苏、松水利者，进充嗣工部尚书，兼领水利事。未几，世宗嗣位，遣工部郎林文霈、颜如环佐之。开白茆江，疏吴淞江，六阅月而讫工。

有送行人柯维熊奉使来吴存问王鏊，顺道归省诗。又题其所藏《藻鱼图》，顾璘亦有题。维熊字奇徵，莆田人。正德十二年进士。官至工部郎中，有才名。

《文嘉钞本》卷九《柯奇徵大行奉使吴门便道归省》诗，七律，略。

墨迹本《文衡山致吴遁庵十札册》：守溪老先生近蒙朝廷遣行人柯维熊手敕存问，敕语极为郑重，中间略见起用之意。

《文嘉钞本》卷九《柯使君藻鱼图》：古图苍苍仅三尺，尘昏虫蚀波涛拆。瞥然鳞鬣见游鲦，玉掷银翻寒藻碧。空游万里逝洋洋，湿煦千头骈戢戢。是谁画手剪吴淞？坐令窗间开薮泽。莆阳使君天上来，悠然别有江湖适。自言藏此仅百年，中世失之常感戚。岂独流传手泽存，沦落重为文献惜。未能一笑付亡弓，且喜间行归旧璧。君诚在志不在物，我亦悠悠等陈迹。直缘春水泳群鱼，煦沫相怜自相得。江湖此乐那得之，请君更问浮梁客。

《息园存稿》诗七《题柯行人所藏秋水纤鳞图》：伊谁掇取

潇湘水,铺向长缣光潋潋。碧牵文藻舞风柔,黄落衰荷抱霜死。
中添淡墨为群鱼,鲂鲔琐细各自殊。纤毫尾鬣空明见,万里江
湖气势舒。姑苏野老困奔走,震泽扁舟落谁手?展图漠漠云水
生,便欲垂钩挂鱼口。君失此图何许年?完璧再返非徒然。请
君袖取入京国,天边时一赏林泉。

乾隆本《兴化府莆田县志》卷十六《人物》:柯维骐,字奇
纯。兄维熊,正德丁丑进士,官工部郎中。有才名。

《明诗纪事》戊签卷十三《柯维熊》:柯维熊,字奇徵,莆田
人。正德丁丑进士。除行人,迁工部郎中。有《石庄集》。

林达以与冢宰争谒礼,移病归。赋诗赠别。

《文嘉钞本》卷九《林志道移疾还莆》:才情落落抗风尘,文
采翩翩世禄臣。时世无能容揖客,江湖原自有高人。昂藏谁识
嵇中散?潇洒吾怜贺季真。珍重去留关国体,春江相送欲
沾巾。

乾隆本《兴化府莆田县志》卷十七《名臣传》:林俊……子
达,字志道。正德甲戌进士,官南京吏部考功郎中。与冢宰争
谒礼,挂冠都门归。工篆隶,能古文。有《自考集》。

端午日,与汤珍、张渊、彭年东禅寺小集有作。渊字子
饶,苏人;师事汤珍,因得与徵明及蔡羽、王守兄弟游;
太学生。年字孔嘉,号隆池,昉子。少从徵明游,为徵
明所称。人品高洁,读书不喜习举子业。工词、赋、诗、
书。所交皆贤豪长者,然不肯一言干乞,晚岁卒以贫
死。女嫁徵明次孙元发。

《文嘉钞本》卷九《午日同子重子饶彭孔嘉东禅小集》:东
城市远足烟霞,午日来投释子家。香积漫随方外供,蜀葵初放

佛前花。疏帘梅雨凉侵扇，瓦鼎松风午斗茶。彩索心情惭老
□，强追群彦阅年华。

《吴都文粹续集》卷四十三蔡羽《张太学子饶墓志铭》：苏
郡东城张氏之盛四世矣。……子饶名澜，太学生。其游太学
也，为嘉靖戊子间。辛卯选试顺天，不第。同游重之，然已瘁于
学至矣。辄告归省。初，子饶在本郡，学人已多其雅尚，师事今
太学汤先生子重，交游予辈。故文太史、王履约、履吉比予，咸
获造其馆。诸往返无他俗谈，请其图刻宝玩，过目辄生古气。
见古人精思，前代制作，坐辄移时日。间陈佳章笔札，请题识。
故友人从张氏往返，若入一古藏，因于澜也。生于弘治己未八
月十二日。

《弇州山人四部稿》卷九十一《明故征士彭先生及配朱硕
人合葬墓志铭》：余为吴人，多从吴贤士大夫游，好称说文先
生，文先生殁，又好称说彭先生，咸彬彬隐德文采矣。而彭先生
贫，不及中寿以死。王子曰：悲夫！悲夫！彭先生死矣！即后
进好称说，焉能更二先生也。夫皤皤黄耇，天下模楷，文先生庶
几近之。若乃因时为迹，匠心成言，应不徇物，止不近名，其犹
在彭先生乎！其犹在彭先生乎！彭先生生乙丑正月十三日，卒
嘉靖丙寅十二月初十日，寿六十有二。子男一，邑诸生履常。
女二，适郡学生文元发、郑由恒。

《皇明词林人物考》卷八《彭孔嘉》：彭孔嘉，名年，长洲人。
少游于徵明，而潜思大业。弥岁，从事读诵，遂皆究通之，徵明
大称焉。

《姑苏名贤小纪》卷下《隆池彭翁》：为文章工词赋，尤长
记、传、颂诔。诗大抵宗盛唐。精法书。翁虽贫，所交皆贤豪长

者,然不肯一言干乞。故相夏文愍公聘翁记室,亦谢弗就。分宜败相,以身后托翁,裹百金装为聘,亦谢弗就。年六十有二而卒。四方道吴者,户外辙迹恒满,而不数数见。馈遗虽升斗粟,非文字交,即峻辞若浼,盖竟以贫死焉。

《静志居诗话》:孔嘉人品,足亚徵仲。何稚孝长歌云:"隆池处士彭孔嘉,徵仲并轨吴人夸。"特诗不及。

按:本年张澯年廿四岁,彭年年十八岁。

五月雨后,偶画山水扇,邢参题。

台湾历史博物馆《明代沈周唐寅文徵明仇英四大家书画集·文徵明山水扇面》:壬午仲夏,雨过偶作,徵明。潺潺石涧近林峦,六月茅亭尚觉寒。唯我坐来忘世虑,一炉沉水供心官。邢参。

六月,治平寺建堂成,为题"石湖草堂"额。

《林屋集》卷十四《石湖草堂记》:吴山楞伽、茶磨,并缘于湖,茶磨屿为尤美。北起行春桥,南至紫薇村,五步之内,风景辄异,是茶磨使之也。上为拜郊台,下为越来溪。缘溪曲折,旋入山腹,其林深黑,治平寺也。辛巳之秋,今天子践祚之初,治平僧智晓方谋卜筑。事与缘合,乃诸文士翕至,赞助经画,不终朝而成。明年改元嘉靖壬午,王子履吉来主斯社。爰自四月缩版,尽六月,九旬而三庑落成。左带平湖,右绕群峦,负以茶磨,拱以楞伽。前荫修竹,后拥泉石,映以嘉木,络以薜萝,翛然群翠之表。于是文先生徵仲题曰"石湖草堂",王子辈以记来属。

光绪本《苏州府志》卷三十九《寺观》:治平教寺,在县西南十二里上方山。寺傍有吴王时井,又名越公井,井栏侧有隋人刻字,盖杨素移郡横山下,尝居此。明嘉靖元年作石湖草堂及竹亭。

祝允明手录徵明所藏《格古论》并志。

《自怡悦斋书画录》卷八《祝枝山书格古论卷》：徵仲先生翰墨妙天下，鉴赏高古今；然犹稽古不倦，博闻无已。一日，于秘阁中得《格古论》二卷，其中绘翰之事及珍玩之品，无不种种咸集。令观者一寓目间，无不洞如指掌，诚可作鉴赏者之至宝也。因假归斋中，录成二卷，以供座右之博览，则先生之益余，岂浅鲜哉。因书数言，以弁其首，用志不忘其德云。嘉靖新元岁在长夏录竟。枝山允明。

八月，赴应天试，不售。自弘治乙卯至是，凡九试矣。时张璁以议礼除南京刑部主事，与徵明论兴献帝追崇事，徵明唯唯而已。

《集三十五卷本》卷二十五《谢李宫保书》：自弘治乙卯，抵今嘉靖壬午，凡十试有司，每试辄斥。

按：徵明于弘治十四年因父丧守制未与试，故实际参与乡试为九次。

《泰泉集》卷五十四《衡山文公墓志铭》：张少傅孚敬，始名璁，交木守温时所取士也。尝荐之吴文定公。岁壬午，张在留都部曹，遇公，即以"大礼"为言，公唯唯而已。既而官京师，方柄用，公遂远嫌，不相往来。

《明史》卷一百九十六《列传·张璁》：世宗初践祚，议追崇所生。璁以是年七月朔上疏。帝方扼廷议，得璁疏，大喜，亟下廷臣议。廷臣不得已，合议尊孝宗曰皇考，兴献王曰本生父兴献帝。璁亦除南京刑部主事以去。

九月既望，为王闻小楷《金刚经》。

《秘殿珠林》卷二《明文徵明书金刚经一套两册》：宣德笺本，小楷书。嘉靖改元壬午秋九月既望，衡山居士书。右《金刚经》一帙，先内翰为存菊王君书也。存菊名闻，字达卿。禄之吏部从兄，以医鸣吴中。善谈名理，洒落不羁，有晋人风。与先君最契，故所为作书画必极精。此经书时，先君甫五十三岁，政工力精到时。结体行笔，非他书可及。知书者宜珍秘之。壬戌冬十月七日，男彭敬识。

按：所见徵明写《金刚经》数种，伪者居多。拓本如嘉靖五年小楷一本，款"嘉靖五年岁在丙戌春正月，长洲文徵明沐手书"。楷法颇合，而"文印徵明""衡山"两印伪。又嘉靖十一年一本，款"壬辰四月八日，奉佛弟子文徵明敬书"。有清胡季堂、王杰两跋。诚如胡跋所云"酷似董其昌书"。又嘉靖廿七年一本，款"嘉靖戊申九月三日，文徵明薰沐敬书。"伪。嘉靖三十六年小楷一本刻成两种，一为《阙里鉴真帖》，款在经前云"嘉靖丁巳岁十月既望，长洲文徵明敬书。"一无"阙里"五字，款在末云："嘉靖丁巳岁十月既望，长洲文徵明焚香敬书"，徵明晚年笔也。墨迹有嘉靖廿六年一本，款"嘉靖丁未三月，徵明薰沐拜书于停云馆，伏祈家眷安宁，永享福泽。"伪。

作诗送钱贵奉使安陆，事竣过家还朝。时世宗追崇所生父兴献王为兴献帝，有事园陵。贵去岁以太学生试吏部入格，授太常寺典簿，随使往治礼仪。

《文嘉钞本》卷九《送钱元抑奉使修复兴献帝园庙事竣还朝》：孝宣有诏修园寝，司马乘轺暂过家。章甫雍容推小相，江山佳丽属皇华。礼文自重千年统，星汉遥占八月槎。正是书生酬志地，不须辛苦说天涯。

《集三十五卷本》卷三十《明故鸿胪寺寺丞致仕钱君墓志铭》：正德辛巳，以太学生试吏部入格，授太常寺典簿。会有事兴献帝园陵，君奉诏副大臣往治礼仪。礼成复命，赐白金五十两。

《明史》卷十七《本纪·世宗一》：正德十六年冬十月己卯朔，追尊父兴献王为兴献帝，祖母宪宗贵妃邵氏为皇太后，母妃为兴献后。嘉靖元年春正月己未，命称孝宗皇考，慈寿皇太后圣母。兴献帝后为本生父母。三月丁巳，上慈寿皇太后尊号曰昭圣慈寿皇太后，武宗皇后曰庄肃皇后。戊午上皇太后尊号曰寿安皇太后，兴献后曰兴国太后。

《明书》卷十三《世宗肃皇帝本纪》：嘉靖元年壬午三月，大礼既举，洪恩诞敷，布告天下，遣官诣安陆上兴献帝尊号，侍郎贾咏题其主曰"兴献帝神主"，不称考及叔，亦不叙子名。

十月二日，为华云跋宋夏珪《晴江归棹图》。

《书画鉴影》卷三《夏禹玉晴江归棹图卷》：右《晴江归棹图》，为夏珪所作，禹玉其字，钱唐人也。为宋宁宗朝画院待诏。有赐金带之宠。善画人物山水。酝酿墨色，丽如传染。笔法苍古，气韵淋漓，足称奇作。今补庵所藏禹玉画卷不止三四，而未若此全以趣胜者也。嘉靖元年冬十月二日，文徵明题。

按：此跋又载《宝绘录》及《南宋院画录补遗》。

题伍馀福所藏旧作小画。时馀福以长垣知县转营缮主事。

《文嘉钞本》卷九《题伍畴中所藏小画》：片楮藏君仅十年，淡痕残墨故依然。自怜老病聪明减，不觉淹留岁月迁。文采风流元不浅，溪山交谊久还坚。分明认得相携处，疏树斜阳草阁前。

道光本《苏州府志》卷八十一《人物·宦迹》：伍馀福……嘉靖初，转营缮主事，革免摄司篆积羡千金，悉归公帑。

有次韵答温州林崇质寄诗。

《文嘉钞本》卷九《次韵答林崇质》：未识孤山放鹤翁，西湖诗句老称工。开缄忽得梅花咏，片月分明照屋东。书来珍重说先翁，谁似当年制锦工。白发遗黎多在者，至今人祝斗城东。

几欲裁诗报逸翁，老逢哲匠苦难工。空馀十载神交意，夜夜青山梦浙东。

林崇质事迹待考。

和陈道济《金陵杂诗》十八首。

《文嘉钞本》卷九《和陈道济金陵杂诗》，共各体诗十八首，略。

按：诗为《毗陵驿》《扬帆》《早发高桥门》《兔桥月》《入京》《宴顾黄门宅》《登鸡鸣寺塔》《燕薛氏馆》《魏国园亭》《过贯城》《瞻敬亭》《报恩寺二首》《秋思》《望五凤楼》《登钟鼓楼》《过冶城》《舟泊下关遇雨》。

冬病，几三月。有《不寐》《病中》及《述病》诗。

《集三十五卷本》卷九《不寐》：欹枕数寒更，漫漫不能旦。天寒鸡再号，灯昏鼠窥案。药炉火已微，群儿睡方酣。清风自何来？冷然动虚幔。病眼苦不眠，循床发退叹！人世百年短，吾生已强半。况此贫贱躯，时为小儿玩。一卧五经旬，形消发垂灿。神情日以摧，志业交凌乱。岂不怀明时？流光榻中换。平生二三友，雅志在霄汉。下寿曾不满，半逐浮云散。感此念微名，悠悠何足羡？明月度孤音，霜华满庭院。

又《病中》:败褐拥残躯,寒檠照屋庐。转怜儿女好,渐觉友朋疏。药饵恒侵食,胸怀久废书。明朝休览镜,不是旧头颅。

一病连三月,侵寻岁已更。人皆传已死,吾亦厌馀生。发脱相将尽,耳虚时自鸣。安心是良药,此外复何营。(共四首,录二首。)

又《述病》:孱躯被病本难胜,况复乘虚疊疊增。风入肺经成委顿,寒侵疟鬼肆凭凌。问医难定诸家论,礼佛空烦野寺僧。一卧十旬精力尽,等闲赢得骨崚嶒。

嘉靖二年癸未(1523)五十四岁

李充嗣荐徵明于朝。初,督学欲越次贡之,徵明执不可。至是,自以诸生当次,乃贡于成均。

《弇州山人四部稿》卷八十三《文先生传》:于是尚书李公充嗣抚吴中,荐先生于朝。

《集三十五卷本》附文嘉《先君行略》:巡抚李公充嗣露章荐公。督学欲越次贡之,公曰:"吾平生规守,岂既老而自弃耶?"督学亦不能强,竟以壬午贡上。

《明史》卷二百八十七《文苑》三:文徵明……正德末,巡抚李充嗣荐之。会徵明亦以岁贡生诣吏部试。

按:李充嗣荐文徵明,乃受林俊之托。林俊去年应召进京,见徵明后以书致充嗣。充嗣荐已在嘉靖初。

《明史》卷六十九《选举》:岁贡之始,必考学行端庄,文理优长者以充之。其后但取食廪年深者。郡县之学,与太学相维。创立自唐始。……凡初入学者,止谓之附学,而廪膳、增广,以岁、科两试等第高者补充之。非廪生久次者,不得充岁贡也。

《明书》卷六十四《选举志》:岁贡 国初有保举之令……凡起贡,各处提调官查其食廪年深,曾经科举者起送,一正一陪……若正贡不堪,罢黜;以次者考充之。

春,将赴京,祝允明有诗。

《怀星堂集》卷四《送徵明计偕御试》:恭人当远别,思念畏寅送。讵惟离群怀,吴邦去光重。奇珍不横道,遄为宗庙用。君其保气体,讯问慰瘝梦。鄙夫谁向叩?日益守空空。时来玩鸲雏,俯仰见翔凤。怠赋李陵诗,愿为王褒颂。

蔡羽同行。吴爟、汤珍及王守兄弟宴别于汤珍双梧堂。汤珍命人图六人像,徵明补景,蔡羽为记。

《列朝诗集》丙集《汤迪功珍》:子重家有双梧堂。嘉靖癸未,林屋北行,与吴爟次明、衡山、二王宴别于此。霜月交白,不能为情。子重命工图六人之像,衡山补景,而林屋为之记。

乾隆本《苏州府志》卷三十九《选举四·贡生·明府学》:嘉靖间蔡羽 吴县 元年

又《选举四·贡生》:长洲 嘉靖间 文徵明

既又宴别王宠家,蔡羽撰《春夜话别序》。王宠有送行诗。

《林屋集》卷十二《春夜话别序》:太岁己卯,履约获发科。末年,次明、徵仲逮余前后贡。若子重、履吉,则不小售者也。嘉靖癸未二月,余将北征,履约已先赴南宫,二子寻当随计,两月之间,各为一乡。六人之处,判而为四。讲彻于会,盟寒于坛。回视畴昔,忽若梦境。古之人学贵能行;今世以科目限人。

行者未必畅,而朋居之好已茫然失矣。夜宴履吉馆,霜月交白,不能为情,书以为话别序。

《雅宜集》卷五《林屋蔡师、衡山文丈偕计北征,轺车齐发,敬呈四首》:北极开皇道,南星占少微。大才元瑞世,明主正宵衣。策射麒麟榜,天回日月旗。两贤终特达,窟穴借光辉。海国双明月,天山两凤凰。南冠谁领袖?吾道重行藏。观阁徵文草,虹霓插剑装。平生寸心赤,持此报明王。　对尘青莲社,传杯修竹林。江山摛藻思,风雨动龙吟。邺下偏雄杰,周南久滞淫。云门陈古乐,清庙持遗音。　祖帐桃花水,征旗枫树林。山河千里目,师友百年心。举世谁相假?离群自不禁。南飞有黄鹄,侧翅一哀吟。

二月廿四日离家,兄徵静及子彭追送至吕城。

《集三十五卷本》卷三十《亡兄双湖府君墓志铭》:癸未之岁,随计北上。府君追送至吕城,执手歔欷,意极惨阻。

《艺苑掇英》第三十四期《明文徵明家书卷》:一自廿四日离家,廿七日方到吕城。已前事情,文彭归,想已知悉。

廿九日至扬州。途中与蔡羽均有诗。

《集三十五卷本》卷九《扬州道中次九逵韵》:一痕春草绿含滋,满目风波听《竹枝》。多少两京贤相业,江都独有仲舒祠。　维扬烟水带江湖,仙客帆开十幅蒲。不是白云遮望眼,平山山色本模糊。

又《扬州》诗,七律,略。

《文嘉钞本》卷九《次韵九逵宿扬州》诗,七律,略。

三月二日渡宝应湖,夜抵宝应,访朱应登弟应辰。初,顾璘期会于朱氏,于十九日璘已至宝应,以道升山西按

察使,至廿八日已自淮安先发。

《石渠随笔》:《文徵明自书纪行诗卷·顾华玉参政相期会淮南,比至而君已先发》:三月莺啼杨柳湾,维扬春色已阑珊。千金楚客空留诺,百里淮流独见山。旧雨良期吾自后,清风逸驾许谁攀?相思永夜无能寐,明月吹箫渡野关。

《集三十五卷本》卷三十二《顾公墓志铭》:丙子起知浙江台州府,升浙江布政使司左参政。嘉靖改元,册立中宫礼成,奉表入贺,道升山西按察司。

《艺苑掇英》第三十四期《明文徵明家书卷》:当晚自吕城发身,夜至丹阳。廿八日早行,午后到镇江。即上官渡船,顷刻到瓜州。遂买舟搬坝。廿九日午前至扬州,因不开关,待至午后方行。是夜宿湾头。卅日乘顺风,遂过高邮,宿张家沟。是夜大风,两舟震荡,又怕小人,通夕不能寐。初一日逆风不能行,泊张家沟竟日。至晚风息,移宿河口。初二日早过界首驿,乘顺风渡宝应湖。晚至宝应县,相见朱拱之,始知顾华玉十九日至宝应,待至廿五日放船至淮安。又待三日,不得我信,廿八日遂自长行。留书朱氏,自言所以不能久待之意。且托朱升之兄弟干当舟船。当晚至升之处,为其父知县公再四留宿,不住,还宿舟中。是夜雨作。

拓本崔铣《大明江陵知县朱公墓志铭》:嘉靖甲申冬,余罢南祭酒北归,过宝应,访余友参政朱君升之暨其弟文学拱之于湖滨。二君衰绖出,稽颡哭曰:"不肖丧父。"铣与相将哭。明日,二君造舟次,出一编曰:"不肖孤应登、应辰惟所不朽先君者,先生是图。"……朱公讳讷,字存仁,扬之宝应人。成化丁酉举乡试,就选得鄞县。改调长阳,荐改江陵。后以母忧去,遂不仕。

初三日雨，留饮朱氏日涉园。明日，应辰与侄曰藩移舟送至淮安，游西湖，别于杨家沟。曰藩字子价，应登子。

《文嘉钞本》卷九《上巳日，饮宝应朱氏日涉园，时升之往湖南。题赠其弟振之》：宝应湖头倚棹时，高人背郭有茅茨。新开竹树通幽径，小护花枝束短篱。长统平生真乐志，谢家兄弟总能诗。宁知行役匆匆地，来对春风把一卮。　日涉园头柳色鲜，西来刚及暮春天。水边修禊怀乡国，雾里看花非少年。半日草堂飞急雨，一庭寒色锁苍烟。却怜不得逢安道，孤负平生剡曲船。

又《振之偕其侄子价移舟送至淮安舟中为作小画》《淮安西湖》《杨家沟别朱振之》《夜泊清江浦》《是日九逵小舟先至清河，次日相会，诵舟中见怀之作，依韵奉酬》《晚泊清河，邑里萧条，类经兵燹，同九逵登眺叹息久之》《桃源县》《宿迁》《邳州》诸诗，皆不录。

《艺苑掇英》第三十四期《明文徵明家书卷》：初三日，雨益甚，又是逆风，被朱氏又留一日。初四日，朱拱之叔侄具舟迸至淮安，托其友马蕃顾船，初五日方得停当，当晚搬入大船。船比前来船稍宽，可以坐立。明日遂长行矣。自苏州至此已八百里，前途尚有二千八百，程期难算，不知何日可到也。……文旺回，略此报知。家中凡百子细谨慎，不待嘱也。三月五日，徵明在淮安舟中书，三小姐收看。

按：三小姐即徵明妻吴氏，吴愈第三女。

《列朝诗集小传》丁集《朱九江曰藩》：曰藩字子价，宝应人。按察使应登字升之之子也。

按:《文嘉钞本》于朱拱之作朱振之,或应辰后改字振之?清河今淮阴,桃源今泗阳,邳州今邳县。

过吕梁洪,与蔡羽及羽弟范步吕梁岸;清明抵徐州皆有作。范字师古,号曲岩。

《文嘉钞本》卷九《客况》:客行已千里,犹未见花枝。风气北来劲,春光西去迟。推篷双鹭起,挂席乱山驰。乡国关河阻,何曾阻梦思? 落日下高岸,长风溯逆涛。淮山看欲尽,济水涉□高。浊饮总斥卤,平原都不毛。欲知行旅况,尘土暗青袍。

又《吕梁洪》,七古;《次韵答九逵徐沛道中见怀》七律,皆略。

《集三十五卷本》卷九《徐州清明》:新烟一抹起茆茨,翠柳千门映酒旗。此日断魂当客路,谁家溅泪有花枝。等闲行役轻坟墓,忽漫逢春感岁时。日暮满帆风腊腊,萧然双鬓不禁吹。

《林屋集》卷九《同衡山文子、师古弟步吕梁岸》:云际黄河春色来,旗边白鸟下平台。夭桃过节花何晚?羌笛离家曲转哀。野戍荒凉埋绿草,丰碑欲读多苍苔。仗剑东风鼙鼓促,关门月出好衔杯。

《王奉常集·明处士曲岩蔡先生墓志》:曲岩蔡翁者,蔡林屋先生弟。生平相知无逾文太史,而今逝矣。蔡翁名范,字师古,所居近林屋曲岩之胜,因自号曲岩山人。

按:吕梁洪,在江苏铜山县东南。列子称"孔子观于吕梁,悬水三千仞,流沫四十里",即此。

昆山柴奇以吏科给事中监军山东,途中相遇,有次徵明韵诗。奇字德美,正德六年进士,曾上书言东南水利事,皆经采用。

《集三十五卷本》卷九《泊舟泗上看月》:停舟清泗兴无涯,夜起蓬窗看月华。灏气一函开玉府,镜光千道走金蛇。碧空颠倒山流翠,白石巉岩浪蹙花。酒醒分明天上坐,更从何处觅星槎。

又《先大父常有宿汶上之作,今日次开河,盖汶上地也,舟中阅先集敬次其韵》:日暮风霾欲涨天,独临古渡意凄然。春光三月行当暇,客子长途未息肩。白漫河流还岸岸,绿垂杨柳自芊芊。当年汶上城何处? 一抹斜阳万树烟。

《蟠庵遗稿》卷四《舟行阻干,闻南旺水长,次文衡山韵》:微躯薄宦走天涯,憔悴秋霜上鬓华。敢谓壮心空鼓瑟,追思往昔独惊蛇。三年夜榻西堂雨,几度春风上国华。此去安流堪进楫,不须河汉问乘槎。

又《过汶上县用衡山韵》:汶水重来三月天,萧条满目转凄然。山妻负水裙掩骭,野老支筇顶在肩。今日微租空旧版,谁家插柳记新阡? 流亡正恐逢豺虎,一树棠梨湿暮烟。

按:《集三十五卷本》卷九于《泊舟泗上看月》后有《留城道中有张良祠》《道出淮泗,舟中阅高常侍集,有自淇涉黄河十二首,因次其韵》《济上闻笛》《泊鲁桥次九逵韵》《再次宿任城韵》《巨野次九逵韵》《过张秋追怀武功先生遗迹》诗。《文嘉钞本》卷九于《巨野次九逵韵》后有《寺门闸上望南旺湖》《鱼台道中》诗,皆略。

道光本《苏州府志》卷八十一《人物·宦迹》:柴奇,字德美,昆山人。正德辛未与弟泰同登进士。奇观政吏部。上书言:"东南水利,先以白茆为急。"次疏:"七鸦茸五堰",且请"以没入逆瑾之资,给济工费"。尚书杨一清上其议,特命工部尚书李充嗣董其事,绩用告成。是岁授吏科给事中,奉诏监军山东,讨流贼,所核功罪皆当。明年贼陷曲阜阙里,礼籍乐器皆焚荡。奇奏迁曲阜城,以护圣庙。九月凯旋,赐金织鹭袍,加俸二级。内艰,服除,补原官。

经博平县魏家湾,有诗。

《集三十五卷本》卷九《魏家湾有感博平县地也》:博平县里侍亲时,四十年来两鬓丝。竹马都非前日梦,枯鱼空负此生悲。已无父老谈遗事,独有声名系去思。憔悴平生尘土迹,魏湾流水会能知。

雨宿武城,追和父林《夜宿武城》二首,蔡羽次韵。

《集三十五卷本》卷九《雨宿武城追和先温州夜宿武城二首》:长河风雨送,尽日傍沧州。白浪滩都没,青枫叶乱流。百忧双短鬓,千里一孤舟。日暮墟烟合,荒寒满舵楼。 经过言偃邑,非复昔时城。里俗无从问,弦歌空有名。江湖孤雁断,风雨乱鸡鸣。酒醒青灯暗,春寒一夜生。

《林屋集》卷九《武城次文温州韵答徵仲二首》:残春桑柘绿,积雨暗汀洲。白鸟冲帆起,黄河入郭流。举头惟见浪,伸足未宜舟。生奈更深鼓,冬冬出县楼。 柳市闻黄鸟,云中见碧城。春回桑柘美,人问县官名。古戍数星淡,危楼一角鸣。愁兼风共雨,白发几茎生。

至流河驿,舟中与蔡范玩月有作。

《文嘉钞本》卷九《流河驿舟中与蔡师古玩月》:野水浮空万树烟,西来见月两回圆。关河回首真无赖,风露沾人更泫然。乡思三更孤笛里,壮心千里乱帆前。多情赖有中郎在,共理微言伴不眠。

四月十九日至京，居王同祖处。薛蕙、蒋山卿会徵明及蔡羽于王庭馆舍，有诗。时蕙官吏部考功。山卿正德九年进士，授工部主事。以谏被贬，后复官。本年以刑部郎中出知河南府。庭本年进士，皆在京。

《尧峰文钞》卷三十九《跋衡山手迹》：按和州《先君行略》，"以壬午岁贡上，癸未四月至京师"，此即第四纸中"十七日到湾，十九日入城，留王绳武处"是也。

《薛考功集》卷五《文徵仲蔡九逵初至都下，会饮兴隆寺王直夫馆中，分韵得凉字》：把烛寻山径，开樽扫石堂。风流初邂逅，露坐转清凉。竹树寒云色，花林宿雨香。高谈真绝倒，无暇问津梁。

《林屋集》卷九《庆寿僧房集蒋子子云、薛子君采、文子徵仲、王子直夫，分偏字》：幽境停骖偶，禅房曳屦偏。苑西花雨夜，河北麦秋天。岸帻陪挥麈，携灯照促筵。月光松际动，临发更留连。

《薛考功集》附文徵明《吏部郎中西原先生薛君墓碑铭》：先生举正德甲戌进士。初授刑部贵州司主事，病免。起告，改福建司。寻改吏部验封司，进员外郎，再进考功司郎中。

《列朝诗集小传》丙集《蒋参政山卿》：山卿字子云，仪真人。正德甲戌进士，授工部主事。谏南巡，拜杖，谪南京前府都事。嘉靖改元，复官。

《息园存稿》洛阳陈大壮序云：癸未真州蒋南泠先生刺乡郡，北往从之游。

有咏郁采忠节诗。采字亮之，浙江山阴人。正德进士。性刚直，由刑部主事谪教谕。迁裕州同知。流贼陷裕

州,巷战死。

《集三十五卷本》卷九《郁裕州忠节诗》:仓皇战守强撑支,力尽孤城竟死之。不谓真卿能备寇,终然南八是男儿。尘昏何处归辽鹤?月黑空山叫子规。不负平生忠孝志,故人亲勒墓前碑。

《中国人名大辞典》:郁采,浙江山阴人。字亮之。正德进士,授刑部主事。性刚直不阿,谪大名教谕。迁裕州同知。流贼起河北,采坚守。城陷,巷战死。

投卷礼部,定闰四月初八日考。吏部以尚书李充嗣荐,为覆前奏。刑部尚书林俊首过徵明馆,并遍称之于台省诸公。吏部尚书乔宇亦力为主张。初六日命下,授徵明翰林院待诏。寻与修《实录》。

《集三十五卷本》附文嘉《先君行略》:癸未四月至京师。甫十八日,吏部为覆前奏,有旨授公翰林院待诏。……既而与修《实录》。

《弇州山人四部稿》卷八十三《文先生传》:吏部试而贤之,特为请超授翰林院待诏。

《尧峰文钞》卷三十九《跋衡山手迹》:右待诏文先生家报九纸,皆北上授官时所作。第一纸寄三小姐,当是指其配吴夫人,馀八纸寄国博、和州两公。按和州《先君行略》“以壬午岁贡上,癸未四月至京师”。此即第四纸中“十七日到湾,十九日进城,留王绳武处”是也。《行略》“甫十八日,吏部为覆前奏,授待诏”。即第六纸中“拟在初八日考,不意初六日命下,遂承待诏之乏”是也。惟由前月十九日数至闰月六日,当如《行略》作十八日无疑。今札中以八为六,或不数入城与奉旨两日耳。

又按王弇州所作《文先生传》有"吏部试而贤之，特为超授"之语。按先生虽已投卷，本未及就试而授职。且试事皆隶礼部，试迄始移吏部。传中云云，俱非是。王最号博洽，尤长国家典故，而纰缪乃尔，并附正之。

《四友斋丛说》卷十《史》六：林见素嘉靖初再起为刑部尚书，方到京，适文衡山应贡而至。见素首造其馆，遍称之于台省诸公。时乔白岩为太宰，素重见素，乃力为主张，授翰林待诏。见素曰："吾此行为文徵仲了此一事，庶不为徒行矣。"

按：乔宇与徵明素相识。正德八年，顾璘贬官全州时，徵明与乔宇等皆赋诗为赠。正德十一年徵明试应天时，乔宇时官南吏部，曾款接徵明。

《明史》卷七十一《选举》三：天顺元年诏："处士中有学贯天人，才堪经济，高蹈不求闻达者，所司具实奏闻。"……其后弘治中浙江儒士潘辰；嘉靖中，南直隶生员文徵明、永嘉儒士叶幼学，皆以荐授翰林院待诏。

又卷七十三《职官》二：翰林院　待诏六人，从九品，不常设。待诏掌应对。

《翰林记》卷四《俸粮》：待诏，从九品，月支米五石，岁该六十石。

《钦定续通志》：翰林院，明置。翰林院学士一人，掌制诰史册文翰之事。以考议制度，详正文书。侍读学士、侍讲学士各二人，侍读、侍讲各二人，掌讲读经史。五经博士九人，掌专经，讲经义。典籍二人。侍书二人。待诏六人。孔目一人。修撰、编修、检讨、庶吉士无定员。

《春明梦馀录》：翰林院，在东长安门外，北向。其西则銮驾库,东则玉河桥。

《宸垣识略》卷五《内城》:翰林院署在东长安街北,玉河桥西北向,即元之鸿胪署也。第三重为登瀛门。堂五楹:西为讲读厅,东为编检厅。左廊围门内为状元厅,右廊围门内南向者为昌黎祠,北向者为土谷祠。堂之后为穿堂:左为待诏厅,右为典簿厅。

《燕京杂记》:翰林院在玉河桥畔。门外左右有积土二阜,高数尺,相传“去之,则馆内诸人不利”。内有额曰:“衡山旧署”。衡山为待诏,于翰林官为最卑。今反以额其署,地以人传如此。

按:徵明赴京,侍行者为第三子文台。初住王同祖处,后租朱氏屋,继住吴汝器家。徵明致古溪驾部札有云:“台入城,曾奉数字,计已入览。屋事不审竟复何如?区区因朱氏福仄,十八日承吴汝器乃郎来请,遂迁居其家。”点石斋本《文徵明怀归出京诗六十四首》有《迁居承卢师陈次韵见贺再叠一首》:楼居如传主频更,楼外青山只自明。未得定巢占语燕,重惭求友赋迁莺。百年寓内谁非寄?一宿桑间便有情。旧宅吴门别来久,只应秋草共愁生。

有谢李充嗣书。云“公卿久不荐士,以有科举之法。世之所尚,上之所用胥于此,故皆俯焉以求合有司之尺度。然天下士非科举所能尽。而荐士则知之难,言之难,听信之难”。充嗣之荐徵明,用林俊言也。

《集三十五卷本》卷二十五《谢李宫保书》:某窃闻荐士之难也,昔人以为非苟一而已矣!谓知之难,言之难,听信之难也。……公卿不荐士久矣,非独今之时然也!而今之时为甚。

岂今之为公卿者，皆不复有是心哉？势有所不行也。何也？科举之法行也。科举之法行，则凡翘楚特达之士，皆于科举乎出之。于是乎有以功业策名者，有以文章著见者，有以气节行能见称于时者。问之，皆科目之士也。其间亦有不出此者，然而鲜矣。此岂科目之学为能尽之？世之所尚者在是，上之所用者在是，是以有志事功、有志文章、有志节义行能者，皆俯焉求合有司之尺度，以求自见于世也。夫士之所为，固无有能外于事功、文章、节义者，而皆今之科目之所收也。然则科目之外，岂复有遗材哉？有之，皆潦倒无成，龌龊自守者，世固无所用之。无所用之，则亦无因知之矣。至于怀珍抱奇，道义自将者，方且韬默远名，人又乌得而知之哉？而今之士，又有不必荐者，科举之法行也。外此而有举焉，不以为迂不适时，则以为愚不知人，而非笑集其身矣。某家世服儒，薄有荫祚。少之时，不自量度，亦尝有志当世，读书缀文，粗修士业。而受性朴鲁，鞭策不前。加之忧患交攻，日以堕废。自弘治乙卯抵今嘉靖壬午，凡十试有司，每试辄斥。年日以长，气日益索，因循退托，志念日非。非独朋友弃置，亲戚不顾，虽某亦自疑。所谓潦倒无成，龌龊自守，骎骎然将日寻矣。明公领镇三吴，下邑虽在治属，间岁一临，实未尝弭节其地。某在诸生中，盖尝一再望见颜色，而猥贱无阶，莫得自前。诚使其身有所取材，公固无从见之也。况其所能所守，颓败若此？明公何所据知，遂录其姓名，露章荐之于朝，犯迂不适时，愚不知人之议，不顾非笑，而断然行之。某诚愚，不知所以受知于公者。以为诚有材耶？彼科举之士，非有甚高难能者。业之三十年，曾不得一隽以自振发，其效亦可见矣。若夫怀藏道德，抱节守贞，某实非其人。即其人，将自韬约远引，不令公知矣。……乃公之意，则有在也。庞统有言："当今雅道陵迟，所冀拔十得五，使有志者自励耳。"某诚知陋劣，不足辱公；而公岂以区区一人，而懈其厉人辅世之盛心哉！必如郭隗"先从隗始"之言，则某岂不得为燕国之马首哉！若是，则公之于某也，又何必知之深，见之审，而后为能用其情哉！……某视一时文学行义之士，诚不敢望其后尘，而独不欲求知于人。是故虽以公之好贤礼士，作镇吴门，相望一舍，而私门无某之迹；只尺之书，未尝一至左右。此非高亢自贤，而有所要也，士之体当然耳。使于此有求焉，是失其所以为士矣。失其所以为士，而欲以士荐，虽愚人不为也，而谓公为之哉？某之所以受知于公，必有的然当其心者，而语言才谞，不足云也，是故古人之知人也。夫惟以古人之道知人，则亦能以古人之道荐人。用是天子信之，宰相受之，朝奏夕报，而某遂得以白衣被命，列官清禁，周旋多士之中。自顾能薄望卑，不应得此；而举朝不以为非，天下咸歆其遇。岂不以公之志行，素孚于人；朝廷中外，举鉴其诚；谓其所为，惟以辅世励人为心，而非有所私于某也。……或谓明公此举，实用司寇林公之言。果尔，益以见公之德之不可及也。昔张安道与欧阳文忠雅不相能，及荐苏明允，乃独属之欧公，谓非永叔不能荐。欧公不以张公为嫌，卒荐而官之。当是时，惟知与明允为地，他皆不暇计也。卒之明允以文章名世。议者谓不负为欧公门下士。而千载之下，欧阳子独享知人之明。林公诚知某也，岂不能自荐哉？所以必属之公者，以欧阳子待公也。某无似，视明允无能为役，亦图无负为公门下士耳。不宣。

《明史窃》第七十三《康杨桑顾朱刘文唐祝列传》：徵明困

场屋三十年，抱道守志，素以文章行谊见知当路大君子。甫当应贡，尚书李充嗣巡抚吴中，特露章荐于朝，得授翰林院待诏。徵明为书陈谢充嗣……

翰林诸公见林、乔等推与备至，或以为过。及见，咸共推服。翰林杨慎、黄佐，吏部薛蕙等皆负一世才，爱敬尤至。佐字才伯，号泰泉，香山人。正德十六年进士。性尚冲和，博综今古。学以程、朱为宗。时官翰林院编修。曾见徵明艺文于王同祖处，因雅慕之。慎字用修，新都人。少师廷和子，正德六年状元。幼警敏。尝过镇江谒杨一清，叩以所藏书疑义，一清皆成诵。慎惊异，由是益肆力古学。时官经筵讲官。

《泰泉集》卷五十四《衡山文公墓志铭》：嘉靖壬午冬，予初授史馆，得公艺文于王司业同祖，因雅知公。居无间，闻巡抚李梧山充嗣以公及故元老刘文肃公同荐。公寻以岁贡至，会予寓舍，与之上下议论古今经籍，无一不知者。且折衷具有卓识。时杨修撰慎、薛吏部蕙皆有文名。杨则自负博洽，菲薄宋贤；薛则专精内典，泡影经籍。闻予谈公学行，皆未以为然。已而晤公，乃大诎服，遂为莫逆交。

《集三十五卷本》附文嘉《先君行略》：翰林诸公见诸公推与太甚，或以为过。及见公，咸共推服。而新都杨公慎、岭南黄公佐，爱敬尤至。

《明史》卷二百八十七《文苑》三：黄佐，字才伯，香山人。正德中举乡试第一。世宗嗣位，始成进士，选庶吉士。嘉靖初，授编修。佐学以程、朱为宗。惟理气之说，独持一论。

按：《明书》卷十三《世宗肃皇帝本纪》："正德十六年三月

武宗崩,四月世宗即位,改明年为嘉靖元年。五月补策士,赐杨维聪等进士及第有差"。黄佐为杨维聪榜进士。故世宗嗣位始成进士。而仍称正德十六年进士。

又卷一百九十二《列传》:杨慎,字用修,新都人,少师廷和子也。年二十四,举正德六年殿试第一,授翰林修撰。丁继母忧,服阕起故官。十二年八月,武宗微行,始出居庸关,慎抗疏切谏。寻移疾归。世宗嗣位,起充经筵讲官。慎幼警敏。十一岁能诗。入京,赋《黄叶》诗,李东阳见而嗟赏,令受业门下。尝奉使过镇江,谒杨一清。阅所藏书,叩以疑义,一清皆成诵。慎惊异,益肆力古学。

一时诸名士皆为倾倒,比于唐之王维,宋之米芾,户外屦常满。尤为林俊所重,间日辄折简邀之,曰:"座何可无此君也。"

乾隆本《长洲县志》卷二十四《人物》:文徵明……后以岁贡入太学,荐授翰林院待诏,与修国史。回翔禁近,清吟挥洒。词馆诸人,皆为倾倒。比于唐之王维,宋之米芾。

《泰泉集》卷五十四《衡山文公墓志铭》:时大司寇见素林公俊,爱公尤深。每晤余,必速公共语。三日不相见,辄折简邀之。一时诸名士觏德相先,户外屦常满。

《弇州山人四部稿》卷八十三《文先生传》:大司寇林公俊尤重之,间日辄为具召先生,曰:"座何可无此君也。"

居官未久,即有归志,赋《潦倒》诗咏怀。顾鼎臣时官左谕德,直经筵,有次韵之作。鼎臣后以青词结帝知,官至礼部尚书。

点石斋本《文徵明怀归出京诗六十四首》:《京邸怀归诗》:

徵明自癸未春入京,即有归志。

又《潦倒》:潦倒江湖岁月更,晚将白首入承明。五更几�
长安马,百啭初闻上苑莺。北土岂堪张翰住? 东山常系谢公
情。不须礼乐论兴废,毕竟输他鲁两生。

《顾文康公集·和韵寄文徵仲》:负耒唯应陇上耕,执经谁
使侍承明? 野云丘壑君成癖,秋水纯鲈我系情。自许襟期同郑
老,由来善庆数徐卿。即看二子承恩日,紫殿烟花百啭莺。

《明史》卷一百九十二《列传》:顾鼎臣……正德初,再迁左
谕德。嘉靖初,直经筵,进讲范浚《心箴》,敷陈剀切。帝悦,乃
自为注释,而鼎臣特受眷。累官詹事给事中。帝好长生术,内
殿设斋醮。鼎臣进《步虚词》七章,且列上坛中应行事。帝优
诏褒答,悉从之。词臣以青词结帝知,由鼎臣倡也。改吏部左
侍郎掌詹事府。……寻进礼部尚书,仍掌府事。

顾梦圭亦有赠诗。梦圭,潜子。字武祥,本年进士,授
刑部主事。仕至江西右布政使。为人敦重,所至阖户
读书,以清约自居。

《疣赘录·赠衡山太史》:圣主旁求切,群公属望劳。廿年
腾妙誉,一命列仙曹。夜月迎宫烛,春云赐锦袍。风鳞归苑御,
猿鹤别江皋。宠数承三殿,遭逢任二毛。思皇多国士,共羡羽
仪高。

《静志居诗话》:顾梦圭,字武祥,昆山人。嘉靖癸未进士。
累官江西右布政使。有《疣赘集》。武祥清约自居,有同寒素。
当参议粤藩,赋诗云:"夏月行部至雷州,思制一葛且复休。冬
月行部至廉州,思制一裘且复休。故衣虽穿尚可补,秋毫扰民
民亦苦。"吕仲木撷梅花赠之曰:"武祥如此花矣!"闻者以为

美谈。

　　道光本《苏州府志》卷八十二《人物·宦迹》：顾梦圭，字武祥，昆山人。御史潜子。嘉靖癸未进士，授刑部主事，改南京吏部，迁郎中。应诏陈言，论六事。尤论中官镇守之害，得旨撤还。擢广东参议，上疏乞罢采珠之役，不报。丁父忧。服除，擢山东副使，改河南提学副使。迁福建参政，平连江、寿宁、松溪诸寇。擢按察使，升江西右布政使，致仕归。梦圭为人敦重，所至阖户读书，自奉如寒素。有《北海》《齐梁》《武平》《还山》诸稿。

叔父森，闻徵明荐授翰林，赋诗寄之。时森已致仕多年。

　　《文氏家藏集·文中丞诗·徵明侄荐授翰林兼修国史喜而赋诗寄之》：红烛高烧夜着花，阿咸闻荐入金华。银鱼悬佩通仙籍，紫阁趋随草制麻。太史名传司马氏，东山屐倒谢玄家。书来深慰家庭庆，奕世恩光未有涯。

　　《集三十五卷本》卷二十六《先叔父文公行状》：乙亥考绩，赴京，道升都察院右佥都御史，寻给诰命进阶中宪大夫。会有小疾，遂上疏乞休。有旨，俾回籍养病。疏再上，始得致仕，是岁正德十一年丙子也。

六月，林俊致仕归。徵明送之以诗。初，俊至京，寓止朝房，示无久居意。朝有大政，必侃侃陈论，而屡见格，遂乞归。

　　《集三十五卷本》卷十《送石斋太傅致仕还蜀二首》：春风归马拥都城，争羡贤哉太傅行。吾道正从占出处，斯人端不负平生。云移玉垒堪支笏，水落瞿塘便濯缨。落日啼猿夔府道，

定依南斗望神京。　朝辞黄阁谢君王,暮向成都问草堂。璇毂
亲扶尧日月,云章曾补舜衣裳。由来道大难为用,此日功成且
退藏。满地落花春梦醒,濯清亭上听《沧浪》。

《明纪》:嘉靖元年夏四月,改召用工部尚书林俊为刑部。
俊年已七十,在道数引疾,不许。因请帝"亲近儒臣,正其心以
出号令,用浑璞为天下先。初诏所革,无迁就以废公议。"又
言:"推尊所生,有不容己之情,有不可易之礼。"比之京,寓止
朝房,示无久居意。数为帝言:"亲大臣,勤圣学,辨异端,节财
用。"朝有大政,必侃侃陈论,天下想望其风采。嘉靖二年六
月,俊以耆德起田间,持正不避嫌怨。既屡见格,遂乞致仕。听
之,加太子太保。

《纲鉴易知录·明鉴易知录》卷八:癸未嘉靖二年。秋九
月,刑部尚书林俊致仕。

八月,妻吴氏自吴赴京。第三子台侍行。

《岳雪楼书画录》卷五《明名人尺牍精品·衡山致吴遁庵
札》:承示三小姐春间北来,此正合徵明之意。昨得彭书,乃知
八月已发舟。此时途中水涩,兼恐冰冻,甚是忧念,无可奈何。

有送右副都御史戴鼇巡抚四川诗。鼇字时重,鄞县人。
正德十二年进士。擅经世才,而负气高亢。黜归。

《集三十五卷本》卷十《送戴时重金宪之蜀》诗,七律,略。

康熙本《鄞县志》卷十《选举考·进士》:正德十二年丁丑
科　戴鼇　都御史

《静志居诗话》:戴鼇,字时重,鄞县人。正德丁丑进士,除
刑部主事。历官右副都御史巡抚四川。有《东石遗稿》。李果
堂云:"中丞擅经世才,负气高亢。居官四十馀年,关节不至其

门。权贵俱心惮之。竟坐此三起三黜，不得尽其用，论者惜焉。"

与卢襄、钱贵、黄佐、马汝骥、陈沂等时共酬唱。襄，本年进士。汝骥字仲房，绥德人。正德十二年进士。仕至礼部右侍郎。行己峭厉，然性故和易，人望归之。时与陈沂皆官翰林院编修。沂好画，时与徵明讲论，艺益进。

有正书局本《文徵明行书怀归诗》：有《迁居，承卢师陈次前韵（按：指《潦倒》诗，见前）为贺，再叠一首》：楼居如传主频更，楼外青山只自明。未得定巢占语燕，重惭求友赋迁莺。百年寓内谁非寄，一宿桑间便有情。旧宅吴门别来久，只应春草共愁生。

又《中秋夜同元抑诸君小楼玩月》：露华风色绕栏干，共理乡愁坐夜阑。千里还应共明月，小儿宁解忆长安？尊前常愿金波满，天上谁忧玉宇寒？为语诸君须尽醉，不知来岁共谁看？

《西玄集》卷一《十四夜对月联句》：移席临广除，待景窥遥汉（陈沂）。云色渐离披，天光忽凌乱（马汝骥）。哉生倏几望，流火复秋半（文徵明）。冰纨裁未齐，奁镜悬如判（沂）。蠹吐露承华，桂开星掩灿（汝骥）。涌波金欲满，凌风玉时散（徵明）。仰贪首倦回，俯逼神应惮（沂）。蚌水下铜盘，蛟涎荡琼观（汝骥）。川容窈窕接，河影依稀断（徵明）。空明析微毫，漂渺挟飞翰（沂）。鸣砧城阙寒，吹笛关山旦（汝骥）。感此良夜娱，惜彼西园叹（徵明）。

又卷三《十四日夜文徵仲宅对月次韵》：亭对将盈月，尊开暂会时。金波空不醉，玉露重凄其。北想龙吟海，南瞻鹊绕枝。

只愁天汉上，风起浪参差。

《泰泉集》卷十《中秋不见月，文徵仲席上赋》：明月隐天端，疏灯耿夜阑。浮云飞不尽，万里若为看。晕落鹏霄迥，光生凤阙寒。谁能天柱上，吾意欲骖鸾。

《集三十五卷本》卷三十四《陕西左参议卢君墓表》：嘉靖癸未登进士。

《明史》卷一百七十九《列传》：马汝骥，字仲房，绥德人。正德十二年进士，改庶吉士。偕（舒）芬等谏南巡，罚跪受杖。教习期满，当授编修，特调泽州知州。惩王府人虐小民。比王有所嘱，辄投其书椟中不视。陵川知县贪，汝骥欲黜之；巡按御史为曲解，汝骥不听，竟褫其官。世宗立，召复编修。寻录直谏功，增秩一等。预修《武宗实录》，进修撰，历两京国子司业，擢南京右通政，就改国子祭酒。召拜礼部右侍郎。尚书严嵩爱重汝骥，入阁称之，帝特加侍读学士。汝骥行己峭厉，然性故和易，人望归焉。卒赠尚书，谥文简。

《金陵琐事》上卷《画品》：陈石亭六七岁便搦笔模仿古人之画。后入翰林，与文徵仲讲论，其画更进。

十二月二日，唐寅卒于家，年五十四岁。寅诗文初尚才情，晚年颓然自放，谓"后人知我不在此"。画秀润缜密，而有韵度。祝允明为撰墓志铭，王宠书。

《怀星堂集》卷十七《唐子畏墓志并铭》：其于应世文字诗歌，不甚措意，谓后世知不在是，见我一斑已矣。奇趣时发，或寄于画，下笔辄追唐宋名匠。既复为人请乞，烦杂不休，遂亦不及精谛。子畏临事果决，多全大节。即少不合，不问。故知者诚爱宝之，若异玉珍贝。王文恪公最慎予可，知之最深重。不知者亦莫不歆其才望,而娼疾者先后有之。子畏粪土财货,或饮其惠,讳且矫,乐其蓄,更下之石,亦其得祸之由也。桂伐漆割,害隽戕特,尘土物态,亦何伤于子畏?余伤子畏不以是。气化英灵,大略数百岁一发钟于人。子畏得之,一旦已矣,此其痛宜如何置!有过人之杰,人不歆而更毁;有高世之才,世不用而更摈;此其冤宜如何已!尝乞梦仙游九鲤湖,梦惠之墨一担,盖以终文业传焉。卒嘉靖癸未十二月二日,得年五十四。配徐继沈。生一女,许王氏国士,履吉之子。墓在横塘王家村。子畏罹祸后,归好佛氏,自号六如,取四句偈旨。治圃舍北桃花圃,日酣饮其中。客来便共饮,去不问,醉便颓寝。

按:《唐伯虎集》附此文,末有"前应天府通判友生长洲祝允明撰,同邑王宠书。"

《明史》卷二百八十六《文苑》二:寅诗文初尚才情,晚年颓然自放,谓"后人知我不在此"。论者伤之。

《绘妙》:唐寅,字伯虎。自宋李营丘、范宽、李唐、马、夏以至胜国吴兴、王、黄数大家,靡不研解。行笔极秀润缜密,而有韵度。

《震泽长语》卷下:唐寅,字子畏。少有逸才。发解应天第一,横遭口语,坐废。自吴至闽,诣九仙蕲梦。梦有人示以"中吕"二字。归以问余曰:"何谓也?"余亦莫知所指。一日,过余于山中,壁间偶揭东坡《满庭芳》,下有"中吕"字。子畏惊曰:"此余梦中所见也。"试诵之,有"百年强过半,来日苦无多"之句,默然。后卒,年五十三,果应"百年强过半"之语。

按:唐寅卒年五十四,王鏊此语失考。

民国本《吴县志》卷四十《冢墓》一:解元唐寅墓,在横塘王

家村。明末井研雷起剑重修。清康熙中，居民于寅读书之准提
庵西掘得一碑，大书"唐解元墓"，苏守胡缵宗书也。时商丘宋
荦抚吴，亟临祭之。为构才子亭于其旁，宗伯韩葵记以诗。然
唐墓实在横塘，当时未详考尔。嘉庆六年知吴县事唐仲冕再
修，今又荒芜矣。

**冬，雪后早朝，闻有号饥者，赋诗有"愿得君王发汉廒"
之句。**

《集三十五卷本》卷十《雪后早朝》：月满长安雪未消，分明
银海泻秋涛。光迷万马琼珂乱，势压双龙玉阙高。曙色渐分鸡
鹊观，凝寒犹在鹔鹴袍。负薪亦有号饥者，愿得君王发汉廒。

**是岁，刘缨卒，年八十二岁。有《乡里祭刘司寇文》，并
为撰行状。**

《集三十五卷本》卷二十六《资德大夫正治上卿南京刑部
尚书刘公行状》：壬午，今上入正大统，改元嘉靖，公年八十有
一……明年癸未，以疾卒。属纩之前一日，犹对客谈洽，无所
苦。抵暮，与家人燕语如常。明日，觉体中不佳，稍就枕，却药。
夜半起坐，呼水盥嗽；及旦，奄然而逝，实三月十有六日也。年
八十有二。

又卷二十四《乡里祭刘司寇先生文》，略。

**有送都御史周金巡抚延绥诗。金字子庚，武进人。正
德三年进士。喜读书，能诗歌。阔达警敏，善抚边氓。**

《文嘉钞本》卷十一《送周子庚中丞出镇延绥》诗，七
律，略。

按：此诗诗题下注"补"字，故系本年。

《明书》卷一百三十《列传四·名臣传》：周金，字子庚，武

进人。正德戊辰进士，擢给事中，升太仆少卿，金都御史转副都御史，致仕。家居六年，以原官荐起，升兵部侍郎，转都御史，历抚延绥、宣府、保定、淮、凤。已升南京刑部尚书，改户部。金为人阔达警敏，谙习世务，有帅臣体裁。又善煦妪接下，边人益爱之。金内抚诸军，外策强敌，关河晏闭，边氓缓带，四五年讫无败事。然大体所在，不肯苟为婾婀。喜读书，虽稗官小史，亦用以资其经略。尤喜为诗歌，有《上谷》《渔阳稿》。书有晋人风骨。

撰与乡里同祭王舜耕母文。舜耕字于田，常熟人。正德十二年进士。由庐陵知县擢御史。后巡按河南，值大旱，减损厨传馈遗，谢绝请托，以此谪光州判官。改滨州，卒。

《集三十五卷本》卷二十四《祭王于田母文》：……某等乡里后进，稔闻母德；矧与令子，忝同朝籍。既兹有情，能不母悲？爰陈一觞，侑此些词。

《虞邑先民传略》：王舜渔，字于泽。与兄舜耕同登正德丁丑进士。舜耕历官御史，左迁。终光州判官。

光绪本《苏州府志》卷九十九《人物·常熟县》：王舜渔，字于泽，正德丁丑与兄同举进士。舜渔兄舜耕，字于田。初任庐陵知县，擢御史，巡按长芦盐法，上便宜七事，自是矬政疏通。再巡按河南，谢绝请托。岁大旱，减损厨传馈遗。人多衔之。谪光州判官，改滨州，卒。

吴爟卒，年五十八岁。王宠为撰墓志铭。

《雅宜山人集》卷十《太学生吴君墓志铭》：嘉靖二年九月十五日，太学生吴君卒。其生为成化丙戌十月九日，春秋五十有八。

嘉靖三年甲申(1524)五十五岁

元旦,立春朝贺,候驾还自南郊,观驾幸文华听讲,与庆成筵等,均纪以诗。

　　《集三十五卷本》卷十《元旦朝贺》《进春朝贺》《恭候大驾还自南郊》《观驾幸文华听讲》《庆成筵》《再与庆成》等诗,皆七律,略。

　　《戒庵老人漫笔》卷二《庆成宴》:庆成宴　上坐定。三内臣:一从中擎执一盒,一从左,一从右,三路折旋,俱至前跪,启盒,出锦护衣一条,左右者捧展在前而去。又一内臣擎盒,簪一花于冕,左手到如树,甚速下。众朝臣跪上酒三杯毕,起。上乃言曰:"众官人坐。"光禄官张幄廷中,治具上馔,有乐众随之。前一人执高杖,多贯铜箍,上下摇击,名响节,以惊鸟粪食中也。陈学士鲁南沂云。

　　《天禄识馀》:明朝典礼中有庆成宴。每宴,必传旨云:"满斟酒。"又云:"官人每,饮干。"故西涯李文正公诗云:"坐拥日华看渐近,酒传天语教饮干。"盖纪实也。

二月晦,郑正叔来访,有诗并画。

　　《春明梦馀录》:文衡山在词林日,寓居禁城东玉河岸。春水一湾,新柳鬖鬖,每集文人吟咏其中。尝自作《燕山客舍图》,题云:"燕山二月已春酣,宫柳霏烟水映蓝。屋角疏花红自好,相看总不是江南。"

　　按:《燕山客舍图》传世有二幅:《珊瑚网画录》有《燕山春

景》诗末识云："甲申二月晦日,郑正叔偶访小斋,坐话家中风物,写此寄意。徵明。"《石渠宝笈》有《燕山春色图》诗末识云："甲申二月,徵明画并题。"另有彭年题七绝一首。

　　按:郑正叔事行待考。

三月十一日,王鏊卒于家,年七十五岁。赠太傅,谥文恪。鏊以文章名,而雅重徵明。徵明有《太傅王文恪公传》。

　　《集三十五卷本》卷二十八《太傅王文恪公传》:归二年而瑾败。时公年齿方壮,海内咸冀公复起,而公优游林泉,方以文学自适,不复有意当世。中外臣僚,数有论荐,亦皆报罢。于是公闲居十有六年,年七十有五矣。嘉靖三年甲申三月十一日,以疾卒于家。讣闻,上为辍视朝一日,追赠太傅,谥文恪。子男四人:延喆,大理寺寺副;延素,南京中军都督府经历;延陵,中书舍人;延昭,郡学生。为文渊宏博瞻,而意必己出。时翰林以文名者,吴文定公宽,李文正公东阳,皆杰然妙一世。公稍后出,而实相曹耦。议者谓公于经术为深,故粹然一出于正。

是月,王宠为摹晋唐小楷册成,凡五年始就。

　　《古缘萃录》卷四《王雅宜摹晋唐小楷册》:甲申三月,摹褚河南书。宠。　衡山文先生,当世书家宗匠也。宠书何能窥郢氏?而顾蒙嗜痂,所不解已。昔年承命书此数篇,草堂读书之暇,漫为捉管,积五岁而始竣。不揣呈览,幸先生教之。太原王宠并识。

四月,撰《送太常周君奉使兴国告祭诗叙》。时有诏追崇兴献帝为"本生皇考恭穆献皇帝",于前议考孝宗未改。太常丞周德瑞与使告祭。德瑞,吴人。

《集三十五卷本》卷十七《送太常周君奉使兴国告祭诗叙》：乃嘉靖三年四月，有诏尊所生为皇帝，而所以考孝宗，敦所后，于前议无改焉。名号既成，仪文斯举。于是天子有事于园寝，以从臣将命，而太常丞周君德瑞与焉。在朝诸君，咸赋诗赠行，以余有同乡之雅，俾序首简。

《明史》卷十七《本纪·世宗》：三年夏四月癸丑，追尊兴献帝为本生皇考恭穆献皇帝。

《明书》卷十三《本纪十一·世宗肃皇帝本纪》：三年甲申二月，招张璁、桂萼于南京，召席书、霍韬于家，共议大礼。三月，诏定安陆州松陵山为显陵。南京主事黄宗明、经历黄绾同璁、萼上议礼大疏。夏四月己酉，上兴献帝为本生皇考恭穆献皇帝。皇考立室奉先殿侧，曰观德殿，诏诰天下。遣官迎兴献帝主于安陆。

按：周德瑞事行待考。

张璁于南京复上议礼疏，极论两考之非。世宗喜，召入京，特授翰林学士。其后卒用璁及桂萼等议，定尊称。璁等益恃宠仇廷臣，骎骎柄用。徵明遂渐远之。萼有才识而憸忮，多所行恩怨，人以是恶之。

《明史》卷十《本纪·世宗》：嘉靖三年春正月丙戌，南京刑部主事桂萼请改称孝宗皇伯考。下廷臣议。

又卷一百九十六《列传·张璁》：追崇议且寝。至嘉靖三年正月，帝得桂萼疏，心动，复下廷议。汪俊代毛澄为礼部，执如澄。璁乃复上疏曰："陛下遵兄终弟及之训，伦序当立。礼官不思陛下实入继大统之君，而强比与为人后之例。"与桂萼第二疏同上。帝益大喜，立召两人赴京。五月抵都，复条上七事。众汹汹欲扑杀之。萼惧不敢出,璁阅数日始朝。给事御史张翀、郑本公等连章力攻,帝益不悦,特授二人翰林学士。其年九月,卒用其议定尊称。帝益眷倚璁、萼,璁、萼益恃宠仇廷臣。举朝士大夫咸切齿此数人矣。

《明书》卷一百五十五《佞幸传》:桂萼,字子实,铅山人。由进士至少保太子太傅吏部尚书武英殿大学士,卒赠太傅,谥文襄。萼为人廉,有才识而憸忮,多所行恩怨。士大夫恶之。

《集三十五卷本》附文嘉《先君行略》:先是,罗峰张公为温州所拔士,公亦与交。及张将柄用,遂渐远之。

有送山东按察使于鏊调贵州诗。鏊字器之,滁州人。正德三年进士。徵明从父宦游于滁时,即与相交。

《文嘉钞本》卷十《送于器之廉宪贵州》:弱龄相见在滁州,三十年来总白头。顾此流光随水逝,与君踪迹若云浮。都门旧雨平生话,贵竹明朝万里舟。忍写新诗寄新恨,南云北雁两悠悠。(共二首,第二首略)

光绪本《滁州志》卷七之三《列传三·宦迹》:于鏊,字器之。戊辰进士,授户部主事,寻改广西道御史,视艖沧州。值巨寇杨虎等入犯,守者弃城走。鏊朱衣坐堂上,群贼登陴,目慑不敢动。谕以首恶外,许自新。贼欢呼罗拜去,寻就缚。按宣大,宗属中贵惮之,宿蠹为清。代还时,武臣有献其妹于朝者,极谏,武宗不省。顷之,升浙江按察副使,擒大盗汤毛九等,有白金文绮之赐。既升山东按察使,会有衔之者,调贵州,致仕归。著有《六书本义》。

七月,吏部尚书乔宇致仕归。初,张璁、桂萼等以中旨授翰林学士,宇谏。不从。遂求去。鸿胪卿胡侍、御史

陈逅皆以论劾张、桂谪，徵明均有送行诗。又作《白岩图》并题以赠乔宇。侍字承之，宁夏人，谪潞州同知。逅字良会，常熟人，谪合浦县主簿。

《明史纪事本末》卷五十《大礼议》：三年六月，璁、萼至京，复同上疏条七事，极论两考之非，以伯孝宗而考兴献为正。俱留中不下。鸿胪寺少卿胡侍上言："唐睿宗不当兄中宗，宋太宗不当兄艺祖。不当称兄，则不当称伯明矣。"帝怒其狂率，出侍为潞州判官。张璁、桂萼至京师，廷臣欲捶击之，无一人与通。台谏官交章攻击，以为当与席书并正其罪。章十馀上，俱报闻。尚书赵鉴私语给事中张翀曰："若得俞旨，便扑杀之。"帝廉知之，遂降中旨命桂萼、张璁为翰林学士，方献夫为侍讲学士；切责翀、鉴，罪之。吏部尚书乔宇上言："萼等偏执异说，摇动人心，愿赐罢黜。"帝怒，切责之。宇遂求去，从之。

《明纪》：嘉靖三年秋七月，吏部尚书乔宇致仕。御史许中、刘隅等请留宇，帝曰："朕非不用宇，宇自以疾求去耳。"

《明史》卷一百九十四《列传·乔宇》：宇遇事不可，无不力争，而争"大礼"尤切。会璁、萼至京，诏皆用为学士。宇等又言："内降恩泽，先朝率施于佞幸小人。若士大夫一预其间，即不为清议所齿。况学士最清华，而俾萼等居之，谁复肯与同列哉！"帝怒，切责。宇遂乞休，许之。

《集三十五卷本》卷十《送乔冢宰致仕还太原》：四朝文物仰前修，一日功成遽乞休。君子致身惟道在，野人思治愿公留。狄门桃李叨知己，白下江山忆旧游。莫谓白岩多乐事，希文常负庙廊忧。(共二首，录第二首)

《文嘉钞本》卷十《又题白岩图》：笑拂朝衣归故乡，白岩山下有书堂。向来水石初无恙,此日松筠剩有光。聊复钓游寻故迹,定能登眺发文章。只应走马长安者,羡杀香山白侍郎。

《玉几山房画外录》:文衡山真迹在晋中者,以《白岩图》为最。盖白岩为留都大司马,极有声。武宗南巡时,尤著侃侃之节。衡山为此不苟也。

《通鉴辑览》:嘉靖三年甲申,昭圣皇太后(孝宗后)寿诞,诏免诸命妇朝贺。舒芬谏,夺俸三月。御史朱渊、马明衡继谏,帝恚且怒,下锦衣卫拷讯。御史陈逅、李本等继谏,帝愈怒,并下狱。蒋冕固谏,良久,乃杖朱渊、马明衡八十,除为民。谪逅合浦县主簿,本揭阳主簿。

《明史》卷一百九十一《列传》:胡侍,宁夏人。举进士,历官鸿胪少卿。张璁、桂萼既擢学士,侍劾二人越礼背经。因据所奏反复论辨,凡千馀言。帝怒,命逮治。言官论救,谪潞州同知。

《吴郡名贤图传赞》卷八《陈副使》:公姓陈,讳逅,号鲁山,常熟人。正德十二年进士。初任县令,擢监察御史。会议"大礼",公倡同列抗疏极论桂萼,而两御史已逮系,公复抗疏救之。廷杖下狱,谪合浦县主簿。

《集三十五卷本》卷十《送陈良会御史左迁合浦丞》:谁兴"濮议"紊彝章?国是纷然失故常。慷慨一言思悟主,艰难万里遂投荒。君于职业真无负,我忝乡人与有光。去去还珠亭下路,苏公千载有遗芳。

又《送胡承之少卿左迁潞州倅》诗,七律,略。

有追送礼部尚书汪俊诗。俊字抑之,弋阳人。弘治六年会试第一。行谊修洁,学宗洛、闽,学者称石潭先生。

本年三月以议兴献帝称皇考及建室等不合旨，乞归。

《资治通鉴纲目三编》卷十一：嘉靖三年三月，罢礼部尚书汪俊，以席书代之。

《集三十五卷本》卷十《追送石潭宗伯次归舟喜雨韵》诗，七律，略。

《明史》卷一百九十一《列传》：汪俊，字抑之，弋阳人。举弘治六年会试第一，授庶吉士，进编修。嘉靖初，俊为礼部尚书。是时献王已加帝号矣。主事桂萼复请称"皇考"，章下廷议。三年二月，俊集廷臣七十有三人上议。议上，谕再集议以闻。俊不得已，乃集群臣，请加"皇"字，以全徽称。帝不纳，而别谕建室奉先殿侧，恭祀献皇。俊等一再谏止。帝仍命遵前旨再议。俊遂抗疏乞休，帝怒，责以肆慢，允其去。俊行谊修洁，立朝光明端介。学宗洛闽。与王守仁交好，而不同其说。学者称石潭先生。

《国琛集》：汪俊，弋阳人。敏而敦，文而能履。克叙伦谊，质心善世，雅不与俗诡俦。官大宗伯，会议考典，力诤之。虽其明之未诣，盖不自轻于同也。

七月，世宗更定章圣皇太后尊号，群臣伏阙谏。时徵明方以跌伤左臂，注门籍不在列。编修王思等十七人杖死，杨慎等戍边。伍馀福时官郎中，谪安吉知州。责吏部左侍郎何孟春倡众逞忿，出为南京工部左侍郎。徵明有送行诗。思字宜学，正德六年进士，志行高迈。

《纲鉴易知录·明鉴易知录》卷八：甲申，嘉靖三年秋七月，逮学士丰熙等百三十有四人下狱，吏部右侍郎何孟春等八十有六人令待罪。先是，上命内阁拟撰本生圣母章圣皇太后册文。至是上采张璁、桂萼议,谕大学士毛纪等去册文"本生"字,纪等力言不可。上召百官至左顺门,敕曰:"本生圣母章圣皇太后,今更定尊号曰圣母章圣皇太后。"何孟春与尚书秦金、学士丰熙等及翰林、寺部、台谏诸臣各上言,力争"本生"二字不宜削。章十三上,俱留中不报。戊寅,上朝罢,斋居文华殿。尚书金献民、徐文华倡言曰:"诸疏留中,必改孝宗为伯考,则太庙无考,正统有间矣。"孟春曰:"宪宗朝,尚书姚夔率百官伏哭文华门,争慈懿皇太后葬礼,宪宗从之。此国朝故事也。"修撰杨慎曰:"国家养士百五十年,仗节死义,正在今日。"给事中张翀、王元正等遂遮留群臣于金水桥南,曰:"万世瞻仰,在此一举。今日有不力争者,共击之。"孟春、献民、文华复相号召。于是秦金等凡二十有三人,丰熙等凡二十人,谢贲等凡十有六人,余翱等凡三十有九人,马理等凡十有二人,黄待显等凡三十有六人,余才等凡十有二人,陶滋等凡二十人,相世芳等凡二十有七人,赵儒等凡十有五人,毋德纯等凡十有二人,俱赴左顺门跪伏。有大呼高皇帝、孝宗皇帝者。上闻之,命司礼监谕退,不去。金献民曰:"辅臣尤宜力争。"礼部侍郎朱希周乃诣内阁告毛纪,纪与石瑶遂赴左顺门跪伏。上复遣司礼太监谕之退,群臣仍伏不起。自辰迨午。上怒,命司礼监录诸姓名,收系诸为首者丰熙、张翀、余宽、黄待显、陶滋、相世芳、毋德纯等八人于狱。杨慎、王元正乃撼门大哭,一时群臣皆哭,声震阙廷。上大怒,遂命逮系马理等凡一百三十有四人于狱,何孟春等八十有六人姑令待罪。总二百有二十人。命拷讯丰熙等八人编伍,其馀四品以上俱夺俸,五品以下者杖之。于是编修王相等一百八十馀人各杖有差。

《明史》卷一百九十一《列传·何孟春》：世宗即位，由右副都御史迁南京兵部右侍郎。半道，召为吏部右侍郎，寻进左侍郎。尚书乔宇罢，代署部事。先是，"大礼"议起，孟春在云南闻之，上疏言："臣伏睹前诏，陛下称先皇帝为皇兄，诚于献王称皇叔如宋王珪、司马光所云，亦已惬矣。而议者或不然何也？"及孟春官吏部，则已尊本生父母为兴献帝、兴国太后。继又改称本生皇考恭穆显皇帝、本生圣母章圣皇太后。孟春三上疏乞从初诏，皆不省。于是帝益入张璁、桂萼等言，复欲去"本生"二字。璁方盛气，列上礼官欺妄十三事，且斥为朋党。孟春偕九卿秦金等具疏，遂发《十三难》以辨折璁。疏入，留中。……帝怒不已，责孟春倡众逞忿，非大臣事君之道，法宜重治，姑从轻夺俸一月。旋出为南京工部左侍郎。故事，南部止侍郎一人，时已有右侍郎张琮，复以孟春为左，盖剩员也。孟春屡疏引疾，至六年春始得请。及《明伦大典》成，削其籍。久之，卒于家。

《集三十五卷本》卷十《送何少宰左迁南京工侍二首》：何人发难干伦纪？有客输忠翼圣明。礼重乾坤那可易？事关名教得无争？百年富贵浮云淡，万里江湖白发生。李白从来多感慨，凤凰台上望神京。（第一首略）

《集三十五卷本》附文嘉《先君行略》：公于早朝未尝一日不往，偶跌伤左臂，始注门籍月馀。时议礼不合者，言多讦直。于是上怒，悉杖之于朝，往往有致死者。公幸以病不与，乃叹曰："吾束发为文，期有所树立，而竟不得一第；今亦何能强颜久居此耶？况无所事事，而日食太官，吾心真不安也。"

《明史》卷一百九十二《列传》：王思，字宜学，太保直曾孙也。正德六年进士，改庶吉士，授编修。世宗嗣位，寻充经筵讲官。嘉靖三年，与同官屡争"大礼"，不报。时张璁、桂萼、方献夫为学士，思羞与同列，疏乞罢归，不许。其年七月，偕廷臣伏左顺门哭谏。帝大怒，系之诏狱，杖三十。逾旬，再杖之。思与同官王相等十有七人皆病创，先后卒。思志行迈流俗，与李中、邹守益善。高陵吕楠极称之。

又卷一百九十二《列传·杨慎》：嘉靖三年，帝纳桂萼、张璁言，召为翰林学士。慎偕同列三十六人上言："今陛下既超擢萼辈，不以臣等言为是，臣等不能与同列，愿赐罢斥。"帝怒，切责，停俸有差。逾月，又偕学士丰熙等疏谏，不得命，偕廷臣伏左顺门力谏。帝震怒，命执首事八人下诏狱。于是慎及检讨王元正等撼门大哭，声彻殿廷。帝益怒，悉下诏狱，廷杖之。阅十日，有言"前此朝罢，群臣已散。慎、元正及给事中刘济、安磐、张汉卿、张原、御史王时柯实纠众伏哭。"乃再杖七人于廷。慎、元正、济并谪戍。慎得云南永昌卫。

光绪本《苏州府志》卷八十《人物·伍馀福》：嘉靖初，转营缮主事，历刑、兵二部郎中，以议礼廷杖，谪安吉知州。

摄影本《文衡山致吴遵庵十札留真册》：九月初八日寓都下小婿文徵明顿首四拜，奉书外舅大人先生侍次。"大礼"近已议定，称孝宗为伯考，一依席、桂、张、方之说，仍诏谕天下，想在十五日颁也。石阁老先生（按：文渊阁大学士石珤）独具疏极言，闻圣意甚怒。石公待罪数日，尚未得旨。此公决意欲去，想不能留矣。贾鸣和先生（吏部左侍郎兼翰林学士贾咏）升礼部尚书兼文渊阁大学士代毛公（礼部尚书毛纪）。吴白楼（吴一鹏）以侍郎兼学士掌詹事府事，专管诰敕。南京吏书杨旦取入代乔公(吏部尚书乔宇)。何孟春改南京工部侍。户部孟春代之。代孟春者工部李瓒。礼部缺侍郎一人,已推李时、温仁和,旨尚未出。湛若水升南京祭酒。今日大选,吾苏进士五人:陆冕、陆堂俱礼部,史臣兵部,魏应召刑部,晋宪工部。长洲郭尹(郭波)升工部主事,代之者饶州程嘉行。徵明比来因跌伤右臂,一病三月。欲乘此告归,又涉嫌不敢上疏,昨已出朝矣。前日议礼杖死者十六人:翰林王思、王相,给事中裴绍宗、毛玉、张原,户部申良、安玺、杨淮,礼部许瑜、臧应奎、张深,兵部余祯、李可登,刑部胡琏、殷承叙,御史胡琼。充军者十一人:翰林丰熙、杨慎、王元正,给事中张翀、刘济,部属黄待显、陶滋、余宽、相世芳,御史余翱,大理寺正毋德纯。为民者四人:给事张汉、张原、安监,御史王时柯。

　　《宾退录》卷四:"大礼"议起,如水火然。其奋不顾身而忠于国者,杨文忠等是也。其奋不顾身而结于帝者,张永嘉等是也。死者死,黜者黜,杖者杖,此文忠等之不顾其身也;其所邀者名也。士大夫切齿至欲如马顺扑杀之,此永嘉等之不顾其身也,其所邀者利也。而于礼,则皆未之能善也。

有诗送郑岳致仕还莆田。岳字汝华,弘治六年进士。居官颇著文节。时官兵部侍郎,为御史聂豹以风闻所论,因乞休。

　　《文嘉钞本》卷十《送郑兵侍致仕还莆》诗,七言排律,略。
　　《明史》卷二百三《列传》:郑岳,字汝华,莆田人。弘治六年进士。……世宗初,擢右副都御史,巡抚江西。寻迁兵部右侍郎,转左侍郎。请罢山海关税,弗许。中官崔文欲用其兄子为副将,岳持不可。宁夏总兵官仲勋行贿京师,御史聂豹以风闻论岳;岳自白,因乞休。

《四库全书总目》卷一七一《集部·别集类》:《山斋集》,考《明史》岳本传,称其屡拒中官崔文之干请,争宁王宸濠之侵占,又以争兴献王祔庙忤旨夺俸。其居官颇著文节。而为江西按察使时,与李梦阳互讦;为兵部侍郎时,又为聂豹劾罢。所与龃龉者,乃皆正人。盖其天性孤介,非惟与小人相忤,即君子亦不苟合也。

钱贵以鸿胪丞致仕,徵明有《送钱元抑南归口号》十首。

《集三十五卷本》卷三十《明故鸿胪寺寺丞致仕钱君墓志铭》:在太常三年,执事节适,多所建正。而操廉履慎,莫或过举。既举最当迁,而君雅有归志,遂上疏乞骸骨。朝廷以年未及,不许。疏再上,乃进今官以荣其归。

又卷十《送钱元抑南归口号》:少时同学晚同朝,一着输君去独高。落日黄尘回马处,满头衰发不堪搔。　旧游何处石湖西,故友相思意欲迷。为语近来憔悴尽,日骑羸马听朝鸡。共十首,录二首。

王庭知许州,话别有诗。

《文嘉钞本》卷十《与王许州直夫话别》:门前五马已骈骈,窗下寒灯得暂依。重惜异乡良会好,行看同学故人稀。倥匆正坐官程迫,去住刚令宿志违。明日许昌千里道,莫教风露湿征衣。

光绪本《苏州府志》卷八十六《人物》:王庭,字直夫,家贫,教授以养。初举乡试,赴公车,念亲老,不及至都而返。父旋卒,时谓能孝。嘉靖癸未第进士,知许州。以母老,改国子博士。

有送柯维骐归莆田诗。维骐字奇纯，号希斋。维熊弟。从黄佐学，为佐所称。嘉靖二年进士，授南京户部主事，未赴，引疾归。秉质孝谨，读书撰述以终。

《集三十五卷本》卷十《送柯奇纯主事归莆阳》诗，七律，略。

《明史》卷二百八十七《文苑》三：柯维骐，字奇纯，莆田人。嘉靖二年进士，授南京户部主事，未赴，辄引疾归。张孚敬用事，创新制。京朝官病满三年者概罢免。维骐亦在罢中。自是谢宾客，专心读书。世味无所嗜，惟嗜读书。所著有《宋史新编》《史记考要》《续莆阳文献志》及所作诗文集，并行于世。

《冯元成集》卷四十七《柯户部维骐小传》：家居五十馀年，观风使者先后推毂数十馀疏，卒不召用。公亦无一书通政府，于世之知否用舍，漠如也。

乾隆本《兴化府莆田县志》卷十六《人物》：柯维骐，字奇纯。弱冠领乡荐，登嘉靖癸未进士。为宫詹黄佐门人。黄语人曰："及门固多士，异时无忝鸿儒，柯氏子也。"秉质孝谨，植躬严翼。平居不入公府，俭以济廉。年七十又八卒。

《明名臣言行录》卷五十四《主事柯公维骐》：字奇纯，号希斋。莆田人，嘉靖癸未进士，卒年七十八。

送吏部侍郎汪伟致仕诗。伟字器之，俊弟。数争大礼，被劾罢归。

《文嘉钞本》卷十《送汪少宰致仕》诗，七律，略。

《明史》卷一百九十一《列传·汪俊》：弟伟，字器之。由庶吉士授检讨。与俊皆忤刘瑾，调南京礼部主事。瑾诛复故官。

屡迁南京国子祭酒。武宗以巡幸至，率诸生请幸学，不从。江彬矫旨取玉砚，伟曰："有秀才时故砚，可持去。"俊罢官之岁，伟亦至吏部右侍郎。偕廷臣数争大礼，又伏阙力争。及席书、张璁等议行，犹持前说不变。转官左侍郎，为陈洸劾罢，卒于家。

文选郎中刘天民以谗出为寿州守，有送行诗。天民字希尹，济南人。正德九年进士。以谏，先后两答阙下。

《文嘉钞本》卷十《送刘希尹左迁寿州守》：燕山岁晏沙吹石，雪霰横空野云黑。寿春太守衣裳单，车马萧萧有行色。千里南征心偪仄，太守无惭人自恻。忆昨春风花满都，圣皇坐建皇之极。白昼胡然鬼魅行，居然大道生荆棘。遂令白黑变谗言，贤爱倾波否忠直。不知卢杞是奸邪，但道巨公今契、稷。城乌方自昧雌雄，塞马宁须论失得。只应离索从今日，明月清风重吾忆。万里冥鸿飞不息，江湖去去无缯弋。

《列朝诗集小传》丙集《刘副使天民》：天民字希尹，济南人。正德甲戌进士，除户部主事。谏南巡，廷笞三十。改吏部稽勋，泣谏大礼，又笞三十。历文选郎，调寿州知州。台谏论救，不报。凡京官外谪，出都门，以眼纱自蔽。希尹过部门，选人数千拥其马不得行。掷纱于地曰："吾无愧于衡门，使汝辈得见吾面目耳。"

安国北游南还。有诗送行。

《文嘉钞本》卷十《送安某南还》诗，七律，略。

年谱丛刊

文徵明年谱

下

周道振
张月尊 著

中华书局

卷 五

嘉靖四年乙酉（1525）五十六岁

春，与陈沂、马汝骥、王同祖游西苑；又与陈沂、马汝骥游西山，均有诗。

《集三十五卷本》卷十《西苑诗十首》：嘉靖乙酉春，同官陈侍讲鲁南、马修撰仲房、王编修绳武，偕余为西苑之游。先是，鲁南教内书房，识守苑官王满，是日，实导余四人行，因得尽历诸胜。既归，随所记忆，为诗十篇。

按：十诗为《万岁山》《太液池》《琼华岛》《承光殿》《龙舟浦》《芭蕉园》《乐成殿》《南台》《兔园》《平台》十首，皆七律，略。

《明史拟稿》卷四《文苑传·文徵明》：论曰：待诏为翰林散官，非史职也。独徵明以名德才艺见尊于时，人皆以“太史”呼之。观其《游西苑》诗，称陈侍讲沂、马修撰汝骥为“同官”，其自待亦重矣。

《集三十五卷本》卷十《游西山诗十二首·香山历九折坂至弘光寺》：偃月池边宝刹鲜，不知赐额自何年？行从九折云中坂，来结三生物外缘。岁久松杉巢白鹤，春晴楼阁涌青莲。谁言好景僧能占？总落游人眼界前。

按：馀十一首为《早出阜城马上作》《登香山》《来青轩》

《碧云寺》《宿弘济院》《游普福寺观道傍石涧寻源至五花阁》《歇马望湖亭》《吕公洞》《功德寺》《玉泉亭》《西湖》，皆七律，略。

《拘虚集》卷三《与马编修文待诏登西山洪光寺》：九盘丹磴上招堤，路出岹峣见绛题。荡目风烟双树迥，举头楼阁万峰低。闲花竞吐青春英，细水争流白日西。暂以尘襟付幽赏，可忘贤达重相携。

《西玄集》卷三《十六夜同鲁南徵仲寺中对月》：偶对王城月，泠泠似水中。金波轻濯雾，碧晕静含风。悬镜参禅寂，抽毫献赋雄。将亏君莫慨，色相本虚空。

撰送朱希周之南京诗。希周字懋忠，号玉峰，吴县人。弘治九年状元，授修撰。性恭谨，不妄取予。刘瑾恶其远己，二十年不迁，处之淡如。时以吏部左侍郎迁南京吏部尚书。徵明每称之为纯德之人。

《集三十五卷本》卷十一《送冢宰朱玉峰之南京》：留司峻望重衡钧，三十年来侍从臣。远去独安恬退节，众中欣见老成人。两京规制遥相望，六代江山迹未陈。盛世宦游应自乐，有人东望惜音尘。

按：共两首，录一首。

《四友斋丛说》卷十《史》六：衡山常对人言："我辈皆有过举，惟玉峰混然一纯德之人也。"

《明史》卷一百九十一《列传》：朱希周，字懋忠，昆山人，徙吴县。举弘治九年进士。孝宗喜其姓名，擢为第一，授修撰。进侍读学士，擢南京吏部右侍郎。阅五年，召为吏部右侍郎。时方议"大礼"，数偕其长争执。其明年，由左侍郎迁南京吏部尚书。性恭谨,不妄取予。

《吴郡名贤图传赞》卷七《朱恭靖》:弘治九年进士,殿试第一,授修撰,升侍读,充经筵讲官。逆瑾恶其远己,矫诏仍以修撰用,二十年不迁,处之淡然。

送湖州通判姚奎改除东昌诗。奎字天章,常熟人。以举人由铨调入仕,官至太仆寺丞。颇有政誉,喜交游,尤事于学。

《文嘉钞本》卷十一《姚天章通判改除东昌》诗,七律,略。

康熙本《常熟县志》卷十七《邑人》:姚奎,字天章。以诸生起田间。学于顾达,其攻苦有人所不能堪者,遂举乡。累上礼闱,竟由铨调得湖州府通判,有干具。性和易,为守所倚任,颇有政誉。改调东昌府,俄召为太仆寺寺丞。奎喜交游,与人有意气。虽在官地,尤事学。

三月,与修《献皇帝实录》,侍经筵。岁时颁赐甚厚,同诸词臣。

《弇州山人四部稿》卷八十三《文先生传》:先生为待诏可二年,修国史,侍经筵,岁时上尊饩币,所以慰赐甚厚。

《明史》卷二百八十七《文苑三·文徵明》:世宗立,预修《武宗实录》,侍经筵。岁时颁赐与词臣齿。

按:正德十六年十一月已敕修《武宗实录》,至本年六月月完进。本年三月,诏纂《献皇帝实录》。是文徵明未入京时,《武宗实录》已经纂修。徵明集中两见《实录成》诗,是武宗及兴献帝两实录皆与修者。

《集三十五卷本》卷十《实录成赐燕礼部》:北府书成奏尚方,南宫拜谒许传觞。青春照坐宫花丽,瑞露浮樽法酒香。邂逅鸾台修故事,遂令牛走被馀光。浓恩恰是朝来雨,散作槐厅六月凉。

按:此《武宗实录》成也。

又《端午赐扇》诗,七律,略。

又《赐长寿彩缕》:紫宸朝下赐灵丝,金水桥边拜命时。文绣自天腾五色,光华约臂结双螭。重惭潦倒随恩泽,还忝班行睹盛仪。愿得君王千万寿,日华常照衮衣垂。

《戒庵老人漫笔》卷二《江阴汤大理恩赉》:朝廷端午赐京官宫扇(竹骨纸面,俱画羽毛,不工。)彩缕(一条,五色线编者,须头作虎形。)彩杖(二根,长尺许,五色线缠绕。)艾虎(二幅,纸方尺许,俱画虎并百脚诸毒虫。)在邑汤大理公沐处见。

《明史》卷五十五《礼志·经筵》:明初无定日,亦无定时。正统初始著为常仪。以月之二日御文华殿进讲,月三次。寒暑暂免。

《涌幢小品》卷一《实录》:《实录》成,择日进呈。焚稿于芭蕉园。园在太液池东。崇台覆殿,古木珍石,参错其间。又有小山曲水,则焚之处也。

时专尚科目。又同馆北人漫索徵明画,往往见却。流言曰:"文某当从西殿供事,奈何辱我翰林?"徵明意不自得,上疏乞归。疏下吏部,寝不报。

《明史》卷七十一《选举》三:初,太祖尝御奉天门选官,且谕"无拘资格"。永、宣以后,渐循资格,而台省尚多初授。至弘、正后,资格始拘。举、贡虽与进士并称正途,而轩轾低昂,不啻霄壤。

《四友斋丛说》卷十五《史》十一:衡山先生在翰林日,大为姚明山、杨方城所窘，时昌言于众曰："我衙门中不是画院，乃容画匠处此耶？"惟黄泰泉佐、马西玄汝骥、陈石亭沂与衡山相得甚欢，时共酬唱。乃知薰莸不同器，君子小人固各以类也。然衡山自作画之外，所长甚多。二人只会中状元，更无馀物。故此数公者，长在天地间，今世岂更有道着姚涞、杨维聪者耶？此但足发一笑耳。

《艺苑卮言附录》卷四：待诏以荐起，预修国史。北人同馆局者从待诏丐画，不以礼，多弗应。辄流言曰："文某当从西殿供事，奈何辱我翰林为！"待诏闻之，益不乐，决归矣。

《五杂组》卷十五：当徵仲在史局，同事太史诸君皆笑其不由科目，滥竽木天。然分宜、江陵之败，家奴箧中，无非翰林诸君题赠诗扇者。以此笑彼，不亦更可羞哉？

《静志居诗话·姚涞》：文徵仲待诏翰林，相传为学士及杨方城所窘。昌言于众曰："吾衙门非画院，乃容画匠处此？"何元朗《丛说》述之。而曰："二人只会中状元，更无馀物。衡山长在天地间，今世岂更有道着姚涞、杨维聪者耶？"闻者以为快心之论。然学士曾与孙太初、薛君寀、高子业相倡和。且闻山东李中麓富于藏书，特遣其子就学。即徵仲去官日，躬送至张家湾，赋十诗送别，比之巍巍嵩华。至其《赠行序》，绎其词，倾倒为何如者，而谓学士有是言耶？金华吴少君诗："说谎定推何太史，"然则元朗乃好为诳语者。

《浪迹丛谈》卷六《姚明山之诬》：古近名士褒贬人物，笔之于书，彼此传闻失实，使正人被诬，不胜枚举。然无关大节犹可也，若妄肆讥评，则大为不可。如我朝姜西溟先生有《姚明山学士拟传辨诬》一篇云："何元朗称文衡山先生在翰林，大为姚明山、杨方城所窘。时昌言于众，'我翰林不是画院，乃容画匠处此。'二人只会中状元，更无馀物，而衡山名长在天壤间，今世岂有道着姚涞、杨维聪者哉。"自钱虞山称快此言，载之《列朝诗选》，而明山之后人未知也。余辛酉年以纂修之命，将北上。姚氏数人持东泉尚书父子传志见示，复出明山存集刻本，中有《送文衡山先生南归序》一篇（全文见本年谱嘉靖五年十月附录），又《送衡山先生马上口占绝句》十首。其言曲尽向往之旨，备极赞扬之词。而于诗末章则曰：'岂是先生果忘世，悲歌尽在《五噫》中。'其知衡山也深矣。钱虞山不考，漫笔之书。近有史官自刻其稿者，复著其说于《拟传》，不重诬耶？明山可传，不独议礼一节，其居官屡有建白，据古证今，义正辞覈。惜其中年凋丧，不竟其志。而何氏谓今世遂无道及者。彼自不识明山，于明山固无损也。"

按：文中所云《拟传》，指尤侗《明史拟稿》。

点石斋本《文徵明怀归出京诗六十四首·感怀》：五十年来麋鹿踪，若为老去入樊笼。五湖春梦扁舟雨，万里秋风两鬓蓬。远志出山成小草，神鱼失水困沙虫。白头漫赴公车召，不满东方一笑中。

《明诗纪事》丁签卷十一《文徵明·感怀》：田按：何元朗《四友斋丛说》云（已见前，略），玩此诗意，元朗之说非虚矣。衡山又有句云："青山应笑东方朔，何用俳优辱汉廷。"

按：董其昌跋文徵明《永锡难老图》云："衡山在翰林日，为龚用卿、杨维聪所窘。"疑何良俊误以龚为姚耳。龚用卿，字鸣治，怀安人，嘉靖五年第一人及第。授修撰，历谕德，终国子祭酒。有《云冈选稿》二十卷。

五月，叔父森卒于家，年六十四岁。后二年，徵明为撰行状。

《集三十五卷本》卷二十六《先叔父中宪大夫都察院右金都御史文公行状》：又五年为嘉靖四年乙酉五月某日，以疾卒于正寝，实公所建文山忠烈祠之右。公平生忠义自许，雅慕文山为人，以先世尝与通谱，且尝建节吴门，有功德于民，因言于朝，得列祀典。即所居建祠，俾子斗主之。吴之有文山祠，实自公发之也。而公竟易箦于此，岂偶然哉。公少先温州十九年，事温州如父，终身未尝与兄列。处季弟县学生彬，备极友爱。抚诸侄礼严而情笃，于徵明加亲。徵明少则受业于公，赖其有成。及以荐入官，数书示其所志，思一见徵明，不及。及是归，而公不可作矣。呜呼痛哉。

八月十八日，为蒋诏跋旧刻《十七帖》，考定为宋拓，并朱书释文于旁。诏字伯宣，吴县洞庭山人。正德十六年进士，时官御史。

有正书局本《衡山朱释宋拓十七帖》：右《十七帖》一卷，乃旧刻也。此帖自唐宋以来，不下数种，而肥瘦不同，多失右军矩度。惟此本神骨清劲，绳墨中自有逸趣，允称书家之祖。晋人笔法，尽备是矣。惜世更兵燹，传者甚艰鲜，独此为蒋侍御伯宣所藏，云传自上世。且纸墨完好，纤悉具备，诚不世之琛也，为宋本无疑。兹间以示余，命为音释，余乃书之如右。画蛇添足，宁免识者之诮耶！嘉靖乙酉八月十八日，徵明识。

按：此帖原本于一九五三年冬见于上海古玩市场今古村姜老处。

康熙本《具区志》卷十二《科目·进士》：蒋诏，字伯宣，洞庭山人。正德癸酉举人，辛巳进士，工部虞衡司郎中。

民国本《吴县志》卷十一《选举表·进士》：武宗十六年杨维聪榜：蒋诏，伯宣，官御史，辰州知府。

按：《集三十五卷本》卷二十六《右副都御史毛公行状》云：子男三人，长锡朋，娶文氏，我先叔父佥都御史讳森之女。女五人，次适蒋廷光，监察御史蒋伯宣子。是文、蒋两家，亦有姻娅者。

九月，祝允明过徵明次子嘉读书室，为草书《古诗十九首》及《榜枻歌》《秋风辞》。

《停云馆帖·国朝名人书卷十一·祝枝山书》：《古诗十九首》（诗略）暇日，过休承读书房，案上墨和笔精，粘纸得高丽茧，漫写十九首，遂能终之，亦恐不免伤蚕之诮也。乙酉九月，枝山子希哲甫。　右《榜枻歌》　右《秋风辞》　作行草后，尚馀一纸，因为此二章。聊试笔耳，不足存也。枝山附记。

《王奉常集·题文休承书后十九首》：昔闻祝京兆欲有所贷，文休承故置茧纸室中。京兆喜，为书《古诗十九首》，大获声价。世以休承诮得此书，为艺苑一谑。

廿二日，都穆卒，年六十七岁。伍馀福撰行状，苏州知府胡缵宗为撰墓志。缵宗字世甫，泰安人。正德三年进士。在郡才敏风流，前后罕俪。兴学造士，多所甄拔。

《吴都文粹续集》卷四十三胡缵宗《明中宪大夫太仆寺少卿致仕都公墓志铭》：归而致苦食淡，寝卧图籍，与相婆娑嬉游。屏车斥驷，扫迹公门。以著书为业。或放逐山水，冥搜遐寄，如是者十馀年。嘉靖壬午，以抚臣荐，进阶中宪大夫。又三年,年六十有七卒,实嘉靖乙酉九月二十二日。其子元翁等卜以卒之年十二月六日葬公花园山。缵宗属守吴,得与其凡役事,而又属之以铭。重以工部主事伍君畴中之状,乃不获辞而为之志。

道光本《苏州府志》卷七十二《名宦》四:胡缵宗,字世甫,泰安人。正德戊辰进士,嘉靖二年自安庆知府移守苏州。初至,驭下甚严,继以宽大。核民田税籍,胥吏私加者,悉从罢革,凡十三万有奇。白银金花,视正税之轻重,以为多寡。民苦力役,长赋尤甚,缵宗随宜调剂。在郡才敏风流,前后罕俪。兴学造士,多所甄拔。觞咏留题,遍满湖山泉石间。居五年,擢山东左参政,累官副都御史,巡抚江南。

《列朝诗集》丙集《都少卿穆》:归老之日,斋居萧然。日事雠讨,或至乏食,辄笑曰:"天壤间当不使都生饿死,"日晏如也。玄敬著述甚富,文笔平衍。诗尤单弱不成家。余闻之故老:玄敬少与唐伯虎交,最莫逆。伯虎锁院得祸,玄敬实发其事。伯虎誓不与相见,而吴中诸公皆薄之。玄敬晚年深自悔恨,其殁也,不请铭于吴人,而远求胡孝思,盖亦其遗意云。

按:钱氏以不请铭于吴人而远求于胡缵宗,以穆知吴中诸公薄其首难致唐寅锁院得祸故尔。然穆卒于九月下旬,十二月初即葬。胡又适官苏州知府,并非远求。但文徵明《甫田集》四卷本中,有涉及都穆者诗数首,后刻各集皆删除,实有微意。

秋,陈道济应试金陵,寄示金陵纪行诗十七首,此皆徵明昔历游者,因悉和之。

文徵明行书《次韵陈道济金陵杂诗卷》:《毗陵驿》等十七首,诗皆略。乙酉秋,道济应试金陵,寄示余纪行诸篇。铸词精深，思致闲远，诚佳作也。且其所赋，多余往时所历，追思旧历不能记忘，因悉和之以寄余意。虽词语工拙不同，而祖韵之所遣者，或得一、二，漫往发四千里一哂。徵明记。

十月望，文彭请彭昉题旧藏李伯时画《刘商观弈图》宋拓石刻。图已有吴奕篆书，沈周、蔡羽、徐祯卿、李瀛、汤珍等题。昉初知公安，坐不戢盗，降广东德庆州判官。稍迁广之新会，又以忤上官罢归。

　　《珊瑚网画录》卷二《李伯时临刘商观弈图》：吴奕篆书，石刻宋拓。林屋蔡羽、徐祯卿，长洲沈周，义兴李瀛，皆题七律一首。中山汤珍题五古一首。均略。　　遗缣萧瑟翻遗刻，对弈风流共宛然。墨翟九攻奇似弱，孟明三北殿生光。河山带砺归弹指，日月盈亏易转圜。千载人间传不朽，品题坡老识龙眠。茧光对弈真传壁，铁画微铦妙隐锋。蝉蜕仙人今尚在，龙眠高士邈难逢。绮疏萦蚓双蓬鬓，院落游丝一瘦筇。天禄校雠瞻倲远，瑶编玉树慰相从。右题《刘商观弈图石刻》，时嘉靖四年冬十月望，为余契重衡山文学士君乃郎寿承题。寿承视余，父执行也，请勤勤，勉为书此。余意其年富学锐，方擅盛声于时，则夷视余涩拙，适不足为取。不若缄致之学士君，其有以相发篇，不倦如昨，寿承其知之。余何能为役？望之寿承，其犹学士君也。陇西彭昉题。

　　《集三十五卷本》卷三十《彭寅甫墓志铭》：彭君寅甫，以进士出知湖广之公安，期年而治成。会枝江盗发，一夕斩关而入。县故无兵，盗遂执君，披其橐，空无一钱，乃舍去，曰："是廉官也。"然帑藏所有，烧劫略尽矣。盗既得，而藏锱无获，法得不问。而素疾君者，从而媒孽之，坐不戢盗，镌一官，降广东德庆州判官。久之，或言其非罪，稍迁知广之新会。新会即古之冈州，负山阻海，夷獠杂居。溪峒夷獠，乘间时时窃发。君至，而邻境已为贼据。节镇大臣方事招徕，而夷性险谲，不可扰驯。稍急则降，已复叛去，势不可终弭。始议用兵，官军转战不前，多所亡失。无已，取平民被诬者，掠立成狱，付县杖之，日以百数。君既不义其所为，多不时承令，又供需浩穰，不忍剥敛以徇。用是积忤上官，欲求其罪罢之，捃摭无所得，乃以惰弱不胜任劾君，而君亦倦游矣。

廿九日，跋聂豹藏颜真卿《祭侄文稿》。豹字文蔚，号双江，吉水永丰人。正德十二年进士。时以华亭知县召拜御史。

拓本《聂双江本颜鲁公祭侄文》：米元章以颜太师《争坐位帖》为颜书第一，谓其字相连属，诡异飞动，得于意外，最为杰思。而山谷谓《祭侄季明文》文章字法，皆能动人，正类《坐位帖》。二帖宋时并藏安师文家。安氏之后，不闻流传何处。《坐位帖》世有石本，而米氏临本尚在人间，余尝见之，正与此相类。然元章独称《坐位》者，盖尝屡见；而《祭侄》则闻而未睹，今《宝章录》可考。宜其亟称《坐位》，而不及此也。世论颜书，惟取其楷法遒劲，而米氏独称其行草为剧致。山谷亦云："奇伟秀拔，掩有魏、晋、唐以来风流气骨。回视欧、虞、褚、薛辈，皆为法度所窘；岂如鲁公萧然出于绳墨之外，而卒与之合哉！"盖亦取其行草也。况此二帖，皆一时稿草，未尝用意。故天真烂漫，出于寻常畦径之外。米氏所谓"忠义愤发，顿挫郁屈，意不在字"者也。聂君文蔚出以相示，俾为鉴定。后有陈深，陈绎曾二跋。深字子微，号宁极翁。宋季吴人。绎曾字伯敷,元吴兴人。二人并以字学知名。而跋语考订精审,余复何言。姑取黄、米之论,以备二帖折衷,亦补二陈之遗云。嘉靖四年,岁在乙酉冬十月廿又九日,长洲文徵明书。

按:徵明跋中云:"《坐位帖》世有石本,而米氏临本尚在人间,余尝见之,正与此相类。"所谓米氏临本,即文氏藏有半卷。见《集三十五卷本》卷二十一《跋家藏坐位帖》。此帖后人论述颇多,录两节于后。

《清河书画舫》:新都吴氏藏颜书《祭侄文》真迹,后有鲜于枢、张晏跋,而无《停云馆》刻陈深、陈绎曾、文徵明三跋。中间颜书神妙,其结构与石本微有不同。当亟购之,冀为三公解嘲。夫二陈与文,世所称博雅士也;乃称破罐为黄花,真赏之难如此。

《清仪阁题跋·颜鲁公祭侄文稿》:董思翁《容台集》:"鲁公《祭侄季明文》真迹,鲜于伯机所藏,在新都吴太学家。停云馆所刻,乃米临耳。予刻之《戏鸿堂帖》者是也。"《停云·祭侄》刻,浩放遒劲,不可掩抑,远胜《戏鸿》,惟快笔过多,未见鲁公郁崛真意。商山(指吴用卿)佳刻,往来胸中者垂三十年矣。嘉庆乙亥,始于澉水见《馀清》初本。庚辰岁暮,海盐从子质夫茂才复从上海购此见贻。沉着飞动,诡异郁勃,具见鲁公真面目真性情。回视《停云》石本,则襄阳笔意,处处呈露。方信华亭为书家董狐。而二陈与文,认羊为王,诚不免如青父所讥也。然二陈与文,若果见江村藏迹。(按:卷时藏高士奇处),则一真一临,当必审别论定。是则生数百年后,翻得见两妙刻,非吾辈之幸耶。

《明史》卷二百二《列传》:聂豹,字文蔚,吉安永丰人。正德十二年进士,除华亭知县。浚陂塘,民复业者三千馀户。嘉靖四年召拜御史巡按福建,出为苏州知府,忧归。

常熟吴寅改任襄阳,有送行诗。寅字敬夫,弘治八年举人。由武昌同知至河东都转运使同知。谨于所守,有名于时。忤御史被劾,解职还。贫至无以成行。

《文嘉钞本》卷十一《送吴敬夫改任襄阳》:襄阳别驾文章士,感慨曾闻赋《五开》(君有《五开赋》)。此去辞尊专为养(君九载当推守,以母老乞近,故仍二守),何人当路解怜才!习池试问山公迹,岘首重看叔子来。更有新恩宠行色,金绯烂漫照离杯。

光绪本《苏州府志》卷九十九《人物·常熟县》:吴寅,字敬夫。弘治乙卯举人。授武昌同知。巨盗残河、汴,官捕之急,入于鄂,民皆逃。寅调战守具,民以无恐。巨盗赵璲变形服匿境内,寅设计擒之,械致于京。再迁河东都转运使同知。凡为鹾使,多损誉;寅莅职谨,名特起。御史与寅不谐,加捃劾。寅亦奏辨,竟解职还。单车上道,至无以成行。

是月,有送户部主事洪珠出京诗。珠字玉方,莆田人。正德十六年进士。历官应天府尹。

《集三十五卷本》卷十一《送洪玉方》:才接鸾行喜有馀,又驱王事驾轺车。君频有役难为别,我老思家欲附书。道路风波方浩荡,岁寒冰雪定何如?此行国计从知重,四海民劳亦可虞。

有正书局本《沈文墨迹合璧·文徵明家书》:比自得南京寄来一信后,再无一书,家中消息,杳然不知。我在此大小俱各平安。此间各处灾异颇多,三边亦小惊。我归兴颇切,而当道方以格律锢人,谓非七十不得致仕,非病危不得请告。不知陶渊明、钱若水在今日,当得何罪,可发一笑也。所幸立法虽严,守法不固,数日来稍稍有引去者矣。绳武已得旨给假省亲。渠说在初六日行,远亦不出初十内也。兹因洪户部监兄之便,略此附信,馀待绳武归再报也。十一月朔,平安信付彭、嘉。

《明诗纪事》戊签卷十四:洪珠,字玉方,莆田人。正德辛巳进士,除户部主事。历官应天府尹。

又有诗送王同祖归省及赵丽卿还金陵。丽卿官御史。无锡安国北游来访,有送行诗。

《文嘉钞本》卷十一《王绳武编修奉诏归省》:几年定省旷亲帏,天际孤云日夜飞。游子自怜心独苦,君王能使愿无违。手中云锦双龙诰,膝下春风五色衣。兰省仙郎年少贵,多应不羡买臣归。　江南回望意漫漫,雨雪看君匹马寒。老去异乡亲戚好,长途风雪别离难。孤雪飞处心应切,驷马桥头墨未干。我亦倦游归不远,到家先与说平安。

又《送赵丽卿》:青骢款款旆悠悠,遥指孤云向石头。到日长安应在望,夕阳江上更登楼。　旅居邻近最多情,几度趋朝并马行。今日我留君却去,共谁长乐听钟声?　西风吹散马头尘,忍见南来白水津。不独别离伤远道,衰迟亦是要归人。清秋北雁尽南征,我独东归计未成。为语金陵文酒伴,年来白发满头生。

《锡山补志》:无锡安君桂坡东游齐鲁,北览燕幽,出抵居庸而还,诗以送之。人间岐路日纷纷,来往征衫集垢氛。漫仕不归方愧我,壮游无欲总输君。居庸立马千峰月,泰岳凭轩万壑云。去住江湖元自乐,肯将踪迹动皇文。

按:《文嘉钞本》卷十二有《赵丽卿侍御邀游冶城》诗。赵丽卿事行待考。

潘錍自吴中来访,因为其父叙补《大雨劝农图》。前是正德五年,吴中大水,叙课农得丰收,徵明制图以赠。后失去,因为补作,祝允明记。叙字崇礼,号半岩,居香山。博学好古,有义行。徵明曾为撰传。又绘《灌木寒泉》以赠,允明亦有题。

南京博物馆展出《文徵明劝农图卷》:正德五年,吴中大水。胥口潘半岩课童奴车斥,不厌劳剧。是岁,濒湖之田尽没,而潘氏独丰。余尝为作《大雨劝农图》,久而失之。及是其子和甫来京师,为余谈旧事,不觉十有六年矣。半岩□老,而余聪明已不逮前。漫补是图,亦聊用存一时故事耳。其是与否,不暇计也。嘉靖四年乙酉,衡山文徵明记。

《弇州山人四部稿》卷一百三十八《文徵仲劝农图祝希哲记》:文待诏作《劝农图》,潇洒冲玄,往往有意外色,是孟襄阳、韦苏州诗境。令田父览之,亦解忘风雨作劳。跋尾从《兰亭》《圣教》来。视暮年结法,小涉佻耳。祝京兆文,吾所不敢论。其书绝类褚河南,而老健过之,是平生最合作者。噫! 二百年无此笔矣。

巴蜀书社本《文徵明书潘半岩传》:潘半岩者,吴之香山人也。香山去郡一舍而近,其地介郭岩之间。又其人人涉世而不禄仕,有岩壑之资,不事远引,故自号半岩翁。乡之人重其德义不名,咸称半岩云。半岩名叙,字崇礼。其先吴兴人,宋季来吴,占籍香山。世隐约业农。吴俗侈居第,富厚之家,榱甍翚翼,园池连延,而于事先事神,往往苟简不及制。半岩度地于所居之东,为堂三楹,列奠四世神主于中,岁时秩祀,并遵司马氏、朱氏仪矩。尝岁大水,尽散其积粟千石,以界于乡人曰:"岁稔则以子本偿我。"明年大熟,民争先偿之,曰:"半岩实生我,我不敢负也。"其交友有道,弗为嚅嚅热,于文人学士尤能折节下之。半岩娶薛氏,生镖、镱,镱为国子生。

《木渎小志》:潘叙世居香山东麓,自号半岩。以行义著。祖怀德。始建宗祠,叙能承先志,遵朱子《家礼》以合族人。博学好古,仗义疏财。与都穆、文、祝诸公游。岁大水,叙尽出其粟千石贷乡人,曰:"明年有秋,幸相偿。"或难之,则曰:"是皆尝佃吾田者,年年吾食其力,凶则弃之,不忍也。"乡人感其德。明年,果子本俱偿。

《怀星堂集》卷五《题徵明写赠潘崇礼灌木寒泉大幅》:具区之水被三州,洞庭之树千万数。沈森浩漮天下奇,灌木寒流此何许?潘君抱朴山水人,日日策杖独行遍沧浪之滨。阳崖众目悦喧媚,忽逢阴壑如有神。禹锁老龙铁索绝,拏云怒雨出洞穴。木号水呼竹石裂,众蛇从之互盘结。蜕骨成削杂鳞鬣,飕留风叶枸株橄。急流抨撞石罅跃,珠跳汞走斗瀺灂。微茫上析河汉注,奔赴绕伯,若方丈脚。山鬼伏窥木客泣,欲据恐被山伯抶。仙老时下憩,濯足而晞发。招潘君兮,子来共千岁以一息。潘君归语衡山氏,仙之人兮,不可以久留,吾恐一往,与境俱失。宣州兔肩,毛劲如石,深醮金壶玄玉液。闭门夜半役鬼工,倏忽移来宵无迹。枝山谓潘君:张君高堂白粉壁。焚香日坐对,明月之夜风雨夕,仙伯谓我当来觅。携君卷图愿写照,障入怀袖,与君骑龙返无极。馀影终非世中物,谢绝宾客扃此室,门外有人勿与识。

《弇州山人四部稿》卷一百三十一《祝京兆卷》:图今在徐

氏，大可丈馀，徵仲生平得意笔。上有京兆书，作擘窠大字，怪伟动人。

有与陈沂同祭王韦文。韦以母老自河南提学副使乞归，擢南京太仆少卿。去年三月，妻张氏罹疫卒。四月，母亦卒。韦哭之恸，逾年，竟以槁卒。

《集三十五卷本》卷二十四《祭王钦佩文，与陈鲁南同祭》：呜呼钦佩！君遂止于斯耶！始君家食之时，交游数人，并以义气相得，以志业相高，以功名相激昂，盖不知古人何如也。数年以来，相继登庸，各以所能自见。而吾二人升朝最晚，于时君方秉宪外台，领中州斯文之寄。顾以母老念归，飘然解任。朝廷惜君之去，稍进卿阶，畀领太仆。虽以展君之才，实以便君之养也。岂其朝命甫下，而太夫人顾已辞堂，惟君顾复情深，毁裂为甚。某等方为君忧，而君果以是致疾。自去秋抵今，数月之间，传闻之言，日甚一日。孱弱之躯，加之至性深切，势必难任，所冀吉人多福，天必相之，讵意竟此长逝耶！君之先公，辣斋先生，一代伟人，龃龉于时，不究厥用，天下有遗望焉。盖方有待于君，而君又以盛年硕望，厌弃明时，天意果何所属也。母丧在殡，妻亦去室，孤子茕茕，一室悬罄。君盖有不可死者，而卒死之。呜呼天乎！何其酷耶！

《息园存稿》文五《王太安人吴氏墓志铭》：嘉靖甲申，吴楚大疫，人多死者，乃吾友王钦佩氏横罹其厄；初，三月，内君张卒，钦佩丧之哀，乃病。太安人忧甚，遂亦病，四月二日竟卒。子一，即钦佩。举进士，以修正表见当世。历官河南提学按察副使，请养。太安人既殁，擢南京太仆少卿，逾年亦卒。

又《南原王先生传》：以吴太安人老，不能迎养，遂乞致仕。

值忧,擢太仆少卿,卒于家。

与吴南谈及归计,有诗及画。南字明方,吴愈次子。以能书官内阁中书。

《神州大观续编·文衡山吴中山水》:两年尘土客燕京,梦里青山故故青。一夕灯前乡思发,归心先到望湖亭。夜坐,偶与明方谈及归计,赋赠如此。徵明。

《集三十五卷本》卷三十《吴公墓志铭》:生子四人:长东,浦江县丞。次南,国子生。

《佩文斋书画谱》卷四十三《书家传·吴南》:吴南,号方塘,昆山人。世宗时,中书中格,官鸿胪,左降江西建昌府幕官。

《吴梅村先生年谱》:曾祖南,字明方,号方塘。赐内阁中书。后官鸿胪寺序班。以使事过家,为御史所论,谪江西建昌府幕官。

腊日赐宴,翰林斋宿等皆有诗。

《集三十五卷本》卷十《腊日赐宴》:绮筵错落映朱旗,百辟承恩宴赤墀。荐腊尚存周典礼,赐脯聊举汉官仪。中厨次第催传炙,列坐雍容各覆卮。潦倒不惭书猎事,殷勤还赋《伐檀》诗。

又《翰林斋宿》:春星烂漫烛微垣,独拥青绫向夜阑。宫漏隔花银箭永,莲灯垂烬玉堂寒。坐聆宵柝霜围屋,想见郊禋月满坛。铃索无风尘土远,始知仙署逼金銮。

按:《集三十五卷本》中卷十卷十一两卷,乃入京至出京之作,原未注岁月。明年致仕出京,冰冻潞河客寓,有《腊日与才伯小酌,追怀去腊午门赐燕》诗,两诗姑系于此。

《姜斋诗话》:有大景,有小景,有大景中小景。"柳叶开时任好风"，"花覆千官淑景移"及"风正一帆悬""青霭入看无"，皆以小景传大景之神。若"江流天地外，山色有无中"，"江山如有待，花柳更无私"，张皇使大，反令落拓不亲。宋人所喜偏在此而不在彼。近唯文徵仲《斋宿》诸诗，能解此妙。

《明书》卷五十七《礼仪志二·宴礼·大宴礼》：凡大宴于皇极殿。……设群臣四品及应在殿内与特恩赐殿内座于东西，设群臣酒尊食卓于殿外，设五品以下位桌于东西两廊。凡坐位及论品外，其翰林院修撰等官，给事中御史，凡近侍风宪者，列丹陛下之东西稍北。　凡宴期：如庆成、正旦、冬至、万寿圣节、落成、皇太后寿诞、东宫千秋、立春、元宵、四月八、端阳、重阳、腊八、纂修、大臣考满、进士恩荣、武举会试。　免宴则赐钱及钞锭。

是年，归思甚浓，多怀归之作。有"一行作吏违心事，千载《移文》愧草堂""谁令抛却幽居乐，掉鞅来穿虎豹场"之句。盖颇以出仕为非计。

点石斋本《文徵明怀归出京诗六十四首·次韵师陈怀归》：南望吴门是故乡，兴怀山泽意偏伤。一行作吏违心事，千载《移文》愧草堂。桂树已浮沧海月，橘苞初熟洞庭霜。尺书不至风烟暮，安得翩然下大荒。共二首，录一首。

又《秋夜不寐枕上口占五首》：中夜无眠思故乡，梦成刚在玉兰堂。深泥不恨无行辙，新水还堪着野航。草色帘栊春雨足，绿阴门巷午风凉。谁令抛却幽居乐，掉鞅来穿虎豹场。共五首，录一首。

时诏徵名医子孙之尝有仕籍者，婿王曰都应诏，试礼部，授太医院医士。

《陆尚宝遗文·王子美墓志铭》：光庵瑰节独行，焯焯绝人，而独精于医，故子孙多以医鸣者。若聩斋先生敏，款鹤先生观，父子名重当世。而聩斋，君之曾祖也，君不及事；及事从祖款鹤翁，从受《素》《难》诸书，及先世禁方诊籍治状。在王氏群从中，号能承其家学。会有诏徵名医子孙之尝有仕籍者，君故医士节孙也，又负其能，缘是应诏求自效。既试，中礼部，充太医院医士。时妇父待诏文公在翰林，从父文选王公在吏部。（按：王穀祥中进士在后嘉靖八年），二公交往皆天下名卿贤大夫；君周还延接，或绍介之。诸公多折辈行与交，而君终不肯出一语有所干请，觊梯媒以进。

有正书局本《沈文墨迹合璧·文徵明家书》：曰都事在此行勘，想亦可成，然亦甚难也。

项元汴生。

《历代名人年谱》：嘉靖四年乙酉，项子京元汴生。

嘉靖五年丙戌（1526）五十七岁

居官三年，考满，当赴吏部，而逡巡不往。再上疏乞归，又不报。

《弇州山人四部稿》卷八十三《文先生传》：又一年，当考满，先生逡巡弗肯往。再上疏乞归，又不报。

《泰泉集》卷五十四《衡山文公墓志铭》：又一年，考满，例磨勘；马考功理劝诣部，当得恩泽，君不肯往。或劝暂且告病，笑而不答。

《翰林记》卷五《考满》：本院官凡历俸连闰计三年，例给由考满。六年、九年皆然。先具脚色、事迹及过名有无，呈掌印官以凭考核。乃往吏部相见。六品以下，循廊至堂上，送迎待以殊礼。

题《春塘咏别卷》送陆钶返安庆任。钶弟铨、钺时均在京。钶字容之，鄞县人。正德九年进士。时官安庆知府，终都御史，所至皆有表树。铨字选之，时官刑部主事，钺字举之，时官翰林编修。

《文嘉钞本》卷十一《题春塘咏别卷送安庆陆容之还任，时容之会其二弟选之比部、举之编修于京师》诗，七言排律，略。

康熙本《鄞县志》卷十六《品行考五·列传·明三》：陆钶，字容之，号石楼。正德甲戌进士，授南京车驾主事，升安庆知府。自逆濠之变，毒于兵燹。钶至，务以安静拊循，尤加意学校。已而升贵州按察副使。历升广西按察使，江西、福建左右布政使，所至皆有表树。升巡抚保定都御史，禁侈靡，清侵冒，镇抚属裔，饬固城守，咸经制远图。会世宗南巡，钶仓卒区划，百务立办。独中贵与都护辈索赂不应，遂犯众怒。而御史胡守中希风以中，因落职归。铨字选之，号石溪，嘉靖癸未以《易》魁春闱，授刑部主事，改兵部武选。钺字举之，号少石。正德辛巳廷对擢甲科第二，授翰林编修。益锐志问学，尤砥砺名节。大礼议起，与兄铨偕廷臣伏阙诤之，俱廷杖下诏狱。后预修武皇实录成，进修撰。

有古诗送于鳌致仕还滁。

《集三十五卷本》卷十一《送于器之廉宪还滁》：东风吹尽燕台雪，潞水垂杨已堪折。自笑人生得几时？三年两度都门别。都门日日有行人，我独与君情最亲。向来宦辙苦南北，去此况是江湖身。君向江湖我尘土,从此云山益修阻。岂惟去住隔云泥,本自疆封限吴楚。忆得滁阳始相见,绀发垂云俱弱冠。四十年来转首空,升沉异势容颜变。不独容颜改旧时,世情翻覆浮云移。江湖风多足涛浪,道路天险藏嵌巇。君能不易平生志,岂识人间有机事。不将妩媚猎时名,更树风声招物忌。践扬中外垂廿年,空囊羸马意萧然。昂藏不受时人识,骯髒徒为知己怜。知己怜君君不恨,浙水东西有公论。但须俯仰面无惭,未怕伶俜身独困。平生颇厌乞墦徒,昏夜哀怜正堪悯。若教游宦损初心,相去中间不能寸。此志悠悠我独知,青山不负当年期。幽谷云深每独往,琅琊月出咏归迟。醉翁亭下泉堪酿,君去归兮我惆怅。四时朝暮古人情,同负幽怀不同赏。

送吴一鹏奉诏展墓诗。时一鹏以礼部左侍郎兼翰林院学士,知制诰,《武宗实录》副总裁。《实录》成,升礼部尚书。

《文嘉钞本》卷十一《送吴阁学奉诏展墓》诗,七律,略。

《集三十五卷本》卷三十二《太子少保南京吏部尚书赠太子太保谥文端吴公墓志铭》:先是,逆瑾用事,朝士往往屈节自容,公与同官独亢礼不下,瑾嗛之。会进书延赏,遂矫诏以更练为名,尽出诸编纂官为曹郎。公在刑曹逾年,升南京礼部郎中。瑾诛召还,复入翰林为侍讲,兼经筵如故;寻升侍讲学士。癸酉,出为南京祭酒。乙亥升南京太常卿。嘉靖改元壬午,召为吏部右侍郎,进左侍郎。奉诏使安乐,恭题献皇帝神主,奉迎还京,赐白金文绮,进兼翰林院学士,掌詹事府事,知制诰,修《武宗实录》,充副总裁。《实录》成,赐白金文绮,升礼部尚书,兼官如故。是岁,谒告省墓。

袁袠、华察、杨仪、陆粲、王守等举进士。察字子潜,号

鸿山，无锡人。有才名。累官侍读学士，掌南京翰林院。仪字梦羽，常熟人。官至山东副使，以廉能称。家富藏书，构万卷楼。性简亢，为世所重。粲字子馀，一字浚明，长洲人。劲挺敢言。尝读书贞山，学者称曰贞山先生。

《明史》卷二百八十七《文苑》三：袁袠，字永之。七岁能诗。举嘉靖五年进士，改庶吉士。张璁恶之，出为刑部主事，累迁广西提学佥事。两广自韩雍后，监司谒督府，率庭跪，袠独长揖。无何，谢病归。

《集三十五卷本》卷三十三《广西提学佥事袁君墓志铭》：嘉靖乙酉，遂以第一人荐；试礼部，亦在高等。一时声名，倾动京邑。入对大廷，摛衍扬绎，上下数千言，出入经史，词旨宏达。时权臣方为学士，得君卷，奇之，执欲冠多士。在廷诸公恶其揽权，故抑置二甲第一人。及启封，见君名，乃悔不用其言。而权臣则喜于得君，他日诣君，叙致本末，自谓君知己。而君不对亦不谢。权臣大慭，衔之，然无以发也。未几，入内阁用事，而君方为翰林庶吉士。因上言"诸庶吉士跅弛靡薄，不宜在禁近"，悉罢为庶僚。怒犹未已，乃起兵部火灾之狱，将甘心焉。时君武选主事，火时君当徼巡，在法为失警。乃掠立文致，劾君纵火为奸利，必欲杀之，锻炼数月，无所得，编戍湖之卫。会赦免归。权臣死，稍起为南京武选主事，历职方员外郎，晋擢广西提学佥事。

《列朝诗集》丁集《华读学察》：察字子潜，无锡人。嘉靖丙戌进士，与吴人陆粲、袁袠、屠应埈同馆，并有才名。选庶吉士，当轴者不悦，出为户部主事，进车驾郎中。再召入，为修撰，选侍读学士,掌南院。以给事御史论罢。家本素封,罢官里居,修其业而息之。田园第宅,甲于江左。食不三豆,室无侍媵,其俭约韦布如也。诗名《岩居稿》。

按:《华氏本书》:华鸿山以弘治丁巳季夏之六日生。时年三十岁。徵明于致仕后,有与华世祯手柬云:"南还未及奉面,顾承佳赐,足感□忘盛情。使还,草草奉覆。昨承鸿山惠问,相见幸道谢。徵明肃拜,善卿契家。"但尚未发现诗文往还。

康熙本《常熟县志》卷二十《人物·文苑》:杨仪,字梦羽。嘉靖五年登进士,授工部主事,转礼、兵二部郎中,休声籍甚。夏文愍公雅重之,谘以谋议。太常乐典废缺,命仪考订,纂成《乐书》。为同事所格,时论惜之。秩满,升山东按察司副使,备兵霸州;文愍以词饯之,有"可惜文儒,却使提兵盗贼区"之句。仪念用违其材,遂移疾归。惟以读书著述为事。构万卷楼,多聚宋元旧本,名人墨迹,鼎彝古器之属,江左推为博雅。性高亢,傲视一世,为时所嫉。同邑钱某构祸,家资荡然,仪遂忿悒卒。外孙云间莫是龙,能读外家书,尽所贮以归。

《明史》卷二百六《列传》:陆粲,字子馀,长洲人。少谒同里王鏊,鏊异之曰:"此子必以文名天下。"嘉靖五年成进士,选庶吉士,七试皆第一。张璁、桂萼尽出庶吉士为部曹、县令,粲以才独得工科给事中,劲挺敢言。疏劾璁、萼等,帝大感悟,立下诏暴璁、萼罪状,罢其相。而以粲不早发,下之吏。既而帝纳霍韬言,召璁还。谪粲贵州都匀驿丞。稍迁永新知县。久之,以念母乞归。母殁,毁甚,未终丧而卒。

《明书》卷一百八《忠节传·陆粲传》:陆粲,字子馀,一字浚明,长洲人。为人疏眉目,美髭长尺,骨棱起。聪慧,目数行下。尝读书贞山，后学者称曰贞山先生。长洲陆粲盛倾邑。族人完，尝领太宰大司马，重于天下；粲守诸生，绝不附依。及完败，而独粲齮然。……当其论纠璁、萼时，尝詈及严嵩。嵩贵，用事重于二人，其修隙又倍之，以故卒不出。所著有《春秋镈附注》《胡传释》《烟霞山房文集》《庚巳编》《见闻随笔》《钩元抉秘》《礼记》《史记》注释行于世。

乾隆本《苏州府志》卷三十七《选举》：嘉靖五年丙戌龚用卿榜吴袁裘　王守。长洲陆粲　常熟杨仪。

时苏州知府胡缵宗在京，与徵明、王守、袁裘等时相酬唱。

《鸟鼠山人集·衡山、涵峰、胥台见过次韵为谢》：万竹翛翛净扫埃，瀛洲仙子抱琴来。不知坐久云生砌，况是鸟鸣花覆苔。

又《衡山、古溪诸君子复惠以诗次韵再答》：帝城凉雨落氛埃，海上青山云去来。时有奚囊随鹤至，不妨开径破苍苔。

按：胡缵宗与徵明等唱和诗，未注明年月。味诗意是在京师所作。考缵宗以嘉靖二年官苏州知府，六年秋擢山东左参政。袁裘、王守本年举进士在京，则倡和事必在本年。古溪姓名事行尚未考知，徵明有致古溪驾部一札，托其觅住屋所作。

撰《送陆世明教谕青田叙》。时陆南以乙榜得青田教谕，卒于任。

《集三十五卷本》卷十七《送陆君世明教谕青田叙》：吾友陆君世明，以乡贡士试礼部，得乙榜，授青田教谕。……自弘治乙卯至正德己卯，凡九试，始得举于乡。及试礼部，又斥不售。自正德庚辰至嘉靖丙戌，凡三试，始得乙榜。

《花当阁丛谈·陆海观》:其号海观也,壮年缘梦而得。晚而分教青田。廨后有门,扃鐍久矣,相传不利于开;南至,必欲开,既破门入,则有小石牌,颠卧丛菁中,拂视之,则"海观"二字也。居数日,得疾卒。

有送王凤灵出守襄阳诗。凤灵字应时,莆田人。正德十二年进士,官至广西参政。以直言激论见忌,罢归。

《文嘉钞本》卷十一《王应时出守襄阳》诗,七律,略。

《明诗纪事》戊签卷十三:王凤灵,字应时,莆田人。正德丁丑进士,授刑部主事历郎中,出为襄阳知府。历官广西参政。有《笔峰存稿》。

《中国文学家大辞典》:王凤灵……为刑曹时,曾疏论宦官张锐、都督钱安及给事中陈光显罪,言甚切实,朝议不能夺。守淮时,救灾疏六十上。后竟以激论见忌,罢归。死于倭寇之难。

梁鸣鹏卒业南雍,有诗送之。鸣鹏字九万,昆山人。嘉靖间贡生。

《文嘉钞本》卷十一《送梁九万卒业南雍》诗,七律,略。

乾隆本《苏州府志》卷三十九《选举四·贡生》:昆山嘉靖间　梁鸣鹏九万

杨一清再入阁,五月至京师,止都门外。倾朝往见,徵明不往。及会,一清谓曰:"与汝父为友,何相见之晚耶?"徵明曰:"自先君之殁,有一字见及者,不敢忘;故不知相公友先君也。"一清为惭谢。

《泰泉集》卷五十四《衡山文公墓志铭》:杨邃庵一清起用,至京师,止都门外,倾朝往见。公独不往,曰:"尚未面君,吾何往焉。"及会,谓曰:"余,汝父同年相好,何相见之晚也?"公曰:

"生非敢后。自先君之殁，有一字见及者，未尝不答。"杨曰："此则余之罪也。"闻者为之缩舌。

按：《明书》卷一百五十一《艺术传》：杨廷和以召人，徵明见独后。廷和亟谓曰："生不知而父之与我友耶？而后见我？"考杨廷和以议礼不合，削职为民。《明书》误。

又按：《文温州集》卷一《京口公馆柬杨应宁》："清明寂依旧，旅馆正思君。春色计半去，江声来独闻。畏寒犹宿火，移坐盼斜曛。咫尺暌离地，悠悠隔暮云。"是一清与文林既是同年，且曾有诗唱酬。正德十五年，安国曾索徵明诗寿一清。或自文林殁后，一清绝无书札与通，故为"惭谢"。

五月十九日，妻父吴愈卒于家，年八十四。为撰墓志铭并书。

拓本《明故嘉议大夫河南等处承宣布政司右参政吴公墓志铭》：五年丙戌五月十又九日终于家，年八十有四。葬以卒之又明年戊子十二月甲申，墓在邑东积善乡兴仁里。婿翰林院待诏将仕佐郎兼修国史雁门文徵明著。长洲章简甫刻。

是时，徵明书法渐尚整齐，舍宋、元而上窥晋、唐。楷书仿欧阳询。评者谓其力趋劲健，而板滞未化。其后渐趋圆润，清丽古雅，神韵蕴藉，称合作矣。

《集三十五卷本》附文嘉《先君行略》：始亦规模宋元之撰，既悟笔意，遂悉弃去，专法晋唐。其小楷虽自《黄庭》《乐毅》中来，而温纯精绝，虞褚而下弗论也。

《书诀》：五十之后，因书诰敕，颇兼时体，渐尚整齐。然八法完具，大革沈□之习。盖亦因猎校而整祭器者。

《品三吴书》：吴中草书，当以祝京兆为第一，然略少风骨耳。文太史、陆尚宝则楷书胜。太史如《文赋》小楷，尤精绝可爱。

《五杂组》卷七：文徵仲得笔法于巎子山，而参以松雪，亦时为黄、米两家书，然皆非此公当行。惟小楷正书，即山阴在世，亦当虚高足一席。

又：古无真正楷书，即钟王所传《季直表》《乐毅论》皆带行笔。泊唐《九成宫·多宝塔》等碑，始字画谨严，而偏肥偏瘦之病，犹然不免。至国朝文徵仲先生，始极意结构，疏密匀称，位置适宜，如八面观音，色相具足，于书苑中亦盖代之一人也。

又：詹孟举书虽俗，而端重遒劲，盖亦渊源于欧虞，而稍变之，非姜立纲可望也。评孟举书者，谓兼欧虞颜柳之法，而有冠冕佩玉之风。然冠冕则有之矣，法度未易言也。真楷书者，如文徵仲斯可矣。

《西园题跋·题京兆真迹卷》：人不可无年，不惟文章，即临池家，年亦不可少也。近代如文太史徵仲、祝京兆希哲二公，余数见其真迹；徵仲虽年已耳顺，书学尚未精工，结体时有出入。六十以往，稍稍合作。八十九十，始觉从心。若希哲行楷自吴匏庵，草书自徐武功，中年乃皈命宋仲珩，晚岁始窥山谷。师法原自不古。及宦拙无聊，乃精心刻画。幸才质过人，能令见者惊愕，而工力尚浅，终不如徵仲之精纯也。

《游鹤堂墨薮》：国朝书家，自京兆而后，当推徵仲擅代。楷法出之右军，圆劲古淡，雅不落宋齐蹊径，法韵两胜人也。

《珊网一隅》：小楷书，极不易工。晋惟右军父子，唐惟虞、褚、钟绍京，宋代无人，元则赵松雪、俞紫芝，明则文衡山、薛明益，国朝则林吉人、张得天、梁山舟，可称专门。俞、薛结体虽工,未能摆脱习气。

《评书帖》:衡山小楷,初年学欧,力趋劲健,而板滞未化。

《承晋斋积闻录·古今法帖论》:文衡山书《吴公墓志》,方整遒劲,力追唐人。晚年始一意永师,求之圆润,而神韵蕴藉矣。

《初月楼论书随笔》:董华亭云:"今人眼目,为吴兴所障遮。"盖胜国时,万历以前书家如祝希哲、文徵仲之徒,皆是吴兴入室弟子。徵仲晚年学山谷,便一步不敢移动,正苦被吴兴笼罩耳。昔之学赵者,无过祝希哲、文徵仲。希哲根柢在河南、北海二家,徵仲根柢在欧阳、渤海。此如学六朝骈俪文,须先读得《汉书》也。

六月,《献皇帝实录》成,当迁官。或言宜谒当道,竟不往。

《集三十五卷本》附文嘉《先君行略》:既而与修《实录》成,当迁官。或言宜先谒见当道,公竟不往,官亦不迁,惟赐银币而已,公亦无所愠也。

《明书》卷十三《世宗肃皇帝本纪》:五年丙戌,六月,《献皇帝实录》成。

秋,有次韵卢襄、陆冕等怀归之作。又有《九日迎恩寺怀归》《愧故知》《病中有怀吴中诸寺》《秋日待漏有感》等诗。盖自官京师,归思未尝稍释,至是而益切。冕字子端,昆山人。嘉靖二年进士,授礼部主事。终山西副使。严毅谨重,致仕后杜门读书。卒后,囊无馀蓄。

点石斋本《文徵明怀归出京诗六十四首·次韵陆子端祠

部怀归四首》：关朔沙尘日夜飞，壮心摧落宦情微。镜中白雪难藏老，梦里青山不是归！旅食蹉跎年欲尽，尺书迢递雁来稀。丘园耕读平生计，一念差池万事非。录一首，馀略。

又《与师陈夜话因怀乡土师陈有诗次韵》诗，七律，略。

有正书局本《文徵明书怀归诗墨迹·九日迎恩寺怀归》：家在江南胡不归？蓟门三见塞鸿飞。满头白发羞吹帽，四野清砧忆授衣。愁里漫逢佳节至，樽前殊觉故人稀。夕阳万里烟波阔，莫自携壶上翠微。

又《愧故知》：故国梅花雪满枝，谁教旅食在京师？烟绵衰草萦愁绪，尘染秋风入鬓丝。之武无能今更老，穰侯见事本来迟。欲归无计留无益，回首青山愧故知。

又《病中有怀吴中诸寺》：东城古寺万枝梅，一岁看花得几回。竹径三年无我迹，松门此日为谁开？只应坏壁馀诗草，生怕荒碑蚀雨苔。凭仗山僧悬木榻，长安倦客且归来。右竹堂寺明无尽　共七首，录一首。

又《秋日早朝待漏有感》：钟鼓殷殷曙色分，紫云楼阁尚氤氲。常年待漏承明署，何日挂冠神武门？林壑秋清猿鹤怨，田园岁晚菊松存。若为久索长安米，白发青山忝圣恩。

乾隆本《昆山新阳合志》卷二十三《卓行》：陆冕，字子端，号体斋。家贫力学，登嘉靖癸未进士。授礼部主事，历员外郎，升浙江佥事，转山西参议，寻升副使。质性严毅谨重，非义不取予。年五十馀即致仕。杜门谢客，手不释卷。病卒，囊无馀蓄，乡人咸称重之。

撰《送周君天保知来安序》。天保名祚，浙江山阴人。正德十六年进士。为政忠恕，号称平理。

《集三十五卷本》卷十七《送周君天保知来安序》：山阴周君天保，以辛巳进士知兖之东阿。期年，而县大治。当道者才之，谓县小不足为也，移知应天之溧阳。未上，以忧去。服阕，改授滁之来安。

康熙本《滁州志》卷二十一《来安名宦》：周祚，字天保，浙江山阴人。进士。嘉靖五年任知县。志向不群，殚心遵职。其为政忠恕，简而不疏，宽而有制。无事改革，而政多修。举当其时，民安畎亩，号称平理。暇日，辄进诸生，教以为文大旨，使将陈言务去。士聪敏能解晤者，翕然不变。徵拜兵科给事中。

卢襄奉使紫荆关，苏恩巡按广东，陆冕奉使山东，徵明皆有诗送之。恩字从仁，松江华亭人。正德三年进士。由秀水知县召为御史，出按四川，引疾归。时复起按广东。所至厉风节，寻罢去，岭民怀之。

《集三十五卷本》卷十一《送卢师陈奉使紫荆关》诗，五古，略。

《文嘉钞本》卷十一《送苏从仁巡按广东》：使君雅志在澄清，绣府初为岭外行。何处豺狼更当道，自家骢马有先声。东来雨洗千山瘴，海上霜飞百粤城。想见罗浮山半月，照人冉冉在双旌。

又《陆子端奉使山东》：西风吹雨净尘沙，东去星辰动使槎。六郡江山光玉节，一时咨度属皇华。壮游未用伤行役，便道何妨且过家。三载同朝俄别去，争教人不念天涯。

光绪本《华亭县志》卷十四《人物》：苏恩，字从仁，号一斋。正德三年进士，知秀州县。邑多豪右，有犯即绳以法。召为御史，益励风节。疏劾钱宁、江彬恃宠骄纵，不纳，因乞归。阉党诛，复原官。出按四川，有大姓占民田，夺而还之，黥其奴。同年友为属吏，通苞苴，恩尽发其事。怨家谋下石，遽引疾归。后复起巡按广东，抑权豪，革和买。以岁编驿传，首事者最苦，定随粮带征法，民称便。檄修省郡志，垂成，以事罢去，岭民怀之。**有诗送胡侍罢归咸宁。侍谪潞州同知，为宗室所谮，下诏狱，除名为民。**

《文嘉钞本》卷十一《送胡承之罢官归咸宁》：燕朔秋气凉，风吹沙日黄。浮云倏变灭，旅雁西南翔。客行不得淹，引辙遵前冈。依依去皇邑，历历返旧疆。白首愿有携，追送不得将。相将亦何为？永念失圭璋。岂无执手欢？伊人独刚肠。雅言饰清庙，高论持彝章。矫矫一角麟，翩然孤凤凰。世事不可期，忽在天一方。上党古黎城，副车走遑遑。敛板揖上佐，轨事肃官常。英英岩廊姿，侃侃司牧良。时情讳直躬，焉往不得伤！终然困逸构，毁裂谢朝行。古贤卑瓦全，玉毁有馀光。丈夫志远道，杰士贵流芳。苟时猎华轩，电露奚足臧！终南何崔嵬，渭水流汤汤。尚书有先庐，松菊犹未荒。归耕力有馀，扫轨事缣缃。诗书可遣忧，山水足徜徉，子真矜谷口，豹林郁苍苍。去矣希昔人，千载永相望。

《明史》卷一百九十一《列传》：胡侍……谪潞州同知，沈府宗室勋注以事憾之，奏侍试诸生题讥刺，且谤"大礼"。逮至京，讯斥为民。

《列朝诗集》丙签《胡判官侍》：乙酉下诏狱，除名为民。戊戌，有诏追复。承之初以不附濮议，谪官。厥后下狱，不知所坐。

张璁既用议礼骤贵，讽徵明主之，徵明辞。至是，杨一

清与璁谋，欲迁徵明官。徵明于八月二十日上疏乞归，廿六日又上疏，九月初二日再上疏，始得致仕。

《弇州山人四部稿》卷八十三《文先生传》：亚相张公者，温州公所取士也。用议礼骤贵，讽先生主之，先生辞。而上相杨公以召入，先生见独后。杨公亟谓曰："生不知而父之与我友耶？而后见我。"先生毅然曰："先君子弃不肖三十馀年，而以一字及者，不肖弗敢忘也。故不知相君之与先君子友也。"竟立弗肯谢。杨公怅然久之，曰："老悖甚愧见生，幸宽我！"至是杨公与张公谋，欲迁先生；而先生逾迫欲归，至三上疏，得致仕。

《明史拟稿》卷四《文苑传》：文徵明……相璁，温州门下士，用议礼骤贵，讽徵明同事，辞焉。首相杨一清召入，谓徵明故人子，见独后。二人者，谋迁徵明官，实逐之也。徵明遂决计引去。

按：徵明官仅初阶，张、杨两人逐之，奚为？尤氏所云，实非。

《中国古代书画图目》十六《文徵明文嘉行书杂书册》：《乞休致三疏》：翰林院待诏臣文徵明谨奏：为乞恩休致事。臣原籍直隶苏州府长洲县人，由岁贡生嘉靖二年闰四月初六日钦除前职。嘉靖三年六月内因跌伤右臂，延至次年二月内不得痊可，当即具本奏乞致仕，吏部不为复奏。彼时诚恐鳏旷官职，只得扶病随朝。及今一年有馀，前病愈深；加以旧患痰眩等症，不时举发，两足麻痹，不能行立；目睛昏眊，视物不明。缘臣今年五十七岁，血气既衰，不能复旧，转展沉绵，已成痼疾。切见近年，太仆寺寺丞姚永、太常寺典簿钱贵及近日南京户部郎中邵镗，俱年未及六十，亦久病不能供职，俱准回籍致仕。如蒙乞敕吏部照依邵镗等事例,将臣放归田里,容令致仕终身,臣不胜激切感恩之至。谨具本令义男文富抱赍谨具奏闻。八月二十日。

翰林院待诏臣文徵明谨奏:为再乞天恩,恳求休致事。……如蒙乞敕吏部查照先今事理,将臣放归田里,俾得尽其馀年,臣无任激切感恩之至。……八月廿六日。

具官文徵明谨奏:为三乞天恩,恳求休致事。……如蒙乞敕吏部,查照先今事理,准令致仕,俾臣生还乡里。凡臣未死馀年,悉出陛下再生之赐也,臣无任激切感恩之至。为此再令本义男文富抱赍,谨具奏闻。九月初二日。

有送陆釴返鄞省亲诗。

《文嘉钞本》卷十一《送陆举之》:三载追随供奉班,方舟千里又同还。君行问寝辞青琐,我已焚鱼住碧山。尘土自怜羸马倦,江湖莫羡白鸥闲。匆匆手袂何须恋?刬曲吴淞一水间。

十月十日出京,有《致仕出京》及《口占谢诸送客》诗。黄佐次韵《致仕》诗。

《文氏五家集》卷六《太史诗集·丙戌十月十日致仕出京二首》:独驱羸马出枫宸,回首长安万斛尘。白发岂堪供世事,青山自古有闲人。荒馀三径犹存菊,兴落扁舟不为莼。老得一官常卧病,可能勋业上麒麟。 白发萧疏老秘书,倦游零落病相如。三年漫索长安米,一日归乘下泽车。坐对西山朝气爽,梦回东壁夜窗虚。玉兰堂下秋风早,幽竹黄华不负余。

《集三十五卷本》卷十一《马上口占谢诸送客十首》:解却朝衫别帝州,一竿烟水五湖舟。故人莫作登仙看,老病无能自合休。 浮云世事两悠悠,一出都门百念休。独有怀人情不

极,双沟南畔数回头。（录二首,馀略）

《泰泉集》卷十二《文衡山致仕言归次韵二首》:十月轩车出紫宸,三年京洛谢缁尘。北河冰雪偏留客,南国江山久待人。石室有书曾汗简,扁舟无日不思莼。此身直在云罗外,谁向中原惜凤麟。　金銮早上乞休书,疏传当时恐未如。万里青冥双倦翼,百年黄发几悬车? 阊门日暖繁杨柳,震泽春深足鲤鱼。知尔登临诗不废,停云回首渺思予。

黄佐、徐缙、马汝骥、陆粲、袁袠、姚涞、顾梦圭等皆有赠行之作。涞字维东,号明山,慈溪人。嘉靖二年状元。累官侍读学士。居官屡有建白。人以公辅期之,以疾卒。

《翰林记》卷十九《例赠》:本院官凡奉使、给假、侍亲、养疾、致仕、迁官、贺寿暨之任南京,馆阁中推一人相厚者为序,馀皆赋诗赠之,谓之例赠。

《泰泉集》卷三十五《送文待诏归姑苏序》:嘉靖五年秋九月,翰林院待诏文君徵仲致仕,佐从史官后,大书其事以赠之曰:国家之制,诸司上下维系,分严而事劳。惟翰林列在法从,秩无尊卑,皆得相宾友。其职务不出乎道德文学之外。虽若闲散,而人诧为华乐居之。始君充贡至京师,业为巡抚大臣所荐,与故元老刘文肃公姓名同上。天子知君贤,擢待诏。待诏官虽初命,然在祖宗朝,则有若朱公善、解公缙,稍迁即为学士。正德中潘公辰犹至奉常卿。故事:非博雅修洁之士不轻授。君起诸生,一旦居玉堂之署,与馆阁儒硕雁行立。其遭逢可谓奇,而人之不惜其晚者。乃居常有归志,曰:"吾雅求仕,非薄芬华而逃之也;又非务玄邈以为高也。顾年未六十,而步履向衰,义不可留耳。语曰：'翡翠之羽，不巢于燕；服旃裘者，不适粤，'何则？意有所适，性有所便故也。"供奉甫二年，辄引疾求去。疏下吏部，寝不行。强起就列。又一年，满考，例磨勘，当得恩泽。君不肯往，复上疏乞骸骨，至于再，至于三，语益悲切。吏部始以闻，于是诏从其请云。夫古之君子之仕也，进惟顾礼，退惟顾义，故进不颠而退不辱。后世之仕者则不然，其进也苟禄慕权，甘与齿终；其退也，非引籍校年命之去，则离罪咎者也。今簿书小吏，日仆仆风尘中，视升斗禄若躯命然，不中舍乃掩其衰老，以企万有一不虞之迁者，皆是也。有贵于此者矣，然其情状，犹夫是也。吾闻之，驭臣主恩，守官主义；义有弗度，然后恩礼衰绝，无足怪者。苟能审进退而不湛身徇禄，斯天下斐然乡风矣！向使君待年循资，厚禄高位，固可翘足得也，夫谁议之？而坚不少留，嗟乎！君诚贤于人远矣。

《徐文敏公集》卷四《送翰林待诏文君致仕还吴序》：文君徵仲待诏之三年，三上疏乞归，皇上始允其请。朝之搢绅，无不高其义而惜其去者。多作歌诗以侈之。余与君居同乡，仕同官，交久最深，不能无言。……

《西玄集》卷十《送文内翰致仕归吴九首》：幽人心性本玄微，偶被簪缨入琐闱。江北不随丹橘变，天南又伴赤松归。辋川摩诘丹青外，珠寺羲之翰墨馀。此日风流知不减，田园归去赋何如！　木兰堂上旧题诗，不道春风杨柳枝。此去重歌《招隐曲》，扁舟何处问鸱夷？（馀略。）

《陆子馀集》卷八《送待诏文徵仲先生致仕》：文星南指斗牛遥，先生拂袖归江皋。平原苍茫晨车发，霜天突兀玄云高。忆昨先生登玉堂，千钧笔力开混茫。手翻翠虹霓，翰飞赤凤凰；

阴崖绝海垂绚练,文章不独词林羡。琴瑟真谐清庙音,圭璋已备明堂荐。却从纶阁梦云林,山水长悬故国心。燕山东望渺吴越,草堂何处闲风月。茶磨峰前绿树低,行春桥畔花如雪。杖履今来续旧游,顾盼溪山增秀发。先生雅志追古人,有道何尝羞贱贫。平生气与秋冥迥,未肯低首事要津。山巅水际从自得,龙腾鹤起谁能驯?我师太常更清真,一官白首从明湮(钱漕湖先生)。谏书三上排紫闼,钓竿归抱漕湖滨。与尔完名宛双璧,况也意气同胶漆。丈夫要自能勇退,人生富贵何终极。我曹胡为空役役,虫臂鼠肝争得失。君不见,林屋山人名世才(蔡九逵),几年为客鸡鸣台。消夏湾前画楼起,木奴千树烟花紫,主人不来谁对此?君归傥为寄双鱼,好共相邀弄云水。

《袁永之集》卷五《送文内翰徵仲还山歌》:朔风吹沙地欲裂,燕京十月多霜雪。郭隗台前落叶飞,武侯祠下行人别。忆昨徵书下玉京,公车荐士达承明。蒲轮远致商山皓,束帛能招鲁两生。丈人家住梁鸿里,弱冠为儒事文史。不独新诗继《国风》,自有芳名动人耳。五侯持书求识面,群公走币邀相见。悬黎结绿歘增价,御李争夸承顾盼。读书万卷不逢时,献策金陵悲数奇。石湖未减东山兴,茂苑空吟《梁父》词。买臣五十方就辟,白首扬雄犹执戟。校书天禄奉奎章,待诏金门宣制册。秋风一夜思鲈鱼,乞归新捧紫泥书。谁能忍耻事干谒,懒学相如献《子虚》。客星浮沉辞帝座,直道难容文寡和。江驿梅花怅远离,柴桑松竹宜高卧。怜余薄宦滞京华,北雁南归每忆家。何日拂衣三岛去,时来问字有侯芭。

《静志居诗话》姚涞《送文衡山先生南归序》:自唐承隋敝,设科第以笼天下士。爵禄予夺,足以低昂其人。于是天下风靡，士无可称之节者几八百馀年。然犹幸而有独行之士，时出其间，以抗于世。而天下之人，亦罔不高之。求之唐则元鲁山，于宋得孙明复。二子岂有高第显位为可夸哉？徒以其矫世不涅之操，好古自信之志，足以风励天下；而一时名流，皆乐为之称誉焉耳。今之世如二子者，诚难其人，吾于衡山先生窃以二子比之。而衡山之所造，则又有出于二子之所未纯者。先生明经术以为根本，采诗赋以为英华，秉道谊以为坛宇，立风节以为藩垣。盖尝闻之，却吏民之赙，以崇孝也；麾宁藩之聘，以保忠也；绝猗顿之游，以励廉也；谢金、张之馈，以敦介也；不慑于台鼎之议，以遂其刚毅也；不溷于辀襡之招，以植其坚贞也。此数者足以当君子之论，而先生未始以为异也。声震江表，流闻于天子之庭，先生亦乌得而逃哉。曩者，先生之贡于春官也，朝廷录其贤，拔而官之翰苑，儒者共指以为荣，而先生不色喜。为官仅三载，年仅五十馀，先生遽以南归为念；吾每谬言留之，而先生持益坚，三疏乞归，竟得请以去，先生其有悟于达人之指邪？嗟夫！先生尝试于乡矣，有司以失先生为耻，而先生之名益高；尝官于朝矣，铨曹以不能留先生为恨，而先生之节益重。荣出于科目之外，贵加乎爵禄之上。罻罗之所不能取；絷维之所不能縻；樊笼之所不能收；弹射之所不能惊；翩然高翔，如凤皇之过疏圃，饮湍濑，回蒙汜，下视泰山之鸱，啄腐鼠以相吓者，何不侔之甚也！《传》所谓难进而易退，易禄而难畜者，其先生之徒欤！自大道既漓，好恶立于一乡，而不可达于天下之广；毁誉徇于一时，而不可合于万世之公。故吾之论先生，直以鲁山、明复为喻，而使世之观先生者，不当以三吴之士求之也。

按：《静志居诗话》题作《赠行序》，以《浪迹丛谈》卷六所载更正。

《疣赘录》卷九《送衡山太史归吴》：拂衣长啸出风尘，鹤性鸥心不受驯。起草已无双阙梦，看花正及五湖春。二疏晚节今仍见，三绝才名老更新。解缆潞河烟树里，柴桑复得返吾真。

《明史》卷二百《列传》：姚镆，字英之，慈溪人。……子涞，字维东，嘉靖二年殿试第一，授翰林修撰。争"大礼"，廷杖。又议郊祀合祀，不当轻易。召修《明伦大典》，恳辞不与。累官侍读学士。

《皇明词林人物考》卷七《姚维东》：公名涞，字维东，慈溪人也。总制尚书姚镆之子。状貌奇伟，资识过人。应正德丙子乡荐。嘉靖癸未魁天下，授翰林修撰，为经筵讲官。积诚感悟，脱略词章。每进对称旨。历升春坊谕德。丁酉主北畿试，得士为多。人方以公辅期之，随以疾卒。

柯维骐闻徵明致仕，有诗寄之。

《明诗纪事》戊签卷十五柯维骐《寄文衡山内翰致仕归》：海内论交久，清朝偶共逢。谈诗山寺月，并马禁城钟。林卧余多病，宦情尔亦慵。相望隔秋水，芳讯托芙蓉。

出京，黄佐南归省亲，同行至潞河，值河冻，舟胶。同寓倡酬甚欢。徐缙、卢襄、陈沂、马汝骥、唐云卿、张西峰等寄诗相慰，徵明皆有酬作。

《泰泉集》卷五十四《衡山文公墓志铭》：会予省亲南归，丙戌孟冬，与公同辞朝，出潞渚，阻冻同寓湾中。旦夕过从，相与倡和，殊甚欢洽。

又卷八：《北风篇赠文衡山待诏》诗，七古；又卷十二《客楼春望徵仲见过有赠》诗，七律，皆略。

《集三十五卷本》卷十一《阻冰潞河简同行黄太史才伯》《腊日与才伯小酌追忆去腊午门赐宴》,皆七律;《同才伯野行因过废寺》《才伯过访》,皆五律,略。

《徐文敏公集》卷二《衡山致政南还,阻冰潞河之浒,漫赋短句奉寄》:玉署三年遽拂衣,都人争叹此行稀。五湖烟艇情何适,南岳丹梯愿不违。望入云霄皆动色,到知桑梓更生辉。关河莫怪冰霜阻,要使青春作伴归。

《含晖堂帖·阻冰潞河,承学士崦西先生贶以高篇,雅意不敢虚辱,辄依来韵,共得三首,录往一笑》:解却从前供奉衣,朝行除籍简书稀。非关疏拙明时弃,自惜驱驰雅志违。飘泊又惊年欲暮,蹉跎再见月流辉。玉堂学士青云上,也念天涯客未归。　霜华惨淡袭征衣,关朔萧条雁影稀。游子天涯苦行役,故人岁晚惜分违。还家短梦秋无迹,伴客残缸夜有辉。犹胜前时赢马上,满头风雪趁朝归。衡山文徵明顿首上。(第三首略)

《集三十五卷本》卷十一《次韵答唐云卿礼部二首》:飘泊东吴万里船,漫劳诗帖慰穷年。君知世有东方朔,我愧身非鲁仲连。梦断五湖天渺渺,愁悬双杵月娟娟。相逢总是羁栖者,目送飞鸿共黯然。录一首,馀略。

又《次韵答张西峰少参》《次韵答陈石亭》,《文嘉钞本》卷十一《答卢兵部见怀》,皆七律,略。

按:唐云卿、张西峰事行待考。

《西玄集》卷四《闻徵仲阻冻张湾》:闻君阻舟楫,迢递碧山心。冰雪玄冬积,江河白日深。北扉怀昨会,南国待春临。川上端居久,洋洋动匣琴。

按：马汝骥此诗，徵明和作未见。

御史郑洛书请留徵明为翰林重，徵明谢止之。洛书去年自上海知县入为监察御史。

《集三十五卷本》附文嘉《先君行略》：有欲疏留公者，公令人谢之曰："吾已去国，而偶滞于此；若疏入，是我犹有所觊觎矣，何君不知故人如此！"留者遂止。

《泰泉集》卷五十四《衡山文公墓志铭》：郑御史洛上章请留，不报。士论莫不高之。

《明史》卷二百六《列传·解一贯》：郑洛书，字启范，莆田人。弱冠登进士，授上海知县，有善政。嘉靖四年召拜御史。

按：《集三十五卷本》卷十一《丁亥元日次才伯韵二首》有"深负郑庄腾荐剡"句注云："谓郑启范也。"黄佐所云郑洛，是郑洛书之误。

时求诗文书画者甚众，应酬为劳。黄佐赋诗相戏，用韵解嘲。

《泰泉集》卷十四《潞河阻冻戏赠文衡山五绝》：研池涵月映窗虚，中有骊龙万斛珠。安得天瓢翻作雨，一时飞洒尽公书。

元气淋漓接混冥，毫端山水自仙灵。桂坊走马求蓬岛，芸阁移书问洞庭。　山如文债海诗逋，追骑飞尘出帝都。归去太湖烟水上，不知能对白鸥无？　阊阖城下浩烟波，日日沙头载酒过。垂杨系艇不知数，一纸《黄庭》双白鹅。　纷纷车马款柴关，焚却银鱼亦未闲。输我疏顽无一事，日骑黄犊访青山。

《集三十五卷本》卷十一《徵明比以笔札逋缓、应酬为劳，且闻有露章荐留者，才伯贻诗见戏，辄亦用韵解嘲》：不用浮文荐《子虚》，底须沧海问遗珠。若为尚作嵇康累，懒慢难酬满案书。　绝涧深林付眚冥,三年惭负草堂灵。青山应笑东方朔,何用俳优辱汉廷。　千年处士说林逋,漫有声名达帝都。只辨梅花新句好,莫论《封禅》有书无?　春风次第水增波,千里清淮一棹过。更恐南行劳应接,隋堤新柳似新鹅。　平生艺苑说荆关,点笔虽忙意却闲。何用更骑黄犊去,右丞胸次有江山。**以所藏元吴澄、虞集像及滕用亨《祯符诗》示黄佐,佐各为跋。用亨字用衡,苏人。善鉴古,精篆隶书。永乐三年荐授翰林院待诏,与修《永乐大典》。**

《泰泉集》卷四十四《题吴虞二先生玄端象卷》:衡山文君徵仲家藏吴草庐、虞邵庵二先生玄端象,俾余识其后。二先生者,世之所谓君子人也。……

又《题滕用亨祯符诗》:嘉靖丙戌,予告归省,时文待诏徵仲亦致仕南归,阻冻潞河,间出此卷见示……用亨乃徵仲同郡人,名权,其字用衡,后又更"衡"为"亨"云。

《明史》卷二百八十五《文苑》一:滕用亨,初名权,字用衡,精篆隶书。被荐,时年七十矣。大书"麟凤龟龙"四字以进;又献《贞符诗》三篇。授翰林待诏,与修《永乐大典》。用亨善鉴古,尝侍帝观画卷,未竟,众目为赵伯驹,用亨曰:"此王铣笔也。"至卷尾,果然。

《玉堂丛话》卷七《巧艺》:滕用亨,初名权,字用衡,避讳更今名。苏人。自少游学四方,颇多见闻。问学辩博,文辞尔雅。尤精六书之学,篆法之妙,高出近世。永乐三年被荐,时年几七十矣。

岁暮,录怀归之作三十二篇,为《京邸怀归诗》,并自序其首。与《出京诗》三十二篇合册。

点石斋本《文徵明怀归出京诗六十四首》:徵明自癸未春入京,即有归志。既而忝列朝行,不得辄解。迤逦三年,故乡之思,往往托之吟讽。丙戌罢归,适岁暮冰胶,留滞潞河。检故稿,得怀归之作三十有二篇。别录一册,以识余志。昔欧公有《思颖诗》,亦自为集。徵明于公虽非拟伦,而其志则同也。

十二月,朱应登卒。应登自延平知府历云南提学副使迁参政。中飞语罢归。李梦阳为撰墓志,徵明小楷书。

拓本《凌溪先生墓志铭》:寓大梁北郡李梦阳撰　长洲文徵明书并篆盖　嘉靖五年十二月乙丑,亚中大夫云南左参政凌溪先生卒于家。……居无何,升延平知府。意州郡吏必难,乃凌溪为之愈益亨,乃于是升陕西按察副使使提学。凌溪辟正学院,群秦士高等其中,置官设徒。丰饩严约,谈经讲道,至者且数千指,风教大行。文自韩、欧来,学者无所师承,迷昧显则。我明既兴,隆本虽切,然要奥未闻也。及凌溪等出,创睹骇疑,大不容于人。人各以所不胜相压,而凌溪性挺直,不解假词色于人,更哆憎口恨,不即阱之;幸例调荒裔,往御魑魅,寻升参政,卒罢去。

十二月廿七日,祝允明卒。年六十七岁。允明书法,名动海内。恶礼法士,亦不问生产,晚益困。所著有诗文集六十卷。配李氏,应祯女。后二年,葬横山丹霞坞。王宠撰行状,陆粲撰墓志铭。

《明史》卷二百八十六《文苑》二:(允明)恶礼法士,亦不问生产。有所入,辄召客豪饮,费尽乃已;或分与持去,不留一钱。晚益困,每出,追呼索逋者相随于后,允明益自喜。所著有诗文六十卷,他杂著百馀卷。

《陆子馀集》卷二《祝先生墓志铭》：春秋六十有七，夫人李氏，乡先生太仆应祯之女。先生殁以嘉靖丙戌十有二月二十七日，又明年戊子冬闰十月十六日葬横山丹霞坞。太原王宠撰次其事，綮为之铭。

除夕，有诗。又有次卢襄除夕见怀诗。

《集三十五卷本》卷十一《除夕》：拨尽炉灰夜欲晨，不知飘泊潞河滨。灯花自照还家梦，道路谁怜去国人？浩荡江湖容白发，蹉跎舟楫待青春。只应免逐鸡声起，无复鸣珂候紫宸。共二首，录一首。

点石斋本《文徵明怀归出京诗六十四首》有《次韵答师陈除夕见怀》，七律，略。

王世贞生。

《历代名人年谱》：嘉靖五年丙戌，王元美世贞生。

嘉靖六年丁亥（1527）五十八岁

春，冰解，与黄佐联舟南行。至临清，有兵备道诣徵明乞染翰，复浼黄佐为请，乃允之。

《泰泉集》卷五十四《衡山文公墓志铭》：比冻消，乃联舟而下。将抵临清，则有官吏率数人负鞲矢跪路左以迎。或谁何之，则曰："兵备道迎候文公。"比至，则一豸服者诣舟稽首四拜，捧缣绷请染翰，公峻拒之。其人复诣余语及，复稽首四拜，托余转请，公乃诺焉。其为人所重类此。

经任城，期与顾瓒相晤，未果，有诗寄之。时瓒官山东佥事，旋历河南副使以归。

《文嘉钞本》卷十一《任城柬顾英玉》：不见逋翁十二年，东来期约又茫然。浮生会合良非易，公事羁人殊可怜。望入龟蒙青历历，心悬河济白绵绵。多情只有任城月，千里殷勤送客船。

《列朝诗集》丙集《顾副使璘》：考察补外，谪知许州，迁温州同知、山东金事。历官河南副使。高自负许，与物多忤，坐同官媒孽，罢归。

三月，过扬州，登平山堂，有诗。

《集三十五卷本》卷十一《过扬州登平山堂》：莺啼三月过维扬，来上平山郭外堂。江左繁华隋柳尽，淮南形胜蜀冈长。百年往事悲陈迹，千里归人喜近乡。满地落花春醉醒，晚风吹雨过雷塘。共二首，录一首。

抵家后，筑玉磬山房，手植两桐于庭。有《还家志喜》《玉磬山房》等诗。

《集三十五卷本》附文嘉《先君行略》：到家，筑室于舍东，名玉磬山房。树两桐于庭，日徘徊啸咏其中，人望之若神仙焉。

《集三十五卷本》卷十一《还家志喜》：绿树成阴径有苔，园庐无恙客归来。清朝自是容疏懒，明主何尝弃不才。林壑岂无投老地，烟霞常护读书台。石湖东畔横塘路，多少山花待我开。

《文氏五家集》卷六《太史诗集·玉磬山房》：横窗偃曲带修垣，一室都来斗样宽。谁信曲肱能自乐？我知容膝易为安。春风薙草通幽径，夜雨编篱护药栏。笑杀杜陵常寄泊，却思广厦庇人寒。

《珊瑚网书录》卷十五《文徵仲题咏遗迹》：小斋如翼两楹分，矩折分明玉磬陈。蹈海要非平生事，过门谁识有心人。屋头日出乌栖晓，檐隙泥香燕垒春。手种双桐才数尺，浓阴已见玉匀匀。

按：自下条顾璘诗，知《珊瑚网》一诗。亦咏玉磬山房也。

顾璘有和《玉磬山房》诗。时璘已自山西按察使病免归。

《山中集》卷四《寄题文徵仲玉磬山房二诗》：曲房平向广堂分，壁立端如礼器陈。拊瑟便应来凤鸟，折腰那肯揖时人？词华价并金声赋，寿酒欢生玉树春。法象泗滨真不忝，画梁文藻翠光匀。　小构山房护竹园，道人行坐自云宽。湘帘散映图书乱，石枕横攲梦寐安。世禄后先三曳绶，诗怀今古一凭栏。堪怜海月经檐白，正照前溪绿水寒。

《集三十五卷本》卷三十二《南京刑部尚书顾公墓志铭》：嘉靖改元，册立中宫礼成，奉表入贺。道升山西按察使，以亲老辞，不允。寻以病免。

以《玉磬山房》诗寄薛蕙索和，并以蔡羽《林屋集》等为贶。又应蕙请，为书《金刚般若波罗蜜经》，蕙赋诗为谢。初，蕙以议大礼下诏狱，寻得赏，复职。继为议礼者所中，归不复出。

《西原遗集》卷上《答文衡山》：施君来，承诗教，并诸清贶，忻怿无己。《林屋集》读之累日，往往废书而叹。衡山晚得诸公之力，虽非伸于知己，犹差慰人意。如林屋者，遂终于不遇。今之公卿，何其不好士之甚耶！然良璞不剖，必有泣血以相明者矣。《玉磬山房》诗，甚欲属和，第首唱不合太佳，使人难为继耳。扇则如命书上，此之谓班门弄斧也，呵呵！年来诗笔大退，以故辍不复作，仅作此数首。游嵩之诗，乃为岩翁迫而为之，永叔所谓"欲展诵于欲睡时也"云云。佛书与孔、老无异，公于闲中不妨一读之。纵使无取，不犹愈于观杂家小说乎？仆决不妄言以误公，念之念之。欲求行书《金刚经》，不知肯见诺否？数日偶多事，草草奉渎，不能尽所怀，尚俟续布。

《薛考功集》卷五《谢文徵仲写金刚经》：斋沐开经卷，名香手自焚。天人遥作礼，鸾凤郁成文。心印传先佛，书林擅右军。殷勤谢良友，何日访停云？（停云，徵仲书室名。年来屡有命驾之约，因循未果。）

《西原遗集》附文徵明《吏部郎中西原先生薛君墓碑铭》：今上议追王之礼，廷臣论奏纷然。上意初无固定，而主议之臣，持之甚坚，故诸臣往往得罪去。先生曰："是不可空言夺也。"乃著《为人后解》，其言出入经传，援据精核，而词旨颇激，人为傍惧。而上不为甚忤，甫下狱，寻即贳赦，而主议者衔之。会陈洸者，以给事中补外，中道上书议礼，得复召见言事。因附当路，尽击异议者去之。先生时已被原，无可刺者，遂起颜木之狱，而先生去国矣。先是亳有武臣，悖谩阴贼，为暴于境内，从横圈夺，渐不可制。颜守亳，尽发其奸私，深探其狱而置之法。至是称冤，下有司推劾。洸以先生亳人，颜其同年进士，于中疑有奸利。有诏勒停听理，已而事白，而先生乃无所坐，例得牵复。然先生荐罹跋疐，视畏途如棘，缩敛自爱，不复有当世之志。……又喜观释氏诸书，谓能一死生，外形骸。将掇其腴，以求会于吾儒性命之理。盖亦闲居无事，用寄其渊微深寂之趣耳。

《荆川文集·吏部郎中薛西原先生墓志铭》：嘉靖初，先生在吏部，历考功郎中而罢。后十八年辛丑正月九日，以疾卒于家。

按：据唐文，薛蕙归亳，应在嘉靖二年甲申。徵明此铭，《甫田集》失载。

归后，再游石湖，皆有诗。吴中好事家每载酒船迎候湖山间，以得一临为快。

《虚斋名画录》卷三《文待诏石湖清胜图书画合璧卷》有《京师归初泛石湖》及《再泛》诗，皆七律，略。

《弇州山人四部稿》卷八十三《文先生传》：吴中好事家日相与载酒船迎候先生湖山间，以得一幸为快。

《无声诗史》卷二《文徵明》：先生暇则一游近地佳山水，所至奉迎恐后。

赋《望湖亭》以寿袁鼐六十。应其侄裘之请也。鼐字臣器，号方斋。裘请王宠征一时名士诗、赋、词、画为寿。徵明子彭、嘉，侄伯仁及陆治、陈淳、许初、汤珍、段金、王穀祥、钱贵、彭昉、王同祖、史经、金用、彭年、王守、徐玄度、沈荆石、蔡羽、陆芝等皆有作。陆治字叔平，世居吴之包山，因以为号。游祝允明及徵明门。倜傥嗜义，善绘事，工写生。许初字复初，国用子，以贡授教职，仕至汉阳通判。工书法。段金字子辛，号石庵，武进人。正德三年进士，官至户部主事。洁修直行。性喜书。与徵明、王宠交往。有弟衔字紫峰，能诗画，受知徵明，徵明有书画赠之。史经字引之，吴县人。成化十六年举人。好为诗。官随州时，刘瑾有求，弗应，拂袖归。金用字元宾，王宠弟子。苏州府学生。用妻亦工书，得宠法。徐玄度字民则，苏震泽人，能诗。沈

荆石，初名昆，字玉父，号玉浮山人，苏人。贫而介，与徵明及祝允明、陈淳、王宠等游。

《吴越所见书画录》卷四《明吴中诸贤赠袁方斋书画册》陆时化跋："王雅宜与袁方斋两代世谊交好，故方斋六十诞辰，其嗣嘱雅宜征一时名彦诗赋词画为寿。画属之文休承、德承、家包山、陈白阳，图吴中二十景，每人各成五幅。极尽情致，并极其妙。诗赋词属之文衡翁辈二十人。即景以言，而乐水、乐山、乐寿寓焉。"

又《赋得望湖亭》诗，五言排律一首。（略）款"衡山文徵明"。另文彭、文嘉、文伯仁、彭昉、段金、王守、王同祖、王穀祥、蔡羽、钱贵、许初、汤珍、史经、彭年、陆治、徐玄度、金用、沈荆石、陆芝等题。

《蔬香馆法帖》文徵明《袁府君夫妇合葬铭》：府君讳矗，字臣器，别号方斋。父亡时，年甫弱冠。家既单竭，复遭悯凶，能掇拾化治，以造厥家。文雅自将，虽在廛井，不忘占毕。慷慨急义，言论纚纚。尝试吏为昆山医学训科。子男二人：长衮，举戊子乡贡，娶卢氏，次裘，吴县学生，娶陈氏。

《弇州山人续稿》卷一百五十《吴中往哲像赞》：布衣陆包山先生治，字叔平，吴人也。先生生而磊落，负文采，有姿制，为故太傅王文恪公所识异。游祝、文二先生门。其于丹青之学，务出其胸中奇以与古人角。一时好称之，几与文先生埒。

《艺苑卮言附录》卷四：陆治字叔平，吴诸生。有风调，而极耿介。将八十矣，与余善。叔平工写生，能得徐、黄遗意，不若道复之妙而不真也。其于山水，喜仿宋人，而时时出己意。风骨峻削，霞思涌叠，而不免露蹊径。

《姑苏名贤小纪》卷下《陆叔平先生》:陆治叔平,善绘事,饶风雅。筑室支硎山下,云霞四封,流泉回绕,手艺名花几数百种。岁时佳客过从,即迎致花所。苟非其人强造者,以一石支门,剥啄如弗闻矣。偶傥嗜义,当贡,以与其弟。于友朋谊甚笃。以寿终。

《静志居诗话·陆治》:叔平游道复之门,当时乡曲之论,谓诗得其兴,画得其趣。然叔平画以工致胜,诗则与道复同流。

《松壶画忆》:包山山水,有两种皴法,而以小斧劈为最。秀润苍浑,不愧停云高足弟子。

道光本《苏州府志》卷一百五《艺术》:许初,字复初,吴县人。以贡授教职。书法二王,尤工篆隶。擢南京太仆寺主簿,迁汉阳府通判。

按:许初为许国用子,见前四十二岁"为许国用题《汗漫游卷》"引证。

拓本《明故户部主事石庵段公墓志铭》:石庵姓段氏,讳金,字子辛,号曰石庵主人,常之武进人也。生而瑰奇,童时即解声偶。年十九举乡荐,二十三举进士。为人洁修而直行,于人不为苟容。拜南户部主事,寻监商舶,剔纷解盘,乃顾易于职。性喜书,于凡古名帖法书,力求聚之一室之内,左右图书,竟日吟哦其中。(周金撰文,文徵明书篆)

《无声诗史》卷三:段衔,号紫峰,又号匡庐山人,武进人。主事金之弟。曾受知于文徵仲太史。山水与文相肖。尤工扇头小景。唐荆川赠以诗云:"仙人宿处紫烟孤,一片峰阴散玉壶。今日隐身城郭里,闭门常写庐山图。"衔不惟精绘事,亦能诗。

有正书局本《中国名画》第六集《御题文衡山山水》：吮笔含毫漫写山，山形矗矗水潺潺。知君自有真丘壑，不在区区水墨间。紫峰过余论画，戏为写此，并识短句。徵明。

《雅宜山人集·石湖秋泛同段户部子辛、文太史徵仲》诗，五古，略。

《续吴先贤赞》卷十一《文学》：史经引之，和谨有令誉。即之温温，而中实介严，以意气重。动能率礼，不妄言笑。独好为诗，与二三君子雍容终日。虽仓猝，无遽色。

道光本《苏州府志》卷八十《人物》：史经，字引之，南濠人。成化庚子以儒士领乡荐，五试礼部，中乙榜者三，不屑受教职。久之授随州知州。大吏才之，檄署府事，以劝农兴学为首务。刘瑾擅权，绳责守令甚急，巡抚即其党也，有求于经，经弗应，遂拂衣归。年七十卒。

《说听》：府学生金用元宾，才敏，善诙谐。每嘲人诗歌及俳语，顷刻立成，争传以为笑。一日在文衡山内翰座，浪谑训蒙师潘老。潘愠曰："吾有一语，尔能对，甘受尔侮。"金问之，云："王大夫昆季筑墙，一士蔽三人之体。"金应声云："潘先生父子沐发，翻水灌两牛之头。"坐中为之大噱。

《弇州山人续稿》卷一百六十四《三吴楷法廿四册》：金用元宾妇书履吉《白雀寺》诗，凡三十二首。元宾为履吉上足，故法亦因之。

《袁鲁望集》卷九《沈隐君墓志铭》：先生讳昆，字玉父。中岁更名荆石，仍字玉父。自号曰玉浮山人。家本昆山徐氏，元季有赘于郡城之沈者，遂从为沈。幼警敏，稍长，习科举业，院试辄病作，遂弃所程书。取古坟典及诸大家之言，闭户讽诵。

一时郡中名流若枝山祝公、衡山文公、白阳陈公、雅宜王公，无不与先生交者。玉峰朱冢宰之嗣参督练川公夙与先生交，以先生贫也，馈遗之。先生以为无名，题诗以谢而返之。

按：《赠袁方斋书画册》中，徐玄度《赋得读书台》诗，款"震泽徐玄度"，下有"徐民则印。"陆芝事行待考。

题段金所得二十年前所作小画，画初为吴燿作，继由朱承爵而归段金。

《文嘉钞本》卷十二《题旧作小画》：此画余二十年前为吴雁村作，传而之朱舜城，今归石庵子矣。间以相示，题此识感：江山无恙物华新，岁月如流迹已陈。楮墨谁云难久世？秋风一笑阅三人。

五月十日，作诗并图以赠王宠，时宠将赴南雍。

《虚斋名画录》卷八《明文待诏停云馆言别图》：春来日日雨兼风，雨过春归绿更浓。白首已无朝市梦，苍苔时有故人踪。意中乐事樽前酒，天际修眉郊外风。可是别离能作恶，尚堪老眼送飞鸿。履吉将赴南雍，过停云馆言别，辄此奉赠。时丁亥五月十日，徵明。

六月既望，王宠来访。诵赵孟頫诗，衍为图。王宠题。

《虚白斋藏中国书画选·文徵明竹林深处图》：竹亭深处小亭开，独鹤徐行啄紫苔。小扇不摇纱帽侧，晚凉青鸟忽飞来。世称王摩诘诗中有画，画中有诗。松雪翁此诗，真可画也。夏日斋居，诵而乐之，因衍为此图。惜无摩诘思致，有愧于松雪耳。丁亥夏六月既望，停云馆书，徵明。　牢落江湖一草亭，绕檐萧飒竹千林。澄怀默观通元化，触目云山韶濩音。王宠。

八月十三日，钱贵、伍馀福携樽过访，分韵赋诗。馀福

自安吉知州迁建昌同知，镇远知府致仕。

《湘管斋寓赏编》卷三《文徵仲诗笺》：八月十三日，承元抑太常、君畴水部二先生携樽过访，分韵赋诗。徵明探得秋字：相随京国笑淹留，相见吴门叹白头。晚节漫从修洛社，畏途聊共说并州。岁时奄忽空陈迹，文酒飘零几旧游？一曲一杯还卜夜，小楼明月近中秋。先是，履吉、子重相期中秋为石湖看月之游。及是子重甚病，而履吉有京口之行，独坐无寥，怅然成咏。

道光本《苏州府志》卷八十一《人物·宦迹》：伍馀福……以议礼廷杖，谪安吉知州，再迁建昌府同知，镇远知府致仕。唯以简册自娱。喜著述，有《三吴水利论》可裨实用。诗亦工。

九月，与子嘉访顾璘、许瑺、刘麟等于金陵，并有诗怀悼王韦。时顾璘病免在家。刘麟以都察院右副都御史移病归已三年；是月，起为大理寺卿。

《文嘉钞本》卷十二《金陵会南坦宿别》：使君雪上暂逃名，我亦吴门返旧耕。有约同探林屋洞，不徒相见秣陵城。樽前衰鬓秋灯影，枕上闲愁夜雨声。明发又为千里别，不辞更仆语深更。

又《怀南原》：虚受斋前雾雨收，净香亭上碧云稠。青灯昨岁悲生别，白首重来感旧游。淮水凄凉空见月，秣陵凋敝正逢秋。从教宿草都迷冢，心折难禁老泪流。

又《顾华玉夜话》：秋风相别在长安，白下相逢暮雨寒；灯火笑谈疑梦寐，江湖流转各衰残。正怜牢落音书断，况复差池会合难。满眼离怀消不得，手开诗卷再三看。

《刘清惠公集》附录《部札》：嘉靖二年，升都察院右副都御史。四月，复病作，奏准回籍。至六年九月，取升大理寺卿。

《明书》卷一百二十九《列传四·名臣传》：刘麟……嘉靖初，起为太仆寺卿，擢副都御史，巡抚北畿。复引疾，章至三四上，始得请。时论方高其节。再起为大理寺卿。

《集三十五卷本》卷三十二《顾公墓志铭》：嘉靖改元，册立中宫礼成，奉表入贺，道升山西按察使，以亲老辞，不允，寻以病免。

按：顾璘至庚寅起官，时在金陵。

杭淮、柴奇等置酒款之，有诗。淮，宜兴人，濂兄。时官右副都御史，总督南京粮储。奇时官南京光禄寺少卿。

《集三十五卷本》卷十二《李少宰杭中丞刘柴二光禄置酒》诗，七律，略。

嘉庆本《宜兴荆溪县志》卷八《治绩》：杭淮，字东卿，弘治十二年进士，授刑部主事，仕终右副都御史，总督南京粮储。天性孝友，重宗祊。族人无远迩，贫者月给之粟。平生无他嗜好，独爱聚书。解组后，日与四弟澜、濂、洄、涍怡游觞咏于泉石间。卒年七十七。所著有《双溪集》。

道光本《苏州府志》卷八十一《人物·宦迹》：柴奇……内艰，服除，补原官，升南京光禄少卿。嘉靖己丑，迁应天府丞，旋进府尹。

按：李少宰或即李廷相。廷相字梦弼，濮州人。弘治壬戌第三人及第，授编修，改兵部主事，历员外、郎中，复改编修。历中允、侍讲学士，擢南京吏部侍郎。仕终户部尚书。谥文敏。

赵丽卿邀游冶城；又徒步至宝光寺，寺僧有乞诗者。

《集三十五卷本》卷十二《赵丽卿侍御邀游冶城》：落木萧萧带远空，冶城高处见秋风。重将白发游江左，依旧青山似洛中。有客樽前谈梦鹿，何人天际慕飞鸿？荒墩寂寞埋秋草，犹自风流忆谢公。

　　按：冶城本吴冶铸之所，因名。晋谢安尝与王羲之登冶城，悠然遐想，有高世之志。

　　又《徒步至宝光寺》：布袜青鞋短褐衣，酒樽书卷一僮随。白头自笑曾供奉，徒步谁怜老拾遗？五亩喜闻粳稻熟，重阳还恨菊花迟。松寮竹谷逍遥地，时有山僧乞小诗。

九日，与许陛及其子榖同游嘉善寺及雨花台，徵明均有诗；且题诗嘉善寺竹上，嘉即刻之。榖字仲贻，一字石城，从顾璘学，负时名。风流儒雅，继顾璘以耆旧主盟词坛。后中嘉靖十四年进士，仕至南尚宝卿。

　　《列朝诗集》丁集《许尚宝榖》：附文衡山刻竹诗："金陵城北嘉善寺有奇石，景最幽。重阳日，文衡山、许摄泉同游。文题诗竹上云：'萧萧落木带江干，苒苒幽花过雨斑。岂意旅游逢九日，共来把酒看三山。丁亥九月九日，徵明同子嘉，彦明同子榖来游。'"休承即刻诗大竹上。好事者取诗竹制笔筒，今尚在王丹丘家。

　　《集三十五卷本》卷十二《九日与彦明登雨花台》：雨花台上雨初干，野色江光落坐间。岂谓旅游逢九日，共来把酒看三山。老年节物偏生感，到处云林不负闲。落木满空秋万里，暝禽遥带夕阳还。

　　康熙本《上元县志》卷十八《人物》：许榖，字仲贻，一字石城。父陛，字彦明。清修雅尚，不事生产，人称摄泉先生。与顾司寇、王太仆为布衣交。多历名胜。所作萧散有林下风。榖年二十，举嘉靖乙酉乡试，登乙未会试第一人。是年肃皇帝御文华殿亲试进士,入中秘,授户部主事。三月,调礼部。奔父丧,三年哀毁不出户。服阕,补吏部文选,金谓其公而厚云。任满,当升,乞南就养,遂拜南太常卿,改江西提学,升南尚宝寺卿,致仕。平生坦荡和煦,不设城府,人比之刘宽、卓茂焉。

《列朝诗集》丁集上《许尚宝毂》:仲贻为顾华玉高第弟子,风流儒雅,以耆宿主盟词坛,盖先后相望云。

十月,白悦来吴,徵明画扇并题以赠。悦尝观徵明所藏沈周《林居图》,有题。

《石渠宝笈》卷四《明人画扇四册》:第二册第六幅,山水。款题云:"子长嘉兴寄邀游,故作吴门十日留。别有文章载归路,青山千叠在归舟。徵明为洛原画并题。丁亥十月。"

《白洛原遗稿》卷一《石田林居图次韵为文待诏题》:茅屋荫丛木,芳溪灿瑶草。讵无鸿鹄志,衡扉暂相保。日月竞云徂,瑾瑜岂终抱?哲人不可招,览迹成深悼。浮梁渺何许?怀哉睇同好。悠悠谢尘纷,云泉矢投老。萧晨感岁华,眷言事幽讨。抚景眩形神,冥心悟玄造。

《弇州山人续稿》卷一百六十九《林居图》:此图乃白石翁沈启南早岁为北山僧作,其仿黄鹤山樵,遂无一笔失度。图成垂二十馀年,而始题诗。又三十年而始弃僧而归文待诏所。杨君谦、蔡九逵、王履吉、白贞夫皆和之。又六十馀年而归余,余又和之。后有属者与和者,定皆非凡士也。

王献臣邀泛新舟,登虎丘,有《纪游》十二绝。

《文嘉钞本》卷十二《王槐雨邀泛新舟遂登虎丘纪游十二绝》:宿雨初收杜若洲,新波堪载木兰舟。不嫌频涉山塘路,辛苦还家为虎丘。 家居临顿挹高风,更着扁舟引钓筒。自笑我非皮袭美，也来相伴陆龟蒙。录二首，馀略。

伍馀福与方太古探梅玄墓，有倡和诗；徵明为撰《玄墓山倡和诗叙》。

《集三十五卷本》卷十七《玄墓山探梅倡和诗叙》：吴玄墓山在郡西南，临太湖之上。西崦、铜坑，映带左右。玉梅万株，与竹松杂植。冬春之交，花香树色，郁然秀茂；而断崖残雪，下上辉焕，波光渺瀰，一目万顷。洞庭诸山，宛在几格，真人区绝境也。但其地僻远，居民鲜少，车马所不通，虽有古刹名蓝，岁久颓落，高僧韵士，日远日无。苟其人非有幽情真识，不能得其趣；非具高怀独往之兴，不能即其境而游。矧能发为歌诗，品目咏赞，以深领其胜耶？此余于方、伍两君探梅之作，而有取焉。

按：伍、方探梅年月不可知，伍馀福本年已归苏，姑系于此。

十二月廿日，朱承爵卒。年四十八岁。又后二年葬，为撰墓志。

《草书文稿册·朱子儋墓志铭》：弘治甲子，余应试应天，识江阴朱君子儋。君时盛年雄俊，文采奕奕，方锐志进取。既试不利，悉市国学书以归，扬搉探竟，期以自发。自是每试辄会，会辄加异。越数年，其名大噪，然试益不利，乃援例入国学。君通经学古，雅志博综，虽藉名庠序，而不拘拘进士之萦，□□不利，遂屏弃不复事。益悬金购书，下惟发藻，思有□名世。而事不副志，荐遭家难，心悒悒不自得，竟发疾死。呜呼伤哉！君讳承爵，字子儋，先世婺源人。……生成化庚子二月二日，卒嘉靖丁亥十二月廿日，年四十有八。配夏氏，同邑夏良惠之女，有贤行，先四年卒。子男三人：长伯曾，次仲曾，次叔曾……伯曾以卒之又明年己丑十一月□日葬君盘石祖茔，以夏氏祔。先事奉沈君飞卿状谒余吴门乞铭……

是年,林俊卒,年七十六岁。俊数争大礼,与杨廷和合。后一年,《明伦大典》成,追论削其官。子达以士礼葬之。

乾隆本《兴化府莆田县志》卷十七《名臣传》:林俊……丁亥,疾且革,命子达草疏,曰:"效遗直以毕余忠。"盖勤学亲贤,任人图政,养圣躬,蕃皇储及再辞恤典也。享年七十有六。明年,《明伦大典》成,礼臣张璁追论党宰相杨廷和,诏革生前职与廷和等,并榜朝堂。其冬,达以士礼葬。

《纲鉴易知录·明鉴易知录》卷八:戊子,嘉靖七年,六月,《明伦大典》成,加张璁少傅兼太子太傅礼部尚书谨身殿大学士。追夺议礼诸臣官。敕曰:"大学士杨廷和谬主'濮议',尚书毛澄不能执经据礼,蒋冕、毛纪转相附和,林俊著论迎合。乔宇为六卿之首,乃与九卿等官交章妄执。汪俊继为礼部,仍注邪议。吏部郎中夏良胜胁持庶官,望遂邪志。何孟春以侍郎掌吏部,鼓舞朝臣,伏阙喧呼。朕不欲已甚,姑从轻处。杨廷和为罪之魁,法当戮市,特宽宥削籍为民。毛澄、林俊俱已病故,各夺其生前官职。蒋冕、毛纪、乔宇、汪俊,俱已致仕,各夺职闲住。何孟春情犯特重,夏良胜酿祸独深,俱发原籍为民。尔礼部揭示承天门下,俾在外者,咸自警省。"

《涌幢小品》卷一《大礼》:永嘉议礼,佐成圣孝,是也。及修《大礼》全书,身为总裁,上疏曰:"元恶寒心,群奸侧目。"元恶者,指杨石斋父子也。夫"大礼"只是议论不同。其心亦惟恋恋于孝宗之无后而争之。强叩门伏哭,失于激,为可罪耳。乃曰"奸"、曰"恶",不已过乎!乘时侥幸之人,放泼无忌,致世宗含怒一时:被遣诸臣,终身不复收录;推其馀波,忠直之受累者多矣。方献夫、霍韬又言:"主为人后者,莫甚于宋之司马光。光又沿王莽之说,惑人最盛。请命纂修官考订,以洗群疑。"上从之。由此言之,司马公亦当称"元恶"矣。

居节生。

《味水轩日记》卷四:万历四十年壬子十月二十七日。余忆十年前得商谷小景一幅,野亭疏柳,湖水渺瀰,意极淡远。其自题云:"点染青山四十年,寸缣不改旧风烟。散人漫窃江湖号,未买松陵一钓船。此余四十年前所作,子久持示,因题此。甲申二月望,居节年五十有八矣。"甲申乃万历十二年(1584),居节应生于本年。

张凤翼生。

《历代名人年谱》:明世宗嘉靖六年丁亥,张伯起凤翼生。

邵宝卒,年六十八岁。

《明清江苏文人年表》:嘉靖六年丁亥,无锡邵宝死,年六十八。

嘉靖七年戊子(1528)五十九岁

家居以翰墨自娱,不与世事。四方求请者纷至。

《集三十五卷本》附文嘉《先君行略》:于是四方求请者纷至,公亦随以应之,未尝厌倦。惟诸王府以币交者,绝不与通,及豪贵人所请,多不能副其望。曰:"吾老归林下,聊自适耳,岂能供人耳目玩哉。"盖如是者三十馀年。

《弇州山人四部稿》卷八十三《文先生传》:先生归,杜门不复与世事,以翰墨自娱。诸造请户外屡常满。然先生所与从请，独书生、故人子属、为姻党而窘者。虽强之，竟日不倦。

有次韵陈沂《忆昔》四首。

《集三十五卷本》卷十二《忆昔四首次陈鲁南韵》：三年端笏侍明光，潦倒争看白发郎。咫尺常依天北极，分番曾直殿东廊。紫泥浥露封题湿，宝墨含风赐扇香。记得退朝归院静，微吟行过药栏傍。　紫殿东头敞北扉，史臣都着上方衣。每悬玉佩听鸡入，曾戴宫花走马归。此日香炉违伏枕，空吟高阁霭馀辉。三年归卧沧江上，犹记双龙傍辇飞。　扇开青雉两相宜，玉斧分行虎旅随。紫气氤氲浮象魏，彤光缥缈上罘罳。幸依日月瞻龙衮，偶际风云集凤池。零落江湖俦侣散，白头心事许谁知！　一命金华忝制臣，山姿偃蹇漫垂绅。愧无忠孝酬千载，曾履忧危事一人。陛拥春云严虎卫，殿开初日照龙鳞。白头万事随烟灭，惟有觚棱入梦频。

《列朝诗集》丙集《陈太仆沂·忆昔四首》：清宵藜火带星光，天禄曾为著作郎。门下候朝深坐馆，殿前回院曲通廊。群公次第多含笑，满袖氤氲尚有香。黄屋朱扉照初日，中官两两玉阑旁。　紫宸朝退下青扉，侍从花间过锦衣。金吐凤皇香不发，玉倾鹦鹉醉方归。楹高甲帐云霞色，官冷牙牌冰雪辉。一自梦回天万里，长安空见塞鸿飞。　宫扉无禁往来宜，内使垂髫许侍随。清珮夜声归宸帐，紫毫朝彩隔罘罳。窗笼树色琼花岛，砌入荷香太液池。天上只闻人共羡，不缘尘世竟何知？两朝稽古备词臣，上逼仙班压缙绅。避路火城传卫士，具餐晨馆候庖人。春深玉署翻红药，日晚金河出素鳞。莫为凉飙惜团扇，向来供奉受恩频。

为伍馀福赋寒泉诗。泉在支硎山麓，馀福自号寒泉。

《文嘉钞本》卷十二《寒泉在支硎山之麓，晋支道林之遗迹，石上二大字犹存，伍畴中自号寒泉，盖取诸此》：支硎山下古泉清，裂石穿云玉一泓。急雨每添新瀑布，紫苔都蚀旧题名。何年高士曾飞锡？此日幽人自濯缨。安得相从修茗事，一天明月万松声。

花朝，临赵孟頫小隶《桃花赋》于王榖祥画桃花小幅。

《湘管斋寓赏编》卷六《王酉室设色桃花小幅》：上有文衡山小八分书皮袭美《桃花赋》，衡山自跋："黄生世藏赵吴兴小隶《桃花赋》，予从借临焉。摹之数四，竟不能得其妙处。重以大小不伦，殊可愧也。将眼力手力，渐不及前；湖山之致，亦不相助耶？抑名笔在前，自尔神怯耶？记之，以志予愧。戊子春花朝，文徵明。"画固鲜艳，书尤矜整。

二月十三日，彭昉卒，年五十九岁。昉刚方直致，竟遭连蹇。杜门扫轨，时以诗酒自悼，骯髒以死。后十三年，其子年因昉墓有水改葬，徵明为撰墓志铭。

《集三十五卷本》卷三十《彭寅甫墓志铭》：既归，杜门扫轨，不与流俗竞相还往，日发其所藏书，披阅涵咏，间为论著，亦往往赋诗自悼，然皆不以示人。或时引酒酣畅，辄复理咏，意凄然若不能自释者。久之，竟以疾不起。呜呼悲哉！君性质融朗，而气复迈往。少则勤苦自将，能以志帅气。既通诸经，又贯综群籍，扬搉探竟，得其隽腴。发为文章，驰骋奔放，顷刻数千言，而词旨精诣，若出硎炼。激卬踔厉，以古人自期。下视曹耦，莫有当其意者。然数试不偶，年四十始领乡荐。继登上第，于是人始望之，谓庶几有以达其志也。而连宰二邑，皆值俶扰。方以厌难折冲从事，而刚方直致，与物龃龉，竟连蹇骯髒以死。

彭氏世以高赀甲于里中，君既仕显，而先世田庐，乃复加损；其
贞白之操，有不可诬者。而世之人顾以官簿不达议君。呜呼！
君则何罪哉！卒嘉靖七年戊子二月十三日，享年五十有九。明
年庚寅，葬吴县隆池山。既而墓为水所啮，二十年辛丑某月日
改葬某山某原，距君之卒十有三年矣。

**是月，汤珍邀游玄墓，留僧寺五日。归舟为写《五友
图》。**

《吴越所见书画录》卷三《文衡山五友图卷》：嘉靖戊子春
二月，子重邀余同游玄墓，留憩僧寮凡五日。湖光山色，穷极其
胜。归舟寂寞，子重出此纸索画，漫为涂抹。昔子固尝图松竹
梅，谓之岁寒三友。余又加以幽兰古柏，足成长卷。惜一时漫
兴，观者当于骊黄之外求之可也。徵明。

三月十日，为王献臣画《拙政园图》并题。王宠有诗。

《石渠宝笈》卷三十八《明文徵明槐雨园亭图一轴》：会心
何必在郊坰？近圃分明见远情。流水短桥春草色，槿篱茅屋午
鸡声。绝怜人境无车马，信有山林在市城。不负昔贤高隐地，
手携书卷课童耕。嘉靖戊子三月十日，徵明为槐雨先生写并
题。　薄暮临青阁，中流荡画桥。人烟纷寞寞，天阙敞寥寥。
日月东西观，亭台上下摇。深林见红烛，侧径去迢遥。王宠。

廿六日，为杨季静画《蕉石鸣琴图》，并书《琴赋》于上。

无锡博物馆藏《文衡山蕉石鸣琴图轴》：《琴赋》晋嵇叔夜
撰。杨君季静，能琴，吴中士友甚雅爱之，故多赋诗歌以赠。余
向留京师，未遑。惟若翁有一诗卷，往岁曾跋其尾，几二十年
矣。今闲中季静复以此为言，并请书《琴赋》，余不能辞，辄此
似焉。若传之再世，此幅可为季静左券矣。时嘉靖戊子三月廿

又六日,文徵明识。

四月望后,应刘稚孙请,为小楷《古诗十九首》。

《玉雨堂书画记》卷二《文衡山小楷书古诗十九首》:嘉靖戊子清和望后,刘甥复孺索余小楷,适有希哲行草古诗在案上,遂录以应。观者勿讶其不工也。长洲文徵明。

六月八日,病中有怀王毅祥,制《风入松》词以寄。

《味水轩日记》卷五:万历四十一年十一月二日,客携示文徵仲小景,自作绿豆细楷,书词上方:"近来无奈病淹愁,十日废梳头。避风帘幕何曾卷?悠然处,古鼎香浮。兴至闲书棐几,困来时覆茶瓯。　新凉如水簟纹流,六月类清秋。盍簪坊里人如玉,空相忆,相见无由。最是诗成酒醒,月明徐度南楼。右调《风入松》,病中有怀王君禄之,填此奉寄。时戊子岁六月八日也。"

乾隆本《苏州府志》卷二十七《第宅园林》:王吏部毅祥宅,在盍簪坊。

徵明擅词曲,音调清丽,风韵俊逸。其词有寄南京徐霖,简汤珍、钱同爱者,或亦是时作。

《吴越所见书画录》卷三《文衡山行书诗馀卷》王穉登跋:"衡山太史手书词一卷,音调清丽,风韵俊逸,正堪十八双鬟,执红牙歌之;可与'晓风残月'齐响耳,不谓此翁乃多妩媚也。"

《盛明百家诗·文翰诏集》简汤子重,调《风入松》:西斋睡起雨濛濛,双燕语帘栊。平生行乐都成梦,难忘处,碧凤坊中。酒散风生棋局,诗成月在梧桐。　近来多病不相逢,高兴若为同。清樽白苧交清夏,应辜负、绿树阴浓。凭仗柴门莫掩,兴来拟扣墙东。《明词综》有"汤居碧凤坊"注。

又《简钱孔周调风入松》：日长无事掩精庐，绕屋树扶疏。南窗雨过湘帘卷，烟绡帐，冰簟平铺。午困全销茗碗，宿醒自倒冰壶。　虚堂风定一尘无，香褭博山炉。何时去觅山公笑？花间醉、树底樗蒲。见说香生丹桂，莫教秋近庭梧。

又《寄徐子仁调风入松》：春风晴日袅花枝，何处滞幽期？金闺宝馆香云暖，人如玉，高鬌娥眉。纤指竞传冰碗，清歌缓送瑶卮。　醉围红袖写乌丝，宫锦墨淋漓。十年一觉扬州梦，还应费、多少相思。见说而今老矣，风流不减当时。

七月，铭其所得赤壁砚，后以赠朱应辰。

周积寅《文徵明赤壁砚》（一九九九年《扬子晚报》）：赤壁砚铭：猗欤子瞻，文人咸仰。赤壁之游，其乐可想。绝胜风流，千秋无两。镂之于砚，以供清赏。时陈洁几，心胸开朗。

有送卢襄典试江西诗。时襄官礼部祠祭员外郎。

《集三十五卷本》卷十三《赋得庐山送卢师陈》：谁见匡庐百叠苍？轺车八月下浔阳。天开画障芙蓉出，风约银河瀑布长。秀色从来堪揽结，壮游还待发文章。因君忽动江湖兴，便拟东林问草堂。

又卷三十四《陕西布政使左参议卢君墓表》：丁亥，升礼部祠祭员外郎。戊子，再升兵部职方郎中。又尝奉命典试江左，雠阅明审，取舍惟公。凡名流久淹场屋者，悉见识拔，一时称为得人。

《明书》卷十三《本纪》十一《世宗肃皇帝本纪》：六年丁亥，冬十月，初定用京官外省主乡试。

按：此诗本集列于卷十三为己丑年作。明代乡试，例在子、午、卯、酉年。卢襄卒在嘉靖十年辛卯闰六月，典试江西应是本年事。升兵部职方郎中应是试后事。

十月二日，姑玉清卒，父林女弟也。其长女适顾春，早寡，刺目自誓，"贞烈"旌门。吴宽、沈周、王鏊及文林等皆有诗文记咏。周臣、唐寅、仇英各有图绘其事。玉清葬以卒之明年，徵明撰墓志铭。

《集三十五卷本》卷三十《俞母文硕人墓志铭》：硕人文氏，讳玉清，先公温州府君女弟，徵明之姑也。……与俞君处，白首益恭，或饘粥不继，亦无愠见之色。先公及仲父中丞相继起科第，列官中外，家日显大，硕人未尝少有所干，以是先公特贤爱之。先公殁，仲父中丞及今季父事之尤谨。岁时来归，诸女妇若诸子侄，迎侍恐后。吉凶事必请而后行。每为言文氏先贫时事，以示规诲。卒嘉靖戊子十月二日，享年八十。子男三人。女四人，长适县学生顾春，早寡，刺目自誓，有司以贞烈奏旌其门。以卒之明年十一月□日葬硕人梅湾祖茔，合俞君之兆。

《过云楼书画记》画三《周东村俞节妇刺目图卷》：图中白发拄杖，据椅坐执桂花引儿者，节妇姑也。眇一目，两手扶儿往取花者，节妇也。左方题款后，楷书《苏郡志》书："烈妇一名，俞氏，吴县在城人。本县学生顾春妻。春患病将卒，与妻诀别，意在守而不隳其名耳。俞号泣不止，用手抠斡两目，欲得目睛付夫，示无他意。目抠不出，随将小铁剪刺其左目，血流遍体。复刺其右，姑高氏见而夺其剪曰：'汝职在事舅姑，育二子，亦留一目明可也。'遂止。时弘治九年八月二十八日也。春将绝，复苏曰：'吾而后瞑目地下矣。'又越六日为九月初四日而殁。乡里大夫皆称异而绘之，至今不出闺门云。"与《府志·列女门》引《姑苏志》略同。盖《府志》历经纂修，不无删节，此犹王文恪原文也。后有陈雨泉、王西室诗。末装衡山小楷《俞母文硕人墓志铭》，硕人为节妇之母，衡山之姑。

又画四《仇十洲唐六如刺目双图卷》：接后装吴县慰恤票云："适闻顾春秀才物故，妻俞氏引刀刺目与诀。死者固大可怜，而俞感发激烈，尤足以振颓俗。兹专香纸四盒，用吊春灵。布二匹，米二斗，用慰俞哀。少将勤恤，免谢。弘治九年九月二十五日，吴县票。"钤"吴县之印"。考《府志·职官》云："邝璠，弘治七年任。"则其时知县事者，邝廷瑞也。复有知吴县事吉水刘恒、山阴胡文静各为说跋后。前明士夫，崇尚风谊，皆吾吴循吏之足述者。后装沈启南挽诗，又有枝山和韵及王文恪、陈白阳各题一绝。石田款云："正拟拜吊，借马有妨。挽诗冥楮，专人奉去，入目为荷。沈周拜、惟寅乡兄执事。"惟寅为秀才之父。《家藏集·书俞烈妇事》有"吴学生顾春以好学成疾。疾亟，与其父惟寅诀别"可证。又云："春既死，县令邝君闻而嘉之，遣人遗之布粟以慰之。文宗儒太仆，俞之舅氏也，悲春早世，赋以哀之，因以著俞氏之节，俞氏之父济伯和之"云云。故石田诗有"颜路断肠，舅氏凄其"之句。

九日，为钱秉良补《鹤听琴图》。与张灵画图合卷。卷旧有吴奕篆引首，吴宽、朱存理、唐寅及顾璘等题。秉良号友琴，精于琴，有高致。

《虚斋名画录》卷三《明张梦晋文待诏鹤听琴图合璧卷》："鹤听琴图"（篆书）吴奕。"鹤听琴画为六事主人写。张灵。"后有吴宽、朱存理、唐寅题。第二图，诗七古，略。"友琴钱君以此卷索诗，未及有作而失之。常欲追为之图，因循未果，垂二十年，而友琴复购得之。持来示余，余愧其意，既为赋诗，复补一图,以终前诺。呜呼!友琴今年七十有六,而余亦垂六十矣。顾卷中诸人,俱已物故,而余与君独存,岂不有数耶?嘉靖七年戊子十月九日,文徵明识。”顾璘跋,略。

撰《王隐君墓志铭》。王名涞,长洲人。人因其所居,称为“荻溪王氏”。朱存理尝馆授其家,沈周、祝允明等均与游。

民国本《相城小志》:王涞墓,在太平桥南,文徵明撰墓志铭。

又:长洲之野,有隐君王处士,讳涞,字浚之,茗醉其别号也。家世耕读,因其所居,称荻溪王氏。三吴缙绅,咸与交游,宅邻于湖中,蓄图书万卷,竹炉茶灶。日与白石翁、祝京兆诸名流咏吟其中,遂隐终身。春秋七十。卒于嘉靖戊子十一月二十八日,娶刘氏。克葬有期,乃婿翁庆良持状乞余志。余与翁善,弗获辞焉。

《四友斋丛说》卷二十六:吴中旧事,其风流有致足乐咏者。朱野航乃葑门一老儒也。颇攻诗,在篠匾王氏教书。王亦吴中旧族。野航与主人晚酌罢,主人入内。适月上,野航得句云:“万事不如杯在手,一年几见月当头。”喜极,发狂大叫,扣扉呼主人起,咏此二句。主人亦大加击节,取酒更酌,至兴尽而罢。明日,遍请吴中善诗者赏之。大为张具。徵戏乐,留连数日。此亦一时盛事也。

冬,与王宠寓居楞伽寺,值飞雪几尺,乘兴作《关山积雪图》,凡五年始成。

延光室印本《文衡山关山积雪图》:曩于戊子冬,同履吉寓于楞伽僧舍,值雪飞几尺,千峰失翠,万木僵仆。履吉出佳纸索图,乘兴濡毫,演作关山积雪。一时不能就绪。嗣后携归,或作或辍,五易寒暑而成。

陈津举乡试。

乾隆本《长洲县志》卷二十四《人物》:陈津……中嘉靖戊子乡试。

嘉靖八年己丑(1529)六十岁

上巳日,袁氏兄弟邀游天池,历一云、天平而归。继又同赏辛夷于幻住庵,皆有诗。

《文嘉钞本》卷十二《上巳日袁氏诸昆仲邀游天池历一云天平而归》诗,七律二首,略。

又《幻住庵辛夷盛开与诸袁同赏》诗,七律一首,略。

道光本《苏州府志》卷四十《僧寺》:幻住庵,在阊门外雁宕村。大德四年,郡人陆德润舍地,中峰院僧明本建。初,本至吴,喜其地与雁宕山合,遂结草庵于此。赵孟頫亲为运甓,题额"栖云"。明本自为记。元末毁,明洪武初重建,宋濂记。

王毂祥、吴子孝、皇甫汸举进士。子孝字纯叔,号海峰,一鹏子。为文章典则雅驯。汸字子循,号百泉,录第三子。七岁能诗。为人和易,近声色。

《无声诗史》卷三《王毂祥》:嘉靖己丑成进士,改庶吉士,逾月而解。就甲资得吏部郎代郎中司选事。

《玉涵堂刻帖·明故朝列大夫湖广布政使司右参议贞毅吴公行状》:公讳子孝,字纯叔,别号海峰,晚更龙峰居士。贞毅则门生学子所私谥也。……郡人彭年著并书。

《吴郡名贤图传赞》卷八《吴贞毅》：公姓吴，讳子孝，字纯叔。文端公一鹏子。嘉靖八年进士。由庶吉士改台州推官。累官湖广布政使参议，致仕归。公颖敏绝伦，博览文籍，为文章典则雅驯。有《玉涵堂集》。私谥贞毅先生。

又《皇甫金事》：公姓皇甫，讳汸，字子循。嘉靖八年进士，官南京工部主事。公七岁能诗，名动公卿。后每沾沾自喜，用是一贬为黄州推官，屡迁南京稽勋郎中。再贬开州同知，擢云南金事，计典归。公为人和易，近声色。于兄弟中最老寿。其诗五言律最工。文法六朝，有《绪论》诸书。

《静志居诗话·皇甫汸》：百泉清音藻思，五言整于小谢，五律隽于中唐，惟七言葸弱。

与常州知府张大轮游宜兴张公洞。大轮号夏山，东阳人。进士。与徵明同官京师。前年以治行由建宁调任。革白粮，减加赋，宿患顿除。

《集三十五卷本》卷十四《张夏山挽词》：忆随仙侣仕瑶京，几度朝回并马行。回首旧游成大梦，燕山吴水不胜情。　出守毗陵岁再更，我时吴苑亦归耕。相逢相别多惆怅，何况泉台隔死生。　春风阳羡百花明，携手张公洞里行。二十年来谁在者？白头挥泪读题名。　三年常守念孤穷，教养雍容有古风。为理无名百年赋，至今赤子颂张公。　骢马使君前建守，仁恩十载两回施。武夷山下棠千树，尽是张公去后思。

康熙本《常州府志》卷二十一《名宦》：张大轮，东阳人。举进士。先守建宁。嘉靖六年以治行调守常州。革白粮馀费万缗。武、宜二邑坐加赋困久，事闻粮道，属公裁画。公以杂税抵充额数，损三之一，宿患顿除。

按：张大轮以嘉靖六年守常州，《张夏山挽词》作于卅年辛亥。由诗意推知同游张公洞约在本年春。但《文嘉钞本》游宜兴无诗。缘徵明归田后诗，遗缺甚多，《文嘉钞本》本年诗仅十一首。

春，顾璘来访，留宿停云馆有诗，徵明用韵赋赠。本年璘起为江西按察使；未行，升浙江右布政使，转左布政使。

《文嘉钞本》卷十二《顾华玉宿余停云馆·用韵奉赠》：我知容膝易为安，君似青松耐岁寒。情洽酒杯春烂漫，话深烛跋夜阑残。衰迟转觉交游好，阅历深知道路难。湖海去来殊不定，相思试展画图看。

《集三十五卷本》卷三十二《南京刑部尚书顾公墓志铭》：戊子，起为江西按察使。未行，升浙江右布政使，转左布政使。

与方太古赏千叶梅，有诗。尝为太古作像赞，并与袁袠等八人寿太古于东禅寺清溪堂，各赋一诗。

《集三十五卷本》卷十二《千叶梅与方山人同赋》诗，七律，略。

《集三十五卷本》卷二十《方质夫像赞》：是为吾友方君质夫之像也。苍颜槁如，其貌之癯，或视以为愚。大裙襜如，其服之儒，或诮以为迂。夫孰知其行之拘而心舒，外之枯而中腴！枕诗籍书，居居于于。夫谁与徒？严滩、鉴湖。然句秀而姝，灿乎玑珠，曾不疗其贫痡。誉藉而孚，烨其载途，适为造物者之所娱。盖尝稽其家世，出玄英处士之后；原其乡里，在金华文献之区。噫嘻质夫，我知其人，下求一世而不足，上师千载而有馀。

《袁永之集》卷一《晨风六章·章四句》：寿方山人质夫也，

宴于清溪堂云。盖集者八人，吴之彦也。文太史曰：《诗》有之，为此春酒，以介眉寿。人各赋一诗，以为山人寿。而裘也得"介"字。

按：寿太古在何年不可知，姑系于此。文徵明寿太古诗未见。

五月六日，录去年《除夕》诗寄徐缙。缙时官吏部侍郎。

《含晖堂帖》：除夕二首　堂堂日月去如流，醉引青灯照白头。未用飞腾伤暮景，尽教长健博穷愁。床头次第开新历，梦里升沉说旧游。莫笑绿衫今潦倒，殿中曾侍翠云裘。　糕果纷纷酒荐椒，笑看儿女斗分曹。灯前春草新裁帖，箧里宫花旧赐袍。老对亲朋殊有意，病抛簪绂敢言高？功名无分朝无籍，何用临风感二毛？奉违三载，常切倾溯，疏懒不获以时通问。顾辱不忘，数赐记存。万寿僧大云回，承寄捧绢，照数登临。因无便，未及申谢。兹云领荐北上，率此附承起居。鄙诗二首，往见近况。草草不悉。五月六日，徵明顿首诗帖子，上少宰相公崦西先生侍史。

按：《帖》又有徐缙书《朱藤诗》有云："吏部右厢房有朱藤一本，弘治间乡先达吴文定公为少宰时所植。越三十年为嘉靖戊子，缙自礼侍叨转兹部。"徐缙自礼部转吏部在本年。

重展沈律所藏书画，曾为跋宋徽宗《王济观马图》及郑思肖《兰卷》。时律以家世业医，选充唐藩医正。

《湘管斋寓赏编》卷五《宋徽宗画王济观马图》：徵明往与徐迪功昌国阅此卷于沈君润卿家，是岁为弘治十三年庚申也。及今嘉靖己丑，恰三十年矣。……是岁仲夏五月既望，长洲文徵明题。

《国光艺刊》第四期《宋郑所南国香图卷》：徵明往与徐迪功昌国阅此卷于润卿家，各赋小诗其上，是岁弘治十三年庚申也。及今嘉靖己丑，恰三十年矣。润卿去仕中州，将携此卷以往，因得重阅一过。念交游之凋丧，感聪明之不逮，不能不为之慨然也。是岁仲夏五月六日，前太史牛马走文徵明题。

按：沈律出仕引证，见前廿八岁。考《明书》卷二十四《同姓诸王表》，唐，国南阳。与徵明"去仕中州"语合。

七月四日，为白悦作《洛原草堂图》并记。

故宫博物院展出《文徵明洛原草堂图卷》：绢本，小楷款云："嘉靖七月四日，徵明写《洛原草堂图》。"后有徵明行书《洛原记》。

《天瓶斋书画跋·跋文待诏洛原草堂图》：文待诏为白贞夫作《洛原草堂图》并为之记，而手书于图之左方。一时名流歌咏其事。文字之美，足传千古。

李士允有诗见寄。次韵奉答。士允字子中，祥符人。能诗。

《文嘉钞本》卷十二《次韵答李子中见寄》：竹寺分违白发增，楚山回首碧层层。蹉跎岁月真如水，去住浮生总愧僧。江郭梦回占落月，雨窗相忆剪春灯。却怜老病才情减，手把瑶篇报不能。

《列朝诗集》丙集《李苑卿士允》：士允，字子中，祥符人。嘉靖丁丑进士。历官参政苑马寺卿。有《山藏集》。

秋，饮于拙政园，席上有次王献臣诗。

《文嘉钞本》卷十二《席上次王敬止韵》：高士名园万竹中，

远开别径着衰翁。倚楼山色当书案，临水飞花拂钓筒。老去不知官爵好，相遇惟愿岁年丰。秋来白发多幽事，一缕茶烟飏晚风。

顾璘邀徵明及许滽游西湖。徵明因病，以诗谢之。璘有次韵。

《集三十五卷本》卷十二《顾华玉以书邀予为西湖之游，病不能赴，诗以谢之》：旧约钱塘二十年，春风拟放越溪船。却怜白发牵衰病，应是青山欠此缘。漫说西湖天下胜，负他北道主人贤。只馀好梦随潮去，月落空江万树烟。

《息园存稿》诗十三《文徵仲翰院邀游西湖不至次韵解嘲》：怀君不见动经年，有约犹悭访戴船。草阁自含悬榻愧，莲舟终少听歌缘。徒闻避俗称高士，未必寻幽损大贤。落日倚阑空伫立，海山千点淡苍烟。

按：《息园存稿》于此诗前后有《和许隐君游西湖》及《和许隐君留别》诗，知许滽夏间在浙，初秋始返。

有题张灵遗画诗二首。

《文嘉钞本》卷十二《题张梦晋画二首》：我爱张君性不羁，锦囊风月画中诗。高斋落日看遗墨，仿佛当年把卷时。 辛苦明经老不成，片缣传世百金轻。当时亦有高官职，身后何人道姓名！

《吴郡二科志·狂简》：张灵……或谓之曰："以子之才，顾不得激致青云，乃重遭显弃，岂无雉经之用，而何以立于世？"灵曰："昔谢豹化为虫，行地中，以足覆面作忍耻状。使灵用子言，亦当如是矣。纵不尔，亦安得更衔凿落耶？"

按：阎秀卿撰此在弘治十六年癸亥，张灵在世。其后刘凤、文震孟、钱谦益、姜绍书等所记皆本此，而未及卒年，识此待考。

十一月三十日，孙元发生。彭次子。元发字子悱，娶彭年女。

《文氏族谱续集·苏州世系表》：六世。元发字子悱，号湘南。卫辉同知。子四：震孟、从升、震亨、震缨。

又《历世生卒配葬志》：卫辉公元发，国博公次子。恩贡生。选授浦江县知县，升卫辉府同知。生于嘉靖八年己丑十一月卅日。配彭氏，继周氏。

尝与客访劳麟于包山。麟字应祥，娶蔡羽从父时中之女。羽尝为言其为人之详，重然诺，有古豪逸之风。时已瞽。后六年卒，为撰墓志铭。

上海图书馆藏《文徵明诗文稿四册》第二册《西郊处士劳君墓志铭》：吴之包山，有详雅之士，曰劳君应祥，重然诺，喜交际。四方宾客至其地，多从之游。君周旋其间，靖真酝藉，悫而有容。饩馆劳徕，丰约无所失，有古豪逸之风。吾友蔡翰林九逵，君之妻之从兄弟也。尝为余言君为人之详。时君已瞽废业，且向衰，而聘不少弛。……南宁守蔡公时中，壮未有子。一女慎择所对，选于劳，得君而馆焉。已遂执公家政。公晚有儿息，而幼不更事。丧葬之事，咸自君出。礼文攸易，乡人称焉。少涉猎书记，习歌诗，兼攻医药。然皆秘不自见，惟用以饬身。岁己丑，余与客访君山中，君扶掖以出，被服襜整，进止有翼。叙致周颖，词旨清辨，聪明者不逮也。别来每切念之。及其子珊被荐，则为君喜，谓庶几有以引其年也。曾无几时，而君卒矣。呜呼惜哉，实嘉靖十四年十一月二日也。享年七十。

有诗寿方鹏六十。鹏于议大礼主张同张、桂。及张、桂

议行,迁官至右春访右庶子兼翰林院修撰。迨张璁入相,论事不合,乃移病迁南京太常寺卿,予告归。

《集三十五卷本》卷十三《寿方矫亭》:季鹰久已卧江东,再入修门简帝衷。白首岂知东观乐,青山终恋北窗风。一时出处如公少,六秩庚年愧我同。愿把纶竿相逐去,江湖满地两渔翁。

按:方鹏宦历引证,见前五十岁。

是年,周天球年十六岁,随父自太仓徙吴,从徵明游。天球字公瑕,号幼海。性爽迈,内行淳备。初治经生业,后肆力诗文,习为书法。徵明亟许可之,曰:“他日得吾笔者,周生也。”画兰石墨花颇佳。

《冯元成集》卷五十八《处士周公瑕先生墓志铭》:先生讳天球,公瑕其字也。父彰,号竹窗君。竹窗君有隐德,教授太仓沙头里中。生而秀异,髫年能以帚画地作大字,甚遒劲,见者皆骇叹。年十六恳其父谋居郡城,父如其语徙郡城娄齐间。从硕儒朱贞吉游,朱甚器先生,以女妻之。甫弱冠,选隶学宫,试辄高等。居久之,颇厌帖括,一意修古。每隐几学书,骎骎《黄庭》《圣教》矣。有蔡少竹者,亦韵士,为先生介绍文太史徵仲。太史进之函丈,学书益勤。太史勉之曰:“以子才,可芥拾世资,胡兀兀一艺耶?”先生自是颇占毕。年四十,患奇疾,几不起,遇神医而愈。既愈,即谢去诸生。专意修古。韩、柳、岑、孟,时为师友,而腴隽间出。善大小篆、古隶、行楷,法皆模范文太史。晚能自得蹊径,书名甚著。

《弇州山人续稿》卷三十九《周公瑕先生七十寿叙》:当是时,文徵仲先生最老寿,而最后乃得先生,而又甚爱异先生。文先生以大耄归,而先生继之。文先生之所庄事者沈启南先生,寿亦垂九十。自沈先生而文先生以逮先生,奉正朔而称盟主者,仅三人耳。

《皇明词林人物考》卷十二《周公瑕》:吴故多文士,待诏文徵仲艺苑领袖,独器许公瑕;故公瑕为诸生,文誉已隐隐起。世言公锱铢于阿堵,以余友公若干年,见公于意味投合者,殊无所觊。不然,弇州先生以一代词宗,何其礼重公若此耶?

《佩文斋书画谱》卷四十三《书家传》:周天球,字公瑕,号幼海,长洲人。少游文待诏门下,习为书法。待诏亟许可之,曰:"他日得吾笔者,周生也。"《谷城山房集》

《无声诗史》卷七:周天球,字公瑕,号幼海。少从文太史游,因以书名吴中。其书虽骨有馀,而未臻化境。楷书工整,殊胜行草,所谓有书学而无书才者也。画兰石墨花颇佳。写兰尤得郑思肖标格。

光绪本《苏州府志》卷一百九《艺术》:周天球……性豪爽,不屑世故。然内行淳备,父殁,与二弟分甘共暖。其姑姊妹亲党,寡居无依者,咸藉举火。

嘉靖九年庚寅(1530)六十一岁

正月,为无锡俞泰兄弟作《二宜园图》。泰字国昌。弘治十五年进士,仕至山东参政。为人温雅,诗文书画,皆似其人。

《珊瑚网画录》卷十五《二宜园图》:十亩芳园带野堂,白头兄弟喜相将。池塘入梦生春草,风雨淹情接夜床。并集原鸰如有恋,交花荆树正吹香。百年乐事真堪羡,为赋《斯干》第一章。大参正斋先生与其弟国声友爱甚笃。家有二宜园，颇极游观之胜。余为作图，并系拙句如右。嘉靖庚寅正月既望，文徵明识。

光绪本《无锡金匮县志》：俞泰，字正斋，弘治十五年进士，历官给事中，山东参政。雅好翰墨，兼工绘事。与信阳何景明善。

《无声诗史》卷六：俞泰，字国昌，号正泰。无锡人。弘治壬戌进士，任户科都给事中。写山水绝类黄子久、王叔明。为人温雅，诗文书画，皆似其人。

二月十日，为袁裘小楷苏轼《醉白堂记》。裘字绍之，裘从兄，吴县学生。诗文酝藉。晚贡礼部，未仕卒。

拓本《文衡山书醉白堂记》：嘉靖庚寅二月十日，绍之以乌丝佳纸索小楷，适坡公集在几，为书此篇。览者当重其文章之妙，而略其字画之拙矣。徵明识。

《尧峰文钞·袁氏六俊小传》：志山公讳裘，字绍之。吴县学生。屡试场屋不利，乃益取经史及汉唐以来名家之文，博涉遍览，贯穿上下。作为诗歌古文词，皆酝藉淳雅。生而秀敏，且畏谨不失绳度。居亲丧尽礼。晚岁始循资贡礼部，竟不及仕。所著有《志山诗集》。

十七日，次徐缙所寄寿诗韵以答。时缙颇荷帝眷。寻为忌者所中，夺职免归。筑介福堂奉母，口不言时事，足不入城市。

《含晖堂帖》：徵明贱诞，重蒙记忆，特贶华篇，重以绮币。区区浅薄，岂所宜蒙？感藏之馀，辄次来韵，用答雅情。不值一笑也。林下勋名有醉乡，梦中日月去堂堂。百年自谓贫非病，一笑何妨老更狂。积雨柴门车辙断,秋风庭院药栏荒。故人天上能相忆,时寄新诗借末光。徵明顿首再拜,上少宰相公崦西先生侍史。二月十七日。

道光本《苏州府志》卷八十一《人物·宦迹》:徐缙……授编修,历讲读,擢少詹事,礼部侍郎,充经筵讲官。时世宗日御讲幄,缙焚香端坐达明,正衣冠,入临讲,开陈大道。至治忽安危,反复详喻。帝改容听受。取先皇所制"和顺从容"四字赐缙,以颜诸堂。又取内府崇文诸书赐之。寻改吏部,摄铨政。上有事郊禋,例遣勋辅,特命缙以亚卿行之。自是忌者侧目。时陆粲疏劾执政。都御史汪鋐嗾太学詹棨讦粲为缙所指,下御史台狱,捃摭无所得,夺职免归。筑介福堂奉母。口不言时事,足不入城府几十五年。

《明书》卷一百五十五《佞幸传》二:张孚敬,初名璁。……监生詹棨有所恨于徐缙,时缙已为吏部侍郎,棨乃捃摭缙它事奏之。下都察院,当坐棨诬。孚敬忽言:"缙夜使人以白金赇请解。刺人而捕之,则已逃矣。"上怒,为罢缙,而特伸棨。

三月四日,钱贵卒。贵学务博综,文词尔雅。晚以讲明道学自任,讽徵明"文艺丧志"。徵明以"各从其志"为解。时论疑有异同,而实相好无间。至是为撰墓志铭。

《集三十五卷本》卷三十《明故鸿胪寺丞致仕钱公墓志铭》:嘉靖甲申钱君元抑以鸿胪丞致仕还长洲。阅六年,庚寅三月四日卒,年五十有九。君学博而识精,辨析亹亹,能起人意。文词藻丽,所论著尔雅有法。一时文学之士,咸让能焉。及官中朝,与翰林应元忠、邹谦之游。而太常博士马子□、陈惟濬又联官相好。诸君皆道学名流,君与朝夕上下其论议,始从事于治心养性，而一切支离文字，悉谢去。老退林下，益集诸生，相与讲明其说，俨然自以为有得。每以"文艺丧志"讽余，而劝余以道。余笑曰："人有能有不能，各从其志可也。"一时或有异同之论，而余与君实相好无间。

八日，为华云跋所得旧为钱尚仁画《洛神图》。尚仁曾请祝允明书赋其上。

《寓意录》卷四《文衡山洛神》：《洛神赋》正德庚午夏四月十有八日长洲祝允明书。　此幅予往岁为德夫所作，抵今二十年矣。德夫复倩希哲书之。愧予技劣，乌足与希哲匹也！今又为补庵所得，览之不胜怆然。岁月于迈，精力日衰，不知去后更能作此否？时嘉靖九年庚寅三月八日，徵明记。

题顾贞叔所得旧作小画。画作于丙戌冬，守冻潞河时；五易岁矣。

《文嘉钞本》卷十二《题自作小画》：忆得燕京梦故山，夜寒呵冻写潺湲。而今见画惊还喜，真在清泉白石间。此画余守冻潞河，有怀故山而作。今庚寅，五易岁矣。因贞叔携示，喜而赋此。

按：文彭《博士诗集》有《舟中与顾贞叔夜话》诗。文嘉跋嘉靖二十四年二月十二日徵明小楷《千字文》云："甲子春，将治装游燕都，偶检旧箧中书札，忽得此本，遂装池成卷，携之而往。适贞叔顾君在京师，一见遂攘去。"知贞叔姓顾，与徵明父子往来亦密。事行待考。

江以达来访，题画赠之。以达字于顺，贵溪人。嘉靖五年进士。累官湖广提学副使。廉介方刚，不避权势。

《文嘉钞本》卷十二《题画赠江于顺》：三载云萍去住踪，江城落日漫相逢。援琴试写平生意,千尺寒泉万壑松。

《列朝诗集》丁集《江副使以达》:以达,字于顺,贵溪人。嘉靖丙戌进士,刑部郎中。再迁福建佥事,湖广副使,俱视学政。罢归。

《中国文学家大辞典》:江以达,字于顺,号午坡。廉介方刚,不避权势。后为楚王所构,系狱,得放归。病卒于家。著有《江午坡集》四卷。

四月七日,于虎丘雨窗重题为朝爵去年所作猗兰小景。

故宫博物院紫禁城出版社、商务印书馆合作出版《明代吴门绘画·文徵明猗兰室图卷》:嘉靖己丑,徵明为朝爵画猗兰小景,明年庚寅四月七日,携至虎丘,雨窗重题。

按:朝爵姓名字行待考。

四月廿一日,与蔡羽谈天平龙门之胜,因作小图,并录近诗。

《珊瑚网画录》卷十五《衡山龙门览胜》:偶与九逵先生谈天平龙门之胜,为写小景,并书近诗请教。庚寅四月廿又一日,徵明记。

按:诗七律一首,即上年与袁氏兄弟游天平诗,略。

夏,为溧阳史际小楷《道德经》,一月始毕。际,后子,字恭甫。少从王守仁、湛若水游。嘉靖十一年进士,仕至太常卿。丰财好奇,乐施与。曾练乡兵击倭。

《安素轩石刻·文衡山书》:溧阳史恭甫过吴,以长素索书《道德经》。黄山谷云:"六十老人,挥汗作字,殊未易办。"余政不畏此。连日俗事缠手,时作时辍,更月始克告成,勿谓老翁亦复迟顿也。时嘉靖九年岁在庚寅夏五月十又七日,长洲文徵明徵仲甫识。

嘉庆本《宜兴荆溪县志》卷八《文苑》：史际，字恭甫，溧阳人。由进士仕至太常卿。丰财好奇，乐施与。嘉靖间筑别业于玉女潭北，名玉阳洞天，文徵明记甚详。癸卯、甲辰，宜兴饥，出粟赈济，全活几二万人。丙午，闻邑令方逢时浚张公坝河，复运米五百石助之。

乾隆本《溧阳县志》：史际，字恭甫，给事后之子。少从王守仁、湛若水游。既入南雍，受知于鲁铎。嘉靖十一年登第，授礼部精膳司主事，调主客。改吏部稽勋文选司，又改右春坊清纪郎兼翰林院侍书。为忌者所中，乞归。创设义庄，务以济人为急。开浚跃龙关河。重建明伦堂，割腴田二顷以赡贫士。复建新泉、嘉义两书院以待四方游学之士。当事为立生祠于学，以示报也。甲寅、乙卯间，倭寇深入，际练乡兵数千邀击太湖洞庭山，寇却走。寻犯应天，破溧水，流劫至溧阳，际复率敢死邀击于旧县。寇败东奔，追战宜兴之太湖，寇歼焉。事闻，起擢尚宝司卿。以攻徐军功，再擢太仆寺少卿。

七月，为袁袠补倪瓒《江南春》图。八月，再和《江南春》二首。

上海博物馆藏《文徵明江南春图卷》：纸本，设色。卷末小楷题："嘉靖庚寅七月，徵明制。"

拓本《唐文江南春合册》：徵明往岁同诸公和《江南春》，咸苦韵险。而石田先生骋奇抉异，凡再四和。其卒也，韵益穷而思益奇。时年已八十馀，而才情不衰，一时诸公为之敛手。今先生下世二十年，而徵明亦既老矣。因永之相示，展诵再三，拾其遗馀，亦两和之。非敢争能于先生，亦聊以致死生存殁之感尔。嘉靖庚寅仲秋，文徵明记。《江南春》两首略。

为华夏跋续得《淳化祖石刻法帖》三卷及《定武损本兰亭叙》。至是，华夏所得《淳化帖》已九卷。时史氏亦藏一卷，徵明为之和会，不成。

《郁氏书画题跋记》卷一《续收淳化祖石刻法帖三卷》：余生六十年，阅《淳化帖》不知其几。然莫有过华君中甫所藏六卷者。尝为考订，定为古本无疑。而中甫顾以不全为恨。余谓《淳化》抵今五百馀年，屡更兵燹；一行数字，皆足藏玩，况六卷乎？嘉靖庚寅，儿子嘉偶于鬻书人处获见三卷，亟报中甫以厚值购得之。非独卷数适合，而纸墨刻搨，与行间朱书辨证，亦无不同。盖原是一帖，不知何缘分拆……嘉靖九年秋七月既望，文徵明识。

又卷十《文太史跋兰亭》：……今从华中甫观此，乃五字镶损本。非但刻拓之工，而纸墨亦异。以白石偏傍较之，往往相合，诚近时所少也。其后跋者七人，而邓文肃善之、柯奎章敬仲，皆极口称之。二公书家者流，而柯尤号博雅。其言如此，余又何容赘一辞哉。嘉靖九年庚寅八月二日，文徵明识。

又卷十《董玄宰跋泉州阁帖》：《淳化》官帖，宋时已如星凤。今海内止传一本，是周草窗家物。在项庶常所。吾闻项本初在华东沙、史明古家。华得其九，史得其一。文待诏为之和会，两家各称好事，连城不斝，延剑终乖，其难致如此。

按：史鉴久卒，董其昌所述，鉴子德徵事也。

中秋，晚雨忽霁，与诸友观月；次日，与汤珍、王宠夜泛石湖赏月；重阳日又同楞伽山登高，皆有诗。

《文嘉钞本》卷十二《中秋日晚雨忽霁与诸友观月》《十六

夜同汤子重王履吉石湖看月》《九日同子重履吉楞伽山登高》
诗,皆七律,略。

潘叙与蔡齐石过访,请为沈周追和倪瓒诗并补图作配幅,因亦次韵。

《文嘉钞本》卷十二《潘半岩同蔡齐石过访小斋,出示石田追和倪元镇诗并补诗意为图,余既为配幅,亦次其韵如右。半岩所居近穹窿山,山有法雨泉,往尝与半岩试茶于此,故卒章及之》:柴门黄叶满,有客过贫家。高雅潘邠老,风流蔡少霞。白发仪型在,青山岁月赊。忆同烹法雨,古寺荐新茶。

十月二日,大书题宋高宗与岳飞手敕《满江红》词。(后刻于杭州岳飞庙)

拓本《文衡山大字满江红》:(词见前三十五岁)右题宋思陵与岳武穆手敕墨本。嘉靖九年十月二日书。徵明。

按:此碑原刻作八行。"文革"时碎作四截。后重修时,求碎石已缺其一,补刻第一行"堪读",第二行"成身",第三行"更堪怜",第四行"徽钦辱",第五行"谈南渡",第六行"能逢",第七行"武穆手敕",第八行"书徵明"。其中"更"字与原结体不同。

是月,仿倪瓒画并题以赠严宾。陈沂、沈仕、汤珍题。仕字懋学,一字子登,号青门,仁和人。好诗翰,工画。

《美术生活》第三十八期《明文衡山仿云林山水》:不见倪迂二百年,风流文雅至今传。偶然点笔山窗下,古木苍烟在眼前。徵明戏用云林墨法,写赠子寅,以为何如? 嘉靖九年十月。昔访匡庐支道林,暂从飞溜洗尘襟。于今唤醒东华梦,一入云山深复深。沂。　宛住昆仑王玉林,云飞霞变照衣襟。人间自

得骊龙宝,天上堪夸金马深。沈仕。　　解组归来别禁林,高斋
玄淡抱冲襟。云踪霞迹情无限,落笔真藏万壑深。汤珍。

《列朝诗集》丁集中《青门山人沈仕》:仕字子登,自号青门
山人,杭州人。王道思序其诗云:"予闻沈青门于顾东桥,以为
江湖诗人第一流也。今年冬,访余海上,尽出其诗卷,观其乐
府、古词、杂咏、游适之作。至于览观京都,恭睹今上制度礼乐
之钜盛,拟议应制,形容功德,颂美摛华,丽而有则。盖君故少
司寇省庵公之子,习其家学。君恂恂恭敕,风致蔼然。边关诸
诗,意气激发,溢于声律之外,岂其濩落无用,虽托以为佚,而雄
心侠气,犹不能自释耶!"

《佩文斋书画谱》卷五十六《画家传》:沈仕,字懋学,号青
门,仁和人。雅好书翰,多蓄古法书名画。朝夕展玩,久之有
得,乃援笔挥洒。花卉山水,风神气韵,殊胜专门。

**赴昆山,登翠微阁。晦,赴江阴,欲登君山,以雨不果;
雨舟夜泊,有怀汤右卿,皆有作。**

《文嘉钞本》卷十二《昆山翠微阁》:飞楼缥缈翠微中,身在
东南第一峰。胜概百年馀水石,阑干千尺俯云松。诗篇谁继张
承吉,人物空怀陆士龙。欲写平生登临兴,彩毫先寄紫芙蓉。

墨迹《明文衡山水墨山水轴》:水啮青枫野岸高,风摇暝色
起萧条。孤灯照叶听寒雨,短棹粘沙待夜潮。客计匆匆茫自
失,羁魂黯黯坐来销。银笺淡墨诗成处,咫尺佳人入望遥。庚
寅十月之晦,江阴道中遇雨,夜泊有怀。徵明。

按:《文嘉钞本》题作"江阴道中遇雨,野泊有怀汤右卿"。
汤右卿事行待考。

《文嘉钞本》卷十二《欲登君山雨不果》诗,七律,略。

是年,应薛晨请,撰其父文时墓志铭。晨字子熙,鄞人。从徵明学书。

拓本《薛文时甫墓志铭》:鄞有清修笃学之士,曰薛君文时,与其弟文明同游学官。初,君以所学教授吴门,吾友沈禹文实从之游,尝为余道其为人之详。及是葬,以其子晨来谒铭。卒嘉靖庚寅二月廿又二日,子男四人,长即晨,郡学生。卒之年十二月廿又四日葬清道乡板桥先茔。

拓本《薛子熙草书千字文》:嘉靖三十六年丁巳仲冬廿有二日,四明霞川薛晨书。　四明薛子熙,风流文雅,才华盛著。尝过吴,与余论书颇合。……文徵明。四明薛子熙笃好书学,不远千里,从游于衡山太史公之门。历数年,书遂大进,观此刻可见矣。彭年。

为袁表作《闻德斋图》。徵明及子彭、嘉、侄伯仁与蔡羽、钱贵、王宠、彭年、薛己等,皆斋中客也。表字邦正,袤兄。由太学生入仕至临江通判。为人和易,而中实耿介。长于诗歌,与徵明及王宠等倡和。己,吴县人。以医选为御医,擢南京院判,进院使。

《我川寓赏编·袁氏闻德斋书画册》:"闻德斋"(隶书)徵明为邦正书。"图"。款徵明。《闻德斋志引》,文略。嘉靖庚寅上巳,斋主人汝南袁表识。斋客凡十五人:文衡山太史。蔡林屋国史,(壬寅卒)。钱漕湖鸿胪,(本年卒)。王雅宜国士,(癸巳卒)。文寿承文学。文休承文学。文德承文学。盛五省医国。杨履素琴师,(本年卒)。王子卿卫尉。尤鲁徵进士。彭孔嘉茂才。吴祁父茂才,(癸巳卒)。曹养吾琴师,(乙巳卒)。薛立斋院长。

《尧峰文钞·袁氏六俊小传》:陶斋公讳表,字邦正。由太学生授西城兵马使指挥,改南京中城。升临江通判。为人和易,不设崖岸,而中实耿介。长于诗歌,与文先生徵仲、王子履吉辈相倡和。所著有《江南春集》行于世。

道光本《苏州府志》卷一百六《人物艺术》下:薛己,字新甫,号立斋,吴县人。性颖异,过目辄成诵。尤殚精方书,于医术无所不通。正德时,选为御医。擢南京院判。嘉靖间,进院使。

为徐默庵以千金得王维《辋川图》矮本于古中静。

《岳雪楼书画录》卷四《明文待诏临摩诘辋川图卷》:孔广陶跋云:"王右丞《辋川图》有高矮两本,均为宣和御府珍秘。胜国时,其矮本新安古中静携至吴门,徐默庵酬价六百有奇,不可得。嘉靖九年,待诏为默庵转恳于其甥复儒以说中静。遂以千金为寿,是图始归徐氏记室。"

按:徐默庵之名,于徵明书画跋文中数见之,不知即徐缙否?待考。古中静事行待考。

为海宁许相卿之弟作《鹤所图》。相卿字伯台,正德十二年进士。世宗立,授兵科给事中。所言皆不听,谢病归。隐居紫云山。尝驰书乞画;徵明亦有诗寄之。

《虚斋名画录》卷三《明文待诏鹤所图卷》:小开幽室对仙禽,静契蹁跹物外心。兴落孤山秋渺渺,梦回赤壁夜沉沉。有时起舞月在席,何处长鸣风满林。见说周旋无长物,数竿修竹一床琴。文徵明。　《鹤所记》:余使过扬,扬人或笼三鹤赠余。余以一界乐仲,处之所居之东。余题其处曰"鹤所"。问先生可遂记之乎?曰:"吾何记,吾何记,吾记所尝得于过庭者夫!"往先给事督余学,必以正。凡世之可喜可愕,废时失业为学害者,一切止之,不予近也。已余学成,游京师而归,先君老矣,无以为娱。间以鹤进,不余止也。今吾乐仲,于学则已辍矣,病乡无以自乐,而于鹤寓情焉。盖先君昔之不余止,而余不以止乐仲也。嘉靖庚寅秋仲既望,云村老人伯兄相卿书于宜山堂。

《明史》卷二百八《列传》:许相卿,字伯台,海宁人。正德十二年进士。世宗立,授兵科给事中。为给事三年,所言皆不听,遂谢病归。八年,诏养病三年以上不赴都者,悉落职闲住,相卿遂废。夏言故与同僚相善,既秉政,招之,谢不往。

《静志居诗话》:许相卿,字伯台,海宁人。正德丁丑进士,官兵科给事中,补礼科。致仕。有《云村集》。云村淡于宦情,居紫云山四十年,风花云瀑,游屐遍于岩椒,而不一入城市。其卒也,闻人嘉言挽以诗云:"平生城市无双屐,何物荣哀到两眉。"盖实录也。

《黄门集·与衡山文徵仲内翰》:仆奔骛坌埃,江南山水,日夕神往;况公山水中人耶？妙染乞时寄惠,仆将神游其间,如陪公巾履也。

道光本《嘉兴府志》:许黄门宅　许相卿弃官隐居茶磨山,引泉艺茗。山有高岩,题曰天口只峰,曰星晶石,曰弄月台,曰枕流岩。后悬崖陡绝处曰丰崖。时跨黄犊,披蓑带笠,行山觅句。文徵明诗:"茶磨清风不可攀,高人先我十年闲。懒摇玉珮联青琐,故掷银鱼卧碧山。新水旋开田二顷,紫云深占屋三间。若为便置苍生望,见说青青鬓未斑。"

史立模官苏州通判。立模字季宏,馀姚人。以兵科给

事中谪升。政尚威严。藏有宋史守之告身，徵明尝考订为跋。

道光本《苏州府志》卷七十二《名宦》四：史立模，字季宏，馀姚人。进士。嘉靖九年以兵科给事中外谪，升苏州通判。政尚威严，以法绳豪武，使不得逞。所至登眺，多作诗歌。一载，迁袁州同知，历惠州知府。

《集三十五卷本》卷二十二《跋宋通直郎史守之告身》：右通直郎史守之告身一通，宋主管成都玉局史守之所受。守之八世孙大行人立模得此告于族人，装池成轴。自记颠末，复征余言。夫守之行谊之高，与夫此告授受所自，诸公论著已详。独岁月出处稍异，恐不可传信，略为考订如此。

杨一清卒，谥文襄。

《历代名人年谱》：嘉靖九年庚寅，杨一清卒于四月。谥文襄。

嘉靖十年辛卯（1531）六十二岁

春，陆师道来访，汲泉煮茗，徵明纪以诗画。师道字子传，号元洲，寻更五湖，长洲人。祖廷玉，与徵明同学，骫髊场屋，困顿以没。时师道年二十二岁。

《无声诗史》卷二：陆师道，字子传，长洲人。初号元洲，寻更曰五湖，以表寓也。

《故宫书画集》第三十七册《明文徵明品茶图》：碧山深处绝纤埃，面面轩窗对水开。谷雨初过茶事好，鼎汤初沸有朋来。嘉靖辛卯，山中茶事方盛，陆子传过访，遂汲泉煮而品之，真一段佳话也。徵明。

上海图书馆藏《明文徵明诗文稿·贤母颂有叙》：余少游学官，与陆君廷玉为友。君高朗磊落，方骯髒场屋，年日以老，而家日益贫，而志不少奢。及君困顿以没，其子某，稍事废举，以植其家。既而某客死维扬，内侵而外侮，孤嫠茕茕，日以不竞。于时人皆忧其踬且债也，然其家弗坠以隆。二子日以有立，且皆以文章行业，侈声吴中。长子师道，起家进士。

三月，与汤珍、王宠游竹堂寺。为寺僧性空水墨写意十二段。

《郁氏书画题跋记》卷十一《衡山水墨写意十二段》：嘉靖辛卯三月，偕子重、履吉过竹堂僧舍。时新雨初霁，清气袭人。性空上人联此纸索余墨戏。漫图一二种，遂携而归，更旬始就。老年迟顿，聊用遣兴。若以为不工，则非老人计也。

按：有题十二段，略。

四月十日，题画以赠王宠。自丁亥至今，历五年而就。

《故宫书画集》第四十五册《明文徵明松壑飞泉图》：余留京师，每□□松流泉之想，神情渺然。丁亥归老吴中，与履吉话之，遂为写此。屡作屡辍，迄今辛卯，凡五易寒暑始就。五日一水，十日一山，不啻百倍矣。是岂区区能事，真不受迫哉！于此有以见履吉之赏音也。四月十日，徵明识。

五月十日，陈淳仿米作水墨山水，徵明题。淳尝北游太学，家以不善治理中落。诗酒自若。

《中国古代书画图目》一，北京中国历史博物馆藏《明陈淳风雨溪桥图》：嘉靖辛卯五月十日白阳山人作。　春云方靆沓，风雨更萧条。不妨泥滑滑，襄笠过溪桥。徵明。

《白阳集》附张寰《白阳先生墓志铭》：吴中有高逸绝尘之士，以文学才艺为时钦，声光殷殷闻于海内者，曰白阳先生陈君，讳淳，字道复，后以字行，别字复甫，苏郡长洲之大姚村人也。祖讳琼，考讳钥。既为父祖所钟爱，时太史衡山文公有重望，遣从之游。涵揉磨琢，器业日进。凡经学古文词章，书法篆籀画诗，咸臻其妙，称入室弟子。选补邑庠生，时流推高，令誉日起。泊父卒，哀毁过礼，葬祭如法。既免丧，意尚玄虚，厌尘俗，不屑亲家人事。租税逋负，多所蠲免；而关石簿钥，略不訾省。于世家钜室之所以补苴罅漏，维植门户者，漠如也。未几，援例北游太学，尽付其家于纪纲之仆。于是外朘于吏繇，内蠹于僮客，田亩日减，庸调未除。每岁责偿，业已大损，而君一不以动意，益事诗酒为乐。兴酣，则作大草数纸，或云山花鸟，兼张长史、郭恕先之奇，君自视亦以为入神也。至天水胡公、闽中陈公相继为君稽豁，而家已倾矣。巡抚都御史陈公，知君精于篆法，开馆礼聘，俾书《五经·周礼》，镂板置学，君名益大振。

《玉剑尊闻》卷六《赏誉》：张寰目陈淳"有云林之飘洒，而无其癖；同石田之高洁，而通于和"。

按：光绪本《苏州府志》卷五十二《职官·历代郡守知府》："胡缵宗，嘉靖三年由安庆改任。陈文沛，长乐人。嘉靖六年以工部郎中任。"张寰所云"天水胡公、闽中郑公"当指胡缵宗、陈文沛两人。陈误郑。

十九日，王庭雨中过访，清谈竟日。因制诗画以赠。庭因母老，自许州改国子博士，历官南曹郎。时官南礼部。

印本《明文徵明墨笔山水》：草暗泥深辙迹荒，故人乃肯顾草堂。贫无供设情还洽，老惜交游话更长。离思一天云黯黯，闲愁千斛雨浪浪。明朝何处瞻行色？一抹青山是建康。　一笑山楼见故知，梦中尘土说京师。怜君官拙淹常调，顾我年侵异旧时。风雨笑谈宁有数？江湖离合本无期。为拈秃笔题云树，咫尺中含万里思。直夫祠部冒雨过顾，君既不饮，而贫家亦不能为具。清坐竟日，题赠如此。辛卯五月十又九日，徵明。

《皇明词林人物考》：江西布政司右参议阳湖王公庭，长洲人也。举进士，历官南曹郎有声。

光绪本《苏州府志》卷八十六《人物》：王庭……知许州，以母老改国子博士。历南礼部、刑部郎。

七月，段金卒，年四十六岁。为书周金所撰墓志铭。

拓本《明故户部主事石庵段公墓志铭》：赐进士出身通议大夫都察院右副都御史奉敕巡抚保定等地方兼提督紫荆等关同邑周金撰文。翰林院待诏将仕佐郎兼修国史长洲文徵明书篆。嘉靖十年七月二十八日，石庵段子以疾卒于家，越乙未年三月二十二日始克祔于先兆。石庵生成化二十二年六月（缺泐六字）四十有六。

七月中旬，阴雨连绵，门无宾客，望后初晴作《松壑高闲图》。廿四日雨窗又作《古木高闲图》。

江兆申《文徵明与苏州画坛》：七月望后，积雨初霁，山斋疏豁，偶得佳纸，写松壑高闲图。

又：雨窗无客，意思寂寥，弄笔作古木寒泉，用为松壑之对。时辛卯七月廿又四日，徵明识。

至金陵，寿顾璘父纹八十岁。徵明归隐后，时至金陵，与顾璘、刘麟等倡和。时顾璘、刘麟皆致仕中。

《息园存稿》文九《与陈鲁南》：许彦明最宜数造。闾里后生，讥评不已，几致生祸，可发浩叹。文衡山老性宽涵，画品精进。秋间欲迎来倾倒数日。世如此老，亦无几人。王雅宜病后，诗律甚畅，但柴瘠可危。

《甘泉先生文集外编》卷四《寿顾愚逸先生八十华诞序》：……（璘）及转山西廉宪，不拜，而乞归养其二亲。自予司成南雍，转贰南铨，与之游者四年，嘉靖戊子也。秋七月十有一日，愚逸公八十华诞之辰。

《集三十五卷本》卷三十二《南京刑部尚书顾公墓志铭》：考纹，号愚逸。……庚寅，召为都察院右副都御史，巡抚山西。上疏乞终养，忤旨，落都御史，以布政使致仕。愚逸公病疽，公时已五十馀，与同卧起。唲濯扶掖，举身亲之。肉血淋漓，十指皆溃；曾不敢自佚，以委劳于人。

《明史》卷一百九十四《列传》：刘麟……嘉靖初，召拜太仆卿，进右副都御史，巡抚保定六府。再引疾归。起大理卿，拜工部尚书。已，上节财十四事，汰内府诸监局冒破钱，中贵大恨。及显陵工竣，执役者咸觊官，麟止拟赉，群小愈怨。会帝纳谏官言，停中外杂派工役，麟牒停浙江苏松织造，而上供袍服在停中。中官吴勋以为言，遂勒麟致仕。

《息园存稿》诗十四《同文徵仲赠许隐君》：一别西湖今几秋，重摇兰棹伴君游。碧山楼阁悬明镜，压尽东南数十州。

《弇州山人四部稿》卷一百三十二《文待诏游白下诗》：文太史归隐后，扁舟秣陵，与刘司寇、顾司空倡和，大是香山社风度。书笔视平日小纵，而苍老秀润，时时有法外趣。诗亦清逸可喜。

秋，华夏又携书画至吴，徵明为跋钟繇《荐季直表》，王羲之《袁生帖》，颜真卿《刘中使帖》及黄庭坚《经伏波神祠诗》。

《壮陶阁帖》卷一《荐季直表》跋文略。嘉靖十年岁在辛卯十月朔，衡山文徵明书于停云馆中。

《大观录》卷一《王右军袁生帖》跋文略。嘉靖十年岁在辛卯九月朔。　宣和收藏，传至祐陵，亲加标识。衡山先生又起而疏其本末，《袁生》一帖，声价遂重。

摄影本《颜鲁公刘中使帖》：右颜鲁公《刘中使帖》，徵明少时，尝从太仆李公应祯观于吴江史氏。李公谓："鲁公真迹存世者，此帖为最。"徵明时未有识，不知其言为的。及今四十年，年逾六十，所阅颜书屡矣，卒莫有胜之者。因华君中甫持以相示，展阅数四，神气爽然。嘉靖十年岁在辛卯八月朔，长洲文徵明题。　早来左顾，匆匆不获款曲，甚愧。承借留颜帖，适归，仆马遑遽，不及详阅，姑随使驰纳。他日入城，更望带至一观，千万千万。签题亦俟后便，不悉。徵明顿首，中甫尊兄。

艺苑真赏社本《宋黄山谷书经伏波神祠诗》：右黄文节公书刘宾客《伏波祠诗》，雄伟绝伦，真得折钗屋漏之妙。三十年前，徵明尝于石田先生家观此帖，今归无锡华中甫。中甫持来求题，漫识如此。嘉靖辛卯九月晦，长洲文徵明书。

八月十四日、十五日夜，独坐南楼，对月有作。时子彭、嘉与汤珍、王宠等皆赴试金陵。

《文嘉钞本》卷十三《十四夜南楼对月》：凭谁斫却月中枝？放取清光照酒卮。莫道一分犹未满，要知月满有亏时。又《十五夜无客独坐南楼有怀子重、履吉及儿辈，时皆在试□》：露华浮玉桂香浓,银汉无声月正中。忽忆故人天万里,满身金粟广寒宫。　群仙何处蹑飞鸾,缥缈红云捧玉盘。曾在长安忆儿女,今缘儿辈忆长安。　去岁中秋语笑哗,自怜衰疾鬓根华。少年散去衰翁在,独倚南楼到月斜。共五首,录末三首。

陆师道、黄省曾、华云举于乡,汤珍、王宠及彭、嘉仍不售。宠归后,卧病石湖。省曾字勉之,长洲人。重交游,志古学。从王守仁、湛若水游;又学诗于李梦阳。

乾隆本《苏州府志》卷三十八《选举》三《举人》:嘉靖十年辛卯科　吴县　陆师道　黄省曾

《姑苏名贤小纪》卷下《陆尚宝五湖先生》:弱冠举于乡。又七年戊戌成进士。

《句吴华氏本书补编》:府君讳云,嘉靖辛卯魁顺天。

《明史》卷二百八十七《文苑》三:黄省曾,字勉之。举乡试。从王守仁、湛若水游。又学诗于李梦阳。

《吴郡名贤图传赞》卷八《黄孝廉》:公姓黄,讳省曾,字勉之,长洲人。生平重交游,弃时好,志古学,意趣澹如也。

《牧斋初学集》卷八十四《题钱叔宝手书续吴都文粹》:……功甫少及见文待诏诸公,尝言:“吴中先辈学问皆有原本,唯黄勉之为别派。袖中每携阳明、空同书札,出以示人。空同就医京口,诸公皆不与通问。勉之趋迎,为刻其集,诸公皆薄之。”

《四友斋丛说》卷十五《史》十一:王雅宜自辛卯秋在东桥处见余兄弟行卷,是年秋南归,卧疴于石湖之庄……

重九日,为王延喆跋苏轼《兴龙节侍燕诗》。

《听雨楼法帖》:苏文忠公《兴龙节侍燕诗》,作于熙宁己酉间，正雍熙之日，君臣相庆之时。故所书飞舞，神采射人。卷中兼有宣和等印，诚天府之物。不知何年流落人间。徵明在子贞中舍书斋得以展阅，是亦一遇也，敬题此以识之。时嘉靖辛卯重九日，徵明。

十六日，安国携苏轼小楷《怀素自叙释文》至吴请鉴定，安国记。

商务印书馆本《苏东坡书怀素自叙》：明桂坡安国同衡山先生鉴定真迹，时嘉靖十年辛卯秋九月既望。下有"桂坡"白文方印。

徵明既精于书画，尤善鉴别。然有以书画求鉴定者，虽赝必曰"真迹"。或问其故，徵明曰："凡买书画者，多有馀之家。此人贫而卖物，或待此以举火。若因我一言而不成，必举家受困矣。我欲取一时之名，而使人举家受困，我何忍焉。"

《筠轩清秘录》：书画有赏鉴、好事二家，其说旧矣。好事者不足纪。今举古今赏鉴家识于此，俾稽古者知所考矣。……徐有贞、李应祯、沈周、吴宽、都穆、祝允明、陆完、史鉴、黄琳、王鏊、王延喆、朱存理、陆深、文徵明、文彭、文嘉、徐祯卿、王宠、陈淳、王延陵、黄姬水、王世贞、王世懋、项元汴。

《履园丛话》：收藏书画有三等，一曰赏鉴，二曰好事，三曰谋利。米海岳、赵松雪、文衡山、董思翁等为赏鉴，秦会之、贾秋壑、严分宜、项墨林等为好事。

《四友斋丛说》卷十五《史》十一：衡山精于书画，尤长于鉴别。凡吴中收藏书画之家，有以书画求先生鉴定者，虽赝物，先生必曰："此真迹也。"人问其故，先生曰："凡买书画者，必有馀之家。此人贫而卖物，或待此以举火。若因我一言而不成，必举家受困矣。我欲取一时之名，而使人举家受困，我何忍焉！"

《眉公见闻录》卷三：文衡山先生见伪物，必为题跋，甚则昂其值，使售者小有所济。

《漱华随笔》：有以书画求文待诏鉴定者，虽赝，必曰真迹，所以周全贫士也。前辈存心忠厚如此。

应华云请，撰文以寿其父麟祥。时云适领荐归里。麟祥字时正，晚号海月。由诸生贡入太学，一再试不利，待次于家。既不为时用，用植其家。转输播植，遂致巨富。及云领荐，麟祥请散衔得授浙江布政司都事。自奉俭约，而岁饥倾廪赈贷，缓急无弗应。

《中国古代书画图目》二，上海博物馆藏《明文徵明行书寿华君序》：《寿浙省都事海月华君序》，嘉靖之初，锡山华君时正，以太学生待次天官。于时天官卿实知华君，将慰荐之。君偶有所触，慨然曰：吾岂以区区荣名而劳吾之形，以役吾之心哉！竟不俟调而归。会有诏：选人不愿补官者，授以散衔。君遂援例拜浙省都事阶承事郎。……盖于是年且七十矣。……是岁辛卯秋九月十六日，实君降诞之辰，君之子云适领乡荐，归自京师，将以是日置酒会客。以为君寿，而征词于余。余昔官京师，知君不受选调，意独贤之。

拓本《有明华都事碑》：维华氏远有世叙。自晋孝子宝以来，世居锡之慧山。宋三一府君原泉，自汴来，徙梅里之隆亭。……父栋，字良用，读书业进取，跅弛自好，龃龉于时。娶吴氏，生三子，公其仲也。其讳麟祥，字时正，号海月居士，晚号海翁。少即砥砺知学，尝游学官，一不合，即弃去，以赀为郎。寻又被选为诸生，援例升贡太学。

乾隆本《无锡县志》卷三十三《行义》：华麟祥，字时正。父栋，性豪迈，屑越生产。麟祥转输播殖，遂致富。年十七补诸生，不能具校官修脯，黜去。后复由诸生入监，选浙江布政司都事，不赴。令子云受业邵文庄宝。宝后致仕归，相款曲者惟麟祥一人。富埒封君，而自奉俭约。工书好诗。声色无所嗜。岁饥谷贵，倾廪赈贷。缓急无弗应者。新会陈献章为颜其堂曰乐善。

十月六日，叔父彬卒，年六十四岁。十二月十八日葬雅宜山。

《文氏族谱续集·历世生卒配葬志》：贞山公彬，卒于嘉靖十年辛卯十月六日，年六十四。十二月十八日葬雅宜山。

冬，雪后，袁褒过访，为作《袁安卧雪图》。褒字与之。潜心读书，隐居不仕。

《辛丑销夏记》卷五《明文待诏袁安卧雪图》：嘉靖辛卯冬雪后，袁君与之过余停云馆。因忆胜国时赵文敏公为袁静春作《汝南高士图》，遂仿像为之。

《尧峰文钞·袁氏六俊小传》：卧雪公讳褒，字与之。太学生。身长七尺，音如巨钟。雅薄功名，不肯仕。与人交，不设城府。潜心读书。晚而卜地桃花坞，筑室灌园，抱膝长吟其间，于声势泊如也。所著有《东窗笔记》《括囊稿》若干卷。

十二月，袁鼐葬于宝华山。鼐卒于去年夏。其子衮持王宠撰行状乞铭，为撰《袁府君夫妇合葬铭》。衮字补之，和雅谦下，与弟裘终身不析产。

印本《袁氏册》：《袁府君夫妇合葬铭》，嘉靖九年庚寅，袁府君与其配韩孺人相继卒。明年辛卯十二月十又七日合葬宝华山先茔。于是其子衮奉其友王宠所为状来乞铭。子男二人，长即衮，举戊子乡贡，娶卢氏。次裘，吴县学生，娶陈氏。

《尧峰文钞·袁氏六俊小传》：谷虚公讳衮，字补之。长身玉立，美须髯。性和雅谦下，即之令人意消。与母弟裘同居，终其身不析产。

为华云补制《绿筠窝卷》约在是年。

《弇州山人四部稿》卷十九《绿筠窝卷歌并叙》：永乐间，无锡华翁有绿筠窝，九龙山人王孟端图之。一时词笔皆知名士，后失之火。翁五世孙补庵先生复创窝竹间，衡山太史为续图，仍有诸体书诸君诗于后。掩映斐亹，极有好致。

《午风堂丛谈》卷五：吾乡华氏《绿筠窝卷》，九龙山人王孟端为华康伯画。康伯与四明陈庄斋、梅里吕学斋、华东湖诸公相游从。耐轩居士王达为之记。钱仲益、华晞颜、释永宁、俞海各有诗，皆永乐间巨人也。后卷失之火。文徵仲从其五世孙从龙之请，既为补图，复用诸体书录诸君诗于后，用存当世故实。王履吉、唐龙、陈白阳、王守、彭孔嘉、周公瑕俱有跋。王元美、敬美昆仲有诗纪之。

按：卷未著岁月，王宠本年归吴，后二年卒。此卷有宠跋，姑系本年。

题王献臣拙政园诗三十首。

《文嘉钞本》卷十二《拙政园诗三十咏》，各体诗。为瑶圃、繁香坞、嘉实亭、竹涧、桃花沜、槐幄、芭蕉槛、湘筠坞、槐雨亭、尔耳轩、来禽囿、得真亭、珍李坂、玫瑰柴、若墅堂、志清处、小飞虹、倚玉轩、梦隐楼、听松风处、小沧浪亭、蔷薇径、意远台、钓碧、怡颜处、水华池、深静亭、柳隩、芙蓉隈、待霜亭。诗略。

卢襄卒,年五十一岁。

《集三十五卷本》卷三十四《陕西布政使司左参议卢君墓表》:嘉靖十年辛卯闰六月八日,陕西参议卢君卒于家,年五十有一。

嘉靖十一年壬辰(1532)六十三岁

人日,集于袁褒城北别业,有诗。

《珊瑚网书录》卷十五《文徵仲题咏遗迹》:淡烟苍霭昼沉沉,白发青春好自禁。寂历梅花犹勒雨,蹉跎人日苦多阴。步来野径缘溪静,爱此茅堂入竹深。车马不惊鱼鸟狎,居然城市有山林。壬辰人日,与之城北别业小集。是日风雨寂寥,梅萼未破,故诗及之。

二月,陆治画《四时蔬果》,徵明与王宠、王穀祥、彭年分题之。

《石渠随笔·陆治四时蔬果卷》:设色,画篮中蔬果。第一:笋、佛手柑、荸荠、杏。第二:桃子、杨梅、茄子、枇杷。第三:蒲桃、石榴、沿篱豆。第四:香橼、柿子、萝卜。末幅款:嘉靖壬辰春二月既望,仿钱舜举。包山陆治。每幅间以宣德笺,明人文徵明、王宠、王穀祥、彭年分题。

按:徵明题第一幅。诗略。

三月六日,过王献臣拙政园,为临苏轼《洋州园池诗》。又尝手植紫藤一枝于园中。

墨迹《明文衡山临东坡洋州园池诗卷》:右东坡《洋州园池

诗》，旧有石刻传于世矣，余少时喜效诸家法帖，尝临此本数过。每恨天资所限，殊不得其肯綮。今日偶过槐雨先生拙政园，道及坡翁寄题与可之作，因出佳纸，遂命余录此。第愧区区笔法未精，是亦捧其心而颦于里也。嘉靖壬辰三月六日，徵明识。

按：紫藤植于何年不可考，姑系本年，今此藤尚存。有清光绪三十年时端方题"文衡山先生手植藤"碑于紫藤架下为识。

既望，为安国题赵孟𫖯暨子雍孙麟画马。

《珊瑚网画录》卷八《赵子昂仲穆彦徵三马图》：锡山安君尝得其子集贤、诸孙彦徵画马联轴，王叔明题其后，并论其父子笔法所出，而尤盛称文敏得曹韩之妙。顾卷中无文敏之笔，非阙典欤！安君乃别购文敏一马，标诸卷首，遂成合璧。持来示余，俾题其后。安君名国，字民泰，号桂坡，锡山人。嘉靖壬辰三月既望，文徵明题。

又过袁氏别业，赏芍药有诗，并系以图。

印本《唐宋元明名画大观》：雅澹风前第一流，巧将浓艳一时收。鱼沉雁落初匀黛，雨散云收欲堕楼。莫问红颜争解妒，只教芳草亦含愁。青油百尺须添障，竹叶应为十日浮。嘉靖壬辰暮春既望，过袁氏别业，适芍药盛放，赏玩竟日，即席漫赋，并系以图。徵明。

春，与王守兄弟宿治平寺，摹沈周画并书旧作。

墨迹《明文衡山仿石田画行书诗合卷》：嘉靖壬辰春，与履约履吉宿治平，出石田先生画卷视之，喜其用笔精绝，遂摹仿之，不能及其万一也。并书旧作四首于后。徵明。

按：此卷一九四八年八月见于上海墨林。引首董其昌行书

"衡山墨戏"四字。

六月廿二日，将《怀素自叙》石刻归陆修水镜堂。初，徵明获睹自叙真迹。因用古法双钩入石，累数月始就。有跋。

　　按：《故宫周刊》第一三〇期至一三一期，文物出版社《怀素自叙真迹》，《大观录》卷二均载有跋怀素自叙。（跋文略）。《怀素自叙真迹》现藏台湾故宫博物院，但卷后未见文徵明小楷书此跋文。现见跋文为此石刻拓本。上有"陆修之印"。陆修事行待考。

夏，避暑东禅寺。袁裘来访，作诗画赠之。

　　《穰梨馆云烟过眼录》卷十八《文衡山设色山水轴》：六月飞泉泻玉虹，幽人虚阁在山中。四檐秀色千峰雨，一榻松声万壑风。嘉靖壬辰夏日，避暑东禅，适绍之过访，辄此奉赠。徵明。

秋九月，约蔡羽同游玄暮。羽未至。登胥台山、雨中登玄墓、登渔深山怀王敬止、与潘叙同宿山中，皆有诗。归制游玄墓书画卷。

　　《游玄墓诗画卷》见于《中国名画家全集·文徵明》（河北教育出版社）：近至玄墓得诗七首，辄呈一笑。壬辰九月。徵明。《登胥台山》《雨中登玄墓》《雨宿玄墓》《雨晴登山阁》《望渔泽山有怀王敬止》《蔡九逡期同游及是不果来，山中有怀》《与潘半岩同宿》诗七首，皆七律，均略。

十月十三日夜，与朱朗小酌玉磬山房。月色如昼，人境俱寂，因画并题。

　　《壮陶阁书画录》卷十《明文衡山中庭步月小帧》：十月十

三夜,与子朗小酌玉磬山房。微醉,起步中庭,月色如昼,碧桐萧疏,流影在地。顾视悠然,人境俱寂。命山童煮苦茗啜之。还坐风檐,不觉至丙夜。东坡云:何夕无月,何时无竹柏,但少我辈闲适耳。壬辰。(诗七古,略)

望日,《关山积雪图》成,题而归之王宠。(其后董其昌一再展阅,最后乃深赞其深秀细润,并曰:"吾犹昔人,鉴非昔人矣。"其昌字玄宰,华亭人。万历十六年进士,官至礼部尚书。少负重名,精于品题,书画自成一家。)

《壮陶阁书画录》卷十《明文衡山关山积雪图卷》:(跋文略)嘉靖壬辰十月望日,衡山文徵明。 此图余得之吴门张山人,后为项文学易去。今又于长安邸中见之,观其深秀细润,真衡山得意笔。吾犹昔人,鉴非昔人矣。其昌。

按:北京延光室有摄影本,文徵明跋文同。有陆师道跋而无董跋。

《无声诗史》卷四:董其昌,字玄宰,号思白,华亭人。万历戊子、己丑联缀经魁,遂读中秘书。日与陶周望望龄、袁伯修中道游戏禅悦,时贵侧目,出补外藩,视学楚中。旋反初服,高卧十八年,而名日益重。四方征文者日益多。碑碣铭志之石,非公笔不重。断楮残煤,声价百倍。与同邑陈仲醇为老友。凡有奇文,辄出示欣赏。修神、光两朝实录,署副总裁。当事拟以少宰,辞。拟北詹,又辞。既而请南,乞休。泊魏阉盗权,人皆叹公之先几远引焉。崇祯间,晋礼部尚书。年近大耄,犹手不释卷。其书无所不仿,最得意在小楷,而懒于拈笔,但以行草行世。亦多非作意书。若使当其合处,直可追踪晋、魏。画仿北苑、巨然、千里、松雪、大痴、山樵、云林。精研六法，笔与神合，气韵生动，得于自然。

《列朝诗集》丁集下《董其昌尚书》：玄宰天资高秀，书画妙天下。和易近人，不为崖岸。庸夫俗子，皆得至其前。最矜慎其画，贵人巨公，郑重请乞者，多倩他人应之。或点染已就，僮奴以赝笔相易，亦欣然为题署，都不计也。家多姬侍，各具绢素索画，稍有倦色，则谣诼继之。购其真迹者，得之闺房为多。精赏鉴，通禅理。萧闲吐纳，终日无一俗语。米元章、赵子昂一流人也。

是年，从松江朱氏借观赵孟頫为袁静春作《袁安卧雪图》，见其笔力简远，意匠高雅，自愧不及。至十一月十日，为袁褒小楷录《袁安传》于上年所画《卧雪图卷》，并识。

《辛丑销夏记》卷五《明文待诏袁安卧雪图卷》：……明年，从松江朱氏借观松雪旧图，笔力简远，意匠高雅，真得古人能事。始觉区区尘冗，可愧也。而袁君不以为劣，装池成轴，携来相示，遂抄袁公本传系之。而老目昏眵，书不成字。盖欲掩其丑而卒不能掩也。是岁壬辰冬十一月十日，徵明识。

有寄杨慎诗，慎亦有诗相寄，兼问讯太仓姜龙。慎以议大礼戍云南永昌卫已九年，投荒多暇，书无所不览，富著作。龙字梦滨，号时川。正德三年进士。官至云南按察副使，在滇四年，番汉大和。嘉靖五年罢归。家居二十年卒。

《平远山房法帖》：《寄杨用修》云绕滇池万里城，孤臣一谪九年更。只今天意何当定，此日君王本圣明。塞上未须论马失,《周南》还见著书成。春风想得闻鹃处,水碧山青无限情。

《杨升庵集》卷二十六《寄文徵仲兼问讯姜梦滨》:翰林供奉白头时,洗墨归寻古剑池。近得王家《湖水帖》,遥传谢氏《敬亭诗》。扇头云树摇山翠,障子烟花动海漪。频过时川草堂否?三游空结梦中期。

《明史》卷一百九十二《列传》:杨慎……既投荒多暇,书无所不览。明世记诵之博,著作之富,推慎为第一。诗文外,杂著至一百馀种,并行于世。

民国本《太仓州志》卷十八《人物》:姜龙,字梦滨。正德三年进士。历官礼部仪制司郎中。时宸濠蓄不轨。以三事请,一曰益护卫兵;二曰抚按等官不得行出使礼;三曰乞于浙江遴选宫嫔。龙白尚书寝其议。十四年,武宗将南巡,率同列谏止,罚跪五日,杖几死,黜为建宁府同知,多惠政。寻迁云南按察司副司,备兵澜沧、姚安等处。滇土司故盗数,龙让其酋曰:"尔为世官,而纵盗受赇乎?"酋惧,请自效。又单骑至夷箐,抚谕之。群盗泣听命。南安州盗聚千人,御史且征兵,龙以一檄先之,三日,盗散略尽。四川盐井剌马仁、云南丽江和哥仲二酋仇杀数十年,龙设法抚谕,皆罢兵。大候州官猛国悱险肆暴,龙擒之。邓川州旧多水患,屯田皆废。龙指示方略,筑堤捍御,水不为灾。在滇四年,番汉大和。邓川创三正人祠,祀袁州郭绅,莆田林俊,其一则龙也。嘉靖五年罢归。滇民闻之,哭声载道。家居二十年卒。

按:徵明与姜龙往来诗文,尚未发现。缘徵明归田后诗文,缺少颇多。《文嘉钞本》亦有残失。自嘉靖壬辰起至嘉靖廿三年甲辰,十三年中诗皆缺。

永昌张含，与杨慎善，亦尝有诗寄徵明。含字愈光，举乡试，不第，以吟弄诗史终。

《盛明百家诗·张禺山集》：《寄衡山文太史徵仲》翰墨声名宇宙间，行空龙马出天闲。官从北阙辞东观，门对吴江近越山。剡曲雪船乘兴去，衡阳霜雁寄书还。藏身丘壑交游绝，绿树丹霞只闭关。

又：君名含，字愈光，永昌府人。尝举乡荐，不第，遂不复仕。以书史吟弄终其身。素与升庵杨翰撰善，其诗多所评定。

《列朝诗集》丙集《张举人含》：含字愈光，永昌人。父志淳，南京户部右侍郎。举乡试，不第，遂不谒选，年八十馀乃卒。愈光少与杨用修同学。丙寅除夕，以二诗遗用修，文忠公极称之，谓当以诗名世。尝师事李献吉，友何仲默。然其平生知契，白首唱契者，用修一人而已。愈光诗行世者，有《禺山诗选》《禺山七言律钞》，皆用修手自评骘云。

与江阴知县李元阳登君山，有诗。元阳字仁甫，云南太和人。嘉靖五年进士。笃于学，有善政。徵明尝为跋其所藏《东坡学士院批答》并考正颠错。

平泉书屋本《文徵明墨宝》：《同江阴李令君登君山二首》浮远堂前烂漫游，使君飞盖作遨头。烟消碧落天无际，波涌黄金日正流。禽鸟不知宾客乐，江湖空有庙廊忧。白鸥飞去青山暮，我欲披襄踏钓舟。　云白江青水映霞，夕阳阑槛见天涯。乱帆西面浮空下，双岛东来抱阁斜。万顷胸中云梦泽，一痕掌上海安沙。扁舟便拟寻真去，春浅桃源未有花。

光绪本《江阴县志》卷十一《职官·知县》：世宗嘉靖十年至十二年　李元阳。

又卷十五《名宦》：李元阳，字仁甫，云南太和人。嘉靖丙戌进士，改庶吉士。笃志正学，以直道称。左迁知江阴，筑城兴学，毁淫祠，弭江盗。抑强直枉，表章节义。更以其间搜遗贤，访古迹。寄诸吟咏。尝于席帽山上建梧溪书院。与方谟为布衣交。人皆称为风流仙吏云。

《集三十五卷本》卷二十二《跋东坡学士院批答》：右苏文忠公学士院批答五道：赐枢密安焘辞免恩命三，赐户部侍郎赵瞻、门下侍郎孙固各一。按文忠《内制集》载赐焘不允批答凡十有三。此前二首元祐二年六月作，后二首元年七月作。赵瞻者作于三年三月，孙固作于四月。按固以元祐三年四月壬午守门下侍郎，而焘为右光禄大夫，依前知枢密院事。瞻为枢密院直学士，签书院事。三人同日被命。先是焘以元年闰二月乙卯自同知枢密进知院事，为言官论列，三月遽罢。至次年六月，竟被初命。此二首盖当时之词也。后人以三人并命，因列于此，而实非也。后乃同知枢密乞退时所答。当在二首之前。不知何故，反列于后。而其词与集微有不同。瞻所赐乃户部侍郎求外补时所答，而集中别有《赐瞻辞免答书》二首，实与固同日月。而此首当是未受签书之前，宜其与固前首日月不同也。最后《祈雨道场斋文》，亦载《内制集》中，而其文亦微有不同。"仰惟天命"，集作"天人之师"，当以集本为是也。按文忠元祐元年十二月入为中书舍人，寻迁翰林学士知制诰，至是恰两年耳。明年三月，遂出知杭州，于是公年五十有四年矣。此卷旧为宁波袁尚宝家所藏，余往岁尝见，乃是册子。不知何人联属为卷，遂至颠错。因李君仁甫出示，疏其略如此。若公文章翰墨之妙，固不待区区论述也。

写送别图赠王穀祥。

《玄览编》卷四：文衡山为王禄之写送别二图，一马行，一舟行，时禄之尚为孝廉。计年则徵仲才六十三岁。虽笔力清劲，□气秀雅，然笔笔矜持，为法维絷。小序作蝇头楷，造亦与画同。若令徵仲此时而死。亦未必能传久远，盖仅成而未大成时也。其大成在六十五六以后，至七八十时乃几于化。

按：王穀祥于嘉靖八年己中进士，詹氏失考。

撰《石冲庵墓志铭》。冲庵名瀚，长洲人。业贾。三子芥、岳、岩从钱尚仁读。尚仁曾为请徵明撰三子字辞。

西泠印社本《文徵明小楷墓志墨迹两种》：《石冲庵墓志铭》石翁宗大，自其父以纻缟起家，至翁益裕，而其业亦益振。翁讳瀚，字宗大，号冲庵，世家长洲。卒嘉靖十一年壬辰正月十又三日，享年七十有五。子芥、岳、岩。芥等将以卒之年月日葬吴山紫薇村先茔。先事奉其友彭年所为状来乞铭。

《集三十五卷本》卷二十《石氏三子字辞》：吴城石君宗大，以高赀推于里党。而朴茂愿谨，有古孝弟力田之风。晚始生子，而连得三子，长芥、仲岳、季岩，韶秀朗彻，并循饬向成。而君爱之，慈不忘训。乃芥之冠也，因其师钱德孚谒字于余，且致其父之意，乞言自勖。顾其意不可辞，则为析其义而命之。命芥曰民立，遂亦命岳曰民望，岩曰民瞻。

薛蕙有书，并以所注《老子解》为赠。蕙晚岁好老、释诸书，著书乐道，悠然自适。

《薛考功集》卷九《与文徵仲》：往年承寄示休致四疏，念将出都，故不复奉答。至今忽六七岁，复以路远，不获致问。虽音息之疏，而此心之奉怀甚数也。近来想履况增胜湖山林壑之间,良可乐也。每念衡山清修不污,安于贫贱。至其晚节,始涉仕宦之途,复能不终日而去之。凡交游之有识者,不但服衡山恬退之一节,实嘉衡山为始终之完人也。仆虽退藏,恒未忘忧患,缯缴之迹,远愧于冥冥者矣。吕子行,附寄略布区区。《老子解》二卷,登泛之隙,聊备一览。章逢之徒,知言者鲜,必有以是而罪我者。非羊、何辈不必示之也。九逵、履吉二君,会间为我致意。无由奉见,临书增叹!

《西原遗集》附文徵明《吏部郎中西原先生薛君墓碑铭》:晚岁,自谓有得于老聃玄默之旨,因注《老子》以自见。词约理明,多前人所未发。又喜观释氏诸书,谓能一死生,外形骸。所居之西,隙地数弓,即所谓西原者,故有水竹之胜。日游衍其中,著书乐道,悠然自适,遂以是终其身。

周复俊举进士。复俊字子籲,昆山人。器度纯雅,弱冠与王同祖、顾梦圭称"昆山三俊"。授工部都水主事,寻迁四川提学副使,徵明有《赠周子籲提学四川序》,又杂录所作诗赠之。

嘉庆本《太仓州志》:周复俊,字子籲,嘉靖十一年进士,授工部都水主事,寻迁四川提学副使。谢请托,备兵云南,有平蛮功。历左布政使至太仆卿。

道光本《苏州府志》卷八十三《人物·宦迹》:复俊器度纯雅,风神韶秀。弱冠与王同祖、顾梦圭称"昆山三俊"。居官清介,多惠政。少游方鹏之门,精研理要。在滇时,与杨慎切劘,学益进。所著有《太仆集》《玉峰诗纂》《东吴名贤记》。

《朱卧庵藏书画目》:《扬舲万里卷》,文太史隶,并行书《赠子籲提学四川叙》。

按:序未见。

《吴越所见书画录》卷四《文衡翁诗册》:(诗共七律十五首,五古三首)近作数首,录似子籲提学评订一笑。徵明。

嘉靖十二年癸巳(1533)六十四岁

二月,为顾璘重题所藏宋赵令穰《春江烟雨图卷》。时璘仍致仕在里。

日本东京大学出版会《中国绘画总合图录》第四册《赵令穰春江烟雨图卷》:长风吹波波接天,倚空高柳霏晴烟。江干舣棹者谁子?幽兴远落沧洲前。沧洲春尽蘼芜绿,白鸥飞去春江曲。碧云苍霭见远山,极浦松林带茅屋。是谁尺素开潇湘?王孙大年笔老苍。开图万里江入坐,林影拂面衣巾凉。清风萧瑟秋满堂,恍然坐我烟水乡。便思把酒临横塘,醉听鼓松歌《沧浪》。右赵大年卷,昔年应试南畿,吏部顾东桥命余鉴定,距今二十馀年矣。复持来索题,漫赋长句以贻之。时嘉靖癸巳仲春,徵明。

按:顾璘至丁酉始起官。时致仕在家。

十九日,毛珵卒,年八十二岁。为撰行状。方鹏撰墓志铭,徵明书。

《集三十五卷本》卷二十六《都察院右副都御史毛公行状》:卒嘉靖癸巳二月十有九日,享年八十有二。某于公为邑里晚进,辱公忘年下交,提衡引重,雅意勤至,有出于通家姻好之外者。公平生居官行事,虽间得于语言承接间,而莫知其详。今因其子锡朋所述者,摭其大校,叙次如右,庶太史氏有所采择云。

拓本《明故都察院右副都御史致仕进阶中奉大夫砺庵毛公墓志铭》：赐进士出身嘉议大夫南京太常寺卿奉诏致仕前右春坊右庶子兼翰林院修撰经筵讲官郡人方鹏撰文。前翰林院待诏将仕佐郎长洲文徵明书并篆。温厚刻。

春，与蔡羽、王宠、金用饮于钱孔周家，蔡羽有诗。

隆庆本《长洲县志·艺文志》：蔡羽《钱孔周席上话文衡山王履吉金元宾》：契阔多忧思，欢然集桑梓。执手念离别，别离何年始？校书石渠阁，反顾若脱屣。系马亲昵门，合尊城东里。款曲输素怀，次第问发齿。锦瑟未及弹，怨歌中觞起。怨歌何所陈？怨此梦寐人。出门即天涯，恍惚难常亲。

按：此诗亦见《林屋集》卷十，未注撰年。考徵明《翰林蔡先生墓志》，蔡羽明年以太学生赴选调，而王宠卒在本年四月，此诗姑系本年。

蒋山卿自仪真来访。徵明曾偕之与王庭同访王宠，宠有诗。山卿留五日而去，赋诗留别，徵明次韵。山卿以嘉靖五年知河南，改浔州，再改知南宁，值诏讨思田土官岑猛，因调度功进广西参政。以谗罢。

《书法丛刊》第六辑《明文徵明诗稿五种》：《南泠先生自仪真放舟访余吴门，留五日而去，临行，赋三诗留别，谨依韵奉答，君时宿疾大发，不能出游，颇负远来初意，故因卒章调之》：雨中画舫载山行，雨后春波绿绕城。味入江乡菰菜好，歌翻吴调竹枝清。青松佛刹云中见，落日荷花镜里生。胜概满前留不得，百年真负远游情。

按：录末一首。

《雅宜山人集》卷六《蒋大参子云文内翰徵仲王祠部直夫过访山中作》:空山卧病披白云,荆扉忽集鸾皇群。客星炯炯在河渚,傲吏翩翩遗世氛。落日风清玄谷籁,平湖雨濯绣峰文。野人惟有东林月,今夜清光分赠君。

《列朝诗集》丙集《蒋参政山卿》:历刑部郎中,出知河南府,改浔州,再改南宁。时有诏讨思田土官岑猛,调度军兴,以功进广西参政。总督林富雅重其才略,拟以方镇擢用,竟坐谗言罢。

《明史纪事本末》卷五十三《诛岑猛》:七年春正月,王守仁将至田州,调集湖兵数万人南下,诸土目皆惮之。守仁乃自毁晦,示以无事。及抵南宁……守仁乃上疏言:思田久苦兵革,纵使克之,置流官,兵弱财匮,恐生他变。岑氏世有功,治田州,非岑氏不可。请降田州府为田州,官猛子邦相为判官,帝皆从焉。守仁复荐布政使林富为巡抚。

按:嘉靖本《南宁府志》载,蒋山卿以嘉靖五年任,十二年离任。其后任喻义,无锡人。嘉靖十二年到任。是山卿十二年以进广西参政离任,不久即罢归。王宠诗称之为"蒋大参子云",是山卿此时已是广西参政。山卿自仪真放舟吴门未知岁月,当在离任以后,姑系于此。

四月十七日,作诗画寄顾兰乞笋。兰以太学生释褐,知山东淄川及江西乐安两县。居官持廉,民皆信悦。投劾归。初号春庵,归后改春潜。

印本《文徵明竹石轴》:海燕飞飞四月天,名园春笋大如椽。文同老去馋应甚,安得胸中饱渭川。春潜园笋大发,欲求两束,辄以小诗先之,亦足喷饭也。徵明。癸巳四月十七日。

《集三十五卷本》卷二十七《顾春潜先生传》：所居有田数弓，每春时东作，则有事其间，因筑室以居，署曰春庵，自称春庵居士。他日仕归，邂逅於潜人，问"於潜"所为得名，曰："昔人谓于此可以潜隐也。"乃忻然笑曰："吾亦从此逝矣。"遂改称春潜。春潜自弘治己未至正德丁丑，凡七上礼部，不中，以太学生释褐，授山东淄川知县。拊循道利，民用安集。上官才之，调知江西之乐安。逾年，而民信以悦，风以丕厚，邑方有赖，而春潜顾已倦游，竟投劾去。居官尤事持廉，常禄之外，一无所取，亦不以一物遗人。及是归，家徒四壁，先所业田，已属他人，独小圃仅存，有水竹之胜。客至，烧笋为具，觞咏其间，意欣然乐也。

《说听》：顾先生兰，居吴城临顿里。受性介洁，不苟取予。宰山东淄川。入觐，父老为率邑民出数十缗以献，竟赋诗却之，云："笑舒双手去朝天，荣辱升沉总自然。珍重淄人莫相赠，近来刘宠不收钱。"

按：祝允明《怀知诗》中《顾明府荣夫》："鸡山燕市每依依，此日都抛入洛衣。家近郁林公旧隐，门市彭泽令初归。空怜旧社惟君密，却笑无车访我稀。最爱沧浪池水好，几时同坐一方矶。"祝诗约作于嘉靖四年，时王鏊已卒，朱应登尚在世，是顾兰于嘉靖初即已致仕。

四月三十日，王宠卒。宠清夷廉旷，于书无所不窥。书疏秀得晋法。自丱角即与徵明游，无时日不见。卒年四十岁。其兄守以都御史出镇郧阳，便道归里葬宠，请徵明为墓志铭。

《集三十五卷本》卷三十一《王履吉墓志铭》：君资性颖异，将以勤诚。于书无所不窥，而尤详于群经。手写经书皆一再过。为文非迁、固不学;诗必盛唐。见诸论撰,咸有法程。余年视君二纪而长,君自卯角即与余游,无时日不见,见辄有所著,日异而月不同,盖浩乎未见其止也。而岂意其遽疾而死也!君高朗明洁,砥节而履方。性恶喧嚣,不乐居廛井。少学于蔡羽先生,居洞庭三年。既而读书石湖之上二十年。非岁时省侍,不数数入城。君卒时,履约方官京师。及是以都御史出镇郧阳,便道过家,以葬君某山之原。俾某为铭。卒嘉靖癸巳四月三十日,享年四十。娶徐氏,子男一人子阳,太学生。娶唐氏,解元伯虎女。

《吴郡名贤图传赞》卷八《王贡士》:文学迁固,诗好建安三谢。行书疏秀得晋人法。风仪玉立,举止轩昂。猥俗之言,未尝出口。温醇恬旷,与物无竞,人拟之黄叔度云。

五月既望,为王献臣作《拙政园诗画册》。前已为题三十景,至是增玉泉,共三十一景,各系以诗,且为之记。诗文雄健;画兼南北宗;书备行、楷、篆、隶各体,而皆不相袭。徵明诸长,毕萃于此。

中华书局本《文衡山拙政园书画册》:《京师香山有玉泉,君尝勺而甘之,因号玉泉山人。及是得泉于园之巽隅,甘洌宜茗,不减玉泉,遂以为名,示不忘也》:曾勺香山水,泠然玉一泓。宁知隔瑶汉,别有玉泉清。修绠和云汲,沙瓶带月烹。何须陆鸿渐?一啜自分明。

又《王氏拙政园记》:槐雨先生王君敬止,所居在郡城东北,界娄齐门之间。居多隙地,有积水亘其中。稍加浚治,环以林木。……凡为堂一、楼一、为亭六,轩槛池台坞涧之属二十有三,总三十有一,名曰拙政园。王君之言曰:"昔潘岳氏仕宦不达,故筑室种树,灌园鬻蔬,曰:'此亦拙者之为政也。'余自筮仕抵今,馀四十年。同时之人,或起家至八座,登三事;而吾仅以一郡倅老退林下,其为政殆有拙于岳者,园所以识也。"徵明漫仕而归,虽踪迹不同于君,而潦倒末杀,略相曹耦。顾不得一亩之宫,以寄其栖逸之志,而独有羡于君。既取其园中景物,悉为赋之,而复为之记。嘉靖十二年岁在癸巳五月既望,长洲文徵明著。

按:册有明林庭㭲、清戴熙、吴骞、钱泳、钱杜、苏淳元、何绍基、张廷济等题。吴骞云:"侍御居官,以屡忤权奸,直声著朝野。待诏殆雅相知契,故既为此图,系以题咏,复为作记。园中诸景,凡卅有一。景各一图,笔法纵横变化。大抵集宋元名家之大成,而参以己意,故为此公绝构。"

《破铁网》:文衡山《拙政园图》真迹,绢本,大册。凡分景三十有一。王侍御槐雨嘱文待诏一一绘之。画法疏秀,书兼四体。每景序其大略,系以小诗;后附园记。皆《甫田集》所未载。是册为桐乡金氏文瑞楼故物,内子自奁具中携归。吴槎客先生曾从余借观,并跋其后,兼录其诗刊于吾乡徐夫人灿《拙政园诗馀》后。盖园于明季为陈素庵相国所有也。

《莲子居词话》:徐湘苹夫人《拙政园词》,清新独绝,为闺阁弁首冕。余获见文待诏为王御史所作《拙政园图》,设色细谨。笔法纵横变化,极经营惨淡而出之。凡三十有一叶。叶各系以古今各体诗。最后有记,皆待诏书。王宰一生,郑虔三绝,萃于斯矣。图成于御史始创,厥后辗转屡易,求如夫人时又不可得。抚是帧,为之三叹息也。待诏图今藏吾乡胡尔荣家。

六月,为华锷大八分书元张翥撰《春草轩记》。锷字纯

夫,无锡人。曾从陈沂学。胸怀廓落,好义轻财。

拓本《文待诏隶书春草轩记》:右记,元张潞公为华栖碧作。栖碧八世孙锷重构是轩,长洲文徵明为书诸轩壁,时大明嘉靖癸巳夏六月也。

《华氏本书》:太学生锷,字钝夫。曾受经于陈侍讲石亭。弱冠游庠序,即有才名。正德初,遇例游国学,日益勤励,名声扬于六馆。凡三应京兆试,虽报罢,学益宏矣。胸怀廓落,耻龌龊苛细。有所肇建,每度前规。好义轻财,岁入必及亲故。父病疽,公方抱疾,夙夜侍。父卒,悲号几自绝。初号桐冈,迨建两山书院,更号两山。与林屋山人蔡羽,雅宜山人王宠交善。

按:石刻于清初散失。康熙乙卯(1675)华章志与父于十馀年中觅得各石,重构春草轩藏之。后迁嵌惠山华孝子祠,新中国成立后,祠在锡惠公园内。十年动乱中逐字凿毁。今虽重刻,已不全。

夏,避暑洞庭,为徐缙写花卉八幅。并题云:"写生须在有意无意之间,始有生色。"

民国二十五年本《故宫周刊》第五百零六期起《明文徵明画花卉册》:嘉靖癸巳长夏,避暑洞庭。崦西先生邀余过其山居,挥麈清谈,颇为酣适。觉笔墨之兴,勃勃不能自已。崦西出素册,索余拙笔。凡窗间名花异卉,悦目娱心,一一点染。图成,崦西谬加赞赏。大抵古人写生,在有意无意之间,故有一种生色。余于此册,不知于古法何如?援笔时亦觉意趣自来,非效邯郸故步者耳。

八月十日,为严宾制小画。

《平生壮观》:文徵明为子寅作小绢轴,楷款:"岁癸巳八月十日，徵明为子寅制。"设色生浅，学大痴。勾而不皴，非本色应酬之作。

十月四日，重题三十馀年前所失旧作画卷。

日本东京大学出版会《中国绘画总合图录》第四册《明文徵明山水图卷》：此卷余弘治壬戌岁所画。画未竟，为童子窃去，于是三十年馀矣。客有持以相示者，恍然如隔世之事。非独老眼昏眊，不复能此，而思致荒落，不复向时好事矣。昔赵侍御者，于韩公坐上阅《人马图》，谓是其少时所作，失去二十年，未尝不往来于怀。韩公遂掇以还之，且为作记。今画不可见，而韩文遂传之至今。今此卷既为好事者所得，余不敢望还；顾安得如韩公者记之，以抒余耿耿之怀也。嘉靖癸巳十月四日，文徵明书于玉磬山房。

是月，卢襄葬于西横山。初襄官陕西时，闻父讣，抱病归，至家遂不起。徵明与襄及其兄雍交二十年，至是为表其墓。时雍已先卒。

《集三十五卷本》卷三十四《陕西布政使司左参议卢君墓表》：先是，君为武选郎中，……寻有陕藩之命。时君已被疾，抵陕未几，闻其父御史公之讣，疾遂加剧。至家数日，遂不起。君家自彦实以来，世业农。至御史公始读书教授乡里；而君兄弟相继起进士，皆至连率显官，又皆以文学政事著称，可谓盛矣。曾未几时，皆以盛年即世，吾不知造物者果何如也！余交君兄弟仅二十年，见其始出而仕，仕而归。以及于死。始终盛衰，如电露奄忽，能不有慨于中乎！因表其墓，以著其志，亦用抒余之悲云尔。葬以卒之后二年癸巳十月廿又六日乙未，墓在西横山之阳。

十一月四日,为张铨跋苏轼与乡僧治平帖。考定为熙宁中居京师作。铨字秉道,吴江人。嘉靖元年举人,官至南安同知。有经世志,早卒。

《集三十五卷本》卷二十二《题东坡墨迹》:右苏文忠公与乡僧治平二大士帖,赵文敏以为早年真迹。按公嘉祐元年举进士,六年辛丑中举制科,遂为凤翔金判。越四年治平辛巳,召判登闻鼓院,寻丁忧还蜀。至熙宁二年己酉始还朝,监官诰院。四年辛亥出判杭州。此书八月十六日发,中有"非久请郡"之语,当是熙宁中居京师时作。盖公治平中虽尝居京,然乙巳冬还朝;而老泉以明年丙午四月下世,中间即无八月。又其时资浅,不应为郡,故定为熙宁时书,于是公年三十有四矣。帖故有二纸,元季为吴僧声九皋所藏。九皋尝住石湖治平寺,以此帖亦有"治平"字,遂留寺中,且刻石以传;而实非吴中治平也。九皋既殁,此帖转徙他所,而失其一。吾友张秉道,世家石湖之上,谓是山中故实,以厚值购而藏之。畀余疏其大略如此。

《内务部古物陈列所书画目录·宋苏轼治平帖卷》:又楷书十一行,款"嘉靖癸巳十一月四日,文徵明跋。"

道光本《苏州府志》卷八十二《人物·宦迹》:张铨,字秉道,吴江人。世居越来溪。嘉靖元年举于乡。选胶州知州,有古循吏风。迁南安府同知。后入觐,道卒。铨风格高整,机鉴精明,通达世务。为诗文雄壮激烈,慨然有经世志,惜未究其用。

廿四日,行草书《兰亭诗》廿六首,与唐寅画合卷。

《古芬阁书画记》卷十四《明唐解元兰亭图文待诏兰亭诗合卷》:纸本。卷之尾"唐寅"二字。《兰亭诗》二十六首,草书百五十九行。尾书"嘉靖十二年岁在癸巳十一月廿又四日书。是日乍寒,砚胶手皴,不能成字。徵明记。"真书三行。

按:文徵明书晋贤《兰亭》诗,《明书汇石》收刻。

为上海董宜阳撰其母唐氏墓志及《董氏竹冈阡表》。宜阳字子元,居沙冈,人称紫冈先生,自号七休居士。工古文辞,书仿虞世南、智永。与同里何良俊、张之象、徐献忠称"四贤"。墓志,张之象书,文彭篆盖。之象字玄超,号王屋。才情蕴藉,体貌伛偻,而刚肠劲气,持正不阿。良俊字元朗。少笃学,与弟良傅并负俊才。风流豪爽,以经世自负。献忠字伯臣,学博才高,工诗文。嘉靖四年举人,授奉化知县,约己惠民,殊有民誉,弃官归。

拓本《明故大理寺少卿董公继室唐夫人墓志铭》:前翰林院待诏将仕佐郎兼修国史雁门文徵明撰文。清和张之象书丹。文彭篆盖。故大理寺少卿上海董公之继室唐夫人,嘉靖癸巳八月十日卒于家。年四十有一。是岁十二月十七日葬黄龙江竹冈先墓,合大理公兆。于是距公之葬六年矣。其子宜阳奉吏科都给事中杨君士宜状来乞铭。

《集三十五卷本》卷三十五《董氏竹冈阡表》:大理之子宜阳之葬其父暨其母唐夫人,支倾补敝,饰故而新,斥土崇封,益事标表。凡制之所宜得者,至是益备而加详。盖自正德癸酉,抵今嘉靖癸巳,阅二十有一年。

《云间据目钞》卷一:董宜阳,字子元,先世汴人。南渡徙居上海吴会,又徙居沙冈。人称紫冈先生,复自号七休居士。于书无所不窥。游太学,名动都下。屡试不第,遂弃去制举业。

工古文词。楷书仿永兴,行草法智永。生平嗜好,惟书史古石刻名帖。与同里张玄超、徐伯臣、何元朗号称"四贤"。所游海内名人,即顾司寇璘、文待诏徵明、许奉常毂辈。

康熙本《松江府志》卷四十四《文苑》:董宜阳,字子元,居上海沙冈,故号紫冈。攻诗赋古文词。诗法高、岑,晚嗜元、白。文法先秦两汉,出入曾、王。楷书法虞永兴,行草法僧智永。与同里何良俊、张之象、徐献忠,时称"四贤"。所交多海内名士。著有《琬琰录》等书,惜多散失。

《皇明词林人物考》卷十一《张玄超》:张之象,字玄超,号王屋。公为人体貌伛偻,如不胜衣;而刚肠劲气,独立物表。平居议论臧贬,务持正不阿。与人交不以盛衰为轩轾。海内名卿巨公,闻名愿交者望如景星。其他先辈若金陵顾华玉璘、许仲贻毂、吴门蔡九逵羽、文徵仲徵明、王履吉宠、彭孔嘉年,其乡徐伯臣献忠、何元朗良俊、董子元宜阳,皆与公为莫逆交。

《历朝诗集》丁集上《张经历之象》:之象,字月麓,别字玄超,华亭人。幼颖异,博览坟典。以太学生游南都,与何元朗、黄淳甫诸人赋诗染翰,才情蕴藉,深为时贤所推。久之,入资为郎,授浙江布政使经历。性故倜傥,不能为小吏俯仰,遂投劾而归。

《明史》卷二百八十七《文苑》三:华亭何良俊,亦以岁贡生入国学。当路知其名,用蔡羽例,特授南京翰林院孔目。良俊字元朗,少笃学,二十年不下楼,与弟良傅并负俊才。良傅选进士,官南京吏部郎中,而良俊犹滞场屋。与上海张之象、同里徐献忠、董宜阳友善,并有声。

《列朝诗集》丁集上《徐奉化献忠》:献忠字伯臣,华亭人。

嘉靖乙酉举于乡,再试不第,授奉化知县。约己惠民,殊有民誉。故人为宁波守,用手版相临,伯臣笑曰:"若以我不能为陶彭泽耶?"即日弃官归。乐吴兴山水,遂徙居焉。时棹小舟,扣舷吟弄,以天随、玄真自况。生平著述外,无他嗜好。悯松民解布之苦,作《布赋》一篇,读者咸酸鼻焉。论诗法初唐、六朝,杂组成章,工真草书。

张渆卒,年三十五岁。蔡羽为撰墓志。

《吴都文粹续集》卷四十三:蔡羽《张太学子饶墓志铭》:生于弘治乙未八月十二日,卒于嘉靖癸巳八月十三日,年三十五。

> 按:弘治乙未应是己未之误。

嘉靖十三年甲午(1534)六十五岁

二月五日,戏画朱竹,并录高启《水龙吟》词于上。启字季迪,长洲人。洪武初召修《元史》,授翰林院国史编修官。擢户部侍郎,放还。寻坐法死。

北平故宫博物院本《故宫书画集》第十三册《明文徵明朱竹》:淇园丹凤,飞来几时?留得参差翼。箫声吹断,彩云忽堕,碧云犹隔。想是湘灵泪弹,多处血痕郁积。看萧疏瘦影,隔帘欲动,应是落花狼藉。　莫道清高也俗,再相逢子猷应惜。此君未老,岁寒犹有少年颜色。谁把珊瑚和烟,换去琅玕千尺。细看来,不是天工,却是那春风笔。右调《水龙吟》,高季迪先生作。嘉靖十三年岁在甲午二月五日,徵明因戏写朱竹,遂录其上。

《蓬轩吴记》卷上:高启,字季迪,别号槎轩。初居吴城东北城陬。士诚据吴日,时彦皆从之,启独徙青丘避焉。号青丘子。国初被荐,召修《元史》成,拜翰林院国史编修,寻擢户部侍郎。恳辞致政归。适江夏魏观以国子祭酒来为郡守。高以魏尝同在史馆,为徙居夏侯里,以便朝夕亲焉。魏以府治隘不称,即士诚废址迁之。卫主帅疏于朝,遣御史廉得其迹,执观械系至京,高与王彝辈悉坐观党以死,时年三十九。与杨基、张羽、徐贲同有诗名。世号高、杨、张、徐,以拟唐四杰云。

《冬心先生题画记》:蔡中郎作飞白书,张璪画飞白石,张萱作飞白竹,世不恒见。春日多暇,余戏为拟之。若文待诏画朱竹,又竹之变者也。

闰二月既望,跋祝允明草书《赤壁赋》。谓"楷法工而稿草自然合作"。自以为不及。

上海古籍书店本《明祝允明草书前后赤壁赋》:昔人评张长史书:"回眸而壁无全粉,挥笔而气有馀兴,"盖极言其狂怪怒张之态也。然《郎官壁记》则楷正方严,略无纵诞。今世观希哲书者,往往赏其草圣之妙;而余尤爱其行楷精绝。盖楷法工则稿草自然合作。若不工楷法,而徒以草圣名,所谓无本之学也。余往与希哲论书颇合,每相推让,而余实不及其万一也。自希哲亡,吴人乃以余为能书,过矣。昔赵文敏题鲜于太常临《鹅群帖》,所谓"无佛处称尊"者,盖谦言也。若余则何敢望吾希哲哉?嘉靖甲午闰二月既望,文徵明书。

三月既望,行书《千字文》。后三年王同祖跋,称刻石龙泉书屋。

拓本《文衡山行书千字文》:嘉靖甲午三月既望,文徵明书。书法至近代,益废不讲。流俗趋时,崇奇矜拙,意索然矣。

昔人论书谓"婢学夫人,举止羞涩",不类是耶? 衡山公书效法
会稽,而取材于率更。初入遒劲,晚更端雅,纵横妙诣,殆神化
矣。是本乃刻于龙泉书屋者,观之益可想见。谨识于后,以贻
我同志云。嘉靖丁酉七月朔,太原王同祖书。

按:此帖另有醉墨轩本,无王跋。

又跋米元晖《湘江烟霭图》,并考正《宋史》米氏为吴人之非。

《壮陶阁书画录》卷五《宋米元晖湘山烟霭卷》:国朝金华
宋学士,每见二米真迹,辄叹□□中之精品。余所见者,惟陈□
父《海岳庵图》,元和洪氏《海岱楼卷》,皆老米最得意之笔。客
岁偶过梁溪华氏,获睹元晖《大姚江图》,上自书云:"绍兴己未
除守琅琊,待次平江,寓大姚村妹家,戏作。"

按:米氏,襄阳人。而《宋史》为吴人。观海岳撰《乐圃墓
表》云:"余昔居吴郡,与先达游。"则米老父子尝居吴,故其女
嫁大姚,实非吴产也。今观叔贞所藏元晖《湘山烟霭图》,多断
烟残渚,波光晦明,乍出乍没,可谓奔放横逸,真得画家三昧,实
后人所难继者。展阅再三,不能释手,漫题数语归之。时嘉靖
十三年春三月既望,长洲文徵明鉴定因书。

三月廿二日,为无锡尤质作《九龙山居图》。质字叔野,宋尤袤十四世孙。尝重建遂初堂于惠山。

印本《文衡山九龙山居图》:茅堂梁水上,山色正当门。文
简九龙室,贤孙半亩园。竹中随客赋,树下戏禽言。乔木转苍
荟,居然绿树村。尤叔野为文简公之孙。今其庄适当妙处,着
色成图,不知得其妙不? 嘉靖甲午三月廿又二日,长洲文徵明。

《归震川先生集》卷十五《遂初堂记》:宋尤文简公尝爱孙

兴公《遂初赋》，而以"遂初"名其堂，崇陵书扁赐之。在今无锡九龙山之下。公十四世孙质字叔野，求其遗址，而莫知所在，自以其意规度于山之阳为新堂，仍以遂初为扁。

《锡山景物略》卷四《废园》：冠龙山居，为尤叔野茂先别墅。中构堂五楹，仍取文简公旧额，榜曰遂初，茂苑文嘉书。堂左有精舍，后有杰阁，垒石为门。乔松数十株，皆百年物。背高峰，面平野，巨壁攒青，泉流界白，尤宜夏日。昆山俞允文为之记。

按：《明居士贞九龙山居图册》，图识："乙未春仲，居节补图。"《九龙山居记》：嘉靖甲子秋九月四日，吴郡俞允文书。俞记在徵明卒后五年，居图则徵明卒已十五年。另有文彭、文嘉、周天球、黄姬水、申时行等题。

谷雨前三日，抱病偃息，汲泉烹友人所惠天池、虎丘茶品之。次唐皮日休、陆龟蒙茶具诗十首，就录所作图上。

《韫辉斋藏唐宋以来名画集·明文徵明煮茶图轴》：茶坞、茶人、茶笋、茶籝、茶舍、茶灶、茶焙、茶鼎、茶瓯、煮茶（诗皆五律，略）嘉靖十三年岁在甲午谷雨前三日，天池、虎丘茶事最盛。余方抱疾，偃息一室，弗能往与好事者同为品试之。会佳友念我，走惠二三种，乃汲泉吹火烹啜之。辄自第其高下，以适其幽闲之趣。偶忆唐贤皮、陆辈《茶具十咏》，因追次焉。非敢窃附于二贤后，聊以寄一时之兴耳。漫为小图，遂录其上。衡山文徵明识。（诗皆五律，略）。

四月十四日，书旧寄王穀祥《风入松》词于小图赠之。时穀祥以吏部员外郎忤尚书汪鋐，谪真定通判，不赴

归。杜门却扫，不妄交一人。鋐，婺源人。弘治进士。
为人机深，外疏直而内倾险，排陷善类。被劾归。

《味水轩日记》卷五：文徵仲小景（词见前五十九岁六月）。
病中有怀王君禄之，填此奉寄，时戊子岁六月八日也。越今七
年，君归自选曹，检箧得之，持来相示，而余忘之矣。且以旧作
小图，俾录于上。而余日益衰老，无复当时情致，书罢为之慨
然。嘉靖甲午四月十四日，徵明记。

《姑苏名贤小纪》卷下《王吏部先生》：家世名医。先生始
读书。性颖敏，美姿容。善书画属古文辞。嘉靖乙丑成进士，
改庶吉士，逾月而解，就甲资得工部郎转吏部代郎中司选事。
时太宰鋐阴阳倒置，先生坚持法不肯阿，因数与忤，意忽忽不
乐。念母老，乞归养，而其兄故在，尚书用例格先生，谪倅真定。
遂归养母者凡三十年。持身峻洁，不妄交一人。杜门却扫，焚
香而坐。一室之内，琳琅金薤，谧如也。最后徐文贞当国，起补
南选部，谓旦夕列九卿。复不赴。或劝驾者，先生笑曰："岂有
青年解绶，白首弹冠者乎！"竟终老田间，卒年六十七。

按：汪鋐，婺源人。弘治进士。嘉靖间擢右副都御史，巡抚
南赣汀漳诸府。鋐初以才见，颇折节取声誉。为人机深，外疏
直而内倾险，善窥时为取舍，累官吏部尚书兼兵部。排陷善类，
威权日甚。后被劾引疾归。卒谥荣和。

六月十九日，连雨，有诗。思茗饮，作画寄石岳乞茗。
时陆师道在座。岳字民望，能画。

《画幅》：急雨翻江木叶喧，润枯真足慰农艰。便将艇子南
湖去，坐看空濛水上山。连雨沾足，喜而有作，写寄民望茂才。
雨中思茗饮，贫箧苦无佳者。闻高斋颇富，分惠少许如何？陆

子传在坐说："此画值茶数斤。"余谓："《道德》五千言，止博一鹅，此物岂有定价耶？"一笑！甲午六月十九日。

　　按：《大观录》卷十九《文和州药圃山房卷》中文嘉题识有云："是日胡绍之期不至，石民望已先在坐，补水仙石在旁。"是石岳亦能画，但《画史汇传》无述。石岳字民望，见六十三岁撰《石冲庵墓志铭》引证。

七月六日，与朱朗、石岳游虎丘，为寺僧作兰卷。徵明善以风意写兰，以雨意写竹。世有"文兰"之目。

　　《艺林月刊》第三十七期《文徵明画兰卷》：嘉靖甲午秋七月六日，与子朗、民望游虎丘。寺僧出纸索画，草草写此，以应其请。

　　《云自在龛笔记》：元僧觉隐云："吾尝以喜气写兰，以怒气写竹。"文衡山以风意写兰，以雨意写竹。文衡山喜写兰，世有"文兰"之目。

　　《陶风楼藏书画目·汪笠甫花卉册》：善画兰者，宋推子固，元推子昂。管道昇非固非昂，别有一种清姿逸态，出人意表。明推衡山，嗣此竟成绝响。

十月，为徐默庵跋黄荃《蜀江秋净图卷》，云："写生非景与神会，象与心融，不能入门。"

　　《岳雪楼书画录》卷一《五代黄荃蜀江秋净图卷》：自古写生家无逾黄荃，为能画其神，悉其情也。此非景与神会，象与心融，鲜有得其门者。至于山水，初年虽祖李昇法；厥后自成，得心应手，出入变化。丹青铅粉，与腕相忘，随其所施，无不合道。故后人称为神品，列于张吴，殆非过欤！此《蜀江秋净图》，向为宣和御府秘藏物也。往岁吾友徐默庵在京邸时得之中官奴

隶之手。默庵询其羡馀所自，奴隶不欲言，亦以避禁也。嘉靖
甲午十月，文徵明跋。

十二月四日，往无锡访华云，留居西斋，题所藏巨然
《治平寺图卷》。既又赋诗寄情，并系以图。

《壮陶阁书画录》卷二《宋巨然山寺图卷》：此卷旧藏吴治
平寺琬师所，余尝为师追和先师文定公二诗。未及书，而卷已
转属他人。今从华君从龙借观，遂书于后。甲午冬。

按：诗五古二首，略。

《珊瑚网画录》卷十五《西斋话旧图》：木叶萧萧夜有霜，清
言款款酒盈觞。碧窗重剪西风烛，白发还联旧雨床。秋水不嫌
交谊淡，寒更何似故情长。不堪又作明朝别，次第邻鸡过短墙。
嘉靖甲午腊月四日，访从龙先生，留宿西斋。时与从龙别久，秉
烛话旧，不觉漏下四十刻，赋此寄情，并系小图于此。徵明。

与陈沂皆有诗送许穀赴京会试。穀举会试第一。继以
进士授户部主事。

《拘虚后集》卷一《许仲贻会试次文待诏韵》：一夜江雨飞
雪深，却疑溪上是山阴。休轻此去为常别，珍重来春寄好音。
文思正如倾玉峡，风光还似集琼林。敷陈愿为苍生计，莫效梁
园作赋心。

按：文嘉钞本《甫田集》自嘉靖十一年至廿三年诗皆缺，故
文徵明原倡不知。

光绪本《江宁府志》卷三十八《仕绩》：许穀……举嘉靖乙
未会试第一。是年，帝御文华殿亲试进士，穀策论时事甚剀切，
为读卷者所抑，授户部主事。

是年，蔡羽以太学生赴选调，授南京翰林院孔目。

《集三十五卷本》卷三十二《翰林蔡先生墓志》:先生故邃于《易》,出其馀绪为程文,以应有司,而辞义藻发,每一篇出,人争传以为式,而先生试辄不售,屡挫益锐,而卒无所成。盖自弘治壬子至嘉靖辛卯,凡十有四试,阅四十年,而先生则既老矣。岁甲午,以太学生赴选调,天官卿雅知其名,曰:"此吾少日所闻蔡某,今犹滞选调耶?"然限于资地,亦不能有所振拔,特以程试第二人奏授南京翰林院孔目。

金陵陈芹举乡试。芹字子野。善墨竹花卉。徵明称其"竹枝清气逼人"。

《明诗纪事》戊签卷十八《陈芹》:芹字子野,系出交南国王。永乐中,避黎氏之乱来奔,家南京。嘉靖甲午举人,授崇仁教谕,迁奉新知县,改宁乡。有《子野集》《凤泉堂集》。

《乌衣佳话》:子野墨竹花草,绝无俗气。文徵仲称其"竹枝清气逼人"。戒门下士"到南京不可画竹,金陵有人"。盖指子野。

《玉笥诗谈》卷上:陈子野,名芹,金陵人。为长沙令九十日,解印归。卜居凤凰泉之左,又构别业新林浦,时垂纶其上。浦有横崖,因自题曰横崖小隐。又即邀笛步为阁其上,云邀笛阁。而引骚人倡咏为乐。

安国卒,年五十四。

《内台集·明故桂坡安徵君墓碑铭》:嘉靖甲午正月,忽遘疾,医弗奏功,遂不起,是为闰二月十六日也。生成化辛丑十月二十六日,享年五十有四。

卷 六

嘉靖十四年乙未（1535）六十六岁

二月四日夜，砚有馀墨，因行书前后《赤壁赋》。

　　《湘管斋寓赏编》卷二《文徵仲行书前后赤壁赋》：嘉靖十四年乙未二月四日，为人作书。薄夜，顾砚有馀墨，恐明日遂宿，因书此纸。意惟惜墨耳，初不暇计工拙也。徵明。　右待诏行书《赤壁》两赋，六十六岁时作也。斩钉截铁，遒劲之至。孙虔礼云："偶然欲书，一合也。"今跋云："恐墨宿书此。"殆所谓"花开烂漫，老兴勃然者欤！"乾隆辛卯夏至后二日，陈焯。

廿一日，天气乍暄，意思拂郁，乃草书《千字文》于悟言室中。

　　日本孔固亭真迹法书刊行会印本《文徵明书千字文》：乙未二月廿一日，徵明书于悟言室中。是日乍暄，意思郁拂，惟据案作书，稍觉清适耳。顾纸笔不佳，不能发兴，殊用耿耿。

　　《文氏族谱续集·历世第宅坊表志》：待诏公停云馆三楹，悟言室在馆之东。

　　按："悟言室"始见于此。

四月一日，为王毅祥续完八年前所写东坡诗意。

　　印本《文衡山画东坡诗意》：扫地焚香闭阁眠，簟纹如水帐如烟。客来梦觉知何处？挂起西窗浪接天。戊子之夏，与禄之

燕坐停云馆,诵东坡此诗,因用其意为图,未就而禄之北上,迤
逦登顿,而此念不忘。至是乙未,八阅寒暑,始为设色。于是禄
之还吴二年,而余亦既老矣。不知更后八年,复能为此不?感
叹之馀,辄记岁月。是岁四月一日,徵明。

七日,于袁表斋头见沈周画册,题诗志感。

《宝迂阁书画录》卷一《沈周仿梅道人山水树木册》:不见
石翁今几时?伤心断楮墨淋漓。分明记得林堂上,落日闲窗自
赋诗。嘉靖乙未四月七日,从袁邦正斋头得见石田先生画册,
不胜怅惘。展阅之馀,为题短句。文徵明书。

**七月廿五日,王涣卒。涣以太学生释褐,官嘉兴通判。
以忤上官,改东川军民府,不赴;以疾卒,年五十三岁。
为撰墓志铭。**

《集三十五卷本》卷三十一《东川军民府通判王君墓志
铭》:余友王君涣文,通判嘉兴府之三年,改莅东川军民府。东
川隶贵省,在乌撒之西,本乌蛮閟畔部,去京师万里。夷獠杂
居,虽名列郡,特遐方一聚落耳。君起儒绅,跌落夷易。居官不
修章程,不能曲事上官。深文苛礼,有所不屑,用是积忤当路。
顾其任未久,又未尝一挂吏议,乃以逋慢易置之。实夺之事任,
而投之要荒之外也。君叹曰:“吾诚不佞,未尝罔天与人。而
得是远徙,岂其命耶!虽然,吾行且暮,孱弱之身,岂复堪此远
役?”遂卧不起。未几,竟以疾卒。呜呼伤哉!君正德己卯以
尚书领乡荐,试礼部,数不中,卒业太学。嘉靖庚寅以太学生释
褐,官嘉兴,授任督赋。尝一再摄县,及转输宫材,皆能其职。
卒年五十有三,嘉靖乙未七月廿又五日也。

八月初九日见月,忆就试应天事,有诗。

《集三十五卷本》卷十三《八月初九日见月》:暮空云敛月初弦,露气星光共渺然。回首棘帏供试事,秋风梦断十三年。

按:《集三十五卷本》中诗十五卷,乃据《文嘉钞本》选刻。今北京图书馆所藏《文嘉钞本》中不载此诗,知《文嘉钞本》于四百年来,已有缺失。

中秋,连夕对月有作。时朱朗每夕相陪,因制图并录赠之。

《穰梨馆云烟过眼录》卷十八《文衡山中秋玩月图轴》:月近中秋夜有辉,幽人恋月卧迟迟。及时光景宁须满?明日阴晴不可期,清影一帘金琐碎,凉声何处玉参差。酒阑无限怀人意,都在庭前桂树枝(《十四夜》)。银汉无声夜正中,十分秋色小楼东。空瞻朗月思玄度,谁有高怀似庚公?把酒金波浮桂树,卷帘清露滴梧桐。碧云何处人如玉?惆怅东阑一笛风(《十五夜》)。入眼水轮积渐摧?白头顾影重徘徊。极知物理盈当缺,自惜流光去不来。蟋蟀早将寒气至,芙蓉都受露华开。殷勤未负花前醉,依旧清光在酒杯(《十六夜》)。今岁中秋,晴霁可嘉,连夕对月有作。时子朗每夕相陪,因录赠之,并系小图。徵明。

按:《寓意录》卷四另一幅末有"乙未"二字。

徵明尝制画十六帧以授朱朗。上自董、巨、米芾,下逮黄公望、王蒙,而得于赵孟頫为多。盖生平心诀在焉。

《弇州山人续稿》卷一百六十九《题文待诏画册》:文待诏所图十六帧,多东南名山水,虽间以险绝奇胜为功,而不离清远萧散之致。稍一展视,觉秀色幽韵,直扑眉睫间。此翁真易仙宫中人也。此图为朱子朗作。今属徐建甫氏。要余题其后。

赖余老,任作云霞观耳。不然,几令三日不成寐。

《王奉常集》卷五十一《文太史画跋》:文徵仲太史于画绝重沈启南徵君。太史殁,而名埒徵君,画价骎骎欲昂。二公故皆博综诸家,游戏三昧。然而长帧大幅,则启南擅其雄;赫蹄尺素,则徵仲标其秀,故各有至也。此册是太史公画以授其徒朱子朗者,生平心诀在焉。又淋漓小景,偏是所长。上自董、巨、米颠,下逮叔明、子久,中间所得承旨尤多,大是吴中名品。

是月,为汤珍跋张即之《报本庵记》。又为徐缙跋苏舜钦诗帖,赵孟頫书《洪范》。

文物出版社本《宋张即之书报本庵记》:右宋张即之书《报本庵记》。……余每见即之好用秃笔,今观此书,骨力健劲,精采焕发,大类安国所书《卢坦河南尉碑》,岂所谓传其家学者邪?诚不易得也。吾友汤君子重出示,遂疏其大略如此。嘉靖乙未八月。文徵明书。

《珊瑚网书录》卷三《苏沧浪留别王原叔古诗帖》:右宋苏子美古诗一百五十言,留别原叔八丈。盖王洙原叔也。诗语峻拔,意气悲壮。欧阳公谓其废放后,时发愤闷于歌诗,殆此类也。字画出入颜鲁公、徐季海之间,而端劲沉着,得于颜公为多。此诗虽非苏事,而实赴苏时作。少宰徐公子容以为郡中故实,因重价购得之,俾徵明疏其大略如此。若其志节履行,具正史者,兹不复云。嘉靖乙未,文徵明跋。

《吴越所见书画录》卷一《元赵文敏洪范卷》:右赵文敏公书《尚书·洪范》一篇,并画箕子、武王授受之意为图。维公以亡宋公族,仕于维新之朝,议者每以为恨。然武王伐纣,箕子为至亲,既受其封,而复授之以道。千载之下,不以为非,然则公独不得引以自盖乎？公素精《尚书》，尝为之集注，今皆不书，而独书此篇，不可谓无意也。崦西徐公旧藏此卷，间以示余，为著此语以备折衷，公以为何如？嘉靖乙未八月，文徵明书。

九月十一日，见四十年前所作画；忆当时与唐寅论画事，因题。

《过云楼书画记》画类四《文衡山松阴高士图轴》：平坡写长松三株，一叟抚树踞石而坐。庄襟老带，巾屦萧然。其旁翠岚俯水，朱阑环隄，缘溪行绿阴中，通以略彴。上有嘉靖乙未重题。按乙未为世宗十四年，衡山年六十六，子畏卒十二年矣。上推孝宗弘治九年丙辰，衡山、子畏俱年二十七。同岁孙、周，共耽古学，赏奇析疑，斯乐何极。乃旧雨忽坠，晨星早零，怅望停云，徒有浩叹。录此诗时，想见其投笔黯然。

　　按：重题诗等已见廿六岁"饮唐寅家，有诗"条。

廿三日，赋诗赠吴子孝赴官南都。时子孝以广平府通判迁南京吏部文选司主事。以父老获请终养。

《吴派画九十年展》第二期《文徵明自书诗帖册》：仙郎雍容洵清美，奕奕三吴旧才子。不独家庭践世科，亦复胸中富文史。方照青藜读秘书，忽佐黄堂出司理。青衫瘦马意萧然，浮沉江海经几年。置身丛棘不可奈，满眼风波更堪骇。迩来沿牒向南都，且得敛迹辞江湖。铨司分曹匪清要，稍去章程事衡藻。圣世方当拔异才，如君岂合淹常调？秋风南下浮官舸，去去心驰大江左。人情往往计南北，委顺知君无不可。……吴纯叔赴官南都。嘉靖乙未九月廿三日，前翰林院待诏将仕佐郎兼修国史长洲文徵明书。

　　《玉涵堂刻帖》彭年《明故朝列大夫湖广布政使司右参议

贞毅吴公行状》：己丑举进士，选为庶吉士。文端公已致政家居，而张、桂方并相，犹衔议礼不阿之怨；公亦见之无曲敬，乃出为台州府推官。孜孜夙夜，尽心民事。凡论谳疑狱数十百条，民以为弗冤。监司屡奏其绩，召赴阙下，复出为广平府通判，皆前所未有也。专理马政，马大蕃息。政用最闻，迁南京吏部文选司主事。文端寿逾七十，乃疏乞终养。蒙恩予告归。

九月，杨循吉撰《嘉定新建思贤堂碑》，徵明楷书并篆额。

拓本《嘉定新建思贤堂碑》：嘉定乙未秋九月吉旦。承直郎前礼部主事东吴杨循吉撰文。翰林院待诏衡山文徵明书丹并篆额。

光绪本《嘉定县志·金石》：《思贤堂记》，嘉靖十四年杨循吉撰，文徵明书并篆额。堂废碑存。

秋，往访徐缙，共坐荫白轩，对菊试茗，因画墨菊，缙赋五古书图上。缙以新得宋苏舜钦书留别原叔八丈诗帖出观并请疏其后。

日本东京大学出版会《中国绘画总合图录》，《文徵明修篁丛菊图》，纸本，水墨。款"徵明"，在左上角。徐缙题五古一首，字小难辨。末识云："乙未秋，与文君坐荫白轩，对菊试茗，赋此。徐缙。"

十一月，撰《墨说》以赠吴楚。徵明初用汪廷器所制水晶宫墨，廷器尝为徵明言制法之妙。吴楚字山泉，廷器甥，居吴中。制墨亦精。徵明父子均与之善，且有诗画赠之。

《戒庵老人漫笔》卷七《笔墨》：笔墨二事，士人日与周旋，不可茫然莫识其梗概也。曩时买墨于金间,吴山泉饷余以文衡山帖一,中乃记墨法也。"余往岁喜用水晶宫墨,盖歙人汪廷器所制。廷器自号水晶宫客,家富而好文,雅与中朝士大夫游,岁制善墨遗之。然所制仅仅数十挺,特供士大夫之能书者,而不以售人,故其制特精。尝为余言制法之妙,谓:'所燃灯心必染茜用之。尝一岁失染,墨成,精光顿减。其不可忽如此。'近有吴山泉者,廷器之甥,实得其法。居吴中,制墨亦精,余亦喜用之。恐其欲易售而忽其法也,故为说廷器之用心不苟如此。……嘉靖乙未仲冬,衡山文徵明书。"

《味水轩日记》卷七:万历四十五年乙卯十月四日,歙友汪仲绥携示文衡山山水卷,仿赵子昂笔,乃赠吴山泉者。山泉有清尚,制墨甚精,故诸公乐与之游,皆有题句。

按:题者有杜诗、王毂祥、文彭、袁表等人。

《文氏五家集》卷七《博士诗集》:《徽州吴君得妙法制墨赋诗赠之》新安松枝烧不绝,红霞碧焰相纠结。收烟调捣三万杵,炼作玄霜乌玉玦。设来几案对端溪,云浮烟散光澄澈。落纸三年不昏暗,一点霜纨漆无别。廷珪已矣潘谷死,此道只今谁得比?水晶宫客汪廷器。吴郎继之真二美。时时赠我两三丸,光黑异常心独喜。日日用之无间断,经岁方能半寸毁。黄金可得奈墨无,莫轻目前惟重耳。嗟余不欲磨世人,愿得一笑临池水。

《佩文斋书画谱》卷四十二《书家传》:吴楚,休宁人。善草书。制墨得李廷珪遗法,文待诏尝记其墨法为神品。

晦,仿米作云山卷。自题云:"于画独喜二米云山,以能脱略画家意匠,得天然之趣。"

《珊瑚网画录》卷十五《仿米氏云山卷》：余于画，独喜二米云山。平生所见，南宫特少；惟敷文之迹屡屡见之。大要父子无甚相远。余所喜者，以能脱略画家意匠，得天然之趣耳。元章品题诸家，谓皆未离笔墨畦径。晚乃出新意，写林峦间烟云雾雨，阴晴之变，自谓高出古人。元晖亦云："汉与六朝作山水者，不复见于世。惟王摩诘古今独步。既自悟丹青妙处，观其笔意，但付一笑耳。"且谓："百世之下，方有公论。"又尝自言："遇合作处浑然天成；荐为之，不复相似。"其言虽涉夸诩，要亦自有所得也。余暇日漫写此卷。然人品庸下，行笔拙劣，不能于二公为役。观者以畦径求之，正可发笑耳。乙未冬十一月晦，徵明书。

十二月，为沈天民作《浒溪草堂图》。天民，长洲人。父赘于朱。徵明尝录《怀归诗》以赠。后天民复姓沈氏，徵明又为撰《沈氏复姓记》。

《石渠宝笈》卷三十三《明文徵明浒溪草堂图一卷》：沈君天民，世家浒墅。今虽城居，而不忘桑梓之旧，因自号浒溪。将求一时名贤咏歌其事，余既为作图，复赋此诗，以为诸君倡。嘉靖乙未腊月。（诗七律一首，略）文徵明。

按：后有陆粲《浒溪草堂记》，顾兰、王穀祥、张裕、汤珍、袁袠、顾闻等题。

《百爵斋藏历代名人法书·明文徵明感怀诗卷》：（诗略）右京师怀归之作，偶为浒溪朱君谈及，遂录一过。徵明。

《集三十五卷本》卷十九《沈氏复姓记》：长洲朱天民既复姓沈氏，来言于余曰："吾沈氏世居吴中，相传数百年矣。我先君婿于朱，先外祖廷礼无子，养外孙为孙。故吾兄弟皆氏朱而嗣于朱，于是四十年馀矣。某自知事，便思复之。顾氏名录于学官，不可私易也，会御史按学吴中，得以情告，下其事有司，如所请。……"

戏临赵孟坚倒兰赠顾贞叔。

《红豆树馆书画记》卷二《明文衡山墨兰》：徵明戏临赵子固倒兰。乙未腊月赠贞叔。　待诏画兰以书家关捩透入，笔笔用顿挫。外似繁密，而纪律森然。有明三百年来，允推独步。

撰盛应期墓志铭。应期字斯徵，号植庵，长洲人。弘治六年进士，仕至右副都御史总理河道。本年九月卒，年六十二岁。应期两为宦官所谗，皆下狱贬谪。所至化群盗，革税弊，制土官，以刚毅廉循著声。

《集三十五卷本》卷三十一《明故资善大夫都察院右副都御史致仕盛公墓志铭》：嘉靖十四年乙未九月十又三日，前都察院右副都御史长洲盛公以疾卒于家。公仕弘治、正德间，以刚毅廉循，著称中外。盖自弱冠筮仕郎曹，即能抗悍权要，得罪贬斥，一再下制狱，皆濒于死，赖朝廷仁明得不终弃。再踬再奋，卒至大官。凡所临莅，辄著茂绩，树风声，而高风抗节，益厉不贬。以故崎岖展转，多所抵冒。而丰功盛烈，往往败于垂成，卒坐废以死。一时舆论，于公有遗望焉！呜呼惜哉。公讳应期，字斯徵，号植庵。

《吴郡名贤图传赞》卷七《盛都宪》：弘治六年进士，授工部主事，司济宁闸，启闭以时。中官奉使有挟私货者，辄没入之。时李广方用事，嗾其党诬奏公拦阻荐新船，诏逮锦衣狱，谪安宁驿臣。稍迁禄丰令，历云南副使。所至化群盗，革税弊，制土官，咸归于法。又建议请闭银矿，为镇守太监梁芳诬奏，逮下诏狱，会乾清宫灾，赦复官。寻擢四川巡抚，丁继母忧，服阕巡抚江西。未几，升兵部侍郎，总督两广。调工部侍郎，提督易州山厂，升右都御史，总理河南。以谤夺官。久之，更赦复职，致仕卒。

王穉登生。

《历代名人年谱》：明世宗嘉靖十四年乙未，王百榖穉登生。

张献翼生。

按：《弇州山人续稿》卷一百九《张幼于生志》文中未提及出生年月。张献翼《书文博士和州诗集》云："视录事公犹然十五年以长。"文肇祉本年年十六岁。献翼应生于本年。

嘉靖十五年丙申（1536）六十七岁

二月廿三日，为谢时臣书旧题李成《寒林平野》诗，时臣以纸索书已二年矣。后与时臣仿李成画合卷。

《吴派画九十年展·谢时臣仿李成寒林平野文徵明题长歌卷》：《题李成寒林平野》：中丞示我寒林图，素绢漫涣烟模糊。烟中参错挺修干，怒虬出海腾珊瑚。根株钩锁埋荆枳，诘屈湾碕漱流水。遥青不隔望中山，咫尺平临数千里，溟濛远势杳莫攀，野阴惨淡开荒寒。……中丞何处得此本？秀润迥出荆、关前。行间题字墨犹湿，识取宸奎祐陵笔。故知藏袭有承传，曾是宣和殿中物。……谢思忠以此纸索书二年矣。今日稍暇，为录此诗。思忠妙于画，必能赏此言也。丙申二月廿三日，徵明。

按:徵明此诗,是题某中丞所藏李成《寒林平野》之作,非题谢时臣画也。书画合装一卷耳。

三月十六日,春雨连绵,斋居无事;笔墨在前,随意写墨兰满卷。四十二年后,文嘉跋。

《吉云居书画续录·文衡山墨兰卷》:丙申之春,阴雨联绵,宾客断绝。斋居无事,笔墨在前,随意写染,不觉满卷。区区工拙,为不暇计较也。三月既望,徵明记。　此先待诏六十七岁之笔,时自翰林归甫十年,情怀闲适,频弄笔适兴。而笔砚精良,纸墨相发,有非他卷可及。今万历丁丑,已四十二年,抚卷为之感叹! 仲子嘉题。

廿二日,跋祝允明手稿,少年作也。

《集三十五卷本》卷二十三《题希哲手稿》:此卷虽君少作,而铸词发藻,居然玄胜。至于笔翰之妙,亦在晋、宋之间,诚不易得也。嘉靖十五年丙申,上距成化癸卯,五十有四年,而祝君下世亦十有一年矣。是岁三月廿二日,某题,时年六十有七。

是月,临吴镇墨竹卷,并录题句。董其昌题为神技之作。

《壮陶阁书画录》卷九《明文衡山墨竹卷》:嘉靖丙申三月,仿梅花道人画,并书题句。徵明。　写竹之法,唐吴道子已得其秘。风梢露箨,全用浓墨为之。坡公、与可奉为祖述。坡公论画竹法,以墨深为面,淡为背。自根至梢,有寻丈之势。随意挥洒,靡不如志,此得竹谱三昧者也。衡山先生画师梅庵,神其技矣。庚戌夏五月,董其昌。停云书画,衣被天下。余见画竹精卷,仅一二数也。己未六月,景福记。

四月三日,归自西山。风淡波平,因写途中所见。

日本东京大学出版会《中国绘画总合图录》:《文徵明渔夫图轴》。丙申夏日,余自西山回。风淡波平,荡舟如屋,不觉兴味勃然,戏为写途中所见。时四月三日也。徵明识。

五日,为陈启之补书《兰亭叙》于旧作图上。初,启之得蔡羽书序,曾请徵明补图。启之,吴人,从学蔡羽。

《湘管斋寓赏编》卷三《文徵明兰亭图并书序》:往岁为启之补是图,及今已三载矣。而启之复持来索书何耶?余不能辞,遂援笔书此。非欲争胜九逵,亦各自适其兴味耳。时嘉靖丙申四月五日,徵明识。

《林屋集》卷八《送陈子启之》:春去开门绿,莺啼畏客归。旧蹊经树合,片石自云飞。读忆松间火,吟虚水上扉。已通南涧鹤,莫弃北山薇。

又卷十一《陈启之进学序》:陈季子之及门也,声若不出口。问其居濠股之俗,不知也。与之周旋图籍,则居然一文士也。余异之曰:子无亦有待乎作宫室基之矣。……

五月十六日,小楷《千字文》自识"时年六十有七"。所见书画自记年齿者,本年最早。

拓本《文衡山千字文》:嘉靖十五年丙申五月十六日,徵明。时年六十有七。

《岱宗小稿》卷六《文衡山千字文》:衡山此帖,字字庄重,而中有骨力。有垂绅正笏之度。虽不稍残缺,而典型固可想也。

按:所见徵明书画,末款有自纪年齿者,前跋祝允明手稿及此帖为最早。此后则自识年齿渐多。若《书画鉴影》卷二十二《明四家山水集屏》有山水一幅,款:"徵明写,时年六十又二。"

下用白文"文仲子"方印。因未见原墨，未知真伪。《千字文》乃明拓。杨梦衮集跋即此帖。徵明书画自纪年岁定自本年为最早。董其昌跋徵明题卫九鼎画后云："衡山先生题此卷，时年七十三岁，至八十乃纪年。所谓披裘先生，七十始壮者。"实非。

二十日，王穀祥来访。时夏雨崇朝，坐无杂客。穀祥出素册索画，为写十四幅。

日本东京大学出版会《中国绘画总合图录》：《文徵明停云馆图册》丙申五月廿日，与禄之燕坐停云馆中。时夏雨崇朝，坐无杂客。煮茗焚香，清谈抵暮。禄之出示素册索画，余不能辞。漫为写此，共得十四幅。此老人寄兴一时，工拙非所较也。不知禄之以为何如？徵明识。　停云馆主为王酉室画大册，予曾见二本：一竹石，一杂写山水、树石、兰竹、人物、翎毛。此册石法最妙。题跋精采四射，尤为文书上乘；盖六十七岁笔也。庚戌五月，醇士记。

兄徵静卒，年六十八岁。是年闰十二月十日葬梅湾，撰《亡兄双湖府君墓志铭》。

《集三十五卷本》卷三十《亡兄双湖府君墓志铭》：府君生成化己丑七月廿八日，卒嘉靖丙申五月廿日。是岁闰月十日，葬吴县梅湾，从先君之兆。……疾且革，顾谓其曰："吾生无善状，即死，慎无为铭誉我，取人讥笑，无益也。"其明达如此。虽然，不可以不志也。

按：是日徵静去世，而王穀祥来访，清谈抵暮。或徵静卒于是日之夜乎。

六月廿二日，许陞卒，年六十六岁。顾璘撰墓志，徵明

书石,陈沂篆盖。沂时以山西行太仆卿请老归。筑遂初斋,杜门著书。

《息园存稿》文五《摄泉隐君许彦明墓志铭》:丙申六月,疽发之背。是月廿二日竟卒,得年六十有八。逾三日穀归自京师,哀且定,卜丁酉正月二十二日葬隐君子定德卿王家山祖墓之次。持御史谢君少南状乞余为铭,徵仲书石,鲁南篆题其盖,并先好也。

《凭几续集》卷二《明故山西行太仆寺卿石亭陈先生墓志铭》:尝遇执政于德,劳之曰:"先生久外,将召矣。"对曰:"齐民困甚,苟行吾疏,胜吾受德意。"大忤。吏部举河南福建布政司,皆不迁。遂改山西行太仆卿。再上疏请老,归。筑遂初斋于家园。杜门著书,绝意世事。

八月十日,游竹堂寺,行书《乐志论》。

一九八七年《书法》第一期《文徵明行草乐志论》:嘉靖丙申秋八月十日书于竹堂僧舍。徵明。

是月,长洲县学重修成,徵明撰记并书石,王榖祥篆额,章文刻石。

拓本《文太史行书长洲县重修儒学记》:嘉靖十有五年,岁在丙申秋八月,长洲县重修儒学成。乃是月四日丁亥,知县事渭南贺侯,躬率博士弟子释菜于先师孔子。既明日,诸博士弟子相率言于徵明曰:……谓徵明故学诸生也,俾有述焉。侯名府,字应璧,己丑进士。仁明恺弟,而敏于政。是役特其一事耳。相是役者,县学教谕广昌李泓、训导安仁熊魁、乌程潘佐。董役者义官张璿。前翰林院待诏将仕佐郎兼修国史文徵明著并书。前进士吏部员外郎长洲王榖祥篆额。章简甫刻。

时所书由章文刻石而外，又有吴鼒、温恕、温厚等人。然以章文所刻为多。徵明尝曰："章生，吾之茅绍之也。"

《弇州山人续稿》卷九十一《章笥谷墓志铭》：吾郡文待诏徵仲，名书家也；而所书石，非叟刻石不快。待诏每曰："吾不能如钟成侯、戴居士手自登石，章生非吾茅绍之耶？"绍之者，赵文敏客也。

按：吴鼒、温恕、温厚等所刻，详见九十岁《碑刻表》。

九月六日，跋元张宣诗卷，谓其诗与书皆合作。

拓本《张芸窗诗帖》：江阴张沟南父子，以诗名于元季。沟南名端，字希尹。其子名宣，字藻仲，号芸窗，尤以能书称。此芸窗所书《吴越两山亭》及《听琴》二诗，诗与书皆合作，真无愧其名也。嘉靖丙申九月六日，吴门文徵明题。

十月二日，书《赤壁赋》。徵明好书《赤壁》两赋，流传于世者甚多。

《巢经巢文集》卷五《跋文待诏书赤壁赋》：右明文徵仲先生书《赤壁赋》，顺德黄爱庐藏物。按先生己酉年日记云："书东坡《赤壁赋》，前后共五十本。"此五十本之一，末书"丙申冬十月二日书。"时先生六十六岁矣（按：应六十七岁）。前行下有"己酉年记"一印，知沈确士以五十本皆己酉年书，非也。日记盖通记前后所书耳。此书先日记十三年，至七十九岁汇存手迹，故钤以"己酉年记"。

按：徵明有日记，且有"己酉年记"印章，皆前所未知。日记未曾见，即印章亦未入目。又不知所谓己酉年日记书《赤壁》前后共五十本者，是记于己酉元旦，抑记于岁暮？王穉登云："文太史书《赤壁赋》，流传人间者无虑数百本，往往真赝相复。"（见《中国古代书画图目》—《明文徵明行书赤壁赋钱穀补图卷》）即真赝相间，亦不止五十本。己酉年，徵明八十岁。书《赤壁》五十本，以赠来贺者耳。非一生所书也。

有寄寿陆深诗。深时年六十岁。

《文嘉钞本》卷十三《寄寿陆俨山》：曾逆龙鳞请左衔，旋因莼菜解朝簪。孔戣岂是真宜去？中散吾知有不堪！阅士已应空冀北，著书聊复滞周南。九峰何处三千丈，见说秋来翠拥岚。

按：《文嘉钞本》此诗在《乙巳元旦》之前，亦非甲辰岁底所作，以甲辰七月陆深已卒；本年陆深年六十岁，姑系本年。文陆酬和之作尚未见，《俨山续集》卷二有《题文徵明画》诗，录附于此："笔下尘埃一点无，开图知是贺家湖。秋风九月菰蒲岸，横着溪舟看浴凫。阿明此艺称独步，前身妙绝元姓顾。安得置之水晶宫，卧看紫烟落毫素。"

函谢袁褧送徵静之葬及赠所刻《世说新语》。

东京堂本《故宫历代法书全集》第二十七卷《明人尺牍》：先兄之丧，重辱光送，未能走谢，耿耿。《世说》定本，领赐尤感。石翁册子，因忙未及有作，且晚稍闲，即课呈也。使还且此奉覆不具。徵明顿首，尚之先生尊亲执事。

《明清江苏文人年表》：嘉靖十四年乙未　吴县袁褧刻《世说新语》三卷。

得唐寅《墨霞寒翠》遗砚，因刻小识砚侧。

《明唐子畏墨霞寒翠砚拓本》：砚为子畏遗物，衡山于丙申年得之。书此，如见其人也。

书姚涞撰《李侯修建记》。李侯名资坤，字伯生，昆阳

人。正德中由举人入仕，官至铜仁知府。多异政。为天下廉吏第一。时知嘉定县。

光绪本《嘉定县志·金石》：思贤堂四面碑，一面《李侯修建记》，慈溪姚涞撰，文徵明书。嘉靖十五年刻。

商务印书馆本《中国人名大辞典》：李资坤，明昆阳人。字伯生。正德中由举人历迁铜仁知府。所至多异政，为天下廉吏第一。性刚介寡言，动必以礼，老而弥笃。

蔡羽有思归诗相寄。

《盛明百家诗·蔡翰目集》：《秋尽思归致文衡山》作客金门几岁华？秋深江上转思家。去钻角里青枫石，一吸吴兴紫笋茶。傍水看花人在镜，披云疾草墨如鸦。碧山与可相邀近，雨后篮舆步步嘉。

王世懋生。

《历代名人年谱》：嘉靖十五年丙申，王敬美世懋生。

嘉靖十六年丁酉（1537）六十八岁

选集晋、唐以下书法旧迹及当代名笔，汇刻为《停云馆帖》，属章文镌木，未毕而毁于火；更用石刻。先后所刻凡十一卷。徵明卒后，又刻一卷，共十二卷。其第一卷"晋唐小字"，是年正月上石。其《黄庭经》凡三易后始成。

《六艺之一录》卷一百六十六《书家藏法帖贞珉后》赵灵均《寒山金石林》：余家近藏《停云馆法帖》贞珉。乃文待诏先生为之冰鉴，国博、和州两先生为之手勒，温恕、吴鼐、章简父三名人为之手刻。镂不计工，惟期满志;完不论日，第较精粗。凡此诸公，每遘佳迹古拓，非弥月穷年，不轻摸拓。最后止得一十二卷。特以待诏先生父子三人，皆握翰墨宗匠，海内以名迹观览者，门无虚日。是以此帖遂得晋、唐、宋、元、我明剧迹，咸萃于中。今有遗帖，与之相角，无不纤微克肖。名公苦志，于此逮见。且多历年所，总计其时，则春秋阅尽二十有四，始克竣工。至若右军《黄庭》，尤三易石而就。首卷小字，则名公继起，不易摹镌。

《铁函斋书跋》卷三《停云馆黄庭经》:《停云馆黄庭经》二，一为吴学士水痕本，一为徐季海不全本。摹临最精，临池家甚贵之。

《淳化秘阁法帖考正》附录《古今法帖考》:《停云馆帖》先有四卷，帖首标题乃是小字。后更毁去，重摹为十二卷。余向得二卷于京师，被友人索去。昨于张生义仲手又见一卷，比之后帖，为较胜也。

《飞凫语略》:墨刻自《阁帖》后转盛。至本朝则种类愈繁，几不胜收，如文氏《停云馆》最著。说者终谓俱出待诏父子伎俩，不甚逼真，而小楷为尤甚。是亦有说，唐刻推李北海，然皆自写自刻。所称工人伏灵芝、黄鹤仙、苏长生俱诡名也。又俱一二寸大字，无一小楷，故无不如意者。若颜之《麻姑坛》，右军之《曹娥碑》，即真宋刻，而神采皆索然。

《闲者轩帖考》:《停云馆帖》，文衡山父子皆精书学，而又自能镌刻。于嘉靖中摹勒旧迹及近时名笔上石，共十卷，为《停云馆帖》。清劲不俗，近世诸刻，推此第一。

《集古求真》卷十三《帖》下:《停云馆帖》，明文徵明刻。

凡十二卷，为章简甫所镌。初为木版，未成即毁于火。后乃刻石。文氏父子，均有书名，故此帖亦为世人所重。然经其钩摹，不免过于圆润，几成一家之书。论者亦间有微词。初刻四卷，帖首标题为小字正书。十二卷本改为隶书，字亦略大。

拓本《停云馆帖》，"晋唐小字卷第一"：

《黄庭经》。《黄庭经残本》，倪瓒跋。《乐毅论》。《乐毅论残本》。《东方朔画像赞》。《孝女曹娥碑》，冯审等跋。《临钟繇墓田丙舍帖及尚书宣示帖》。《洛神十三行》，柳公权、柳璨跋。《华阳隐居真迹帖》。虞世南《破邪论序》。欧阳询《般若波罗蜜多心经》《佛说尊胜陀罗尼咒》。褚遂良草书《黄帝阴符经》，又楷书《阴符经》，又《度人经》，范正思跋。颜真卿《麻姑仙坛记》。柳公权《消灾获命经》。

嘉靖十六年春正月长洲文氏停云馆摹勒上石。（隶书三行）

《弇州山人四部稿》卷一百三十四《文氏停云馆帖十跋》：第一卷，晋唐小楷。自右军《黄庭》至子敬《洛神》，虽极摹拓之工，然不离文氏故步。

《书画跋跋》续卷一《文氏停云馆帖十跋》：第一卷。跋谓所摹二王小楷，俱不离文氏故步，良是。盖字真而小，摹手无所着力，即游丝笔亦粗。若纯付之钩填，恐失真处或不美观，不得不稍以己意润之耳。

按：《停云馆帖》木刻本，疑始自文嘉。祝允明《怀星堂集》卷十三《与休承》云："某白：休承，承遗札，温慰良切，感荷。闻手勒《黄庭》入石，此后人赖也。自永和至唐代，为翰札之嗣者，师摸趋步，盖诸体咸具。今人鲜见唐贤小楷，不谛能否，乌有不能者哉！余所见唐临三帖，散在残存，盖有之矣。宋初述者，故亦当然。四子而后，乃绝闻。见米有《禊序》，蔡盖非无，馀未前闻，恐余之寡陋尔。所见仅高宗之拓本，蒙鈇眇然。子昂秀出，会稽之迹，蹈武交遍，往复谆烦，小楷尤臻高第，故今人间传本，独承旨耳。皇代驱夷之际，遗材之制，想亦有之。沈氏得之，擅场宣、英，而后则绝尽矣。今所睹惟周、晋二邸本，小解昌□本。数十年来，学者键口不及，岂唯手乎？名卿巨擘，盖有能之而不为者。吾乡好尚，若朱性父殆可与进，而偷安自弃，亦可悯也。迩日英俊云蒸，青衿亦起。永和容彩，当由嘉靖吴州而还也乎？足下家门传砚，会而通之，良胜良胜。幸为速鸣铁颖。拙者老矣，邈辞中郎，一揖虎贲，岂非耄□一快哉？"

二月一日，长媳钱氏卒。时元发尚幼，徵明携同卧起。

《文氏族谱续集·历世生卒配葬志》：国博公彭，配钱氏，敕赠孺人。生于弘治八年乙卯，卒于嘉靖十六年丁酉二月一日，年四十三。继杨氏。

《姑苏名贤后记》申时行《明河南卫辉府同知致仕进阶朝列大夫端靖文先生墓志铭》：先生少有至性。母病，晨夕守床第不去。既卒，哀毁如成人。顾不得于继母。待诏公心怜之，尝携以自随，与同卧起。

《冯元成集》卷五十五《明故河南卫辉府同知进阶朝列大夫端靖先生湘南文公墓志铭》：继母杨孺人卞急，百难大夫，大夫孝事不懈。待诏一夕履阈有所触，烛之，乃大夫僵卧。急扶起，讯之，终不言继母龁故，独馁色可掬。待诏雨泪曰："曷为摧残我家凤毛耶？"因携之停云、玉磬两馆，亲为抚视。大夫眉宇始舒，吐发流美，称佳子弟矣。

三月廿四日,昆山张安甫卒。安甫字汝勉,弘治三年进士,仕至祁州知州。治尚清简。以母忧归,遂乞休。家居三十五年,年八十四岁而卒。子寰乞铭,为撰墓志铭。寰字允清,号石川。正德十六年进士。历官通政使。致仕归,以读书自娱。徵明尝跋其所藏张即之书《进学解》。

《吴都文粹续集》卷四十四文徵明《明故祁州知州封奉直大夫刑部员外郎张公墓志铭》:祁州知州昆山张公致仕家居凡三十有五年,年八十有四,嘉靖十六年丁酉三月廿又四日以疾终。先是,公以进士释褐守祁,甫四载,以母丧去官。既免丧,遂不复仕。时公年艾服。吏部尚书马端肃公嘉其静退。奏赐四品章服,阶朝列大夫致仕。越二十有八年,子寰升朝,推恩封刑部员外郎,阶奉直大夫。于是寰手具事状属予铭。

嘉靖本《昆山县志》卷十《人物》:张安甫,字汝勉。由进士授祁州知州,丁内艰归,即不出。当道以其贤劳,加四品服致仕。由是放情山水,寄兴风月,悠然有物外趣。视世之声利纷华,人之宠辱恩怨,举不足以役其中也。年八十四而卒。为人夷旷潇洒,内无机变,外无矫饰。其所存必依于厚,所言必切于理,所见必超于俗,其教诫子孙必由乎正。乡评以"古人"目之,诚无愧云。

《吴郡名贤图传赞》卷八《张参议》:公姓张,讳寰,字允清,号石川,昆山人。安甫子。正德十六年进士,授济宁州,调濮州。历官通政使,致仕归。惟以读书自娱,好游名山。尝奉父游雁荡,登天目等。足迹几遍东南,而碑版题咏亦半天下。

《集三十五卷本》卷二十三《题张即之书进学解》:右宋张

即之书韩文公《进学解》,即之字温夫,别号樗寮,参政孝伯之子,仕终太子太傅,直秘阁,历阳县开国男。其书当时所重。完颜有国时,每重购其迹。"周诰商盘"下缺一字,实徽宗御名。韩文"商"本作"殷",岂亦以讳避就耶?故浙江参政昆山张公敬之旧藏此卷,公卒,无子,图书散失。从孙比部员外郎允清以重值购之。允清所谓惓惓于此,岂直字画之妙而已,后之子孙,尚知所宝哉!

张寰尝偕同里俞允文来访。允文为徵明题赵孟𫖯画马。允文字仲蔚,工诗文,亦善书。曾有《雪中有怀》诗寄贻。

《俞仲蔚先生集》卷四《文内翰所藏赵魏公画马歌》:大宛西来七十城,吾闻骏马名"河精"。一夜飞腾渥洼水,四蹄蹄铁绕山行。此马神骏久称绝,初在众中谁更别。猛气犹带龙宫腥,自是当时惊汗血。胡云如花翻入空,献状新从凤苑中。蹴踏寒禁葱岭雪,肯随厩马鸣春风。今之画图二马转嶙崪,恍惚真龙此其匹。奚官锦袍丹砂浓,紫缰掣电开金镮。拳毛飒飒势欲动,似向万里收奇功。丹青岂能得如此?嗟哉魏公绝代工。一笔真能辨情性,九方妙识天机同。枉使黄金买枯骨,图上空怜逸态雄。

又卷三《雪中有怀贻文太史徵仲》:玄冥启杀节,暮雪暗平芜。气严汁液坚,萦积弥八区。天地成纯光,浩荡粗秽除。心目骤开远,寄身若空虚。虽知凛冽侵,志得岂愿馀?皎皎千载士,寂寂在高庐。

又附顾章志《明处士俞仲蔚先生行状》:君姓俞氏,初名允执,更名允文,仲蔚其字也。世为昆山人。稍长,即游心文艺,然雅不好举子业。唯喜读古文辞及临摹法书。作为歌诗，极力摹拟古人，动以晋魏为法，大历以下弗论也。同里张通参石川先生，喜吟咏，广交游。雅与君善。尝偕谒文太史衡山，出赵松雪马图令君题赋，文极加许重。张公结社湖南，中有尚书南坦刘公、箬溪顾公，皆海内搢绅冠冕。一见君，即重其器度。及席上赋诗，又独屈其座人，皆推以为上客，由是诸公互为延誉，人间渐知有仲蔚矣。

　　按：《行状》：允文生在正德八年癸酉六月十七日，本年年廿五岁。

五月十二日，积雨初霁，天气斗热。偶得残素，弄笔书《岳阳楼记》，颇有佳思。

　　《寄畅园法帖》第一册《岳阳楼记》：嘉靖丁酉五月十又二日，偶得残素，戏写此文。时积雨初霁，天气斗热；然蒸湿渐除。窗间弄笔，颇有佳思。

七月十五日，与王穀祥、许初集于福济观。徵明白描《老子像》，并书《清净经》；王穀祥写《道德经》；许初临《黄庭经》，皆为道士周以昂作。明年六月，徵明又为补书《老子传》。以昂号北山，性行纯恪，尝从都穆游。

　　《珊瑚网书录》卷十五《文太史楷书老子传跋》，又《珊瑚网画录》卷十五《白描老子像》，后楷书《清净经》及《老子传》跋。

　　病困无聊，写此奉赠北山炼师，永充福济观常住，一笑置之。徵明顿首。

　　《玄览编》：文徵仲于福济观中，焚香沦手，用小楷写《清静经》，王禄之写《道德经》，许元复临《黄庭经》。徵仲又书《老子传》，画老子像于首，合为一册。

有正书局印本《南京市美术展览书画册·明文徵明老子像并楷书清净经》纸本。图款"长洲文徵明写像。"下有"徵明"朱文联珠印，在左上角。后《老子列传》末三行，自识云："嘉靖戊戌六月十有九日，为北山炼师补书此传，于是余年六十有九矣。欧阳公尝言……徵明识。"（吴宝炜藏）

文物出版社本《中国古代书画图目》九，天津市艺术博物馆藏《文徵明楷书说常清静经册》：《太常老君说常清静经》，嘉靖丁酉七月十有二日，焚香敬书。徵明。又《老子列传》，款识同前。后有睢阳蒋予蒲跋。又《病困无聊》小柬，行书共五行。

按：以上两种，实出同一卷。藏经纸本。

《艺苑掇英》第三十五期《明文徵明老子像卷》，纸本。图款"丁酉七月望日，徵明绘像"。（按岁月有错，点正。）下有白文"悟言室印"方印，在像左方。小楷《常清静经》《老子列传》行次、每行字数。款识皆与前卷同。卷中有"乾隆御览之宝""三希堂精鉴玺""宜子孙""嘉庆御览之宝""宣统御览之宝""乾隆鉴赏""秘殿珠林""秘殿新编""珠林重定""乾清宫鉴藏宝""古杭瑞南高氏藏画记"等鉴藏玺印十四方。《常清静经》题前上有"停云"朱文圆印，下角有"玉兰堂印"朱文方印。末款下有"停云"白文长方印。《老子列传》识款下有白文"文印徵明"、朱文"衡山"两方印。

按：此两卷字体，似出一手。此实是文彭代笔。《老子列传》末题识中"欧阳公"中"阳"作"易"。徵明晚年书法，由文彭代笔者最多，非仔细体玩，极难辨别。其署款及印章，亦略不同。

《矫亭存稿·周北山生圹志》：北山周先生，为郡都纪。闻母谢世,即弃官成服。北山名以昂,别号北山。风神秀整,性行纯恪。少以父命礼福济观羽士马坦然为师,遂通其学。尝从都太仆玄敬游,得其肯綮。吴中巨室争延致为塾宾。日与高人逸士,结社赋诗为乐。

　　道光本《苏州府志》卷四十四《道观》一:福济观,在皂桥东,俗称神仙庙。宋淳熙间建。初为岩天道院。元至大间赐今额。至正末毁。明成化间建,嘉靖间毁,后建。

十二月既望,画杏以赠袁裦,时裦将赴京应试,王守有题。明年,裦登进士,授江西庐陵知县,有仁政。

　　《潘氏三松堂书画记·文徵明杏树》:三月融融晓雨干,十分春色在长安。香尘属路红云暖,总待仙郎马上看。小诗拙画,奉赠补之翰学。丁酉腊月既望。徵明。　纱帽宫袍阆苑仙,天街立马五云边。曲江春色浓如锦,红杏林中沸管弦。王守。

　　《尧峰文钞·袁氏六俊小传》:谷虚公讳裦,字补之。举嘉靖戊子乡试,戊戌登进士第,授江西庐陵知县。勤于吏事。县人名好讼。又输赋京师,辄为揽纳户所侵冒;至是悉钩摘其哗猾,置之理,一县惊服。会奉檄核县田,虽深山穷谷,必亲履其地。抽稽俱有法度,吏胥不敢上下其手。

钱榖从游约在是年。榖字叔宝,吴人。少孤贫,从徵明游,日取架上书读之。复习绘事,超入逸品。葺故庐,顾不治家业,徵明题其室曰悬磬,志贫也。手录异书,至老不倦。尝编《续吴都文粹》五十八卷,吴中故实,殆无逾此。

　　《姑苏名贤小纪》卷下《钱叔宝陆叔平两先生》:叔宝先生

毂,其字叔宝,世为吴人。先生少孤,能自励读书。家贫,无所得书。游先太史门,日取架上编帙读之且遍。复以其馀能习绘事,心通神解,超入逸品。于是声日益起,户屦时时满。顾先生愈不为家,家愈贫。先太史过而题其室曰悬磬。先生笑曰:吾志哉!而其嗜读书日益甚,手录古文金石书几数千卷,校雠至丙夜不休。所纂集书有《三国文类抄》《南北史摭言》《隐逸集》《长洲志》《三刺史诗》及《续吴都文粹》。《吴都文粹》者,盖仍宋郑虎臣所纂,而续为数百卷;吴中故实,将无逾此。性复劲直,不能容人,即游于名士大夫间,皆能藐之以气,语无私者。客或稍不当意,披衣径出不顾。竟以是贫且老。

《无声诗史》卷三:钱毂,字叔宝,号磬室,姑苏人。少孤贫,迨壮,始知读书。初从野亭翁游文太史门下,授以画法。

《静志居诗话》:钱毂……叔宝贫无典籍,游文徵仲之门,日取插架书读之。以其馀力,点染水墨,超入逸品。晚葺敝庐,题曰悬磬室。王元美为赋诗,所云"空梁颇受落月色,北窗静俟凉风眠"者是也。手抄异书最多,至老不倦。仿郑虎臣《吴都文粹》缉成续编,闻有三百卷,其子功甫继之。吴中文献,藉以不坠。与公瑕、伯毂奔走相门者远矣。

《吴都文粹续集·提要》:《吴都文粹续集》五十六卷,补遗二卷,明钱毂撰。毂字叔宝,长洲人。是书乃续宋郑虎臣《吴都文粹》而作。朱彝尊所称卷数与此不符,疑合功甫续编言之。或毂旧稿原有此数,后复加删汰以成今本,彝尊乃据其初稿言之欤?

按:钱毂游文门在何时,无记述。兹据《无声诗史》"迨壮始读书",姑系本年。时穀年三十岁。

蔡羽自南京翰林院孔目致仕归。

《集三十五卷本》卷三十二《翰林蔡先生墓志铭》：居三年，致仕归。

莫是龙生。

《明清江苏文人年表》：嘉靖十六年丁酉，华亭莫是龙廷韩生。

嘉靖十七年戊戌(1538)六十九岁

巡按郭宗皋为徵明建坊于德庆桥西。徵明以书与知府王仪请辞，未得。宗皋字君弼，山东福山人。巡按苏松，厘奸剔弊。临满，为徵明建"表节"坊，为朱希周建"崇德"坊。希周以嘉靖六年乞休归。仪字克敬，文安人。嘉靖二年进士。时再知苏，定田赋，核岁课，治为知府第一。

《集三十五卷本》卷二十五《与郡守肃斋王公书》：夫声闻过情，君子所耻。有损无益，贤者不为。今大巡郭公，欲为某建立坊表。出于常格，区区浅薄，岂所宜蒙？深有不自安者。自惟潦倒儒生，尘伏里门；又以衰病蹇劣，不能厕迹士大夫之间。故挚敛退缩，非以是为高也。今以为贤于他人，郡士夫谁为不肖？且某在今诸士夫中，名位最微，人品最下，行能才智最为凡劣。一旦以为贤，而拔出其上，冒然居之，岂非君子所深耻哉！某虽不敢自托于君子，然亦安肯靦然无耻，甘于小人之归哉？尝阅《郡志》，宋蒋堂希鲁以礼部侍郎致仕居吴。时胡文恭公守郡，以其名德，因即所居表为难老坊。蒋公愀然不乐曰："此俚俗歆艳，内不足而假之人以为夸者，何以至于我也。"胡公即为撤去。当时以为美谈，迄今传示册册。某自视于蒋公无能为役，而明公则今之胡公也。且某素蒙垂爱，其忍以俚俗小人待之哉？某虽非足于内者，然窃欲自附于知分守己之士，以求免于务外为名之愆。惟是宪府崇严，无由控诉。欲望明公转达此情，得赐寝罢，实出至幸也。况今岁歉民穷，赋无从出。一有兴作，不无动扰，此亦明公所宜轸念者。且某世居此里，自祖父伯叔以来，世叨薄宦。里中父老，每为赞喜；然于其人，实未尝有毫发荫庇。万一举事，则匠作夫役，劳顿实多。夫不能覆庇，而反至劳顿，岂当时赞喜之意哉？彼虽自受其役，而区区以一身标表之故，坐视其劳，亦何能安然不为之意哉？徒费财力，而又使人不安，正所谓无益而有损，窃为明公不取也。比者萧二守顾访，首及此事，某即欲以此事上渎明公。彼时犹以为未必遽尔。乃者反复思之，恐一旦文移下督，材木既具，营缮既严，则势不可复止。虽欲有言，不可得矣。缘是不得已辄露血诚，先此恳请，惟明公曲赐处分！倘得幸免，则明公之惠，不浅浅矣。区区此请，在于必得。若以为非出至诚，姑为是退托，以激冒时誉，则重得罪于左右矣，然而不敢避也。病荼不前，无缘躬叩铃阶，谨勒手状，令儿子俯伏以请。临纸不胜愿望之至。

《明史》卷二百《列传》：郭宗皋，字君弼，福山人。嘉靖八年进士，选庶吉士，寻诏与选者皆改除，得刑部主事。擢御史。十二年十月星陨如雨。未几，哀冲太子薨，大同兵乱，宗皋劝帝惇崇宽厚，察纳忠言，勿专以严明为治。帝大怒，下诏狱，杖四十释之。历按苏松顺天，行部乘马，不御肩舆。

　　光绪本《苏州府志》卷六十六《名宦》：郭宗皋，字君弼，山东福山人。嘉靖中，巡按苏松，厘奸剔弊。临满时，为朱玉峰建一坊，题曰"崇德"。为文衡山建一坊，题曰"表节"。虽顾昧斋在阁中，亦不及也。后迁顺天巡抚。

　　《明史》卷二百三《列传》：王仪，字克敬，文安人。嘉靖二年进士，除灵璧知县。以能，调嘉定。七年擢御史……已，巡按河南。赵府辅国将军祐椋招亡命杀人劫夺，积十馀年莫敢发。仪偕巡抚吴山奏之，夺爵禁锢。会仪出为苏州知府，甫三月，祐椋潜入都，奏仪捃摭。除仪名。仪去苏州，士民奏阙下乞留，帝不许。既而荐起知抚州，苏州士民复奏阙下乞还仪。至则以八事定田赋，以三条核税课，徭役、杂办维均。治为知府第一。

　　光绪本《苏州府志》卷五十二《职官·历代郡守》：王仪，嘉靖十二年以监察御史任，寻以前劾亲王不法事，诏回籍听理。

　　又：王仪，嘉靖十五年由抚州再任，后升苏松兵备。

　　按：明年黄省曾寿徵明七十岁诗有"近日绣衣增表建"句，则建坊事非王仪初任苏州府事。故系本年。

　　《山志》：汤荆岘太史自浙江典试回，与予相见吴门。予驰一札云："文衡山不特诗文书画名世，而道德醇粹，深心理学。此邦人士，迄今称颂不衰。记旧曾有木坊一座。闻近为市童爆竹延烧，犹存石柱二根，卓立如故。今方伯丁公，崇学好古，雅意人伦。倘借一言及之，率僚属重建，易易耳。向署'翰林'二字，今直请表之以'文衡山先生故里'七字，洵一时义举，千载盛事也。"

　　按：坊名"表节"不知何时改"翰林"。光绪本《苏州府志》卷五《坊巷》有关文氏坊表为"父子济美坊"中街路，为文洪、文林、文森立。"兄弟联芳坊"中街路,为文林、文森立。"翰林坊"德庆桥西,为文徵明立。曾孙震孟重修。

《明史》卷一百九十一《列传》:朱希周……嘉靖六年,大计京官。南六科无黜者。桂萼素以议礼嗛希周,且恶两京言官尝劾己,因言希周"畏势曲庇"。希周言:"南京六科止七人,实无可去者。臣以言路私之固不可;如避言路嫌,诛责之,尤不可。且使举曹皆贤,必去一二人示公;设举曹皆不肖,亦但去一二人责塞乎?"因力称疾乞休。温旨许之,仍敕有司岁给夫廪。

《先进遗风》卷之上《朱恭靖公希周》:公仕至南冢宰,归里。吴中市货溢衢,纷华满目。入公之室,萧然如村落中,见野翁环堵。出与宾客游,鱼鱼雅雅,宛然一邑庠中旧时弟子。后生间有小不检,则相戒曰:"恐朱先生知也。"

二月,香山潘氏属章文刻徵明书祝允明《香山潘氏新建祠堂记》于石。徵明又尝为潘叙题其族谱后。

拓本《香山潘氏新建祠堂记》:正德六年冬,吴香山潘氏新作祠堂成。吉日庚申,有事于三室,上逮乎四世,下序乎三枝。礼作而义和,神歆而人熙。既事成,其宗之尊曰叙字崇礼父具事疏来,谓允明能为文辞,求升于碑,以昭志备远。……是岁十二月既望辛卯,乡贡进士郡人祝允明记。翰林院待诏将仕佐郎兼修国史长洲文徵明书并篆额。嘉靖十七年岁在戊戌二月立石。章简甫刻。

民国本《吴县志》卷五十九《金石考》:《香山潘氏祠堂记》,祝允明撰,文徵明正书。嘉靖十七年二月立石。章简甫刻。

《集三十五卷本》卷二十二《题香山潘氏族谱后》:近世氏

族不讲,谱牒遂废。非世臣大家,往往不复知所系出。潘氏自宋云卿下至崇礼,八世矣。崇礼又有子若孙,将十世而不已。其世数不可谓不远。而所与游若倪元镇,若周伯器,近时若吴文定公,若李李太仆应祯,若沈石田先生,皆一时名硕,皆有诗文相赠遗,其文献又不可谓不著也。崇礼谱录聚集,使数百年文献,灼然可征,其有功潘氏,不既厚矣乎! 所可恨者,元镇以前非无文献,云卿以上,非无世次,特以前人失录,无所于考。今之所为,亦惟使其子孙他日无遗恨云尔。余雅闻崇礼之贤,而吾友蔡九逵又数为道之。尝邂逅一见,悃愊愿谨,古所谓孝友力田之士也。他日,使其子鏏以此谱相示,叹其用心之勤,贻谋之远,为题其后而归之。

三月,《停云馆帖》卷二"唐摹晋帖"上石。

拓本《停云馆帖》"唐摹晋帖卷第二":《万岁通天进帖》岳珂跋。张雨跋。沈周致徵明礼。王鏊跋。文徵明跋。《唐李怀琳仿嵇叔夜绝交书》汤垕跋。文徵明跋。嘉靖十七年春三月,长洲文氏停云馆摹勒上石。

《碑帖纪证·通天进帖》:武后时通天间,访王氏历代所书,其十代孙王方庆所进。余于武林购之。沈复魁云:"此奇刻也,不易得者。"信然。今文休承《停云馆》第二卷即此也。

按:由范氏所述,可证《停云馆帖》为徵明与次子嘉所刻。故石刻后为文嘉所有。

五月十七日,王穀祥过访,谈及画竹,为写竹册并识。

故宫博物院印本《文徵明竹谱》:夏日燕坐停云,适禄之过访,谈及画竹。因历数古名流如与可、东坡、定之辈,指不能尽屈;予俱醉心而不能逮万一。闲窗无事,每喜摹仿。禄之遂捡案头素册,命予涂抹。余因想像古人笔意,漫作数种。昔云林云:"画竹聊写胸中逸气,不必辨其似与非。"余此册即他人视为麻与芦,亦所不较。第不知禄之视为何如耳。时嘉靖戊戌五月望后二日,徵明识。

六月二十六日,陈沂卒,年七十岁。顾璘为撰墓志铭。

《凭几续集》二《明故山西行太仆寺卿石亭陈先生墓志铭》:顷年,先生以山西行太仆卿,璘以浙江布政使各请老居山中,与诸耆旧大夫修净社甚欢。丁酉,璘召起为副都御史抚楚。与先生别,殊怏怏。戊戌秋,忽以讣闻,实卒于六月二十六日。璘哭之恸。其子时万等致礼部主事许子榖状来请为墓志铭。母金氏,以成化己丑七月二日,迟宜公先梦释氏奉明珠入室,旦生公。

八月三十日,叔父森妻谈氏卒。

《集三十五卷本》卷三十一《叔妣恭人谈氏墓志铭》:府君讳森,字宗严。以都察院右佥都御史守南赣,致仕卒于家,实嘉靖四年乙酉也。越十有四年为十七年戊戌八月三十日,恭人卒,享年七十。

九月,以文并画寿徐缙六十。

墨本《明文待诏手稿》:《记震泽钟灵寿崦西徐公》:吾吴为东南望郡。而吴又以太湖洞庭为尤胜。天官侍郎崦西徐公,实生其中。公少起甲科,积学中秘。既而列官禁近,摅縝纶綍,进讲金华,周旋于石渠金匮之间。出领选事,题品人才,左右天子,以润饰鸿业,所为系天下之望者,于是三十年矣。或以公盛年强力,道行而志同,方向显于时;而一旦罢去,若于公有不足焉者,是乌足以少公乎哉!方己丑、壬辰之际,柄臣用事,中外之臣，攀附骤贵者比比；而公顾独以不合去，其所为有可知者。孔子曰："道不同，不相为谋。"又曰："人有所不为也，而后可以有为。"是故以陆宣公之才，而见摈于德宗之朝；以范文正公之贤，而不容于庆历之世。良以裴延龄、吕夷简之所为，不可得而同也。使二公者，当其时稍诎其志，脂韦以取容，岂不可以全身固位，以卒行其志乎？然而君子不为也。卒之，宣公不失为一朝名臣；而言文正者，至以为百代人物。夫二公既见取于当时，则公岂应见少于今日哉？嘉靖戊戌，公家居数年，年且六十，九月十又一日，是公始生之辰。其二子请言为寿，故为道山川之秀，所为钟于公如此。而必以陆、范二公为言者，二公实皆吾东南之望，固山川之灵之所钟也，公庶几其企之。

按：此文稿初题作《洞庭清胜图叙寿崦西徐公》。

从天王寺僧南洲观李应祯、吴宽、都穆、卢雍、孙一元、王宠等留题诗卷，依韵和作。

《珊瑚网书录》卷十四《碧筼精舍记并诗卷》：徵明屡游天王寺，未尝作诗。戊戌，南洲师出示诸贤留题诗卷，因悉用韵和之，共得七首。所谓虽多，亦奚以为也。

按：李应祯《六月望日过寒翠轩避暑》七绝一首。吴宽《雨中同李范庵过天王寺看竹二首》五言。都穆《宿天王禅院僧西洲讲主》七绝一首。卢雍《辛巳八月朔过碧筼精舍偶题次韵》七绝一首。孙一元《坐碧筼精舍》七绝一首。王宠《陪林屋师雪宴碧筼精舍》五律一首。又蔡羽《碧筼精舍记》撰于嘉靖八年三月廿九日。原作和作皆略。

无锡张恺卒，为撰《企斋先生传》。恺字元之，成化末进士，仕至福建盐运使。持廉守节。年六十时，撰《备

遗补赞》,徵明有题。

　　墨本《明文待诏手稿》:《企斋先生传》企斋先生姓张氏,名恺,字元之,常之无锡人也。成化末,举进士。……起为山西太原府知府,未至,转福建盐运使。抑遏强御,务以通商惠民;而持廉守法,不以冗散易节。御史贺泰以"笃实疏通"论荐。而当路嗛之,竟以疾罢归。归二十有七年,年八十有六,嘉靖戊戌五月八日以疾卒。有文集若干卷,他论著若《贵阳燕谈》《钓台遗意》《备遗补赞》诸书,又若干卷。

　　《集三十五卷本》卷二十二《题张企斋备遗补赞》:自古国家未尝无骨肉之变,而唐太宗之事,出于不得已。然不免后世之议者,《春秋》责备之义也。我朝壬午之际,事出非常,视临湖之变,尤为有名。而一时死事之臣,独视王、魏诸人有光焉。自睿皇以还,国禁渐弛,乃今遂不复讳。故《革除遗事》《备遗录》次第梓行。而一时死事诸臣,遂传于世。于是有以见忠义之事,不可终泯也。有志之士,读其事而慨其人,低徊慕仰,往往形诸录赞。岂惟以其人哉,亦思所以补史氏之缺也。观企斋先生张公所补二十九赞,辞义严正,气概凛然,意将追而及之。于是先生年六十,忠义之气,老而弥坚,足以知其生平之所养矣。某末学晚生,知慕前烈,亦尝窃识一二,而不能有言者,不敢言也。因读斯赞,辄书于后,以识余愧。

顾璘以都察院右副都御史巡抚湖广,途中有赠诗。

　　《凭几续集》卷一《赠文徵仲》:志士厉高节,夫君狷者流。举足唯大道,邪径焉肯由?田仁甫弱冠,却赙矜清修。元城寡内欲,亦自既壮秋。掩面过行女,闭门拒王侯。天然冰玉操,不与思虑谋。师资快吾党,少长咸低头。五车聚腹笥,发咏崇温柔。鲜云淡华泽,美玉辞雕锼。待诏入金马,玩世存薄游。脱冠挂神武,遂返莼鲈舟。颐神击磬室,放歌埋剑丘。掉笔弄图画,尽掩松雪俦。乃惊铁石肠,遗韵仍绸缪。伯阳信神物,变化不可求。

《集三十五卷本》卷三十二《顾公墓志》:丁酉再起为都察院右副都御史,巡抚湖广。

按:《凭几集》有顾璘自叙,为丁酉八月至戊戌四月途中所作,故系本年。

有送汝颐任鄢陵知县诗,勉其以仁政治县。颐字养和,吴江人。好为诗,尝与徵明及祝允明、蔡羽、都穆等为诗酒社,有知人鉴。

《黎里志》:文徵明《送汝养和之鄢陵任》:十载蹉跎使饬治声,新悬墨绶领鄢城。从知家世传清白,久服官箴更老成。陈寔祠前修化理,召陵原上劝春耕。中州见说今疲甚,定有仁风慰远氓。

又:汝颐字养和,汝纳从子,邑廪生。屡试不售,入国学,将应京兆试。时大学士杨一清与颐季父纳旧同官,以契家子欲招致门下,卒不往。嘉靖己丑谒选得河东盐运使,戊戌擢河南开封府鄢陵知县。庚子致仕。阅半载,士民思之,立祠学宫侧以祀焉。好为诗,尝与同郡祝京兆允明、蔡孔目羽、都太仆元敬、文待诏徵明为耆英诗酒社。有知人鉴。学使毛衢未遇时,妻以女。

陆师道、沈㟴、陈鎏举进士。师道授工部都水使主事,改礼部仪制使。㟴字子由,吴江人,授南京工部主事。鎏字子兼,吴县人,授工部榷荆川木。善行草及榜署

书,诗文真率。

《无声诗史》卷二:陆师道,字子传,长洲人。始成进士,所射策入故相夏文愍公言手,大奇先生,为言于故相李文康时曰:"是子也,其文贾、董,而书则钟、王。"以第一人闻。时上不尽寄相臣柄,移之二甲第五,选而得工部都水司主事,任职廉谦。

《姑苏名贤小纪》卷下《陆尚宝五湖先生》:弱冠举于乡,又七年戊戌成进士。太傅李文康公阅先生卷,绝赏之。阁下盛传陆某卷文章贾、董,笔法钟、王,已拟上第一人。而首臣欲识之,使人邀至邸中者再,固谢弗肯往,遂置次甲,拜都水主事。久之,改仪部。

《吴郡名贤图传赞》卷九《沈副使》:公名启,字子由,吴江人。嘉靖十七年进士,授南京工部主事。在南都三年,先后所省以巨万计。改北刑部主事,历升郎中,出知绍兴府。会稽、新昌、萧山三县,田与赋左,为平其额,民称便。迁湖广副使,坐知绍兴时事罢归。

《姑苏名贤小纪》卷下《方伯陈公》:方伯雨泉公鎏,字子兼,世为吴人。少有大度。丁酉以《易》魁于乡。戊戌成进士,授工部,榷荆川木。一年,课不登,而尚书察公廉,亡能难也。累迁臬副,视四川学政,所莅辄有声。署数篆皆理,治军军治。人益异公文吏有开济才,旦夕望公开府,而公年六十三,乞休矣。善行草,尤工榜署书。诗文亦洒洒,顾不肯甚注思,大要以真率胜人也。

嘉靖十八年己亥(1539)七十岁

黄省曾有寿诗。方鹏次六十时徵明所寄寿诗韵为贺。

《五岳山人集·寿文徵仲待诏一首》：艺林早擅文章誉，百日辞官卧一丘。中禁编摩天上载，右丞词翰世间流。生年七十夸今得，礼乐三千羡独收。近日绣衣增表建，高阳名里耀邦州。

《矫亭存稿·次韵寿衡山太史七十》：玉堂高拱五云东，恳乞归山感圣衷。华国文章鸣盛治，传家清白衍长风。熙熙寿域元无限，落落孤标自不同。何止山林争献祝，儿童亦皆颂文翁。

正月七日，与汤珍、袁表、袁褧、袁裘、袁衮、袁褒、王穀祥、陆师道、陆安道、王曰都、彭年、朱朗等游集石湖，各有诗，彭年撰诗叙，徵明制石湖图。安道字子行，师道弟。

《续书画题跋记》卷十二《文衡山石湖图彭隆池楷书诗叙》：三阳献岁，迓淑气于东郊；七日逢人，肆娱游于南浦。湔裳戴胜，乐事赏心。斯固巧历之所难齐，百年之所罕通也。况复故园梅柳，旧隐湖山。绿水泮其流渐，丹崖消其残雪。间关百啭，觉时鸟之能言；荏苒千丝，喜春条之变色。兰畦景丽，蕙圃烟霏。人欢而风物和，暖布而皋壤悦。于是仙舟共泛，拂越城之虹梁；羽盖双飞，陟楞伽之鹫岭。结骖騑于谷口，留画鹢于川湄。草藉簪裾，林闻觞俎。借远公之莲社，坐爱青山；卧中散之琴台，醉怜修竹。良辰可惜，胜概不遗。金花与梅蕊争妍，菜缕共青丝斗巧。一谈一笑，无谢昔人；优哉游哉，聊以永日。群公英情天逸，尽为绂冕之巢、由；藻思霞腾，俱是薜萝之颜、谢。或悬车在告，或秉节周行。聚天上之德星，修山中之故事。邺宫绮宴，多军旅之嫌；金谷俊游，贻声华之诮。超然物外，理畅言玄。夫子乐之，吾与点也。然而扶摇万里，乃鹍鹏之壮图；偃仰一枝，实鹪鹩之微愿。云泥既隔，离合何常？所赖篇题，仅存梗概。感时怀友，更续草堂之吟；探韵赋诗，岂俟兰亭之罚。时嘉靖十八年岁在己亥，集者十有四人。彭年题。文徵仲，汤伯子，袁邦正，袁尚之，袁绍之，袁补之，袁与之，袁永之，王禄之，陆子传，王子美，陆子行，朱子朗，彭孔嘉。

三月，为胡原东作《梦樟图》。原东业贾，幼从父贸易江广。父殁于临江樟树，因号梦樟。王毂祥先为撰《梦樟记》。乞图因题。

墨迹本《文衡山梦樟图王西室记合卷》：图设色。"己亥春三月，徵明制。""悲风樟树带临江，恸哭当时事渺茫。寂寂旅魂千里远，悠悠残梦百年长。心伤寸草迷春雨，肠断群乌伴晓霜。几度月明推枕处，不知身世在高堂。文徵明。"《梦樟记》（文略）嘉靖戊戌春二月，吏部员外郎王毂祥书。

按：记称胡原东幼从其父以贸易游江广间，九龄而父殁于临江之樟树。原东既长，能绍箕裘。痛亲之殁于旅途也，因自号梦樟，以寓其追慕无穷之思。

春，临赵孟頫《芭蕉仕女图》，并赋《水龙吟》其上。

《故宫旬刊》第三期《明文徵明画蕉阴士女》：依依落日平西，正池上晚凉初足。看太湖石畔，疏雨过，芭蕉簇簇。院落深沉，帘栊静悄，画栏环曲。猛然间，何处玉箫声起，满地月明人独。风约轻纱透肉，掩流苏，盈盈新浴。一段风情，满身娇怯，恍然寒玉。青团扇子，欲举还垂，几番虚扑。夜阑独啸，还又凄凉，自打灭银屏烛。右调《水龙吟》。嘉靖己亥春日，偶阅赵松雪《芭蕉士女》，戏临一过。

夏，闲居，写图纪兴，并诗。

北京延光室印《元明人山水集景》：永夏茅堂风日嘉，凉阴寂历树交加。客来解带围新竹，燕起冲檐落晚花。领略清言苍玉麈，破除尘困紫团茶。六街车马尘似海，不到柴桑处士家。夏日闲居，写此纪兴，并赋短篇。己亥岁，徵明时年七十。

七月，楷书《归去来辞》并图以赠顾德育。明年，又为书《怀归诗》三十二首。德育字克承，号少潜。兰子。好读书，家贫，手自抄录。

《穰梨馆云烟过眼录》卷十七《文衡山归去来辞书画卷》：右小楷《归去来辞》并图，题为己亥秋日之笔，时先待诏归田已十三年。意颇闲适，故笔墨精妙，非他卷所及。其后《怀归诗》三十二首，则次年庚子岁所书，皆以赠顾君克承者。珍秘宝爱，而为人窃去。百计归之，原跋已剪去不存。克承既殁，其子子武持来请书，因为题此。时万历戊寅九月三日，仲子嘉。

《姑苏名贤小纪》卷下《世隐君顾子武先生》：当弘治戊午有举于乡，宰乐安、於潜二邑者，为顾荣甫公兰。有地数弓，种竹木成林，结椽三楹，署曰春潜。隐其中二十馀年，清风穆如也。春潜公没，而子德育字克承者居之。克承尤好读书，家贫，无所得书，则手自抄录。手所录书几百千卷，自号曰少潜。

有寿刘炯六十序。炯字文韬，号鹤城，长洲人。工制义。正德间，提学黄如金以炯所作示诸生，由是相交。嘉靖二年进士，授南京刑部主事，终汀州知府。植志循良，不为苛暴。丁继母忧，遂不复出。

墨本《明文待诏手稿》第一册《郡伯鹤城刘君六十寿序有颂》：鹤城先生刘君文韬，自嘉靖甲午解临汀之政，归老吴门，于是五年，年六十矣。是岁己亥九月之朔，实君始生之辰，吴之大夫士相率走君称寿。惟君孝友之行，周于门庭，仁恕之心，达于政事。首官法比，继典名邦。植志循良，不为苛暴。轨迹夷易，无事声名。处心开亮，而钩钜不施。忠厚老成，与物无忤。凡此皆盛德之事，而皆君之所身践而力行者。

上海图书馆藏本《文徵明诗文稿》第四册《明故中顺大夫汀州府知府刘公墓志铭》：公讳炯，字文韬，别号鹤城，其先汴人。八世祖和甫仕元平江路榷茶提举，始居长洲。以郡学生举癸酉应天乡试，癸未举礼部试，廷试赐进士出身，授南京刑部主事。历员外郎、郎中，出守汀州。甲午入觐还，丁继母忧，终丧，遂不复出。……所作经义，隽丽明发，一洗陈烂。人初未之知。御史莆田黄公按试，得其文，奇之，以示诸生。时徵明在列，读之惊异，乃从公游。

八月十六日，录《怀归诗》中廿五首，谓"庶几无负初心"。

墨迹《文衡山行书怀归诗册》：《怀归诗》廿五首　往岁留滞京师，颇怀故乡风物，故多怀归之作。今十有四年矣。偶检故稿，录出自诵，庶几无负初心也。嘉靖己亥八月既望，徵明。

十月廿二日，兄徵静妻姚氏卒。其子伯仁，寻卜居金陵，游都门，以书画自给。

《文氏族谱续集·历世生卒配葬志》：双湖公奎，配姚氏，名太素。卒于嘉靖十八年己亥十月廿二日，年七十二。

《吴郡名贤图传赞》卷八《文高士》：亲没，卜居金陵，绝意仕进。游都门，以书画自给。

苏州重刻《旧唐书》成，徵明为撰叙，述是书可传及可议者。并云："史每随史官之心术及识见而异，但求能不失其实而已。"

《集三十五卷本》卷十七《重刊旧唐书叙》：嘉靖己亥，吴郡重刊《唐书》成。书凡二百卷：本纪二十卷，志三十，传百有五十。石晋宰相涿人刘昫撰。初，御史绍兴闻人公诠视学南畿，以是书世无梓本，他日按吴，遂命郡学训导沈桐刊置学宫。工未竟，而公以忧去。及是书成，以书来属徵明为叙。……或谓五代抢攘，文气卑弱。而是书纪次无法，详略失中，不足传远。宋庆历中，诏翰林儒臣刊修之。自庆历甲申至庚子，历十有七年，成《新书》二百二十五卷。视《旧史》削六十一传，而增传三百三十有一。别撰《宰相》《方镇》及《宗室世系》《宰相世系》四表。续撰《仪卫》及《选举》及《兵》及《艺文》四志。所谓"其事则增于前，其文则省于旧"，实当时表奏之语。而第赏制词，亦谓"闳博精核，度越诸子"。良以宋景文、欧阳文忠皆当时大手笔，而是书实更二公之手，故朝野尊信，而《旧书》遂废不行。然议者则以用字奇涩为失体，刊削诏令为太略，固不若《旧书》之为愈也。司马氏修《通鉴》，悉据《旧史》，而于《新书》无取焉。惟周益公称其"删繁为简，变今以古，有合于所谓文省于旧"之论。而刘元诚顾谓"事增文省，正《新书》之失"。唐庚氏尤深斥之，乃极言《旧书》之佳。其所引"决海救焚，引鸩止渴"之语，岂直工俪而已，自是一代名言也。然则是书也，其可以无传乎？虽然，不能无可议者。段秀实请辞郭晞，有"吾戴吾头"之语，《新书》省一"吾"字，议者以为失实，是矣。而《旧史·秀实传》乃都不书。夫秀实大节，固不以此，而此事亦卓伟可喜。柳宗元叙事尤号奇警，且郑重致词，上于史馆。若是不得登载，则其所遗亦多矣。甚者诋韩愈文章为纰缪，谓《顺宗实录》繁简不当，拙于取舍。异哉！岂晁氏所谓"多所阙漏，是非失实"

者耶？甚矣，作史之难也！心术有邪正，词理有工拙，识见有浅深，而史随以异。要在传信传著，不失其实而已。今二书具在，其工拙繁简，是非得失，莫之有掩焉。彼斥《新书》为乱道，诚为过论；而或缘此遂废《旧史》，又岂可哉？此闻人公所为梓行之意也。

撰涂相《东潭集》序。深论当时"学者以明道为事，而指责摭词发藻，足为道病"之非。以为"语言文字，固道之所宜，有不可偏废者"。相，南昌人。字梦卜，号东潭。正德十二年进士，官至广东岭西兵备。不慑强御，所至有善政。徵明官京师时，以气谊相知。

上海图书馆藏本《明文徵明诗文稿》第一册《东潭集叙》：嘉靖初，余官京师，识侍御南昌涂君。论议宏深，风采奕奕，雅以气谊相知。岁癸巳，君谪官桐川，旋起通判扬州，入为职方员外郎，分司南京。往来吴门，稍以诗篇相问遗。既而再持宪节，出金岭南，便道过余，始得尽读其前后所为诗。惟我国家，以经学取士。士苟有志用世，方追章琢句，规然图合有司之尺度，而一不敢言诗。既仕有官，则米盐法比，各有攸司；簿领章程，日以困塞。非在道山清峻之地，鲜复言诗，而实亦有不暇言者。近时学者，日益高明，方以明道为事，以体用知行为要。切谓"摭词发藻，足为道病。苟事乎此，凡持身出政，悉皆错冗猥俚，而吾道日以不竞"。此岂独不暇言，盖有不足言者。呜呼，先王之教，所为一道德，同风俗，果如是哉？今之为是言者，良由其卫道之深，而不知语言文字，固道之所在，有不可偏废者。是故文章之华，足以润身；政事之良，可以及物。古之文人学士，以吏最称者不少；而名世大儒，亦未尝不留意于声音风雅之间也。

同治本《南昌县志》:涂相,字梦卜,号东潭。正德丁丑进士。除浙江绍兴府新昌知县。凿通石山,以兴水利,剖讼明决,民有"青天"之号。巡抚广东,监临乙酉乡试,号称得人。新会冤狱,经释二十馀人,一县欢声动地。先因论劾国戚宰臣诸权要,被中伤之,谪判广德州。维扬淫雨,河决十三处,抚按限相治之。相多出新计,财力甚省。方逾月而决河俱告成,民以为神。继南职方员外都水司郎中,广东岭西兵备。致政归,卒。

遂安吴世良来知长洲县。世良字元良,去年进士。性通朗不拘,礼下贤俊,均役清粮。后调简去。徵明尝为书其所撰《金山寺诗》,王毂祥跋。

道光本《苏州府志》卷七十三《名宦》五:吴世良,字元良,遂安人。嘉靖戊戌进士,十八年知长洲县。性通朗不拘,礼下贤俊。先时编役,多出胥吏所报,皆殉利不公。世良于朔望大集时,忽阖门,授片楮命各手实厥人,顷刻而具。巫填申报,奸罔措手。富户田多飞洒,粮役不充。世良验前册,得昔有今无者,果庇于势家,即注上。差役既均,而粮亦清完。迁建新学,皆出其规画。士之贫者,每厚周之。二十一年调简去。

拓本《文衡山行书金山寺诗》:《登金山寺》十八首 赐进士第国子监五经博士浙江严陵遂安吴世良题。翰林待诏长洲文徵明书于虎丘仰苏楼。

乾隆本《金山志》卷第二《碑刻》:《金山诗》十八首,赐进士国子监五经博士严陵吴世良题。翰林待诏长洲文徵明书。西室山人王毂祥跋。嘉靖庚申。

按:拓本缺王毂祥跋。

书顾鼎臣撰《常熟县思政乡重建真武祠记》。时鼎臣官礼部尚书武英殿大学士。

苏州碑刻博物馆藏拓本《常熟县思政乡重建真武祠记》：嘉靖十八年岁在己亥冬十月，赐进士及第光禄大夫柱国少保兼太子太傅礼部尚书武英殿大学士顾鼎臣撰。前翰林院待诏将仕佐郎兼修国史长洲文徵明书并篆额。吴鼒刻。

华云得徵明所刻《停云馆法帖》宋四家九帖石刻，藏之绿筠窝中。

《丛帖目》卷三《停云馆帖十二卷》：罗振玉《绿筠窝帖跋》此帖首隶书题字曰"停云馆法帖"，次行楷书标题"宋蔡忠惠公书"，次"宋苏文忠公书"，又次"宋黄文节公书"，又次"宋米南宫书"。帖末隶书两行，文曰："嘉靖己亥十八年，锡山华氏绿筠窝藏石。"下有二印，曰"补庵居士"、曰"从龙"。忠惠凡三帖：一《扈从帖》，二《暑热帖》，三《脚气帖》。文忠凡二帖；一《武昌帖》，二《经田帖》。文节凡二帖：一《彭公帖》，二《放逐帖》。南宫凡二帖：一《思企帖》，二《捕蝗帖》。此九帖中，仅忠惠《脚气帖》见《停云馆帖·宋名人书卷第五》，而每行字不同。彼凡七行，此则九行。他帖则均不见彼刻。考《停云馆帖》后标题始于嘉靖十六（卷一）十七（卷二）廿年（卷四）廿七年（卷六）三十年（卷七）三十四年（卷九）三十五年（卷十）三十六年（卷十一）三十九年（卷十二）。此署十八年，正当其时。不知何以废而不用。而摹勒之精，氈拓之妙，正与火前本《真赏斋帖》无二。此帖不见前人记述，恐世无第二本。其可珍玩，更胜于《真赏斋帖》。故书后以识之。

按：此帖石应在无锡，而未见拓本流传。又罗氏所记文氏

《停云馆帖》各卷上石年月，六卷应为三十七年七月，十一卷应为二十六年六月。又卷五宋名人书或成于本年，帖末未见上石题识。

嘉靖十九年庚子（1540）七十一岁

元日，赋诗有"修刺未能忘习气，拈杯久已觉衰迟"句。

人日，期与友人小集，未至，因步行至福济观访周以昂，值斋醮，设素馔。（均见荣宝斋文徵明墨迹册）。

三月二日，过王守练云别业，观苏轼画竹，有题。

　　《穰梨馆过眼续录》卷一《苏东坡丛筱轴》：（诗七古，略）东坡先生喜画竹，恒自重不妄与人，故传世绝少。而此帧尤清雅古奇，无一点尘俗气，信非东坡不能也。兹过履约练云别业，携以相示，敬题数言。第恐佛头着污，宁不免识者之惜尔。嘉靖庚子三月二日，后学文徵明。

是月，书杨上林为刘麟作《辞金记》《两桥记》。上林，淮阴人，曾官长兴知县。麟有寄徵明诗或此时作。

　　拓本《文太史楷书辞金记》：文略。淮阴杨上林撰。长洲文徵明书并题额。嘉靖十九年岁在庚子三月立石。章简甫刻。

　　拓本《文太史行书两桥记》：文略。赐进士第户科给事中前长兴县知县淮阴杨上林记。前翰林院待诏将仕佐郎长洲文徵明书。章简甫刻。

　　《柳南随笔》卷三：徐充《暖姝由笔》云："淮安杨林会试投卷，夏桂洲呼谓之曰：'近日大同逆首有杨林，汝当易此名。'遂增一字作杨上林。"

《禅勺》：《两桥记》《辞金记》二石刻，在八字桥民家。皆嘉靖十九年长兴令杨上林为刘南坦尚书立，文待诏书。《两桥记》行书，《辞金记》楷书。近修《郡志》，修采未及，用识于此。

《明史》卷一百九十四《列传》：刘麟清修直节，当官不挠。居工部，为朝廷惜财谨费，仅逾年而罢。居郊外南坦，赋诗自娱。守为筑一台，令为构堂，始有息游之地。

《刘清惠公集》卷二《与文衡山三首》：长烟树杪见群山，过雨亭前响碧滩。暮色牵情不知去，唤谁来共倚栏杆。　湿云初敛半横山，百道鸣泉落远滩。诗在眼中无客共，兴随飞泉远长干。　水长平芜两岸齐，千峰回合树高低。正怜虚寂存吾道，莫遣时人识此溪。

春，跋陈淳藏杨凝式《神仙起居法》。

《停云馆帖》卷四《五代杨少师书》：右杨少师《神仙起居法》八行。余验有"绍兴"小玺及"内殿秘书"诸印，盖思陵故物。标绫上有曲脚"封"并"阅生"葫芦印，是尝入贾氏。盖似道柄国，御府珍秘，多归私家。最后有商左山参政、留中斋丞相跋。留称野斋者，元翰林学士承旨李谦受益号野斋居士，博雅好古，虞文靖诗所谓"五朝文物至于今"者。此帖必李氏物也。嘉靖庚子春，长洲文徵明跋。

按：石本此帖留梦炎跋后有"陈氏道复""陈淳私印"两印，可知此帖时为陈淳所藏。徵明借摹入石时，并摹两印，以示帖为陈氏物。

四月十日，饭后无聊，小楷《昼锦堂记》。

《清啸阁藏帖》：《昼锦堂记》文略。嘉靖庚子夏四月十日，饭罢无聊，书欧文以遣岑寂。衡山文徵明识。

六月，为沈大谟画《长林消夏图》。

虚白斋珍藏书画展览展出《明文徵明长林消夏图轴》：嘉靖庚子六月，徵明为禹文作《长林消夏图》。

七月望后，积雨初霁，仿王蒙笔意写《松泉高逸图》。

《过云楼书画记》画类四《文待诏松泉高逸图轴》：淡设色，皴如牛毛，满纸用焦墨点椒。右方精楷细书："嘉靖庚子七月望后，积雨初霁，山斋疏豁。偶得古纸，仿叔明笔意，写《松泉高逸图》。徵明时年七十又一。"按《清河书画舫》载项氏藏叔明《松溪高逸图》，浅绛极佳。然犹以水亭中人物杂沓为病。若衡山此帧，较诸黄鹤山樵结构尤为绵密，积薪之叹，良无间然。惜不令青父见之，膜拜顶礼也。

有寄马汝骥诗，时汝骥历两京国子司业擢南京右通政。

《吴派画九十年展》：《寄马西玄》： 依依云树秣陵秋，颇忆平生马少游。白下声华空籍甚，周南山水尚淹留。风尘变幻多新梦，湖海凋零几旧游。白首离忧何处写？长洲苑外独登楼。

过徐缙薛荔园，次韵绿萝轩即事诗。

《吴派画九十年展》：《次韵崦西绿萝轩即事(二首)》：名园深寂类山河，旋起山亭荫绿萝。窗倚渊明堪自傲，径开求仲许相过。落花风外青团扇，修竹林中白苎歌。为问长安逐飞鞚，清风一榻较谁多。

学士林亭带曲阿，分明城市隔烟萝。趣深自得禽鱼乐，心远不闻车马过。解带静看调鹤舞，倚琴聊和濯缨歌。落花满地浓荫寂，知是晓来风雨多。

十六日，小楷《文昌帝君传》于子嘉所画像上。

拓本《文衡山文文水文昌帝君像传》：像款"文嘉"。《文昌帝君传》文略。末款"嘉靖庚子七月既望,徵明拜书"。

是月,与华云游尧峰,归作图并题。

《梦园书画录》卷十一《明文衡山尧峰观瀑图立轴》:苍松落落带溪湾,秋在丹枫夕照间。料得诗人劳应接,耳中流水眼中山。嘉靖庚子七月,同补庵郎中游尧峰,颇兴。归而图之。徵明。

八月既望,题陆治为徐封画。封字子慎,号墨川。富收藏。与徵明父子及王宠兄弟、汤珍、王榖祥、陆师道等游。封所筑紫芝园,徵明与仇英曾为布画藻缋。

《潘氏三松堂书画记·陆包山治山水》:画款"写为默川先生"。"屏间雪练空中落,山外闲云阙处明。时听朗吟林谷应,篷窗疑有卧幽人。嘉靖庚子秋八月既望,徵明似墨川先生政。"

《冯元成集》卷五十九《太学生徐墨川暨配缪孺人墓表》:公讳封,字子慎,别号墨川。生而颖秀,硕貌丰下;父南康公煓奇之。习先业,能操奇赢,然气轩轩在霞表。既游璧池,从容文酒会,益厌薄世氛。会岁大饥,出橐装为园城西。累石引流,园成而邑无殍。乃以东雅名其堂,堂上积书数千卷,法书名画彝器无不备。一时名胜若文徵仲父子、王履吉兄弟、王禄之、陆子传、汤子重辈,皆日集斯堂,啸吟终日。

光绪本《苏州府志》卷四十六《第宅园林》:紫芝园,在阊门外上津桥。徐大学士墨川园也。文待诏、仇十洲为之图画。后归项詹事煜,甲申为火毁。

《识小录》:紫芝园,创自墨川翁。以岁方大祲,营土木以食贫者。因初筑时,文太史为之布画,仇实父为之藻缋。一泉一石,一樉一题,无不秀绝精丽。

与王穀祥游石湖,舟中为写《赤壁图》。明年再游,为补书赋。

《听帆楼书画记》卷二《明文待诏楷书赤壁赋》:嘉靖庚子八月既望,与禄之吏部同游石湖,舟中写图。越明年七月,复续旧游,为补书赋。舟小摇荡,且老眼眵昏,殊不成字,良可笑也。徵明。

按:自徵明跋中,知原为书画合卷。后潘氏所得,仅楷书赋文。

八月十八日,南衡来访。写《疏林浅水图》并书近作以赠。

《吴派画九十年展》第三期《文徵明疏林浅水卷》:图款"嘉靖庚子秋八月十又八日,南衡侍御过访草堂,写此奉赠。徵明"。行书诗五律四首,七律十三首,款:"近作数首,书似南衡先生请教。徵明。"

按:画与诗,皆用意之作。惜南衡姓氏不知,待考。

十一月朔,为杨仪跋唐阎立本画《萧翼赚兰亭图》,并补录宋吴说跋。

《六砚斋笔记》卷二:陆务观《会稽志》载吴说傅朋跋阎立本画《萧翼赚兰亭图》。此画常熟杨仪得之京师,文徵仲跋之。"杨君梦羽得唐阎立本所画《萧翼赚兰亭图》,虽已渝敝,而精神犹存。其笔画秀润,有非近时名家所能者。顾无题识可证。他日阅《会稽志》,见吴傅朋跋语,其所记印章及古玉轴悉与此合。因为录于卷尾,定为阎笔无疑。嘉靖十九年,岁在庚子十一月朔,长洲文徵明书,时年七十有一。"

十二月三日,叔父森改葬于长洲花园泾,谈氏祔。徵明撰《叔妣恭人谈氏墓志》。

《集三十五卷本》卷三十一《叔妣恭人谈氏墓志铭》:恭人谈氏,为吴人谈世英甫之女。母徐氏,以成化己丑十二月十又六日生恭人,十有五年而归我文氏,为我仲父都御史府君之配。府君先葬吴县穹窿山,墓浸于水。至是诸子改葬长洲花园泾先茔之右。距少卿公墓百武而近,以恭人祔。是为嘉靖十九年庚子十二月三日庚申,某为书其事以志。

是年,摹沈周临吴镇画松卷并跋。周卷作于成化庚子,至是已六十年。

《巢经巢诗后集》卷二:沈石田于明成化庚子画怪松卷,四丈许,盖临梅花道人者。后书杜工部《题松树障子歌》,大行书。越六十年庚子,文衡山复临沈,枝干若一,自为跋于后。(跋未载,馀略)

顾鼎臣卒

《历代名人年谱》:嘉靖十九年庚子,顾鼎臣卒于十月。

《明清江苏文人年表》:嘉靖十九年庚子,昆山顾鼎臣死,年六十八。

伍馀福卒。

黄省曾卒。

《明清江苏文人年表》:嘉靖十九年庚子,吴县伍馀福死,吴县黄省曾死,年五十一。

嘉靖二十年辛丑(1541)七十二岁

正月三日,蔡羽卒。羽高朗疏隽,自负甚高,而潦倒场屋,困顿小官以死。有《林屋》《南馆》二集。为撰《翰林蔡先生墓志》。

《集三十五卷本》卷三十二《翰林蔡先生墓志》:嘉靖二十年辛丑正月三日,吴郡蔡先生卒。吾吴文章之盛,自昔为东南称首。成化、弘治间,吴文定、王文恪继起高科,传掌帝制,遂持海内文柄。同时若杨礼部君谦、都太仆玄敬、祝京兆希哲,仕不大显,而文章奕奕,颙然在人,要亦不可以一时一郡言也。先生虽稍后出,而所造实深。自视甚高。常所评骘,虽唐、宋名家,犹有所择。其隐然自负之意,殆不肯碌碌后人。而潦倒场屋,曾不得盯衡抗首,一侪诸公间,而以小官困顿死。呜呼!岂不有命哉!……父潝,母吴氏。先生高朗疏俊,聪警绝人。少失父,吴夫人亲授之书,辄能领解。年十二,操笔为文,已有奇气。稍长,尽发家所藏书,自诸经子史而下,悉读而通之。然不事记诵,不习训故。而融掖通贯,能自得师。为文必先秦两汉为法,而自信甚笃。发扬蹈厉,意必己出。见诸论著,奥雅宏肆,润而不浮。

按:墓志未言生于何时,故卒年若干待考。

九日,薛蕙卒,年五十三岁。苏州知府王廷伐石表其墓,徵明隶书所撰墓碑铭于石。又为校其遗集。蕙与严嵩同年,初亦爱嵩文采,颇相酬答。后乃悉削其稿。嵩字惟中,分宜人。举弘治十八年进士,授编修,移疾归。读书钤山十年,颇著清誉。其后一意媚上,窃权图利。杀谏臣,逐异己,与子世蕃流毒遍天下。廷字子正,号南岷,南充人。嘉靖十一年进士,授御史,劾吏部尚书汪鋐,谪官。有政声,人比之宋赵抃。

《荆川文集·吏部郎中薛西原墓志铭》：嘉靖中，先生在吏部，历考功司郎中而罢。后十八年辛丑正月九日，以病卒于家，年五十有三。

《薛考功集》附文徵明《吏部郎中西原先生薛君墓碑铭》：嘉靖二十年辛丑正月丙申，吏部考功郎中西原先生薛君以疾卒于亳之里第。是岁十月庚午，葬城南一里祖茔之次。其友苏州知府王廷伐石表其墓，长洲文徵明书其石曰：……

《承晋斋积闻录·古今法帖论》：周天球书有过僵处，皆着实故也。其碑版虽有，不甚传。文衡山虽碑版亦甚少矣。见者有《苏州府学记》《亳州薛考功墓碑》。《学记》行书，《墓碑》八分而已。

《薛考功集》原校人姓氏：文徵明徵仲（按：共三十二人）

《明诗纪事》戊签卷三《薛蕙》：蕙与湛若水俱为严嵩同年，嵩权极盛之时，若水年已垂髦，不免为嵩作《钤山堂集序》。反复推颂，颇为盛德之累。蕙初亦爱嵩文采，颇相酬答，迨其柄国以后，薄其为人，凡旧时倡和，悉削其稿。人品之高，迥出流辈。（《四库总目》）

《宾退录》卷四：分宜读书于钤山之东，声誉翕然，天下想望其风采。一旦枋国，折足贻讥。有为《钦䲭行》以刺之者，语甚古而丽。其词曰："飞来五色鸟，自名为凤凰。千秋不一见，见者国祚昌。响以钟鼓坐明堂，明堂饶梧竹，三日不鸣意何长。晨不见凤凰，凤凰乃在东门之阴啄腐鼠，啾啾唧唧不得哺。夕不见凤凰，凤凰乃在西门之阴媚苍鹰，愿尔攫肉分遗腥。梧桐长苦寒，竹实长苦饥。众鸟相惊顾，不知凤凰是钦䲭。"

《明史》卷三百八《奸臣》：严嵩，字惟中，分宜人。举弘治十八年进士,改庶吉士,授编修,移疾归。读书钤山十年,为诗古文辞,颇著清誉。还朝,久之,进侍讲。署南京翰林院事,召为国子祭酒。嘉靖七年,历礼部右侍郎,奉世宗命,祭告显陵。迁吏部左侍郎,进南京礼部尚书,改吏部。居南京五年,以贺万寿至京师。会廷议修《宋史》,辅臣请留嵩以礼部尚书兼翰林学士董其事。及夏言入内阁,命嵩还掌部事。帝将祀献帝明堂,以配上帝。已又欲称宗入太庙。嵩与群臣议沮之。帝不悦,著《明堂或问》示廷臣。嵩惶恐,尽改前说,条画礼仪甚备。礼成,赐金币帛。自是益务为佞悦。寻加太子太保,从幸承天。赏赐与辅臣埒。嵩归,日骄。诸宗藩请恤乞封,挟取贿赂。子世蕃又数关说诸曹。南北给事、御史论贪污大臣皆首嵩。嵩每被论,亟归诚于帝,事辄已。帝或以事诮嵩,所条对平无奇,帝必故称赏,欲以讽止言者。嵩科第先夏言,而位下之。始倚言,事之谨。尝置酒邀言,躬诣其第,言辞不见。嵩布席,展所具启,跽请。言谓嵩实下己,不疑也。帝以奉道,尝御香叶冠,因刻沉水香冠五,赐言等,言不奉诏,帝怒甚。嵩因召对冠之,笼以轻纱,帝见,益内亲嵩。嵩遂倾言,斥之。言去,醮祀青词,非嵩无当帝意者。翟銮资序在嵩上,帝待之不如嵩,嵩讽言官论之,銮得罪去。久之,帝微觉嵩横,乃复用夏言。言至,复盛气陵嵩,颇斥逐其党,嵩不能救。子世蕃方官尚宝少卿,横行公卿间。言欲发其罪,嵩父子大惧,长跪榻下泣谢,乃已。知陆炳与言恶,遂与比而倾言,嵩寻加特进,再加华盖殿大学士,窥言失帝眷,用"河套"事构言及曾铣,俱弃市。嵩既杀言,益伪恭谨。嵩无他才略,惟一意媚上,窃权罔利。帝英察自信,果刑戮,颇护己短;嵩以故得因事激帝怒,戕害人以成其私。张经、李天宠、王忬之死，嵩皆有力焉。前后劾嵩者：谢瑜、叶经、童汉臣、赵锦、王宗茂、何维柏、王晔、陈垲、厉汝进、沈炼、徐学诗、杨继盛、周鈇、吴时来、张翀、董传策皆被谴。经、翀用他过置之死，继盛附张经疏尾杀之。他所不悦，假迁除考察以斥者甚众，皆未尝有迹也。嵩窃政二十年，溺信恶子，流毒天下，人咸指目为奸臣。

道光本《苏州府志》卷七十二《名宦》：王廷，字子正，南充人。嘉靖十一年进士，授御史，劾吏部尚书汪鋐，谪官。历苏州知府，有政声，人比之赵清献。累迁左都御史。直节劲气，始终无改。卒谥恭节。

二月既望，为王暐作《句曲山房图》并题。暐字克明，号克斋，句容人。正德十二年进士。徵明在京时，暐官大理，曾索此画。官至户部尚书，有清操。

上海博物馆展出《明文徵明句曲山房图卷》：岁乙酉，余在京师，克斋先生方官大理，尝索余画《句曲山房图》，未几，余归老吴门，公亦出金楚臬。及是扬历中外垂二十年。顷辱惠书，犹以旧逋为言。知公虽在朝市，而不忘山林也。嘉靖辛丑二月既望，徵明识，时年七十有二。

按：诗七古，略。

《明史》卷二百二《列传·王暐》：王暐，句容人。由进士官吉安推官。从王守仁平宸濠，迁大理寺副。争“大礼”，下狱，廷杖。累迁右副都御史，巡抚江西。历两京户部侍郎，出督漕运。进尚书。历官著清操。

乾隆本《句容县志·人物志》：王暐，字克明，别号克斋。状貌魁梧，舞象时不类恒儿。七岁授《孝经》小学，即动引古人自期。稍长,读书朗然贯澈,属词则自发其藻,不由师指,而每试辄冠。督学鳌山张公得公卷,大器之。已举正德丙子乡荐,是年联登进士第,授吉安府推官,以明允平恕得上下心。终都察院右都御史,谪归卒。独好书,构楼贮之。虽老,持一卷不废。书法得山谷笔意。所为文雄浑有法。诗律泛滥于韦、李、少陵。有《克斋集》二卷。

廿一日,袁翼卒。翼七更省试不第,晚益骯髒。以读书树艺自娱。卒年六十一,为撰墓志铭。

《集三十五卷本》卷三十二《袁飞卿墓志铭》:至正德丙子凡四试,始举于乡。是岁以母病逗留,不及赴省试。自是更七试,或赴或不赴,竟不获一第,而飞卿老矣。飞卿生成化辛丑十一月廿又九日,卒嘉靖辛丑二月廿又一日,享年六十有一。初娶徐氏,无子。继瞿氏,生子一人麟士。麟士以卒之明年壬寅八月廿又九日葬黄山祖茔之次。前葬,以状来乞铭。

《姑苏名贤小纪》卷下《袁飞卿先生》:晚益骯髒,深藏不出。读书树艺,自娱而已。辟小圃,种菊数百本,尝曰:“吾于世万事可捐,惟积书艺菊,不能忘情。或时饘粥不继,回视所有,欣欣自乐,不复知吾贫也。”迹袁先生生平,盖亦一时奇旷士也。袁先生多读书,善制举义。其名篇大都入王文恪稿中,而先生不第。故世知文恪,不知飞卿。

廿四日,大行书陈洪谟《过庭复语》十节,应其子所请。洪谟字宗禹,自号高吾子,武陵人。弘治九年进士,官至兵部侍郎。不畏强御,节财爱民,有惠政。

东京堂本《故宫历代法书全集》第六卷《文徵明过庭复语十节》:文略。末款识:“岁戊戌秋日,高吾老翁书。”“梓吾理郡以所得尊公训辞,命徵明重书一过,欲置之座右。岂亦无恤不忘受简之意乎？所恨拙书无法,不足副其意耳。辛丑二月廿又四日,文徵明识。"

《凭几集》五《高吾诗集序》：兵部左侍郎武陵陈公尝筑室高吾之山,读书其中,自称高吾子。公名洪谟,字宗禹。同璘举弘治丙辰进士,方以兵部侍郎致仕家居。

《中国文学家大辞典》：陈洪谟,字宗禹,武陵人。弘治中,登进士第。正德时,知漳州,有惠政。累擢云南按察使。神采严重,不畏强御。嘉靖初,巡抚江西,节财爱民。迁兵部侍郎,致仕归。居高吾山下,筑亭名静芳,自号高吾子。诗音节谐畅。有《静芳亭摘稿》八卷,《治世馀闻》行于世。

夏六月,《停云馆帖》卷四"唐人真迹"摹勒上石。

《停云馆帖》：唐人真迹卷第四

唐颜鲁公书《祭侄季明文》陈深、陈绎曾、文徵明跋。《朱巨川告》邓文原、乔篑成跋。

唐僧怀素书《草书千字文》文嘉跋。

唐林纬乾书《深慰帖》

晋右军将军会稽内史王羲之《平安帖》

五代杨少师书《神仙起居法》宋高宗译文。米友仁、商挺、留梦炎、文徵明跋。

嘉靖二十年夏六月,长洲文氏停云馆摹勒上石。

十六日,为袁裘补赵孟頫书《汲黯传》。裘字尚之,号谢湖,表弟。太学生。性亢洁,长于诗,能诗画。

文明书局印本《赵文敏书汲黯传真迹》：延祐七年九月十三日,吴兴赵孟頫手钞此传于松雪斋。此刻有唐人之遗风。余仿佛得其笔意如此。　右赵文敏所书《史记·汲黯传》，楷法精绝。或疑其轨方峻劲，不类公书。余惟公于古人之书，无所不学。此传实有欧、褚笔意。后题"延祐七年，手抄于松雪斋"。且云："此刻有唐人遗风。"观此，当是有石本传世，岂欧、褚遗迹邪？公以延祐六年谒告还吴兴。至是一年，年六十有七矣。又明年至治二年卒，年六十有九，距此才两年耳。公尝得米元章《壮怀赋》，中缺数行。因取刻本摹拓以补，凡书数过，终不如意，叹曰："今不逮古多矣。"遂以刻本完之。公于元章，岂真不逮者？其不自满假如此。此传自"反不重邪"以下，凡缺一百九十七字。余因不得刻本，漫以己意足之。夫以徵明视公，与公之视元章，其相去高下，殆有间矣。而余诞谩如此，岂独艺能之不逮古哉？因书以识吾愧。辛丑六月既望，文徵明书，时年七十有二。

《松雪斋法书墨刻》：承欲过临，当扫斋以伺。若要补写赵书，须上午为佳。石田佳画，拜贶多感，容面谢不悉。徵明顿首，复尚之尊兄侍史。　昨顾访，怠慢，乃劳致谢，愧愧。领得石翁诗草，甚慰鄙念，感何可言。赵书今日阴翳，不能执笔，伺明爽乃可办耳。人还，草草奉复，诸迟面谢。徵明肃拜，尚之尊亲侍史。

《平生壮观》：赵孟𫖯《汲黯传》，仿《乐毅论》法。后文徵明跋亦精。

《无声诗史》卷六：袁褧，字尚之，号谢湖。生嘉靖间，与文衡山同时。以水墨写生，深悟古人妙处。文嘉谓其人品萧散，下笔便自过人。

《尧峰文钞·袁氏六俊小传》：谢湖公讳褧，字尚之。晚居谢湖之上,故以自号。吴县学生,屡试辄第一。凡七试应天,试不利。循例入太学。博学善属文。性最亢洁,学尤长于诗。喜绘花鸟,有逸趣。书法入米元章之室。家有石磬斋,蔡孔目九逵为之记。

尝得宋夏森画册,不轻示人。王穀祥借玩旬日,临摹一本。

《石渠随笔·王穀祥仿夏森画册》:宋待诏夏禹玉,画笔苍润,妙绝艺苑,一时评者谓其用墨前无古人。子森,最得家学,戏墨尤精。人间所传,多其父笔,而森作甚少。文衡山先生近购得之,计二十六纸。墨色意象,所谓苍润不下乃父。先生宝藏,未尝轻示人。余从借玩旬日,喜不忍置。长夏无事,试临一过,畦径□强,犹邯郸之步,远不逮也。嘉靖辛丑六月廿六日。

作《溪堂燕别图》以赠毛锡嘏。锡嘏号石屋,珵子,锡朋弟,时以贡太学入都。文伯仁、王穀祥、皇甫冲兄弟及彭年、周天球、沈大谟等皆有诗文赠行。冲字子浚,录长子。嘉靖举人。博综群籍,留心世务,工诗。

《过云楼书画录》画类四《文衡山溪堂燕别图卷》:设色,作茆堂临水,四人席地坐。一执卷,一持杯使童斟酒,其二相对促膝。阶下二童执羽扇侍立。迤左柳阴下,停舟待发。岸上两人,若刺刺偶语然。款署:"辛丑夏,长洲文徵明制。"印用朱描,盖衡山赠别毛石屋之作,匆匆不及取钤也。引首又隶"壮游"二字。时石屋以贡太学入都,文伯仁、皇甫子浚兄弟及王酉室、彭孔嘉等十六人皆为诗送之。衡山既为图,周公瑕复为《溪堂燕别诗序》,有云:"毛仲子石屋先生,自受经于严父中丞公,得向歆之传学,复媲德于伯兄石峰子,成玚璩之齐名。"考石屋名锡暇，世家苏之阊门。父名珵，字贞甫，号砺庵，都察院右副都御史。兄名锡朋，嘉靖戊子乡贡进士。更有汤士伟、沈大谟、顾云龙、陈汭四家赠诗。

光绪本《苏州府志》卷七十九《人物》：毛珵……长子锡朋。嘉靖戊子举人，以孝友称。次子锡暇，诸生。值倭人入寇，与锡朋捐造城外敌台五十馀座。晚年徙隐天池，学者称石屋先生。

《列朝诗集小传》丁集上《皇甫举人冲》：冲字子浚，长洲人，顺庆太守录之子也。子浚登嘉靖戊子乡荐，而三弟曰涍字子安，汸字子循，濂字子约皆举进士。子安先卒，子循、子约官不达。而子浚犹上公车，蹭蹬二十馀年而卒。子浚博综群籍，留心世务。为人甚口好剧谈，宿学为折角莫能难。又好骑射，通挟丸击毬，音乐博弈之戏。吴中文士与轻侠少年，咸推为渠帅。

《明诗纪事》戊签卷五《皇甫冲》：皇甫冲，字子浚，长洲人。嘉靖戊子举人。有《华阳集》六十卷。子浚诗，五言与诸弟合辙，歌行独得变风变雅遗意。子浚《舟中读杨兵部疏》诗云："谁读杨公疏，闻之感慨生。无从得借剑，空使欲沾缨。填狱人谁惜？投沙已独清。须知直臣志，九死一毛轻。"吊椒山之死，义愤勃发。乃弟《司勋集》中，《寿介溪序》《谢严相公分惠大官攒品》《谒钤麓书院》《严公解相还豫章追送淞陵》诸诗，过于放翁之赋南园。在山、出山之咏，能不于兹三叹！

七月望，过王穀祥守白斋，为画《寒林竹石》并题。

《觯斋书画录·文徵明寒林竹石图琴条》：上题五绝一首。款书："辛丑七月望日，乘暇过王禄之守白斋。茶话良久，出纸索画，草草图此。徵明。"

十月六日,为殷良贵跋黄庭坚《杂录册》,考订为少年书。

《珊瑚网书录》卷五《涪翁杂录册》:右杂录一册,相传黄文节公鲁直书。旧有签,题曰《山谷志林》。昔苏文忠公有《东坡志林》,盖杂志其平时所闻见,与凡对客谈笑之语。此册则杂抄《说苑》《世说》中语,初无伦叙,岂有会于心而书也,抑自记以备忘耶?尝见东坡亦有杂书名人格言,亦无伦次。题其后者,谓将以为诗文之用,岂非其类耶?然不可考矣。文节公晚岁沉着高古,此其少年之笔,故微有不同耳。殷君良贵持以相示,辄题其后。嘉靖辛丑十月六日,文徵明识。

按:殷良贵事行待考。

居节年十五岁,从文嘉学画。徵明见而爱之,收为弟子。节字士贞,号商谷,吴县人。诗、书、画均得师门心传。尚气节,落落寡谐,以贫死。

《石渠宝笈》卷六《明文徵明湖山新霁图卷》:居士贞,名节。嘉靖辛丑从文二休承学,因得侍衡山先生砚几。周天球题。

《虎阜志》:居节卯岁从文嘉学画,适待诏见而爱之,收为弟子。居南村,与文塔影园邻。或绝粮,则寐旦而起,写《疏林远岫》一幅,令童子易米以炊。

《味水轩日记》卷四:居商谷隐居不干世事,每闭门索句。既成,淋漓染翰,务以自快。最工小楷,书人扇头,蠕蠕如黑蚁,较文衡山殊不多逊,特名不振耳。

《皇明词林人物考》卷十二:公名节,字士贞,别号商谷,吴郡人。乃文徵仲高足弟子也。尚气节,不肯婀媂以取媚于人。

临财最有分辨。虽其末路窭甚,窜徙无立锥,竟不甘趋谒。绘事甚得徵仲心传,字与诗亦自师门来,而剂以赵松雪、陆放翁。与余称石交。其赠行诗卷,至今犹珍袭之。诗云:"王家子弟自风流,文彩翩翩动五侯。掷地有声新作赋,倾城倒屣旧交游。月明赤壁矶头鹤,花满金阊壕上楼。老我一琴君解识,临觞再鼓思悠悠。"

《明诗纪事》己签卷十七《居节》:沈启南以画见摄曹太守;文徵明以画致侮于同馆;严分宜索周东村画不能应,几有银铛之厄;河南宪使孙滁阳怒张平山不时见,至诱之入,拶其左手,以右手画钟馗;居士贞故隶织局,织监孙隆闻其名,召见,不肯往,孙怒,坐以逋帑,拘系破家,僦居半塘。画本雅事,遇俗流辄遭侮如此。

《无声诗史》卷三:居节,字士贞,号商谷,吴郡人。文徵仲高足弟子。尚气节,虽窭甚,惟以丹青自娱,不曳侯门裾。画品绝得徵仲心传,字与诗亦自师门来,而剂以赵松雪、陆放翁。后人珍其画笔,与朱朗、侯懋功相颉颃焉。

《虎丘山志》卷八《人物》:居节,字士贞。少从文徵明游,学书画。家故隶织局,织监孙隆闻其名,召见,不肯往。孙怒,坐以逋帑,拘系破家。僦居半塘,数椽萧然。所与交多山人衲子,落落寡谐。每过辰未举火,吟啸自若。年六十,以贫死。著《牧豕集》。

有贺华世祯六十生子诗。

《澄观楼法帖》:眉宇依然发有丝,风流只是少年时。金兰结好已再世,玉树相看又一枝。西楼六十生子,喜而赋之。徵明。

《华氏传芳集·西楼府君宗谱传》：府君讳世祯，字善卿。号西楼。生成化壬寅七月二十四日。

按：世祯本年六十岁，徵明诗应是本年作。

《澄观楼法帖·湖桥题咏》：予童龄即知西楼华公为先待诏及门。少时才气骏发，文藻胜誉出辈行间。长而侠烈自负，寄托旷远。居处则园林池馆，泉石花药。鉴赏则法书名画，钟鼎彝器。集四方之俊贤，极一时之觞咏。闻声命驾，履舄交错。而湖桥生之名遍天下。……雁门文柟书。

为汝颐撰《宦成征献录序》。时颐自鄢陵致仕归。

《黎里志》：汝颐：……庚子致仕。阅半载，士民思之，立祠学宫侧祀焉。所著有《宦成征献录》，文徵明为之叙。

又《宦成征献录序》：汝君养和既解鄢陵之政，归老松陵，一日，扁舟过余，言曰："颐不佞，遭罹昌会，列职清朝，始守牢盆，继宰百里。铜章墨绶，叨有民社之寄。日夕兢惕，惟瘝官厉民是惧。乃今获保始终，老退林下，为幸多矣。愧惟驰驱数年，一再忝命，曾无一绩可言。所可见者，朝廷纶綍，与交游赠言耳。"因手一编示余，曰《宦成征献录》。首玉音，次公移，次诗文。盖君三载考最，恭受封命，及每三岁入觐所被敕旨及致仕文凭，而一时名贤硕儒赞颂之词咸在焉。

为无锡华沂重书杨维祯撰《春草轩辞》。

拓本《文待诏书春草轩辞》：《春草轩辞》，会稽杨维祯撰。"毗陵华孝子幼武，六岁而孤。长善事其母，以纯孝闻。尝自取孟郊所赋《游子诗》摘其语，名其所居轩曰'春草'。自翰苑大老黄公晋卿而下，为诗文凡若干人。陈子平甫为之记，引郊以论孝子事极剀切而有警。幼武复求余文，余不敢援笔。又因子平致余请,姑为铭辞以书其轩楹云:草生于春而杀于秋兮,秋为鬼而春为母也。春诚何望于草兮,草无忘于生生之府也。嗟嗟草兮,恩有春也。矧伊人兮,不有亲也。亲之生我兮,实云劬只。亲而不报兮,草不如只。伊华孝子兮,六岁失父。苟无母兮,嗟我孰怙?草生无娠兮,心则有仁。我而不仁兮,草不有春。名轩以草兮,春晖杲杲。嗟嗟我心兮,罔极我昊。"大明嘉靖辛丑,长洲文徵明为孝子十一世孙沂重书。

按:石在今无锡锡惠公园原华孝子祠故址壁间。一九六七年毁,今已重刻。华沂事行待考。

又按:《铁网珊瑚》所载辞与此不同,其辞云:"《同胡太常赋春草轩辞》:春晖庭中春云暖,春草轩前草长短。中有百岁宜男花,一草青蚨缀枝满。青蚨母子不断恩,草有灵芝生孝门。春晖照人春不老,芝草阑干芝有孙。当时梦生芝草绿,瑗国琅玕栖别鹄。孤儿日长草忘忧,锦绷护儿如护玉。春菲菲,草油油;千金骏马五花裘。吁嗟儿兮无好游,铜驼陌上春风愁。草萋萋,春杲杲;游子归来在远道。庭前何以报春晖,身上青袍照春草。会稽杨维祯。"岂杨氏所制非一篇欤。

康熙本《常州府志》卷二十五《孝友》:华幼武,毗陵人。六岁而孤,事母以孝闻。尝取孟郊《游子辞》名其所居轩曰春草,杨维祯为赋《春草辞》。

顾璘以工部左侍郎领显陵山陵事,进工部尚书。事竣还朝。礼部尚书严嵩以过苏访徵明,未报谒事语璘。璘曰:"此所以为衡山也。"徵明致仕后,凡部使者行部见过者,徵明即于厅事拜谢,更不诣官衙。凡有馈遗,悉却不受。过客造请,亦向不至河下报谒。嵩曾过吴

来访，徵明不为破例。

《冯元成集》卷五十《文待诏徵明小传》：凡两台行部至，皆先谒公。公即于厅事再拜，绝不诣官衙。

《集三十五卷本》附文嘉《先君行略》：公平生最严于义利之辨。居家三十年，凡抚按诸公馈遗，悉却不受，虽违众不恤。

《四友斋丛说》卷十五《史》十一：东桥一日语余曰："昨见严介溪，说起衡山。他道：'衡山甚好，只是与人没往来。他自言不到河下望客，若不看别个也罢。我在苏州过，特往造之，也不到河下一答看。'我对他说道：'此所以为衡山也！若不看别人，只看你，成得个文衡山么？'"此亦可谓名言。

又：许石城言："介老请东桥日，许亦在坐。堂中悬一画，是'月明千里故人来'，乃吴小仙笔也。作揖甫毕，东桥即大声言曰：'此摹本也，真迹在我南京倪清溪家。此画妙甚。若觅得真迹才好。'后上席，戏剧盈庭，教坊乐工约有六七十人。东桥曰：'相别数年，今日正要讲话。此辈喧聒，当尽数遣去。'命从人取银五钱赏之。介老父子大为沮丧。后数日，介老请北京六部诸公，亦有教坊乐与戏子。诸公听，命如小生乐工赏赐各二三两。是日亦请石城在坐，盖所以示意于石城也。不一月，蹙南京长科万枫潭劾罢东桥。万名虞恺，江西人。"

《冯元成集》卷四十九《南京刑部尚书顾东桥公传》：己亥，升刑部右侍郎，寻改吏部。会显陵肇工，改工部，进尚书。留楚修《承天大志》。书成，上弗善，责其体例不合，事实差讹。会还京，大学士嵩素慕公，设酒邀款。设席中堂，自居北面左偏。公竟坐，不请主人相对。已行酒，公持杯曰："太寒；"主人更进酒，公又曰："太热"。主人执礼愈恭，而公指顾挥霍自如。居

旬日，嵩复延公，先于曲室小坐，中悬一画，乃吴小仙所画唐人
"月明千里"。公曰："此赝笔也，真迹藏我乡倪某。"侍宾问可
觅否？公曰："倪甚峻嶒，宁以珍玩媚贵人？"出登席，优剧满
庭，盛妆以待。公命从人劳金一镮，即令麾之去。曰："此辈喧
聒可厌。"嵩父子大沮丧。已谈次，复称故给事陆粲诗文，陆曾
劾嵩及荐公者。嵩不怿曰："公屡齿陆，得非为羽翼故耶。"公
曰："陆君志在国家，其所举刺，无私好偏恶。但尔时涍众议，
未能深知门下耳。"嵩又言："姑苏文徵仲，往自言未尝一出河
上。及途过苏，特往造，亦竟不报谒。此待他人则可，待不肖则
恐未安。"公曰："此所为文徵仲！若他人不谒，而独谒门下，恶
成其为徵仲？"嵩默然。未几，改南京刑部尚书。

　　《花当阁丛谈》卷五：顾华玉尚书，吴县人。……升工部尚
书。大学士嵩素慕公，设酒邀款。谈次，嵩言："姑苏文徵仲往
自言：'未尝一出河上。'及余过苏，特往造，亦竟不报谒。此待
他人则可，待不肖则恐未安。"公曰："此所以为文徵仲！若他
人不谒，而独谒门下，恶成其为徵仲？"嵩默然。

　　《舌华录》：文衡山素不到河下拜客。严介溪过吴门，候二
日不至。忿然见色，谓顾东桥曰："不拜他人犹可，渠亦敢尔以
我概人耶？"东桥曰："若非衡山有恒，那得介溪有芥？"严稍敛。

　　按：《明史》卷十七《本纪·世宗》"十八年闰七月庚申，葬
显皇后于显陵。二十年乙丑，显陵成。"工部尚书顾璘返京与
严嵩晤叙或在此时。

**书文天祥《正气歌》，刻石于文信国公忠烈祠堂壁。时
改建祠于县学宫旧址。**

　　道光本《苏州府志》卷三十五《坛庙》四：忠烈祠，在乘鲤坊

正一图,即旧县学基,祀宋丞相信国公文天祥。旧在吴县永丰仓西北。明正德十年,巡按谢琛奏建赐额。嘉靖二十年巡按饶天民改建今所。

又清郑敷教《文信国公忠烈祠记》:其敕建于吴中也,自正德六年辛未始。其奉敕改建于学宫,自嘉靖二十年辛丑长洲县学既迁之后也。公后人待诏公徵明书《正气歌》于堂之壁,生气凛然。

是年,知府王廷复刻《姑苏志》,一依正德元年修刻本。特增"岁贡"一表。志初刻于府库,嘉靖十八年府库被灾,板毁。

《吴都文粹续集》卷一:杜启《姑苏志后序》后有识云:"苏郡志,洪武十二年郡人卢熊所撰,共五十卷。郡守高邮汤侯德尝刻之,名《苏州志》。正德元年广东林侯世远请守溪相国王公鋆修之,共六十卷,名《姑苏志》,刻于府库。嘉靖十八年四月府库被灾,板毁。二十年,顺庆王侯廷复刻之,一依旧本,特增《岁贡》一表,专为翰林待诏文徵明也。"

钱允治生。

《明清江苏文人年表》:嘉靖二十年辛丑,吴县钱允治功甫生。允治,穀子。

嘉靖二十一年壬寅(1542)七十三岁

二月一日,吴一鹏卒,年八十三岁。谥文端。子子孝官南京吏部文选司主事,乞终养在侍。来乞铭,为撰墓志铭。

《集三十五卷本》卷三十二《太子少保南京吏部尚书赠太子太保谥文端吴公墓志铭》：嘉靖六年丁亥，礼部尚书兼翰林学士长洲吴公自知制诰出领礼部事，寻加太子少保，出为南京吏部尚书。故事，无有自内制出理部事者。若分司南京，亦必有故而出。公一再徙官，虽以叙迁，实皆左授。盖当路有嗛公者阴挤之。士论咸为不平，而公怡然就道，无几微见于色辞。久之，竟致其事而归。归十有四年，年八十三乃卒。二十一年二月一日也。公之归也，朝廷重其去，特给舆皁，廪以馀禄。及是讣闻，赠太子太保，赐谥文端。某乡里晚学，辱公折节与游。知公为深。于是子孝属某为铭，自顾猥劣，不足承命，而谊有不得辞者。

《玉涵堂刻帖》彭年《明故朝列大夫湖广布政使司右参议贞毅吴公行状》：迁吏部文选司主事。文端寿逾七十，乃疏乞终养。蒙恩予告归。持筑赐老堂、真趣园。叠石为山，引水为池，极林泉之胜。日奉文端宴游其间。

按：吴氏曾请徵明小楷书方鹏《宫保白楼先生吴公传》、罗钦顺《太子少保资善大夫南京吏部尚书致仕赠太子太保文端吴公神道碑铭》及徵明所撰墓志，由吴肃摹勒于吴氏玉涵堂。又由沈庭训书徐时行《明朝列大夫湖广布政司右参议龙峰吴公新阡碑》，文嘉书王庭《龙峰吴少参先生墓志铭》，沙鲁书熊寿柏《明故朝列大夫湖广布政司左参议贞毅吴公诔》，彭年撰并书《明故朝列大夫湖广布政司使右参议贞毅吴公行状》，周天球书皇甫汸《明故朝列大夫湖广布政使司右参议贞毅吴公墓表》皆小楷，由吴应祈刻。

九日，始为子春作四体《千字文》，凡七年始完。徵明

尝见赵孟頫碧笺四体《千字文》，遂亦仿为。然生平所书具四体者，仅为朱承爵、孙志新、项元汴及子春此卷。志新，丹阳人。文彭尝馆授其家。元汴字子京，号墨林，秀水人。博物好古，精绘事，富收藏。文彭兄弟、陈淳、彭年皆与游。

东京堂本《故宫历代法书全集》第六卷《文徵明四体千文》：楷书；"嘉靖壬寅岁春二月九日，徵明书于东雅堂。"行书；"嘉靖甲辰夏四月既望，徵明书于石湖舟中。"隶书；"嘉靖乙巳八月二十有二日，徵明书。"篆书；"比岁子春以尺素索余书四体《千文》，余素惮烦于此，而辞之不获，勉为书之，凡七年始完。不惟不工，不足供玩；而徒费岁月，良可惜也。戊申，徵明识。""右四体《千文》，皆先君真迹。先君少以书法不及人，遂刻意临学。篆师李阳冰，隶法钟元常，草书兼摹诸体，而稍含晋度。小楷则本于《黄庭》《乐毅》，而温纯典雅，自成一家；虞、褚而下弗论也。尝见赵松雪于碧笺上作四体《千文》，心甚爱之，遂亦仿为一二。然未尝轻作，惟江阴朱子儋、丹阳孙志新、嘉兴项子京，各购得一本。余虽或得真、草，或篆或隶，未有得其全者。此本皆晚年笔，而用笔精妙，无一渗漏。由于功深力到，故神运所至，不以老少异也。今日偶观，因揾泪识此。嘉靖辛酉七月既望，仲子嘉百拜谨书。"

按：文嘉跋在徵明卒后一年，另有陆师道跋，略。子春姓氏事行不详。《冯元成集》徐封夫妇墓表云："乃以东雅名其堂"，此小楷《千字文》写于东雅堂，子春或与徐氏有关，待考。

墨本《明文待诏手稿》第三册《太学孙君墓志铭》："丹阳孙君叔夏之卒也，其兄志周言于余曰：'吾弟笃学慕义，得先生一言铭其墓,死者有知,亦足慰之地下也。'始吾子彭馆授孙氏,故余得交其群从兄弟,而独未识君。君讳校,字叔夏,一字志伦。世家丹阳之严庄,故南山翁讳统之孙,监察御史讳方之子。兄弟五人。"志新当是其兄弟行。

《清啸阁藏帖》董其昌《明故墨林项公墓志铭》:子京夷然大雅,自远权势。所与游皆风韵名流,翰墨时望。如文寿承、休承、陈淳父、彭孔嘉、丰道生辈,或把臂过从,或遗书问讯。公名元汴,字子京。项之先,汴人也。以扈宋居秀胥山里为甲族。自襄毅公以来,七叶贵盛。有以孝廉令长葛者曰纲。纲生赠吏部铨。铨有丈夫子三人:长上林丞元淇,次东粤少参笃寿,公其季也。公画山水学元季黄公望、倪瓒,尤醉心于倪,得其胜趣。每购缣素,自题韵语。书法亦出入智永、赵吴兴,绝无俗笔,人争传购。初称墨林居士,皇甫子循作《墨林赋》以贻之。晚年意在禅悦,与野衲游,因感异梦,更颜其斋为幻浮。

《两浙名贤录》卷四十七《文苑·项子瞻元淇弟元汴附》:项元祺,字子瞻,秀水人。季弟元汴,博物好古,尤精绘事。家藏丹青墨迹,每兴到,辄临摹题咏其间。自命曰墨林。

三月十六日,雨窗写兰石并书《幽兰赋》。

日本东京大学出版社《中国绘画总合图录》:兰石四幅,无款有印。《幽兰赋》末款"嘉靖壬寅春三月既望,雨窗无聊,写此兰石四种。后有馀纸,□书其赋,所谓一解不如(一)解也。徵明识。"

廿四日,于东禅寺书旧作二首。

东京堂本《故宫历代法书全集》第七卷《文徵明自书诗帖》:《观驾幸文华殿》《恭候大驾还自南郊》,诗皆七律。嘉靖壬寅三月廿又四日,书于东禅精舍。徵明。

五月十日,行书格言于玉兰堂。

《吴越所见书画录》卷三《文衡山格言立轴》:乐易以使人之亲我,虚己以听人之教我,恭己以取人之信我,自检以杜人之议我,自反以息人之罪我,容忍以受人之欺我,警悟以脱人之陷我,奋发以破人之量我,逊言以免人之詈我,静定以处人之扰我,从容以待人之迫我,游艺以备人之弃我,直道以伸人之屈我,洞彻以解人之疑我,量力以济人之求我,弊端切须不始于我。凡事无但知私于我,圣贤每存心于无我。嘉靖壬寅夏五月十日,徵明书于玉兰堂。

闰五月,临沈周画鸡并题。

《中国古代书画图目》九《明文徵明临沈石田金鸡图轴》:我生老去聩两耳,山窗高眠常晏起。尔鸡与我似无缘,高唱曳声来枕底。毛黄背爪亦复然,雄毅之姿众难比。东家抱斗老正厌,烹之享客还中止。不如赠与候朝人,霜马催行残梦里。沈周画并诗,徵明临。 争雄不入少年场,走马长安事亦忘。白首山川清梦稳,任他啼落五更霜。徵明又题。壬寅闰月。

六月廿日,又为袁褒作《袁安卧雪图》,并于墙角著败蕉以见生意。

《郁氏书画题跋记》卷十《文太史跋袁安卧雪图》:赵松雪为袁通甫作《卧雪图》,老屋疏林,意象萧然,自谓颇尽其能事。而龚子敬题其后,乃以不画芭蕉为欠事。余为袁君与之临此,遂于墙角著败蕉,似有生意。又益以崇山峻岭,苍松茂林,庶以见孤高拔俗之蕴,故不嫌于赘也。壬寅六月廿日,徵明识。

按:《郁氏书画题跋记》原作壬辰,兹据《珊瑚网画录》《式古堂书画汇考》及《江村销夏录》更正为壬寅。

七月一日,周伦卒。伦以南京刑部尚书致仕,家居九年,卒年八十岁。林俊尝谓徵明曰:"人贵有守,而恛恅酝藉,其周伯明乎?"徵明识伦举子时,至是撰《周康僖公传》。

《集三十五卷本》卷二十八《周康僖公传》:七年进左侍郎提督武学。是冬升南京刑部尚书。八年召为刑部尚书。逾月,再改南京。时大学士桂萼以言去国,而所比私人,有旨下狱穷竟。大学士张孚敬请缓其狱,公以法对,颇忤张意。张、桂方得君用事,遂矫制出公云。十年灾变,自陈不职乞罢,再疏皆不允。十一年年七十,因奏满陛见,引年辞免,不允。十二年再疏,于是四疏矣,始得旨致仕。二十一年年八十卒,是岁七月一日。讣闻,赠太子少保,谥康僖。文子曰:故莆田林公俊尝为某言:"人贵有守,然须恛恅酝藉。求之当时,其周伯明乎!"余识周公于举子时,今五十年矣。和厚质木,未尝见其忤物。林公一代伟人,平生刻廉操切,讦直自将,尤慎许可,乃有取于周公,必有所以深当其意者。

四日,题自藏怀素小草《千字文》。时怀素小草及大书两卷,均为徵明所得。其大书卷内缺数行,徵明补之。

《经训堂法书·怀素草书千字文》:余家所收怀素《千文》两本。其一为嘉兴姚氏物,绢上小草书,此本是也。其一为吴中顾氏所藏,楮纸上大书,内缺数行,尝为补之。楮本是少年书,纷披光怪,气焰慑人。绢本晚年所作,应规入矩,一笔不苟,正元章所谓平淡天成者。要之,皆名帖也。壬寅七月四日,徵明记。

《弇州山人四部稿》卷一百三十《怀素千字文》:藏真此卷，欧阳文忠公家物，后有公跋语，与《集古金石录》所载同。内缺百四十一字，文徵仲太史手补之，亦仅虎贲之似耳。

八月廿一日，妻吴氏卒，年七十三岁。徵明性鄙尘事。家务悉以委之；故得专意文学，而遂其高尚之志。

《集三十五卷本》附文嘉《先君行略》:公配吴夫人，先公十八年卒。卒之年为嘉靖壬寅八月二十一日，得年七十有三。公性鄙尘事，家务悉委之吴夫人。夫人亦能料理，凡两更三年之丧，及子女婚嫁，筑室置产，毫发不以干公之虑。故公得以专意文学，遂其高尚之志者，夫人实有以助之也。

《泰泉集》卷五十四《衡山文公墓志铭》:夫人昆山吴氏，河南参政愈之女。其母夏氏，出太常卿杲。杲受知成祖，文翰传家，夫人素守家范。及归，事公惟谨。家食时，凡朔望行香及居官早朝，必躬自薪爨，不委他人。代公料理家事，婚嫁筑室，公皆不与闻，而百务具举。性虽慈，而教子亦甚严厉。手不废丝枲，而经划调度，井然有条。灯下必亲书一日出入之事，至于没齿。事或差谬，按籍而阅，则日月并存。

九月十九日夜，灯下写《古木寒泉图》。

《石渠宝笈》卷三十八《明文徵明古木寒泉图一轴》:墨画。壬寅九月十又九日，徵明灯下戏写古木寒泉。

往昆山，廿一日在舟中为周凤来小楷《心经》。凤来，伦季子，字于舜，自号六观居士。太学生。富收藏。初，凤来得赵孟𫖯书《以般若经换茶诗》，而亡所书经。因请徵明补书，仇英补图。明年癸卯，子彭、嘉跋。

《寓意录》卷四《仇实父摹赵松雪写经换茶图》:《心经》，

款"嘉靖二十一年，岁在壬寅九月廿又一日，书于昆山舟中，徵明。""逸少书换鹅，东坡书易肉，皆成千载奇谈。松雪以茶戏恭上人，而一时名公咸播歌咏。其风流雅韵，岂出昔贤下哉？然有其诗，而失是经，于舜请家君为补之，遂成完物。癸卯仲夏，文彭谨题。""松雪以茶叶换《般若》，自附于右军以《黄庭》易鹅，其风流蕴藉，岂特在此微物哉？盖亦自负其书法之能继晋人耳。惜其书已亡，家君遂用《黄庭》法补之。于舜又请仇君实甫以龙眠笔意，与《书经图》于前，则此事当遂不朽矣。癸卯八月八日，文嘉识。"

《俞仲蔚先生集》卷十三《亡友周于舜墓志铭》：于舜讳凤来，姓周氏，吴郡昆山人也。父讳伦。公有四子：凤鸣、大理丞，凤仪、太学生，凤起、太仆丞，于舜、公最少子也。于舜颖敏介特，童孩已如成人。虽生而有黼缋粱肉之饶乐，非其好也。为太学生，即不喜握觚诸生间。乃独依林构堂，楗轩回环。好释氏书，因取释氏所谓梦、幻、泡、影、露、电为六观者，名其堂，自称六观居士。悉出其藏数千金购天下奇书图画及古彝鼎璜珙之属，合珍怪众物居之，以歙其精英。同郡杨公循吉，有当世重名，时年八十馀矣，奇谲寡合，独叹其高雅，为缀记其事。能为五言诗，善楷法，多仿依赵孟頫。年三十有三，嘉靖三十四年五月十六日以疾卒。

《梅花草堂笔谈》卷十三：吾乡藏书家，叶文庄公尚已。其后为顾侍御孔昭，周孝廉孺允兄弟，能蓄能读，为一时大雅之冠。周于舜多买法书名画，樽罍彝鼎，藏凝香、云谷、梦芝、六观诸馆中，殆可充栋。华艳富瞻，一时无与比者。

十月既望，为顾兰撰传并书。时兰仅存临顿里小圃，徵

明时过酬倡。

上海博物馆藏《明文徵明楷书顾春潜传轴》:《顾春潜先生传》,及是归,家徒四壁。先所业田,已属他人。独小圃仅存,有水池之胜。……前翰林院待诏将仕佐郎兼修国史文徵明著。嘉靖廿一年壬寅十月既望书。

《敬和堂帖》卷三:昨来径造,得观名花,兼扰厨传,感荷之馀,辄赋小诗奉谢。卒章云云,聊用趁韵耳,非有所嘲也。罪过罪过!步屧东来一径赊,为看修竹到君家。最怜人境无车马,还喜名园有岁华。布裤初闻林外鸟,米囊犹见雨馀花。高情苦被尘缘恼,不得淹留坐日斜。徵明顿首,诗帖上春潜先生吟几。令郎同发一笑。三月廿五日。

《文氏五家集》卷六《太史诗集》:《顾荣夫园池》。临顿东来十亩庄,门无车马有垂杨。风流吾爱陶元亮,水竹人推顾辟疆。早岁论文常接席,暮年投社忝同乡。寄言莫把山扉掩,时拟看花到草堂。《荣夫见和再叠一首》:为爱高人水竹庄,几回系马屋边杨。每开蒋径延求仲,常伴山公有葛疆。陋巷谁云无辙迹?城居曾不异江乡。春来见说多幽致,开遍梅花月满堂。

十月廿一日,为吴俦题元人四画。俦以明经为武城知县,致仕,归老沧溪。仇英为作《沧溪图》,徵明题诗。

《石渠宝笈》卷四十二《唐宋元名画大观一册》:第十一幅卫九鼎,宋笺本,墨画。副页文徵明七绝一首,略。后识:“沧溪令君出示元人四画,皆精好可爱。抚玩之馀,各赋一诗其后。”壬寅十月廿又一日,长洲文徵明识:“衡山先生题此卷时年七十三岁。至八十乃纪年。所谓披裘先生,七十始壮者。辛酉中秋前二日,(董)其昌题。"

《大观录》卷二十《仇实父沧溪图卷》:闻沧溪新筑幽居甚胜,奉寄小诗:新筑幽居屋数椽,抚移花木沼流泉。渊明幽致辞彭泽,摩诘高情在辋川。三径遥通修竹外,两山青落小窗前。风潭夏木无由赏,聊拂云笺赋短篇。文徵明。

十二月廿一日,武原李子成至吴吊慰,因谈及宋李营丘寒林之妙,仿作赠之。

《式古堂书画汇考》卷二十七《徵仲仿李营丘寒林图》并识:"武原李子成,以余有内子之戚,不远数百里过慰吴门。因谈李营丘寒林之妙,遂为作此。时虽岁暮,而天气和煦,意兴颇佳。篝灯涂抹,不觉满纸。比成,漏下四十刻矣。时嘉靖壬寅腊月廿又一日,徵明识,时年七十又三矣。"

《六砚斋笔记》卷一:文衡山先生《寒林》,梢空戛云,有从地一涌而出者,断不可以手追。焚香默坐对之,如在荒山野岸,维舟霜柳之下而已。

按:《海山仙馆帖》有李襄行书七绝二首,印章有"子成"字,书法仿徵明。不知即此人否?待考。

苏州知府王廷,每屏车骑来访。谈文论艺竟日,言不及私。即留饭,亦惟常肴。

《四友斋丛说》卷十五《史》十一:王南岷为苏州太守日,一月中常三四次造见衡山。每至巷口,即屏去驺从。及门,下轿,换巾服,径至衡山书室中。坐必竟日,衡山亦只是常饭相款。南岷虽蔬食菜羹,未尝不饱。谈文论艺,至日暮乃去。今亦不见有此等事矣。

《冯元成集》卷五十《文待诏徵明小传》:王公南岷守苏州,

一月必三四次谒公。每至巷口，即屏去驺从。及门，下车，换巾服。径至衡山斋中，坐必竟日。公治具以享，不过四豆；南岷未尝不饱。至张灯乃去。然公始终未尝一言及私。有以居间请者，公曰："吾与王公谈风讨月，出尘俗之外，故神味相契。若以俗事污其耳目，不惟自辱，且辱王公矣。"

为万表制《竹林高士图》。表字民望，号鹿园，鄞县人。正德十五年武进士。以都指挥累官都督同知，佥书南京都督府。才兼文武，号为儒将。时来吴大阅。

西泠印社本《文衡山竹林高士图卷》:《竹林高士图》，为民望先生画，距今壬子，恰十有一年矣。……徵明。

又《画谈》:文徵明，号衡山。此《竹林高士图卷》，系明嘉靖壬寅年为其友万民望所作。距壬子，历十有一年，加以吟咏，兼送民望北征之行。民望于得图之时，未有款识印章。后二年，寿承游白下，补印章。并衡山所书《上方山》赠之，合装一卷。文画粗笔，尤为可贵。有南海黎二樵题首，桐城张晴岚收藏，可知流传有绪焉。

按:《画谈》一文，系附印图册前副页者。

《列朝诗集》丁集中《万都督表》:表字民望，鄞县人。世袭指挥佥事。年十七嗣职。正德庚辰中武进士，以都指挥起家。为漕运参将者二，漕镇总兵挂印者二，以指督同知佥书南京中军都督府。公于漕政兵事，无不洞悉。所至皆建竖。甲寅，海上倭乱。散家财，募死士，奋欲死之。佥书南府，道经姑苏，与倭遇娄门杨泾桥，率所募及少林僧邀击，身中流矢。遗书于子曰："我家世以战功死王事，我身不任兵，晚年添一箭瘢，不亦美乎？"策倭情，洞如指掌；而论北虏，尤人所未发。惜乎其不得用也。历官四十年，家无馀财，瓶钵萧疏，与野衲杂处。嘉靖中，王汝中、罗达夫、唐应德以理学名于时，而公与之颉颃。自号鹿园居士。子达甫，官至广州参将。孙邦孚，狼山副总兵，皆儒将云。

《明名臣言行录》卷六十一《都督万公表》：字民望，号鹿园，宁波鄞县人。世袭卫指挥佥事。正德庚辰中武闱。官至都督同知，卒年五十九。

《静志居诗话》：万表，字民望，鄞县人。正德末，中武进士。累官都督同知。佥书南京中军都督府。晚号鹿园居士，有《玩鹿亭稿》。

隶书杨循吉自撰《生圹碑》约在本年。循吉晚节落寞不得意，后四年卒，年八十九岁。

道光本《苏州府志》卷一百三十《金石二》：杨循吉生圹碑，自撰。文徵明隶书。在至德乡。

《姑苏名贤小纪》卷上《杨仪部南峰先生》：先生晚节落寞不得意。尝自作生志，语多孤愤。

《吴都文粹续集》卷四十三《明礼曹郎杨君自撰生圹碑》附记云：公生天顺戊寅十一月五日，卒嘉靖丙午七月二日。享年八十有九。

按：碑文云："今则素餐于世八十有五年。"循吉本年八十五岁，徵明书亦系本年。

有追和元仇远自题高克恭《山村隐居图》。

《大观录》卷十八《高文简山村隐居图》：房山无款，松雪题在本身。后纸仁近自题及周草窗以下，皆元明馆阁大老，词翰并重者也。　"春山拥春云，潋然失茅屋。下有幽贞士，冥心谢荣禄。卓哉渊明志，夫岂在丛菊？李愿盘中居，居深缭而复。亦有杜陵翁，长铲斫黄独。岂无终南径？不博王官谷。仇山在何许？村居迷灌木。乃令千载下，开图见天目。青山卧有馀，白云看不足。顾言往从之，不疑我何卜？仇仁近，名远，钱唐人。前元老儒也。号山村居士。高尚书为作《山村隐居图》。仁近自题其后，颇示不遂隐居之意。然易世之后，此图遂传为故事，则亦何恨哉？自大德初元丁酉，抵今嘉靖壬寅，二百四十五年矣。企仰雅怀，因追次其韵。长洲文徵明。"

除夕，作《寒林钟馗图》，并录凌云翰诗于上。云翰字彦翀，钱塘人。工诗。元末举人，明初荐授成都府学教授，坐事谪南荒以卒。

《吴越所见书画录》卷四《文待诏寒林钟馗图立轴》：朔风吹沙目欲迷，官柳摇金梅绽蕊。终南进士崛然起，带束蓝袍靴露趾。手制硬黄书一纸，若曰上帝锡尔祉。蝟磔于思含老齿，俯指守门荼与垒，肯放妖狐摇九尾！一声炮竹人尽靡，明日春光万里馀。壬寅除日，徵明书于凌柘轩。

按：此明初凌云翰诗，见瞿佑《归田诗话》。凌柘轩盖取凌集名也。

《中国文学家大辞典》：凌云翰，字彦翀，钱塘人。元至正十九年举浙江乡试，除平江路学正，不赴。洪武十四年以荐授成都府学教授，坐贡举乏人，谪南荒以卒。云翰工诗，著有《柘轩集》。

嘉靖二十二年癸卯（1543）七十四岁

二月八日，与汤珍、陆师道、王延昭、蔡范、陆鹊、劳珊、

蒋球玉、王曰都等游华山。留宿山寺,有记。时师道自
礼部仪制司以母老乞归。师事徵明甚恭,以为"徵明
以艺藏道,无适而非吾师"。师道善诗文,工小楷、古
篆、绘事。人谓"徵明四绝,不减赵孟𫖯",而师道并传
之;其风尚亦略相似。延昭,鏊季子,郡学生。鹄字斯
立,嘉靖十三年举人,官江西高安知县。珊字鸣玉,麟
子。性孝友,博通经史。与陆鹄同举,连试不第,遂不
复出。球玉字国华,嘉靖十九年举人,官湖广夷陵州知
州。陆鹄、劳珊、蒋球玉皆苏州洞庭山人。曰都时已自
太医院致仕归。吴人争求治疾,医名日盛。

民国本《吴县志》卷五十九《金石考》一:文徵明等游华山
寺题记,行书。嘉靖癸卯。

苏州博物馆藏拓本《文徵明游华山寺题记》:嘉靖癸卯二
月八日,徵明同诸客游华山寺。泛平湖,沿支港而入。长松夹
道,万杏吹香,恍然如涉异境。时寺虽劫废,胜概具存。相与读
故碑,漱三泉,不觉日暮,遂留宿寺中。客自城中来者:汤珍、张
瓒、王曰都、陆师道、王延昭。山中客:蔡范、陆桐、陆鹄、劳珊、
蒋球玉。僧大鑫立石。

《姑苏名贤小纪》卷下《陆尚宝五湖先生》:予告之日,杜门
读书,师事先待诏,刻意为文章及书画,皆入能品。

《明史》卷二百八十七《文苑》三:陆师道,字子传。由进士
授工部主事,改礼部。以养母请告归。归而游徵明门,称弟子。
家居十四年,乃复起。累官尚宝少卿。善诗文,工小楷、古篆、
绘事。人谓"徵明四绝不减赵孟𫖯",而师道并传之。其风尚

亦略相似。平居不妄交游，长吏罕识其面。

《无声诗史》卷二《陆师道》：时文待诏徵明里居，亦善诗及书及绘事。先生造门，用师礼礼之。人谓"先生业已贵，胡折节乃尔？且不闻世以艺目文先生耶？"先生曰："子言之误。夫文先生，以艺藏道者也。自吾见文先生，无适而非师也者。"奉之益笃，文先生亦笃好先生，即胶漆莫逾也。

《王奉常集》卷七《陆符卿集序》：吾吴自高太史季迪以来，彬彬称文薮矣。若沈启南、祝希哲、徐昌国、唐伯虎之伦，竞爽代兴，皆被能事之目。而名播海内外，莫如文待诏徵仲者。以待诏有高世行，兼综书画，不独倚诗文为重也。后待诏而兴者，其人黄勉之、王履吉、袁永之、陆浚明、皇甫伯安、子循辈，至不可胜纪。其最后出，而最服膺待诏者，陆子传先生一人而已。待诏重人伦节概，先生亦慕为人伦节概；待诏好恬退，先生亦早为恬退；待诏好歌行近体诗，先生亦多为歌行近体诗；待诏妙诸体书，先生亦工为诸体书；待诏妙丹青，先生亦工为丹青。所不能得者，待诏筋力斤斤，九十不衰；而先生中岁病废，则天也。

《明诗纪事》己签卷十七《陆师道》：子传廷试策入夏桂洲手，桂洲称其文贾、董，字钟、王，拟第一。永陵改置二甲。除工部主事，桂洲奏改礼部，入值内阁。子传不欲近权相，请急归。师事文徵仲，友王雅宜、彭孔嘉、徵仲子寿承、休承。评骘文事，考校金石，从事丹青，茗碗炉香，翛然竟日。间从诸人泛石湖，取越来道，放舟胥口，寻览虎丘、上方、支硎、天池、玄墓、灵岩、邓尉、万笏、大石之胜。吴中好事人操酒船迹之于山水间，取酣适而别。

康熙本《县区志》卷十二《科目·举人》：陆鹤，字斯立，洞庭山人。嘉靖甲午科,江西高安县知县。劳珊,字鸣玉,洞庭山人,嘉靖甲午科。蒋球玉,字国华,洞庭山人,嘉靖庚子科,湖广夷陵州知州。

乾隆本《苏州府志》卷五十二《人物》:劳珊,字鸣玉,西洞庭人。博通经史,性孝友。中嘉靖甲午乡试。连上礼部,不第,遂不复出。乡人重之。私谥贞静。

《集三十五卷本》卷二十八《太傅王文恪公传》:子男四人:延哲,大理寺副;延素,南京都督府经历;延陵,中书舍人;延昭,郡学生。

《陆尚宝遗文·王子美墓志铭》:君高亢自喜,不能诎折俯仰人。视辈类有以夤缘致通显者,唾骂不肯与伍,故久无推挽之者。及两公(文徵明、王毂祥)先后引归,君亦拂衣还吴中。吴中人争求君治疾,即贵富人必视其礼意勤恳乃往。即贫不能报者,亟走治,不以远为辞。然君治贫者,无不随手愈;而贵富人或不能取速效,至龃龉谢去。君乃叹曰:"郭玉所谓疗贵人有四难者,此其验邪?抑吾本数奇,好与豪有力者戾耶?"由是君医名日益盛,而家日益窭。

与王毂祥泛舟出胥口,舟中有作。

《别下斋书画录·文衡山山水立轴》:胥台山麓太湖头,远水连天日夜浮,谁在夕阳虚阁上?渺然天际见归舟。癸卯春仲,同禄之泛舟出胥口,舟中漫作。徵明。

三月六日,为袁表题沈周画于闻德斋。

《坚净居题跋》:余获徵仲诗迹一段,亦题石田画者。惜画已佚。诗云:"石翁诗律号精成,老去还怜画掩名。世论悠悠遗钵在,白头惭愧老门生。嘉靖癸卯三月六日题于闻德斋。文徵明。"

十六日,为王榖祥作《落花图》并书诗。 榖祥曾以所藏沈周《落花图咏》相示,企慕之馀作此。自识"不能追踪万一"。

《壮陶阁书画录》卷九《明文衡山落花图并落花七律十首卷》:禄之尝持家藏石田先生《落花图咏》示余,余三复玩味,以为绝伦。企慕之馀,遂作小图,并录旧和十咏为禄之赠。然深愧脚板徒忙,而不能追踪万一也。嘉靖癸卯三月既望,徵明识。

右《落花图》,乃先待诏为禄之公写。盖仿赵文敏笔意,诗则用石田韵。时余日同禄之坐观其成,垂今三十有四年矣。王君已化去,余亦向衰,而此卷若新。睹之,不胜人亡物在之感。因书卷尾。丁丑人日,仲子嘉识。

四月十七日,为陆师道临《兰亭叙》。

《六艺之一录》卷一百六十《赵文敏文衡山临兰亭合卷》:暇日,偶与子传言及古《兰亭》,戏为写此。虽乏形似,而典则犹存;观者当求之骊黄牝牡之外也。癸卯四月十七日,徵明记。

按:此后赵文《兰亭》与《定武兰亭》浓淡拓两种合册为《宝晋》,见《一角编》。

初夏,于玉磬山房作兰竹长卷并题。

《中国绘画史图录·明文徵明兰竹卷》:余最喜画兰竹。兰如子固、松雪、所南,竹如东坡、与可及定之、九思,每见真迹,辄醉心焉。居常弄笔,必为摹仿。癸卯初夏,坐卧甚适,见几上横卷,纸颇受墨,不觉图竟;不知于子固、东坡诸名公稍有所似否也?亦以征余兰竹之癖如此。观者勿厌其丛。徵明题于玉磬山房。

五月十一日，与魏维翰同观姚绶书李商隐诗于金阊舟中，因记。绶字公绶，初号榖庵，亦号云东逸史，嘉兴人。天顺八年进士，仕至监察御史，谪知永宁县，告归。优游林泉，有晋人风致。诗书画皆逸品。所著《榖庵文集》。徵明序。

《式古堂书画汇考》卷二十四《姚云东书李商隐诗二卷》：嘉靖癸卯五月十又一日，徵明与魏君维翰同观于金阊舟中。

《味水轩日记》卷六：万历四十二年甲寅九月二十三日，过徐节之斋头，出观文徵仲小楷书《姚榖庵文集序》。

《无声诗史》卷二：姚绶，字公绶，号云东逸史，嘉兴人。以甲科仕至监察御史。书法眉山。工诗。喜画，尤善临摹。其于吴仲圭、赵松雪、王叔明数家，墨气皴染，俱得神髓。早岁挂冠，优游泉石，有晋人风致。泛一舟，颜曰“沧江虹月”。以仿米家书画船也。所作绘事，颇加珍惜。或为人所得。每厚价反收之，其自重如此。

《静志居诗话》：姚绶，字公绶，嘉善人。天顺甲申进士，授监察御史。谪永宁县，告归，有《榖庵集》。先生初号榖庵。居大云寺之东，亦号云东逸史。又自称兰台逸史、天田老农、上清仙吏、懒仙、仙痴、紫霞碧月翁。家有振衣亭。出乘“沧江虹月”之舟，粉窗翠幕，吹竹弹丝，望者以为“水仙”。画、书、诗皆逸品。

按：魏维翰事行待考。

廿九日，为周凤来小楷《子虚》《上林》两赋于仇英图卷。

《眼福编二集》卷十四《明仇十洲子虚上林图卷》：绢本，画分五段。卷尾"嘉靖丁丑孟春夏六月始，壬寅秋八月朔竟。吴郡仇英实父制。"纸本一幅，小真书《子虚》《上林》二赋。尾书"唐人尹继昭画《姑苏台》及《阿房宫图》，千梁万柱，极其壮丽，而说者谓于此不无劝戒。盖侈靡之中，寓规讽之意也。仇生实甫为于舜写相如《子虚》《上林》二赋为图，岂亦昔人之意邪！于舜俾书二赋于前。老眼眵昏，不能工也。是岁嘉靖癸卯五月廿有九日，文徵明识，时年七十有四。"

《清河书画舫》：仇英实甫，其出甚微。尝执事丹青，周臣异而教之，遂知名于世。壮岁为昆山周六观作《子虚》《上林》图卷，长几五丈，历年始就。所画人物鸟兽，山林台观，旗辇军容，皆臆写古贤名笔，斟酌而成。可谓图画之绝境，艺林之胜事也。兼有文徵仲小楷二赋在后。其家称为"三绝"，岂过许也？

《眼福编初集》卷十《明仇十洲子虚上林图卷》：按《清和书画舫》跋是图云：（文见前，不录）光绪己卯，余见是卷于古芬阁，初无文书二赋。忽于辛巳之夏，有以待诏所书《子虚》《上林》二赋求售者。其纸之高宽，与画无分秒之殊。按其跋语，确为是卷而作。作于癸卯，则是十洲画成之明年也。周六观，一字于舜，为吴中富人。丁酉年聘十洲主其家，越壬寅始成。是卷为其母八十之庆，岁奉千金，饮馔之丰，逾于上方。月必张灯集女伶歌燕数次，无怪十洲之肯抛心力，惨淡经营，至于如此。而待诏又以七十有四之高年，为之作三千有馀之小楷，知其亦非苟焉而得者也。

按：《退庵金石书画跋·赵千里子虚上林赋卷》有云："仇实父曾为昆山周六观作《子虚上林图卷》，后有文衡山小楷书二赋，甚精。文楷后有苏斋师长跋及七言长古一首，皆用意之作。"《壮陶阁书画录》云:"《清和书画舫》载十洲《子虚上林图》大卷,现藏武进人家,予数见之,绢本洁净,高二尺馀,长约四五丈,着色精丽,采集北宋众长,的系盛年所作。惜衡山书赋已失去。"不知梁氏裴氏所见,即杜氏古芬阁所藏卷否? 然徵明确有精楷二赋,姑从杜氏所记,系于本年。

六月二日,顾德育雨中来访,写诗画赠之。

《珊瑚网画录》卷十五《文徵仲古木幽居图》:古木阴阴山径回,雨深门巷长苍苔。不嫌寂寞无车马,时有幽人问字来。雨中承克承过访山居,写此奉赠。癸卯六月二日,徵明。

是月上旬,为王廷作四体《千字文》,并行书旧作诗三十首以赠。

《平远山房法帖》:南岷先生以二册索拙书,病懒相仍,久未能办。比来稍闲,为书四体《千文》。顾有馀楮,复缀旧作数首,聊藉以为请教之地耳,非敢自炫其陋也。始自六月上旬,再作再辍,至七月九日始得卒业。昔欧文忠公谓:"夏月据案作书,可以消暑忘劳。"此公自有所乐耳。若区区挥汗执笔,只觉烦劳,可发一笑也。癸卯七月九日,徵明识。

七月既望,作《楼居图》以赠刘麟。麟好楼居,致仕后,力不能建,因赋诗并写其意先之。

台湾艺术图书印本《吴门画派》文徵明《楼居图轴》:仙客从来好阁居,窗开八面眼眉舒。上方台殿隆隆起,下界云雷隐隐虚。隐几便能窥日本,凭栏真可见扶馀。总然世事多翻复,中有高人只晏如。南坦刘先生谢政归,而欲为楼居之念,其高尚可知矣。楼虽未成,余赋一诗并写其意先之。它日张之座右,亦楼居之一助也。时嘉靖癸卯秋七月既望,文徵明识。

《寒夜录》：文衡山停云馆，闻者以为清閟。及见，不甚宽敞。衡山笑谓人曰："吾斋馆楼阁，无力营构，皆从图书上起造耳。"大司空刘南坦公麟，晚岁寓长兴万山中。好楼居，贫不能建。衡山为绘《层楼图》，置公像于其上，名曰神楼，公欣然拜而纳之。尝观吴越巨室，别馆巍楼栉比，精好者何限？卒皆归于销灭。而两公以图书歌咏之，幻常存其迹于天壤，士亦务为其可传者而已。

八月十六日，日将昃，于玉磬山房诵苏轼《赤壁赋》，因书以记暮年笔墨。后文嘉补两图于归来堂。

《珊瑚网书录》卷十五《徵仲书赤壁赋并跋》：文太史书前后《赤壁》，在乌丝黄宋笺上，尽楷法之妙。休承为补两图，云作于归来堂。觉逸趣横溢毫端，可称珠联璧合。

嘉靖癸卯岁秋八月既望，静坐玉磬山房。时日将昃，凉飚拂衣，桐叶满地。展卷自适，诵长公此赋，不觉有凭虚御风，羽化登仙之兴。乃命童子涤砚，检笥获纸书之，聊记暮年之笔画也。长洲文徵明识。

九月，为居节写《湖山新霁图》，更旬始就。自谓用赵孟頫《水村图》笔意，而足以敌之。

《石渠宝笈》卷六《明文徵明湖山新霁图卷》：居生士贞，以佳纸请余为横幅小景，适有人以赵魏公《水村图》相示，秀润可爱，因用其笔意写此。连日宾客纷扰，应酬之馀，时作时辍，更旬乃就。老年迟顿，聊用遣兴耳。若以为不工，则非老人之所计也。系之诗曰：老人长日不能闲，时寄幽情楮墨间。岂是胸中有丘壑，聊从笔底见江山。嘉靖癸卯九月既望，徵明识，时年七(脱"十"字)有四。　先待诏喜画。明窗净几，笔砚精良，得佳纸,辄弄笔写小幅,以适清兴。然不喜临摹,得古画,惟览其意而拟其气韵,故多得古人神妙处,而无脱墼形似之嫌。此《湖山新霁》,为居生士贞所写。虽云发兴于松雪《水村图》,而未尝规摹其景象也。画时,嘉日侍笔砚,今三十五年矣。偶一观之,岂胜今昔之感。万历丁丑三月二十一日,仲子嘉书。

居士贞名节,……先生爱其少慧,且工觚翰事。每窥先生暇,辄以书画请,先生辄应之。故士贞所得良富。然其中之绝佳者,惟此《湖山新霁图》耳。图初成,球偕彭孔嘉适造先生。先生出示,沾沾自喜,谓是纸可敌赵文敏。球尝见文敏《水村图》,固精绝,恐不逮此之遒劲也。万历丙子冬十二月六日,周天球题。

九月既望,行草书《古诗十九首》于玉磬山房。

《南京市美术展览书画册·明文徵明行书》:《古诗十九首》,诗略。癸卯九月既望,书于玉磬山房。徵明。纸本,戴季陶藏。

十月既望,为黄省曾题所藏宋高宗敕岳飞书。

《壮陶阁书画录》卷五《宋岳忠武手书七绝诗轴·附宋高宗敕》:此宋高宗敕岳忠武公书也。后仅署日月,而不纪年。

按:此当在忠武讨兀术获胜时所降下者,故文内犹寓嘉励之意。嗟夫!倘高宗始终不为桧贼所惑,"三字"之狱不成,将见妖氛荡扫,何难奏凯于旦夕哉!余观此,深为忠武惜。而御书煌煌,迄今犹照耀人间,数百年馀,而为勉之所宝,不可谓非厚幸也。嘉靖癸卯冬十月既望,衡山文徵明敬题。

十一月,王廷见徵明自选诗,为刻《文翰林甫田诗选》并序。

明刻本《文翰林甫田诗选》:《文翰林甫田诗叙》蜀南充王廷著《甫田》诗者,衡山先生之所作也。先生为温州守交木公仲子,勤行绩学,雅负不群之才,以经济自任。顾屡试不第,将毕志于隐。乃以朝臣之荐,授翰林待诏,然非其好也。故身游岩廊,而心存泉石。感时触物,每有归欤之兴。居少日,竟挂冠归。今徜徉林壑,且二十年。呜呼!其真脱屣于名利之场也哉!余读《陶潜传》,至《归去来辞》,未尝不洒然钦其为人。以为迥绝尘俗,无与为侣。以今观于先生,其出处大致,略无少异;而高洁之操,介特之行,夷旷之怀,深远之识,有不可以古今论者。岂真恋情于一丘一壑间哉?先生著述甚富,其所吟咏,根极名理,匪止炫华。余幸入先生之室,获睹此编,持归读之,不忍释手。因录而传之。讵惟见先生之好古博雅,俾海内人士,诵其诗而想见其人,亦庶几少裨于名教云尔。嘉靖岁癸卯十一月既望书。

《西园题跋·题文徵仲效米海岳行书》:《甫田诗选》,公手订者,绝句近体凡十九首。美则美矣,不如此诗(按:为"墙角紫薇""日照盆池""传呼曲巷"等诗,未选入集)读之有天际真人想。

王廷尝于徐阶过吴时,于竹堂寺设席相款,独邀徵明同席,徵明有赠行诗。阶字子升,号存斋,华亭人。嘉靖二年进士第三人及第。官至礼部尚书建极殿大学士。性颖敏,有权略。严嵩败后,尽反其秕政。立朝有相度,保全善类。于嘉、隆之政,多所匡救。

《四友斋丛说》卷十八《杂记》:存斋先生为编修时,进京过吴门。时王南岷为苏州太守,设席相款,独请衡山同席,盖重存斋先生也。衡山见余，每道存斋与罗念庵资质纯粹，独不喜唐荆川。

《眉公见闻录》卷一：徐文贞与郑文峰户部柬，有意气，有风度，读之真如见故人也。书云："别后以十二日至姑苏。次日与衡山、南岷饮竹堂寺。有僧颇能诗，出沈石田、王守溪所题《梅花卷》，展诵数四。僧人摘花瀹茗，作诸清供。因留至暮，得衡山赠行诗一首而归。"

按：赠行诗因《文嘉钞本》缺此前后十数年诗而失传。

《明史》卷二百十三《列传》：徐阶，字子升，松江华亭人。嘉靖二年进士第三人。授翰林院编修，予归娶。丁父忧。服除，补故官。阶为人短小白皙，善容止。性颖敏，有权略，而阴重不泄。读书为古文辞，从王守仁门人游。有声士大夫间。帝用张孚敬议，欲去孔子王号，易像为木主。笾豆礼乐皆有所损抑。下儒臣议，阶独持不可。孚敬召阶盛气诘之，阶抗辩不屈。孚敬怒曰："若叛我。"阶正色曰："叛生于附，阶未尝附公，何得言叛？"长揖出。斥为延平推官，连摄郡事，出系囚三百，毁淫祠，创乡社学，捕剧盗百二十人。迁黄州府同知，擢浙江按察佥事，进江西按察副使，俱视学政。皇太子出阁，召拜司经局洗马，兼翰林院侍讲。丁母忧归。服除，擢国子祭酒。迁礼部右侍郎，寻改吏部。尚书熊浃、唐龙、周用皆重阶。用卒，闻渊代，自处前辈，取立断。阶意不自乐，求出避之。……命兼翰林院学士，寻掌院事，进礼部尚书。阶立朝有相度，保全善类。嘉、隆之政，多所匡救。间有委蛇，亦不失大节。

《静志居诗话》：徐阶字子升，松江华亭人。嘉靖癸未赐进士第三。授翰林编修。抗疏论孔子庙制，斥为延平府推官。稍迁浙江、江西提学副使，入为司经局洗马。历升礼部尚书，入直无逸殿，寻入东阁办事。累官少师吏部尚书建极殿大学士。卒赠太师。谥文贞，有《少湖集》。

冬，应华云请，为撰其父麟祥墓碑。麟祥卒于去年七月。与安国及邹望，时称无锡三巨富。云前二年进士。

拓本《文待诏书华都事碑铭》:《有明华都事碑铭》，故浙省都事无锡华公以嘉靖癸卯冬十二月丁酉，葬邑之九里泾扬名阡，翰林待诏文徵明刻其墓上之碑曰:……辛丑冬，云奉使南都，便道拜公于家。公喜，是日集亲宾，置酒高会。于时垂年八十，而视听不衰，谈辩娓娓，拜起周旋，不少厌怠。俄得痰疾，时止时作，至明年七月十日竟卒，享年七十有九。

《句吴华氏本书补编》:府君讳云。……嘉靖辛卯魁顺天，辛丑举进士。试政都察院，奉使将行。会选庶吉士，座师留行，曰:"亲老矣，行可便省觐。"明年，父疾作，得侍疾，治大事。

《锡金识小录》卷七《稽逸》四:元时，无锡称四巨室，曰江、虞、强、邵，谓富甲一郡也。明时有三巨室，曰邹、钱、华，言其丁众富强也。

按:若正、嘉时，则推安国桂坡，邹望东湖，华麟祥海月三家矣。

乾隆十八年本《无锡县志》卷三十三《行义》:邹望，字国表。才局机警，爱人礼士，好施与。凡贫者来谒，无不得所欲而去。望与安国、华麟祥并称巨富。

孙，元发年十五岁，通《春秋》，为博士弟子。日侍左右。凡综理酬应，皆元发任之。

《姑苏名贤后记》申时行《明河南卫辉府同知致仕进阶朝

列大夫谥端靖文先生墓志铭》:年十五,通《春秋》为博士弟子。然不离待诏公左右。待诏公既大耄,四方冠盖云集,户屦常满。综理酬应,皆出先生。待诏公自以得孙为愉快。

　　文元发《清凉居士自叙》:待诏府君以盛德显名,大耄居家,宾客辐辏。凡应对延接,悉以属居士。即饮食起居,澶浴綦履之微,非居士在侧,不适也。而居士所以先意承志,以代博士之劳者,亦殚力焉。

鳌屋赵忻以进士来任知县。尝请撰其父宗鲁墓表。忻字子乐。清身苦体,刻意立政。

　　康熙本《长洲县志》卷十七《宦迹》:赵忻,字子乐,鳌屋人。辛丑进士。嘉靖二十二年任。才颖廉利,理略娴达。设事以参刺人隐微,几无遁情。清身苦体,刻意立政。升刑部主事。

　　《集三十五卷本》卷三十四《凤山赵先生墓表》:先生赵氏,讳宗鲁,字应麟,以字行,别字文亨,凤山其号也。生而颖异,少则知学。稍长,习《春秋》为举子业,寻选隶学官为弟子员。试有司辄不利,于是尽以其所学授其子忻。忻甫升庠校,而先生卒。卒十有三年而忻举进士。

王廷刻王彝《乡饮酒碑》,徵明隶书。彝字宗常,洪武初荐修《元史》。成,乞归吴,坐事死。

　　拓本《文待诏隶书乡饮酒碑铭》:《乡饮酒碑铭》:洪武六年癸丑,前史官蜀人王彝撰。嘉靖二十二年癸卯,知府事南充王廷立石。前翰林院待诏将仕佐郎郡人文徵明书并篆额。章简甫刻。

　　《蓬轩吴记》:王彝,字宗常。刚正好古。国初被荐修《元史》。成,欲官之,恳乞养亲归吴。闭门著述,号妫蜼子。魏观守郡，浚河得佳砚，常宗为作颂。观被诛，坐观党以死。

除夕，次子嘉与王穀祥、陆治过仇英家，英以所画钟馗赠穀祥。陆治为补景。持示徵明，为录宋周密诗于其上。

《壮陶阁书画录》卷十《明仇十洲画钟馗立轴》：（诗略）"草窗先生作。癸卯，徵明书。""癸卯岁除日，余同王禄之、陆叔平过仇君实父处，实父以所写钟馗见示，禄之赞之不释，随以赠之。叔平时亦乘兴，遂为补景。持示先君观之，沾沾喜，因题其上。夫不满三十刻，而三美具备，亦一时奇观。今黄淳父得此，可谓得所归矣。追忆曩时，不胜今昔之感，漫题以识慨。时万历癸酉腊月之望，文嘉。"

柴奇卒，年七十三。

《明清江苏文人年表》：嘉靖二十二年癸卯，昆山柴奇死，年七十三。

嘉靖二十三年甲辰（1544）七十五岁

立春日，书所撰《虎丘云岩寺重修募缘疏》。

拓本《停云馆真迹》：《虎丘云岩寺重修募缘疏》，伏以虎丘天下名山，云岩吴中胜刹。岁久摧毁，兹欲兴修者。……嘉靖甲辰立春日，衡山居士书。虎丘翰墨，第一顾野王《虎丘山叙》，吴中名流不复传诵之；宜与文太史《云岩疏》并勒坚岷，以张此山之胜，与鲁公、阳冰并传可也。陈继儒题。

二月，文伯仁画山水赠人行，徵明与王穀祥、彭年皆有诗。

日本东京大学出版会《中国绘画总合图录》：檀香山博物院藏《文伯仁山水卷》："嘉靖甲辰仲春，五峰文伯仁写。" 使节乘秋已戒行，还劳访别过江城。名山不尽重来兴，流水先含送远情。旧序去联清禁鹭，新诗如赋上林莺。别君正是思君地，可月亭前看月生。徵明。王毂祥、彭年诗略。

三月七日，与诸友游东禅寺及南城，见桃花盛放，归写《桃源洞小景》并书《桃花源记》。

墨迹《明文衡山行书桃花源记卷》：甲辰三月七日，同诸友过东禅，复至南城，桃花甚烂然。归而想其胜，遂图桃源洞小景，并录此记。计数日而就。识之，候后日之消长耳。徵明，时年七十有五。

望日，与朱朗、周天球、彭年及子彭、台至宜兴，游史际玉阳洞天，既归，皇甫汸有赠诗。

《海昌朱氏康肇簏斋帖》：彭孔嘉诗（略）甲辰三月之望，奉同衡山太史丈泪寿承、云承、子朗、公瑕游史燕峰文选玉阳洞天，漫赋数诗，殊不能题目佳景也。隆池山樵彭年识。

按：朱氏所刻，另有拙政园楷行书诗文帖。今苏州拙政园中文氏小楷《拙政园记》乃张履谦翻刻本。

《皇甫司勋集·文太史游宜兴归赠》：早厌承明出汉京，却耽山水寄高情。篮舆行处门人从，竹径穿来郡守惊。春尽玉潭乘雨泛，日长丹洞眺云生。间逢道士书经罢，何似笼鹅别会城。

按：文氏族谱中，徵明子侄无云承者。台字允承，云承疑即允承。待续考。

春，过王世贞寓所，观所藏唐人墨迹，并为小楷《出师表》。世贞字元美，号凤洲，又号弇州山人，太仓人。

时年十九岁。

《海山仙馆藏真三刻》：嘉靖甲辰春日，偶过元美斋头，出示唐人墨迹，精绝可爱，不胜景仰。复以佳纸索前后《出师表》，余何敢望古人哉？勉为书此。以鱼目混夜光，觉我形秽多矣！徵明时年七十有五。

《明史》卷二百八十七《文苑》三：王世贞，字元美，太仓人。右都御史忬子也。生有异禀，书过目，终身不忘。年十九，举嘉靖二十六年进士。……仕终南京刑部尚书。世贞始与李攀龙狎主文盟。攀龙殁，独操柄二十年。才最高，地望最显，声华意气，笼盖海内。一时士大夫及山人、词客、衲子、羽流，莫不奔走门下。片言褒赏，声价骤起。其持论，文必西汉，诗必盛唐，大历以后书勿读，而藻饰太甚。晚年，攻者渐起，世贞顾渐造平淡。世贞自号凤洲，又号弇州山人。

《明书》卷一百四十七《文学传》：王世贞，字元美，太仓人。弱冠，举嘉靖丁未进士。

按：《历代名人年谱》，王世贞生于世宗嘉靖五年丙戌，本年年十九岁。举进士应在后三年廿二岁时，《明史》十九岁应误。

四月十日，谢雍题手录祝允明诗文集相赠。时雍年八十一岁。

《祝枝山诗文集》：枝山先生诗文集，老朽手录，以赠内翰衡山先生，少申微意。嘉靖甲辰四月十日，谢雍，时年八十一岁。

又：枝山先生文集残本二帙，乃文氏故物。余得之朱之赤家。阅至卷末，知为先朝老儒谢雍手书。集中有《赠谢元和序》,以为"通家之法,幸而存者",即其人也。观其汲汲传录父友之文,亹而不懈,信乎无愧斯语。辛巳春日,何焯书。

十六日,泛舟石湖,舟中草书《千字文》。

《石渠宝笈》卷三十一《明文徵明四体千字文一卷》:《千字文》(草书)嘉靖甲辰夏四月既望,徵明书于石湖舟中。

是月,陈淳画松菊,徵明题。

日本兴文社本《支那南画大成》:清霜殄众草,野菊自纷若。抚玩阒无人,风摇松子落。甲辰初夏,道复为怀斋表弟作。归来松菊未全荒,雪干霜姿照草堂。种得秫田供酿酒,年年风雨醉重阳。徵明。

六月十二日,山窗无事,行书录旧作十二首以寄兴。

拓本《墨缘堂藏真》卷十一《明文待诏书》:《陈氏假息庵》《仲春十日饮钱氏暮归》《秋日偶过竹堂》《中秋夜坐》《游虎丘席间次韵》《夏意》《夏日饮汤子重园庭》《横塘泛舟》《晚雨饮子重园庭》《赋得野亭秋兴》《雪后出横塘舟中作》《对雪》(皆七律早年作)嘉靖甲辰六月十日,山窗无事,闲录旧作,聊寄兴云。徵明。　鉴赏家分神妙逸品以轩轾书画。逸品尚矣;然神妙者非不能为逸也。魏、晋得漆书之遗意,虞永兴似之。行楷不必尔,渐入神妙。文待诏此卷,不求工而自工,非妙手心得之境耶?严陵周景柱书。　诵其诗,玩其书,如狂者之进取,如狷者之不屑不洁也,可想见其人云。新建曹秀光。

七月十日,雨窗闲坐,仿董源笔法画并题。

上海博物馆藏《明文徵明松阴高士图轴》:古松谡谡落清阴,风激飞泉玉喷人。车马不经心似水,那知城市有红尘。甲辰七月十日,雨窗闲坐,遥忆董北苑笔意,仿佛写此。徵明。

秋，疮疾复发，起居不便，至废笔砚。

商务印书馆本《明贤遗墨》下册：文嘉于甲辰七月十三日致采莴教授柬云："家君日来手背疮发，未能近笔砚，有委出月初乃可耳。"

是月，陆深卒，年六十八岁。谥文裕。徵明为序《俨山集》。

《历代名人年谱》：嘉靖二十三年甲辰。陆子渊卒于七月，年六十八。

《碧里杂存》上：陆俨山祭酒深，嘉靖二十三年十二月二十一日以疾终，经一日夕未殓。复苏，自言曰："初见一吏人相请，至一大衙门，主者出迎，入后堂，坐定。命取禄寿簿来，检之曰：'公之功名富贵美矣。但平生有短行者三事，故折公寿算，今尽于此矣。尚有三日，且请还。'复送出门。适见拘系一罪人至，乃俨山弟也。因言于主者，主者即命放之，曰：'汝且去，与老先生同来。'遂苏。"时其弟亦久病。果越三日，同时而卒。

按：董氏所记陆深卒日与吴氏异。此从吴氏。

《列朝诗集》丙集《陆詹事深》：谥文裕。

《四库全书总目》卷一七《集部·别集部》：《俨山集》一百卷，续集十卷，明陆深撰。有费宷、徐阶二序，文徵明后序。

八月二日，跋宋文同《盘谷图卷》，以为作家士气咸备，非文同不能作。

《清河书画舫》卷七：右文与可画《盘谷叙图》，人物山水，高古秀润，绝类李伯时。伯时以山水人物，与可以画竹，同出一时，各以所长著称。……然与可画竹之外，他画绝不传闻。宜兴吴氏有所藏《晚霭横看》甚妙。先友沈周先生尝见之，为余言其行笔，绝似许道宁。按道宁，宋初人。张士逊诗所谓"李成谢世范宽死，惟有长安许道宁"者是也。然评者谓道宁之笔，颇涉畦径，所谓作家画也。而与可简易率略，高出尘表，独优于士气。此卷作家士气咸备，要非此老不能作也。嘉靖甲辰秋八月二日，长洲文徵明跋。

十六日夜，王延望邀游石湖，风平水静，醉饮忘归。徵明有图并诗。

《吴越所见书画录》卷三《文衡山石湖图立轴》：爱此波千顷，扁舟夜未归。水兼天一色，秋与月争辉。浦断青山隐，沙明白鹭飞。坐来风满鬓，不觉露沾衣。甲辰八月既望，延望具舟载余夜泛石湖，是夜风平水静，醉饮忘归，意甚乐也。徵明。

十月九日，与客象戏后，作山水小幅以赠。沈明臣题。明臣字嘉则，鄞县人。工诗，尚气节。

《湘管斋寓赏编》卷六《文徵仲山水小幅》：甲辰十月九日，与客象戏。戏毕，顾几间有素练，遂写此以赠之。老眼眵昏，不能精工，观者弗哂。徵明，时年七十有五。萧萧木落水云深，小阁初生万壑阴。棋罢独怜文太史，自和烟墨写疏林。明臣。

《静志居诗话》：沈明臣，字嘉则，鄞县人。嘉则、文长同在胡少保宗宪幕府，并受少保知遇。嘉则岳岳不阿，少保遥望见，必起立。尝燕将士于烂柯山，酒酣乐作，嘉则于席上赋《凯歌》十章。吟至"狭巷短兵相接处，杀人如草不闻声"，少保起捋须曰："何物沈郎，雄快乃尔！"命刻石置山上。及少保死请室中，嘉则走哭墓下，持所为诔，遍为讼冤。比于文长惧祸发狂者，相越矣！

《两浙名贤录》卷四十二《恬裕》：沈文桢，字时干，鄞人。

有子三,独明臣贤。为诸生久,厌弃之,任侠吴、楚、闽、越间。业诗工文,骎骎西京、大历语,即海内所称句章山人者也。

二十一日,陈淳卒,年六十二岁。淳绝意进取,以文行著,晚居五湖田舍,以书画自娱。片纸尺幅,人争宝之。

《白阳集》附张寰《白阳先生墓志铭》:存江田数顷,收课自给。所栖曰五湖田舍,极隐居之胜。君虽僻处江湖,而词翰绘事之妙,片纸尺缣,人争购之。久之,怀义兴山水幽奇,冬日往游,感疾,不治,卒于家。嘉靖二十三年十月二十一日也。距其生成化二十年六月二十八日,春秋六十有二。先墓在白阳山,故以为号,而当世亦称之。有诗文集若干卷,亦曰《白阳集》。夫人同邑张氏,祖讳羲,云南按察使。父讳诗,都水司郎中。妇道母仪,克配君子。知君雅度,虽婚嫁亦不以累君。而少房所育,均恩共庆,咸若己出,实能相助于君。生成化十八年七月初一日,卒嘉靖十八年十月二十六日,春秋五十有八。以二十六年三月十二日葬白阳山墓次。窀穸之费,咸出于冢妇沈。

按:《历代名人年谱》云:"嘉靖十八年己亥,陈白阳卒于十一月二十六日,年五十八。"是误以淳妻张氏卒年为淳卒年耳。

冬,访王延望于摇城,再宿而归,有作。

钱景塘藏《文衡山摇城访旧图轴》:扁舟连夕傍松扉,坐恋高情忘却归。节后不嫌篱菊瘦,霜馀殊觉蟹螯肥。一时文酒新知在,满目江湖旧梦非。岁月易消人易老,愿言相赏莫相违。嘉靖甲辰冬,过摇城访延望茂才,再宿而归,赋此留别。徵明。

十二月,与仇英合画《寒林钟馗图》。

《寓意录》卷四《文仇合作寒林钟馗图》:(诗七古略)甲辰蜡月,徵明同仇实父合手写并题。

是年,子彭至南京,为万表补徵明《竹林高士图》印章,并以徵明所书《上方山》诗赠之。

西泠印社本《文衡山竹林高士图卷》:万表跋:"此卷壬寅赴吴大阅,衡翁所画赠者,当时未有款识,印章亦无。后二年,寿承来游白下,乞补印章,并以衡翁《游上方山》诗见赠,合装于后。"

张燕翼生。

按:《弇州山人续稿》卷一百《乡进士张叔贻墓志铭》未言及生卒年月,仅有"二十一,遂偕伯氏领乡荐"一句。考凤翼、燕翼系嘉靖四十三年甲子科举人,燕翼应生于本年。

卷　七

嘉靖二十四年乙巳（1545）七十六岁

正月二日，为陈伯慧小楷前后《赤壁赋》，自识谓："东坡言曹孟德气势消灭无馀，盖讥当时用事者。"

拓本《初拓文衡山前后赤壁赋》：东坡先生元丰三年谪黄州，二赋作于五年壬戌，盖谪黄之第三年。其言曹孟德气势皆已消灭无馀，讥当时用事者。尝见墨迹寄傅钦之者云："多事畏人，幸无轻出。"盖有所讳也。然二赋竟传不泯，而一时用事之人何在？偶与友人陈伯慧语及，为书一过。嘉靖乙巳正月二日，文徵明识。长洲楷体，全法欧、虞，兼宗晋贤，生平所书小楷刻石行世者，几盈百数，其目录备载于《墨池编》。余家藏弄者亦有十馀，镌刻多出章仲玉父子暨吴鼒之手。故与真迹无异。此小楷前后《赤壁赋》，以晋、唐人之秘妙，运以坡、谷风流气骨。仙乎仙乎，与苏玉局赋笔同称双绝。奏石者江姓济名，是又一黄鹤灵芝也。欧斋学人沈志达并书。

按：陈伯慧事行待考。

人日，彭年、陆师道等来访，留饮有诗。

《文嘉钞本》卷十三《人日□□孔嘉子传见过》：□气和风散□□，一樽相属对灵辰。浮阳已兆初正候，挑菜聊延不速宾。白发喜占人日霁，梅花未负草堂春。浮生不共流光转，惭愧年年彩胜新。

寻与彭年、周天球去无锡。遇雪,夜泊望亭。

《文嘉钞本》卷十三《无锡道中遇雪,夜泊望亭》:北风吹朔雪,飞霰杂零雨。孤舟暮不前,收帆得沙渚。天垂野阴合,日暝江雪洹。川原入萧条,林木积缟素。寒庞噤不鸣,饥鸟惊还聚。举酒不成欢,挑灯时自语。飘泊岂在远,出门即羁旅。共二首,录第一首。

十三日,在无锡与华云、施渐、彭年、周天球水次玩月,有作。渐字子羽,无锡人。工诗。安贫乐志,尝以岁贡官海盐县丞。别后,渐怀忆有诗。

《文嘉钞本》卷十三《正月十三日,在梁溪,晚雪初晴,与华从龙、施子羽、彭孔嘉、周公瑕水次玩月》:空街雪霁悄寒凝,碧落云收夜气澄。开岁行歌初见月,满城箫鼓近烧灯。欲酬胜赏须樽酒,况值良辰对友朋。一笑相将难自别,老年踪迹苦无凭。

《列朝诗集》丁集上《施县丞渐》:渐字子羽,无锡人。以诸生岁贡,授海盐县丞。寻罢去,归老蠡川田舍。平生安贫乐志。为诗不鹜浮华,刻意磨洗。评者以为如春竹积雪,寒松浮翠,又如寒鸦数点,流水孤村。盖其诗与人,约略相似云。

《盛明百家诗·施武陵诗》:《别衡山太史后奉忆一首》:丘壑无心遁,闲门自不哗。林除二仲径,剌绝五侯家。室有仙人弈,炉供处士茶。还来草玄处,鼓箧作侯芭。

滁阳孙存以宋朱熹《中庸·或问诚意章》手稿寄示请跋,正月十五日考题之。存字性甫,正德九年进士。仕至河南左布政使。居官有胆略,精于法比。亦工书。

北京文物出版社本《宋朱熹书翰文稿》:右晦庵先生《中

庸·或问诚意章》手稿,较今刊本一字不异,盖定本也。吾友
孙君性甫自滁阳寄示,俾题其后。嘉靖二十四年正月望日,后
学文徵明谨题。

光绪本《滁州志》卷七之三《列传三·宦迹》:孙存,字性
甫。弱冠举于乡,登甲戌进士,授祠祭、仪制二司主事,精膳员
外郎、主客郎中。历迁赣州、长沙、荆州、处州知府,升参政,河
南左布政使。居官有胆略。落笔千言,倚马可就。在长沙修岳
麓书院及敬一亭,请置山长,藏御书。士风蒸蒸日上。定藩田
租,民免前扰。精于法比,尝集本朝典制与诸疏例互相发者附
于律,名曰《读法》。有诗文奏稿。

《涌幢小品》卷四:滁州孙存,字性父,号丰山,与霍渭崖同
榜,最相得。自礼部主客郎中守赣州长沙,调荆州。与吉府承
奉李献相讦,待理凡四年。复职,补处州。官终河南左布政。
以拾遗调简,抗辩自明,请致仕。一生强项,清节过人,而卒
无子。

《书史会要》:孙存,字性甫,滁人。正德进士。仕至河南
左辖。书法以清媚见称。

十六日,为沈演跋祝允明《沈氏良惠堂铭》。

《寓意录》卷三《祝枝山良惠堂叙》:右祝京兆所作《沈氏良
惠堂铭》,古奥艰棘,读不能句,盖杨子云、樊绍述之流,非昌黎
子莫能赏识,真奇作也。"良惠"乃宋思陵书,以赐沈氏者。传
数世,而失其被赐者之名,子孙每以为恨。故京兆为叙其事,而
诸生演必欲勒之石,殆又惩前事之失耶?嘉靖乙巳正月既望,
文徵明识。

《怀星堂集》卷九《吴郡沈氏良惠堂叙铭》:初,沈世用医,

守王官声于宋都汴梁之日,国步既频,臣黎从南。沈事于越京,而家于吴邦。职偕业存如岐、雷,道格于后,功润于庶,君臣用孚。高宗实宠嘉之,为署书以贲煌,俾侈于斯今,以引于来,其文曰"良惠。"良以言艺,惠以言绩;艺以拊体,绩以达庸;体以精良,庸以效惠。乃降休命,锡于厥家。讫宋历元,逮于皇明。改邑留井,承家奉遗,式侈式引,无少衰谢,还益炽蕃。其在于元,曰医学提领瑛,曰平江路医学录彦才,曰江浙行省医学提举德辉。其在于皇明,曰太医院御医玄,炽于朝也,莫之枚称。炽于野也,用医也,用儒者弗存焉。玄膺宠于仁宗,尤炽其来。孙出于厥长,嗣者五人焉:医炽者二,唯津、瀚;儒炽者二,唯注、溢;季实克二道,以炽于野惟演。演拱持先休,夙夜慎恭,惧兹久或湮以隳,谒吴外史氏明乞铭。……

按:沈演事行待考。

又跋《重建震泽书院记》。书院为沈惟良重建。

拓本《文衡山跋重建震泽书院记》:震泽书院建自宋之宝祐,历元抵今,垂三百年。再仆再植,而卒沦于毁者,岁远名湮,而植义好恕之人鲜也。世殊事异,所在遗基名迹,往往掬为茂草,莫有过而问者。其不夺于势家,规为第宅苑囿,则既幸矣,矧能起废于荒烟瓦砾之馀哉?此沈君惟良之义,有足伟者,而前后邑宰,称述赞咏,而不能已也。……嘉靖乙巳正月既望,长洲文徵明跋。

按:沈惟良事行待考。

闰正月二日,为吴瑞子兰重书乙卯年作《金蕉落照图诗》。兰字佩之,弘治十二年进士。有志操,仕至监察御史。

《吴越所见书画录》卷一《文待诏金焦落照图卷》:右诗,区区少作,抵今五十又一年矣。遇先生令嗣少溪君言及,遂为重书一过。雅意勤重,不能自掩其陋也。嘉靖乙巳闰正月二日,文徵明记。

嘉靖本《昆山县志》卷六《进士》:弘治十二年伦文叙榜:吴兰,字佩之,瑞子。终监察御史。

乾隆本《昆山新阳合志》卷二十《人物》:吴瑞……子兰,弘治己未进士。有志操。以分宜知县擢监察御史。

十一日,游玄妙观,历诸道院。晚登露台,乘月而归。有诗七首,写寄道士双梧。

《集三十五卷本》卷十三《闰正月十一日游玄妙观历诸道院,晚登露台,乘月而归,次第得诗七首》:古殿幽幽径有苔,松扉端为野人开。匆匆不尽登临兴,有待他时看竹来。　神清殿曲倚阑干,市散人空万井闲。莫负仙台今夜月,明朝日出是尘寰。(录末二首)

文明书局本《文衡山自书诗稿》:昨来溷烦,且得纵览诸胜,亦一快事。暮归寻绎,次第得鄙言数,录上请教。倘有可观,当书寄诸房也。徵明顿首,诗帖上双梧先生。鲁、诸二君及贤郎不及更具,想同一喷饭也。

按:诗即前述七首。

十八日,顾璘卒。璘风流文雅,有古高贤特达风。遇权贵或傲然不为意,卒困于谗,自工部尚书改南京刑部尚书以殁,年七十岁。为撰墓志铭。

拓本《明故资政大夫南京刑部尚书顾公墓志铭》:前翰林院待诏将仕佐郎兼修国史长洲文徵明著并书。嘉靖二十四年乙巳闰正月十八日辛巳，南京刑部尚书顾公以疾卒于金陵里第。……显陵肇工，改工部左侍郎，领山陵事，进工部尚书。事竣还朝，改南京刑部尚书。及是虽典邦刑，而留司务简，亦不足以尽其用。且乡里所在，父老姻戚不能无望于公，而公执志坚定，不肯骩骳以徇。苟罹于辜，必以法绳之。豪植强御，咸不得肆，而怨讟兴矣。言者因得假以为辞，肆言丑诋，而素所忌嫉之人，从而酝酿之。公素长者，不虞人诋欺；而直谅自信，不肯脂韦干誉。出入中外垂五十年，一时新进，多非曹耦。公既前辈自处，论议之间，陵轹奋迅，侃侃自将，每下视诸人，人多不能堪，往往傍睨切齿，而公不知也。其得谤受祸，殆亦以此。公仕最久，官亦最显。虽簿书鞅掌，而不忘觚翰。所至领客燕游，感时怀古，临观赋诗，风流文雅，照映林壑，委蛇张弛，有古高贤特达之风。享年七十。

按：墓志小楷，吴㠖刻。

二月十二日，小楷《千字文》。后为顾贞叔所藏，文嘉跋。徵明喜写《千文》，至老不衰。

《神州国光集》第四集《明文衡山小楷千字文》：嘉靖二十四年岁在乙巳二月十有二日，徵明书。　先待诏手录《千文》几百本，俱为交知索去。余居恒每念之。甲子春，将治装游燕都。偶检旧箧中书札，忽得此本，正如获奇琛。遂装池成卷，携之而往。适贞叔顾君在京师，过余邸中，一见遂攘去。后半载，贞叔复出以见示，敬书数语于末，以识不忘。己巳二月八日，仲子嘉跋于长安旅舍。

二十六日，游天池诸山，诗有"民饥欣见麦青青"句。又有次徐缙韵诗。

《七修类稿》:嘉靖乙巳,天下十荒八九。

《集三十五卷本》卷十三《二月二十六日游天池诸山》:西北群山列翠屏,天池宛转带支硎。行穿壑谷身忘倦,忽听松风酒又醒。岁闰故应春缓缓,民饥欣见麦青青。老年行乐知无几,莫负樽前双玉瓶。

《文嘉钞本》卷十三《次韵崦西天池之作》:半空飞急雨,绝壁浸清池。林影山浮动,云光天倒垂。层冈石齿齿,列戟峰差差。樵径穿松远,禅栖入竹奇。微风度清梵,落日掩荒祠。俯仰成今古,临风有所思。

题画兰寄吴承恩。承恩字汝忠,号射阳山人,淮安人。博极群书。工书,诗文雅丽,时以岁贡官长兴县丞。承恩尝和徵明《石湖闲泛》词。

《文嘉钞本》卷十三《画兰寄吴射阳》:楚江西望碧云稠,春草多情唤别愁。永夜月明湘佩冷,玉人千里思悠悠。

《盛明百家诗·文翰诏集》:《石湖闲泛,调风入松》:轻风骤雨卷新荷,湖上晚凉多。行春桥外山如画,缘山去,十里松萝。满眼绿阴芳草,无边白鸟沧波。　夕阳还听《竹枝》歌,天远奈愁何?渔舟隐映垂杨渡,都无系,来往如梭。为问玉堂金马,何如短棹轻蓑。

《故宫周刊》第五十一期《射阳先生存稿选》:《风入松》和文衡山石湖泛月:洞箫一曲倚声歌,狂杀老东坡。画船占断湖心月,杯中绿,先酹嫦娥。试问沧州宝镜,何如鸂鶒金波?笔端万象困搜罗,无奈此翁何!玉堂回首惊残梦,无心记,往日南柯。想见年来江上,桃花点尽渔蓑。

《静志居诗话》:吴承恩,字汝忠,号射阳山人,淮安人,有

《射阳山人存稿》。

《中国文学家大辞典》：吴承恩，字汝忠，号射阳山人。淮安人。性敏多慧，博极群书。工书，诗文雅丽。有秦少游风。嘉靖二十三年岁贡生，授长兴县丞。隆庆初，归山阳，放浪诗酒卒。无子。诗文多散失。邑人丘正纲为之编纂成《射阳存稿》四卷，续稿一卷。善谐剧，著杂记数种，名震一时。今存《西游记》一百卷。

四月十七日，陈銮葬其父冕于凤凰山。徵明与冕比里而居，少与冕弟兄游。至是为表其墓。

《集三十五卷本》卷三十四《敕封承德郎工部都水司主事陈君墓表》：工部主事陈銮以嘉靖乙巳四月十有七日乙酉葬其考府君于长洲县凤凰山之麓，姚莫氏祔。友人文某表其墓曰：呜呼！是为敕封工部主事陈君之墓。君讳冕，字威仲，别号厚斋。陈氏，苏之吴县人。……事兄冠尤极恭顺。冠亡，无子，以尝抚銮有恩，使銮服丧三年。君少业举子，病羸中废，乃笃教銮。余与陈氏比里而居，少则游君伯仲间。闿闿愉愉，友恭笃至。

四月，书徐阶《疏凿吕梁洪记》。时阶官吏部右侍郎。

拓本《文待诏疏凿吕梁洪记》：《疏凿吕梁洪记》，赐进士及第通议大夫吏部右侍郎前国子监祭酒经筵讲官华亭徐阶记。赐进士出身通议大夫刑部右侍郎前奉敕总理河道都察院右副都御史朝邑韩邦奇篆。前翰林院待诏将仕佐郎兼修国史长洲文徵明书。

时王庭、袁裘皆致仕里居，与陆师道、彭年等多往来徵明家。评骘文字，考校金石，茗碗炉香，悠然竟日。王

庭藏明初陈汝言画《溪山秋霁图》半卷，徵明曾见全卷，因为补全，且考校题识中二十人事行题其后。四月，与陆师道阅所钞《墨庄漫录》，因作《横塘听雨图》，并录宋蔡天启游横塘诗于上。陈汝言，字惟允，吴人。偊傥知兵，善诗工画。洪武初，官济南经历，坐法死。

《姑苏名贤小纪》卷下《徵君国子博士王先生》：阳湖公以进士起家，有经世志。时事一不当意，即挂冠归。耿介自守，与先太史、王吏部、陆尚宝诸贤游从甚洽，时称名大夫。

《无声诗史》卷二《陆师道》：自世宗朝，执政者好拔其党据津要以相翼庇，而轻于弃名士大夫。士大夫亦丑之，莫肯为用，而吴中为最盛。前先生者，有王参议庭、陆给事粲、袁金事衮皆里居，与先生善。而先生所取友如王太学宠、彭征士年、张先辈凤翼兄弟，多往来文先生家，与文先生之子博士彭、司谕嘉，日相从评骘文字，考校金石、三仓鸿都之学，与丹青，理茗碗炉香，悠然竟日。

《集三十五卷本》卷二十三《溪山秋霁图》：右《溪山秋霁图》，故乡先生陈汝言所画。汝言字惟允，号秋水，本临江人。父天倪先生明善，得吴草庐之传。流寓吴中。二子汝秩、汝言，并有文学。汝言尤偊傥知兵。至正末，张士诚既受招安，辟为太尉参谋，贵宠用事。国初为济南幕官，坐事卒。妻金氏，守节教其子，继以文学名于时。仁庙召为五经博士，终翰林检讨；所谓嗣初先生也。此画，惟允未仕时作。(中略)此卷世藏陈氏，今归吾友江西参议王君直夫，盖陈氏婿也。其画尝为妄人裂其半，直夫以余尝见元本，俾为补之，而题其后，并疏诸人事行如此。

《岳雪楼书画录》卷四《明文待诏横塘听雨图轴》:蔡天启尝作平冈老木授李伯时,令于馀地加远水归雁,作扁舟以载天启。且赋诗曰:"鸿雁归时水拍天,平冈老木尚含烟。借君馀地安渔艇,着我寒江听雨眠。"伯时不能竞。他日,王涣之以示宗子令戬,即取笔点染如诗中意。天启他日泛舟宿横塘,遇雨闻雁,因复为诗云:"平野风烟入梦思,殷勤作画更题诗。扁舟卧听横塘雨,恰遇江南归雁时。"徵明偶与子传阅《墨庄漫录》,因补小图书其上。乙巳四月。

《明清江苏文人年表》:嘉靖二十四年乙巳。长洲陆师道钞传《墨庄漫录》十卷。

《列朝诗集》甲前集《陈经历汝言》:汝言字惟允,汝秩之弟也。兄弟并有隽才,惟允尤倜傥知兵。张氏时,客潘元明所,辟藩府参谋,亲信用事。尝骑马过吴市,遇王止仲徒行,不为下,以手招之曰:"王止仲,可来我家看画。"止仲尾之往,弗敢后。其矜伉专已如此。洪武初,官济南经历,坐法死。家破,妇吴育其孤继,遗书尚数万卷。惟允与王叔明契厚,叔明知泰安州,厅事后有楼面泰山。叔明张绢素于壁,兴至捉笔,三年而图成。惟允自济南往访,方看画,雪大作。欲改为雪景,而难于设色。惟允沉思良久,曰:"得之矣。"为小弓,夹粉笔,张满弹之,俨如飞舞。叔明叫绝,以为神奇,题曰《岱宗密雪图》。图藏陈氏,徐武功犹及见之。惟允临难,从容染翰,画毕就刑。张来仪记其事。惟允有《秋水轩诗稿》,倪元镇为叙。

《静志居诗话·陈汝言》:吴县二陈,居船场巷,并有隽才,俱善诗,工画山水。又皆多须,故有大髯小髯之目。

按:袁裒中进士在嘉靖五年。徵明撰墓志云:"裒浮沉中外垂二十年,"是年袁袠当已致仕。后二年丁未,袁袠卒,故诸公往来徵明家系于本年。有正书局本《明代名贤手札墨宝》有彭年致陆师道札云:"夜来衡山宅见高作,共相叹赏,不胜健羡。适接手教,'渐进仲舒'四字,尤觉当家有味。更望书似衡丈,恐遂和虚字耳。"《南有堂帖》彭年书自作诗有《奉陪衡翁太史胥江参岳集阳湖先生园楼》《同衡翁双梧师集元洲得真斋》《元宵奉陪衡翁胥江元洲集阳湖先生第》等诗。

又按:胥江为袁袠,阳湖为王庭,元洲即陆师道。彭年所称双梧乃汤珍。若本年闰正月十二日条中之双梧,是玄妙观中道士,接待徵明之东道主。鲁、诸二人当是陪侍徵明之道士。道院确有诸"房"之分。

八月十七日,朱应辰卒,年六十二岁。为撰墓志铭。

《宝应历代县志类编·淮海朱先生墓志铭》:扬之宝应有奇俊特达之士,曰朱君振之。自其少时,与兄升之,并以幼慧称。升之弱冠举进士,扬历中外,任终云南参政。而君骯髒场屋馀三十年,自弘治甲子至嘉靖甲午,凡十有一举,迄无所成,而君老矣。又数年,年六十有二,卒困顿死。未死,手书一诗寄其友人文徵明,意若有所嘱者。君之子曰庄,以治命请余铭墓。呜呼! 余忍不有一言以慰君于地下哉! 先是,君兄子曰藩,以进士出宰乌程,君期与偕来,会余吴门。乃不果而以讣闻,呜呼! 尚忍言哉!

……君讳应辰,振之其字,一字拱之,号淮海生。生有异质,能言即解书数,九龄能属文。稍长,刺经发藻,卓见端绪。……年十九,以儒士试应天,不中,归补县学生,益务精进,质义扬榷,日以有成。御史按试,辄占高等,然举应天辄诎不售。而君志不可慑，诎益久而业益精，誉闻日益起。已而年日向暮，意亦倦游。以年资贡礼部，仕有阶矣，而君不屑也。……君学多所博综，而归宿于理。渊源渐渍，不失道真。经义之外，雅好古文，其文必古人为师。诗尤俊永，有思致。……君魁梧磊落，音吐洪畅，而慷慨急义。视义所在，千金不惜。婚丧缓急，有求必赴。中外族属，往往倚成于君。……君生成化甲辰三月二十六日，卒嘉靖乙巳八月十有七日。是岁十一月二十五日葬后官庄之原。……

八月廿一日，书《兰亭叙》。周天球取与祝允明书《黄庭经》、王宠书《曹娥碑》、蔡羽书《湘君》《湘夫人》、陆师道书《麻姑仙坛记》、彭年书《洛神赋》，合装成册。并请仇英各为之图。

中华书局本《明仇实父画六家细楷册》：《兰亭叙》。闲窗无事，戏书此纸。公瑕装以为册，真可笑也。嘉靖乙巳中秋后六日，徵明，时年七十有六。　吴中书法，自昔有传。前修如徐武功有贞、刘大参珏、李太卿应祯称名家。至祝京兆、文太史、王履吉原始二王，追美文敏。一时学书者彬彬辈出，实昭代之宗工也。太史爱我，自弱冠即引为小友，许之可教。林屋先生亦曾辱下榻。故暇时偶笔，手赠特夥。此《兰亭》《九歌》其一也。因徙居为祛箧失之，仅存二纸。乃装小册，属陆玺卿、彭徵君继后。至于祝京兆之《黄庭经》，王履吉之《曹娥诔》，近又得之白雀寺僧者。余留心廿年，始得数幅，其亦可谓难矣。随情仇实甫各写一图。若博士彭、太仆许初、文选王毂祥、太学袁褧、学谕嘉、同学黄姬水、文宗袁尊尼，皆我同志，将取次求书满帙，以蹉跎误时，竟不毕事，于衷不能无憾。吁！甲戌正月，周天球记。

画《溪山楼观图》并题以赠刘麟。麟退隐吴兴山中，欲楼居而力仍不能构，故又绘此图以赠。

《文嘉钞本》卷十三《南坦先生既解司空之务，退隐吴兴山中，晚托养生自寄，欲为楼居而力有所不暇，徵明为写溪山楼观图以赠。昔米元章作研山图，自题其上，谓每神游其中。先生于此，岂亦有意乎，相与一笑，赋诗系之。时先生年七十有二，徵明亦七十六矣》：仙人漫说好楼居，咫尺丹青亦可娱。坐守《黄庭》幽阒迥，读残《真诰》夜窗虚。游心物表疑无地，寄迹空中乐有馀。一笑阑干不成倚，浮云奄忽渺何如？

《松窗梦语》卷六《方术记》：湖州刘南坦，年七十馀矣。饮食步履，无异壮年。喜诵读，善文词，人爱敬之。日对宾客，清谈剧饮，极欢恣谑。夜悬木桶于卧室梁间，使童子设梯，攀入，即命去梯，趺坐其中。遇冬日，畜一白猫温足。如此休息，不就床榻久矣。人谓刘得秘传，深悟养生之理。

是月，为谢时臣作《潇湘八景册》。

《破铁网》：衡山《潇湘八景册》，粗绢本。册首陈道复八分题"潇湘八景"四字。末页自题曰："余作《潇湘八景》屡矣，此为思忠所嘱。思忠善画，毋笑余之不自量也。嘉靖乙巳八月，徵明。"

按：陈淳前一年已卒，安能题册首？待考。

九月九日，饮于娄门胜感寺，有诗。

《集三十五卷本》卷十三《九日娄门胜感寺》：晚禾垂穗野田平，九日登临宿雨晴。出郭由来少尘事，逢僧聊得话浮生。秋霜落木黄花节，破帽西风白发情。却喜东林能破戒，提瓶估酒醉渊明。

十二日，追摹徐缙旧藏赵伯驹《后赤壁图》并书《后赤壁赋》。时缙所藏原卷后有赵孟頫书赋者，已为有力者购去。

《石渠宝笈》卷三十六《明文徵明画后赤壁赋图卷》：徐崦西所藏赵伯驹画东坡《后赤壁》长卷，此上方物也。赵松雪书赋于后，精妙绝伦，可称双璧。余每过从，辄出赏玩，终夕不忍去手。一旦为有力者购去，如失良友。思而不见，乃仿佛追摹，终岁克成，并书后赋，聊自解耳，愧不能如万一也。昔米元章临前人书，辄曰："若见真迹，惭愧杀人。"余于此亦云。嘉靖乙巳秋九月十有二日，徵明。

按：后有吴宽、李东阳、许初、文嘉、王穉登跋。吴、李皆前卒，安能跋此？或出后人伪加。然传世徵明追摹赵伯驹《后赤壁图》有数卷。《萤照堂刻明代法书》第六《文徵明书后赤壁赋》："余友徐默川所藏赵千里《后赤壁图》，精妙绝伦，诚希世物也。余每过从，辄出赏玩，竟夕不忍去手。一旦为有力者购去，余甚惜之。暇日偶得素缣，遂仿佛写此，并书其赋。昔米南宫云：'若见真迹，惭惶杀人。'余于此卷亦云。徵明识。"（墨川是徐封号，似赵卷是徐封所藏。）《图画精意识》云：文待诏《后赤壁图卷》，背摹赵伯驹者，用笔清劲，设色古雅，虽曰摹仿，实为自运。其以粉糢糊细洒作霜露，尤为精妙。写东坡共十像。

《平生壮观》云：《后赤壁图》，临赵千里笔，自书行书赋，宋献、彭年、王穀祥、周天球、吴梦旸、唐元竑、何璧、董其昌诗跋。

徐缙遭母丧，哀毁卒。子元伏阙上书讼父冤，得赐祭葬，谥文敏。徵明有祭文。

道光本《苏州府志》卷八十一《人物·宦迹》：徐缙……夺职免归，筑介福堂奉母，口不言时事，足不入城府几十五年。后以母丧，哀毁三年卒。其后子元伏阙上书，得赐葬祭，谥文敏。有集。

按：徵明诗文书画中，此后未见再及徐缙，姑系于此。容再考。

《集三十五卷本》卷二十四《祭徐崦西文》：……早升俊于甲科，旋淑成于兰省。策名玉署，允协舆情。侍讲金华，式当明圣。进宣忠说，上洽于渊衷；出佐铨衡，特膺乎简命。文章政业，维声实之并流；凤阁麟台，宣后先之晖映。既藉藉乎周行，式骎骎乎华近。岂其誉者在前，而忌者已出于后；宦途方达，而此身已落乎陷阱！遂枉特达之才，投诸闲散之境。乃寄迹于溪山，不失誉于乡井。时垂顾问，知圣意之惓惓，久郁才情，矧人心之耿耿。谓直道难容，虽暂辞乎轩冕；而高才罔弃，终致用乎台鼎。胡二竖之不仁，遂一疾而长暝！朝野增吁，圣心为轸。然弃捐沦落，虽有负乎眷勤，而哀荣始终，卒冥膺乎恤赠。兹所谓身死而名存，不幸中之大幸也。

十二月，重观为王献臣所补《烟江叠嶂图》于玉磬山房。

文物出版社本《元赵孟頫书烟江叠嶂诗》：嘉靖乙巳腊月，重观于玉磬山房。回首戊辰，已卅八年矣，抚卷慨然。徵明。

邹草陵来访，有诗赠之。草陵有清风庐，以树荫为之。

《文嘉钞本》卷十三《邹草陵薄游吴门，奉赠短句，君所居清风庐，有名而无其室，荫树以游，故卒章戏及之》：千里西来兴渺漫，浮云野水一儒冠。萧闲不受风尘累，阅历应知道路难。

岁晚自怜黄菊好,江湖谁念白鸥寒。归囊独有诗盈卷,展向清风树底看。

按:邹草陵事行待考。

除夕,有诗。

《文嘉钞本》卷十三《除夕,乙巳》:樽酒淋漓半醉馀,疏灯寂历夜何如?一行刚了床头历,四壁聊齐架上书。衰齿可堪时数换?穷愁应□岁俱除。东风喜得春来准,早有梅花慰索居。

嘉靖二十五年丙午(1546)七十七岁

元旦有诗,诗有"开门聊自占风色,展刺先欣见故人"句。

《集三十五卷本》卷十三《元旦书事,丙午》:奕奕祥光报令辰,融融淑气转洪钧。开门聊自占风色,展刺先欣见故人。昨日笑谈惊隔岁,暮年光景喜逢春。桃符历日年年事,一度相看一度新。

三月九日,皇甫涍卒,年五十岁。涍字子安,冲弟。诗亦清丽。嘉靖十一年进士,官至浙江按察司佥事。为撰墓志铭。

《集三十五卷本》卷三十三《浙江按察司佥事皇甫君墓志铭》:佥事皇甫君子安,既解渐臬还长洲,未及赴调,而母夫人卒。摧毁得疾,甫三月亦卒。君举壬辰进士,官礼部,以文学为当道所知。君讳涍,字子安。初授工部虞衡司主事。……寻升浙江按察司佥事,分莅浙东。所莅天台、宁绍诸郡,民忮而狡,饕诐喜讦,最为烦剧。君所至惩饬,甫三月而宿蠹为清。君初刑曹未及上,再任亦无几时,竟以"胜任"推擢;曾未数月,而以"不职"论黜。雅性闲靖,慕玄晏先生所为,自号少玄子。作《续高士传》以著志。诗尤沉蔚伟丽。殁后,其兄子俊集所作为《皇甫少玄集》云。君生弘治丁巳六月□日,卒嘉靖丙午三月九日,享年五十。

是月,隶书《赏春》等十二咏于元张渥《倦绣图》后。

　　《宝迁阁书画录》卷一《张渥倦绣图卷》:嘉靖丙午三月,长洲文徵明书。此元张叔厚摹周昉《倦绣图》也。笔法高古,设色冲淡,直造精妙入神之地。吾以为昉之后,一人而已。先太史八分书十二咏,字字姿媚,神韵有馀,可称合作。时天启壬戌仲春,书于停云馆,雁门文从简。

四月望后,为常熟王虞卿补沈周画卷并题。

　　按:徵明原题,见钱谦益辑《石田先生事略》,见前二十岁"观沈周画《长江万里图》"条。邓拔跋云:"此溪山长卷,为石田未卒之业。海虞王先生虞卿购得。藏之数十年,请衡山为之补笔。布置敷染,各备妙理。海图文绣,破坼不见补缀之迹。"(注:图卷现藏纽约翁万戈处。)

是月,有送沈大谟奉使还朝诗。初,大谟谒选北上时,徵明与吴名士如王毂祥、陆粲、许初、皇甫汸、彭年、陆师道、陆安道、陆芝、陆治、钱毂、周天球、谢时臣、仇英、金用、徐伯虬、张凤翼、陈栝及侄伯仁、子彭、嘉等各为诗文书画以赠。大谟初官太常簿,继参两督府。伯虬,字子久,祯卿子。举人,未仕而卒。栝,淳子,号沱江,善写花卉,能诗。凤翼字伯起,号凌虚,后嘉靖四十三年举人。善书,好词曲。凤翼父冲,字应和,以孝义闻,

有侠客豪士风。业贾，而好蓄金石书画。徵明尝为题唐寅赠画。

《文嘉钞本》卷十三《沈禹文奉使还朝》：四月吴门春未阑，春风珂珮玉珊珊。未夸昼锦乡闾重，又见星槎使节还。家世百年还道义，壮怀千里自江山。白头无限分违意，都在飞鸿缥缈间。

《吴越所见书画录》卷三《文衡山四月吴门诗立轴》：诗同前。嘉靖丙午四月既望，衡山文徵明书。

《弇州山人续稿》卷一百七十《送沈禹文画册》：此册前有"壮游鸣盛"四字，为许初元复玉筋篆。画凡十有六帧，皆绢素，文待诏徵仲五，仇英实父二，陆治叔平一，陆师道子传一，谢时臣思忠二，文嘉休承一，钱榖叔宝二，陈栝子正二。其副页则宋经笺，各有唐诗一联，皆待诏书。书体兼真、行、草、篆、隶古法，有《峄山》《受禅》、二王、渤海、鲁郡、怀素、眉山、双井、襄阳，翩翩鸾翥凤舞。画则全仿诗意为之，俱秀逸有深致。而文、仇尤自超著，不让马、李。叙文二，则周天球公瑕、彭年孔嘉所撰。楚楚小楷，孔嘉更精绝。诗十有二：则子传及其弟安道、陆粲浚明、顾奉、金用、徐伯虬、许闻、张凤翼、休承、元复、叔平、文伯仁、顾云龙、皇甫汸子循各又分古诗语题之。虽《河梁》之美，少输前哲；而临池之迹，独擅一时。后又有王榖祥禄之及陆芝二章，则皆赠别之什，而诗题之缺者二矣。册为沈大谟禹文北上谒选作。禹文翩翩佳公子，时方盛年，美词翰。裘马醲肉，问遗文士不绝。故于其行也，合吴中名笔出所长以赠之。禹文得太常簿，参两督府。偶有钱生者，叔宝之子，摩挲久之，曰：此二诗吾犹见之，即待诏及其子彭也。

《列朝诗集》丁集中《嵩山徐伯虬》：伯虬字子久，昌毂之子也。嘉靖乙酉举于乡，未仕而卒。岳岱曰："家尚箕裘，才兼瑜瑾。凡有体裁，莫不源委。况其所得，允合众长。靡珍绮错之能，无伤真致之雅。昌毂之文风，斯不坠者矣。"

《无声诗史》卷三《陈栝》：陈栝，号沱江，道复之子。写花卉似胜于父。惜其年不永，流传者犹吉光片羽焉。

《姑苏名贤续记·孝廉张伯起先生》：先生名凤翼，伯起其字，世称为凌虚先生。万历甲子，先生与仲弟燕翼同举于乡。未几，仲弟殁。季弟壶梁名献翼一名枚者，有盛名于时，故海内无不知有两张先生也。

《列朝诗集》丁集中《张举人凤翼》：凤翼字伯起，长洲人。与其弟献翼幼于、燕翼叔贻并有才名。吴人语曰："前有四皇，后有三张。"伯起、叔贻皆举乡荐。幼于困于国学，叔贻早死；而伯起老于公车，年八十馀乃终。伯起善书，晚年不事干请，鬻书以自给。好度曲，为新声。所著《红拂记》，梨园子弟皆歌之。

《静志居诗话》：张凤翼，字伯起，长洲人。嘉靖甲子举人。有《处实堂集》。伯起好填词，梨园子弟多演之，然俗笔耳。

按：《姑苏名贤续记》以凤翼兄弟中乡试在万历甲子，实误。万历无甲子，燕翼在万历前已早逝。以《静志居诗话》"嘉靖甲子"为是。

康熙本《长洲志》卷二十一《孝义》：张冲，字应和。大父㷱，父准。冲母李氏疾，焚香吁天，割左臂一脔置汤药以进，因以愈。后尝代兄服贾燕京，归途闻父病，倍道行。遇盗斫伤其肱，尽劫所贾金，然故人所附金未失也。故人子弟来视，创甚，不敢问金。冲云："盗去吾金，君家金固在也。"遂悉还，千金无吝色，人以为难。又仗气爱奇，好游善谑，有侠客豪士风。

《弇州山人四部稿》卷九十二《明故处士云槎张君墓志铭》：岁玄默阉茂之正月，云槎张隐君卒。张君讳冲，字应和，其先钟离人，后居长洲之郡东里。祖考杲，皇考宾鹤翁准，母李夫人，生以壬戌某月某日，春秋六十一。配叶氏，又许氏。子凤翼、献翼，太学生；燕翼，郡学生。

又卷八十四《张隐君小传》：君读书猎大较，不好为章句。北走燕，期年而橐中千金装行尽，乃归。治养生，大指以精出入，时低昂，操其赢而已。甘亲之馀，斥而治斋室场圃，竹木台沼。居间，蓄古金石刻彝鼎罍洗书画。内行淳至，恂然君子也。

有正书局本《中国名画》第二集《唐六如仇十洲云槎图》：

唐图：正德癸酉四月廿又六日，为云槎兄作。唐寅。

仇图：仇英实父为云槎先生。　夕阳野渡绿阴稠，芳草桥边杜若洲。千朵芙蓉出秋水，云槎远与白云浮。徵明为云槎题。　伯起先人云槎君，吴下名士，与诸先辈共相往还，最称契厚。此卷《云槎图》，乃唐子畏、仇实父所作。子畏仿李唐，实父仿赵千里，俱极精妙。云槎弃世已久，伯起装潢成卷，出以见示，为题数语而归之。三桥文彭。

有诗谢华云寄赠箬兰。

《文嘉钞本》卷十三《华从龙寄赠箬兰，兼示高篇，率尔奉答》：别种幽兰间色新，翠翘婀娜荐文琛。故人劳解青霞珮，老我亲调绿绮琴。一笑已应忘臭味，百年还待结同心。相逢相忆如相面，满目春风玉树林。

五月望日，登望湖亭；又与钱同爱、王守及王曰都泛石

湖，皆有作。

《集三十五卷本》卷十三《五月望日登望湖亭》：木末虚亭瞰碧澜，倒飞天影入凭栏。岚光浮动千峰湿，雨气薰蒸五月寒。石磴蹑云芒履短，松风吹水苧袍宽。狂吟莫怪迟归去，白发还能几度看？是日微雨作寒。

又《泛湖》：春尽南湖碧玉流，故人湖上共夷犹。平桡野渡沿青草，叠鼓中川起白鸥。云日霏霏梅子雨，风蒲猎猎藕花洲。行春桥外山千叠，尽逐波光上彩舟。

按：《文嘉钞本》有注云："钱孔周、王履约、子美同游。"

夏，见唐寅画十八应真像扇面，爱其能以翰墨游戏佛事，因小楷录苏轼《罗汉赞》于扇阴而记之。

有正书局本《扇面》第一册《唐六如画十八应真像文衡山写罗汉像赞》：余不学佛，第闻有阿罗汉果者，瞿昙氏称曰世尊。此十八公，亦曰尊者，岂续佛慧命于一呼吸顷，将其人耶？子畏素深禅理，复能以翰墨游戏佛事，是真得其三昧者矣。偶阅苏长公赞语，用录其语，并识数语，纪岁月云。嘉靖丙午夏日书于玉兰堂中。徵明。

八月既望，为史济撰《玉女潭山居记》并书。

《集三十五卷本》卷十九《玉女潭山居记》：宜兴诸山，铜官、离墨最巨。其次穿石山，峻巚不如二山，而岩窦虚巚，湍濑联络，窦突瑰谲，最为奇胜，而张公洞最有闻。玉女潭在张公洞西南，相去不三里而近，相传玉女尝修炼于此。唐以前名贤胜士，多此游览；而李幼卿、陆希声盖尝居之。一时倡酬篇咏，流传至今，有以想见其盛也。自后湮塞不通，人鲜知者。溧阳史恭甫葬母山中，土人有以其地售者，恭甫喜而得之。乃疏土出石,决浍导流,刿辟蠲刘,尽发一山之胜。幽岩绝壑,灵湫邃谷,悉为标表,而兹潭实首发之。……昔谢康乐伐山开径,以极游放;柳子厚发永柳诸山,而著为文章;皆以高才弃斥,用摅其抑郁不平之气耳。或谓恭甫类是,而实非也。恭甫恬静寡欲,与物无忤,而雅事养神。邂逅得此,用以自适。而经营位置,因见其才,初非若二公有意于其间也。虽然,二公在当时,或有异论,而风流文雅,千载之下,可能少其名乎!呜呼!地以人重,人亦以地而重。他时好奇之士游于斯,庶几有知恭甫者。

《壮陶阁书画录》卷十《明文衡山画江南春并诸家题词卷》附录云:"王饶生藏待诏《玉女潭山居记卷》,白纸,乌丝阑,行书,极精。长逾二丈。记文雕镂泉石,渊雅幽秀类柳州八记。后款嘉靖丙午秋八月既望,长洲文徵明著并书。"

嘉庆本《宜兴荆溪县志》卷九《名胜》:玉女潭,去张公洞二里,广逾百尺。旧传玉女修炼于此。明嘉靖间,溧阳史济建玉光阁于潭之阳,又建玉潭仙院于其上,敕赐庙额,遣尚书祝厘于此。文徵明为之记。

九月朔,再观元邓文原临《急就章》,因题。

《大观录》卷九《邓善之书急就章卷》:余弱冠时,获观此卷于京口刘希载氏。距今四十馀年,往来于怀,今复得纵览。盖邓文肃公为理仲雍所临者。袁子英谓:"仲雍乃于阗人,名熙,尝判吴郡。建言助役法,民甚便之。"必多惠政,不载图经,乃知古今遗逸几何人哉!尚赖是卷表而出之,因并识余衰年重展玩之慨云。嘉靖丙午岁秋九月朔旦题。

秋,泛舟至楞伽寺,见沈周《秋山访隐图》,题诗寄兴。

《味水轩日记》卷五:万历四十一年癸丑七月三日,阅伯远所藏沈石田《秋山访隐图》长卷,浅绛色,疏辣有味。文徵仲一诗:"兰桡十里下横塘,漫漫风摇鬓影凉。野水秋来寒玉净,碧山西去暮云长。行边黄堰禾栖亩,眼底红酣树饱霜。飞尽落霞新月上,空江渺渺白苹香。嘉靖丙午秋日,郭西泛舟至楞伽寺,偶见石田先生《秋山访隐图》,漫题以寄兴耳。徵明。"

仿倪瓒作小幅,彭年次韵题。

有正书局本《明代名画集锦册·文徵明秋山亭子图》:吮毫染就秋山色,白石溪湾隐小亭。静对不知斜日落,凉飔飒飒满空庭。丙午秋日,漫仿倪高士。徵明。　修篁白石带古木,个中仍置子云亭。研坳疑有烟云吐,时见青青落户庭。谨赓原韵奉题。彭年。

冬,过沈大谟,为题旧作《长林消夏图》。

虚白斋珍藏书画展览《文徵明长林消夏图轴》:绿竹萧萧千万竿,高人常年此盘桓。悠然不受红尘累,相与苍松共岁寒。丙午冬日,过禹文斋头,出余旧作,复题一绝。徵明。

为建宁杨氏赋万木堂诗。

《文嘉钞本》卷十三《万木堂,建宁杨氏》:见说闽南万木堂,家声蔼蔼木苍苍。百年雨露滋培力,累世风云奕叶光。岁晚贞心看节操,春来秀颖露文章。斧斤不入高标在,有待明堂作栋梁。

与吴中诸友饯华云于虎丘。时云以户部主事监四门仓,督边储还朝,过吴门来访。

《文嘉钞本》卷十三《送华补庵奉使还朝,枉棹吴门,访余言别,余与吴中诸友饯于虎丘,赋诗解装》:使节乘春将欲行,还劳访别驻江城。名山不厌重来意,流水先含送远情。旧署重联清禁鹭,新诗还赋上林莺。别君正是怀君地,可月亭前看月生。

《句吴华氏本书补编》:府君讳云……服阕,授户部主事,监四门仓,督边储。

《桐桥倚棹录》卷二《名胜》:可中亭即可月亭。

与陆之裘语及往年西苑之游,为录《西苑诗》以赠。

《书法丛刊》第二十八辑《明文徵明行书西苑十首册》:嘉靖乙酉春,同官陈侍讲鲁南、马修撰仲房、王编修绳武偕余为西苑之游。……今归老吴门,每理咏此诗,恍然如置身广寒、太液之间。偶与象孙话及,辄为重录一过。时岁丙午,回首旧游,二十有二年矣。徵明。

书唐顺之《镇江丹徒县州田碑记》。顺之字应德,武进人。于学无所不窥。嘉靖八年进士,除兵部主事。后拜金都御史,巡抚淮扬,卒。

拓本《文衡山隶书镇江丹徒县州田碑记》:武进唐顺之记,长洲文徵明书,丹徒县知县茅坤立石。

按:文中有"自癸卯九月至乙巳五月,总羡金千一百九十二两,米二千六百七十四石有奇,其纤悉列之碑阴"等语,此碑盖本年所撰及书。

《列朝诗集》丁集上《唐金都顺之》:顺之字应德,一字义修,武进人。嘉靖己丑会试第一人,授兵部武选主事。改吏部稽勋,调考功。改翰林院编修,移病乞归。永嘉恶其远己,票以原官致仕。皇太子立,简宫僚,起右春坊司谏。与罗洪先、赵时春上疏请朝东宫,夺职为民。甲寅,倭寇蹿东南,用赵文华荐,起职方郎中,巡视蓟镇,还视师浙直。又用胡宗宪荐,超拜金都御史，巡抚淮扬，力疾巡海，卒于广陵舟中。崇祯初，追谥襄文。应德于学无所不窥，大则天文、乐律、地理、兵法，小则弧矢、勾股、壬奇、禽乙、刺枪拳棍，莫不精心扣击，究极原委，以资其经济有用之学。晚而受知分宜，戮力行间，身当倭寇，辗转淮海。受事未几，遂以身殉，可谓志士者也。

《戒庵老人漫笔》卷四《唐中丞》：唐荆川罢官家居，颇自特立。知命之后，渐染指功名，因赵甬江以逢合严介溪，遂得复职。升至淮扬巡抚，殊失初志。乡人以诗吊之："海门潮涌清淮水，燕塞云埋白羽旄。子美文章空寄世，孔明事业等轻毛。避人焚草宁辞谏，策马先师不惮劳。莫讶今朝归未得，出山何似在山高？"又有《送行》一诗云："与君廿载卧云林，忽报征书思不禁。登阁固知非昔日，出山终是负初心。青春照眼行应好，黄鸟求朋意独深。默默囊琴且归去，古来流水几知音？"此为越中余师龙溪王公所作。

《静志居诗话》：荆川开济之才，闳揽百家，靡不融会。毅然自任天下之重。倭人构患，志在捍牧圉以保乡曲。是时督师之权，惟甬江（赵文华）、梅林（胡宗宪）是寄。公舍当路二人，谁可与谈方略者？顾不知者以公为甬江所荐，介溪所知，因此薄公。岂惟昧于知人，并不识时务者矣。

是年十月，太仓州重浚七浦塘，九十七日而成，共四千五百六十丈。为撰碑记。

《集三十五卷本》卷三十五《太仓州重浚七浦塘碑》：吴号泽国，故多水患。太仓在郡东鄙，地濒大海，乃多高仰之田。非资海润，莫适溉灌。海日再潮，淀沙易淤。岁久厄塞，民病不耕。嘉靖丙午，有诏兴修三吴水利。于时都御史欧阳公必进，御史王公言,祗诏维谨,谋于副使敖公璠,郡守范公庆,议既克协,乃纠民集财,以是岁十月之隙,葳事即工。而州同知周某实董其役。始浚自石桥圩,至于直塘,自直塘至于沙头。又自直塘东行历涂松抵横泾。总为丈四千五百六十有奇。是役也,凡用民夫万八千四百,靡银为两者七千八百二十有三。自经始迄于告成,仅九十有七日。

除夕,有诗。诗有"坐上渐看同辈少,眼中殊觉后生贤"句。

《集三十五卷本》卷十三《除夕》:酒阑灯烬夜茫然,抚事追思十载前。坐上渐看同辈少,眼中殊觉后生贤。江城寒薄梅花早,原野霜清落木坚。皮骨已空心力尽,还将衰发待新年。

杨循吉卒,年八十九。

按:引证见前七十三岁书杨循吉《生圹碑》条。

周金卒。

《明清江苏文人年表》:嘉靖二十五年丙午,武进周金死,年七十四。

嘉靖二十六年丁未(1547)七十八岁

正月二日,见四十年前所作画,赋诗志感。

《潘氏三松堂书画记·文衡山山水》:一纸回看四十年,烟云灭没故依然。老来精力销磨尽,何止聪明不及前。四十年前所作,因□□出示,赋此志感。丁未新正二日,徵明年七十有八矣。

十三日,以诗约陆师道于上元夜燕集。至者又有王守、

王榖祥、陆治等，子彭侍。陆治作《元夜燕集图》。

　　西泠印社本《文待诏墨宝》：上元佳节，不可虚掷。是日敬洁厄酒，请以未刻过临一叙，小诗先意，庶几不爽也。上元春色满贫家，酒有新篘月有华。且暮高轩须早过，佳人会唱落梅花。

　　春风拂路起香埃，铁锁星桥处处开。有约开樽须卜夜，醉乘残月看灯回。徵明诗帖子，上子传礼部侍史。十三日具。

　　《中国美术全集》明绘画卷《陆治元夜燕集图卷》：青云谁不属通家？灯影星光灿九华。今夜斗文因奏聚，词人摘藻笔生花。　　马踏银花动紫埃，高轩停处绿樽开。清蟾光吐星桥艳，不夜城中醉里回。上元日，陪涵峰诸君燕集衡翁太史宅，各有名笔见遗，不佞叨居末席，不能自禁，巴人之语，敬和原韵二绝。元洲学士先生命图其胜于群玉之首，并录前作请政，自愧形秽不伦耳。教之，幸甚。嘉靖丁未，陆治识。　　又王守、王榖祥诗略。　　向夜简率，殊愧。忽承高篇见遗，捧诵再三，不容不倾艳也。涵峰、酉室皆有和篇，却当集成一卷，以记一时之胜，不识以为何如？彭顿首，复元洲学士。

送袁祖庚赴召诗。祖庚字绳之，长洲人。嘉靖二十年进士，官至副使。

　　乾隆本《苏州府志》卷三十七《选举·进士》：嘉靖二十年沈坤榜，长洲袁祖庚绳之副使。

　　《文嘉钞本》卷十三《送袁绳之赴召》：三年赞郡治功成，忽捧征书入帝京。越上甘棠馀旧荫，禁中春色听新莺。君于台省真无愧，我忝姻连与有荣。白首殷勤相送处，愿将民隐达皇明。

二月，至无锡华云绿筠窝，为补完前书小楷《文赋》。

　　福利出版有限公司本《世界各博物馆珍藏中国书法名迹

集·文徵明文赋卷》：嘉靖甲辰三月，过补庵先生绿筠窝，出楮索书此赋。书三日，未及半而归。至是再过，为补书之，已三易寒暑矣。日就昏耄，指弱不工，不足观也。丁未二月，徵明识。

长至日，王庭过访，留坐竟日，为写东坡诗意。

《梦园书画录》卷十一《文衡山山水小幅》：扫地焚香闭阁眠……（七绝略）丁未长至日，直夫过余玉磬山房，留坐竟日，因作此图，并系小诗归之。徵明。

四月廿九日夜，灯下戏笔画枯木竹石扇面，子嘉题。

美周社印本《文徵明扇面双绝神品·枯木竹石》：嘉靖二十六年岁在丁未四月廿又九日，灯下戏笔。徵明，时年七十又八。雨馀竹色明，风恬鸟声乐。睡起北窗凉，斜阳在高阁。文嘉。

五月十日，于石湖之净明轩作画并录赵孟頫《真率斋铭》于图上。

摄影本《文徵明草堂高士图》：吾斋之中，弗尚虚礼。（略）

嘉靖丁未夏五月十日画并书于石湖之净明轩。徵明。

六月十三日，袁袠卒。袠砥节履方。忤张璁，几不测。后自广西提学佥事致仕归，卒年四十六岁。为撰墓志铭并书。

《集三十五卷本》卷三十三《广西提学佥事袁君墓志铭》：吾友袁君永之，以高明踔越之才，精深宏博之学，而辅以凌轹奋迅之气。自其少时，已不肯碌碌后人。既起高科，登膴仕，视天下事无不可为。而砥节履方，不欲附丽匪人。首忤权臣，几蹈不测。赖天子仁圣，得不摈弃，浮湛中外垂二十年，再起再废，迄骯髒以死。呜呼伤哉！权臣死，稍起为南京武选主事，历职方员外郎，晋擢广西提学佥事，致仕归。卒，年仅四十有六。卒嘉靖丁未六月十有三日。配马氏，封安人。继文氏。子男一人尊尼，癸卯贡士。

按：《袁永之集》末附此志，末有"前翰林院待诏将仕佐郎兼修国史长洲文徵明著并书"一行。

裘子尊尼，字鲁望。好学善书，徵明引为忘年交。

民国本《吴县志》：袁尊尼，字鲁望，裘子。文待诏引为忘年交。性善书，书亦在能品。

《列朝诗集》丁集《袁佥事裘》：子尊尼，字鲁望，嘉靖乙丑进士，授南礼部主事，历考功升山东提学副使。好学能书。有集十二卷。

是月，摹刻祝允明草书《古诗十九首》及《书述》上石。后编入《停云馆帖》为卷十一。

《停云馆帖》：国朝名人书卷第十一

祝枝山书《古诗十九首》《榜枻歌》《秋风辞》。顾璘、陈淳、王守、王宠、许初题。《书述》

嘉靖二十六年夏六月，长洲文氏停云馆摹勒上石。

九月九日，与王守等同泛石湖，登上方山；闰九月再泛，均有诗。

《集三十五卷本》卷十三《丁未九日与履约诸君同泛石湖就登上方》：宿雨初晴水拍天，碧云微敛日华鲜。时当黄菊萸英后，秋在沧州白鸟边。柳外画桥人似蚁，湖心兰棹酒如泉。携壶更醉湖山上，白发重阳又一年。

又《是岁闰九月再泛》：刚喜重阳临闰月，不辞老病复登台。多情秋色依前在，有待篱花故晚开。佳节从知难再值，青山端不厌重来。画船记取横塘路,十里笙歌载月回。

十九日,为王延喆跋赵孟頫小楷《大学》。

《滋蕙堂墨宝》第七册《赵松雪书》:公书流传于世者,虽片纸尺幅,人争购得之。此册用意尤为超越,曷胜爱玩。子贞装池索题,为识数语归之。嘉靖九月十九日,文徵明书。

秋,为华察补绘《纺绩督课图》。

拓本《文待诏纺绩督课图》:"嘉靖丁未秋日,徵明。" 元旌节陈夫人,昺十四世祖妣也。子栖碧公,筑贞节堂、春草轩以侍养。时名士大夫黄晋卿、于嘉道、陈明德、李一初、危太朴、贡泰甫等各为记、叙、诗、铭、颂美之。明待诏文徵仲复补绘长卷,并隶书张潞公翥所撰《春草轩记》刻之石。无何,书室不戒于火,烬焉。初不计徵仲补图,尚有副本存也。曩时晤吴门族侄师锡,云家有旧藏节母《纺绩图》,乃徵仲设色本。昺兄弟未解绘事,见是图藻采鲜明,似非二百馀年物。乃质之钱竹汀詹事暨族兄吉崖司寇,咸谓其气韵生动,人物古雅,非徵仲不能若此。因属吉崖摹勒以永其传。今读先高祖守固公《保宝阁记》,知节母八世孙鸿山公始属文待诏补图。嘉庆癸亥八月望日,十四世裔孙昺谨书。

按:石刻今藏无锡锡惠公园中华孝子祠故址壁间。前有嘉庆三年钱大昕大隶书"待诏纺绩督课图"。徵明与华察往来诗文书札,尚未发现。《澄观楼法帖》有徵明致华世祯数札,其一云:"南还未及奉面,顾承嘉赐,足感□忘盛情。使还,草草奉复。昨承鸿山惠问,相见幸道谢。徵明肃拜,善卿契家。"

十月,小楷《北山移文》,以其命意高雅,得隐居之道。

拓本《文衡山小楷北山移文》:昔人评稚圭此文,造语骚丽,下字新奇。又谓其节奏纤馀,虚字转折处特为奇妙。余直取其命意高雅,得隐居之道耳。嘉靖丁未十月既望,徵明书。时年七十又八。

送华云奉使还朝诗。时云榷九江市,以廉静称。

《文嘉钞本》卷十三《送华补庵奉使还朝》:望望梁溪百里间,星槎西上若为攀。遥持江汉南来节,归簉鸳鸾旧日班。剩有别情悬素月,未容高兴恋青山。东南民力于今竭,应有封章彻九关。 送君携手上高丘,落日清樽小逗留。离思满前官柳渡,壮怀千里木兰舟。平生书剑风云会,去住江山烂漫游。去去王程飞鸟外,可应回首忆长洲。

《句吴华氏本书补编》:府君讳云……丁未榷舟九江,人颂其廉静。已得寒疾,有去志。

《何礼部集》卷五《补庵华年兄七十寿序》:及官户曹,掌钱谷,出纳明慎。监督京储,权贵罔敢挠其法。奉命分榷九江,凡湖蜀之材,蔽江而下者,辐辏于兹,固财利之薮也。胥吏因而渔猎之,利弊滋焉,至使他官侵之。先生至,则捡其条约之苛烦而害政者,悉除去之。关市肃清,上下数千里咸颂公为水鉴,而部体复尊。

汤珍谒选得崇德县丞,徵明作图送之。

道光本《嘉兴府志·官师》:石门县(清改石门,明崇德)县丞:嘉靖,汤珍,长洲监生,丁未任。后任李玮,壬子任。

《静志居诗话·汤珍》:子重十试不利,晚就一官。其之崇德时,文徵仲作淡着色山水图送之。景甚萧远,知其人定拔俗。

《吴郡名贤图传赞》卷八《汤二尹》:谒选时,或劝为之地,谢不往。得崇德县丞,一以平易为治。尝一再摄具,不加笞责,而事自办。民爱之,称为"佛子"。而上官顾以为迟顿,竟以忤上官归。

光绪本《嘉兴县志·文学》:汤珍,字子重。嘉靖辛卯岁贡,选崇德县丞。再摄县事,以平易为治,民称"佛子"。迁唐府奉祀,不赴,乞归。卒年六十六。世称双梧先生。珍少与王履吉兄弟读书石湖,殁后,吴人即其地建祠祀之,所谓五贤祠者,珍其一也。

为叔贻题唐寅画,曰:"旷古风流,超尘墨妙,真世宝也。"

《味水轩日记》卷七:万历四十五年乙卯六月九日,夏贾携示唐子畏小景一帧。款云:"寅为昌符写。"文衡山有题语:"溪亭面虚旷,乃在山之阳。俯瞷玉淙淙,仰视岩苍苍。幽人抱奇癖,卜筑临此方。协我清绝想,谢彼驰驱场。爰有同心人,杖策来浮梁。相寻无俗侣,幽事与商量。子畏旷古风流,超尘墨妙。图绘传于人间,真世宝也。适叔贻携示,因题以归之。丁未,徵明。"

按:张凤翼季弟燕翼字叔贻。然燕翼此时年仅四岁,此叔贻当另是一人。待考。

手录魏良辅《南词引正》。良辅,昆山人。能喉转音,始创为昆腔。徵明暇日喜听曲及听人说书。

《汉上宧文存·魏良辅南词引正校注》:近从路工同志所藏明玉峰张广德编《真迹日录》二集中发现文徵明手写娄江尚泉魏良辅《南词引正》一篇,下题"毗陵吴昆麓校正"。末有金坛曹含斋嘉靖丁未序。最后一行写"长洲文徵明书于玉磬山房"。

《静志居诗话》：梁伯龙雅擅词曲，所撰《江东白苎》，妙绝时人。时邑人魏良辅能喉转音声，始变弋阳、海盐、胡调为昆腔。伯龙填《浣纱记》付之。

按：《南词引正》书于何时，未识岁月，姑系本年。

《四友斋丛说》卷十八《杂记》：（衡山）最喜童子唱曲。有曲则竟日亦不厌倦。

《戏瑕》卷一：词话每本头上，有请客一段，权做个德胜利市头回。此正是宋朝人借彼形此，无中生有妙处。游情泛韵，脍炙千古，非深于词家者，不足与道也。微独杂说为然，即《水浒传》一部，逐回有之，全学《史记》体。文待诏诸公暇日，喜听人说宋江，先讲摊头半日。功父犹及与闻。今坊间刻本，是郭武定删后书矣。郭故跗注大僚，其于词家风马，故奇文悉被划薙，真施氏之罪人也。

嘉靖二十七年戊申（1548）七十九岁

三月下旬与汤珍、钱同爱及甥陆之箕游宜兴善权洞。过吴氏，观吴伦旧藏赵伯驹《青山楼台图》并题。

《西清札记》卷四《宋赵伯驹春山楼台图卷》：此卷宜兴吴大本旧藏之物。大本当获之时，欲索吾郡吴匏庵、沈启南二公详识，未果。大本遂他游，而吴、沈二公亦前后未晤。于此卷诚一缺陷事。戊申三月，同友人游善权，因过吴氏之庐，讯其嗣君，因索观之。见其一段潇洒出尘气象，煜然可掬。犹若临风把隋珠和璧，为之击节。即欲效颦一二，恐未易窥其堂奥矣。是日，同观者汤子子重、钱子孔周及外甥陆之箕，因并记之。嘉靖二十七年三月下浣,文徵明。

四月十日,小楷《千字文》于玉磬山房。

《裖兰堂法帖》卷八《千字文》:戊申四月十日,书于玉磬山房。徵明,时年七十有九。

《珊网一隅》:又见小楷《千字》如蝇头。后记(同前):于小楷一体,可谓极尽能事。然未免小有习气,不能如松雪之自然。文以格胜,终不及赵以韵胜也。

六月朔,为顾德育行书诗卷。

《石渠宝笈》卷三十一《明文徵明自书七言律诗一卷》:顾文学承之以此卷索书,病懒因循,久而未复。六月之朔,家居稍暇,为录旧作数首。昔欧阳公谓:"夏月据案作书,可以消暑忘劳。"区区挥汗运笔,只觉困顿耳。是岁为嘉靖廿又七年,余年七十有九矣。徵明识。

八日,为华云写生十幅,用细笔白描,而神明不衰。云时自户部改南京驾部,进刑部郎中。明年,乞休归。

《过云楼书画记》画类四《文衡山写生十幅册》:水墨写鱼鸟花木,精妙绝伦。款署"嘉靖戊申六月八日,为补庵先生写"。考戊申岁,衡山年七十九,尚能于盛夏为人作图。又用细笔白描,其神明不衰如此。

按:曾见上海博物馆展出,款在《蜀葵》幅左上角,小楷书。

《句吴华氏本书补编》:府君讳云……已得寒疾,有去志,推南刑部郎中,疏乞休。

《何礼部集》卷五《送华补庵年兄致仕序》:越十年辛丑,补庵始举进士。逾年,补庵复罹外艰,家居者又三年。乙巳始官户部,奉命监九江税。出其途者,咸称其廉平。事竣还朝,适三载上绩,天官卿书其考最,方骎骎向用,而补庵乃上疏乞改南都。于是自户部改南驾部,进比部郎。盖比部之命方下,而君乞休之疏,已在阙矣。

又《补庵华年兄七秩寿序》:今年嘉靖丁巳,补庵先生寿届七十。时先生以南京比部郎中,再疏陈乞致仕,家居者八年矣。

廿一日,为朱希曾跋元朱德润《浑沦图卷》。

上海博物馆展出《元朱德润浑沦图卷》:右《浑沦图》,元征东提学朱德润先生作。德润文学名家,而雅好图画,为赵、虞诸公所重。或谓其以艺掩文,其果然耶? 此《浑沦图》,不知所谓。味其赞语,似是养生家言,然不可知也。而画法秀润,自有一种士气。因其五世孙希曾出示,漫识如此。第恐将瓜作瓠,贻博雅者之诮耳。嘉靖戊申六月廿一日,文徵明书。

按:徵明跋《溪山秋霁图》云:"朱德润,今玉峰先生五世祖。"则希曾与希周为兄弟行。事行待考。

七月十二日,于玉兰堂小楷《千字文》。明日尚湖舟中书《菖蒲歌》于陈淳画。

拓本《文太史书千字文》:嘉靖戊申七月十又二日,书于玉兰堂。徵明时年七十有九。

《宝绘集·陈道复石雀》:有石奇峭天琢成,有草夭夭冬复青。人言菖蒲非一种,上品九节通仙灵。(七古,略)嘉靖戊申秋七月十有三日,尚湖舟中书《菖蒲歌》。徵明,时年七十有九。

《吴郡文粹续集》卷二十四:尚湖,一名上湖,在云和塘(常熟塘)之西,长十五里,广九里,上有虞山,颇为奇胜。

按:陈淳所画为菖蒲一盆,题"甲辰春日作"。

七月既望,仿宋赵伯骕《后赤壁图》。初,郡人藏赵卷,当道欲取献严嵩,而主人吝之。徵明虑其贾祸,为写此本。

《西清札记》卷三《明文衡山仿赵伯骕后赤壁图卷》:嘉靖戊申七月既望,徵明制。《后赤壁图》,乃宋时院画中题。故赵伯骕、赵伯驹皆常写,而予皆及见之。若吴中所藏,则伯骕本也。后有当道欲以献时宰,而主人吝与。先待诏谓之曰:"岂可以此贾祸?吾当为重写,或能存其仿佛。"因为此卷。庶几焕若神明,复还旧观。岂特优孟之为孙叔敖而已哉?壬申九月,仲子嘉敬题。 严相得幸肃皇帝。子世蕃诛求秘籍,法书名画之在江南,大半皆为攫去。既败,悉输尚方。仅留《海天落照》《清明上河图》等数种,馀充武弁俸钱。流落人间者,往往得见之。惟赵伯骕《后赤壁卷》,杳然不闻,不知浮沉谁手?观文太史所作,清茂苍雅,力追古人,当与赵氏并驱争先者也。太原王穉登题。

八月十二日,自昆山归,舟中小楷作《千字文》。

拓本《文徵明金阊千字文》:嘉靖戊申秋八月十又二日,归自昆山舟中书。徵明时年七十有九。

按:此石刻至清同治时为吴云所得,后畀置焦山寺。加识云:"原石旧藏二百兰亭斋。同治乙丑春,畀置焦山寺。吴云记。"

按:《归震川年谱》本年撰《太保顾文康公夫人八十寿叙》,徵明昆山之行,或与此有关。

十三日,游虎丘归,篝灯画《赤壁图》并书赋。

《笔啸轩书画录》卷下《明文衡山赤壁图册》:绢本,淡着色。右书《赤壁赋》，蝇头小楷，绢惜剥蚀断裂。"嘉靖戊申八月□前二日，自虎丘归。篝灯不寐，戏为写此。写毕，漏下三十刻矣。徵明。"

　　按：八月下一字，当是"望"字，故系十三日。

既望，为陆师道画《千岩万壑图》成。徵明每出游，师道必方舟相随，乘间索图数笔，兴阑则止。自丁酉至今凡十二年始成。徵明于师道，凡有所问，无不曲示上乘，倾倒无馀。

　　《梦园书画录》卷十《明文衡山千岩万壑图卷》：右图，千岩竞秀，万壑争流，乃余为子传而作也。子传与余相友善，每有所往，必方舟相与，乘间即出此纸索余图数笔，兴阑则止。如是者凡十有二年，始克底成。古人云："十日画一水，五日画一石。"岂不信然哉？惜余毫不工。不能追古人之万一也。因束之以诗曰："尺楮俄惊十二年，秀岩流壑总依然。羡君意趣犹如昔，顾我聪明不及前。万曲潆洄知水竞，千层紫翠为山妍。诗中真境何容尽？聊毕当年未了缘。"嘉靖戊申秋八月既望，徵明，时年七十九。　文内翰为陆子传所作画卷，时年已八十，而笔兴不减少壮。且其爱人不倦盛心，数年如一日，此岂后人所能企及哉？展玩之馀，漫识如此。时嘉靖癸丑五月十日，王毅祥识。

　　《退庵金石书画跋·文衡山千岩万壑卷》：文待诏为陆子传所作，卷后有小楷跋，亦精绝。布置渲染，直接鸥波。此非待诏所难，难其为七十九岁所作，而又经十二年始成。王禄之称其不倦盛心，非后人所企及；余谓前人亦不多也。

　　《弇州山人续稿》卷一百六十九《文待诏千岩万壑》：文待诏之爱陆子传先生，如瞿昙叟于鹙眼子，靡不曲示上乘。至此卷则双林树下,解脱三昧,悉倾倒无馀矣。

九月十一日,又为史济作《玉女潭图记卷》。

《听帆楼续刻书画记》卷下《明文待诏玉女潭图记卷》:玉女潭诸胜,向勒石记之,可以垂久矣。而恭甫复属余绘图,再录其记。将使诸奇错绣,更仆未易数者,不越几席,而恍然于心目间也。时嘉靖戊申九月十又一日,长洲文徵明识。

按《古今碑帖考》:《玉女潭记》,文徵明小楷,在溧阳史氏。入神品。此记拓本尚未见。

既望,泛舟石湖。舟中小楷《后赤壁赋》。又过王穀祥,为题所藏沈周画卷。

《清啸阁藏帖》:《后赤壁赋》,嘉靖戊申秋九月既望,书于石湖舟中。徵明,时年七十有九。

《梦园书画录》卷九《明沈石田竹庄草亭图卷》:石田先生得画家三昧,于唐诸名家笔法,无所不窥。余晚进,每见其遗翰,便把玩不能舍。真海内宗匠也。此卷疏爽秀润,而布置皴染,多出于古人,盖得意作也。偶过禄之吏部斋中,出此索题,漫书卷尾,观者勿以续貂见诮也。嘉靖戊申秋九月既望,长洲文徵明识。

十月五日,跋华云藏宋马远《晴江归棹图》。

《三秋阁书画录·宋马远晴江归棹图》:右《晴江归棹图》,为马远所作。宋光宁朝,画院待诏,有赐金带之宠。善画人物山水,笔法苍古,气韵淋漓,足称奇作。尝学范宽。此卷或为王洽,或为董、巨、米颠,而杂体兼备,变幻兼出。吾恐浓妆丽手视此,何以措置于间哉。今补庵所藏马远画卷,不止三四,而未若此全以趣胜者也。嘉靖二十七年冬十月五日,文徵明题。

十一月晦，为吴近溪作《醉翁亭图》并题。后二年，补书记。

　　《壬寅销夏录》卷十八《文衡山醉翁亭记书画卷》：（记）：嘉靖庚戌五月八日，徵明书。（图）：嘉靖戊申十一月晦，徵明写《醉翁亭图》，时年七十又九。爱此清溪无垢氛，幽居近傍碧粼粼。惯亲鱼鸟浑相识，尽占烟波作主人。天浸月明依槛静，水浮花片绕门春。渺然自得桃源趣，时有渔郎来问津。吴近溪以此卷索画，于是数年，因渠不相迫促，余亦忘之久矣。戊申十一月晦，偶检篋得之，遂张灯涂抹，不觉满纸。次日复赋此诗。诗虽草草，而画颇精密，亦略道逋慢之罪耳，不识近溪以为何如？徵明识。

　　按：吴近溪事行待考。

为桑介撰其母王氏墓表。时介已自滋阳知县谢归。

　　《书法丛刊》第二辑《明文徵明文稿册》：《桑母王安人墓表》，故处州通判瀹斋先生海虞桑公讳□之配王氏，以正德庚辰卒，葬邑之西山宝岩湾。及是嘉靖戊申，二十有七年矣。其子滋阳知县介，泣言于余曰："介少为吾母所爱，抚教成立，仕且有阶，冀得恩封以为母荣。而骯髒仕途，不能终待。及是归守先墓，而吾母墓木已拱。潜德懿行，将遂泯没。得吾子一言表诸墓道，万一少逭不孝之罪尔。"

　　光绪本《苏州府志》卷九十八《人物·常熟》：桑瑾……瑾子介，字于石，知滋阳县，居三月，耻于折腰，遂谢归。

有寿钱琦及贺构别墅诗。琦字公良，号东畲，海盐人。工诗文。正德三年进士，授盱眙知县，力御流寇，县赖以安。迁临江知府，调思南，告归。有《东畲集》。

《集三十五卷本》卷十三《寿东畲钱先生》：东畲先生古贞臣，平生耿挺标清真。廿年中外肆扬历，所至秉节宣皇仁。浮云漠漠有变幻，长歧往往多风尘。孤征方出霄汉上，一笑已脱风波身。莫言有才用未极，天地深机自消息。凭将强健博高官，留取有馀还造物。只今优游经几年，八旬行及颜苍然。霜松雪柏洞壑边，紫芝玉树阶庭前。人世长生能有几？如公岂独神仙比。向来富贵等浮云，未尽勋名付儿子。二儿驷马日边归，捧檄升堂试舞衣，灵椿丹桂初光辉。呜呼！灵椿丹桂初光辉，千秋万岁愿无违。

又《贺东畲钱先生构别墅》诗，七律，略。

《明诗纪事》丁签卷十四《钱琦》：琦字公良，海盐人。正德戊辰进士，授盱眙知县。历南刑部郎中，出为临江知府，改思南。有《东畲集》十四卷。

《中国文学家大辞典》：钱琦。正德三年进士，知盱眙县，力御流贼，邑赖以全。后迁临江府知府，调宰思南，告老归。琦工诗文，撰有《东畲集》十四卷，又有《钱子测语》《祷雨录》，并行于世。

嘉靖二十八年己酉（1549）八十岁

三月廿九日，为缪东洲录李东阳跋宋张择端画《清明上河图》于仇英摹本并识。

《穰梨馆云烟过眼录》卷十九《仇十洲临张择端清明上河图卷》：右《清明上河图》，宋翰林画史东武张择端所作（文略）长沙李东阳跋。右有宋张择端所画，西涯先生序之详。余尝于昆城顾柠斋处得鉴赏之。此卷，实吾郡仇实父所模，逼真，其委曲臻序，无有不到，诚珍品也。东洲缪先生得之，命余复录前序，并为识之。他日东洲传于后世，必与择端正本并驰矣。嘉靖己酉春三月廿又九日，长洲文徵明识。

　　按：缪东洲事行待考。

三月，庭中玉兰试花，因戏笔写图。

　　台湾艺术图书公司印本《吴门画派》：文徵明《文徵明玉兰花图卷》：卷尾行书款识云："嘉靖己酉三月，庭中玉兰试花，芬馥可爱，戏笔写此。徵明。"

四月十二日，观仇英摹赵伯驹《丹台春晓图》于玉磬山房并题。

　　《壮陶阁书画录》卷十《明仇十洲摹赵千里丹台春晓图卷》：春光烂漫竞芳菲，满目湖山翠霭微。共看丹台凌碧汉，凤凰翔绕各鸣飞。己酉清和望前三日，观于玉磬山房并题。长洲文徵明。

端阳日，闲居无事，戏写《灌木寒泉图》。

　　日本东京大学出版会《中国绘画总合图录》，《文徵明灌木寒泉图轴》款：己酉端阳日，闲居无事，戏写灌木寒泉。徵明。

六月四日，客有论汉诸葛亮人物文章者，因小楷书前后《出师表》。

　　《平生壮观》：文徵明前后《出师表》，白鹿纸，乌丝阑。后款："嘉靖己酉六月四日，偶客论及孔明人物文章，因录一过。"

夏，与吴子孝泛石湖，有次韵诗。子孝自光禄寺丞出为湖广参议。明年，以刚毅廉介，坐谗免归。

《文嘉钞本》卷十三《夏日游石湖次吴海峰韵二首》：春尽南湖水拍空，扁舟如坐画图中。催诗忽送云头雨，拂面时来柳外风。人与青山如有约，兴随流水去无穷。自家不是陶彭泽，一笑应惭对远公。　平生幽兴白云深，老去闲身纵壑禽。喜共乐天修洛社，何如逸少在山阴。夕阳钟梵烟藏寺，修竹人家水绕林。满目溪山琴趣在，底须弦上觅知音？

《玉涵堂刻帖》皇甫汸《明故朝列大夫湖广布政使司右参议贞毅吴公墓表》：乙巳，起家，补礼部精膳主事，寻升光禄寺丞。去羡裁冗，著为甲令。所减大官之费，岁以亿计。自是寝有列卿常伯之望。以性刚毅介直，好面折人过，兼之持论峻激，不为脂韦涊涊。忌者媒蘖其短，政府衔之，铨司希旨，出为湖藩右参议，分守下荆南道，提督太和山。太和岁例出纳，悉委所司。乃稽其赢籍记之。权珰敛手，锱铢莫敢私者，阴蓄憾焉。庚戌察吏，坐谗免官。

病中，皇甫汸来问疾，有诗。因答。

《盛明百家诗·皇甫司勋集》：《夏日，过文太史问疾》：长日困居访碧山，清风如造竹林间。门前不断轩车驻，庭上新滋带草闲。著作久探金匮秘，陆沉曾是玉堂闲。从来妙说能除疾，可引枚乘一解颜。

《文嘉钞本》卷十三《病中答皇甫百泉见赠》：老为时弃卧家山，高谊惭君伯仲间。蒋诩相过无俗侣，渊明虚室有馀闲。临阑静看花开落，卷幔聊通燕往还。抱病经旬正愁寂，忽承新句为开颜。

七月十日，画《蹴鞠图》并题。徵明画人物，得宋元法。

《吴越所见书画录》卷三《文衡山蹴鞠图立轴》：聚戏人间

混等伦,岂殊凡翼与常鳞。一朝龙凤飞天去,总是攀龙附凤人。青巾黄袍者,太祖也。对蹴鞠者,赵普也。青巾衣紫者,乃太宗也。居太宗之下,乃石守信也。巾垂于前者,党晋也。年少衣青者,楚昭辅也,嘉靖己酉七月十日,徵明识。　白描,微着浅色。不意衡翁人物之精,至于如此,何必龙眠。

按:此画台湾历史博物馆印本《明代沈周唐寅文徵明仇英四大家书画集》刊印。

《石渠宝笈》卷十二《明钦揖摹古一册》:文衡翁人物,出自子昂,溯流而上,则顾长康之遗法也。

《松壶画忆》:画以山水为上,写生次之,人物又其次矣。白石翁师吴道子,作衣褶有古厚之致。子畏师宋人,衣褶如铁线。衡山师元人,衣褶柔细如发。三君皆具士气,洵足传世也。

八月七日,为王恕行书《千字文》。恕字仁夫,慈溪人。来吴从蔡羽、杨循吉及徵明等学,苦读不倦。徵明与循吉等皆撰文以赠。

《享金簿》:文衡山行书《千文》一卷,字法遒逸,绢素精好。自跋云:"嘉靖己酉八月初七之夜,雨后乍凉,张灯适兴,初不计工拙也。徵明为一阳王君书。"

《松筹堂集》卷四《一阳王氏宝文斋编序》:一阳子仁夫王君,四明豪杰士也。初自其乡来游于吴下,馆包山蔡林屋氏。林屋有文,而拜官词垣。一阳资其指授,一留数年不他适。而林屋为著《书说》以赠,且赠之号曰苦读先生,其称美矣。既而入吴城,见文衡山氏。衡山官为翰林,吴人及门而宗师者,户屡相踵。一阳尤尊信崇重,不啻北面弟子。衡山与为序,为传赞铭等,其文不一。

又卷十《苦读先生王君传赞》：王君名恕，字仁夫，其先蜀人也。后徙慈溪，家焉。年十九，请试，主司擢鏖场屋，谓巍科可立取，已而下第归。乃去乡间，薄游三吴间。馆包山蔡孔目氏。未几蔡卒，改馆松陵赵廉宪弟宏氏，与相得甚欢。俄亦卒，乃北之吴城，见衡山而授字家八法，且为作传。

八月晦，为无锡华氏跋苏轼《乞居常州奏状》。

《式古堂书画汇考》卷十《苏文忠公乞居常州奏状卷》：昔欧阳公尝云："学书勿浪书，事有可记者，他日便为故事。"且谓："古之人皆能书，惟其人之贤者传。使颜公书不佳，见之者必宝也。"今苏文忠公所书《乞常州状》，仅二百六十馀字，而传之数百年，不与纸墨俱泯，其见宝于人，固有出乎故事之上者耶！梁溪华氏得此帖，几及百年。一日，过余请题，漫书欧公语于后。此帖当为华氏世守之珍可也。嘉靖二十八年己酉秋八月晦日，后学文徵明书。

秋，为华夏作《真赏斋图》。

《石渠宝笈》卷十五《明文徵明真赏斋图一卷》：嘉靖己酉秋，徵明为华君中甫写《真赏斋图》，时年八十。

十月望，写山水小幅以赠董宜阳。

《吴越所见书画录》卷三《文衡山仿云林巨然二家小帧立轴》：己酉十月之望，写赠子元文学。徵明时年八十。

十一月六日，八十初度。郡县守令及学士大夫咸以文辞书画为寿。刘麟、顾梦圭有寿诗。陆粲时已致仕归里，有《翰林文先生八十寿序》。

《刘清惠公集》卷二《寿文衡山》：人日冲泥献寿卮，追惟旧学老吾师。际天丘壑聊挥翰，满目风云尽入诗。淇澳青青歌竹后,渭川灂灂得鱼时。仁明见说东朝出,何事商山久茹芝。

《疣赘录》卷七《寿衡山先生八十》:香山洛社重耆英,至今胜事传丹青。仙翁风范表乡国,南极祥光映德星。翱翔艺苑谁方驾? 右军墨妙王维画。凤诏曾裁五色书,鸡林争售千金价。解组归来菊径存,清节孤标众所尊。选胜江湖频放棹,问奇宾客每携樽。海鹤精神能久视,信是玉皇香案吏。郭外何须鸠杖扶? 灯前犹辨蝇头字。岁岁梅花荐寿卮,烟霞常护大椿枝。喜看青鸟衔书处,正值黄钟应律时。

《陆子馀集》卷一《翰林文先生八十寿叙》:嘉靖己酉,前翰林院待诏衡山先生长洲文公年八十。乃十一月六日,维初度之辰,学士大夫之能言者,咸以文辞为寿。粲雅辱先生知爱,虽固陋,其敢无述焉。盖尝观之:国家当太平极盛之日,天地之气,冲融和粹者,常钟于人材。于是有道德博闻之士,出乎其间。当其遇于世,则云蒸龙变,声绩卓殊。其不遇也,则其中之浩浩者,固有以自足;而其蕴积衍溢之馀,乃独发抒为文章。经量三才,镌刻万物,以极其所欲言;而存诸方策,皆足以信今传后,期亦千载之鸿业矣。若人者,虽戢身韬光,不涉世轨,然高风绝尘,倾动海内。如鹓鶋鸑鷟,翱翔千仞,不可狎玩,而有目者举识为盛时之瑞也。求诸今日,盖先生其人哉! 先生纯明高雅,口无择言,居常与物无竞。至于出处辞受,大节所存,则执义坚定,终不少贬循俗,虽自谓贲育弗能夺也。其为学未尝标揭门户,诡激于名,而粹然一出于正。早岁厌章句骪骳之习,为文辞力追古作者。旁综六艺,咸臻其极。始在乡校,则已名满天下。自公卿以及韦布之流,莫不人诵其言,家有其书。东西行过吴者,辄往造门,以考德问业,几无虚日云。间被荐升朝,入翰林,典国史，以不能屈意权贵，遂致仕归。天下高其节，而惜其学之不什一试也。槃常窃论先生之行迹，谓其介洁则徐孺子，醇懿则管幼安，真率则陶元亮，君子良以为知言。乃今巍然大耄，其道益尊，文益奇。而神完气厚，视听步履不衰。世恒言令名寿考，难于具备，先生实兼得之。意所谓冲融和粹者，独禀其全乎；噫嘻盛哉！抑槃闻之，君子之受福于天也，匪徒身自飨之，乃国家与蒙其庥焉。是故古之耆艾魁垒之士，其用舍进退，论者以占国盛衰。虽其闲居佚处，犹足以训整邦族，扶翊名教，盖所系之重如此。方今虽道化隆治，而士习未纯；前辈朴纳浑厚之风，几于泯息。诚得大雅君子，敦行古道，为之表率，以匡拯颓俗，其庶几乎！名德如先生者，今世无几人。天而有意于斯道之昌，则其福履所跻，未可量也。然则吾党所以寿先生者，岂区区颂祷之私言哉？曰：为天下贺可矣！

（按：此文收入《明文存》。）

又：交河常公，以藩司大僚，因事左降。稍迁倅乘，来莅于吴。诚直恺第，敦悦典文。政事之暇，辄造请郡中名德。其尤所敬礼者，则内翰衡山先生文公。今先生寿八十，常公诣槃告曰："吾且为先生寿，宜有辞以将之，愿以属子矣。"……是故古之为政者，鲜不以尊贤尚齿为先务，知化礼之本存焉尔。如常公所为向往于先生者，君子谓其非苟然而已也。盖隆耆硕，重礼让，以笃俗训民，其所观止者大矣。昔任长孙崇严陵之礼，孔文举表郑公之乡，前史书之，以著其弘美。其在吾吴，若宋元丰间程师孟、间丘孝总诸乡彦为寿，集曰十老会。时浦城章公岵守郡，实首倡斯举，相与赋诗成什，而米礼部芾为序之。谈者每以为盛事。今先生之贤，视彼诸君子，吾未知所先后也。而常

公所行，非古人之操与？粲也窃愿以不腆之言，赞扬其盛。令
异时得缀郡乘，附海岳翁后，有荣耀焉。故承公之命也，遂不卒
辞而为之序。

《列朝诗集》丁集上《陆永新粲》：粲字子馀，一字浚明，长
洲人。嘉靖丙戌进士，选翰林庶吉士，七试皆第一，当授官，复
试第一。张、桂方骤贵，为翰长；子馀约诸庶吉士不往揖，乃密
疏中之。内批授工科给事中。及张、桂继相，子馀以试事还朝，
抗疏劾其奸。上感动，为罢二相。无何，用霍詹事韬言，召还二
相；谪粲贵州都匀驿丞，稍迁永新令。久之，念其母，乞归。里
居凡十八年，论荐皆报罢。霍亦有疏荐子馀，子馀曰："天下事
大坏于金人之手，尚欲以馀波污我邪！"嗜学，无不通，尤悉本
朝典章，叩之若引绳贯珠，纚纚不可穷也。诗不多，独出机杼，
不落窠臼。文尤雅健典则，自成一家。

**朱希周、袁袠、皇甫冲、许初、毛锡嘏、锡畴兄弟、黄守
曾、朱幸及谢时臣、朱朗、钱榖、陆治、陈栝等合制书画
册为寿。华亭何良俊已获交于徵明，亦有寿诗。**

日本东京大学出版会《中国绘画总合图录》：《诸名贤寿文
徵明八十寿诗画册》：谢时臣《衡山》图。南方多名山，衡山独
为宗。根盘八百里，万仞摩苍穹。有峰七十二，最高为祝融。
群山出其下，俯视如儿童。星辰手可摘，霄汉路可通。浮尘迥
隔断，佳气含郁葱。一从开辟后，万古神秀钟。巍然镇南国，气
象何尊崇！此山孰可配？名今属文公。昔公四世祖，自衡来吴
中。遥遥念先泽，称号寓遗踪。公今负重望，实与兹山同。有
文轶班、马，有道出羲、农。行年已八十，铅椠日相从。吴中崇
旧德，海内仰高风。衡岳终古在，公名永无穷。更看寿域跻，高

并祝融峰。赋得衡山,睢阳朱希周。 陆治《葑溪图》。《赋得葑溪》(五古略)西河毛锡嘏。钱穀《东禅寺》图。《东禅寺》(七古略)后学袁裘。朱朗《齐门》图。齐女门边景最幽,寻仙访逸漫追游。城临东野青山远,桥驾清溪碧树稠。点笔新图聊寄兴,著书长日自忘忧。百年强健如翁少,白发林泉乐未休。江夏黄守曾敬赋。

谢时臣《宝带桥》图。(诗七律略)华阳皇甫沖。陈栝《荷花荡》图。《赋得荷花荡》:步出城东门,森森多葑田。泽陂汇澄波,中有荷花鲜。花时盛游敖,亦复来英贤。贤哉太史公,逸思何翩翩。不爱白玉堂,拂衣自林泉。兴至挟道侣,文酒相洄沿。掬水照华发,方瞳亦炯然。乘流鼓枻去,望者呼神仙。渔父或和歌,攀花弄珠员。指顾花下笑,谓有藕如舡。不惜馀相遗,食之顾长年。门下契家子许初。陆治《阳城湖》图。《阳城湖》(诗五律略)朱幸。失名《娄江》图。(诗五律略)后学毛锡畴。

《何翰林集》卷一《奉寿衡山先生三首有序》:吴郡衡山文先生纯粹沖雅,沉懿渊塞。德全白贲,道契黄中。却千金而不顾,弃名爵其如屣。坚辞玉署,高卧江东。郡富湖山,境饶竹树。每及春时,风日和畅,招携名辈,选胜遨游。溯沂上之高风,追山阴之逸轨。性兼博雅,笃好图书。间启轩窗,拂几席,爇名香,瀹佳茗。取古法书名画。评校赏爱,终日忘倦。以为此皆古高人韵士,其精神所寓,使我日得与之接,虽万钟千驷,某不与易。遇有妙品,辄厚赀购之。衣食取给而已,不问也。嘉靖己酉岁,先生年登八十,而步履轩举,视瞻炤灼,神候精爽,如神仙中人。见者以为百岁未艾也。老子曰:夫伤生者以其生生之厚。盖有意以求生,与夫生生之物,皆欲也。岂不以欲寡则神虚,神虚则气固,气固则魄强,由是可以长生,可以尽年。先生清虚恬淡,其取之造化者恒寡。不得于彼而得之于此,则其超跻上寿,岂惟天道,抑人理也。嗟夫!真风告谢,毒浊繁兴;积锱贯盈,尚狼贪而靡息;致位隆极,犹虎视以不休;卒之欲火焚炽,年未底于中寿,而身名俱灭者,皆是也。校其所得,与先生孰多?中冬六日,实维先生降诞之辰。凡海内搢绅与东南之士,苟游心艺文之末,无不延首企踵,愿为先生祝者。东海何良俊,夙钦名德,时获游从。辱先生不弃,使备厮役之末。乃不揆浅陋,献诗三章。虽不足为几筵之光,聊以致景行之私云尔。吴趋本清嘉,幽居带城闉。良辰敞芳宴,远集八方宾。金兰粲英蕤,玉树罗璘珣。奉献累百觞,旨酒何清醇。三千颂灵桃,八百歌大椿。堂阶蔼熙阳,玄冬若九春。至乐众所希,祥风被无垠。(录末一首,馀略)

按:黄守曾、朱幸事行待考。

有亲朋远来为寿者,以所书《千字文》赠之。

拓本《文待诏小楷千字文》:嘉靖二十八年,岁在己酉,徵明八十岁。亲朋远来者,每书一本酬之。　小字难于宽绰而有馀。八十老人,犹作蝇头如许,真吾师也。丁丑,眉道人亦八十矣,得□归之季□收藏。　不衫不履,真气逼人,从柳诚悬《度人经》䌷绎来。衡老小楷,此为第一。竹懒李日华题。

是年,钱同爱卒。同爱晚困于征徭,家日落,而高怀幽致不减。卒年七十五岁。明年十二月葬吴县宝华山,为撰墓志铭。

《集三十五卷木》卷三十三《钱孔周墓志铭》:晚岁困于征

徭,家日益落;而又得末疾,行履疲曳,每负杖而嬉,而高怀雅志,不殊前时。文酒过从,燕谈谑浪,委蛇容与,使人意消。君生成化乙未某月日,卒嘉靖己酉某月日,享年七十有五。庚戌十二月某日,葬吴县宝华山。

为绍兴知府沈启撰《重修兰亭记》并书。

《集三十五卷本》卷十九《重修兰亭记》:绍兴郡西南二十五里兰渚之上,兰亭在焉。郡守吴江沈侯,省方出郊,得其故址于荒墟榛莽中,顾而叹曰:"是王右军修禊之地也。今《禊帖》传天下,人知重之;而胜迹芜废,守土者不当致意耶?"既三年,道融物敷,郡事攸理,乃访求故实,稽遗起废,时其□诎,以次修举,而兰亭嗣葺焉。经始于戊申之□月,成于己酉之□月,不亟其工也。侯于是集僚友宾客而落之。以书抵余,俾纪其成。(侯名启,字子由。)

《五石脂》:兰亭本勾践种兰渚田,见《越绝书》。……至明时,亭复毁。吾乡沈江村先生启守越,因省方出郊,始于荒墟榛莽中得其故址。又三年,乃修复之。乞文徵仲记其事。大旨谓旧亭所在已失,清流激湍,亦皆埋塞。于是翦莽决洿,寻其源而通之。行其流于故址左右,纡回映带,仿像其旧。墨渚、鹅池,悉还旧观。然则江村之于右军,其功力亦勤矣。先生本名宧,故有此风雅云。

《古今碑帖考》:《重修兰亭记》,文徵明撰并书。在会稽,小楷大碑各一。

撰朱纨像赞。纨字子纯,号秋崖,长洲人。正德十六年进士。以右副都御史巡抚浙江,禁奸民勾倭互市。抵罪受戮者众。大僚不直,朝廷按问。纨自作圹志,仰

药死。

《集三十五卷本》卷二十《朱秋崖像赞》:是为御史中丞秋崖朱公之像。清真闲靖,俨乎其仪。修正刚方,卓乎其性。早策名于彤廷,旋敷宣乎民政。出入中外,扬历台省。操靡效勤,秉贞执劲。虽齐政或过乎严,而处心一出于正。迨乎出镇闽越,聿树风声。远临海峤,志清枭獍。夫何誉者在前,而议者在后!事绪甫宁,而此身已病!间关跋涉,惟在事行。偃蹇崎岖,竟以身殉!惟重国以轻身,亦守义而正命。乃见之明,乃志之定,在公自以为德之无惭,而君子犹以为用之不尽也。

《吴郡名贤图传赞》卷八《朱中丞》:公姓朱,讳纨,字子纯,长洲人。正德十六年进士,授景州知州。历典藩臬,所在以能称。累官右副都御史,巡抚浙江。时海防久废,哨船十无一二。奸民勾倭互市,假济渡为名,造双桅大船,载违禁物,官吏不敢诘。公上疏具列其状,于是革渡船,严保甲,听便宜行事。讨平复鼎山贼,闽人李光头等踞宁波双屿,进攻,擒李光头九十六人戮之。前后在浙十馀载,斩首千级。豪右不利,飞文巧诋,御史陈九德劾公擅杀,褫爵服按问。闻之叹息。自作圹志,乃仰药死。家无担石。公死,海禁备弛,巡视大臣不敢言。未几,寇作,东南流毒十馀年,民咸思之。

《吴都文粹续集》卷四十三朱纨《秋崖圹志》:纨字子纯,别号秋崖。……时经年建白,多见阻挠,仕途怨讟盈耳。闽人林懋和倡"狡夷觇我"之说,命下,遣还业就约束者。宁波赵文华唼以南京侍郎,胁以身后之祸,说以市舶之利。与屠侨、屠大山内外交煽尤力。乃连疏请骸骨,申辨謇謇。五月,得请生还,困卧萧寺。屠侨嗾御史陈九德论以"残横专擅,众欲杀之"。赖圣明在上，始褫职候勘。群非大来。窃自叹一介书生，叨冒至此。此志甫就，不意竟卒。卒之日乃己酉冬十二月十六日辛亥也。兄绍揾泪署尾。

《广志绎》卷四《江南诸省》：倭以丁未寇浙，始以朱公纨巡抚。朱至，严禁巨家大侠泛海通蕃者。又立钩连主藏之法，以双樯大舰走倭岛互市向导者长屿人林恭等若干人正典刑。于是海上诸大族咸怨。少司马詹荣希分宜指，复犹豫。御史周亮遂劾纨擅杀乖方，遣给事杜汝祯就讯之。拟闽海道柯乔、都司卢镗死。朱惧逮，遂仰药。此浙立巡抚，杀巡抚之始也。

除夕，有诗。

《集三十五卷本》卷十三《己酉除夕》：八十衰翁仍送岁，炉熏灯影共婆娑。青云志业消都尽，白发光阴得最多。天地劳生空蠹简，江湖得意有渔蓑。孙曾绕膝情堪恋，后饮屠苏且笑歌。

嘉靖二十九年庚戌（1550）八十一岁

元旦、立春，皆有诗。

《天香楼藏帖》：《庚戌元旦》：融融晓色上檐牙，风日晴嘉意亦嘉。展历又看新建月，问梅已是隔年花。须知寒尽春常在，不为愁多鬓自华。一笑履端忘我老，呼儿拂拭旧乌纱。《立春》：昨朝送腊雪漫漫，此时逢君一笑欢。芳草遥看如有色，江梅正恐不禁寒。未须彩燕裁金胜，聊复青丝荐玉盘。老去未能忘习气，十分诗兴在毫端。

十三日，饮于周天球家；十五日，饮于王庭家，皆有作。
尝为王庭作《阳湖图》，顾梦圭题。

《百爵斋藏历代名人法书·文氏一门法书》：《十三日饮公瑕家见月》：新年又见月当空，月色撩人思不穷。南国烧灯佳节近，西窗剪烛故人同。雍容雅兴樽酒外，烂漫春情笑语中。为语诸君须尽醉，白头吾已是衰翁。《上元饮王阳湖宅》：离离火树映风檐，三五良宵月正圆。老去不教佳节负，兴来还尽故人酣。时新喜擘灯前蟹，故事聊传席上柑。正是丰年行乐地，未嫌箫鼓杂文谈。

《疣赘录·题衡山先生为王直夫作阳湖图》：碧树离离春水平，白鸥泛泛春云轻。桑田变幻那可说？宛见银涛撼古城。谁家茅堂水中汀？王符著书甘隐名。手垂纶竿钓赤鲤，独向月明吹玉笙。十年天末可留滞？不道知章疏宦情。玉堂遗老江南客，醉扫沧州常满壁。山楼听雨思转深，一幅冰绡五湖白。画省萧然披此图，迥疑窗几临虚无。秋风我欲扬帆去，烂漫羹莼与脍鲈。

行书新年诗赠顾德育。

《天香楼藏帖》：《己酉除夕》《庚戌元旦》《立春》《十三日饮公瑕家见月》《上元饮王阳湖宅》，诗皆七律，略。"新年拙作，书赠克承贤契，徵明。"

三月上巳，跋谢时臣游历所作画册，谓己裹足里门，仅效昔人陈迹，有愧多矣。

《听帆楼续刻书画记》卷下《明谢思忠山水册》：谢君思忠示余所作画册，总十有二幅，杂仿诸名家，种种精到，真合作也。思忠往岁尝客杭州，又尝东游天台、雁宕，南历湖、湘，皆天下极胜之处。此画虽其学力所至，要亦得于江山之助也。若余裹足里门，名山胜地，未有一迹，虽亦强勉涂抹，不过效昔人陈迹，愧于思忠多矣。嘉靖庚戌三月上巳书。徵明,时年八十一。

按:《历代名人年谱》及《历代名人生卒年表》作谢时臣卒于嘉靖二十六年丁未,年六十岁。疑有误。《听帆楼书画记》有《谢思忠花卉轴》款"嘉靖三十六载丁巳年,七十一翁樗仙谢时臣写"。识此待考。

是月,与徐封等游虎山桥,作图纪游。周天球题。

南京博物馆展出《明文徵明虎山桥纪游卷》:嘉靖庚戌春暮,偶同默川诸公游虎山桥,时落花满径,归而图之,以纪兴尔。徵明。　石梁横出两崖间,列岫遥将二水环。坞坞松云藏野寺,家家鱼鸟款柴关。西华酒近堪求醉,东崦花繁未拟还。忍听渔歌翻《子夜》,不知明月□前山。《虎山桥》。　海涌疏峰起,云停万木丛。潮音生清梵,晓色动□钟。说剑池边石,翻经崖后松。月明闻珮玉,谁觅紫珪璁。《虎丘山》。周天球。

四月,彭年过玉磬山房,徵明询知张凤翼卧病石湖楞伽寺,怅然久之,灯下写古柏并题以寄。王穀祥、周天球、陆师道、袁尊尼、黄姬水、袁褧、陆安道、彭年兄弟皆有和作。后六十三年壬子,凤翼追次题后。黄姬水,省曾子,字淳父。尝学诗于祝允明,有文名。

印本《文待诏为张伯起写古柏图卷》:雪厉霜凌岁月更,枝虬盖偃势峥嵘。老夫记得杜陵语,未露文章世已惊。徵明写寄伯起茂才。　柯叶苍苍不改更,良材待用气峥嵘。文翁善写少陵句,落笔应教风雨惊。穀祥。　抱病禅栖节已更,空山古柏对峥嵘。月窗风动蛟龙影,蕙帐翻愁鹤梦惊。周天球。　书法翩翩近率更,诗才未拟让钟嵘。郑公三绝亲题赠,一日声名艺苑惊。陆师道。　偃蹇霜姿岁月更,沉沦空谷自峥嵘。他年会

有凌霄势，一顾先教匠石惊。袁尊尼。　卧病青山岁月更，豹
文养就气峥嵘。虬枝写寄王摩诘，疑有风雷夜壑惊。姬水。
翠柏星霜阅变更，仇池风骨自峥嵘。文翁为爱张衡赋，片纸图
成满座惊。袁褧。　公子才名月旦更，偶侵微病瘦峥嵘。玉堂
太史劳相问，为有新诗四座惊。陆安道。　秉烛挥毫仆屡更，
虬枝香叶斗峥嵘。知君卧病无聊赖，寄向空山神鬼惊。文彭。

　　老笔纷披晚自更，乔柯偃蹇石峥嵘。孔明气节少陵句，未用
按图神已惊。文嘉。　太史年耆汉五更，丹青笔法转峥嵘。题
诗远觊山中客，雷雨蛟龙奋壑惊。嘉靖庚戌初夏，偶过衡翁玉
磬山房，问讯伯起。伯起时卧病楞伽僧阁。翁怅然久之，剪烛
作此为寄。诗意郑重，不惟欲起其疾云耳。翁寿已八十有一，
于后进惓惓如此，咏叹数四，谨题识之。彭年。　老去仙翁甲
子更，桑皮遗墨尚峥嵘。自从绝迹西州路，六十三年一梦惊。
予春秋二十有三，病疠石湖僧舍，辱太史公作图寄讯，系诗写
意，一时群贤先后和题，遂成家宝。迩来所藏名笔，散逸殆尽，
而此图独存。愧许可之莫酬，感典型之具在。追和一绝，用纪
岁月云。时壬子嘉平月十一日，凤翼年八十有六矣。

　　《吴郡名贤图传赞》卷十《黄山人》：公姓黄，讳姬水，字淳
父，又号质山，苏州卫人。五岳山人省曾子。生而颖异，性孝
友。试公车不利，弃去，刻苦为诗。五言古律皆深入唐人之奥。
文亦峭劲。负遗世之癖，不与俗谐。其辨识书画称赏鉴家。

　　《明史》卷二百八十七《文苑》三：黄省曾。……子姬水，字
淳父。有文名，学书于祝允明。

**五月既望，四明陆某携卢镇画老子像来访，为书《孔子
世家》于上。镇字砚溪，奉化人。能画美人及写真。**

拓本《卢砚溪画老子像文衡山书孔子世家合册》：嘉靖二十九年岁在庚戌五月既望，四明陆□□携卢君砚溪画老聃圣像来视。欣羡之馀，辄须书此。是日风雨凉爽，但未夕先暝，老眼眵昏，不能佳也。徵明，时年八十有一。

《宁波府志》：卢镇，字砚溪，奉化人。王谔弟子。能画美人，兼善写真。

六月既望，为徐封画《万壑争流图》。又尝为作《山园图》以赠。

文物出版社《中国博物馆丛书》南京博物院藏《文徵明万壑争流图》：比余尝作《千岩竞秀图》，颇有思致，徐默川子慎得之，以佳纸求写万壑争流为配。余性雅不喜作配幅，然于默川不能终却，漫尔涂抹，所谓一解不能如一解也。是岁嘉靖庚戌六月既望，徵明识，时年八十又一。

《清河书画舫》卷十二：文太史为默川先辈作《山园图》长卷，绢本。大着色。前后位置，泉石楼阁，极古雅。中间杂写桃、杏、芙蕖、拒霜、橙、橘之属，一图皆备，尤为斐娟绝伦。识者称其远师右丞遗法以成之，真仙品也。

闰六月十八日，抱病斋居，大字书旧作石湖诗遣兴。

上海博物馆藏《明文徵明行书石湖烟水诗卷》：《石湖》诗二首略。嘉靖庚戌闰六月十又八日，抱□斋居。不废笔研，聊复遣兴，书此旧作。时年八十又一。徵明。

按：抱字下应是"病"字，系挖补为空白者。

王穀祥于雨中携赵孟頫画兰竹过访，为画竹柏并题。

《味水轩日记》卷二：万历三十八年庚戌八月二日，徽人持示文徵仲古柏修篁，酷类赵文敏。"纤纤小雨作轻寒，最好疏

篁带雨看。正似美人无俗韵，清风徐写碧琅玕。雨中，禄之携
松雪画兰竹过访，即为作此。"

　　按：《珊瑚网画录》卷十五《文衡山自题写生诸幅》中此诗
下有"徵明时年八十有一"八字。

**朱希周于本年六月撰《苏郡开元寺重修万善戒坛碑》，
徵明行书并篆额。江济刻。**

　　拓本《明苏郡开元寺重修万善戒坛碑》：嘉靖庚戌夏六月
之吉，资政大夫南京吏部尚书致仕前翰林院侍读学士经筵讲官
兼修国史睢阳朱希周撰。前翰林院待诏将仕佐郎兼修国史长
洲文徵明书并篆额。吴门江济刻。

时章文客严嵩家。徵明所书，由江济、吴鼐等刻石。

　　《弇州山人续稿》卷九十一《章簏谷墓志铭》：郡岁中倭，亡
修冢墓好者，旬日以困。故分宜相欲登肃皇帝所赐制书札谕于
石，而聘叟往。留相邸四岁所而后归。

　　按：从所收徵明帖拓本考之，此前后三数年中，如己酉年
《兴福寺重建慧云堂记》，吴鼐刻。明年辛亥《出师表》及《朱效
莲墓志》亦吴鼐刻。至壬子、癸丑时，章文又有刻本。时文年
逾六十，所刻渐逊于前。章文赴严嵩聘，应在此前后数年中。

王守卒，年五十九岁。

　　《明清江苏文人年表》：嘉靖二十九年庚戌，吴县王守死，
年五十九。

嘉靖三十年辛亥（1551）八十二岁

元旦，赋《新年》诗二首。以诸友和作多，再叠二首。

《文嘉钞本》卷十四《新年》:晓色熙微到枕前,鸡声惊我北窗眠。试吟春草裁新帖,却对梅花是隔年。展历从头探节叙,占风聊复验农田。老年生事惟行乐,不在山边即水边。 暖风披草欲生烟,春在疏篱曲径边。久占青山遗世事,又将华发受新年。有情花鸟诗篇里,无限光阴杖屦前。纵有闲愁都遣却,一杯椒叶自陶然。

又《承诸君见和新年之作再叠二首》:身同疲马不能前,懒似吴蚕一再眠。春酒杯中消世事,晓鸡声里度流年。未忘垂老歌淇澳,自笑无功佃甫田。最是春风来有准,一痕消息早梅边。

晏坐闲消柏子烟,闲愁不到酒樽边。从知修竹能医俗,谁谓狶苓解引年。瓦砾汰馀宜在后,聪明老去不如前。不才自为明时弃,太息空怀孟浩然。

二日,与王庭饮陆师道家;三日,饮毛氏小滁亭;七日,小集王庭东园,皆有作。

《文嘉钞本》卷十四《二日,同王直夫饮陆子传家,赋赠,闻直夫家园梅盛开,故卒章及之》:喜得春来风日嘉,一樽同醉故人家。等闲会合原无约,漫漶时情岂有涯。追话旧游增感慨,自惟老景惜年华。何当更作东园会,见说江梅已着花。

又《三日饮毛氏小滁亭》《人日直夫东园小集》诗,皆七律,略。

廿六日,雨窗小楷晋陶潜《桃花源记》及诗,跋称:"晋人工造语,而渊明其尤也。"

拓本《文衡山书桃花源记》:唐子西云:唐人有诗云:"山僧不解数甲子,一叶落知天下秋。"及观渊明诗云:"虽无纪律志,四时自成岁。"便觉唐人费力如此。如《桃花源记》言"尚不知有汉，无论魏、晋"，可见造语之简妙。盖晋人工造语，而渊明其尤也。辛亥正月廿又六日，雨窗漫书。徵明，时年八十有二。

与江阴张衮登君山，有诗。衮字补之，号水南。正德十二年进士，仕至国子监祭酒，降光禄卿致仕。性孝友，为文谨严。江阴又有沈翰卿，字子羽，师事邵宝，有声江左。徵明亦与缔交。

《文嘉钞本》卷十四《春日同水南登君山》：苍山兀兀水沄沄，回首重游十二春。白日西飞何自急？大江东去渺无津。闲云变灭悲浮世，衰鬓相看有故人。黄土一抔勋业尽，英风谁复问春申？

光绪本《江阴县志》卷十六《人物·乡贤》：张衮，字补之。正德辛巳进士，改翰林院庶吉士，累迁侍读学士，掌南院。以太常卿掌国子监祭酒，降南京光禄卿，致仕。在翰林十四年，值世庙右文，明大伦，正大祀，皆与议。先是，议礼诸臣逮系，侍郎何孟春抗疏忤旨，无敢申救，衮独上疏请释。复奏罢陕西织造，止云南采取，撤浙江内监。性孝友，先业悉让两弟。为文谨严。尝修《江阴县志》。有《水南集》。

乾隆本《江阴县志》：沈翰卿，字子羽，邑廪生。少师邵文庄，俊发英雅，有声江左。既壮，博极群书，力追古作者。顾东桥、杨五川、文徵仲、陆澄山诸公皆与缔交。分宜相延之家塾，视相府如蓬户。每一诗成，辄拍案狂叫，旁若无人；遂与相子柄凿，拂袖归。家毁于火。贫不能具饘粥，惟卖文以给，久之卒。

光绪本《江阴县志》卷十七《人物·文苑》：沈翰卿。……家毁于火，卖文以给，世事不撄于怀。无锡俞宪梓行其《石湾》前后集。

墨本《文衡山尺牍墨宝》:午间请过小楼,同沈子羽吃饭。来时,得就往拉之,甚妙。徵明肃拜,子美贤甥。

按:于徵明诗知十二年前曾与人偕游,惜《文嘉钞本》自嘉靖十一年壬寅至廿三年甲午诗皆缺,事不能考。君山东岳庙殿下有春申君墓,故徵明诗末云云。

二月,住无锡华云家,玩庭中玉兰,有诗并图。

《文徵明汇稿》附页《玉兰图》:绰约新妆玉有辉,素娥千队雪成围。要知姑射真仙子,欣见霓裳试羽衣。影落空阶初月冷,香生别院晚风微。玉环飞燕元相敌,笑比江梅不恨肥。奕叶灵葩别种芳,似舒还敛玉房房。仙翘映月瑶台迥,素腕披风缟袂长。拭面何郎疑傅粉,前身韩寿有馀香。夜深香雾空濛处,仿佛群姬解佩珰。辛亥八日,访补庵郎中,适玉兰花盛开,连日赏玩,赋此并系以图。徵明。

按:《珊瑚网画录》作二月八日。此图,《式古堂书画汇考》《石渠宝笈》《穰梨馆云烟过眼录》《湘管斋寓赏编》等均有纪录,上海国华书局《古画大观》所印另是一轴。一画数作,虽亦有之,但此中不无临本。

有挽张大轮诗十首。

《集三十五卷本》卷十四《张夏山挽词》:忆随仙侣仕瑶京,几度朝回并马行。回首旧游成大梦,燕山吴水不胜情。 三年常守念孤穷,教养雍容有古风。为理无名百年赋,至今赤子颂张公。 扁舟北上候新除,别我吴门意有馀。岂谓间关魂独返,伤心空读寄来书。共十首,馀略。

三月,过僧慈云明心阁,为完己酉冬所画雪景卷。时病疮,勉强执笔。

《吴越所见书画录》卷三《文衡山雪景袖珍卷》:己酉冬,过慈云写此。不完而去。明年三月再过,稍加点染,老衰病疮,强勉执笔。不足观也。徵明时年八十有二。

按:后有彭年书《雪赋》,文彭书庾肩吾《咏雪花》诗,皆在慈云明心阁作。不知寺名,识此待考。

又按:日本东京堂本《故官历代法书全集》第六卷《文徵明尺牍》:区区疥痒,日夕爬搔,眠食都废,不可奈何。十香膏望惠几丸,幸勿靳也。小扇拙笔将意,不足为报也。徵明拜读,半云老师法席。此札或此时作。慈云与半云,两僧关系如何,尚不可知。

初夏,吴子孝邀游虎丘,有诗。

《文嘉钞本》卷十四《初夏,吴纯叔邀游虎丘》:碧山收雨绿阴成,白苧翻歌夏意清。春事不嫌三月尽,胜游刚喜四难并。品泉有客追鸿渐,悟石无由问道生。斜日满原松影乱,可中亭上按箫声。

四月望,为何良俊撰《何氏语林序》。又为良俊赋傲园诗;园为良俊别业,内有四友斋。

明刻本《何氏语林》文徵明《何氏语林序》:……而或者以为撦裂委琐,无所取裁,骫骳偏驳,独能发藻饰词,于道德性命,无所发明。呜呼!事理无穷,学奚底极?理或不明,固不足以探性命之蕴;而辞有不达,道何从见?是故博学详说,圣训攸先;修辞立诚,蓄德之源也。宋之末季,学者牵于性命之说,深中厚默,端居无为,谓足以涵养性真,变化气质。而考厥所存,多可议者。是虽师授渊源,惑于所见;亦惟简便日趋,偷薄自画,假美言以护所不足,甘于面墙而不自知其堕于庸劣焉尔!

呜呼！玩物丧志之一言，遂为后学之深痼，君子盖尝惜之。辛亥四月之望，文徵明书。

《文嘉钞本》卷十四《何元朗傲园》：不是忘机慕汉阴，芳园暂寄不羁身。短藜日涉陶元亮，布褐躬耕郑子真。适意乾坤聊肆志，放言贫贱敢骄人。晓来雨过町畦润，一笑欣然万物春。

康熙本《松江府志》卷十七《镇市》：柘林，何元朗、叔皮兄弟读书于此。有傲园，今废。

又卷二十四《第宅》：傲园，在城南，何良俊别业，有四友斋。

白悦卒，年五十四岁。

《世经堂集》卷十六《尚宝司司丞致仕洛原白君墓志铭》：白洛原……壬辰进士，授户部陕西司主事。辛亥四月廿日卒，年五十四。

作《四时渔隐图》，题句有"输租转赋世途恶，渔家自得江湖乐"；及"不嫌湖上有风波，世路风波今更多"之句。

《集三十五卷本》卷十四《题渔隐图》：江头夏雨十尺强，晚波摇日空江凉。游鱼潋濸乐深薮，不谓人间有渔筍。筍得江鱼不税官，自食自鱼终岁欢。输租转赋世途恶，渔家自得江湖乐。（右夏）渔翁老去头如雪，短笠轻蓑舟一叶。百顷鱼虾足岁租，十只鸬鹚是家业。横笛朝冲柳外风，浩歌夜弄波心月。不嫌湖上有风波，世路风波今更多。（右秋）春冬两景诗略。

七月廿四日，小楷前后《出师表》。吴鼒刻。

拓本《文待诏小楷前后出师表》：嘉靖三十年辛亥七月二十四日，文徵明书，时年八十有二。吴鼒刻。余待白姑苏，荷衡山翁知最稔，为余书武侯《出师》二表，以余世系出琅琊也。命工镌石以传，珍翁之楷法者，不因得武侯尽瘁之心乎？古虞葛桷识。

按：道光四年本《苏州府志》卷五十三《职官·常熟》：葛桷，字安甫，上虞人。进士，嘉靖廿四年任，以贪酷劾去。《天香楼藏帖》文徵明小楷谢瑜《贞素先生垣溪葛公行状》云："嘉靖庚子，桷以《易》荐于乡，父垣溪先生（滂）不色喜。甲辰登进士，出宰常熟。父戒其不贪，桷益加砥砺，为廉仁称首，竟以皦皦致诬谤落职。士民咸奔走欲白其事，代巡徐祀冈察其诬，奏辩复职。"葛桷为人必有可取，故徵明肯书《出师表》以赠。

九月十一日，横塘舟中小楷《归去来兮辞》。

北平故宫博物院印本《元明人书集册》：《归去来兮辞》辛亥九月十一日，横塘舟中书，徵明，时年八十有二。

十月十八日，于玉磬山房小楷《赤壁》两赋。

《中国古代书画图目》六，南京博物院藏《明文徵明等前后赤壁赋书画卷》：嘉靖三十年岁在辛亥冬十月既望后二日书于玉磬山房，长洲文徵明。文彭大隶"赤壁"两字引首，莫云卿、文嘉各补图。

十月，《停云馆帖》第七卷"宋名人书"摹勒上石。

拓本《停云馆帖》：宋名人书卷第七

宋米敷文书《投间帖》　宋陆放翁书《致明远老友帖》　宋叶少蕴书《致季高贤亲帖》　宋王定国书《致安国帖》《致运使吏部帖》　宋韩子苍书《致叔兴礼部帖》　宋张于湖书《泾川帖》　宋范文穆公书《外姑帖》　宋姜白石书《兰亭考》　宋朱文公书《德门帖》　宋张南轩书《詹见帖》　宋张樗寮书《祚薄

帖》 宋文信国书《小青口诗》《虎头山诗》嘉靖三十年冬十月，长洲文氏停云馆摹勒上石。

为朱朗撰其父墓志铭并书。吴鼐刻石。

拓本《朱效莲墓志铭》：朱生朗，以嘉靖辛亥冬十二月十七日葬其父效莲君于吴县九龙山先茔，诣余再拜请铭。始朗以文艺游余门，清修详雅，余爱之，意其必有所自。既而因朗识君，朴茂愿谨，对客恂恂，无一剩语。余爱之，谓其宜有是子也。已而移居余里中，所居去余不数步而近。往来日稔，循默愿谨，数年犹一日也。君讳荣，字彦仁，苏之长洲人。家世业贾。君生敏慧，颇习书数。甫冠，代父理家，服贾事维谨。……前翰林院待诏将仕佐郎兼修国史长洲文徵明著并书。吴鼐刻。

冬，访华云，赴无锡。月夜小集，有次华云诗。

《文嘉钞本》卷十四《冬日访补庵郎中月夜小集补庵有诗次韵奉答》：天空露冷意寥寥，此夕篱根系小舠。两地交情秋水淡，百年琴思碧山高。风前樽酒邀明月，霜后疏林见远皋。一笑相看俱白首，馀生惟有乐陶陶。

继去义兴，于荆溪道中叠前韵。又有《阻风宿九里湖》及《梁溪道中夜行》等诗。

《文嘉钞本》卷十四《荆溪道中叠前韵》：涛浪翻空晚沉寥，溯风西上一轻舠。云开阳羡群山出，水落荆溪断岸高。斜日凫鹥遵枉渚，西风木叶下亭皋。老来自得江湖趣，何必朱公更隐陶。

又《阻风宿九里湖》，七律，《梁溪道中夜行》五律，皆略。两诗亦见《集三十五卷本》。

归与华云夜登惠山，有诗。

《文嘉钞本》卷十四《月夜同补庵登惠山》:惠麓山前夜泊船,与君同上碧云巅。月临突兀松间殿,风送潺湲竹外泉。剩有笙歌惊宿鸟,不教钟梵扰枯禅。未愁此夕山灵笑,只恐明朝已话传。

　　按:此诗在《荆溪道中》等诸诗后,归时作也。

有寿华世祯七十诗。时世祯家渐落,故诗有"莫把穷愁消病骨,人生强健即神仙"句以慰之。

《澄观楼法帖》:喜君今及古稀年,我老仍居十载前。白发交游今有几? 青山行乐且随缘。好抛世事浮尘外,尽有光阴杖履边。莫把穷愁消病骨,人生强健即神仙。徵明肃拜,祝西楼尊契。

《华氏本书》:世祯字善卿,世饶于资,率务啬善保。西楼以文学补邑诸生。颇好客,为豪举,交一时名胜贵显。日醉吟山水,其风流雅韵,多播于吴闾。声誉隆起,产坐是挫削。中岁,几无聊赖,抱膝独吟而已。有子曰椿枝,字寿傅者,孝子也,其号元楼云。决策事耕,西楼得享孝养。又十年,年八十六而捐宾客。

张献翼以诗来贽,深奖之。于是倒屣授书,简尺往复。虽年辈远不相及,而勤恳如素交。献翼一名敉,初字仲举,更字幼于,号壶梁,凤翼弟。嗜读书。诗清新雅丽,著述亦富。与弟燕翼并有才名。燕翼字叔贻,儿时即受徵明器识。为人酝藉,善诗、书,能画竹石。与兄凤翼同年举乡试。早卒。吴人以凤翼兄弟比皇甫氏兄弟,曰:"前有四皇,后有三张。"献翼时年十七岁。

《弇州山人续稿》卷一百九《张幼于生志》:嘉靖中,以制科之业称公车者，无若吾吴郡之三张，曰伯起，曰幼于，曰叔贻。幼于始字仲举，一曰籹。叔贻寻夭。而是二人皆厌去其业。为古文辞，益壮丽。其名亦益著。……伯起生，又七年，幼于生。皆生而白皙，娟好秀丽。每出，市人连袂瞩盼属之曰："谁家璧儿？当非复尘世间物。"父怜爱之，为置师塾，日诵数千言。年十七，即以诗贽故翰林待诏文翁。文翁，世所推服，前辈无两，辍食而读，谓其客陆礼部师道曰："吾与若俱不及也。"趣延入，酒之。而是时伯起业已名文翁客。居数岁，遂客及叔贻。陆君亦折行而与幼于称诗友。故皇甫按察汸、彭处士年、黄处士姬水、今刘按察凤，尤相得，唱酬无虚日。

《文氏家藏集》张献翼《书文博士和州诗集》：夫韦有玄成，而孟益尊。郑待小同，而玄益著。贾得嘉而谊以经术起者不衰；卢藉谌而植以儒学用者不坠。故颍川陈氏，时人谓之公惭卿，卿惭长，非以世其家业不殒者之难乎？然未有父子兄弟祖孙，历代名德，并有集行于世如文氏者也。予少而多长者之游。即生晚不及见涑水公，幸及见《括囊稿》。若于太史公为王父行，于博士、和州为父行；即于录事公伯仲称群、纪交，视录事公犹然十五年以长。太史公尝倒屣授书。博士、和州公则同为诸生，忘形尔汝。居无何，博士公为国子先生，余方太学游士，又出博士公门，谊至废弟子礼。逮与孝廉诸仲称兄弟，而奕世交情，绵及五世，岂偶然哉！

《震川先生集》卷五《题张幼于哀文太史卷》：文太史既殁，幼于哀其平日所与尺牍，摹之石上。太史尊宿，幼于年辈远不相及，而往复勤恳如素交。吴中自来先后辈相接引类如此！故文学渊源，远有承传，非他郡之所能及也。嗟夫！士固乐于有所为,若夫旷世独立,仰以追思千载之前,俯以望未来之后世,其亦可慨也夫!

《姑苏名贤小纪》卷下《张梦晋先生附张粼先生》:后有张粼幼于者,亦狂士。顾嗜读书,书无所不丹铅。晦明寒暑,著述不休。以结客故,尽散其产。老不得意,益以务诞。至于冠红纱巾,生自祭而歌挽歌,行乞于市,斯几狂而荡矣!然所著书,皆翼经史,佐礼乐,非漫然者。余尝谒先生于白公石下,先生遽易葛巾,屏侍妓,而后与余揖。余乃知先生之诞,固于世牢骚抹杀,而托焉者也。后竟为怨家所杀。

《静志居诗话》:幼于早擅才名,见赏于文徵仲。读书上方山治平寺中。撰《周易约说》《杂说》《臆说》及《读易纪闻》《读易韵考》,不失为儒生。后乃狂易自肆,与所善张孝资检点故籍,刺取古人越礼任诞之事,排日分类,仿而行之。两人为俦侣,或歌或哭,或紫衣挟妓,或白足行乞,其放浪亦甚矣。

《弇州山人续稿》卷一百《乡进士张叔贻墓志铭》:予弟敬美过淮,而遇吴司马者,谓曰:"前有二王,后有三张,吴人哉!嘻!"敬美归而语予。而张之季,则以前一岁逝矣。所谓"三张"者,伯起、幼予、叔贻也。云槎公虽以末起家,顾喜蓄图籍古器,有隽声。许太君生三子,伯仲皆玉立美秀。叔贻生而貌微寝,然特颖敏甚。七岁听歌者按节而句之,殊皦。又能为渔阳挝。纵辩折客,客无敢抗。十三工属文,十七为郡诸生,二十一遂偕伯氏领乡荐。一时才名藉甚,倾吴中矣。凡三试于春官,三不利。而其最后司试者得其文而善之,且见录用,小不及格罢。遂以其明年春感末疾寝剧,至冬十一月卒,得岁仅三十三。叔贻始游伯仲间,习博士家言。伯仲皆善诗,则亦善诗;伯氏善书，则亦善书。而叔贻时时作猗兰丛篠怪石，出其表也。其为人酝藉开放，善谈笑，多艺能。自其儿时，文待诏徵仲业已器爱之。而一时诸名胜若徐绍卿、文寿承、休承、彭孔嘉、黄淳父、周公瑕、何元朗、钱叔宝咸屈年行与交。

隆庆本《长洲县志·科第》：嘉靖四十三年甲子科：张凤翼张燕翼。

十二月廿五日，陆粲卒，年五十八岁。粲尝以外祖参议胡琼遗事相告，因撰《胡参议传》。琼字文德，长洲人。成化初进士。由江陵知县入为监察御史，贬黄之麻城，迁崇德府同知，更处州同知。修正强执，有善政。乞归，进山西参议致仕。

《陆子馀集》附尹台《明给事中贞山先生陆公墓志铭》：公生弘治甲寅六月二十六日，卒嘉靖辛亥十二月二十五日，春秋五十有八。

《集三十五卷本》卷二十七《胡参议传》：参议胡公琼，字文德，苏之长洲人也。成化初，举进士，为江陵知县。……公无子，有赘婿陆应宾，应宾生子粲，举进士，为给事中，颇能言其事，然而逸亡多矣。列其大略以传。

《姑苏名贤小纪》卷上《参议胡公》：胡公琼，字文德，长洲人。举进士，令江陵。辽王横甚，其下椎剥，民不堪，公一绳以法。王欲以利啖公，因馈食，置金其中，公正词却之，王稍戢。以高第拜监察御史，左迁麻城令。贰守常德，署郡篆。时有大珰自滇还，所在索贿，笞系官吏，公不为礼，召逻卒欲检其橐，拜疏，珰惧，亟引去。他日有诏括诸郡金，檄牒旁午，公持不下。僚属相继请，谓且得罪。公曰："金非郡产也，又岁俭，可加赋乎？即有罪,罪主者,诸君何与?"已诏罢不征,而他郡先征发者,皆愧常德云。服除,更贰处州。民有发地得金沙,中官上闻请开矿;公争之不得,因疏于朝,条其利害,得免。满考乞休。时王端毅公为冢宰,持其奏不下。公请益坚,乃增秩以参议致仕。公丞处州,彭惠安方抚浙,属其邑子为尉者。已尉不法,公按斥不贷。惠安反益贤公。其以郡丞进藩司,彭为少宰,与有力焉。人盖两贤之。

除夕,守岁有作。有"不愁老大无同辈,只觉聪明愧后生"之句。盖徵明好奖许后进,随所长称之。悬衡一时,轻重在口。吴士先后辈皆重之,尊称为"文先生"云。

《集三十五卷本》卷十五《辛亥除夕守岁》:坐恋残年漫有情,夜堂烧烛待天明。不愁老大无同辈,只觉聪明愧后生。得岁笑看新旧历,无眠厌听短长更。香消酒冷人初静,忽报晨鸡第一声。

《续吴先贤赞》卷十一《文学·文壁》:徵明亦善接引,随所长称之,誉因以立;不者,以为非其类,虽才无所成名,相诱为俗。喜事少年,争奔走之。贾人子冀得其题目,忘失贩鬻。长者家儿,欲与士人齿,且夕候焉。四方来者,轸相接也。悬衡一时,轻重在口。如此者数十年。

《明史窃》第七十三《康杨桑顾朱刘文唐祝列传》:文徵明……吴士先后辈人人尊重之,皆不敢名,称为"文先生"。

嘉靖三十一年壬子(1552)八十三岁

元旦,次日立春,饮于毛锡嘏家,观郡邑迎春,有诗,次苏轼韵。

《集三十五卷本》卷十四《壬子元旦饮毛石屋家,观郡邑迎春,盖明日立春也,次东坡韵》:昨夕今朝迹已陈,头颅种种岁华新。土牛郭外才驱厉,彩燕筵前已得春。对酒不应谈世事,赏心刚喜及良辰。坐中潦倒谁应其? 老我颓然第一人。

七日,王庭期东园看梅,雨阻不果,有诗。

《文嘉钞本》卷十四《人日王直夫期东园看梅阻雨不果》:春阴黯黯昼迟迟,只尺名园不可之。老病那堪人日雨? 梅花刚负草堂期。道衡牢落空多思,高适龙钟漫有诗。四美二难从古事,底须惆怅恨芳时?

三月十日,小楷《赤壁》两赋。董其昌跋。

《翰香馆帖》文衡山书:《赤壁赋》《后赤壁赋》嘉靖壬子三月十日书。徵明。 文太史书此二赋,亦从右军《东方赞》得笔。然小楷书仅见此卷,兼复烂漫;当以东方生书乃称也。时天启岁在乙丑暮春之初,为雨若又题。董其昌。

既望,以败毫仿黄庭坚书旧作《新燕》诗。

《壮陶阁书画录》卷十《文衡山画江南春并诸家题词卷》附录:藏待诏《新燕》诗一卷,以败毫仿山谷,老笔随意成之,而七古韵致颇佳。《新燕》:杏花飞飞春燕来,主人花下新堂开。花间相见惊相识,绿树东风卷帘入。城中甲第连云起,画栋朱甍春旖旎。故垒宁无绣幕思? 多情却向茅檐底。茅檐日暖绣幕寒,去来只作寻常看。乃知物性无新故,世情自尔分贫富。人言禽鸟得气先,主人贫贱何时瘥? 人生未怕常贫贱,但愿年年见新燕。壬子三月既望,时年八十三,徵明。

按:此诗徵明所书颇多。尝见武进张学曾君藏一轴,字句较此为多，款："右《新燕篇》，乃予三十年前作也。偶客能诵之，遂书一过。时嘉靖乙卯三月二日，徵明年八十有六。"则此诗盖未出仕前作也。

春，万表北上，至吴来谒。徵明为补题旧赠《竹林高士图卷》。后六年，万表识后。

西泠社印本《文衡山竹林高士图卷》：渭川半亩西园竹，远比猗猗在淇澳。和烟带雨初移来，一片鸣珰响清玉。出林新长万琅玕，阶前日日报平安。箨龙满地碍行径，飕飕风动生清寒。雅性从来无所好，独爱此君频索笑。呼童汲水煮新茶，坐对吟诗更奇妙。汝生气味同吾人，听音自是吾嘉宾。虚心直节每相许，岁晚为我添精神。垂垂拟结千年实，凤鸟飞来还恣食。等闲月下有人过，乞与回仙制长笛。露华如洗翠作丛，铿金击石声摩空。出门如见此君在，犹愧当年卫武公。（诗末题识，见前七十三岁。）　余性爱种竹，四明祖居有竹园数亩，未入柴门，先由竹径。至今乡人称之曰"竹浦万家"。南京赐第亦种竹数万竿，绿阴满庭，风晴雨雪，四时咸宜。丰南禺先生题曰四宜轩。此卷，壬寅赴吴大阅，衡翁所画赠者。当时未有款识，印章亦无。后二年，寿承来游白下，乞补印章，并以衡翁游上方山诗见赠，合装于后。三十一年壬子春，余率师勤王，顺道至吴，亲谒衡翁，补题诗于尾，以成全璧。画中山石林泉，与吾乡一带溪山位置仿佛，竹浦一段尤肖，观者咸以为奇异。重志数言，藏于赐书楼中。嘉靖三十七年戊午二月上吉，民望万表识。

小病浃旬，有《不寐》《病中》诗。

《文嘉钞本》卷十四《不寐》：病魔萦绕昼迷冥，入夜无眠意未宁。背壁一灯寒耿耿，披帏双眼只惺惺。倥偬春梦浑无迹，长短山更苦厌听。安得尘缘都解脱，满窗明月诵《黄庭》。

又《病起》：卧病空斋已浃旬，开轩桐叶翠阴阴。柴门久矣迷车辙，空谷欣然有足音。甲煎浮芬消永日，建瓯瀹雪洗烦心。日斜睡起无馀事，自擘银笺续短吟。

四月九日夜，酒后，行书《西苑诗十首》。后刻入《停云馆帖》。

拓本《停云馆帖》卷十二《西苑诗十首》：余乙酉岁作此诗，及今壬子，二十有八年矣。夏夜被酒不寐，重录一过，四月九日也。徵明。

既望，过十山清旷堂，观宋人《茶具图》。十山欲勒石以传，因为双钩。

日本东京大学出版会《中国绘画总合图录》《文徵明茶具图》：嘉靖壬子四月既望，过十山先生第。适天气炎蒸，先生坐余于清旷堂，汲泉煮新茗。因出宋人《茶具图》赏鉴遣暑，且欲勒石以传诸好事者。余遂援笔为之双钩，亦一时之清兴，不觉炎暑顿忘也。徵明识。

按：十山姓名字行待考。

五月，避暑无锡，阅华云所藏赵原、赵天泽画，以合璧名之，并记。

《寓意录》卷二《二赵合璧图》：董、巨复墨妙当代，后少继之者。唯鲁中赵善长仿佛，余恨不多见。初夏避暑梁溪，过华补庵斋头，偶睹合璧图。复有赵鉴渊《青溪草亭》。鉴渊虽精各法，喜擅梅竹，今此图不在松雪下，亦世希观。故以合璧名之。是记之。时嘉靖壬子五月望日，徵明，时年八十有三。

按：赵天泽，元人。字鉴渊，蜀人。善画梅竹。赵原，明人。

字善长。画师右丞、北苑。山水雅丽。洪武中，征画师集中书，令图往贤著功名者。原应对忤旨，坐法。

夏，过袁尊尼，邀登列岫楼；晚过行春桥玩月，皆有诗。诸友有和，因再叠二首。

《集三十五卷本》卷十四《袁鲁仲邀余登列岫楼，予自胥台殁后，数年不登矣》：故人湖上有高楼，十载清樽续旧游。飞翠窗中仍列岫，片帆天际见归舟。依然绿树啼黄鸟，无赖青山笑白头。不尽阿戎淹恋意，渚云江草两悠悠。

又《是晚过行春桥玩月再赋》：行春桥上月娟娟，杜若洲西宿画船。万镜不波天在水，四山沉影夜如年。已知世事皆身外，肯着闲愁到酒边？宛转清歌出林表，晚烟依约正苍然。

又《承诸友见和再叠前韵两首》：横塘西下彩云楼，千里风烟入卧游。词客曾吟梅子雨，野人今驻木兰舟。春声柳外调莺舌，山色云中见佛头。樽酒相看聊一笑，十年前事付悠悠。清波摇月弄婵娟，人拥笙歌月载船。月与湖山增胜概，人看光景惜流年。白沙断渚眠鸥外，青霭长云落雁边。酒醒不嫌归棹晚，蘅皋暮色已苍然。

《袁永之集》卷九《横塘别业十四首有引》：余别业在横塘，颇有黄山石湖之胜。辱文内翰徵仲题其门曰：宅近青山同谢朓，门垂碧柳似陶潜。爰即题赋十四绝句。……

乾隆本《苏州府志》卷二十七《第宅园林》：袁学宪宅：在宝林寺东。子学宪尊尼亦居此。袞晚年居横塘，有列岫楼，俯临湖山之胜。又构黄山草堂。

七月三日，行书前《赤壁赋》，并识赋中"食"字之义。陆师道题。

《梦园书画录》卷十一《明文衡山行书前赤壁赋卷》：嘉靖壬子七月三日，闲录一过。其中"与吾子之所共食"，旧多作"适"，余从亲笔改定。按《左传》："食，销也"。坡集中有答人问"食"字之义云："如食邑之食字，犹言享也。"长洲文徵明识。

衡山公行草，深得晋人三昧。落笔纵横，高出书苑。近代名家，罕克并驰。盖其吮毫行墨，匆遽不苟，必由法度。点染片纸，往往为人珍惜，遂至溢价，非偶也。此卷乃公八十馀所书，流丽典雅，势若飞动，略无衰迟之态，信足为书家奇琛，得者宜慎保之。赐进士第承德郎礼部仪制司主事陆师道谨题。

八月，题徐贲画卷；又题仇英《浔阳琵琶图》。贲字幼文，其先蜀人，徙居吴。洪武初用荐授给事中，官至河南左布政使。寻下狱死。有《北郭集》。

《红豆树馆书画记》卷二《明徐幼文山水卷》：苍山叠叠水斜斜，茅屋高底带浅沙。车马城中尘似海，多应不到野人家。（共四首，录一首）嘉靖壬子八月上浣，偶阅徐幼文长卷，喜甚，敬题四绝。徵明。

《大风堂书画录·仇实甫浔阳琵琶图》：一幅面屏秋月圆，荻花枫树满江天。江州自是无司马，多少琵琶上别船。　浔阳城畔听啼乌，飒飒江风夜气多。幽咽泉流弦冷涩，青衫湿处意如何！嘉靖壬子秋八月，书于悟言室，徵明。

《列朝诗集》甲集《徐布政贲》：贲字幼文。其先蜀人，由毗陵徙居吴，家城北齐女门外。时称十才子，幼文其一也。工诗，善画山水。淮张开阃，辟为属，与张羽俱避去吴兴。洪武七年，用荐起家，授给事中，改监察御史，出按广东，改刑部主事，升广西参政河南左布政使。大将军兵出洮岷，往返中原，诉所司缺犒劳。上以贲迁疏儒者,不即诛,下狱死。诗名《北郭集》。

杨子任邀游石湖,值雨,饮王氏越溪庄,有诗。

《文嘉钞本》卷十四《杨子任邀游石湖,值雨,遂饮王氏越溪庄》:未将艇子泛南湖,先醉王公旧酒炉。画戟凝香供晏寝,玉盘修竹出行厨。送青刚喜山排闼,润物还怜雨似酥。一笑烟波情满目,临风有客唱吴歈。

乾隆本《苏州府志》卷二十七《第宅园林》:王都宪守、贡士宠宅,在南濠。宠有越溪庄,在石湖上。中有采芝堂、御风亭、小隐阁。后垣即越城故址。

按:杨子任数见于诗题。王宠《雅宜集》有《夜话金元宾、杨子任、吴祈父》诗,文嘉《和州诗集》有《虎丘月下送子任赴湖广宪副》等诗。是杨子任与文氏父子及吴中名士早有交往。事行待考。

衡阳族弟彦仁、彦端先后来访,皆有诗送行。

《集三十五卷本》卷十四《送族弟彦端还衡山》诗,七律,略。

又《旧送彦仁一首追录于此》:南望衡阳旧德门,虎符元帅有诸孙。山川我正怀桑梓,水木君能念本原。两地衣冠曾不乏,百年忠孝至今存。相违不尽相留意,狼藉秋风酒满樽。

有寄顾瑮、许縠诗。瑮时已致仕归,居寒松小楼,训童蒙自给。縠亦以人言罢。盛年岩居,以赋咏自娱。

《集三十五卷本》卷十四《寄顾横泾》:我别横泾三十年,同游都尽独巍然。渊明谁送东篱酒?季子原无负郭田。贫病岂知翻益寿,聪明莫道不如前。相思相见知何地?梦破秦淮月满川。

又《寄许仲贻》：问讯幽人白下踪，若为清世不相容！几回对月思玄度，安得披云见士龙？落日横塘折杨柳，秋风南浦梦芙蓉。相思满目烟波远，吟得新诗手自封。

《列朝诗集》丙集《顾副使璘》：坐同官媒孽，罢归。橐萧然无以给昕夕。临街一小楼，扁曰寒松，训童蒙数人以自给。东桥初辟息园，宾朋满坐，妓乐杂作。所居间一墙，招之饮，多不赴。尝绝粮，华玉馈以斗粟，不受。霍渭崖为南宗伯，拆毁庵院，以废寺田百亩资之，坚拒不纳。邻家二老人，旧酒徒也。每召之，典衣沽酒，三人相对，尽三四瓮而去。纵饮穷日夜。晚得末疾，不良于行，作《酒隐》诗以见志。文徵仲为东桥志曰："雅知英玉之志，虽日与亲接，而不辄馈遗。"亦徵仲之微词也。

又丁集《许尚宝毂》：以人言罢归。仲贻负时名，盛年岩居三十年，不通一字于政府。缙绅至南都，造门求见，不一报。谢曰："此乡前辈里居之法，不敢变也。"日以赋咏自娱。所得卖文钱，投竹筒中，客至，探取之，沽酒酣畅，穷日月不倦。年八十有三，自为行述。甫三日，无疾而逝。

《玉笥诗谈》卷上：予师许石城先生，家金陵，以尚宝卿致政。家居二十年，游情山水，文酒自娱。性喜客，客来命酒必醉，夜漏下五鼓，不辍也。金陵当吴楚之会，每门生故人来访先生，必留连信宿。诸官留都者，率以岁诞日奉酒为先生寿，先生辄赋诗张宴为乐。予一夕诣先生，时王太仆在上元，先生折简招与共饮，自日午洗酌，烧灯竟夕，仍起浮大白三，出门曙矣。尝举所为诗笑谓余曰："平生爱我无如酒，凡事输人不但棋。"先生之寄兴，远而达矣。

又有寄顾从义、金用诗。从义字汝和，上海人，善书能

诗,又善绘事。时以善书选授中书舍人官京师。用时亦在京。

《文嘉钞本》卷十四《寄顾汝和》:仙郎违别动经时,问讯难兄自北归。仕籍近闻通禁省,宫罗初喜试朝衣。未妨爆直藏金马,想见挥毫对紫薇。冀北江南劳梦想,月明千里共依依。

又《寄金元宾》:留滞燕南岁月迈,思君不见使人愁。烟霄万里谁推毂?身世三年独倚楼。料得风云心自壮,莫教尘土鬓先秋。上林三月莺花满,早晚鸣珂烂漫游。

康熙本《松江府志》卷四十三《独行》:顾从义,字汝和。善书能诗。嘉靖庚戌诏选端行善书,从义名第五,授中书舍人。隆庆初,以预修国史成,擢大理评事。家构玉泓馆,手摹宋本《淳化帖》及法书名画,金石鼎彝。善绘事,工署书。尤为文徵明、王世贞父子所重。有《砚山山人诗稿》行世。

九月九日,雨中与客燕集于虎丘悟石轩。

《集三十五卷本》卷十四《九日雨中虎丘悟石轩燕集》:何处登高写壮怀?生公说法有遗台。漫修故事携壶上,不负良辰冒雨来。应节紫萸聊共把,待霜黄菊故迟开。白头八十三重九,竹院浮生又一回。

十六日,跋仇英画《职贡图》。

《大观录》卷二十《仇实父职贡图卷》:昔颜师古于贞观四年奏请作《王会图》,以见蛮夷率服之盛。自是以后,继作不绝,亦谓之《职贡图》。近见武克温所作《诸夷职贡》,乃是白画。而此卷为仇实父所作,盖本于克温而设色者也。观其奇形怪状,深得胡瑰、李赞华之妙,克温不足言矣。壬子九月既望,题于玉磬山房。徵明。

右《职贡图》，十洲仇君实父画。实父名英，吴人也。少师东村周君，画得其法。尤善临摹。东村既殁，独步江南者三十年，而今不可复得矣。嘉靖壬子腊月既望，沛彭年题。

按：《式古堂书画汇考》卷五十七《仇实父玉楼春色图》文嘉题云："仇生负俊才，善得丹青理。盛年遂凋落，遗笔空山水。至今艺苑名，清风满人耳。偶见实父此图，不觉生感，乃题数字于上，览者尚当宝之。万历戊寅仲春，茂苑文嘉记。"又董其昌《容台别集》卷六《题跋·画旨》云："画之道，所谓宇宙在乎手者，眼前无非生机，故其人往往多寿。至如刻画细谨，为造物役者，乃能损寿。盖无生机也。黄子久、沈石田、文徵仲皆大耄，仇英知命，赵吴兴止六十馀。仇与赵虽格不同，皆习者之流，非以画为乐者也。寄乐于画，自黄公望始开此门庭耳。"仇英年寿仅五十岁上下。据前彭年题语云云，可推知其卒在本年或本年以前。近人温肇桐《明代四大画家·仇十洲年表》定其卒年在嘉靖四十年，年六十八，盖误。

秋，与客游天池，归途再登天平，分韵赋诗。

《文嘉钞本》卷十四《游天池分韵得门字》诗，七律，略。

又《归途登天平，再用门字韵》：华山东下石嵯峨，却到天平日已昏。十里崎岖遵鸟道，万峰离立拥龙门。萧条钟梵投荒寺，感慨勋贤拜古坟。不恨篮舆归路永，松头明月照前村。

十月二十九日，王曰都卒，年五十八岁。曰都意气爽朗，博洽好学，亦能诗。明年冬，葬吴县吴山。彭年撰行状，陆师道撰墓志铭。

《陆尚宝遗文·王子美墓志铭》：呜呼！王君已矣！往在京师，雪中与余登西山，望居庸，顾眺东海，指燕赵之郊，掀髯抵掌，傲睨一世，浩然乐也。既而南归，相与泛具区，入林屋，振衣缥缈，南窥玉女、张公、铜山、善权诸福地。归息于石湖、虎丘之阳。扁舟载酒，啸咏相属，谓此乐可以忘老，而孰意君之遽不可作也！悲夫！君长身玉立，美须髯，意气爽朗。性喜客，客至，贳酒豪饮，不问家有无。善为诗歌。喜调笑，谐谑敏给，人莫能穷。又能纠酒，诸公宴集，不得君在座不欢。钜室慕君，盛具延致，则峻避之若浼己然。此其中所存，讵易可量？而余所为惜君者，又岂直杯酒宴游之间而已哉！娶文氏，生子男三：亲仁娶何；信仁娶吴，继聘顾；重仁未聘。女一，嫁县学生毛友仁；侧出女一。君生弘治乙卯八月五日，卒嘉靖壬子十月二十九日。葬以癸丑十二月二十二日，墓在吴县吴山桃花坞祖茔之侧。君葬有日，翰林、吏部二公皆临视葬事。而亲仁顾以铭见属，余辞不敢。亲仁曰："吾二祖哀不能状，故状之彭丈孔嘉，敢以此请。"余乃不复辞。

《东山谈苑》卷四：衡山二子，寿承以书名，休承以画名。女嫁王子美者，更好学，号博洽。亦能诗。尝作《明妃曲》有云："当时只拟诛画工，谁诛娄敬、王泉道？"其持论如此。文氏一门风雅，岂让安石家耶！

按：曰都婿毛友仁，乃毛理之孙。《集三十五卷本》卷二十六《右副都御史毛公行状》云："孙男五人：长体仁，县学生，次忠仁，次利仁，次友仁，次子仁。"

十一月十日，跋太仓顾氏藏越州石氏刻《曹娥碑》。有倪瓒跋。跋曾刻入《停云馆帖》卷一《黄庭经》不全本后。

《珊瑚网书录》卷二十《孝女曹娥碑》：倪云林跋，已刻在

《停云帖》。右小字《曹娥碑》，越州石氏所刻。古雅纯质，不失右军笔意。余平生所阅，不下数十本，俱不及此。张云门、倪元镇皆好古博雅之士，其题语珍重如此，可宝也。元镇题为辛亥岁，盖洪武四年，在当时已不易得，况今嘉靖壬子，相去百八十一年，又可多得耶？太仓顾君出以相示，漫识如此。是岁冬十一月十日，徵明时年八十有三。

按：文氏《停云馆帖》卷一《曹娥碑》乃据《群玉堂》本重摹。移帖上方诸题识刻于碑文之后。倪瓒此跋，刻于《黄庭经》不全本后。

是月，陆师道以手写《汉隶字源》来赠。

《仪顾堂续跋》卷四《陆师道手写汉隶字源跋》。《汉隶字源》五卷，首有洪遵序。前列考碑、分韵、辨字三例。诸碑字体偏旁及当用字韵所不能载者，为附字于后。附字后有题记云："嘉靖壬子十一月，陆师道手录，奉衡山先生赐阅。"

小至日，刘麟来吴，与陆师道、彭年、袁梦麟、陆安道、袁尊尼、袁梦鲤、文元发等游虎丘，题名剑池东壁。时麟年七十九岁，徵明有明年往寿之约。梦麟、梦鲤皆翯孙。梦鲤娶徵明孙女。

《吴郡西山访古记》卷五《虎丘金石经眼录》："嘉靖壬子小至日，工部尚书刘麟、参政张□、礼部主事陆师道同游。诸生彭年、袁梦麟、陆安道、袁尊尼、袁梦鲤、袁中、文元发、袁采侍从。"正书六行，摩剑池东石壁。

《西山日记·文衡山先生》：先生故与刘清惠公善，清惠八十，先生曾有称觞之约。

印本《袁氏册》文徵明《袁府君夫妇合葬铭》：孙男二人：梦

麟、梦鲤。

《泰泉集》卷五十四《衡山文公墓志铭》:孙女四人,长适袁梦鲤。

沙头顾惠卿来访,灯前话旧,赋赠。昔与惠卿有笔砚之雅,去今五十年矣。

《文嘉钞本》卷十四《沙头顾惠卿,往岁于余尝有笔砚之雅,去今五十年,年七十有四,而余亦八十三矣,灯前话旧赋赠》:夜堂灯火话当时,岁晚天寒酒力微。我老已非前日比,君年亦过古人稀。清樽燕笑风流在,白首栖迟志愿违。百里沙头共明月,相逢相别思依依。

按:顾惠卿事行待考。

时年虽耄耋,精神矍铄。《素发》诗有"只应双足能强健,着屐登山未要扶"句。

《文嘉钞本》卷十四《素发》:素发丝丝不满梳,衰容览镜已非吾。萧条暮景看篱菊,次第秋风到井梧。物外机心聊弈旨,老来多事坐诗逋。只应双足能强健,着屐登山未要扶。

应何鳌请,撰其父诏神道碑并书。章文刻石。鳌,山阴人。正德十二年进士,时官刑部左侍郎。章文时好从博徒游,渐废其业。

拓本《文衡山书南京工部尚书何公神道碑》:嘉靖十有四年乙未正月廿又八日,南京工部尚书山阴何公致仕,卒于家。公讳诏,字廷纶,别号石湖。……子男五人,长缟;次鳌,举正德丁丑进士,今为刑部左侍郎。……至是侍郎鳌言于徵明曰:"先人之葬,十有六年矣。墓木已拱,而墓上之石,未有刻词,愿有请焉。"徵明生晚,不及识公,而侍郎辱与游好,不可辞。

……前翰林院待诏将仕佐郎兼修国史长洲文徵明著并书。吴郡章简甫刻。

拓本《敬和堂帖》：屡屡遣人，无处相觅，可恨可恨。所烦研匣，今四年矣。区区八十三岁矣，安能久相待也。前番付银一钱五分，近又一钱，不审更要几何？写来补奉，不负不负。徵明白事，章简甫足下。　向期砚匣初三准有，今又过一日矣，不审竟复何如？何家碑上数字，望那忙一完。渠家现有人在此，要载回也。墓表一通，亦要区区写，不审简甫有暇刻否？如不暇，却属他人也。徵明奉白，简甫足下。

《弇州山人续稿》卷九十一《章笈谷墓志铭》：叟好客，且时时从博徒游。所得资随手散尽。至卒，而不能具丧礼。

王世懋年十七岁，来谒。徵明爱其奇颖，呼为小友，手书《原道》以赠。徵明好学，又好结纳。自少至老，未尝一日忘学，亦未尝一日忘取友以自益。世懋字敬美，世贞弟。好学，善诗文。曾得徵明为周于舜补书《心经》，以与仇英画合卷而跋之。

《王奉常集》卷五十《文待诏楷书原道》：盖世懋年甫十有七，而见文先生，先生谬谓奇颖而爱之。因手写是笺为赠。纸尾所呼季美，盖先君初命字也，已复改称今字云。嘉靖戊午年，世懋与北畿，先生犹在人间，笑指贤书曰："此子果如余所料邪？"己未举南宫，而先生已仙逝矣。宝惜此册，盖终身不去目焉。尝为《怀旧诗》曰"总角谒大贤，握手呼小友"，盖纪实也。

又卷之二《怀旧诗十三首并序》：予自弱冠，受知通人。中更家难，放言自废。诗情酒德，洽契名流。及乎召用以来，交知益广。倦游谢事，或忆故人。二十馀年间，凋落殆尽。叹隙驹之无几,悲逝川之不归。虽后生可爱,而末契难托,实有子期山阳之感。命篇《怀旧》,总之得十有三人。若文太史、李观察(于麟)名德最先,以冠群彦。次逮梁客部(思伯)十人,各后先物故。随意成咏,都无铨次。自王文学(君载)以后,虽名字不显,厥有翩翩足思者焉。参之名流,亦其次也。《文待诏徵仲》:标映翰墨林,文翁实耆旧。奇长震殊俗,姱行终白首。总角谒大贤,握手呼小友。茫茫三十载,寂寂惭其厚。刻鹜满乾坤,斯人复何有!

又卷五十一《跋仇实甫文徵仲书画卷》:昆山周于舜,博雅好古,尝得赵承旨《以般若经换茶诗》,而亡所书《心经》。遂请仇实甫图之,而文待诏徵仲为补书小楷《心经》,皆极精好。即承旨复生,亦当击节。世懋得此卷于于舜家。先所珍藏承旨行书《心经》为恭上人写者,妙若合璧。因以《换茶诗》诸跋足之。而实甫图、徵仲书,居然自成一胜,故无所藉承旨跋也。徵仲两子寿承、休承各跋补书之意。惜其字皆入品,不忍去之。盖一举而得两完物。自谓得策,览者毋以跋为疑也。万历甲申十月朔,王世懋题于日损斋中。

《选学斋书画寓目记续编·仇十洲绘松雪写经图卷》:绢本矮卷,设浅青绿色,卷末款“仇英实甫制”。后藏经笺乌丝方格,文衡山小楷书《心经》一通,都廿二行,字极峻整。故事,赵松雪为恭上人书《心经》一卷,上人以名茶报之,亦右军以书换鹅之意耳。仇画即此故事,而文写经补之。卷后接纸,文氏寿承、休承两题,皆叙此故事,而为周于舜跋者。末有王敬美题,以龙眠拟仇,以鸥波比文,倾倒至矣。而颇不满于二承之题,以其字入品,不谙何故。

按：王世懋得周于舜藏卷后，因家有赵孟頫为恭上人书《心经》，因以赵书两种合为一卷，文书仇画及二承跋为一卷。因二承跋语涉赵书，故世懋跋说明之。崇彝仅得文仇书画及二承两跋一卷，故有疑如此。

《明史》卷二百八十七《文苑》三：世贞弟世懋，字敬美，嘉靖三十八年进士，即遭父忧。父雪，始选南京礼部主事。历陕西、福建提学副使，再迁太常少卿。先世贞三年卒。好学，善诗文，名亚其兄。世贞力推引之，以为胜己。攀龙、道昆辈因称为"少美"。

《弇州山人续稿》卷三十九《周公瑕先生七十寿叙》：先生少而负经术，为诸生已攻古文辞。善大小篆、隶、行草法。当是时，文徵仲先生前辈，卓荦名家，最老寿。其所取友：祝希哲、都玄敬、唐伯虎为一曹；钱孔周、汤子重、陈道复辈为一曹；彭孔嘉、王履吉辈为一曹；王禄之、陆子传辈为一曹。先后凡十馀曹皆尽。而最后乃得先生，而又甚异先生。

按：徵明少时，学文于吴宽，学书于李应祯，学画于沈周外，又从学于史鉴、庄㫤、王鏊之门。游于乔宇、林俊、吕常间。私淑陆容、谢铎、王徽等人，皆父友也。其所取友祝允明、都穆、唐寅、钱同爱、汤珍而外，若朱存理、浦应祥、朱凯、刘嘉绪、邢参、顾兰、吴爟、蔡羽、吴奕、徐祯卿、彭昉、阎起山、朱育英、陆南、王涣、王献臣、朱希周、伍馀福、徐缙、钱贵、卢雍、卢襄等，皆往来较密者。稍后有王守、王宠、陆粲、王庭、王穀祥、袁氏六俊、皇甫汸四兄弟、吴子孝、许初、陈鎏等。晚年有张凤翼三兄弟、黄姬水、沈大谟等。

昆山有黄云、顾潜、周伦、陆伸、吴瑞、柴奇、方鹏、陆洲、陆梓、顾梦圭、俞允文。

金陵有顾璘、顾琛、陈沂、王韦、许瑝、刘麟、徐霖、金琮、严宾、陈芹等。

宜兴有吴伦、李瀛、杭淮、杭濂、吴仕、吴祖贻、史济。

无锡有华夏、华云、华察、安国、俞宪、施渐。

武进有白悦、段金、段衔、周金。

上海有顾从义、朱察卿、董宜阳。

松江有徐阶、何良俊、何良傅、周思兼。

江阴有朱承爵、徐元寿、徐经、张衮、沈翰卿、薛章宪。

湖州有孙一元、吴琉。

太仓有王世贞、王世懋。

滁州于器之。乌程王济。兰溪方太古。仪真蒋山卿。宝应朱应登。增城湛若水。

官京师时则薛蕙、黄佐、马汝骥、杨慎、洪金。

若彭年、陈淳、陆师道、钱榖、周天球、朱朗、居节、华世祯、王穉登等，皆弟子行也。

欧阳凤林至吴，以祝允明书赠《乐词》卷介陈鎏索题，以有事昆山，由子彭代题应之。后六年再请，终未应。

《味水轩日记》卷九：万历四十三年乙卯正月二十一日，方巢云携祝枝山行草《乐词》十六段来求鉴。款云：欧阳凤林先生进贺万寿表，承铨部鄢茂翁老先生索书奉赠，敬录《万岁乐》及《感皇恩》十六词以应之。时丙戌元宵后二日也。南京应天府通判祝允明。　凤林年丈同寓燕京，与余称莫逆交。时索吾乡名笔，余许之，归而忘却。嗣后凤林任南京，与余不相闻。而兹忽报吾翁过吴，余出金闾，得一把臂。剧谈十年前事犹一日。

翁因出希哲卷以实余前言之谬，不觉赧汗如淋。展以观之，顿令老眼开豁，俨然钟、王，悉具目前。孰意希哲暮龄，倾倒万斛珠玑于雪茧也。凤林珍之，不下连城之璧。故命予恳文徵仲一言。适徵仲在玉峰，敬倩伯君为之，全余数年之诺。雨泉陈鎏。

　　欧阳老先生过吴门，持祝先生书卷托雨泉倩家君跋其后。适家君应玉峰吴五舅之请，转属不佞代为塞责。然此卷笔法神妙，诸公已鉴定矣，余复何言。三桥文彭。　　余髫髦时，得侍文夫子玉兰堂。每见枝翁则豪兴满筵，醉后信笔大书，与素师无分高下。兹卷乃其任南都时笔，见之恍然。后六年而欧翁复恳文夫子，遂淹匿斋头。忆昔欧翁两过吴，而不得文夫子一笔，此卷不能全二美也。黄姬水。

　　按：卷有都穆、刘元、王宠、陈鎏、彭年、文彭、陆师道、黄姬水跋。陆师道跋在"嘉靖壬子仲冬"，故系本年。欧阳凤林不知即严嵩奸党之欧阳必进否？《宾退录》卷四云："欧阳必进为都察院左都御史，与严分宜为密戚。会吏部尚书缺，当推补。严欲欧阳得之，而中外皆知必进为上所恶，推必忤旨。然终不敢抗严，遂推必进居首。上果大怒，掷之于地。分宜乃密启：'必进为臣儿女亲，为人长者。臣老矣，特此人得政而快。'上不获已，遂用之。分宜乃敢与天子争强，其他可知也。"

　　又《明史》卷三百八《列传·奸臣》：鄢懋卿，丰城人，由行人擢御史，屡迁大理寺少卿。三十五年转左佥都御史，寻进左副都御史。懋卿以才自负，见严嵩柄政，深附之，为嵩父子所昵。会户部以两浙、两淮、长芦、河东盐政不举，请遣大臣一人总理。嵩遂用懋卿。旧制：大臣理盐政，无总四运司者。至是懋卿尽握天下利柄，倚严氏父子，所至市权纳贿。监司郡邑吏，膝行蒲伏。

又《留青日札》卷四云:"鄢懋卿者,江西丰城人。嘉靖辛丑进士。贼嵩义子也。又结婚姻之好。嵩之爪牙羽翼,固未屈指数,而阴谋盗行,则皆懋卿助之。"徵明两次拒跋,盖因欧阳及鄢之故,恶而拒之。附此参考。

何良俊谒选,授南京翰林院孔目。南归过吴,携兵部尚书聂豹致书,索画。憎其挟贵孟浪,拒不应。

《双江聂先生文集》卷四《赠翰林孔目何元朗之南都序》:嘉靖癸丑,予被召承乏本兵,而元朗方谒选来京师。公卿折节,缙绅刮目,授南京翰林院孔目去,故宿望也。行且有日,而索教复惓惓。……元朗素推衡山文先生,予老友也。归过吴门,为予道起居,并问兹所云者何如。

《四友斋丛说》卷十五《史》十一:余受官归,双江先生遣一兵官护送而南,托寄衡山与王阳湖二公书。且嘱之曰:"汝归道苏,当为我求衡山一画,汝自作一长歌题其上,寄我可也。"余至苏,首见衡山,致双江之书,坐语欢甚。后及双江求画一事,衡山即变色言曰:"此人没理,一向不曾说起要画。如今做兵部尚书,便来讨画!"意甚不怿。衡山于士大夫中与阳湖最厚,后见阳湖,道双江拳拳之意,且托其一怂恿之。阳湖摇手云:"此老,我不惹他。"竟负双江之托矣。

《明史》卷二百二《列传·聂豹》:三十一年召翁万达为兵部尚书。未至,卒。以豹代之。

汤珍卒,年六十六岁。珍官崇德县丞,以平易为治。迁唐府奉祀,不赴,归。治别业于虎阜半塘,读书著文以老。有《小隐堂诗集》。徵明为撰墓志铭。

《明清江苏文人年表》:嘉靖三十一年,长洲汤珍死,年六十六。有《小隐堂诗集》八卷。

《吴郡名贤图传赞》卷八《汤贰尹》:既归,治别业虎丘之侧,读书著文以老。卒年六十六。

《静志居诗话》:汤珍……以岁贡生除崇德县丞,迁唐府奉祀,不赴,致仕归。有《小隐堂诗草》。

《桐桥倚棹录》卷八《第宅·汤贰尹珍别业》:《府志》"在半塘,中有小隐堂。"文徵明志。珍字子重,郡诸生。贡太学,选崇德县县丞。归田后,治别业数椽于虎阜半塘,读书著文以老。著有《小隐堂诗集》八卷。

《弇州山人续稿》卷四十七《汤迪功诗草序》:汤迪功者,吾吴中前辈汤珍子重先生也。先生小于文待诏徵仲数岁,而相友善。其与待诏齿者,翰林蔡孔目九逵。少于先生数岁者,王履吉、王禄之、袁永之。其又少者陆子传。称门人者,待诏之子寿承、休承、彭孔嘉辈。皆后先自致其力于诗,得列名家。而先生颉颃其间,无所让。诸倡和联属,相切劘爵曡,雅为少年所称慕。嗟乎!自先生之壮时,天下之言诗者,已争趋北地、信阳;而最后济南继之。非黄初而下,开元而上,无述也。殆不知有待诏氏,何论先生?虽然,声响而不调,则不和;格尊而亡情,则不称。就天下之所争趋者,亟读之,若可言;徐而核之,未尽是也。先生与文待诏氏之调和矣,其情实谐矣,又安可以浮向虚格,轻为之加,而遂废之?抑不特诗,余向者与先生接,而所谓待诏诸君子,亦半相及。今是三十馀年中,待诏老寿死,禄之、子传、寿承、休承、孔嘉相继死,其他陆叔平、俞仲蔚之流亦死,而硕果不食,仅一周公瑕耳。后进之士,宁不亦鼓颐吻,张旗鼓以纵横于作者之场。然辞日以华,而器日以窳薄,欲如先生与待诏诸君子肫肫笃厚长者,胡可得也!

按:徵明所撰墓志,尚未发现。

岁除,有作。

《集三十五卷本》卷十四《壬子岁除》:残灯明灭照头颅,八十三龄过隙虚。一岁又从今夕尽,馀生消得几番除?老知无地酬君宠,贫喜传家有父书。独有梅花堪慰藉,春风消息定何如。

嘉靖三十二年癸丑(1553)八十四岁

元旦有诗。

《集三十五卷本》卷十四《癸丑元旦》:喔喔邻鸡过短垣,起看曙色拂尘冠。升平满目新颁朔,日月无穷又履端。短发萧疏霜叶脱,壮心零落晓灯残。从前卉物冰霜尽,一树梅花独耐寒。

初五日,与杨子任饮王庭家,诵陶潜《斜川》诗,次韵以赠。又录于所作画上。

《敬和堂帖》:正月五日,访阳湖少参,酒次,诵渊明《斜川》诗,有"开岁倏五日"之句,次韵奉赠:人生各有役,卒岁靡云休。伏波顾飞鸢,怅然思少游。今我不为欢,岁月其如流!霭霭春空云,悠悠沙际鸥。物性各有适,吾亦爱东丘。同游既云尽,非子谁与俦?樽酒接语言,新诗互赓酬。山林与朝省,孰是还孰否?且极尊前乐,毋为身外忧。俯仰成今昔,一醉复何求。徵明顿首,稿上阳湖先生吟几。

按:《文嘉钞本》卷十四作"正月五日同杨子任大参饮王阳湖家,酒次,诵渊明《斜川》诗,有'开岁倏五日'之句,因次韵"。

又按：商务印书馆本《名人书画》第三集《明文衡山山水》，图上录是诗，后识"癸丑正月五日，访阳湖大参……"纸已泐。

周复俊赴云南右布政使任，赋诗饯行。

《文嘉钞本》卷十四《送周木泾宪副赴滇南》：二十年前六诏行，山川民物久知闻。玺书再领新符节，竹马争看旧使君。恋阙夜瞻滇海月，行春朝拥点苍云。老年怕见亲知别，况此尊前万里分。

《八十九种明代传记综合引得》第三册：周复俊子籲，木泾子。

《枣林杂俎》卷上《先正流闻》：昆山周复俊子籲，南京太仆寺卿，尝馆于木人泾之旁。著《泾林杂记》《泾林类记》。

《列朝诗集》丁集《周太仆复俊》：嘉靖壬辰进士，历工部郎中，升四川提学副使，历四川、云南左右布政使。至滇中，交杨用修，雅相矜许。

有寿陈洪谟八十诗。

《文嘉钞本》卷十四《陈司马高吾八十》诗，七律，略。

往吴兴寿刘麟八十。途中夜泊南浔、杨庄，皆有诗。

《集三十五卷本》卷十四《夜泊南浔》：春寒漠漠拥重裘，灯火南浔夜泊舟。风势北来疑雨至，波光南望接天流。百年云水原无定，一笑江湖本浪游。赖是故人同旅宿，清樽相对散牢愁。

又《晚泊杨庄》诗，七律，略。

以所绘《层楼图》名曰《神楼》以寿刘麟。杨慎、朱曰藩等有题。麟亦自有诗。曰藩，嘉靖二十三年进士，时官乌程知县。博学工诗，为顾璘所称。

《明史》卷一百九十四《列传》：刘麟……晚好楼居，力不能构，悬篮舆于梁，曲卧其中，名曰"神楼"。文徵明绘图遗之。

《西山日记》卷下：文衡山……先生故与刘清惠公善。清惠八十，先生曾有称觞之约。至期，顾司寇应祥来为公寿。酒夜半，大雪，公时使人候先生溪上，意不在顾也。亡何，先生至，公即踏雪里许迎先生，舟中一坐别去，有子猷之风。公所居湫隘，常欲建一楼，力不能。先生以《神楼图》赠之。清惠大喜，悬中堂，召二三相知，置酒高会者数日。文先生之取重以笃行，风流逸韵，书画其浅者也。

《刘清惠公集》卷十二附陈应和《大司空南坦刘公神楼颂》：余任部郎转知池阳郡，南归时，适南坦刘公八秩初度。苏内翰文衡山先生同集寿燕，绘写《层楼图》为公祝，曰："翁尝心慕楼居，无力筑作。今值上寿，徵明无以为贺，绘公神像于层楼之上，名之曰'神楼'，祝公如仙。"为之歌曰："仙人漫说爱楼居，咫尺丹青足卷舒。坐守《黄庭》幽阙迥，读残《真诰》夜窗虚。游心物外疑无地，寄迹空中乐有馀。一笑阑干不成倚，浮云淹忽意何如？"南坦公欣然拜而纳之曰："诚余之素志也。"因步韵作歌曰："尘劳今日始楼居，兴逐闲云共卷舒。直以跻攀酬揖让，更怜吟眺得玄虚。蜗蜒已作栖神计，蜃气能传结构馀。黄鹤不来心独苦，赤霄飞步定何如。"喜意盈溢。又为之歌曰："客指红云教卜居，中天楼观本安舒。常迎紫气朝看日，独御玄风晚步虚。六凿已收还五内，一尘不到养三馀。东游欲问乘桴叟，由也相从恐未如。"载赓载歌，以嘉以乐。一时人文之盛，香山洛社，无专美矣。毗陵大司农约庵周君，与翁姻娅，执爵进祝，且为谑言以语文翁曰："神楼之绘，南坦公诚无负矣。但斯楼上不系天，中不倚人，下不附地，空空洞洞，无阶可循，无级可升，南坦居之，不已危乎？"坐客皆鼓掌一笑。时宝应射陂朱子介宰乌程尹,亦执爵而祝曰:"藩洵知南坦公之楼之神矣。愿效晋魏咏言以歌之。歌曰:'神楼一何峻?神楼峻而安:胡不京洛游?畏彼峡路间。峡路诚崎岖,险于太行山。放歌以言志,神楼峻而安。'"凡六阕。三吴缙绅家忻慕风雅之盛,步韵而咏者,无虑数百馀章。

《明诗纪事》丁签卷七《刘麟》:坦上翁人品高洁,前后罢官及谢病凡四退,归皆寓长兴之渼。南坦尝与太白山人孙太初、龙霓、吴琉、陆昆结社于苕溪,号苕溪五隐。所著兴趣天然,颇似击壤一派。性好楼居,贫不能构。八十初度,文徵仲绘《神楼图》赠之,并系以诗。朱射陂、杨升庵相继有作。(诗略)

《刘清惠公集》卷一《神楼》:天生楼上翁,百年浑是病。遭时或振步,颠沛干吾正。中岁幸投簪,有物如造命。择栖苦不早,乞湖何必镜!吴兴逸老成,春秋迭觞咏。从此作行窝,东南称独盛。契哉文内史,绘楼孤且复。谓我居其中,怀葛失其静。从此不复下,得酒歌明圣。问余何所得?楼中有真性。

《列朝诗集》丁集《朱九江曰藩》:幼而博学攻诗,父友顾华玉称赏不已。年四十四,举嘉靖甲辰进士,知乌程县。刘元瑞免大司空,结社岘山,子价往从之游。幅巾布衣,壶觞啸咏,人不知其为邑宰也。历南京刑兵二部,转礼部主客郎中。留都事简,闭户读书,词翰倾动海内。居三年,出知九江府,有惠政。卒于官。

按:徵明前有《溪山楼观图》赠刘麟(详前七十六岁),其所题诗与陈应和《神楼颂》所叙相同,岂先后两图诗皆同钦?

又《西山日记》所纪与陈应和所叙亦不同,然徵明于刘麟八十岁时往寿则同,因两存之。

又按:《历代名人生卒年表》:周金约庵,武进人。生成化九年癸巳,卒嘉靖廿五年丙午。《明史》卷二百一《列传》:"周金。二十四年致仕归,岁馀卒。"而陈应和《神楼颂》中周金尚在座。识此待考。

二月访王世贞于娄江,为补画幽兰竹石于所藏赵孟𬤇书卷。

元赵孟𬤇行书幽兰赋明文徵明画幽兰竹石卷(墨迹,拍卖会所见):风裾月佩紫霞绅,翠质亭亭似玉人。要使春风常在目,自知残墨与传神。嘉靖癸春二月,访元美进士于娄江。出示松雪翁所书幽兰赋,惜失前图,强余作此,真似炼石补天,恐不免识者之诮也。并系短句,以识余惭。徵明。

上巳日,王毅祥携唐寅《溪亭山色画册》过停云馆,相与鉴赏。徵明与仲子嘉均有跋。

《湘管斋寓赏编》卷六《唐子畏溪亭山色册》:唐六如先生天资高迈,下笔不凡。摹写古人图画,不特得其形似,而且得其丰神。今见遗册二十种,气韵生动,无异古人。癸丑上巳日,禄之携过停云馆,相与鉴赏。后学文嘉谨题。

按:徵明跋未识岁月,略。

有寄答滁州胡松诗。松字汝茂,号柏泉。嘉靖八年进士,仕至吏部尚书。幼贫嗜学,手辑名臣奏疏,曰:"经理天下在是矣。"卒谥庄肃。

《集三十五卷本》卷十四《寄胡柏泉》:当日筹边事最更,曾看疏草识高名。旋收书札浑如面,未及交欢已有情。塞上底须论马失?周南空复著书成。遥知西涧春潮急,野渡孤舟尽日横。

《枣林杂俎》卷上《先正流闻》:滁州胡柏泉太宰,少贫无书,时时借钞。手辑名臣奏疏置枕曰:经理天下在是矣。

《明书》卷一百三十一《名臣传》:胡松,字汝茂,滁州人。幼即嗜学,少即负声誉。嘉靖七年领乡荐第一,己丑成进士。授东平知州,迁南京兵部员外郎,改礼部,进郎中。升湖广参议,山西督学副使,进参政。以言事指斥权贵,得罪,家居者十馀年。再起为陕西参政……寻以吏部尚书召入。在湖藩职粮饷,值湖北叛苗镇筸之变,松纡筹策,亲履行阵,遂致荡平。其督学山西时,松树风声,明经术,将以储实材,为天下用。而士类亦彬彬然向风。会土西入南地抄掠,民仓卒奔避太原,以松言遽纳民,民赖以全活甚众。于是松遂上疏,上便宜十二事,上可其奏。松以文臣,一旦起言边事,人多忌之。而疏中语颇侵当时用事者,以故得罪去。松家居筑娱老堂奉二亲,别构尚友堂,聚天下诸书读之。松勋隆望重,不数迁,为吏部尚书,天下望松大用,而竟卒。为文出入班马,其大旨本之程朱,体格严峻,有奏疏书记传志诗文若干卷。

有次韵答提学张鳌山见怀诗。

《文嘉钞本》卷十四《次韵酬张石磬提学见怀》:从前志业散浮烟,老去情惊有晏眠。朴学空惭知己报,迂愚不受世人怜。无端春思游丝乱,不断闲愁水荇牵。回首春风三十度,吴门桃李自年年。

时海寇连年有警,深忧之。《南楼》诗有"敢言多垒非吾耻,空复崩天负杞忧"句。

《松窗梦语》卷三《东倭纪》:嘉靖初,倭国内乱,诸道争入贡。会至宁波,自相仇杀,悉皆遣还。遂议罢市舶所。未几,复设;始设太仓黄家渡。寻以近京师,改设浙江宁波、福建泉州、广东广州。夫市舶本以禁海贾,抑奸商,使利权在上。罢市舶而利孔在下。奸豪外交内诇,海上无宁日矣。自后番货至辄赊,奸商欺负。奸商多者万金,少者不下千金,转辗不偿。不得已乃投贵官家,久之亦欺负不偿,甚于奸商。倭人泊于近岛,坐索不得,乃出没海上为盗。贵官欲驱之出海,以危言撼官府,使出兵备倭。倭人大恨,云:"我货本倭王物,尔价不我偿,何以复倭王?不杀尔欺负,掠尔金宝,誓不归。"于是盘据海洋。时值贵官近侍,迭相蒙蔽;而时宰宠赂公行,官邪乱政。小民迫于贪酷,困于饥寒,相率入海,为之奸细。中有狡猾如王五峰、徐碧溪、麻叶之徒,皆我华人,金冠龙袍,称王海岛。所至攻城掠邑,劫库纵囚,官司莫敢谁何,浙东大窘。天子命朱纨为浙江巡抚,兼领兴、福、漳、泉,以兵备倭。纨勤劳任怨,严戢闽、浙诸贵官家人。疏暴通番二三渠魁云:"去外夷之盗易,去中国之盗难;去中国之盗易;去中国衣冠之盗难。"于是声势相倚者切齿欲杀纨,纨愤懑而卒。复遣都御史王忬巡视,以都指挥俞大猷、汤克宽为参将。时兵政久弛,士卒怯懦。贼来登岸,望风奔溃。而贼船联翩海上,破昌国、临山、霩䘆、乍浦、青村、南汇、吴江诸卫所,围海盐、太仓、嘉定。入上海,掠华亭、海宁、平湖、馀姚、定海诸州县。……

《集三十五卷本》卷十四《南楼》:狂搔白发倚南楼,落日边声入暮愁。万里长风谁破浪?一时沧海遂横流!敢言多垒非吾耻?空复崩天负杞忧。安得甘霖洗兵马?浮云明灭思悠悠。

闰三月三日,甥仲阳雨中来访,淹留竟日。戏以水墨写树石以赠。

《桐园卧游录·文衡山树石》:水墨画。佳石一卷,秀木一本,好竹两三竿。天寒翠袖,小倚伊谁?癸丑闰三月三日,仲阳甥冒雨过停云馆,焚香设茗,淹留竟日,戏写赠之。徵明时年八十有四。

按:仲阳姓名事行待考。

前提学御史陈琳子世鹏来访,赠别有作。

《文嘉钞本》卷十四《赠陈世鹏,石峰提学子》:十载相闻一旦逢,却看眉宇忆先公。门墙我久惭知己,道义君还有父风。手泽殷勤图史在,交情缱绻酒杯中。白头不尽通家谊,日绕闽天送断鸿。

有送袁洪愈佥事之建宁诗。洪愈字抑之,号裕春。吴县人。嘉靖二十六年进士。时以礼科给事中劾铨司词林各一,皆严嵩私人也。以是出之。故诗有"却教汲黯去朝廷"句。洪愈仕终吏部尚书,所在以清节著。

《集三十五卷本》卷十四《送袁裕春金宪之建宁》:拾遗省闼岁才更,忽领行台抚建宁。喜见胜之持使节,却教汲黯去朝廷。民情有待随车雨,天汉先瞻执法星。雅志高怀何处写?武夷山有晦翁亭。

《姑苏名贤小纪》卷下《安节袁公》:尚书袁公洪愈,字抑之,吴县人。丙午举乡试第一人,明年成进士,授中书舍人,拜给事中,出金闽臬,视山东学政。入南京卿太仆、光禄、太常,因致仕归。久之,起故官。历任吏部尚书。盖自少卿后凡八徙不离南。而公乞休,无何捐馆矣。公生而清介朴直,能甘苦节。通籍四十馀年,所得奉赐多寡,悉与昆弟族党共。为给事,尝纠铨司词林各一人,皆权相幕客。又时时语侵太宰,以是出之建宁。

《吴郡名贤图传赞》卷九《袁安节》:公姓袁,讳洪愈,字抑之,吴县人。嘉靖二十六年进士,授中书舍人,擢礼科给事中。劾检讨梁绍儒阿附权要,绍儒、大学士严嵩私人也。已陈边务数事,皆允行。嵩憾,出为福建佥事。公通籍四十馀年,所居不增一椽,出入徒步,卒年七十四。赠太子太保,谥安节。

王世贞奉使南下,以倭警携家避居吴中。还朝时,徵明有赠行诗。世贞举嘉靖二十六年进士,时官刑部员外郎。仕至南京刑部尚书。才学地望,声华意气,笼罩海内,著述亦富。在吴数从徵明得书画。徵明晚年诗文,语稍率致;世贞年少气盛,意颇轻之;久而自咎卤莽,追题遗迹,推崇备至。

《文嘉钞本》卷十四《送王元美主事奉使还朝》:缥缈晴云拥使旌,燕山吴水漫游行。通家珍重宁亲乐,旋轸委蛇恋阙情。紫禁仙班联旧鹭,青春上苑听新莺。风云壮志输年少,看取骅骝万里程。

《历代名人年谱》卷九《时事》:嘉靖三十年辛亥。元美在刑部升员外郎。嘉靖三十二年癸丑。元美以倭寇之警,挈家吴中,秋暮抵都。

《列朝诗集》丁集《王尚书世贞》:嘉靖丁未进士,除刑部主事,历郎中,出为青州兵备副使。元美在郎署,哭谏臣杨继盛于东市,经纪其丧,已大失分宜意。而其父忬总督蓟辽,虏大入滦州,杀伤过当。上大怒,下狱论死。元美解官,与弟世懋叩阙请救,卒不免。穆庙初,诣阙讼冤,有诏追复。起家补大名兵备,迁浙江参政、山西按察使、入为太仆卿。以右副都御史抚治郧阳。迁南大理卿,应天府尹。以人言,乞归。起南刑、兵两部侍郎,拜刑部尚书,乞归。卒年六十有五。元美弱冠登朝,与济南李于鳞修复西京、大历以上之诗文,以号令一世。于鳞既殁,元美著作日益繁富。而其地望之高,游道之广,声力气义,足以翕张贤豪,吹嘘才俊。于是天下咸望走其门,若玉帛职贡之会,莫敢后至。操文章之柄,登坛设墠,近古未有。迄今五十年,弇州《四部》之集,盛行海内,毁誉翕集,弹射四起。轻薄为文者,无不以王、李为口实。而元美晚年之定论,则未有能推明之者。元美之才,实高于于鳞。其神明意气,皆足以绝世。少年盛气,为于鳞辈捞笼推挽。门户既立,声价复重,譬之登峻阪,骑危墙,虽欲自下,势不能也。迨乎晚年,阅世日深,读书渐细,虚气消歇,浮华解驳,于是乎涊然汗下,蘧然梦觉,而自悔其不可以复改矣。论乐府则亟称李西涯为天地间一种文字,而深讥模仿断烂之失矣。论诗则深服陈公甫,论文则极推宋金华。而赞归太仆之画像,且曰:"余岂异趋,久而自伤"矣。其论《艺苑卮言》,则曰:"作《卮言》时,年未四十,与于鳞辈是古非今,此长彼短,未为定论。行世已久,不能复秘。惟有随事改正,勿误后人。"元美之虚心克己,不自掩护如是。今之君子,未尝尽读弇州之书,徒奉《卮言》为金科玉条,至死不变,其亦陋而可笑矣。

《弇州山人四部稿》卷一百三十八《衡翁诗画卷》:癸丑,余避地吴中。一日,以间谒文太史,手此卷索题。太史坐隅,画兰石毕,觉秀色朗朗,射人眉睫间。已书数古体诗,诗亦清拔,是平生合作者。而书法从豫章来,尤苍老可爱。今日偶理散帙,得此卷,出之,墨色尚如新,而太史游道山已七易寒暑矣。为之泫然一慨。

又一百三十二《文太史三诗》:文太史八十四岁时,为余出金花古局笺,行书此三诗以赠。书极苍老秀润,而结体复不疏。三诗浓婉,不在温飞卿下。惟《明妃曲》为永叔所误,不免时作措大语耳。以此知宋人害,殊不浅也。

《弇州山人续稿》卷一百三十八《有明三吴楷法廿四册》:第八册,文待诏徵仲书,皆小楷。其一为余录《早朝》近体十四章,用古高丽茧。结构秀密,神采奕奕动人,是八十四时笔也。

《艺苑卮言》卷六:文徵仲太史有戒不为人作诗文书画者三:一诸王国,一中贵人,一外夷。生平不近女色,不干谒公府,不通宰执书,诚吾吴杰出者也。吾少年时不经事,意轻其诗文。虽与酬酢,而甚卤莽。年来从其次孙请为传,亦足称忏悔文耳。

《王奉常集》卷七《陆符卿集序》:自待诏大耄之年,语稍率致,而先生病后语亦逊少时食牛之气。甚口少年,走都下,耳习搢绅先生言,辄雌黄艺文:"是能不作吴儿语否? 文徵仲书画老博士耳,何知诗若文?"呜呼! 吾不知其人笃志力学,直诣旁综,即无论待诏;何能一如子传先生,汲汲从待诏问业乎? 盖余兄元美,少年盛气,一轻视待诏,终身悔之。故为序其文与传,郑重可睹矣。夫元美能重待诏,世懋何敢于父行为异日悔境也。

四月八日,子彭至无锡,过华夏家。应华夏请,录徵明跋《荐季直表》《袁生帖》《唐人双钩晋右军而下十帖》三文于古纸拓《真赏斋帖》后并记。其后华氏以文彭所书刻入帖尾。

《真赏斋帖》:右钟元常荐山阳太守关内侯季直表……嘉靖十年岁在辛卯十月朔,衡山文徵明书于停云馆中。

又:右《袁生帖》,曾入宣和御府,即《书谱》所载者,《淳化阁帖》第六卷亦载此帖，是又曾入太宗御府，而黄长睿《阁帖考》尝致疑于此。然阁本较此微有不同，不知当时临摹失真，或《淳化》所收，别是一本，皆不可知。而此帖八玺烂然，其后覆纸及"内府图书之印"，皆宣和装池故物，而金书标签又出祐陵亲书，当是真迹无疑。此帖旧藏吴兴严震直家。震直洪武中仕为工部尚书，家多法书，后皆散失。吾友沈维时购得之，尝以示余。今复观于华中甫氏，中甫尝以入石矣。顾此真迹无前人题识，俾余疏其本末如此。嘉靖十年岁在辛卯九月晦，长洲文徵明跋。

又：右《唐人双钩晋王右军而下十帖》，岳倦翁谓即武后通天时所摹留内府者。通天抵今八百四十年，而纸墨完好如此。唐人双钩，世不多见；况此又其精妙者，岂易得哉？在今世当为唐法书第一也。此帖承传之详，已具倦翁跋中。但宋诸家评品，略无论及者。盖自建隆以来，世藏天府，至建中靖国入石，始流传人间，宜乎不为米、黄诸公所赏也。此书世藏岳氏，元世在其孙仲远处。不知何时归无锡华氏。华有栖碧翁彦清者，读书能诗，喜藏古法书名画，帖尾有"春草轩审是记"，即其印章也。今其裔孙夏字中甫者，袭藏甚谨；又恐一旦失坠，遂勒石以传。其摹刻之妙，极其精工，视《秘阁续帖》，不啻过之，夏其知所重哉。嘉靖壬辰六月既望，长洲文徵明题。

又：嘉靖癸丑四月八日，过东沙真赏斋见此帖。喜其异于他本，乃知用古纸榻成者，良可爱也。是日，绿阴清昼，庭无杂宾，新茶初熟，尽阅所藏法书名画，恍然不知有身外事。昔东坡谓：静坐一日如两日。不知今日之适，当作几日也。文彭记。

按：徵明三跋，皆出文彭手。昔宝墨斋曹仁裕出示《真赏斋帖》一册,末有乌丝阑,由文嘉录徵明三跋,小楷秀挺,极工。

又按:《壮陶阁帖》刻徵明小楷跋《荐季直表》文及款识均与文彭所录同,(文略)字极工整。跋《袁生帖》原迹未见。跋《唐人双钩晋王右军而下十帖》详后一年七月。

夏,次韵答王庭见怀诗,有"老怀怕见谈时事"句。

《文嘉钞本》卷十四《夏日阳湖有诗见怀,次韵奉酬》:熟梅天气半晴阴,团扇初惊夏令侵。白苧生风珍簟冷,碧桐摇日画堂深。老怀怕见谈时事,愁病常教负赏心。赖有故人相慰藉,华笺时寄短长吟。

八月十五日,跋华云藏赵孟頫《天冠山诗》。

拓本《赵文敏天冠山诗》廿四首本:天冠山在丹阳郡,昔固富于题咏。寺之主院有名净心者,尝与中峰老师往来,故亦与文敏相识。今观此二十四诗,想即付净心者也。词既雅丽,得开元、天宝体,而字复圆劲,出入羲、献,诚为二绝。而天冠之名,由是可与兰亭、赤壁并著矣。曩藏于玉阳史吏部处,尝命徵明为之补图,余以拙劣未敢下笔,留期月而归之。兹乃为华从龙户部重购所得,间以示余;余欲仿佛图数笔,以如前请,而恐贻添足之诮,终不敢也。因识数语谢之。癸丑秋八月一十又五日,徵明书。

《书画鉴影》卷四翁方纲跋《四贤天冠山诗卷》:陕西碑林赵书天冠山之石刻,名著于世久矣。其后有文衡山癸丑秋跋云:"天冠山在丹阳郡",丹阳郡固无此山,且虽衡山时亦不当称丹阳郡。癸丑则明嘉靖三十二年,衡山年八十四,断无此平弱之书,且云:"欲仿佛图之而不敢。"衡山亦不出此语也。

《履园丛话·收藏》:《天冠山诗》本二十八首,今陕刻只廿四首。乾隆戊申、己酉间，北平翁覃溪先生督学江西，得一本，纸墨完好。后松雪自题云："道士祝丹阳示余《天冠山图》，求赋诗，为作此廿八首。"按其时是延祐二年，松雪在京师，官集贤学士，未尝至此山者。陕刻跋云："予昨游天冠山"，且谓："山在丹阳郡。"不知山在江西贵溪，丹阳乃道士号，足证陕刻之不真。然用笔自佳，非近世人所能为之。或曰：文待诏少年作也。

《铁函斋书跋·天冠山碑》：魏公书多肉胜，而此独棱角峭厉。人多疑其不类，余独信之，以其与张留孙敕相似故也。

按：是帖赵孟頫识云："余昨游天冠山，见佳境兴发，偶咏鄙句付主院者。越四年，装成巨册，索重书，故尔走笔。子昂。"游山在何年？重书在何年？均不可考。廿八首本赵孟頫识云："道士祝丹阳，示余天冠山图，求赋诗，将刻石山中。为作此廿八首。延祐二年十月廿四日，松雪道人。"孟頫又有小楷书廿八首，《平远山房法帖》收刻，未识岁月，末款"子昂书于松雪斋"。又《书画鉴影》所记《五贤咏天冠山诗卷》中，虞集末识云："余赋此诗，以小字书之。袁伯长学士、礼部王继学尚书、赵承旨先后同赋。杂书一卷，后云失去，复得赵公书如前，而求书其后。"是赵氏书此非一本也。又赵氏所书，结体若此峭厉者殊多，未可定为伪笔。文徵明跋系小楷，摹刻失真，遂成卑弱。文氏晚年小楷，原自工整，与前略异。"仿佛图之而不敢"，徵明亦有之，且自道其实耳。若丹阳郡，则汉置吴置均有；文氏匆促跋此，或不及详考。未见原墨，留待后考。

九月九日，游双塔院，十日登治平寺，皆用陶渊明己酉九日诗韵赋二首。

《集三十五卷本》卷十四《九日游双塔院，次渊明己酉九日韵》：时叙不容淹，忽忽寒暑交。矧余蒲柳姿，望秋已先凋。山林乐闲旷，势途利崇高。人性各有适，奚但壤与霄。爰以一日欢，酬此卒岁劳。古来明哲士，取材不遗焦。衔觞辄忘世，何似栗里陶？得酒且复乐，安能待来朝！

又《十日游治平寺，再叠前韵》诗，略。

赴华亭。还吴时，董宜阳远送至碛碛而别。

《文嘉钞本》卷十四《自华亭还吴夜泊碛碛》诗，七律，略。

又《董子元不远百里送余，舟中小酌语别》：百程相送不辞赊，更泊扁舟傍碛沙。白首多情淹夜酌，青灯荐喜落寒花。悟言于世原无定，交谊如君岂有涯。正是别离情不寐，西风策策动兼葭。

大行书于湛《于契远先生祠堂记》。十月，章文刻石。时文年六十三岁，摹刻草率失真。其后徵明书改由吴嵩、梁元寿等刻石。

拓本《明文衡山书于契玄先生祠堂记》：文略　不肖男于湛。长洲文徵明书。嘉靖三十一年癸丑十月既望立石。吴门章简甫刻。

按：于湛事行待考。

按：是刻字大三寸许。章刻文帖，此最逊色。所见徵明书出章文手者，此帖最后。后此如《重建常熟县城记》《吴邑宋侯去思碑》《前后山四十咏》《苏州府学义田记》《滁阳卢氏祠堂记》，皆梁元寿、吴嵩等刻。

与皇甫沖、顾梦圭等作诗文颂苏州同知任环御倭功。环字应乾，号复庵，山西长治人。嘉靖二十三年进士，

历迁苏州同知。以御倭功擢按察使佥事。仕至山东右参政。

《明清江苏文人年表》：嘉靖三十二年癸丑。倭犯太仓，山西任环率军民迎击得胜。长洲皇甫冲作《荡平倭寇序》记其事。昆山顾梦圭作《平倭颂德诗序》颂任环。长洲文徵明作《任公海上之捷》诗。

按：诗失载。

《明史纪事本末》卷五十五《沿海倭乱》：嘉靖三十二年冬十月倭寇太仓州，攻城不克，分掠邻境。有失舟倭三百人突至平湖海宁等县。自独山之败（七月，太平府同知陈璋败倭于独山，斩首千馀，馀众浮海东遁），倭东遁，江南稍宁，惟崇明南泊失风者几三百人不能去，总兵汤克宽及佥事任环留兵守之。环属兵三百，皆新募，励以必死。不入与家人诀，为书赴之而去。亲介胄临阵，士无敢不用命者。环敝衣芒履，与士杂行伍，依草舍间，啮糒饮水，同甘苦。至是相守不下。贼潜出没，环常夜追之，出其前后。宰夫佩恐有失，衣环衣，介马而驰，故贼不知所取。环尝匿沟中，贼过之不知。匿至明，士始得之。又遇矢石，士以死捍环；环被伤，舁之至水滨，梁已撤丈馀，超而过。追急，宰夫留御之，死焉。环求其首，为流涕亲酹之。

道光本《苏州府志》卷六十九《名宦》：任环，字应乾，长治人。嘉靖二十三年进士，历迁苏州同知。倭患起，长吏不娴兵革。环性慷慨，独以身任之。三十一年闰三月御贼宝山洋。逾年，贼犯苏州，城闭，乡民绕城号，环尽纳之，全活数万计。

《中国文学家大辞典》：任环，字应乾，号复庵，长治人。嘉靖二十三年进士，历知广平、沙河、滑县三县，擢苏州府同知。

以御倭功,擢按察使金事,整饬苏淞二府兵备道,仕至山东右参政。为文高简有法度。著有《山海漫谈》三卷。

十一月朔,为俞宪作墨笔山水。宪字汝成,号是堂,无锡人。嘉靖十七年进士,官至山东参政。因华云得识徵明,后以徵明诗辑入《盛明百家诗》。

《大风堂书画录·文徵仲山水》:癸丑十一月朔,徵明为是堂先生写。

《盛明百家诗》俞宪《文翰诏集》序:予因补庵华丈识衡山文翁,往来交好三十年。每仕路出入,必赠予诗画,或千里寄遗。及余归而翁逝矣。

《皇明词林人物考》卷八《俞汝成》:公名宪,字汝成,号是堂,无锡人也。嘉靖壬辰进士,官至臬宪,有集若干卷,为词林所赏。公生平精力在《盛明百家诗》一书。搜剔既勤,铨择多当,其自叙曰:"《盛明百家诗》,予自嘉靖癸亥迄于丙寅,始克汇次其集。"盖尽平生所藏,又四历寒暑,乃得一百六十馀家,共诗赋词一万七千六百首有奇。存之家塾,用诏来裔。独念海宇至广,作者日多。近承集刻见投,或缮所传示,朝夕勤使,不远千里而来。爰自嘉靖丙寅,迄今隆庆辛未,又六经寒暑,再得诗百七十馀家,共得诗词赋万馀首,通前四十九册,并前后目录一册,共成百数……"

乾隆本《无锡县志》卷二十七《宦迹》:俞宪,字汝成。嘉靖十七年进士,除刑部主事,出为藩幕,稍迁绍兴府同知,摄守篆。再为南刑部郎,寻擢江西佥事、九江饶州兵备,历山东参议参政。会入觐,遂乞归。宪好读书,工诗,风格萧雅,著述甚富。

有送何良俊任南京孔目诗。又有诗寄何良傅,时良傅

亦官南都。

《集三十五卷本》卷十四《送何元朗南京孔目》：一命周行列镐京，闲官刚喜玉堂清。紫薇兰省聊通籍，绿水红莲亦宦情。爽气钟山秋拄笏，春风鳌禁晓闻莺。白头老友难为别，飞梦先驰建业城。

又《寄何叔毗礼部》：为爱君家好弟兄，列官同在凤凰城。迟迟宫漏薇垣静，泹泹炉香画省清。风雨夜堂联榻处，池塘春草看诗成。相逢相别还相忆，白发江湖无限情。

为徐有贞等《雪夜》联句诗补图。

《六砚斋笔记》卷四：徐武功元玉，草书宗长沙。尝见其《雪夜》联句卷，极备顿掣飞舞之势。诗句亦雄宕。祝希哲是公外孙，书"雪夜联句"四大字于卷首，用颜正书体，文徵仲补图，题云："诸公联句作于成化己丑，越八十有五年为嘉靖癸丑，徵明为补此图。徵明，时年八十四。"

旧藏怀素小草《千字文》已归会稽杨氏。是年，杨珂跋。珂字汝鸣，隐居秘图山。以孝闻。工诗书，性夷旷，远近爱敬。

上海徐氏印本《唐释怀素小草千文》：右唐僧怀素《千文》，少玄先君得之文衡山氏。与予平日所见丰神骨力，殊欠精彩，盖亦晚年真迹也。嘉靖癸丑，会稽郡秘图逸史杨珂跋。

《两浙名贤录》卷四十四《高隐·杨汝鸣珂》：杨珂，字汝鸣，馀姚人。始为诸生，称祭酒。已从王文成游，稍厌薄时艺。会沙汰例严，督学检察过当，珂叹曰："是岂待士者哉！"遂拂衣归隐，居秘图山。养母以孝闻。瓶粟屡空，晏如也。为诗潇洒不群，书得晋人运笔法，而自成一家。晚岁益夷旷，饮酒浩歌，终日不乱。远近咸爱敬之。

小楷书徐阶撰《明故光禄大夫太子太保吏部尚书赠少保谥文襄渔石唐公墓志铭》。渔石名龙,字虞佐,渔石其号,兰溪人。正德三年进士。嘉靖间,以右佥都御史总督漕运,兼巡抚凤阳诸府,民甚德之。立三边总制,数败入寇。官至吏部尚书,免归,卒,谥文襄。

一九八〇年《文物》第十期《明故光禄大夫太子太保吏部尚书赠少保谥文襄渔石唐公墓志铭》:赐进士及第光禄大夫柱国少保兼太子太保礼部尚书东阁大学士华亭徐阶撰。前翰林院待诏将仕佐郎兼修国史长洲文徵明书。赐进士出身资善大夫礼部尚书兼翰林院学士泰和欧阳德篆盖。

按:石藏浙江兰溪省文管会,云是本年书。《文物》所载墓志影本仅半幅。

《皇明人物考》卷六《文臣拔尤考》:文襄公唐龙。文徵明曰:"今制,大臣殁,既得请葬祭矣,其易名以谥,则稽德视功,出宸断,不轻畀也。凡馆阁侍从之贤,乃得谥'文',其部院诸曹,间有得此者,祖宗朝迄今不数臣焉。若冢宰唐公其一也。"公少从章文懿公之门,得渊源,学优行慎。为文章谨严典重,有左氏先秦风。精诣闳肆,号称作者。扬历中外,随试辄效,声望伟然。而西师俘馘之功为多。谥曰文襄,议者谓公足以当之矣。

《明诗纪事》戊签卷十《唐龙》:龙字虞佐,兰溪人。正德戊辰进士,除郯城知县,入为御史,擢陕西提学副使。历山西按察使,召拜太仆卿,改右佥都御史总督漕运,兼巡抚凤阳诸府。进左副都御史,历吏部侍郎进兵部尚书,总制三边。召拜刑部尚书,加太子少保乞归。寻起南刑部尚书,就改吏部,入为兵部尚书,加太子少保,进吏部,黜为民。卒。后以子修撰汝楫疏辨,诏复官,赠少保,谥文襄。有《渔石集》四卷。

除夕,有诗。

《集三十五卷本》卷十四《除夕》:白发婆娑夜不眠,孙曾绕膝更翩跹。已知明旦非今日,不觉残龄又一年。旧事悲欢灯影里,春风消息酒杯前。更阑人静鸡声起,却对梅花一灿然。

顾璘卒,年六十五岁。

《明清江苏文人年表》:嘉靖三十二年癸丑,上元顾璘死,年六十五。

嘉靖三十三年甲寅(1554)八十五岁

元日,赋七律试笔。游竹堂寺有诗。

《集三十五卷本》卷十五《元日试笔》:云霞骀荡晓光和,手折梅花对酒歌。暮齿不嫌来日短,霜髭较似去年多。东风渐属青阳候,流水微生绿玉波。鸟弄新音晴昼永,相看不饮奈春何!

又《竹堂》:乘闲上日到僧家,惭愧空门有岁华。满地碧烟新草色,一痕春意早梅花。

五日,录去年《除夕》诗寄张献翼索和。

拓本《张幼于袠刻文太史帖》:昨承令兄见和《除夕》之作,今再写似左右,倘得继响,足为联璧也(诗见前一年)。海错名酒,领贶多谢。徵明诗帖子上,甲寅新正五日。

七日,小集王氏东园,有作。

《集三十五卷本》卷十五《人日王氏东园小集》:晴飔泛丛

条,浮阳散修莽。良时及初正,涉七气已爽。厥日肇惟人,探占喜融朗。驾言求友生,名园欣独往。折蔬充朱豆,扶藜企高壤。陟彼墙下冈,寄此天际想。被草晨风和,隔竹春禽响。

按:《文嘉钞本》尚有"缓歌发新声,衔觞剧酣畅。颓景忽西驰,凉蟾渐东上。偃仰滞还期,恫恫怀心赏"六句。

有寿吴子孝六十诗。

《文嘉钞本》卷十五《吴纯叔六十诗》,七言排律,略。

游石湖,追次徐有贞《满庭芳》词。

《文嘉钞本》卷十五《满庭芳》:春日游石湖,客有诵徐天全游山词,因次其韵。岸柳霏烟,溪桃炫昼,时光最喜春晴。风暄日煦,况是近清明。漫有清歌送酒,酒醒处,一笑诗成。春烂漫,啼莺未歇,语燕又相近。　　向茶磨山前,行春桥畔,放杖徐行。喜沙鸥见惯,容与无惊。不觉青山渐晚,夕阳天远白烟生。非是我,与山留恋,山见我,自多情。

按:末二句原作"山亦自多情"。兹据《盛明百家诗·文翰诏集》改正。

二月廿一日宿常熟城外有作。县故无城,知县王铁率士卒城之。

《文嘉钞本》卷十五《甲寅二月廿一日宿常熟城有作,常熟故无城,城盖新筑因海警也》:琴川落日水粼粼,回首重来十二春。山色依稀乌目旧,风烟惨淡白头新。依空雉堞森城守,满地戎衣感戍尘。独有偃泾堤上柳,依依临水似迎人。

为王铁赋《苍野》诗。铁字德威,顺天人。嘉靖二十九年进士。父梦铁星堕于苍野而生铁,故号苍野。

《文嘉钞本》卷十五《苍野为王尹赋。其父梦铁星堕苍野而生》:闻说天星堕地年,天围平野正苍然。郎官本自关灵宿,杰士吾知是列仙。一片闲情延晚照,无边秀色锁寒烟。春云秋月都无碍,万里居然在目前。

《明史》卷二百九十《忠义》:王铁,字德威,顺天人。嘉靖二十九年进士,授常熟知县。县故无城,铁率士卒城之。

是月,写《爱竹卷》,子嘉及唐诗题。论者以吴镇后夏昶,夏昶后徵明,为画竹道统。诗字子言,无锡人。工诗。

《吴越所见书画录》卷三《文衡山一枝竹卷》:引首自题"爱竹"两字。画识云:"嘉靖甲寅春二月写于玉兰堂。徵明。""幽人寡嗜好,爱此青琅玕。月出堕夜影,烟凝生昼寒。有时闲自抚,尽日倚栏看。怪得无尘到,清阴复簟冠。茂苑文嘉。""结字悟幽赏,此君谐素心。凉影分短榻,风韵涤烦襟。淇澳歌忘倦,潇湘梦更深。只应三径在,肯许子猷寻。石东唐诗。""世俗相传,仲昭一枝竹,西番十锭金。此岂不值十锭金耶?梅花庵主后太常,太常后待诏,是亦画竹一道统也。乙未四月初七立夏日,听松山人陆时化。"

《明诗纪事》己签卷二十:唐诗,字子言,无锡人。有《石东山房稿》。

制凤兮砚铭。

《巢经巢诗集》卷四《文待诏凤兮砚歌并序》:砚背铭曰:"紫霞发彩,润涵玉晖。凤兮凤兮,将望寥廓而高飞。"后识:"嘉靖甲寅二月,玉磐山房制,徵明铭。"盖待诏八十四岁时刻也……

次陈洪谟八十自寿韵四首。

《文嘉钞本》卷十五《次陈高吾兵侍八十自寿韵四首》：南望衡山是德邻，武陵深处有长春。声名四海人瞻斗，灵秀千年岳降申。空复儿童诵君实，未闻朝省用纯仁。老来见说头都白，一寸丹心只自珍。（录第三首，馀略。）

三月既望，书瞿景淳《重建常熟县城记》。景淳字师道，常熟人。为人孝友，宽然长者。嘉靖二十二年榜眼，官至南吏部左侍郎。卒，赠礼部尚书，谥文懿。

拓本《文衡山先生行书重建常熟县城记》：赐进士及第翰林院侍读前国史编修会典纂修官兼管诰敕邑人瞿景淳谨撰。前翰林院待诏将仕佐郎兼修国史长洲文徵明书。嘉靖三十三年岁在甲寅三月既望。吴㼛刻。

《明名臣言行录》卷六十六《侍郎瞿文懿公景淳》：字师道，号景湖，常熟人。嘉靖甲辰会元及第，官至南吏部右侍郎。卒赠礼部尚书，谥文懿。

《明书》卷一百四十七《文学传》：瞿景淳……为人孝友，天性笃至。然不以峻行洁，宽然长者也。其为诸生，贫甚，数弃，不色戚；既第，日隆贵，不色喜。所接即匹夫孺子，而不以惰见。其最重若相臣，而无卑仪。貌不能中人，而毅然有三军不可夺之气。

是月，华亭周思兼来谒，乞书画，思兼字叔夜。嘉靖二十六年进士。治平度州，多惠政。仕至湖广佥事。

《周叔夜先生集》卷三《题文衡山画》：记得吴门乞画时，江南草木正华滋。而今冀北重回首，落叶纷纷又满堤。甲寅三月，余与张石杠求得文老此图。秋九月，石杠至京，复持此索题，墨色犹新，时序已变，用赋一绝，以志感叹。

又卷九《文衡山卷跋》：余二十年前，谒衡山先生于玉磬山房。先生动止有则，言笑自如。伸纸挥翰，略不经意，中藏至妙，愈玩愈佳。师之者虽极平生精力，终莫能及也。先生已矣，真迹愈不可得。异日所谓《兰亭》《鹅群》，其在兹邪！

《云间据目钞》卷一《纪人物》：周思兼，字叔夜，号莱峰。举嘉靖丁未进士，授平度州知州，多惠政。时藩府阉纵奴夺民产，有金事某者，捶其奴，毙之狱。阉嗾王奏之，将拟重辟。当道檄公再审，金事竟得如故官。旁郡饥民掠食，幕府将加剿，公曰："此辈赤子，饥求食耳！奈何激之为变！"亟作小木牌数千，为招抚语，散置四郊，皆得就抚为良民。铨曹因考公治行最，擢膳部员外郎，督厂清源。州人遮道哭送，立祠生祀之。在清源，会河势将决，公为祷于神，募民囊土筑堤，身立赤日中督之。堤成三日，而秋涨大发，民得无"鱼乎"之患。已擢湖广金事，除宗庶五将军豪横，歼巨盗刘某于江黄间，声称尤藉。会丁内艰，服除，竟不复仕。其他隐德，不可胜纪。超拜广西督学副使，竟遭脾疾卒。私谥贞靖先生。诗宗王、孟。善行草，兼工小画。所著有《西斋日录》《学道纪言》及《周叔夜集》行于世。

春，与客游西山，经龙池，归写《龙池叠翠图》纪胜。

《穰梨馆云烟过眼录》卷十七《文衡山龙池叠翠图》：龙池叠翠篆书　嘉靖甲寅春日，与客游西山，道经龙池，归写此图，聊以纪胜。徵明时年八十有五。

六月，倭掠苏州。徵明时有第三子妇之丧，情悰殊恶。七月，有复松江朱察卿兼致董宜阳书及之。察卿字邦宪，生平重干进，多义侠，工诗文。

摄影本《明文衡山诗帖手札合册》：别后都不得左右去住

消息,极用企思。忽承来教,知奉亲居吴兴,跋涉无恙为慰。区区比来日益衰疾,属有第三子妇之丧,孤儿孤女,无所发付。送死存生,事绪百出,情悰可知。倭寇之扰,延及郡境。四门烧劫,惨不可言。死亡流离,萧然满目。有司不知存恤,惟有督并耳。近日士大夫亦有他徙者,非独避寇而已。区区困踣围城中,忧心惙惙,不病亦病。八十老人,悔不前死,罹此荼苦也。徵明顿首诗帖子,上邦宪太学契家。会子元,望致意。昨蒙惠书,曾附答数字,不审曾否彻览? 徵明又拜。

《明史纪事本末》卷五十五《沿海倭乱》:嘉靖三十三年夏四月,倭寇自海盐趋嘉兴,攻嘉兴府城,副使陈宗夔帅兵御却之,焚其舟。贼遁入乍浦,与长沙湾寇合。犯海宁诸县。既而东掠入海。至崇明,夜袭,破其城,知县唐一岑死之。倭自崇明进薄苏州,大掠。

《云间据目钞》卷一《纪人物》:朱察卿,字邦宪,号醉石。早岁即厌薄经生,事母兄孝敬备至。生平重干进,多义侠。王司寇凤州以比郭林宗、徐孺子云。

康熙本《松江府志》卷四十四《文苑》:朱察卿,字邦宪,知府豹子。少治经生义,流隽郡国,入为太学生。白皙飘须,善谈笑,而特好饮,啸歌慷慨,意若无足当者。又喜任侠,急人之难甚于己。其文法东西京;诗法开元以前诸大家。即撰著脱稿,犹令人弹射,务当乃已。自称醉石居士,卒年四十有九。著《邦宪集》。

七月望日,华云携示宋陈居中《松泉高士图》索题,因识。

《穰梨馆云烟过眼录》卷二《陈居中松泉高士图轴》:宋陈

居中《松泉高士图》，布景清旷，人物高古，命意与黄宗道并驰。细观之，迥非后人所可比拟。补庵郎中携示索题，漫识此以归之。时嘉靖甲寅秋七月望日，徵明。

八月，为昆山张意作《栎全轩图》。又有《少峰图》为张情作。意与兄情少齐名，称"萧墅二张"。情字约之，嘉靖十七年进士，仕至福建兵备副使。意字诚之，嘉靖八年进士，仕至山东副使。情子应文，字茂实，与徵明子彭、嘉往来甚密。应文子丑，撰《清河书画舫》，极精详。

《清河书画舫》：《栎全轩图》，嘉靖甲寅八月既望，徵明制。

《栎全轩记》，（文略）嘉靖壬子重阳日，昆山归有光撰，雁门文彭书。馀峰先生讳意，字诚之，登嘉靖己丑进士，仕终山东宪副。乃少峰府君之弟。丑志学之年，获睹此卷于从兄处，今不知流落何所矣。

又：文太史《少峰图》，款"徵明"。右文太史赠大父《少峰图》一方，广仅尺许，而极幽深翁郁之趣。足称清逸品也。孙男丑立书。

《清河秘笈书画表》：曾伯祖维庆，曾祖子和，盍簪抑之、延美二彦士，先世《春草堂图》，实出白石翁手，而浦应祥文宗儒诗之。吾家文献，此其斑斑足征者乎！继而我祖约之，叔祖诚之，并承庭训，互相师友，后先成进士，登甲科。与徵仲先生为莫逆交。其长公寿承、次公休承，向先子茂实称通家姻娅，朝夕过从，无间寒暑。

《吴郡名贤图传赞》卷八《张副使》：公姓张，讳情，字约之，昆山人。嘉靖十七年进士，授处州府推官。时中贵人衔命采矿,俄报罢,奸人乘之啸聚;公请蠲逋负,极意抚辑,乃安。公故长者,而俗多嚣讼,严禁之,狱讼以清。迁刑部,念母老,乞便养,改南京兵部,出为九江太守,迁福建兵备副使。倭寇方急,公御却之,先后斩获数百人。趋解连江之围,其功尤卓。以疾请归,又七年卒。

又《张副使》:公姓张,讳意,字诚之。少与兄情齐名,称萧墅二张。嘉靖八年,先兄情十年登第。初授工部主事,累擢至山东副使。公性高简,又少贵,见御史无加礼,御史衔之,会有部民贷人千金,不能偿,购一艳妓为妻,盛饰而挑之,因谢曰:愿献此当折券。继复以强占讼之。御史论贷人者死,公争之曰:"此娼也,应坐诡陷者。"手批御史牍,互相纠劾,竟坐罢。御史亦以计绌。而公不复起,性好山水,往来吴越间。黄山、白岳、九华、雁荡,靡不往极其胜。著述亦富。

《清秘藏》:明张应文撰,而其子谦德润色之。应文字茂实,昆山监生。屡试不第,乃一意以古器书画自娱。谦德即作《清河书画舫》及《真迹日录》之张丑,后改名也。

光绪本《苏州府志》卷八十七《人物》:张丑,字青甫,情之孙。父应文,字茂实。博综古今,与王世贞相善。自嘉定徙居长洲。丑少习举子业,不售,遂潜心古文辞二十年,杜门不出。博览子史,尤嗜太史公书。考订诸家之注,正其伪谬,越十年乃成。名其堂曰镂史。晚好法书名画,搜讨古今,上自秦、汉,下及当代,为《清河书画舫》十二卷,鉴古家皆服其精详云。

应黄州推官赵韦南请,行书宋王禹偁《黄冈竹楼记》,韦南刻石。

拓本《文衡山行书黄州竹楼记》:王荆公尝言:"王黄州《竹

楼记》胜欧阳公《醉翁亭记》。"当时不以为然。而黄山谷独是
其说，岂亦自有意耶？黄州司理赵君韦南书来，俾余书石，以备
郡中故事。恶札无法，不足涴公之文，或庶几贱姓名丽以有传
耳。嘉靖甲寅秋八月，长洲文徵明识。

按：赵韦南事行待考。

**湛若水以诗招游衡山，以诗答之。若水字元明，广东增
城人。幼从陈献章游。弘治十八年进士。历南京吏、
礼、兵三部尚书。是年，若水撰《滁阳卢氏祠堂记》，徵
明书。**

《集三十五卷本》卷十五《湛甘泉兵部以诗招游衡山奉
答》：家世衡阳有钓台，江湖流浪未能回。政怀桑梓千年计，忽
枉封题万里来。月满罗浮劳我梦，云埋岳麓待公开。追攀见说
襟怀壮，倘许春风杖履陪。

拓本《文衡山行书滁阳卢氏祠堂记》：嘉靖三十三年岁次
甲寅五月廿九日，赐进士出身资政大夫前南京兵部尚书奉敕参
赞机务国子祭酒翰林侍读同修国史经筵讲官赐一品服增城八
十九甘泉翁湛若水撰。前翰林院待诏将仕佐郎兼修国史长洲
文徵明书并篆额。梁元寿刻。

《明史》卷二百八十三《儒林》二：湛若水，字元明，增城人。
弘治五年举于乡，从陈献章游。不乐仕进。母命之出，乃入南
京国子监，置第二，赐进士，选庶吉士，授翰林院编修，历南京
吏、礼、兵三部尚书。老请致仕，年九十五卒。若水初与守仁同
讲学，后各立宗旨。守仁以致良知为宗，若水以随处体验天理
为宗。

按：《历代名人年谱》：嘉靖三十四年乙卯，湛甘泉卒，年八

十五。《明书》卷一百十三《儒林传》三《湛若水传》作卒年九十五，与《明史》同。屈大均《广东新语》作卒年九十六。此《卢氏祠堂记》自识八十九。故卒年决非八十五。吴氏所记有误。

有寄黄佐诗。佐时罢官在家。

《集三十五卷本》卷十五《寄黄泰泉学士》：经时不得岭南书，白首无由慰索居。北阙声华应藉甚，西山爽气定何如？残编空复淹司马，当路何人荐《子虚》？三十年前潞河梦，一回想念一踟蹰。

《明史》卷二百八十七《文苑》三：黄佐……母忧除服，起少詹事。谒大学士夏言，与论河套事不合。会吏部缺左侍郎，所司推礼部右侍郎崔桐及佐。给事中徐霈、御史艾朴言："桐与左侍郎许成名竞进，至相诟詈。而佐与同官王用宾亦争觊望，惟恐或先之，宜皆止勿用。"言从中主之，遂皆赐罢。

梁辰鱼来访，有送别诗。尝书《水龙吟》等词以赠。辰鱼字伯龙，昆山人。太学生。任侠好游。工诗，精音律，善度曲。

《文嘉钞本》卷十五《送梁伯龙》：美人别我向荆州，千里风烟一叶舟。宋玉悲秋应有赋，仲宣怀土试登楼。等闲花鸟愁吟兴，次第江山入壮游。后夜相思定何处？鄂云郢树思悠悠。

《吴越所见书画录》卷三《文衡山行书诗馀卷》：《水龙吟》《满江红》《风入松》二阕、《青玉案》《南乡子》二阕、《庆新朝》《满庭芳》《卜算子》(词皆略)旧作书似伯龙文学一笑。徵明。

《列朝诗集》丁集《梁太学辰鱼》：辰鱼字伯龙，昆山人。以例贡为太学生。身长八尺有奇，虬须虎颧。好轻侠，善度曲。

嗉喉发响,声出金石。昆有魏良辅者,造曲律。世所谓"昆山腔"者,自良辅始,而伯龙独得其传。著《浣纱》传奇。倪荡好游,足迹遍吴、楚间。欲北走边塞,南极滇云,尽览天下名胜,不果而卒。

吴维岳自吴兴来访,兼有赠诗,次韵酬答。维岳字峻伯,孝丰人。嘉靖十七年进士,仕至佥都御史。工诗。时官刑部主事。

《文嘉钞本》卷十五《吴霁寰自吴兴来访兼赠高篇次韵奉酬》:非才潦倒负明时,朴学支离忝父师。声闻过人虚可愧,流光驱我老难辞。秋风病枕依茅栋,夜雨书灯拥縹帏。劳谢秋卿远相访,春云蔼蔼挹风仪。共二首,第二首略。

《列朝诗集》丁集《吴佥都维岳》:维岳字峻伯,孝丰人。嘉靖戊戌进士,知江阴县,入为刑部主事,升山东提学副使,以佥都御史巡抚贵州。峻伯在郎署,与濮州李伯承、天台王新甫攻诗,皆有时名。峻伯尤为同社推重,谓得吴生片语,如照乘也。已而进王元美于社,实弟蓄之。及李于麟出,诗名笼盖一时,元美舍吴而归李。峻伯愕眙,盛气欲夺之,不能胜,乃罢去,不复与"五子""七子"之列。

《静志居诗话》:峻伯如铅刀土花,不堪洒削。然其五律,颇具岑嘉州、张司业风格。

九月廿二日,妻侄吴诗卒。诗字子学,愈长孙。父东,官东阳丞,早卒。诗能代父修孝敬。少与王同祖同学,数试不利,从选调授鸿胪寺序班。致仕归,卒。为撰墓志铭。

上海图书馆藏本《文徵明诗文稿》第四册《鸿胪序班吴子

学墓志铭》:我外舅河南布政司右参政吴公有贤孙曰诗,字子学,号思斋。世家苏之昆山。曾祖讳凯,礼部主客司主事。祖即参政公讳愈。父东阳丞讳东,母姚氏。子学朴茂愿谨,少无子弟之过。稍长,从师受《易》,习举子业。与中表王绳武同学。既而绳武举进士,入翰林;子学亦选隶学官,数试不利,乃援例入国学。然竟亦无所售。乃从选调入官,授鸿胪寺序班,三载考再,赐敕命进阶登仕佐郎,行将擢用,而子学以母老乞归矣。时年甫艾服耳。逾年以疾卒,呜呼伤哉! 子学静重寡默,见客恂恂,无一剩语。少侍参政公,进止详雅,应对专一。参政公以其嫡长孙,甚怜爱之。及东阳君没,参政日益老,子学承顺克家,能修孝敬。子学生弘治十年丁巳六月廿又二日,卒嘉靖三十三年甲寅九月廿又二日,享年五十有八。

十月既望,初寒,不能就枕,篝灯书《赤壁赋》遣兴。

《石渠宝笈》卷三十一《明文徵明前后赤壁赋一卷》:嘉靖甲寅冬十月既望,是夕初寒,不能就枕,因命童子篝灯书此,聊以遣兴,工拙不暇计也。时年八十有五,徵明。

廿八日,刘炯卒,年七十五岁。为撰《明故中顺大夫汀州府知府刘公墓志铭》。

上海图书馆藏本《文徵明诗文稿》第四册《明故中顺大夫汀州府知府刘公墓志铭》:嘉靖三十三年甲寅十月二十八日,汀州知府致仕刘公以疾卒于长洲里第。闲居二十年,年七十有五乃终。葬以是岁十二月十又六日。

有赠松江知府方廉诗。廉字以清,新城人。嘉靖二十年进士。于倭寇入犯,预事捍御;又请蠲税赋等,民得不困。

《文嘉钞本》卷十五《松江方知府诗》：仙曹十载著贤声，剖竹来专海上城。正以循良推卓茂，更缘烽火识真卿。风回腐草生春色，月照鲸波喜宴清。满耳歌谣邻郡喜，小诗聊复写民情。

康熙本《松江府志》卷三十三《名宦》：方廉，字以新，浙江新城人。嘉靖二十年进士。三十二年自精膳郎中出知松江。时倭寇入犯，廉增陴浚濠，郭外皆置敌台，宿甲士，贮刍粮，为守御计。又用顾从礼议，筑上海城。明年春，寇攻上海，以新城固，弗能克。贼乃由黄浦攻府城，廉昼夜捍御，虽在仓猝，举措整暇，众持以安。又请于台使，奏蠲赋税。练土著，实行伍，减客兵十七。故被寇五年，民犹得休息。

十二月望，小楷《原道》，为孙婿朱循书。循字世程。

拓本《停云馆真迹》：《原道》嘉靖甲寅腊月望，徵明为孙婿朱世程书，时年八十有五。

按：黄佐《衡山文公墓志铭》云："孙女四人：长适袁梦鲤，次适朱循，次适顾咸宁，次适尹象贤。"朱循当即朱世程，名循，字世程。事行待考。

十九日，孙元善生，嘉子。元善，字子长，号虎丘。能诗、书、画，博弈鉴古皆精。曲尽孝养。娶王稚登女。稚登字伯穀，长洲人。妙于书，工诗。好交游，喜接纳，其风义为人所重。吴中风雅自徵明后，风雅无定属，稚登尝及徵明门，遥接其风，主词翰之席者三十馀年。

《文氏族谱续集·苏州世系表》：六世，元善，字子长，号虎丘。

又《历世生卒配葬志》：高祖虎丘府君讳元善，和州子。生于嘉靖三十三年甲寅十二月十九日。妣王氏，生于嘉靖三十五年丙辰七月十三日。

又《历世第宅坊表志》:和州公仍居停云馆。后筑荫日堂。自乌程分教归,虎丘公构归来堂以奉养。

又《历世载籍志·附列》:虎丘公元善,机颖清悟,能诗。多艺,能博物鉴古。凡丹青博弈诸伎,一一造其精微。画品第一,书品第二。

《明史》卷二百八十八《文苑》四:王穉登,字伯毂,长洲人。四岁能属对,六岁善擘窠大字,十岁能诗。长益骏发,有盛名。嘉靖末,游京师,客大学士袁炜家。炜试诸吉士《紫牡丹》诗,不称意。命穉登为之,有警句。炜召数诸吉士曰:"君辈职文章,能得王秀才一句耶?"将荐之朝,不果。吴中自文徵明后,风雅无定属;穉登尝及徵明门,遥接其风,主词翰之席者三十馀年。王世贞与同郡友善,顾不甚推之。及世贞殁,其仲子士骐坐事系狱,穉登为倾身救援,人以是重其风义。

《列朝诗集》丁集《王校书穉登》:伯毂为人,通明开美,妙于书及篆隶。好交游,善结纳。谈论娓娓,移日分夜,听者靡靡忘倦。吴门自文待诏殁后,风雅之道未有所归。伯毂振华启秀,嘘枯吹生,擅词翰之席者三十馀年。

应华夏请,撰其父钦墓志。钦父南坡翁坦,母钱氏,皆徵明为墓志并书。钦妻先卒,亦徵明撰志并书。

上海图书馆藏《文徵明诗文稿》第四册《华府君墓志铭》:府君华氏,讳钦,字敬夫,常之无锡人。裔出南齐孝子宝。家世之详,具余所作《南坡翁墓志》。府君,南坡翁之子也。生成化甲午八月七日,卒嘉靖甲寅正月十又三日,享年八十有一。配吕氏,前卒。子男五人:长夏,国子生。……葬以卒之明年乙卯正月十日。墓在胶山，吕硕人祔。先事夏偕诸弟以状来请铭。

《郁氏书画题跋记》卷五丰坊《真赏斋赋并序》：南坡君逊业以成其义，则乔太宰、吕宗伯、邹司成之言可考。（文待诏志铭云："君讳坦，字汝平，松岩子也。年十六，代父理家。母先亡，诸弟屡弱，哺训底成。凡屋庐田业器物童奴，惟弟所欲，而自取弃馀者，寿九十四，见五世孙而终。"）钱硕人备德以相其夫，则王特进、吴文端、文衡山之笔有征。（文待诏志云："硕人仁明娟好，慧而不烦。值华中衰。汝平方刻意振植，日出应门户。门内之事，咸硕人持之，卒起其家。孝事舅姑，尤严宾祭。不喜佞佛，而乐恤匮穷，老而勤俭不怠，阳明之称信矣。"）东沙子之先妣吕，亦有衡翁之笔志矣。（待诏志云："吕氏出东莱先生之后，硕人淑柔懿恭，中外归贤焉。"）待诏慎许可，而华南坡翁、钱、吕二硕人，皆公为志，亲书于石。

除夕有诗。

《集三十五卷本》卷十五《除夕》：坐恋残灯思黯然，回看残历已无缘。万千旧事空双鬓，八十明朝又六年。笑饮屠苏甘落后，老嗟筋力不如前。烽烟不隔春风信，次第梅花到酒边。

陆之箕卒，年六十六。

《明清江苏文人年表》：嘉靖三十三年甲寅，太仓陆之箕卒，年六十六。

卷　八

嘉靖三十四年乙卯(1555)八十六岁

元旦有诗,颇以烽烟未息为忧。

《集三十五卷本》卷十五《乙卯元旦》:沧溟日日羽书传,华发萧萧节叙迁。时不可追空逝水,老今如此况风烟! 漫抛旧历开新历,却到衰年忆少年。潦倒不妨诗笔在,晓窗和墨写新篇。

正月既望,迟凤翔刻徵明大字《上巳》《九日》诗四首于岷山公署。凤翔字德徵,临朐人。嘉靖进士,累官兵部侍郎。历官廉能,不阿权贵。

拓本《文衡山上巳登高诗》:"天池日暖白烟生","三月韶华过雨浓","何处登高写壮怀","雨晴秋色满陂塘"(七律四首,每首诗末款"徵明"。)末有识云:"《上巳》《九日》诗四首,长洲文徵仲书也。因岷山字学不传,命曹生伯封模而刻之公署,俾士人知所取法焉。嘉靖乙卯春正月望日,青州迟凤翔识。"

一九八七年《书法》第一期李磷《文徵明行书诗碑》:甘肃省岷县文化馆藏有文徵明行书诗碑二石。其中一石在十年浩劫中被损,字迹已漫漶。另一石则完好无缺。均两面镌刻行书大字,内容分别为《上巳》《九日》七律诗各二首。其书用笔苍劲洒脱,挺拔纯熟,为文氏书迹中佳构。碑末有迟凤翔篆书跋识一段。迟凤翔,山东临朐县人,进士出身,一生多著述。嘉靖三十三年由兵部员外郎迁任洮岷道副使,驻任岷州。

按:《中国人名大辞典》:迟凤翔,临朐人,字德徵,嘉靖进士,由户部主事累官兵部侍郎。历官廉能,不阿权贵。以母病乞养归。有《四书说》《易说》《朐冈集》。

二月八日,为江子际大书梅、桃、梨花三诗。

《中国古代书画图目》八,河北省博物馆藏《文徵明行书咏梅桃梨花诗卷》:《梅花》林下仙姿缟袂轻;《桃花》温情腻质可怜生;《梨花》剪水凝霜妒蝶裙(皆七律)。嘉靖乙卯二月八日书。徵明为子际江茂学。

按:江子际事行待考。纸为朝鲜纸,有"朝鲜国王之印"大印三。

二月十日,为芝室小楷《后赤壁赋》,与庚寅年书《前赤壁赋》合卷。赋皆有图。(后六十年,曾孙震孟跋。)

《南有堂帖》:《赤壁赋》连日毒暑,慵近笔砚。今雨稍凉,戏写此纸。既老眼昏眵,而楮颖适皆不精,殊益丑劣也。嘉靖庚寅六月六日,徵明识。《后赤壁赋》前赋余庚寅岁书,抵今甲寅,二十有五年矣。笔滞而弱。今虽稍知用笔,而聪明已不逮,勉强书此,以副芝室之意,不值一笑也。是岁二月十日,徵明记。时年八十有六,甲寅作乙卯。　当世咸知先公书足珍,而独苦赝本繁多,未易辨析。不知真赝之辨,原自列眉,特具眼者少耳。如此卷,二首小图及精楷二赋,出神入化。亡论赝手,即于今名家,恐未企其一点一画。乃知天下有真必有赝,赝可乱真,则亦真者之咎,非独书学然也。虞卿宝惜是卷,过于头目;而出以相示,并索跋尾。岂谓弓冶之后,谬为箕裘乎?顾夫家风欲坠,则抚卷不胜自慨矣。甲寅新冬,敬题于竺坞草庐,去先公作图及书赋时恰周一甲子。曾孙震孟百拜书。

按:《南有堂帖》末陶赓跋及"诸书人梗概"云:"此《赤壁》两赋,为薛虞卿书者。"考薛虞卿名益,周天球所绘《文待诏小像》后有薛益小楷王世贞《文先生传》后款识云:"万历戊戌春,益既得祝草《赤壁》两赋,赋虽家读户诵之文,然张钱结构须释文,犹经之须传也。妄意以为非文祖笔,谁能左氏哉? 自嘲自解,正在徬徨,何幸延津果合,随于是冬复遇文祖楷行二书及图,圆满快足,仍用购祝故事得之。乃为合祝而石之,并书王传于后。崇祯七年岁在甲戌仲冬二日长至之辰,外从曾孙薛益顿首拜手敬识,时年七十有二。"据此,薛益生于嘉靖四十二年癸亥,在徵明卒后之四年。两赋是薛购藏之物。陶氏失考。芝室姓名事行待考。

望日夜,书《琵琶行》。明日书《水仙花赋》,与七年后王毂祥摹赵孟坚水仙合卷。毂祥善绘事,点染花卉,韵态高雅。

《听帆楼书画记》卷二《明文待诏书琵琶行册》:乙卯春二月望夜,灯下书。老眼眵昏,殊不能工,观者毋哂。徵明。　此衡山八十六岁书也。王弇州云:"待诏晚年书,直是一束楚耳。"然愚谓此中有精腴在焉。善鉴者自知之。嘉庆丁卯冬十月望,北平翁方纲。

按:翁方纲所引王世贞语,《弇州山人四部稿》《弇州山人续稿》皆未见。唯《弇州山人续稿》卷一百六十三《跋文待诏欧体千文》云:"文待诏不多作率更体,所见唯《张奉直墓表》石刻及此《千文》手迹耳。石刻小于《皇甫碑》,笔近肥;《千文》细于《化度铭》,笔稍纵,于整栗遒劲中,不失虚和舒徐意致,佳本也。唯彭孔嘉中岁书有出蓝之美，晚节则一束楚耳。"似"一束楚"之评乃指彭年。识此待考。

《石渠宝笈》卷三十六《明王穀祥摹赵孟坚水仙一卷》：素笺本，前幅白描，款识云："嘉靖辛酉新正，穀祥为玉田先生作。"后幅文徵明行书《水仙花赋》，款识"嘉靖乙卯春二月既望，书于玉磬山房。徵明"。

按：日本东京大学出版会《中国绘画总合图录》此卷前有王穀祥篆书"含香体素"四字引首。

《名山藏》：穀祥善绘事，点染花卉，意致独到。即一枝一叶，亦有生色。

《画史会要》：酉室写没骨花卉，韵态高雅。

行草《离骚》。又曾小楷《离骚》《九歌》与孙小名四官者。

文明书局本《文衡山草书离骚经》：嘉靖乙卯二月既望，徵明。　赵董两文敏，书派塞破世界，后人急难脱其牢笼。展翰林此册一过，令人心目一爽。文书初亦染濡于松雪，要其根柢厚，取精多，其用笔劲挺，力与赵氏姿媚相救。此书法之本于人品者，愈可宝也。张灿。

《书画铭心录》：张洲崖都宪家观衡翁小楷书《离骚经》及《九歌》，此乙卯年书与其孙四官者。衡山命其孙出示，遒媚飘逸，何减古人？余欲购之与《洞玉经》并传，因客囊萧索，次早即发舟，终当为有力者得之耳。

春，跋马和之画《豳风图》云："胜于以丹青为耳目玩者多矣。"

《三愿堂遗墨·马和之豳风图》：古人图画，必有所劝戒而作。此马和之写《豳风·七月》诗八幅，凡稼穑、田猎、蚕织之事，莫不纤悉备具。虽不设色，而意态自足，信非和之不能作也。昔之序诗者云："周公陈王业以告成王，谓民之至苦者莫甚于农，有国有家者，宜思悯之安之。故作是诗，备述其艰难。"今观和之此图，若生于周而处于豳，古风宛然也。较诸假丹青为耳目玩者，岂可同日语哉？嘉靖乙卯春，徵明题，时年八十有六。

按：日本东京大学出版会《中国绘画总合图录》此卷前有徵明篆书"豳风旧观"四字引首。

次韵送兵部尚书聂豹致仕诗。

《文嘉钞本》卷十五《次韵送聂双江尚书致仕》诗，七律二首，略。

按：《明史》，聂豹无应变才，渐不得世宗意，以中旨罢之。

有《闲兴》诗七首。中有"帘卷不知西日下，自持闲客了残棋"；"长日南窗无客至，乌丝小茧写《离骚》"；"催诗逋似催租欠，胥吏在门何可逃"等句，盖自写其老年生活。

《集三十五卷本》卷十五《闲兴》：绕庭芳草燕差池，满院清阴树绿离。帘卷不知西日下，自持闲客了残棋。 端溪古研紫琼瑶，班管新装赤兔毫。长日南窗无客至，乌丝小茧写《离骚》。

按：《文嘉钞本》共七首，选入集六首。其第五首未选入集。诗云：老病摧颓志念消，故人劝我莫多劳。催诗逋似催租欠，胥吏在门何可逃！

常熟知县王鈇与邑人钱泮于五月击倭于邑之让港，均死。泮字鸣教，嘉靖十四年进士。时以江西参政居忧

在里。徵明为撰墓志铭。

　　《明史》卷二百九十《忠义》：王鈇……已，倭自三丈浦分掠常熟、江阴，参政任环令鈇与指挥孔焘分统官民兵三千破却之。复掠旁县，将由尚湖还海。鈇愤曰："贼尚敢涉吾地耶？必击杀之。"会邑人钱泮字鸣教者，以江西参政里居，忿倭爇其父枢，力纵臾赞鈇。乃用小艇数十蹑倭，倭夹击之隘中。独耆长数人从，皆力斗死。鈇陷淖，瞋目大呼，腹中刃死。泮被数枪，杀三贼而死，时三十四年五月也。

　　《集三十五卷本》卷三十三《江西布政使司左参政赠光禄寺卿钱公墓志铭》：呜呼！自倭夷为三吴患者数年，掳掠烧劫，多所杀伤。兵不得休息，民不得安居。而常熟滨海带湖，罹祸尤惨。云江钱公以江西参政居忧邑中，谓邑宰王公鈇曰："寇既得志，势必复来。公有守土之责；而吾父母之邑，坟墓亲戚所在，忍坐视耶！"乃日与商略，为备御计。练兵饬甲，部分调遣，事甫就绪，而寇猝至城下。即与乘城捍御，悉众急击，连弩继发，寇乃遁去。又明日，寇自上湖北下，直指让港。公谓王曰："此可邀而击也。"部领民兵，抗旌出港，转战而前，杀伤相当。俄而贼大众掩至。公麾下鸟兽散，众寡不敌，公身被数枪，犹手刃三贼，遂与王公死焉。实乙卯五月廿又四日也。事闻，天子震悼，赠公光禄卿，官其子部锦衣百户，遣官谕祭于其家。公讳泮，字鸣教，别号云江。乙未，举进士。

五月，《停云馆帖》卷九"元名人书"摹勒上石。

　　《停云馆帖》：元名人书卷九

　　元邓文肃公书《致伯长学士帖》《致简斋先生帖》

　　元鲜于太常书《致澄虚真人书》

元鲜于必仁书《李白书》

元胡石塘书《致叔敬贡士帖》

元虞文靖公书《致昭文相公帖》

元揭文安公书《庐陵刘粹衷调旌德序》

元揭伯防书《汉晋印谱序》

元康里承旨书《致彦中判州帖》《致承旨相公帖》

元周景远书《致治中相公帖》

元袁清容书《致昭文相公帖》

元饶介之书《致士行尉相帖》《致经历相公元善先生帖》

元陈敬初书《致伯昇廷玉帖》《致相国平章帖》

元张贞居书《中庭古柏诗》

元王叔明书《奉和惟寅陈征君姑苏钱塘怀古六诗》

元倪云林书《次韵奉和惟寅高士姑苏钱塘怀古六诗》

嘉靖三十四年夏五月长洲文氏停云馆摹勒上石

八月七日，又为朱循小楷《封建论》。

《梦园书画录》卷十一《明文衡山楷书封建论小册》：余昨年为世程书《原道》，自念耄衰多病，不知明岁尚能小楷否？或笑八十老翁旦暮人耳，何可岁年计邪？不意今复书此。然比来风湿交攻，臂指拘窘，不复向时便利矣。乙卯八月七日，徵明识。

十日，以黄庭坚笔法书《后赤壁赋》于玉磬山房。后与仇英画合卷。徵明每谓人“见仇实父画，方是真画，使吾曹皆有愧色”。其推与如此。

《寓意录》卷四《仇实父后赤壁图文衡山后赤壁赋》：嘉靖乙卯八月十日，书于玉磬山房。时年八十有六。徵明。 黄中丞家藏东坡《前赤壁赋》，已刻之《晚香堂帖》中，独恨《后赤壁赋》，东坡有小楷而无行书。今见文太史此卷，以山谷老人笔运之，仇实父为补图。初展卷端，直断为赵千里矣。文太史常云："见仇实父，方是真画，使吾曹皆有愧色。"其推让如此。今仇之声价，亦与千里抗行，谁谓古人相远也。陈继儒题于绿香庵。

按：《寓意录》云：图绢本，楷书"仇英实父制"，未识岁月。考仇英已卒，此或以仇画请徵明补书赋耳。陈氏所云失考。

十五，十六两夜，中庭玩月有作。又有次王庭十二夜至十八夜玩月诗七首。

《文嘉钞本》卷十五《中秋与儿辈中庭玩月》：晚晴把酒问青天，一笑孙曾满目前。时序恰当秋色半，人情喜与月光圆。凉声寂历梧桐露，香影空濛桂树烟。夜久诗成还起舞，清樽白发自年年。　又《十六夜》七律一首略。　又《次韵王直夫中秋玩月七首·十二夜》：桂魄尚未满，清辉已可人。时虽传戍鼓，吾自惜良辰。怀古瞻云远，怜衰顾影频。小庭丹桂发，把酒酹花神。又《十八夜》：老不关时事，聊从造物游。偶看圆景缺，顿觉此生浮。桂影偏还秀，箫声远更幽。谁应知此兴，千载庾公楼。馀五首亦五律，略。

徐中行奉使北还，过吴来访。有送行诗。中行字子与，号龙湾，长兴人。嘉靖二十九年进士，官至江西布政使，所至清介有声。亢爽好客，卒于官，人多哀之。

《文嘉钞本》卷十五《送徐龙湾奉使北还》：一笑相看意款然，知君已在识君先。古来有道云倾盖，我与文人殊有缘。玉节江山行役次，锦囊风月苦吟边。白头潦倒难为别，目送飞鸿溯远天。

《列朝诗集》丁集《徐布政中行》：中行，字子与，长兴人。嘉靖庚戌进士，授刑部主事，出知汀州府，补汝宁。用内计谪官，稍迁瑞州判，起拜山东佥事，累迁至江西左布政，病不能语，一夕卒于官。子与好饮酒，赋性亢爽，不喜道人过。客死无后，士多为下泣者。

《静志居诗话》：子与在西曹，与王、李结社，元美亦以蔼蔼吉士目之。且云："子与性味如醍醐，无处不入。"知其交始终无间也。俞仲蔚称："子与好为笃厚之行，而不自盛满。闻其历任藩臬，俱清介有声。卒官，至不能具敛。"

按：《中国文学家大辞典》：徐子行，字子与，号龙湾。

有次韵答张本诗，即书于元吴仲圭《渔父图》卷后。周天球、彭年、陈鎏、袁尊尼、王榖祥、黄姬水有次韵诗。徵明再次。本字斯植，晚自号五湖漫士。吴县东洞庭山人。工诗。

《文嘉钞本》卷十五《次韵答张斯植》：病来万事总忘思，老对楸枰尚有机。静昼绿阴莺独语，闲庭芳草燕交飞。时情旧箧悲团扇，世态浮云变白衣。一笑虚舟堪引钓，底须江海问渔矶？

又《再次》：微官潦倒漫来归，敢谓从前独见机？浮世轻身如鸟过，长空老眼送鸿飞。蹉跎勋业羞看镜，荏苒光阴又授衣。堪羡五湖张野老，一竿长占旧渔矶。

按：商务印书馆本《吴仲圭渔父图卷》，文徵明行书前诗第一首于卷后，末款"徵明顿首，斯植尊兄"。隔水绫吴湖帆识云："以后周公瑕、彭孔嘉、陈雨泉、袁鲁望、王禄之、黄淳父诗九首,皆次衡翁此诗韵。湖帆记。"考彭年诗三首。王穀祥再次,已在嘉靖四十三年,衡山卒已五年。诗云:"休论今昔是邪非,野老年来久息机。醒眼笑看玄鹤舞,闲身常狎白鸥飞。行藏山水双蓬鬓,啸傲乾坤一布衣。抛却纶竿坐终日,清风明月伴渔矶。"甲子八月朔,再次前韵。穀祥。

道光本《苏州府志》卷九十九《人物·文苑》四:张本,字斯植,东洞庭人。少试有司,名在高等,而吏误书张木。适有张木者冒其名,本弗与竞。后复试,辄不利,遂弃去。从王文恪公鏊学文词。尝为道士赋《九月梅花》诗,都穆见而亟称之,由是知名。有门生得其大父遗金,谒寄焉,拒之。乃自埋于馆下,无何死。本白其父,父兄感泣。生平探讨,掇菁咀华,悉以为诗。所著有《五湖漫稿》,黄姬水、张献翼为之序。

九月,用董、巨法写山水寄朱察卿。又次韵所赋《江南感事》两首。

《壮陶阁书画录》卷十《明文衡山晚年山水轴》:乙卯九月既望,偶得佳纸,用董、巨墨法写此。寄赠邦宪文学,徵明,时年八十有六。

《文嘉钞本》卷十五《次韵朱邦宪江南感事二首》:黯黯愁云杂寒氛,时时沧海羽书闻。鲸鲵未筑军中观,雕鹗空盘战后云。天下久安无李牧,边庭破胆忆希文。会有甘霖洗兵马,西南阴霭正氤氲。 兽突豨奔震迩遐,东来杀气一何赊!横空鼓角风云惨,蔽野旌旗雾雨斜。万里鲸波翻日月,一时平陆起龙蛇。天兵赫怒于今至,定扫妖氛荡海沙。

《西河文集·诗话》卷一:予游海上,主朱周望司理家,读其曾王父邦宪公《江南感事》诗,其序云:"幕府征兵,广西瓦氏者,携二孙应命。有司以犬蛇供军中。"盖明世庙间征倭时所作也。和之者皆江南巨公,合百馀首为一卷。司理属予和,予以事颇久,且客病无暇,遂蹉跎去。然读其原唱,诗次首有云:"帐前竖子金刀薄,阃外将军宝髻斜。田父诛茅因缚犬,乞儿眠草为寻蛇。"则是以一女二竖应援,而第取犬蛇以作军储,亦怪事也。时张伯起、文徵仲父子和诗颇佳,然终以限韵不及原唱。邦宪有诗集行世。

《无名氏笔记》:瓦氏者,女帅也。调至松,娩身才四日。闻夫与倭战,被围,曰:必须亲往。乃握双刀乘马杀入重围,翼夫出。已而回首不见夫,复战斗,竟救夫归。

按:《明史纪事本末》卷五十五《沿海倭乱》:"嘉靖三十四年夏四月,广西田州土官妇瓦氏引狼土兵至苏。"则并非如毛氏所谓仅以一女二竖应援也。

冬病,王庭携酒过访,赋谢。

《文嘉钞本》卷十五《病中承阳湖少参携酒过访》:卧病经时苦未平,劳君挈榼款柴荆。醉淹谈笑浑忘病,老对亲知倍有情。昼短何妨还秉烛,意长不厌数浮觥。山僮宛转歌《金缕》,一曲春风四座声。

冬至后,大雪盈尺。陆师道来访,眺玩所携竟日,有赠诗。

《文嘉钞本》卷十五《至日后,大雪盈尺,数年来所无,子传冒寒过访,且有所携,眺玩竟日,赋赠二诗》:夜色穿窗晓烂然,开门深雪满江天。书云刚是初阳后,表瑞欣占旧腊前。扫积作山何足倚?闲床种玉不成田。故人知我情牢落,短笠冲寒送酒钱。　故人踏雪到山家,解带高堂玩物华。偃蹇青松埋短发,依稀明月浸寒沙。珠帘卷玉天开画，石鼎烹琼晚试茶。莫笑野人贫活计，一痕春色在梅花。

塾师钱尚仁告归，写图并题饯行。

《壮陶阁书画录》卷十《明文衡山吴枫送别图立轴》：五十年来宾主情，忍看执手别柴扃。秋风寂寞陈蕃榻，荒草依然茂叔庭。千里去来头总白，一樽相对眼犹青。临行为写吴枫冷，何日高踪再此经？德孚弘治间处余西塾，自是往来，今五十年矣。将归，出旧作相示，因次韵饯行。嘉靖乙卯，徵明。

为陆焕撰寿藏铭。焕字思宁，更字子徵，粲兄。少与徵明同隶学官，声名籍甚，而迄不售以老。

上海图书馆藏本《明文徵明诗文稿》第四册《太学上舍生陆君思宁寿藏铭》：往余隶业学官，会同志之士，修业结课。陆君子徵年甚少，志甚锐，为文丽则，而必傅于理，余奇爱之。同时若周高安振之、钱太常元抑，皆老于场屋，名能知人，咸许其得隽，一时声名籍甚。其仲氏子潜，艺业宏伟，与相曹耦。然子徵试有司，数不利。援例入太学，居数年，再试再不利，而子潜乃褒然以《春秋》魁乡解，继魁南省，入翰林，列官禁近，声名一日动朝野。而子徵骯髒摧抑，侵寻艾衰，其意则既倦矣。遂弃举子业，不复以仕进为意。子徵名焕，世为苏之长洲人。今嘉靖乙卯，年七十有二矣。

《陆子馀集》卷二《思宁堂记》：吾兄子徵先生少侍吾外祖参议胡府君学，始为文辞，已警拔不凡，府君奇焉。因取魏阳元故事，为制字曰思宁，而命之曰："尔其成吾宅相乎！勉之，无忘外氏矣。"先生既长，与群从联名，始更今字。

王穉登已游文门。其《冬日斋居奉怀文待诏先生》及

《人日雪中放舟奉寄文待诏先生》诗或是时作。

《晋陵集》上集《冬日斋居奉怀文待诏先生》：清旭丽高楹，凉飙泛疏箔。冰砌青苔菱，霜枝朱果落。馁禽喧场稼，寒鼯窜樊籊。怀人瞻停云，散帙倚飞阁。太史秉孤操，清踪照林壑。牛驾欣扳耳，马署宁淹朔。鱼棼栢情怡，柳菀陶衷乐。龙门杏霞轩，燕寝敞风幕。庭梧凉阴茂，瑶磬清音作。疏眉秀紫芝，臞形同白鹤。金石振芳藻，图彩表高托。嗟余凤钦尚，幸矣厕酬酢。觏止逢秋英，凄其感冬萼。流光隙驹驶，遄轨风牛邈。羽稀霜空寥，鳞潜冰泽涸。晤言要青阳，松舟慰暌索。

又下集《人日雪中放舟奉寄文待诏先生》：看梅折柳动相思，乘兴山阴是此时。百里孤舟重对雪，三年霜鬓几添丝。岁星不羡东方朔，人日遥怜杜拾遗。闻道风流胜前日，彩毫何处独题诗。

按：王穉登游文门在何年，尚不可考。本年穉登年二十岁，姑系本年。

张衮乞书所撰《三阳开泰图赞》。

《水南集·与文衡山》：边江敝邑，数被寇患。今岁江阴之不亡，直天幸尔。村墟莽苍，道路为梗，遥望仞墙，奚啻万里？迹则云然，而此心如日同几席也。公所谅也。仆检旧稿，得《三阳开泰图赞》一首，浅薄可愧。独以节叙之词，里闾所尚。妄意乞公名笔一通，刊之于石。使人知所重者，在名笔，在阳德，而不在区区也。公以为何如？

按：嘉靖乙卯夏六月十三日，倭寇犯江阴，攻围凡五旬不解。张衮乞书，本年事也。

董其昌生。

《历代名人年谱》:明世宗嘉靖三十四年乙卯,董文敏玄宰其昌生于正月十九日。

嘉靖三十五年丙辰(1556)八十七岁

二月四日,应崔訚请,跋其祖徵旧藏米芾临《禊帖》

拓本《米南宫临禊帖》:元黄文献公云:"凡临禊帖,得其貌者,似优孟之仿孙叔敖;得其意者,似鲁男子之学柳下惠。米元章所作,貌不必同,意无少异,此其妙也。"右米公真迹,谛玩之,真有合于文献之论。盖昔人论书有"脱骖"之谍。米公得此意,故所作如此。观者当求之骊黄牝牡之外也。此卷崔君渊父所藏。渊父殁,而其长子正卿亦早世,故其图书散落不存。其孙訚,得此于蛛丝煤尾之馀,装池藏袭,俾予识之。然则訚之意,殆又出于区区翰墨之外也。嘉靖丙辰二月四日,长洲文徵明跋,时年八十有七。

按:石今藏焦山。

既望,病间,行书韩愈《滕王阁记》。

《古缘萃录》卷三《文衡山行书滕王阁记册》:嘉靖丙辰二月既望,余时病间,臂尚怯弱,且中书君亦不中书,字法殊不工,可笑。徵明时年八十有七矣。

是月,《停云馆帖》卷十"国朝名人书"摹勒上石。

《停云馆帖》:国朝名人书卷第十

宋学士书《致无逸征士帖》

宋仲珩书《鄙书帖》

詹孟举书《叙字》文徵明跋

宋仲温书《钟王小传》

解学士书《渊静先生像赞》

解祯期书《李白诗》

沈学士书《圣主得贤臣颂》《致三舅长者帖》

沈大理书《李令伯陈情表》

徐武功书《海云茶屏会饮口号劝诸宾进酒诗》

马刑部书《游石湖词》

刘西台书《致启南贤亲帖》

李太仆书《陈言事表》

张东海书《和元启以诸名公倡和之作》

嘉靖三十五年春二月长洲文氏停云馆摹勒上石

三月既望,病愈,行书《早朝诗》十首。观仇英画《玩古图》,作《玩古图说》。

《壮陶阁书画录》卷十《明文衡山书十诗册》:嘉靖丙辰三月既望,病起漫兴,书此旧作十首。徵明,时年八十有七。

按:所书为《翰林斋宿》《恭候大驾还自南郊》等,皆早朝之作也。

《穰梨馆云烟过眼录》卷十八《仇十洲玩古图轴》:文徵明撰《玩古图说》,末云:"兹睹仇实父所制《玩古图》,因为之说如右云。嘉靖丙辰三月既望,长洲文徵明。"

有《少湖》诗,为徐阶作。

《文嘉钞本》卷十五《少湖》:胜概东南说澱湖,少公湖上有行窝。胸涵天汉襟怀远,兴寄禽鱼乐事多。极浦春风杨柳渡,远汀烟雨《竹枝歌》。微澜浩荡摇明月,短棹夷犹击素波。范蠡扁舟应漫浪,知章一曲定如何? 相君方系苍生望,未许矶头理钧襄。

《静志居诗话》：徐阶……当日袁懋中于西内撰青词，湛元明为钤山作诗叙，贻笑士林。而公不露所长。读少湖文集，有醇无疵，非诸公所易几矣！

作墨蕙谢华云赠蕙花。

《吉云居书画续录·文衡山先生墨蕙立轴》：萧条深巷谢纷华，珍重高人惠蕙花。碧叶紫英香馥郁，盎然春色浩无涯。承补庵先生惠蕙花，写此奉谢。丙辰暮春三月既望，徵明。

是月，跋顾从义藏《兰馨帖》，考定为唐张旭书。后五年，子彭一再题。

《六砚斋二笔》卷一：张长史草书《兰馨帖》，字大如掌。雄宕高逸，出于天成。终日玩之，不能释手。文氏父子跋之，盖唐迹之无可疑者。"右草书帖云：'兰虽可焚，馨不可夺。今日天气佳，足下拨正人同行。'相传为嵇叔夜书。余验其笔，为张长史书。山谷云：'颠工于肥，素工于瘦，而奔逸绝尘则同。'此书肥劲古雅，非长史不能。又余尝见公所书《濯烟》《宛陵》《春草》等帖，结体虽不甚同，而其妙处，则与此实出一关纽也。但其文义不可解。盖唐文皇好二王书，故屏障间多书晋人帖语，一时化之。或长史书叔夜帖语，亦未可知，然今不可考矣。嘉靖丙辰三月，长洲文徵明题。"右张长史纹绫上所书《兰馨帖》二十字，其为真迹无疑。盖草书不入晋人格辙，终成下品，颠、素之所以得名者在此。今观其"夺"字、"气"字、"佳"字、"足下"字、"人"字，皆从晋人中来。余阅书多矣，未有如此卷之佳者。世人重耳轻目，不可语此。昔素师绿绢两行，因元章所题而重。他日必有以余言为是也者，漫书以记。嘉靖四十年辛酉正月立春日,文彭书。　古人名迹,愈阅愈佳,仆性喜草书,每一展,必有所得,益知古人不易到也。汝和将以入石,命摹一过。老眼眵昏,殊不能得其仿佛,若风神庶几不至悬绝耳。壬戌正月廿六日,文彭记。　余自信所记,因书卷末,而汝和不知也。岁暮会于京邸,偶谈及,展卷大笑。因复与汝和辨论,以见前言之不诬。故再书此,以记岁月云。季冬二日灯下,试居庸石霜叶研。文彭。

按:由文彭三跋,知徵明跋为顾从义所请。文彭第一跋,徵明卒后之第二年。第二、三跋则文彭已服阕,应即补顺天府学,寻升国子学录时也。

年已耄耋,而目力不衰,尤好为人写扇。四月望,小行书《山居篇》,以其甚得隐趣。五月三日,小楷旧作次陈沂《忆昔》诗四首,后文彭、周天球、彭年题。

《故宫周刊》第一百十七期《明文徵明书扇》:右《鹤林玉露》中语,甚得隐趣,间录于此。嘉靖三十五年岁丙辰四月望书。徵明,时年八十有七。

按:《环香堂法帖》以此摹刻入帖。

《故宫旬刊》第十五期《明文徵明仿云林画并书七言律扇面》:《忆昔》四首,次陈侍讲鲁南韵(诗见前五十九岁)丙辰五月三日书。徵明时年八十有七。　先君年虽高,而目力不衰,尤好为人写扇,得之者如获拱璧。持以示人,人或未之信。有持至京师者,五桥得之,命余辨证。因书于后,以为左券。时嘉靖壬戌,越六年,而先君下世已三年矣。长男彭记。　右军题簚山阴日,胜事犹传价十千。珍重蝇头今太史,只须重纪永和年。周天球。

前辈称张樗寮八十而能作小楷，为古今所无。今太史公加以七年之长，而蝇头清劲，与樗寮险怪笔相去霄壤，又前所未见也。况写扇局束，尤为书家难事。观此词翰妙染，三绝咸备，文房第一奇宝。后学彭年题。

按：徵明所书扇面，传世极多。如王世贞所得，特装为卷册。《弇州山人四部稿》卷一百三十二《扇卷甲之三》云：右扇卷甲之三，廿三面。为文衡山徵仲书。其一面为寿承临笔。内"庭下戎葵"、"风搅青桐"二面，作眉山体；与"初秋雨霁"皆小行，特精甚。《赤壁赋》字尤小，馀半面图以补之。"睡起""绢封""缺月"三面皆豫章体，险急中风骨奕奕可爱。此老之于二公，庶几出蓝之美。其他体俱本色，而笔多暮年。或肥或瘠，各具神采。"八十衰翁"一面，即所谓寿承临者，不失箕裘。余与此老晚合，中有四纸见寄者。惜其纸垂敝，不能作怀袖观，聊以当筒箧之珍尔。又《扇卷乙之一中》凡九人十九面。祝京兆希哲二，文待诏徵仲四，王雅宜履吉三，陈白阳道复三……文、祝、王、陈已见甲卷。所以屈居此者，不无纸敝墨渝之叹耳。

《珊瑚网画录》卷二十二：善造面者，前有何格之，白面为佳。后有陈朴之，更能裱旧。其一时名公若文氏父子，须此二家便面，方肯落笔。谓其不渗墨，不缩笔意耳。

《秋园杂佩》：宋朝握团扇，其折叠扇自永乐朝鲜贡始，始颁其式。宣、弘间，扇名于时者，尖根为李昭，马勋为单根圆头。又方家制方，相传云：文衡山非方扇不书。

七月七日，观米芾书《天马赋》。又跋张寰藏赵孟頫书《文赋》，考定为中年书。

《白云居米帖·天马赋》：嘉靖丙辰七月七日，文徵明观。

《澹虑堂墨刻·赵文敏公书文赋》：赵文敏公尝云："结字因时相传，用笔千古不易。书法虽以用笔为上，而结字亦须用工。"右公所书《文赋》，结字用笔，无不精到，盖得意书也。公书初学《孟法师碑》，晚学李北海，而皆过之。此赋虽无岁月，要为中年书无疑。昔胡汲仲谓："子昂书上下三百年，纵横一万里，举无此书。"非过论也。嘉靖丙辰七月七日，文徵明跋。

按：《石渠宝笈》卷五《元赵孟頫书文赋一卷》，有刘麟本年秋一跋，有云："今石川子得其所书陆士衡《文赋》，真天孙衣被云锦也。"石川为张寰号，徵明此跋，盖为张寰作。

湛若水有诗柬相寄，因复并次韵答之。

《文嘉钞本》卷十五《次韵答湛甘泉先生》：曾从兰省浥风标，学士摛词迈楚骚。青琐尚传红药句，碧山已谢紫宸朝。林泉得意知公健，蒲柳先秋愧我凋。万里悬情渺无极，桂枝聊赋小山《招》。徵明违远颜色，三十年馀矣。林居末杀，病懒因循，未尝一荐竽牍，以修起居之敬。顾承不鄙，数数惠存，手札清篇，岁无虚使。区区不□，岂所宜蒙。祗辱之馀，不胜惭感。昨缘剑厓之便，辄陈短句，奉贺遐龄。鄙劣之言，引情而已。乃承光和，珠玑璀璨，照映里门。不揣荒芜，再叠前韵，用申谢私。相望万里，参对无由，伏纸耿耿。

中秋日，倭患稍息，作《赤壁图》并书赋。夜，有诗。明夜小集，又有作。

《岳雪楼书画录》卷四《文待诏书画赤壁赋图卷》：嘉靖丙辰中秋，倭平。书于停云馆中，徵明。　嘉靖丙辰为世宗三十五年，时待诏八十有七岁。是年倭寇自杭州西掠，直犯南京，出秣陵，趋无锡、浒墅。辗转数千里，八十馀日，始为官军所歼。

赵文华忌曹邦辅功,大集浙直兵,与胡宗宪捣倭于松江砖桥。倭委锐来冲,文华大溃。急谋招抚计,谓寇息,请还。比还朝,寇警日至,复遣文华视师。适宗宪俘陈东,平徐海等,文华即以大捷闻。时倭患少息,故待诏题"中秋倭平书"耳,咸丰庚申四月初十日,孔广陶展观因记。

《文嘉钞本》卷十五《丙辰中秋》:空庭香霭夜氤氲,玉漏声沉酒半醺。白发老人初病间,碧天良月正秋分。惊飞未用怜乌鹊,点缀何妨有断云。吹彻玉箫风露冷,樽前丹桂正含芬。共二首,第二首略。

又《十六夜》:夜堂欢燕集嘉宾,已觉情惊异昨辰。惨淡清光逾望月,蹉跎白发过时人。碧云洒面桐阴冷,金粟浮杯桂子新。物理亏盈无足恨,只愁零露湿衣巾。

秋,所藏张雨自书诗册归项元汴。

《书法》一九八九年第三期《元张雨自书诗册》:末有识云:"张贞居墨妙帖,共计六十二纸。后连名人题跋一册,计三十人。墨林识。嘉靖三十五年秋日,得于吴趋文衡山家。"

与沈大谟、钱穀、彭年集于张献翼新斋。时大谟将赴浔州守任,有诗赠行。

隆庆本《长洲县志·艺文志》:彭年《同沈禹文、钱叔宝诸兄奉陪衡翁太史集幼于园新斋》:特枉嵇公驾,言披仲蔚园。高斋明绿水,曲巷转华轩。霜叶丹枫净,寒葩紫艳繁。秋光月可赏,况复理玄言。　客美青云彦,杯浮白玉觞。江鲈飞绘云,山籁荐琼芳。卜夜占星丽,留欢待月翔。西园文酒会,刻烛诧连章。

《文嘉钞本》卷十五《送沈禹文出守浔州》:十年常调滞参

兵,一命遥专百粤城。自古输忠甘坂道,知君出牧有家声。
(君大父中丞公尝守顺庆)近民珍重惟平易,学道雍容况老成。
卷雨楼前敷德化,涌金亭下劝春耕。溪山秀丽澄怀地,风土清
淳吏隐情。翘首江湖天万里,昆仑冈上望神京。

十月廿三夜,雨窗与朱朗赌棋。小楷《后赤壁赋》偿负。

《吴派画九十年展·文徵明书赤壁赋顾大典画册》:画幅
款:"壬辰冬日写,顾大典。"《后赤壁赋》丙辰十月廿二日,雨
窗夜坐,与子朗赌棋,书此以偿负。惜乎退笔作字,强涩难甚。
时年八十又七。徵明。

十二月二十日,沈大谟来过言别。夜雪甚,又赋诗并图赠之。

墨本《明文衡山赠沈禹文书画卷》:江城岁晚雪纷纷,斗酒
殷勤试问君。此去平南非旧日,大都百粤总能文。孤云独鹤随
人远,古树啼猿几处闻。见说九龄祠庙近,瓣香烦为荐馨芬。

青年白马衣轻裘。言逢新恩事远游。飞雪正看当户满,征车
还许故人留。春过五岭梅风入,夜宿浔江瘴雾收。想得到时频
问俗,粤人争羡古诸侯。　沈侯禹文擢浔州太守,将之任,过余
言别,因具酒为款。时飞霰初集,至漏下二鼓,则雪深已三尺
矣。禹文谓今日之会,不可无纪,因赋小诗二律,聊附于赠人以
言之义,亦以纪岁月云尔。时嘉靖腊月二十日,长洲文徵明书。

冬,何良俊来谒,请再阅苏轼《天际乌云帖》及赵孟頫致中峰手简。苏帖为史鉴物,时留文处。

《书画铭心录》:丙辰冬,予以老病南归。凡士大夫收藏之
家书画,皆往求观。虽真伪杂出,然有一二佳品,思之终不能去

心。漫录于此，以备遗忘云……

《天际乌云帖考》：明华亭何元朗《书画铭心录》一条云："苏长公卷，书蔡忠惠绝句并营妓一段，字大如钱，颠纵中有法度，神品也。后有虞邵庵、柯丹丘、张贞居、倪幻霞等篇，皆精绝可爱。"又赵文敏《时苗留犊图》一条云："余归时往见衡山。因故乡遭变惨酷，急欲省视，即辞去。抵家凡四十日，还京次吴门，复造衡山。款坐，设饭。久之，良俊请曰：'武库所藏，皆是精品。然良俊所记忆不忘者，独苏长公《嵩阳帖》及赵文敏与中峰手简二卷耳。请再观之。'因出示，回环展玩，神思飞越，真宇内奇宝也。"此录后有自识云："余以三月十八日癸卯行，至廿二日丁未得还京邸。往返才两月馀，而所见者如此，盖亦幸矣。越十四日为嘉靖丁未春正月人日，清溪漫叟何良俊书。"而前有"丙辰冬，余以老病南归"云云。按元朗以岁贡入国学，例授南京翰林院孔目。每喟然叹曰："吾有清森阁在东海上，藏书四万卷，名画百签，古法帖鼎彝数十种。弃此不居，而仆仆牛马走，不亦愚乎？"居三年，遂移疾免归。海上中倭，留清溪者数年。此录云云，正在此时也。丙辰是嘉靖卅五年，是年十二月丙戌朔，其十八日恰是癸卯，廿二日是丁未，是月小尽。至次年为嘉靖三十六年丁巳之人日，恰十四日。因知"三月"当作"十二月"，嘉靖"丁未"当作"丁巳"，皆抄刻传写之讹。是年冬，衡山先生年八十七。而是时东坡此迹在衡山斋中，则于他书未见也。项子京识此迹后云："嘉靖三十八年购松陵史氏。"此迹前后有"史鉴秘玩""史氏明古"诸印。明古殁于弘治九年丙辰，此迹售于项氏，则明古殁后六十三年矣。必是此迹史氏不克守，将出售于人，而暂存文氏斋中。或衡山先生借以鉴赏，而徐俟其售耶？衡山先生卒于嘉靖卅八年二月，此迹之售于项氏，必在衡翁殁后，其家以衡山借留故人家物，不欲没其根源，而仍以为史氏售之。故项子京识云："购松陵史氏"，不云"购于"而但云"购"者，其物久已不存史氏斋中也。必言史氏者，不没文氏之善也。衡山父子无印章者，不忍有其物也。衡山殁后，二承不留此者，亦必衡翁之志也。项氏得之，而后改卷为册也。不特此迹付受有绪，而前贤相与之微意，亦以考见焉。乾隆四十三年夏五月十三日，方纲识。

除夕，有诗。

《集三十五卷本》卷十五《丙辰除夕》：百岁匆匆过隙驹，等闲八十七回除。蹉跎日月前无几，俯仰乾坤乐有馀。白首诗书重结课，青春草木旧吾庐。由来多病还多寿，一笑残疴未负余。

万表卒，年五十九岁。

《历代名人年谱》：嘉靖三十五年丙辰，万鹿园卒，年五十九。

嘉靖三十六年丁巳（1557）八十八岁

元旦、谷日皆有诗。

《集三十五卷本》卷十五《丁巳元旦》诗，七律，略。

又《谷日早起》：空庭草色映帘明，短鬓春风细细生。檐溜收声残雪尽，窗光落几晓寒轻。非贤宁畏蛇年至，多难欣占谷日晴。诗思搅人眠不得，山禽屋角有新声。

行书《甲寅除夕》《乙卯元旦》《丙辰除夕》《丁巳元旦》四诗寄张献翼。

拓本《张幼于袞刻文太史帖》《甲寅除夕》《乙卯元旦》《丙辰除夕》《丁巳元旦》，诗皆七律，略。末识："近作书似仲举茂学评教。徵明顿首。"

应苏州知府温景葵请，为赋三山草堂诗。景葵，大同人。去年以御史任。

《文嘉钞本》卷十五《三山草堂为温守赋》：三山突兀云中镇，天削芙蓉万仞苍。灵秀已钟名世士，风云常护读书堂。百年文物烟霞丽，千里声华草木光。后乐由来贤者事，不妨泉石自徜徉。

道光本《苏州府志》卷五十三《职官》：温景葵，大同人，举人。嘉靖三十五年以御史任，三十八年升霸州副使。

按：温景葵于《苏州府志》无传。《中国人名大辞典》云：温景葵，大同人，字志忠。嘉靖举人，授知县，擢御史，刚正敢言。升苏州知府。发奸责伏，吏畏民怀。历都御史，巡抚辽东。告病归后，屡征不起。

赠周复俊升四川按察使诗。有"古来治蜀惟严靖，此去持刑况老成"句。

《文嘉钞本》卷十五《送周子籲宪长之蜀枲》：云栈萦纡拥使旌，春风重到益州城。古来治蜀惟严靖，此去持刑况老成。剑阁声名雪山重，峨眉诗思锦江清。只应恋阙情难忘，万里桥西看月生。

制图并诗，以寿王庭七十。

《文嘉钞本》卷十五《寿王阳湖七十》：寿龄官爵每差池，消息应关造化机。试问位临方伯上，何如年及古人稀。持衡三晋开文运，屏藩西江树德辉。用世共知才未尽，投闲自喜愿无违。

堂开绿野修乡社,吟对青山着赐衣。同学故人今几在?白头林下幸相依。阳湖先生寿届七秩,微明同学同志,仕忝同朝。早年托好,白首益亲。既制新图,复赘短什。(共二首。第一首略)

二月十七日,小病初解,宴集袁氏,有诗。

《文嘉钞本》卷十五《二月十七日袁氏宴集》:春风吹白发,暂醉故人家。自喜残疴解,难忘暮景斜。熙微新物色,烂漫好年华。筋政觥筹错,宾筵笑语哗。怡颜眄庭树,醒困荐团茶。落日开新霁,馀晖散晚霞。润滋初苗草,寒勒半开花。高雅朋簪盍,芳韶节叙嘉。晤言□怀抱,酩酊自生涯。笑载篮舆稳,不嫌归路赊。

晚年罕出游。冬着红绒衣,戴卷檐帽,坐白纸屏下,终日拥炉。时不游石湖已四年,有《思石湖》诗。

《太平清话》:文衡山先生每冬着红绒衣,戴卷檐帽,坐白纸屏下,终日拥炉,淡然忘老。

《东山谈苑》卷四:晚年衣绛绒衣,戴卷檐帽,坐白纸窗下,拥炉曝背,剧谈亹亹,坐客皆移日忘去。

《文嘉钞本》卷十五《思石湖》:不到楞伽恰四年,春湖想见水生烟。兰桥几度生芳草?柳岸何时舣画船?落日钟声云外寺,浮云山色雨馀天。题诗忽动登临兴,已在沧洲白鸟边

三月十三日夜,作《古木奇石图》与孙元发。王穀祥、周天球、陈鎏、袁裘、许初、陆师道、陆安道、黄姬水、彭年、袁尊尼等题。

《江村销夏录》卷三《文待诏水墨古木奇石图》:嘉靖丁巳三月十三日,夜坐。发孙出此纸请余作《古木奇石》,老眼眵

昏,不能工也。　老眼篝灯点笔时,古槎香叶影差差。恍然一夕成龙去,每见孙枝有所思。周天球。　空山虬枝,孰云樗散?庄生寓言,文翁握管。永言贻谋,取材圭瓒。袁裘奉题。　偶然濡笔写孱颜,古木苍烟黯淡间。梦忆灯前依恋处,赏心无复到荆、关。许初。(馀略)

是月,蔡汝楠作前、后山诗三十首,徵明为小楷书。明年,又为书苍山、南山诗二十首。汝楠字子木,德清人。嘉靖十一年进士。仕至南京工部侍郎。诗初有重名,后好经学,诗由此不工。与皇甫涍兄弟友善。顾璘尝引为忘年交。

　　拓本《文待诏书蔡白石四山杂咏》:"《前山十四咏》有序,蔡汝楠著。文徵明书。吴𡒄刻。""《后山十六咏》有序,丁巳暮春,白石山人蔡汝楠识。长洲文徵明书。吴𡒄刻。""《苍山十咏》有序,蔡汝楠著。文徵明书。吴应祈刻。""《南山十咏》有序,蔡汝楠著。文徵明书。吴应祈刻。"

　　按:《苍山十咏》序中有"戊午春日,卜穴南山之后"。《南山十咏》序中有"嘉靖戊午孟春,偶入南山"等语,故苍山南山诗乃明年戊午书。

　　《明史》卷二百八十七《文苑》三:蔡汝楠,字子木。儿时随父南京,听湛若水讲学,辄有解悟。年十八,成嘉靖十一年进士。善皇甫涍兄弟。尚书顾璘引为忘年友。汝楠始好为诗,有重名。中年好经学。及官江西,与邹守益、罗洪先游,学益进。然诗由此不工云。

　　万历本《湖州府志》卷六《进士》:蔡汝楠,德清人。博学工文。初授行人,历知衡州府,作兴士类。累官兵部侍郎转南京工部卒。有《枢笕集》《筹边要略》。祀乡贤。

春,以所藏吴仲圭《竹谱》归项元汴。

《珊瑚网画录》卷九《梅沙弥竹谱卷》:嘉靖三十六年春既望,墨林项元汴得于吴门文氏。

应徐瑈请,作《永锡难老图》及诗以寿其叔武英殿大学士徐阶。初徵明官翰林待诏,间为同馆局者所窘。阶以嘉靖二年及第,授翰林院编修,独重之如前辈。故此卷自云:"有不能已于言者。"

《吴越所见书画录》卷一《明文待诏永锡难老卷》:大学士存斋先生,九月实维降诞之辰。从子瑈索诗称庆。徵明于公,固有不能已于言者。既为制图,复赘短什。时岁嘉靖三十六年丁巳,长洲文徵明顿首上。(诗七律一首,略)　衡山先生在翰林,为龚用卿、杨维聪所窘,目之为画工。惟文贞公重之如前辈同官,故所作翰墨,有殉知之合,此卷是已。文贞之孙晨茂出以见示,故为题之。董其昌。

　　按:《历代流传书画作品编年表》于本年有《寿徐阶画并诗》及《永锡难老图卷》两种,岂亦一图两作欤? 待考。

四月既望,为华夏隶书及小楷所撰《真赏斋铭》于八十岁秋画《真赏斋图》后。又为另作一图,亦小楷斋铭于后。

《石渠宝笈》卷十五《明文徵明真赏斋图一卷》:宣德笺本,着色画。款"嘉靖己酉秋,徵明为华君中甫写《真赏斋图》,时年八十"。引首李东阳篆书"真赏斋"三大字,款署"西涯"。别幅徵明又隶书铭云:"(文不录)嘉靖三十六年岁在丁巳四月既望,长洲文徵明著并书,时年八十有八。"前署"真赏斋铭有序"

六字。又别幅楷书斋铭释文，款识云："长洲文徵明著并书，嘉靖丁巳四月既望，时年八十有八。"

按：此卷今藏上海博物馆。

《墨缘汇观录》卷三《文徵明真赏斋图卷》：白纸本，浅着色。为衡山用意之笔；文画中不能多数也。松前细楷三行书："嘉靖丁巳，徵明为中甫华君写《真赏斋图》，时年八十有八"。后细乌丝界隔，自书《真赏斋铭并序》，小楷苍劲，款"嘉靖三十六年岁在丁巳四月既望，长洲文徵明著并书，时年八十有八。"卷经项子京所收，后有高詹士一跋。世传文衡山为华氏作《真赏斋图》有二，此其一也。

按：此卷今藏北京市文管会。

按：徵明小楷《真赏斋铭》，明顾苓刻石。《清啸阁藏帖》亦收刻，与顾刻同出一本。其款下皆用白文"徵明"长方印。铭文中"图籍祈祈"皆缺"籍"字。但两刻本行数不同。《石渠》本款后用"文徵明印""衡山"两方印。《墨缘》本用朱文"徵明"连珠印，白文"徵仲"印。一文数书，如《拙政园记》《玉女潭山居记》皆然。

五月既望，仿赵孟頫《鹊华秋色图卷》。（后董其昌跋，虽极推许，而引首题云"枕石漱流"，似有微词，谓拘于摹写，不能通变。盖其昌高自位置，于赵孟頫、祝允明、莫是龙及徵明等，皆多讥评。晚年始悟前人不可及。莫是龙，华亭人，如忠子。父子均善书。）

《辛丑销夏记》卷五《明文待诏仿鹊华秋色卷》：嘉靖丁巳五月既望，徵明时年八十有八。　昔人评右丞画，以为云峰石色，迥出天机。笔意纵横，参乎造化。余见《辋川》诸图行世，米元晖以刻画少之。当由未见真物耳。赵文敏在燕都，遍观内府名迹。余家所藏《鹊华秋色卷》乃其学摩诘致佳笔。衡山拟其意，杂以赵令穰，一家眷属也。精工古雅，有唐、宋名家风格，胜国画手，不足师矣。董其昌。　"枕石漱流"题文衡山真迹，其昌。

又：右文待诏此卷，自题云："嘉靖丁巳五月既望，徵明时年八十有八。"　非董跋，则无由知其为仿赵松雪《鹊华秋色》矣。然董亦以赵卷在其家，故一见即能定之。盖古人每作一图，其经营位置，不知费几许苦心，以泄发其胸中山水之奇。时代既远，端赖妙手传模，与古人心心相印。赵卷董跋：以"书肖似古人，不能变体为书奴。"董以禅理悟书法，自撝所得耳。余谓自运，固宜善变。若临本不似，则何贵于临？书画一理也。跋于此卷极其推许，而微寓不满意于首题四字。盖取孙子荆语王武子"漱石枕流"句而反正之，意谓守常而不能变也。题与跋俱在得赵卷以后所书。五十馀岁人，搦一燥管，随意挥洒，而精气固结。文画以既耄之年，谨守格辙，直到松雪精妙处。惟松雪白笺本，高与此准，而长不过二尺一寸。此卷绢本，长至三尺五寸。董所云"杂以赵令穰"者，殆谓卷末远山城堵耶？道光甲午七月初十日并书于湖南抚署之一实堂。南海吴荣光。

按：董其昌自负其能，诋毁赵孟頫、祝允明、莫是龙及徵明事，散见各家所记。兹择要录后。

《涌幢小品》卷三：吾友董玄宰，于书画称一时独步矣，然对人绝不齿及。戊戌，分献文庙斋宿。余问曰："兄书法妙天下，于国朝当入何品？"曰："未易言也。"再问曰："兄自负当出祝枝山上，且薄文徵仲不居耶？"玄宰曰："是何言？吾辈浪得书名耳。枝山尚矣，文亦何可轻比。"因举笔写十馀文字，曰："着意写此，曾得徵仲一笔一画否？"看来此句是真心语。余尝谓文书胜董，观此益信。（时董年四十四）

《壮陶阁书画录》卷十二《明董香光书雪赋卷》：客有持赵文敏《雪赋》见视者，余爱其笔法遒丽，有《黄庭》《乐毅论》风规。未知后人谁为竞赏？恐文徵仲瞠乎若后矣。遂自书一篇，意欲与异趣，令人望而知为吾家书也。昔人云："非惟恨吾不见古人，亦恨古人不见吾。"又云："恨右军无臣法。"此则余何敢言？然世必有解之者。戊申仲春并识。董其昌。（时董年五十四）

《容台别集》卷六《题跋·画旨》：文太史本色画，极类赵承旨，第微尖利耳。同能不如独异，无取绝肖似。所谓鲁男子学柳下惠。

《味水轩日记》卷四：万历四十年壬子三月二十六日，细雨。"颜鲁公《乞米帖》，见鲁公忠义大节，从固穷得之。……邢子愿侍御尝与予言：'右军之后，即以赵文敏为法嫡。唐宋人皆旁出耳。'此非笃论。文敏之书，病在无势。所学右军，犹在形骸之外。右军雄秀之气，文敏无得焉，何能接武山阴也。虽然，其可传者，在自成一家，望而可知为赵法。非此，则鲜于、康里，得并驱于墨苑焉。""余十七岁学书，二十二岁学画，今五十七矣，有谬称许者。余自校勘，颇不似米颠作欺人语。大都画与文太史校，各有短长。文之精工具体，吾所不如；至于古雅秀润，更进一筹矣。书与赵文敏校，各有短长。行间茂密，千字一同，吾不如赵。若临仿历代，赵得其十一，吾得其十七。又赵书因熟得俗态，吾书因生得秀色。赵书无不作意，吾书往往率意。当吾作意,赵书亦输一筹,第作意者少耳。古人云:'右军临池学书,池水尽黑;假令耽之若是,故当胜。'余于赵亦然。米老云:'吾书无一点右军俗气,吾画无一点李成俗气。'然世终莫之许也。正恐余所自评,犹类怜儿,不觉丑耳。辛亥中秋,董其昌。"此数段,董玄宰议论,因临颜帖而发者。(时董年五十七。此李氏所录二节,亦见《容台别集》)

《吴越所见书画录》卷五《董文敏论画卷》:吾于书,似可直接赵文敏,第少生耳。而子昂之熟,又不如我有秀润之气。惟不能多书,以此让吴兴一筹。画则具体而微,要亦三百年来一具眼人也。玄宰。癸丑三月书于舟次。(时董年五十九。亦见《容台别集》卷四)

董其昌《品书》:楷书以智永《千文》为宗极,虞永兴其一变耳。文徵仲学《千文》得其姿媚。予以虞书意入永书,为此一家笔法。若退颖满五簏,未必不合符前人。顾经岁不能成《千文》卷册,何称习者之门?自分与此道远矣。

《吴越所见书画录》卷五《董文敏楷书千字文册》:小楷惟文待诏晚岁逾工。年八十二,灯下尚作蝇头书。又能每旦书《千文》一卷。余学书几六十年,每为人强书数卷。此本起自戊辰春,至甲戌夏,先后七年而成。书道安得进乎?谈何容易?偶从簏中检出,跋此以志愧,又中秋前三日,董其昌时年八十岁。

《画禅室随笔》:吾学书在十七岁时。初师颜平原《多宝塔》,又改学虞永兴。以为唐书不如晋、魏,遂仿《黄庭经》及钟元常《宣示表》《力命表》《还示帖》《丙舍帖》,凡三年。自谓逼古,不复以文徵仲、祝希哲置之眼角。乃于书家之神理,实未有入处，徒守格辙耳。比游嘉兴，得尽睹项子京家藏真迹，又见右军《官奴帖》于金陵，方悟从前妄自标评。自此渐有小得。今将二十七年，犹作随波逐浪，书家翰墨小道，其难如此。

《书法秘诀》：董先生于明朝书家，不甚许可。或有推祝枝山者，曰："枝山只能作草，颇不入格。"于文徵明但服其能画。于米万钟则更唾之矣。于黄、邓稍蒙许可。

按：此条亦载《倪氏杂记笔法》，字句略有增减。末二句作："于邢、米则唾之矣。于黄于邓，稍蒙许可。"

按：邢为邢侗，字子愿，临邑人。甲戌成进士，官至行太仆寺少卿。书法钟、王、虞、褚、颠米、秃素，而深得右军神体。极为海内所珍。内竖以字扇进览，上欣赏，命女史学其书。邢司马平倭至高句丽，有李状元妻托致意子愿，愿为弟子。朱宗伯出使，从人适携其字二幅，购之黄金同价。琉球使者入贡，愿小留，买邢书法。　米万钟，字仲诏。其先关中人，徙京师。万历乙未进士，仕至太仆少卿。性好石，人谓无南宫之颠，而有其癖，号为友石先生。行草得南宫家法。与华亭董太史齐名，时有南董北米之誉。尤善署书。擅名四十年，书迹遍天下。谢肇淛《五杂组》云："今书名之振世者，南则董太史玄宰，北则邢太仆子愿。其合作之笔，往往前无古人。"当时称"南董北邢"或"南董北米"，董之唾之以此。

《吴越所见书画录》卷四《莫方伯行楷大字诗卷》：廷韩书法，远胜方伯。余所见甚少。曾至华亭旧家遍购之，竟不可得。谓"董宗伯恶其胜己。出重价收而焚之，冀为第一人。"此齐东之语，香光居士何至焚琴煮鹤如是！然观其论书，则以赵松雪暨明之文徵明、祝希哲痛诋之，冀为第一人之说，亦似可信。听松山人书。

《西清笔记》：明人沿文家画法者，遍于东南，数见不鲜，人皆易之。董文敏一变其习，气韵固佳，细实处少。学之者尤浅率无足观。

《集古求真·馀论》：按董文敏自负笔妙，于元明两朝，目无馀子。惟于赵文敏颇自内荏。遂欲藉己盛名，以言语讥讪，推倒吴兴而踞其上。然诣力相去甚远，良心难昧。故见吴兴书，不能不为赞美。赞美之后，又必力为吹求，以示其不满。而己则别出新说，以冀胜之。综观其论吴兴诸条，其与君代兴之私心，灼灼可见。

又：朱明一代，不乏名笔。然求其自树一帜，颉颃往哲者，殆甚少其人。而名高绝世，厥惟董其昌。其实董书殊不足弁冕有明。方之文、祝、陆、沈，亦鲁卫兄弟耳。

《明史》卷二百八十八《文苑》四：莫如忠，字子良。嘉靖十七年进士。累官浙江布政使。洁修自好。夏言死，经纪其丧。善草书，诗文有体要。子是龙，字云卿。后以字行，更字廷韩。十岁能文。长善书。皇甫汸、王世贞辈极称之。以贡生终。

《无声诗史》卷三：莫是龙，字云卿，后以字行，更字廷韩，号后朋，更号秋水，华亭人。为方伯中江翁长子。虽习举子业，雅非其好。而好攻诗，攻古文词，攻书法，又攻画。书法无所不窥，而所宗者钟、王及米颠。画法黄大痴。放情磅礴，极意仿摹，不轻落笔。

六月既望，应项元汴请，为小楷《古诗十九首》及陶潜《田园》诗。

《古缘萃录》卷三《文衡山小楷古诗十九首册》：纸本，乌丝方格,笔意松秀,圆转空虚。"嘉靖三十六年丁巳六月既望书。徵明时年八十有八。"另纸蝇头小楷书陶诗:"人生归有道""种豆南山下""少无适俗韵""野外罕人事"四首,计两页。结构谨严,笔笔精到。每页上有"徵明"一印。 "翰林待诏文徵明衡山先生小楷《古诗十九首》细楷陶五柳诗二纸,墨林项元汴装袭珍赏,求书润笔礼金四两。""鞶"

按:"鞶"字是项氏以《千字文》中字编所藏书画号。

七月,小楷《岳阳楼记》,为杜子庸所得,以丁巳误书丁丑,请文彭题正。子庸,姑苏人。游文门。其父怀亲有孝行,徵明曾为之图。

《岳雪楼鉴真法帖》:《岳阳楼记》,嘉靖丁丑七月四日,徵明书,时年八十有八。 家君特喜小书,愈小愈精。此《岳阳楼记》,其尤精者。子庸得之,珍爱不已。但丁巳误书作丁丑,因命题正。谨记于后。男彭拜手书。

《何翰林集》卷二十八《跋杜怀亲雪夜墓归卷》:姑苏杜子庸氏,盖从文太史衡山先生游,余识之衡山先生所。后登子庸之堂,子庸盖觞馀,奉其尊公怀亲翁出肃客。余又识怀亲翁。怀亲翁敦款质实,淳然一笃行君子也。因示余以《雪夜墓归卷》。……且闻仁孝之后,其族必昌。今怀亲二子,能文有声,而子庸尤以善诗辞游于诸公间,则焉知其不为祥、览辈以昌杜氏之族乎,敬书以俟。

《弇州山人续稿》卷十九《杜翁少时,葬亲夜归,大雪几殆、若有神人送之,得免。文太史图之矣,而又属蜀人毛太史诗之,久失复得,诸贤异其事,倚韵和赠成卷,余亦嗣焉》:死孝仍拚攀柏身,生还刚及启关辰。雪深踪迹唯狐兔,夜久扶携有鬼神。

万里璧完诗不偶,百年珠隕画如真。莫言弧矢男儿志,惆怅谁为扫墓人?

既望,为华夏小楷旧跋《唐摹万岁通天进帖》。

文物出版社本《唐摹王右军家书集》:右唐人双钩晋王右军而下十帖(全文已见前)嘉靖丁巳七月既望,长洲文徵明题,时年八十有八。

按:此跋于嘉靖十一年壬辰已撰就,不知何故迟至今日始由徵明亲书帖后。嘉靖十七年,文氏摹刻正德二年沈周借华夏此卷请徵明摹本入《停云馆帖》卷二时,徵明所跋,与此相同。但自"不知何时归无锡华氏"后改为"吾乡沈周先生从华假归,俾徵明重摹一过。自顾拙劣,安能得其仿佛?然视建中石本差为近似尔"。

八月朔,小行书《早朝》等诗十四首。

墨本《文徵明早朝诗卷》:《午门朝见》《奉天殿早朝二首》《雨中放朝》《早朝》《雪后长安门候朝》《恭候大驾还自南郊》《驾幸文华日讲》《元旦朝贺》《庆成燕》《腊日午门赐燕》《实录成蒙恩赐袭衣银币》《赐扇》《赐长命彩缕》。丁巳八月朔旦书,时年八十有八,徵明。

按:一九六六年五月见于钱景塘家。纸本乌丝直阑,小行书。

廿日,重题旧作画扇,已三十年矣。

《珊瑚网画录》卷二十二《文徵仲自题四景画扇》:第三面,仿黄鹤山樵,小楷题:此余三十年前所作,稚弱可笑。然今老懒,无复当时兴致矣。丁巳八月廿日重题。徵明,年八十有八。

九月既望,小行书《独乐园记》。

《湘管斋帖》：嘉靖丁巳九月既望，徵明书。

按：徵明所书，以《千字文》《赤壁赋》为最多。其次《兰亭序》《出师表》《离骚》及《独乐园记》，亦有多卷。

十月三日，观顾从义藏米芾《蜀素帖》，题名于后。从义藏赵孟頫绢画小山水一卷，徵明时时借观，至数十番不厌；盖得此中意趣良多。

拓本《蜀素帖》：嘉靖丁巳十月三日，长洲文徵明观。余自嘉靖三十二年癸丑得见于长安友人家，倾囊以购之。余素爱米书，见者不下廿卷。此卷五百五十六字，诸体具备，墨妙入神，真秘玩也。且自庆历至今，五百二十馀年矣，完好如故。又为沈石田、祝枝山、文衡山三先生所赏鉴，尤为可宝。余每以此卷自随。一日，过吴中谒文衡山先生，独不携此，适有覆舟之厄。先生曰："米书在否？"曰："否"。先生曰："岂无神物呵护至此耶！"嘉靖四十年辛酉闰五月，研山居士顾从义北上，舟次南阳闸，展卷谨志。

《玄览编》：顾汝和松雪绢画小山水一卷，浅绛。虽林木茂密，而点染莹洁，笔法精雅秀润，唯林内一童骑牛。盖法董源。汝和云："文徵仲时时借观，至数十番不厌。"盖得此中意趣良多，然不步其迹。

十一月十三日，题王羲之《思想帖》。云与旧藏《平安帖》行笔墨色略同，皆奇迹也。

《清河书画舫》卷二《王右军思想帖》：右军真迹，世所罕见。此《思想帖》，与余旧藏《平安帖》行笔墨色略同，皆奇迹也。《平安帖》有米海岳签题。此帖无签题，而有赵魏公跋，同观者自霍清臣而下，凡十有三人，皆鉴赏名家，咸咨嗟叹赏神物之难遇如此。余何幸，得附名其后哉！嘉靖丁巳冬十一月十又三日，长洲文徵明题，时年八十有八。

《钤山堂书画记》：王羲之《思想帖》，有赵松雪小楷书跋，先待诏亦有跋。许仲器本。亦唐人所摹，纸墨与《通天进帖》无异。

《玄览编》：王逸少《思想帖》，赵承旨作小楷题跋。又近日文待诏徵仲精心作蝇头小字题识，其称神称遇又甚焉。然余细审，非真迹也，乃双钩廓填，盖唐模之至精妙者，然纸墨如新，诚为可宝。第以为真迹，是以优孟为真叔敖也。夫以子昂、伯机、徵仲三君犹尔，诚哉赏识难也。

按：右军《平安帖》于嘉靖二十年刻入《停云馆帖》卷四"唐人真迹"中，在林纬乾《深慰帖》后，盖已以唐人笔视之。

有赠张献翼诗。时献翼嗜读书，勤著述。

《文嘉钞本》卷十五《赠张幼于》：林林标格桂联芳，奕奕才情玉有光。老我自应惭叔度，如君端不忝元方。前行事业烟霄迥，新样文章锦绣张。乡里后贤真不乏，骅骝千里看腾骧。

按：引证见前八十二岁。

长子彭，贡于礼部，以明经廷试第一。念父老，乞近地便省养，乃授官嘉兴训导。徵明赋诗送之。皇甫汸、徐阶、丰坊亦有诗。坊字存礼，后改名道生，鄞县人。嘉靖二年进士。除礼部主事，以吏议免官。寻坐法窜吴中。高才博学，而狂诞傲僻，人畏而恶之。

许榖《明两京国子博士致仕赠文林郎文公墓志》：太史翁乞休林下凡四十年，而先生日侍左右，奉翁登览名山，周旋觞咏。自谓仕进有数，心益泊如也。年逾五十，始贡上礼部，入试大廷,置在首卷。念太史翁年高,乞近地以便省养,乃分教嘉禾。

道光本《嘉兴府志·官师》:嘉兴府　训导　嘉靖　文彭戊午任。

又《官师志·名宦德政附》:文彭,字寿承,长洲人。待诏徵明子。隆庆戊辰以岁贡司训府学。坦率和易,潇洒出尘。精书画。一时名公俱从之游。

按:同一志而年岁不同,然徵明诗在集中编入丁巳年,盖丁巳岁贡入试,授官,戊午离家赴任。隆庆戊辰,徵明卒已九年,何来赋诗相送,显然《官师志》记载失误。本年文彭年六十一。

《集三十五卷本》卷十五《送彭赴嘉兴训导》:清时一命忝师儒,百里邻州接里闾。志养于今欣有禄,官贫莫叹食无鱼。微名聊足酬初志,多暇何妨读旧书。九十老人须在念,频频书札问兴居。　东望嘉禾近百程,漫随儒牒去亲庭。蝉联宦业承三世,辛苦传家有一经。我老自怜衰鬓白,汝行不失旧毡青。还应别后钟情处,飞梦时时秀水亭。

《皇甫司勋集》卷二十二《送文司教北上》:当宁崇儒教,持经谒圣君。伏生犹未老,扬子最能文。帐已同南郡,书堪逼右军。还怜竹林后,见尔出鸡群。

《世经堂集·送司训文三桥赴嘉兴》:嘉禾地接阖闾城,来往风帆一日程。几杖高堂常在望,文章邻郡久知名。谈经士服传家学,请外人怜陟岵情。遥识兹行能自适,广文何必羡公卿。

《文氏五家集》卷八《博士诗集》下《出京,承徐相公赠诗,次韵酬谢》:五云楼阁九重城,瞻望何殊万里程。调化共知歌盛德,好贤端不为修名。平生雅度真难值,此日新诗更有情。

潦倒穷途甘弃掷,独惭虚誉动公卿。

《万卷楼遗集》卷五《送文寿承北上》:南国知名久,征书及此时。文章传叔党,翰墨寄羲之。去得青毡旧,归膺彩服宜。相望烟水阔,何处柳丝丝。

《列朝诗集》丁集《丰主事坊》:坊,字存礼,鄞县人。嘉靖二年进士,除礼部主事。以吏议免官。家居,坐法,窜吴中,改名道生,字人翁。存礼高才博学,下笔数千言立就。于十三经皆别为训诂,钩新索异,每托名古本或外国本。今所传《石经》《大学》《子贡诗传》,皆其伪撰也。家藏古碑刻甚富,临摹乱真。为人撰定法书,以真易赝,不可穷诘。为人狂诞傲僻,纵口狥意,所至人畏而恶之。

《静志居诗话》:南禺释褐后,从其父学士熙谏大礼,受杖阙下,人谓学士有子矣。迨父卒戍所,乃言非父本意。忽走京师上书,谓追崇兴献王宜称宗入太庙。永陵用其言而不录其人也。归益狂诞,恃才傲物,作伪欺人。此等人第作犬豕相遇可耳。

是年,行书温景葵撰《苏州府学义田记》。

拓本《苏州府学义田记》:(文略)嘉靖三十六年岁丁巳仲秋之吉,中顺大夫苏州府知府前福建道监察御史云中温景葵撰。前翰林院待诏将仕佐郎兼修国史长洲文徵明书。梁元寿刻。

除夕,有诗。

《集三十五卷本》卷十五《丁巳除夕》:易却桃符拂却尘,穷愁残病总更新。三彭漫守庚申夜,万事重迎戊午春。狼藉杯盘聊复醉,尽情灯火笑相亲。孙曾次第前称寿,惭愧承平白发人。

《珊瑚木难》：文衡山诗。《丁巳除夕》《戊午元旦》二律，文衡山先生诗也。野航录至"三彭漫"止，或者有事阻而弗获全书也。予坐澹栖楼，偶翻衡山帖，竟为野航续完，亦是一段胜事。崇祯辛巳正月十八日，墨痴道人顾渚识。

按：朱存理卒已四十五年，诗盖后人所录。顾氏失考。

嘉靖三十七年戊午（1558）八十九岁

元旦，赋诗有"喜闻海上烽烟息，又见人间日月新"句。

拓本《张幼于裛刻文衡山帖》：《戊午元旦》黄鸟风檐递好音，白头窗下整冠巾。喜闻海上风烟息，又见人间日月新。霁景腾辉金胜晓，暖痕霏雪玉梅春。何当载酒寻芳去，绿满郊原草似茵。

按：去年十一月，胡宗宪诱降海盗汪直，杀之。十二月，俞大猷破温州及舟山倭，歼平之。故诗云云。

有追和父林与沈周诸人唱和诗。

《文嘉钞本》卷十五《追和先温州与石田诸公唱和韵》：摩挲残墨半尘昏，犹记当时侍酒尊。文雅笑谈如昨日，城居寂寞似空村。烟消岁月悲陈迹，风泛蓬蒿惜断根。世事悠悠前辈远，从谁授简赋梁园。

二月既望，行书《山居篇》及前后《赤壁赋》。

墨迹《文衡山行书山居篇轴》：绢本。嘉靖戊午二月既望书。徵明时年八十有九。

上海艺苑真赏社本《明文徵仲行书赤壁赋真迹》：嘉靖戊午二月既望书。徵明时年八十九。

长孙肇祉读书太学，有诗送之。

《文嘉钞本》卷十五《肇孙北行》：阿翁九十苦钟情，倚杖那堪送汝行！璧水去游天子学，春风须听上林莺。壮途初发千山轫，雅志无忘万里程。三百年来忠孝在，慎言无溃旧家声。

《文氏五家集》卷十三《录事诗集》卷四《泊枫桥用大父韵》：辞亲远别动离情，满幅风帆带雨行。水长关河无阻道，春深柳陌尚闻莺。轻抛故国三千里，细数遒征第一程。此夜维舟不成寐，寒山依旧起钟声。

按：肇祉以诸生入太学，十试有司，不利。就选上林苑录事。诗文草隶，仿佛寿承。

陆之裘官嘉兴学博，有送行诗。之箕弟，字象孙，号南门。

《文嘉钞本》卷十五《陆象孙嘉兴县博》：廿载明经众所推，横经今去拥皋比。高怀自得闲官味，博识真堪后学师。杏子坛前弦诵晓，芹香亭上咏归迟。百年世禄欣无坠，况有文章足羽仪。

三月八日，书《丁巳除夕》《戊午元旦》《初春书事》等诗以寄张献翼，时献翼读书上方山治平寺。

《湘管斋帖》：别久耿耿。闻避喧山寺，进学不倦，新春文候安胜为慰。区区衰病如昨，无足道者。近诗，往见鄙况。承嘉馈，多谢。徵明诗帖子，上仲予文学至契。三月八日。

按：《初春书事四首》：疏帘掩映物华鲜，睡起西窗思黯然。落日断云收宿雨，光风细草涨新烟。寂寥乐事烧灯后，懒慢情怀挂杖前。幽兴不缘愁病减，时时觅纸写新篇。　流云冉冉度湘帘，绿映轻衫草色鲜。淑气侵人淹宿酒，花香入梦恼春眠。

影摇锁闼霏霏日,篆袅炉薰细细烟。门掩红尘无过客,自临南牖了残编。　晴雀飞飞恋草檐,午风漠漠泛茶烟。雪残东圃梅花后,春在南墙细草边。窗下蠹编消永日,镜中华发感流年。书逋画债难推脱,应负三生笔砚缘。　南楼日上晓光澄,北郭烟消万井明。膏雨一番甦弱柳,春风几处啭新莺。只应旧病随寒尽,无耐闲愁共草生。起绕梅花觅新句,惜花自是老年情。

春,久雨。客携沈周《溪山深秀图》至玉磬山房,借留半载,摹临一过并题。

日本东京大学出版会《中国绘画总合图录·明文徵明溪山深秀图卷》:石田先生摹黄子久《溪山深秀图》,是正德元年春写于金陵弘济寺。迨今嘉靖戊午,五十馀年矣。而笔墨畦径,真趣天然,不下于子久,余每每在念。入春来久雨积闷,无以遣怀。偶客携此卷至玉磬山房见示,视之令人醒然,不忍去手。淹留半载,摹临一过,聊仿佛万一,并赋小诗:石老仙游四十年,断烟残墨故依然。疏林淡霭斜阳下,仿佛当时杖履前。徵明。

偶得古纸数翻,作戏墨并录旧作为副。

日本东京大学出版会《中国绘画总合图录·文徵明书画合璧册卷装》:画水仙　翠衿缟袂玉娉婷。七律。徵明。画平沙落雁　荒陂日落沙渚黄。七古。徵明。画古梅　林下仙姿缟袂轻。七律。徵明。画高树栖鸦　寒原秋高日欲落。七古。徵明。画玉兰　碧桐已萧萧。五古。　戊午春,偶见古纸数翻,信笔为戏墨。因阅旧作,漫录以副。徵明时年八十有九。

按:诗皆行书,《兰言室藏帖》收刻。

有客持钱选画荔枝索题,录苏轼诗以应。

《石渠宝笈》卷三十四《元钱选荔支图一卷》：素绢本，着色画，无款。拖尾文徵明书苏轼本诗。款云："右《荔支叹》，苏长公作也。偶有客持钱舜举所画荔支卷索题，因为书之。戊午春日，徵明。"

四月既望，仿倪瓒作小幅。是月，雨窗作《云山卷》并题。

《味水轩日记》卷三：万历三十九年辛亥四月一日，访隐者王静村先生，出观所蓄文徵仲仿倪云林小景，树石萧洒。远山过雨翠微茫，疏树离离挂夕阳。飞尽晚霞人寂寂，虚亭无赖领秋光。戊午四月既望，仿云林子笔。徵明时年八十有九。

《珊瑚网画录》卷十五《文太史自题诸画》：一雨垂垂春欲徂，弱云狼藉草纷敷。池塘水满鱼争跃，竹径泥深鸟乱呼。暝色排檐失昏旦，凉声入枕梦江湖。山斋十日经过断，拓得南宫水墨图。戊午新夏，雨窗戏墨并题。徵明。　陈眉公云：文衡山写云山一卷，奔放横逸，后题七言律草书一首。其尾二句云："山斋十日经过断，拓得南宫水墨图。"藏项希宪家，堪与白石翁《三桧》敌手。

五月四日，重题五十二年前所画盆兰。

《无声诗史》：予购得待诏墨笔盆兰小幅，上题五言古十四韵，尾云："丁卯初秋，文壁书。"皆八分书。重题云："片纸流传五十年，断痕残墨故依然。白头展卷情无限，何止聪明不及前。嘉靖戊午五月四日重题。于是距丁卯五十二年，徵明年八十有九矣。"计五十五字，蝇头细楷，笔法娟秀可爱。上寿而神明不衰，犹勤笔墨。此幅重题，亦艺林一则佳话也。

五月既望，梁辰鱼以诗编请序，时辰鱼将北游。

《苏州史志(1998)·梁辰鱼鹿城诗稿·梁伯龙诗序》:作诗难,序诗尤难,古人诗多无序,其或有序者,因不知其人,于数百载后,考其遗迹,盖欲得其名当时传后世者,以想见其人耳。

伯龙今将游帝都,携此编以文天下士,则天下之士接其人,玩其词者,人人知有伯龙矣,又何以序为? 虽然,以一书生,南游会稽,探禹穴,历永嘉、括苍诸名山而还。既又涉荆巫,上九嶷,泛洞庭、彭蠡,登黄鹤楼,观庐山瀑布,寻赤壁周郎遗迹,篇中历历可见。

伯龙又云"余此行非专为毕吾明经事也,盖远追子长芳轨,欲北走燕云,东游海、岱,西历山、陕,览观天下之大形胜,与天下豪杰士上下其议论,驰骋其文辞,以一吐胸中奇耳! 一第何足为轻重哉?"是亦足以豪矣!

若予衰迈,裹足里门,跬步不出,视伯龙真若霄壤。然是又不可以不序也,遂书以复伯龙。嘉靖戊午中夏既望。

七月十八日,小楷旧作五古三首于扇,以赠华夏。

文明书局本《名人书画扇集》第十二:《右夏日友人池亭追凉》《右夏夜苦热》《右秋夜有感》(皆五古)。嘉靖戊午七月十又八日,书旧作三首,赠东沙华君中甫。徵明。

是月,《停云馆帖》卷六"宋名人书"摹勒上石。

《停云馆帖》:宋名人书卷第六

宋苏才翁书《时相帖》

宋苏沧浪书《致子玉长官帖》

宋司马温公书《致太师帖》

宋冯当世书《致修撰帖》

宋范文正公书《道服赞》文同跋

宋范忠宣公书《奉别滋久帖》

宋钱穆父书《致完夫国信学士帖》

宋贺方回书《致汉逸帖》

宋林和靖书《致瑶兄座主帖》《三君帖》

宋秦淮海书《致方叔贤友帖》《致元礼宣德帖》

宋毛泽民书《致知府学士帖》

宋释参寥书《致山主宁师帖》

宋李端叔书《凤毛帖》

陈简斋诗翰

宋薛道祖书《兰亭序》

宋李元中书《莲社十八贤图记》

嘉靖三十七年秋七月,长洲文氏停云馆摹勒上石。

按:章文翻刻本将"陈简斋诗翰"行楷书改为八分书"宋陈简斋书"。

雨天,焚香读《疑仙传》。

《铁琴铜剑楼藏书题跋集录》卷三《子部·仙苑珠编二卷疑仙传三卷》旧钞本:戊午新秋,雨天,焚香,庄诵一过。徵明。(《疑仙传》卷三后)

八月望,书陈如纶《重修启圣祠记》。如纶字德宣,太仓人。嘉靖进士,官至福建布政使参议,所至清介。

《岱宗小稿》卷六《文衡山启圣祠记》:太仓陈少参如纶撰其州《重修启圣祠记》。数载祠圮,石且毁,其子复丐文待诏书小石附壁,详见待诏跋语。但字与《千字文》体度稍异。《千文》浑雅,此记疏朗,似非一手。且跋称:"三十九年八月望日书,时年八十有九。"而《千文》称"嘉靖十五年丙申五月十六书,时年六十有七。"从《千文》当嘉靖十五年六十七岁,则嘉靖三十九年合九十一,而八十九非是。从此记当嘉靖三十九年八十九岁,则嘉靖十五年合六十五,而六十七非是。而两帖印章,更自纷纭……

按:或文氏误书三十九年,或则石经漶泐,"七"成"九"字。至书体稍异,印章不同,则两帖相距三十餘年,无足疑者。

《中国人名大辞典》:陈如纶,明太仓人,字德宣,号午江。嘉靖进士,知侯官县,摘奸发伏,一县神之。官至福建布政使参议。所至以清介著。致仕卒。有《冰玉堂缀逸稿》《兰舟漫稿》。

既望,于碧绢上行书《兰亭序》,与去年画图合卷。

《壮陶阁书画录》卷十《文衡山晚岁兰亭图序合卷》:图绢本,青绿大刷色,仿李龙眠、刘松年、赵松雪,殆为过之。太史作此,年已八十有八,而魄力雄厚,设色奇丽,为唐宋所未有,真天人也。图尾小楷两行:"嘉靖丁巳十月既望,长洲文徵明写。"后有碧绢乌丝阑临《兰亭叙》,老笔纷披,不为《定武》面目所拘。"余每羡王右军兰亭修禊,极一时之胜。恨不能追复故事,以继晋贤之后也。往岁有好事者,尝修辑旧迹,属余为记。兹复于暇日,仿佛前人所作图,重录《兰亭记》于卷末。盖老年林下,多所闲适,聊此遣兴。其画意书法,都不暇计工拙也。戊午八月既望,时年八十有九矣。徵明。"

《一亭考古杂记》:文衡山品粹寿高。晚年能细画精楷,较石田更为藏锋,亦其性情然也。尝作《兰亭图》一卷,后录《禊序》一通,八十九岁书,信为烟云供养,神仙中人。

按:《兰亭序》,《壮陶阁帖》收刻。

有友自蜀来访，贻赠一方竹杖，因撰《方竹杖记》。

《居易录》卷三十一：文衡山方竹杖跋语云："余年八十有七矣。而背未鲐，发未黄，灯下犹能为蝇头书，作画犹能为径丈势。殊不自觉其为老也。有谑余者曰：'子多太公之五年，少伏生之三岁矣。'余始觉其为老。然矍铄是翁，崛强犹昔，必不以老自衰。忽有友人自蜀中来，贻我方竹一杖。因思解组已久，非杖朝之时，而杖乡杖国之年，又远过焉。欲赠同侪，而香山社中，殊无九老。则不如姑存之，以俟诸旦夕可用之时，且以志良友之嘉惠云尔。嘉靖戊午秋八月，长洲文徵明题。"

按：跋云年八十七，又云"多太公之五年，少伏生之三岁"，则八十七不误，但与末署戊午未合，姑系本年，识此待考。

书旧作律诗五首，徵明晚岁，闲窗日课，每多率尔之作。盖年登大耋，无足怪者。

墨本《明文待诏行书诗卷》：《煎茶》"嫩汤自候鱼生眼"；《雨后》"积雨初收风初颁"；《春日舟行书事》"日出吴山敛雾苍"，"永夏茅堂风日嘉"；《岁暮即事》"檐树扶疏带乱鸦"。戊午秋日书，徵明。　文书多减笔。此卷减笔尤甚。亦时见率尔之笔，殆非甚者，差似不伪耳。己未十月，张謇。

九月十二日，跋《定武五字不损兰亭》。帖原有米芾、赵孟頫、张仲寿等题。又有孟頫、仲寿临本。后一日，亦临一本于后。

《墨缘汇观录》卷二《定武五字不损兰亭》：墨拓五字不损本，纸墨淳古，神彩具备。后有米海岳二题，元张畴斋三跋。又赵文敏一跋，书法精美。云："右军书传世者，《兰亭》为第一。《兰亭》刻本，唯《定武》为第一。然柯条枝叶，蔓延而未已。求其自本自根，为《定武》真刻者，余生六十有四，又南北往来行几万里，仅见两三本耳。一在叔固丞相宅，即族兄子固所藏；一在家弟房，近自吴兴携来都下，见与；一在谭崇文许。三本皆无小异。余所得，苦为蠹所损。叔固者，因水淹糜溃，字画小昏。唯谭公所藏，纸墨完整，神明焕然，当为三本之甲云。延祐四年岁在丁巳十月廿四日，谭公携此，过余大都咸宜坊寓舍，因书其后。吴兴赵孟頫子昂。同观者巴西邓文原善之，家弟孟籲子俊，云间王一初一初。"又张畴斋一长跋，后款"延祐改元闰三月晦前二日，钱唐张仲寿敬题于自怡轩"。又畴斋一跋，款"至治癸亥三月望日，畴斋张仲寿敬题。"后赵文敏临《兰亭序》，甚得神韵，有乌丝界栏，后题："月江学士藏《定武兰亭》至佳……皇庆元年人日……吴兴赵孟頫记。"后张畴斋又临《兰亭序》，"至大己酉十一月廿二日，畴斋临。"又自题云："以书名当世者，子昂一人而已。仆近见彼临《兰亭》，大不满人意。暇日，假月江学士《定武》本，试对临之。非敢自眩，使能书者鉴观，必有公论在也。至大二年岁在己酉十一月廿三日，畴斋张仲寿识。"后文衡山小楷书一长跋，有乌丝隔阑，款"嘉靖戊午秋九月十有二日，文徵明书，时年八十有九"。后衡山又临《兰亭序》，题"嘉靖戊午九月十有三日，徵明临，时八十有九"。

《玄览编》卷二：《定武兰亭》肥本，拓乃白麻纸，良是唐拓无疑，但拓法不精。原云间顾氏物。今质项元汴处。后有米元章题字，字生硬，乏精采，不似元章手书，不识何也。又有松雪题跋及临本，殆是真迹。又有文衡山题跋及临本。衡山临乃用欧体，功力殊不迨赵。元张畴斋仲寿物。张亦有题。

十一月廿日，夜寒不寐，灯下行书《前赤壁赋》。虽为

徵明最晚年之作,而绝无衰飒之状。

上海书画社印本《明文徵明书赤壁赋》:嘉靖戊午冬十一月廿日,夜寒不寐,篝灯漫书。纸墨欠佳,笔尤不精,殊不成字。有清陈豪跋,略。

《湘管斋寓赏编》卷三《文徵仲小楷赤壁赋卷》附:顷于姚江杨君绪思家见待诏行书此赋,跋云:"嘉靖戊午冬十一月廿日,夜寒不寐,篝灯漫书。纸墨欠佳,笔尤不精,殊不成字,聊遣一时之兴耳,观者其毋哂焉。徵明年八十九。"为最晚年书,而绝无衰飒之状,可宝也。壬寅秋九月附记。

按:陈焯于清乾隆四十七年壬寅见此时,纸尚完好。迨后百十又五年,陈豪跋时,已改装成册。迨今未及百年,又缺末十九字矣。原墨编者曾藏。

至日,另纸补苏轼《赤壁赋》前缺三十六字并跋。

上海古籍书店本《苏东坡墨迹选》:《赤壁赋》右东坡先生亲书《赤壁赋》,前缺三行,谨按苏沧浪补《自叙》之例,辄亦补之。夫沧浪之书,不下素师,而有极愧糠秕之谦。徵明于东坡无能为役,而亦点污其前,愧罪又当何如哉? 嘉靖戊午至日,后学文徵明题,时年八十又九。

《玄览编》:苏东坡在黄州作径寸行书,写《前赤壁赋》寄其友钦之,并与钦之一帖俱全。但赋前缺二十馀字,文徵仲书补。又不以合苏书于前,而另纸书二十馀字于后。盖心服而知己之不相侔也。文虚心如此! 坡与钦之帖云:"罪累之馀,此赋万勿与人见。"嗟嗟时习,情妒可畏,乃自昔然矣!

《钤山堂书画记》法书:宋苏轼亲书《前赤壁赋》,纸白如雪,墨迹如新。惟前缺四行,余兄补之,余家本也。

按:所补为"赤壁赋:壬戌之秋,七月既望,苏子与客泛舟游于赤壁之下。清风徐来,水波不兴,诵明月之诗",共三十六字。跋乃小楷,亦文彭代笔。

冬,行书旧作《杂花诗》十二首。

《宝迂阁书画录》卷一《文徵明杂花诗卷》:金粟山藏经纸本。行书律诗十二首。梅花、红梅、蜡梅、桃花、梨花、杨花、瑞香、百合、玉兰、栀子、芙蓉;末首水仙,漏写题目。款曰:"右《杂花诗》十二首,皆余旧作,今无复是兴也。暇日偶阅旧稿,漫书一过。戊午冬日,徵明时年八十有九。"旧纸秃毫,书法古致错落。待诏生于庚寅,历己未九十岁乃卒。是卷为化去前一年书。现在人间世者,作绝笔观可耳。

是年,行书《丁巳除夕》《戊午元旦》扇面赠袁祖庚。

《烟云宝笈成扇目录》:《明陆士仁桃源图文徵明七言律一柄》:行草书十九行。《丁巳除夕》《戊午元旦》七律二首,款:"近诗写似绳之宪副贤亲,用见鄙况。徵明。"

知府温景葵请撰寿严嵩诗。徵明辞不获,又请王庭转却之。

《旧学庵笔记》:予家藏文待诏一札云:"昨蒙府公垂顾,命为介翁寿诗。徵明鄙劣之词,固不足为时轻重。老退林下三十馀年,未尝敢以贱姓名通于卿相之门。今犬马之齿,逾八望九,岂能强颜冒面,更为此事?昨承面命,不得控辞,终夕思之,中心耿耿。欲望阳湖转达此情,必望准免,以全鄙志。倘以唐突为罪,亦不得辞也。伏纸恳恳。徵明顿首,恳告阳湖先生执事。前石川之事,执事所知,此亦可监。"

《三邕翠墨簃题跋·文待诏小行书拙政园记卷》:先生为

待诏日,预修《武宗实录》,侍经筵,岁时颁赐与诸词臣齿。有忌之者,先生遂归里不复出。世虽慕其高洁,然只以文人目之,与沈周、唐寅等,其大节未有称也。余家藏与人手札云云(即前札),此札不知作于何年?按先生生于成化六年庚寅,卒于嘉靖三十八年己未,正九十。是《记》作于癸巳,年六十四,犹张孚敬当国时。至先生暮年,而钤山之凶焰日炽。三十四年杀杨忠愍,三十六年杀沈青霞,正先生逾八望九之时,宜不肯作诗为老奸寿也。呜呼!先生尚不肯为使致身通显,肯为青词宰相乎?彼年与先生等,而不免为《南园记》者,视此当有愧色;安得仅以文人目之?史称其不受巡抚俞谏金,不受宁藩聘,不附张璁,不援杨一清为父执,不与王府中人书,不受周、徽诸王宝玩,皆足见先生之雅操。而此关于生平大节尤钜,故表而出之。史断其品行曰"和而介",可为实录矣。

按:皇甫汸《皇甫司勋集》有《奉寿介溪严相公八十诗序》云:"嘉靖纪年三十有八载,公年八十。"则府公请撰寿诗,应是本年事。与徵明手札所云"逾八望九"之语亦合。

又按:温景葵官苏州知府在三十五年至三十八年间,手札所云"府公",应即温景葵。《冯元成集》卷四十七《王参议庭小传》云:"温景葵来守苏。公于温守,座主也。温执弟子礼甚谨,朔望岁有馈,皆不受。"故徵明请王庭转却之以此。石川乃昆山张寰。手札所称"石川之事",今尚未知,待考。

翰林编修汪镗来访,有诗。镗字振宗,号远峰,鄞县人。嘉靖二十六年进士。时奉使北还。

《文嘉钞本》卷十五《汪远峰编修奉使还朝》:昭代维藩衍庆长,展亲岁举旧仪章。侍臣暂掇金华直,文采争夸白玉堂。

千里江山恢壮志,百篇风月属归囊。上林花发流莺啭,珂珮乘春入帝乡。

《中国文学家大辞典》:汪镗字振宗,号远峰,鄞县人。嘉靖二十六年进士。累官至礼部尚书,兼詹事,兼翰林院掌院学士。历仕三十年,简练得体。有《馀清堂集》三十二卷。

有送杨一清孙官中书赴京诗。

《文嘉钞本》卷十五《送杨中书赴京邃庵孙》诗,七律,略。

皇甫冲卒,年六十九。

顾梦圭卒,年五十九。

《明清江苏文人年表》:嘉靖三十七年戊午:长洲皇甫冲死,年六十九。昆山顾梦圭死,年五十九。

陈继儒生。

《历代名人年谱》:嘉靖三十七年戊午,陈仲醇继儒生。

嘉靖三十八年己未(1559)九十岁

元旦有诗。

《集三十五卷本》卷十五《己未元旦》:劳生九十漫随缘,老病支离幸自全。百岁几人登耄耋? 一身五世见曾玄。只将去日占来日,谁谓增年是减年? 次第梅花春满目,可容愁到酒樽前?

按:《集三十五卷本》此诗前缺一页,故误以此诗为《戊午元旦》。《文嘉钞本》此诗缺。

又按:《泰泉集》卷五十四《衡山文公墓志铭》云:曾孙男四人:应周、应孔、应珠、应辰。玄孙男一人,禾孙。文肇祉《文录事诗》:大父书至云:"周孙得子,于我为玄孙,此是家门之庆也。"赋诗志喜:昨夜灯花吐,书来喜得孙。高玄看五世,闾里贺盈门。绳武培前业,贻谋有后昆。吾翁当此际,燕赏倒金樽。"周孙"应即应周,后改从周。"禾孙"当即从周之子重光。初以"应"字排行,后改"从"字。《文氏族谱续集》未详及。

犹矍矍不衰,海内习闻其名久,几以为异代人。

《弇州山人四部稿》卷八十三《文先生传》:至九十,犹矍矍不衰。海内习文先生名久,几以为异代人,而怀其在,谓为仙且不死。

举乡饮大宾。皇甫汸代郡守温景葵撰序为寿。

《皇甫司勋集》卷四十五《代郡守寿文太史九十序》:闻有天寿,有人寿,有家寿,有乡寿,有国寿。若夫挺灵锡哲,为世作模,此天申之寿,而年盖不足加焉。立德纂言,垂名不朽,此人修之寿,而爵固不足多焉。杖屦以安,庋阁以奉,此子孙之隆孝养也。耆德宿望,表正一方,此乡人之所以尚齿也。燕飨有礼,告存有秩,此先王之所以引年也。若太史衡山先生者,秉伦鉴于三吴,寄典型于一代,非古所谓达尊者耶!今上御极之初,端冕右文,侧席求士。遂企弓旌之招,膺圭璋之荐。待诏金马,给札兰台,亦一时之奇遇也。然非公所好。乃倦长卿之游,高仲连之蹈。抗迹山栖,委怀丘索。书绝交于贵门,足不践于令室,四十载矣。由是清节著于中朝,懿行重于乡间,文章载于史馆,声名烨于海内。兼以妙解诗律,则少陵非工;并精翰墨,则内史为劣;戏染六角,价涌市间;误点尺幅,异域争购:皆其馀事,而公不以自诩也。余昔家食时,即闻其名,想见其人,而不可得。幸而出守兹郡,间造其庐,接其光仪,承其謦欬,始大慰平生。

而公跻九十之年,耳目聪明,步履轻捷。日通问字之宾,不辍挥毫之兴。使淄川朝访,犹可受伏生之经;鲁邸夕延,尚堪备申公之顾。盖公虽游于群艺之苑,而不以雕篆伤气;虽产于纷华之俗,而能以恬淡养心。宜享遐永之龄,绥康宁之福者也。其视巍科显仕,为何如哉!窃怪夫养礼废缺,无复鸠玉之颁,燕飨之制,珍縻之从,蒲轮之遗。公诞之辰,闻其子姓昆弟,聚族罗拜,觞而祝焉。在《诗》曰:"为此春酒,以介眉寿。"则家为之寿矣。履綦响臻,轩车骈集,觞而颂焉。在《诗》曰:"酌以大斗,以祈黄耇。"则乡为之寿矣。燕飨之礼独可废乎? 矧今之郡,古之国也;今之守,古之侯也。敬老尊贤,牧守之职也。陈蕃下榻于南州,谢朓饷秉于东海,前史纪之矣。乃与二三僚友,图为公觞。眆乡饮之期,惇大宾之享。乃敕酒正具醪,外饔师割,乐师登歌,摈绍赞仪。公其照临庠舍,揖让阼阶;余等次第更起而献寿焉。展乞言之思,惠周行之示。在《诗》曰:"如冈如陵,三寿作朋。"庶几乎圣朝之宪章,国老之遗义欤! 佥曰:然。是举也,嘉礼既洽,众宾有怿。余忝主者,宜书其事。俾吴人传之,为美谈云尔,敢曰文乎哉?

《明史》卷五十六《礼志·乡饮酒礼》:每岁正月十五日、十月初一日,于儒学行之。其仪:以府州县长吏为主,以乡之致仕官有德行者一人为宾。择年高有德者为僎宾。其次为介,又其次为三宾,又其次为众宾。教职为司正。

按:温景葵于本年升霸州刺史,此离任前事也。皇甫汸代郡守所撰,应仍是温景葵。

正月十八日,张本亦有诗为寿。

《墨缘汇观录》卷三《文徵明江山初霁图》:图后附公之门

人张本为太史九秩八十韵,楷书苍秀。纸本,画乌丝界隔。前
书"奉寿太史衡山先生九秩八十韵诗。"后款题:"嘉靖己未春
正月十八日,门生洞庭张本敬赋。"

书张衮撰《重修苏州府学记》。

拓本《文徵明楷书重修苏州府学记》:赐进士出身嘉议大
夫前太常卿掌国子祭酒事翰林院侍读学士经筵讲官兼充史馆
校录官纂修会成二典江阴张衮撰。前翰林院待诏将仕佐郎兼
修国史长洲文徵明书并篆。嘉靖己未春正月吉旦,苏州知府温
景葵、同知王汝璨、董邦政、周鲁等立。何侨刻。

道光本《苏州府志》卷一百二十九《金石》一:嘉靖三十八
年重修府学记,张衮撰,文徵明书。

按:一九八一年见文书拓本于苏州博物馆。云:原石已不
知所在。

重书瞿景淳《重修常熟县城记》。时方奏建褒忠祠,以祀常熟知县王鈇。

拓本《重建常熟县城记》:在"重建常熟县城记"下有正楷
"衡山亲笔"四字。记末瞿款与八十五岁二月既望引证同。文
款名上原"长洲"两字,此改"郡人"。

按:此拓本一九五九年张君伯仁在苏州请人拓得,笔力大
不如前。徵明不久即卒,故补"衡山亲笔"四字软。

光绪本《苏州府志》卷三十八《坛庙祠宇》三:王公褒忠祠,
在致道观左,祀明常熟县知县赠太仆寺少卿王鈇。嘉靖三十八
年,巡按御史金渊奏建。建亭,树《造城碑记》。同治间重修。

大书旧题宋高宗赐岳飞手敕《满江红》词以赠张凤翼。
袁尊尼、彭年、周天球、黎民表、皇甫汸、文嘉、王延陵、

张凤翼、张献翼等跋。民表字惟敬，从化人。嗜诗，善临池，隶书得徵明家法。延陵字子永，鳌季子。以父荫为中书舍人。能诗画。

《石渠宝笈》卷三十一《明文徵明题宋高宗赐岳飞手敕词一卷》：素笺本，楷书。款识云："右题宋思陵与岳飞手敕墨本，调寄《满江红》，书似伯起评教。徵明，时年九十。"拖尾有袁尊尼、彭年、周天球、黎民表、龙膺、皇甫汸、文嘉、詹仰庇、王延陵、张献翼、冯大受、陈宣、张凤翼诸跋。又余继善、顾大典、文震孟诸记。

《吴派画九十年展》有此帖，系仿黄大字行楷，每行四字，一行五字。

《皇明词林人物考》卷八《黎惟敬》：瑶石黎君，讳民表，字惟敬，广东从化人。由乡贡进士任中书舍人，擢南京兵部车驾司员外郎。性嗜诗篇，屡有刻本。且善临池之技，其隶书得其师文衡山先生家法，大为宇内人士所重。

《列朝诗集》丁集《黎参议民表》：……终布政司参议。惟敬与梁公实俱师事黄才伯。公实殁，惟敬游长安，续入五子社，遂以诗名擅岭海。隶书师文待诏，得其家法。

又：《少溪王延陵》：延陵，字子永，文恪公季子，以父荫为中书舍人。风流好事，有秦川贵公子之风。早岁城居，与皇甫子循、张幼于结社，有《春社编》。诗集曰《王中舍集》。

二月十六日，行书所撰《张一川小传》。一川名恺，居西闉濠上。业贾，以信义自将。朱朗其表弟。

《中国古代书画图目》九，天津艺术博物馆藏《明文徵明行草张一川小传册》：张君讳恺，字惟德，家居西闉之濠上，自号一川子。九岁失母，十岁失父，孑然一身，茕茕无归，而姿性明敏，能默识书数之文。志欲就傅而困于无力，因遨游吴市中得贾衒之术。叔父外父怜其孤苦，曲为提携。稍长，即能树立，以信义自将，不苟为然诺。植生事勤俭，御僮仆有恩，藉是交日益广，而家亦渐裕矣。尝构层楼于濠水之上，吟风弄月，座无虚客，冠盖云集，莫不知有一川子云。余未及识君，得闻君之表弟子朗，故略陈其梗概如右。嘉靖己未二月既望识。徵明。

二十日，为御史严杰母书墓志，掷笔而逝，翛然若蜕。诸生讣于有司，祀之学宫。私谥贞献。后以彭故，敕赠修职郎南京国子监博士。

《泰泉集》卷五十四《衡山文公墓志铭》：嘉靖己未二月二十日，与严侍御杰书其母墓志，执笔而逝。翛然若仙，人皆叹异。

《弇州山人四部稿》卷八十三《文先生传》：己未，为御史严杰母书墓志已，掷笔而逝，翛然若蜕者。诸生奔讣上其事，台使者祀先生于黉宫，而私谥为贞献先生。

《文氏族谱续集·历世生卒配葬志》：待诏府君讳徵明，温州次子。由岁贡荐举，特授翰林院待诏。敕赠修职郎南京国子监博士。私谥贞献先生。

《袁鲁望集》卷十一《贞献先生私谥议》：盖琬琰诏饰终之称，克允斯贵；丰桓纪易名之典，具美为难。若乃位居下士，而群品笃其宗依；形容悉肖，宁止画鹔之足奇。是以朝野向慕，无论贤愚，缃素祈求，弗问遐迩。附影借嘘者，获咳唾为衮褒；镂金镌石者，丐手笔为宝秘。立言则文章之大家，居身则儒宗之名世。公卿虚位，以幼安不出为嗟；士庶爽行，以彦方或知为惧，持人伦品藻之衡，握名教叙诠之柄。隐约丘樊之下，而震赫霄壤；优游户庭之间，而奔走华夷。近古以来，鲜俪其盛焉。迨乎耋期倦勤，九十考终；乘化全归，没齿无憾。然而人抱云亡之戚，众轸安仰之悲。伤白驹之竟逝，痛《黄鸟》之莫赎。告第徯追锡之命，奉牢仁有司之祠。苟以爵不应于令甲，秩未协于宪制，绌其尊名之礼，泯其表贤之谥，则舆诵之系思曷慰？而群情之缺望何伸？谨按谥法：清白守节曰"贞"，聪明睿哲曰"献"。惟公志气清明，神情朗莹。博览多识，妙悟旁通。学贯九流，艺穷三绝。自青衿而洁修，迄皓首而纯固。求仁斯得，蹈道自信。典刑具于老成，文献征于寿耇。皋陶之叙九德，彰厥有常；尼父之称君子，胡不愓愓。质名范于先正，则陈尚书、王太保之伦；拟声华于寰区，则韩史部、赵文敏之匹。逸少、长康，异世而集其能事；君平、靖节，旷代而轶其高轨。可不谓思通之哲乎？可不谓安节之亨乎？垂之列传，而大雅卓尔；奋乎百世，而清风穆如。致美非诬，节惠斯允，请谥公曰贞献先生。

许毂《明两京国子博士致仕赠文林郎文公墓志铭》：三年，升南京国子博士，赠太史翁如其官。

晚岁，德尊行成，海宇钦慕。外国使者道经吴门，望所居里肃拜，以不获见为恨。日本贡使尝赍谒，徵明服绯衣，坐受其拜于庭，示以尊中国体，而却其赍，亦不与书画。

《续吴先贤赞》卷十一《文学·文壁》：闻之黄生云：倭人尝赍谒，徵明服绯受其拜于庭，示以尊中国体，竟不受馈，又不与书。

《名山藏·高道记》：四夷贡使道吴门，望徵明里而拜，以不得一见为恨。既见，亦不作一笔与之。

《明史》卷二百八十七《文苑》三:文徵明……外国使者道吴门,望里肃拜,以不获见为恨。

《明史拟稿》卷四《文苑传》:日本贡使踵门求见,徵明具冠服,南面受之,而却其赟。曰:此国体也。

生平雅慕赵孟頫,每事多师之。人谓徵明诗、文、书、画四绝。不减孟頫;而出处大节,其纯正过之。

《集三十五卷本》附文嘉《先君行略》:公平生雅慕赵文敏公,每事多师之。论者以公博学,诗、词、文章、书画,虽与赵同,而出处纯正,若或过之。

《弇州山人续稿》附九《书后·书赵松雪集后》:余尝谓吴兴赵文敏公孟頫,风流才艺,惟吾郡文待诏徵明可以当之,而亦少有差次。其同者:诗文也,书画也,又皆以荐辟起家。赵诗小壮而俗,文稍雅而弱,其浅同也。文皆畅利而乏深沉,其离古同也。书:小楷赵不能去俗,文不能去纤,其精绝同也。行狎则赵于二王近,而文不能近,少逊也;署书则文复少逊也;八分古隶则文胜,小篆则赵胜也;然而篆不胜隶。画则赵之入唐、宋人深,而文少浅,其天趣同也。其鉴赏博考复同也。位在赵至一品,而文仅登一命。寿则文逾九龄,而赵仅垂七秩,异也。若出处大节之异,前辈固已纷纷言之,吾待诏不与同年语也。

《来禽馆集》:赵文敏一代清士,正行功力,极尽无加。草书唯带偏俗。若增朗朗超著,便是羲、献入林。更胜国至今,文徵仲差可比肩。

《红雨楼题跋》卷六《文氏父子书画卷》:昔赵文敏雅善书画,而子雍能画,奕能书,时称一门之盛。历数百年,能追踪文敏者,其惟雁门父子乎!

《潜研堂文集·跋文寿承休承书》：衡山父子三人，俱工书画。当时比之鸥波赵氏。衡山禄位，远不逮承旨，而翰墨之妙，几相颉颃。三桥兄弟，则胜于仲穆、仲光多矣。承旨有佳偶，而文家亦有才女端容，可与仲姬媲美。文之后有湛持昌大门户，而赵无闻焉。天于文氏何厚也。

《山静居画论》下：衡山太史，书画瓣香松雪。笔法到格，骎骎乎入吴兴之室矣。然自有清和闲适之趣，别敞径庭。亦由此老人品高洁所致。

性不喜闻人过，终身以为常。

《谈助》：松江朱处士《杂笔》载：文衡山生平不喜闻人过，有言及者，必以他端易之，使不得言。

《玉堂丛话》卷一《行谊》：文待诏徵明，性不喜闻人过。有欲道及者，必巧以他端易之，使不得言。终身以为常。

《见只编》卷下：文衡山先生尝赴人饮。一客后至，未曾识衡山者。主人问曰："君何后至？"客曰："为衡山邀饮久之，故稽君召耳。"众皆忍笑。文正色而起，口称："老张病不堪坐，请辞。"揖客留坐。众起至门，文密告诸君曰："慎不道破姓名，令此君一生无地着面孔也。"

《西山日记》：文徵仲先生与吴中一贵公子友，贷其百金，业偿之矣。公子忽死，其父来候文者二。徵仲仍贷百金还之，不言所以。贵人检遗籍，知偿金事，谢而返之。长者为行，不使人疑，吾视此颡泚矣。

乾隆本《长洲县志》卷二十四《人物·文徵明》：尝赴一巨公宴，酒半，公假寐閟室，金卮玉斝罗列。有歌客老而贫，尾之入，怀卮以出。徵明知之，明日折简谢主人曰："昨酒具大佳，欲仿款制,已取一付奴子,偶尔忘告,幸相恕也。"其隐德如此。

《人范》李果《书文衡山遗事》:予与峄县令石君稗斋晏语及文衡山先生。稗斋曰:向见别集:"郡有富室者,慕先生名,迎至家。方秋暑,酒罢,留先生宿。尽以席上银杯陈榻前,将以贻先生。先生端坐罗帏。一人突入,攫二杯去,盖坐客也。先生曰:'言之,其人绝交矣。'诘旦,留一简与阍者,绐曰:'杯,吾暂假去。'归而访知某工所制。经营半月,制以偿焉。又儒生某,积馆谷五十金,强留先生所权子母利,月请给之。后儒生年老,尽收其资。殁,而其子不知也。请于先生,先生如数应之。其夕,子梦父怒责曰:'文先生长者,吾往以失馆,尽归其资矣。麓中某书卷末有次第笔记可稽也。亟以还,否,吾不佑汝。"其子乃以银归先生。先生曰:"若翁所存,固偿之矣。此五十金,以吾子窘,敬为故人助丧耳,勿辞。他日尔翁见梦,幸告以吾意。"按先生当明弘治、正、嘉之时,文章德望著吴中。奔温州公丧,却千金赗。宁藩召先生,不赴,而封识其书币,见于王弇州《传》。盖其义若此。若二事者,于先生为细行矣;然能周旋于隐微之际,不轻暴人之过失,非古之行隐德,不欲人知者耶?直不疑偿同舍郎金,载在史书;若先生者,高出于不疑多矣。稗斋亦奇士,长洲人。读书不三遍,终身不忘。作令晋阳,有惠绩。子交,山阴县丞文轼之婿,文氏族孙,以是知之为详云。

书画遍海外,往往真不能当赝十二。所书丰碑大碣,传世颇多。刻工自章文等而外,又有章表、吴应祈、陈云卿等人。

《弇州山人四部稿》卷八十三《文先生传》:四夷贡道吴门者,望先生里而拜,以不得见先生为恨。然诸所欲请于先生,度不可,则为募书生、故人子、姻党,重价购之。以故先生书画遍海内外,往往真不能当赝十二。而环吴之里居者,润泽于先生之手几四十年。

《蕉窗九录·帖录》:然文之书画,有亲藩、中贵及外国人,虽遗以隋珠赵璧,而欲购片纸只字,平生必不肯应。此文之名,益重于世。

乾隆本《长洲县志》卷二十四《人物》三:文徵明……碑版金石,照耀四裔。

《古今碑帖考·国朝碑》:(略按地方排列)。

在苏州:

《重修泰伯庙碑》 饶天民撰,文徵明仿欧书,入妙品。

《吴文端公墓志》 文徵明书。

《吴文定公墓志》 文徵明书。

《杨南峰生圹志》 文徵明隶,入妙品。

《顾东桥墓志》 文徵明书。

《吴白楼传》 文徵明书,入神品。

《盛植庵墓志》 杨循吉撰,文徵明书,入神品。

《封晋州知州沈庸庵墓碣》 文徵明隶书。

《吴县令阳山宋公去思碑》 王毂祥撰,文徵明行书,入妙品。

《独乐园记》 文徵明行书,入妙品。

《酉室记》 文徵明隶书,入妙品。在王氏。

《文赋》 文徵明小楷,入神品。在陆氏。

《二体千字文》 文徵明书。在张氏。

《原道》《封建论》 文徵明书。入妙品。在朱氏。

《四体千文帖》 文徵明书。在杜氏。

《赤壁赋》 文徵明书。在郭氏。

《春榜开元记》 文徵明书。在东山张氏。

《异梦记》 文徵明书。在张氏。

《守质记》 文徵明书。在金氏。

《篝灯帖》 文徵明书。

《拙政园记》 文徵明书。入神品。在徐氏。

在无锡：

《华氏义田记》 唐顺之撰，文徵明书。入妙品。在华氏。

《八角石记》 文徵明书。入神品。在华氏。

《赤壁赋》 文徵明书。在俞氏。

在常熟：

《常熟县修城记》 瞿景淳撰，文徵明书。

《归氏堡记》 文徵明书。

在南京：

《甓所铭》 文徵明书。

在江阴：

《吴兴山水图记》 文徵明书。

在溧阳：

《玉女潭记》 文徵明小楷。在史氏，入神品。

在浙江：

《渔石唐公墓志》 文徵明书，仿欧体。在兰溪。

《刑部尚书何公墓志》 文徵明书，仿欧体。在山阴。

《贞顺周宜人墓志》 文徵明书。入妙品。在萧山。

《双义祠碑》 文徵明撰并书。在绍兴。小楷大碑各一。

《重修兰亭记》 文徵明撰并书。在会稽。小楷大碑各一。

《出师表》 文徵明书。在上虞葛氏。

《道德经》 文徵明书。在嘉兴项氏。

《薛文时甫墓志》 文徵明撰并书。入神品。在四明。

《桐乡县城记》 吴鹏撰文,文徵明书。入妙品。

在江西:

《华氏义田记》 唐顺之撰。文徵明书。入妙品。在宜黄谭氏。

《罗念庵父墓志》 文徵明书。入神品。在吉安。

《梧州知府张公神道碑》 文徵明书。在南昌。

在福建:

《早朝诗十六首》 文徵明书。在晋江苏氏。

在广东:

《圣主得贤臣》 文徵明书。在梁氏。

在安徽:

《墨赋》 文徵明书。在徽州吴氏。

按:《苏州府志》《吴县志》及各地方志《金石》所列甚多为胡氏所未载者,不一一具列。

《梅花草堂笔谈》卷十三《草堂客》:前辈文、王、唐、祝诸名家,字落碑板,或短长伸缩之用,未尽灵变,石工章简甫辄为搬涉,其韵愈胜。时又有陈云卿,亦及侍文待诏之南碑版。

传世碑刻表(丛帖略):

刻工	碑帖名称	撰文	书体	作书年岁
章 浩	石田先生墓志铭	王鏊	古隶	正德七年
章文简甫	明待选国子生华君时祯配张孺人墓志铭	林俊	小楷	嘉靖三年
	明故嘉议大夫河南等处承宣布政使司右参政吴公墓志铭	文徵明	小楷	嘉靖七年

（续表）

刻工	碑帖名称	撰文	书体	作书年岁
	明故梅溪府君张公墓志	文徵明	楷书	嘉靖九年
	长洲县重修儒学记	文徵明	行书	嘉靖十五年
	千字文 王同祖跋	文徵明	行书	嘉靖十三年 王跋在十六年
	香山潘氏新建祠堂记	祝允明	楷书	嘉靖十七年
	辞金记	杨上林	楷书	嘉靖十九年
	两桥记	杨上林	行书	嘉靖十九年
	乡饮酒碑	王 彝	隶书	嘉靖二十二年
	有明华都事碑	文徵明	隶书	嘉靖二十二年
	明故资善大夫南京工部尚书赠太子少保何公神道碑	文徵明	行书	嘉靖三十一年
	明故资政大夫南京工部尚书赠太子少保石湖何公墓志铭(北京路工藏本)	张 璧	小楷	
	明太学生松坡丁公墓志铭	江 晓	小楷	嘉靖三十一年
	于契远先生祠堂记	于 湛	大行书	嘉靖三十二年
章 表 吴 鼒	蕉鹿倪君墓志铭	张 选	小楷	嘉靖十五年
	大明江陵知县朱公墓志铭	崔 铣	小楷	嘉靖三年
	琴鹤先生朱公楚琦传	吕 柟	小楷	
	凌溪先生墓志铭	李梦阳	小楷	嘉靖七年
	薛文时甫墓志铭	文徵明	小楷	嘉靖九年
	常熟县思政乡重建真武祠记	顾鼎臣	行书	嘉靖十八年
	杨府君墓志铭	文徵明	小楷	嘉靖二十三年
	宫保白楼先生吴公传	方 鹏	小楷	嘉靖二十三年
	太子少保资善大夫南京吏部尚书致仕赠太子太保谥文端吴公神道碑铭	罗钦顺	小楷	嘉靖二十三年
	太子少保南京吏部尚书赠太子太保谥文端吴公墓志铭	文徵明	小楷	嘉靖二十三年

刻工	碑帖名称	撰文	书体	作书年岁
	明故资政大夫南京刑部尚书顾公墓志铭	文徵明	小楷	嘉靖二十四年
	李文忠八角石记	华云	小楷	嘉靖二十六年
	兴福寺重建慧云堂记	文徵明	小行书	嘉靖二十八年
	朱效莲墓志铭	文徵明	小楷	嘉靖三十年
	前后出师表	诸葛亮	小楷	嘉靖三十年
	重建常熟县城记(常熟本)	瞿景淳	行书	嘉靖三十三年
	前山十四咏	蔡汝楠	小楷	嘉靖三十六年
	后山十六咏	蔡汝楠	小楷	嘉靖三十六年
	吴邑宋侯去思碑	王毅祥	行书	嘉靖三十七年
	重建常熟县城记(苏州本)	瞿景淳	行书	嘉靖三十八年
	明故中顺大夫镇远府知府严公墓志铭(北京路工藏)	文徵明		
	赠太子少保资德大夫正治上卿南京刑部尚书致仕立斋吴公墓志铭(又)	吴一鹏		
吴应祈	刘家河把总邵公去思碑	丰道生	行书	嘉靖三十七年
	苍山十咏	蔡汝楠	小楷	嘉靖三十七年
	南山十咏	蔡汝楠	小楷	嘉靖三十七年
	四体千字文(万历二十年刻)		小楷	嘉靖三十六年
	千字文		行书	嘉靖三十六年
	千字文		隶书	嘉靖三十七年
	千字文		篆书	嘉靖三十七年
温恕	明故邻溪朱公墓志铭	钟芳	小楷	嘉靖十三年
	顾西溪墓志铭	张一厚	小楷	嘉靖十四年
温厚	明故都察院右副都御史致仕进阶中奉大夫砺庵毛公墓志铭	方鹏	小楷	嘉靖十三年

续表

刻工	碑帖名称	撰文	书体	作书年岁
	明故倪孺人陶氏墓志铭(上海博物馆藏石)	徐献忠	小楷	嘉靖十四年
江　济	前后赤壁赋	苏　轼	小楷	嘉靖二十四年
	苏郡开元寺重建万善戒坛碑	朱希周	小行书	嘉靖二十九年
梁元寿	滁阳卢氏祠堂记	湛若水	行书	嘉靖三十三年
	苏州府学义田记	温景葵	行书	嘉靖三十六年
唐元祥	重修杨将军墓庙记(苏州碑刻博物馆藏本)	周　广	楷书	嘉靖七年
王　官	明故拙翁陈君暨配沈孺人合葬墓志铭	贾　咏	小楷	嘉靖十年
吴仁培	春草轩记	张　羲	大隶书	嘉靖十二年
郝应麟	太湖涵村道中诗四首	文徵明	大字	嘉靖三十一年刻
曹伯封	上巳登高诗四首	文徵明	大字	嘉靖三十四年刻
何　侨	重修苏州府学记(苏州博物馆藏本)	张　衮	楷书	嘉靖三十八年
刻工失考(明刻)	千字文　醉墨轩本		行书	嘉靖十三年
	金阊千字文		小楷	嘉靖二十七年八月
	千字文		小楷	嘉靖十五年
	千字文		小楷	嘉靖二十七年七月
	金刚般若波罗蜜经		小楷	嘉靖三十六年
	枫桥夜泊诗残石(1994年无锡周道振、张月尊集家藏帖补全,寒山寺僧性空立石)		大行书	
刻工失考	黄冈竹楼记	王禹偁	行书	嘉靖三十三年
	段石庵墓志铭	周　金	小楷	嘉靖十三年
	嘉定新建思贤堂碑	杨循吉	楷书	嘉靖十四年
	福济观重建吕纯阳祠碑铭	陆　粲	行楷	嘉靖二十一年
	镇江丹徒县州田碑记	唐顺之	隶书	嘉靖二十四年

刻工	碑帖名称	撰文	书体	作书年岁
	疏凿吕梁洪记	徐阶	行书	嘉靖二十四年
	金山寺诗	吴世良	小行书	
	游华山寺记	文徵明	行书	嘉靖二十二年
	震泽书院记跋	文徵明	小隶书	嘉靖二十四年
	张幼于裒刻文太史帖	文徵明	行书	嘉靖三十三—三十七年
	重午诗一首与毛石壁尺牍五帖（秦清曾藏本）	文徵明	行书	
	五岳真形图	文徵明跋	小楷	
	帝舜庙碑		隶书	嘉靖二十三年
清刻本	停云馆真迹四册（吴县张仁镐鉴定）		各体均有	
	孝经（富平刘恒堂重刻）		小楷	嘉靖二十五年
失　名	北山移文		小楷	嘉靖二十六年
袁治	桃花源记		小楷	嘉靖三十年
失　名	玉版十三行		小楷	嘉靖十九年
	金刚经		小楷	嘉靖五年
	金刚经		小楷	嘉靖十一年
	金刚经		小楷	嘉靖二十七年
孔省吾	千字文		小楷	嘉靖二十八年
失　名	千字文		小楷	嘉靖二十九年
袁治	醉白堂记		小楷	嘉靖九年
失　名	春草轩辞	杨维祯	行楷	嘉靖二十年
	碧山吟社额		隶书	
	金陵诗帖（甫里殷氏刻）	文徵明	行书	
	读书、对酒、晏起、煮茗四诗（原伪作黄庭坚）	文徵明	行书	
	西苑诗（又）	文徵明	大字	

续表

刻工	碑帖名称	撰文	书体	作书年岁
方可中	拙政园诗文帖	文徵明	各体	嘉靖十二年
冯秋田	拙政园记	文徵明	小楷	嘉靖十二年
华　冠	纺绩督课图	文徵明	画	嘉靖二十六年

所刻《停云馆帖》而外，散刻亦多。

《古今碑帖考·国朝碑》：《停云馆帖》，刻于苏州文氏。衡山公得右军正脉，大观法眼，选晋唐小楷及后代名笔，采积二十馀年，得此真行草章，诸体悉备。而书评笔诀，亦在其中。命仲子嘉摹勒上石。流惠后学，最为要约。智者守此，不必更求别帖矣。《文徵明临黄庭经》《文徵明临洛神赋》《文徵明临兰亭叙》，俱在苏州文氏家藏。《索靖出师颂》，在苏州文氏。《缺角兰亭帖》，在苏州文氏。《褚摹兰亭帖》，在苏州文氏。

道光本《苏州府志》卷一百三十《金石》二：《詹孟举大字千字文》，在文氏。《苏轼嵩阳帖》在文氏。《俞紫芝书四体千文》，在文氏。《文氏定武兰亭帖》，《二王小字帖》，在文氏。

《容台别集》卷四《书品》：《怀素自叙》真迹，文待诏曾摹刻《停云馆》行于世。（按：《怀素自叙》不在《停云馆帖》中。）《岑嘉州轮台行》，以醉素书书之，亦《自叙》帖笔法。此卷真迹，至今犹在檇李项氏。但文氏原刻石行于世耳。

《语石》卷三：古文奇字，读者不能尽通，此释文所由昉也，释草书者，唐怀素之《藏真》《圣母》诸帖，明文氏刻本。

乞书画者，户外屡常满。缣素山积，喧溢里门。每寸图才出，千临百摹。即门下士赝作者颇多，徵明亦不禁。

或作伪画求题款者,随手应之无难色。

《吴郡丹青志·妙品志》:文待诏先生……晚岁德尊行成,海宇钦慕。缣素山积,喧溢里门。寸图才出,千临百摹。家藏市售,真赝纵横。一时砚食之士,沾脂沰香,往往自润。然慧眼印可,譬之鱼目夜光,不别自异也。

《冯元成集》卷五十《文待诏徵明小传》:有伪为公书画以博利者。或告之公,公曰:"彼其才艺本出吾上,惜乎世不能知;而老夫徒以先一饭占虚名也。"其后伪者不复惮公,反操以求公题款,公即随手与之,略无难色。

《明史》卷二百八十七《文苑》三:文徵明……文笔遍天下,门下士赝作者颇多,徵明亦不禁。

《梦园书画录》卷十五《明人手札二十四种》:昨期同诣顾春潜处,谨具银一星。幸订在何日? 明日孙先生邀过东禅,想吾丈必行,仆亦当来会也。宠顿首,衡山二丈先生执事。小扇求书尊名,就用印章,感感。一诗尤妙。

《湘管斋寓赏编》卷四《黄淳父手翰》:寒泉纸奉上,幸作乔松大石。它日持往衡翁亲题,庶得大济耳。此出吾兄高义,不待多嘱也。更得早惠,尤感尤感。十九日,姬水顿首,馨室老兄。

按:以上两札,皆以他人所画请徵明款题者。朱朗伪作更多,已见四十九岁朱朗条引证。

惟诸王府以币交者,绝不与通。周王以古鼎古镜,徽王以金宝瓶他珍货值数百镪贽。使者曰:"王无所求于先生,慕先生耳! 盍为一启封?"徵明逊辞曰:"王赐

也,启之而后辞,不敬。"竟弗启。唐王以金数笏,遣使至吴求画,徵明坚拒不纳。

《泰泉集》卷五十四《衡山文公墓志铭》:然各王府以币纳交者,公悉却不受。如周府以古鼎古画,露封其书;徽府以金宝瓶及银币约数百镒,悉却不受。使者谓:"意本无求,惟少通微诚于贤者尔。盍启封一观乎?"公谢曰:"既见书,当有回启,不若不见之为愈也。"

《先进遗风》卷上《何学宪公景明》附《待诏文公徵明》:前此,周王以古鼎古镜,徽王以金宝瓶、他珍货值百镒赍。使者曰:"王无求于先生,慕先生耳,盍为一启封?"先生逊谢曰:"王赐也,启之而后辞,不恭。"竟弗启。

《四友斋丛说》卷十五《史》十一:衡山先生于辞受界限极严。人但见其有里巷小人持饼饵一箸来索书者,欣然纳之,遂以为可浼。尝闻唐王曾以黄金数笏,遣一承奉赍捧来苏,求衡山作画。先生坚拒不纳,竟不见其使,书不肯启封。此承奉逡巡数日而去。

《玉堂丛话》卷五《廉介》:文徵明家居,郡国守相连车骑,富商贾人珍宝填溢于里门外,不能博先生一赪蹄。而先生所最慎者藩邸,其所绝不肯往还者中贵人,曰:"此国家法也。"前是,周王以古鼎古镜,徽王以金宝瓶、他珍货值数百镒赍,使者曰:"王无所求于先生,慕先生耳!盍为一启封?"先生逊谢曰:"王赐也,启之而后辞,不恭。"竟弗启。四夷贡道吴门者,望先生里而拜,以不得见先生为恨。

《冯元成集》卷五十《文待诏徵明小传》:唐、周、秦、徽诸府皆使人请，有重赂。公不启封。使者固请一启，公曰："王赐也，启而后辞，不恭。"竟弗启。

《明史》卷二百八十三《文苑》三：文徵明……周、徽诸王以宝玩为赠，不启封而还之。

按：此事，《弇州山人四部稿》、《名山藏》《贤奕编》《明书》《明史拟稿》等皆记载及之。惟《冯元成集》所述多一秦府。

所藏书画甚富。又喜手自抄录，精册名篇，流播于世，得者以为宝。

《四友斋丛说》卷二十六《诗》三：衡山最喜评校书画。余每见，必挟所藏以往，先生披览尽日。先生亦尽出所蓄。常自入书房中，捧四卷而出。展过，复捧而入，更换四卷。虽数反不倦。

《太平清话》：文衡山太史极熟胜国人遗事，能口述其世系、官阀、里居。几上多抄本小册，皆国初元末故实也。

《韵石斋笔谈》：昭代藏书之家，亦时聚时散，不能悉考。就其著述之富者，可以类推。时则有若宋文宪濂、刘诚意基、杨文贞士奇、李文正东阳、王文恪鏊、吴文定宽、史明古鉴、陆文裕深、程篁墩敏政、丘文庄濬、邵文庄宝、杨文襄一清、林见素俊、王文成守仁、杨升庵慎、李空同梦阳、顾东桥璘、文衡山徵明、杨南峰循吉……以上诸公，皆当世名儒，翱翔艺苑，含英咀华，尚论千古。其所收典籍，纵未必有张茂先之三十乘，金楼子之八万卷。然学海词源，博综有自，亦可见其插架之多矣。

《明诗纪事》丙签卷十《朱存理》：性甫好藏书，手自抄录，精致不苟。元季明初，吴中旧俗，好古之士，多以文史自娱。南园俞氏，笠泽卢氏，庐山陈氏，书籍金石之富，甲于海内。景天以来，若叶文庄、吴文定、都元敬、杜东原、邢蠹斋、沈石田、文徵仲、钱孔周、阎秀卿、戴章甫、赵与哲之流，多手自抄写，流播人间。余尝谓博雅收藏，海内多有。若手自抄录，精册名编，此吴人独绝者也。

《藏书纪要·明人钞本》：王雅宜、文待诏、陆师道、徐髯翁、祝京兆、沈石田、王质、王稺登、史鉴、邢参、杨仪、杨循吉、彭年、陈眉公、李日华、顾元庆、都穆、俞贞木、董文敏、赵凡夫、文三桥、孙西川，皆有钞本甚精。

《书林清话》卷十：明以来钞本书，最为藏书家所秘宝者，曰"吴钞"，长洲吴匏庵宽丛书堂钞本也。曰"叶钞"，先十八世族祖昆山文庄公赐书楼钞本也。曰"文钞"，长洲文衡山徵明玉兰堂钞本也。以吾所知：吴匏庵钞本版心有"丛书堂"三字。文衡山钞本格栏外有"玉兰堂录"四字。

生平所用印章极多，至斋馆楼阁等章，每虚有其名。

《太平清话》：文衡山先生停云馆，闻者以为清闊。及见，不甚宽敞。先生亦每笑谓人曰："吾斋馆楼阁，无力营构，皆从图书上起造耳。"

沈心《论印绝句》：破墨《神楼》枉作图，封泥署纸尽摩挲。邺侯偶刻端居室，斋馆纷纷结构多。金陵刘元瑞无力建楼，文徵仲为绘《神楼图》。邺侯端居室印，为斋堂等印之鼻祖。又徵仲尝云："我之书屋，多于印上起造。"

《藏书纪事诗》卷二：不但君家晤言室，玉兰、翠竹映签縢。即论天籁钤山富，鉴别还闻借二承。余所见待诏藏书，引首皆用"江左"二字长方印，或用"竺坞"印，或用"停云"圆印。其馀藏印曰"玉兰堂"，曰"辛夷馆"，曰"翠竹斋"，曰"梅华屋"，曰"梅溪精舍"，又有"烟条馆"一印，见《天禄琳琅》明刻《文选》。又有"悟言室"一印，"惟庚寅吾以降"一印，临池用之，藏书不常见也。又按钱仪吉跋《遗山诗集》云：前后有"文嘉休承""文彭""文揆宾日"诸印。又有"玉兰堂图书记"。第四册前叶有"十二研斋"及"东吴文献衡山世家"印。

《文徵明汇稿》卷九《杂缀》：先生书画用印有"文壁"方印，"文壁印"方印，"文徵明印"白文回文方印，"文徵明印"白文方印，"文徵明"白文方印，"徵明"白文方印，"徵明"白文长方印，"徵明"朱文长方印，"徵明"朱文连珠印，"徵明"白文连珠印，"徵仲"朱文方印，"徵仲"白文长方印，"徵仲父印"白文方印，"衡山"朱文方印，"文仲子"白文方印。"停云"朱文圆印，"停云"白文长方印，"停云馆"方印，"停云生"白文方印，"玉兰堂"白文方印，"玉兰堂"长方印，"玉兰堂印"方印，"悟言室印"白文方印，"玉磬山房"方印，"春晖堂"长方印，"安处斋"方印，"惟庚寅吾以降"朱文长方印，"雁门世家"方印。

按：所见有上述未及者，列如后：

"徵明印"白文方印　　见《怀素小草千文》跋，《蕉阴士女图》

"文壁之印"白文方印　　见《伏庐书画录·草书诗卷》，上海图书馆藏《草书诗卷》

"衡山居士"白文方印　　见《故宫名扇集》第一期

"停云"朱文长圆印　　见《故宫名扇集》第一期,《含晖堂帖·致徐崦西帖》

"停云生"朱文圆印　　见《天香楼藏帖》刻《中秋诗帖》

"玉磬斋"朱文方印　　见《拙政园书画图册》

"玉兰堂图书记"朱文长方印　　见《历朝名画共赏集·唐寅画鸡》,《停云馆帖·黄庭经》

"东吴文献衡山世家"朱文长方印　　见有正书局印本《智永千字文》

"以字行"白文方印　　见无锡博物馆藏《行书诗帖》

又按:《百爵斋藏历代名人法书》中有"徵明比来贱体日渐向安"一帖,前有"停云"朱文大圆印,末有"文徵明"白文大方印。考徵明手柬,用印者极少。即用印亦不于起讫皆用如此帖者。此帖及两印皆可疑。

又按:《吴中藏书先哲考略》云:"《列朝诗集小传》谓待诏筑室于居东曰玉磬山房,为藏书之所。藏书引首皆用'江左'二字长方印,或用'竺坞'印……(已见《藏书纪事诗》)。"考玉磬山房并非专供藏书;所居未有竺坞之名者。徵明曾孙震孟跋徵明手稿七纸款下有"竺坞藏书"朱文方印。又《南有堂帖》震孟跋徵明小楷《赤壁》两赋末识"甲寅新冬敬题于竺坞草庐"。震孟所居,非德庆桥旧宅,而在宝林寺东北。

又按:《绩语堂论印汇录·书赖古堂残谱后》:余所见国博印,其诗笺押尾"文彭之印""文寿丞氏"两印真耳。未谷先生论文氏父子印,亦以书迹为据。"然所见徵明常用诸印,如"文印徵明""衡山""停云"长方印及圆印,虽书迹皆真,而印之大小，字之排列，笔画之粗细，每有不同。如本谱七十五岁文彭至南京，为万表补《竹林高士图》印章事，可知其子于父印均自备一份者。

又按：日本东京大仓书店印斋藤谦《支那画家落款印谱》另载有数印："雪庐"朱文大方印，"墨颠"朱文长方印，"文印徵明"朱文方印，"徵仲"大朱文长方印，"停云馆"朱文方印，"文印徵仲"白文方印，"徵明之印"白文方印等数印，皆文徵明书帖所未见，识备参考。

吴中自吴宽、王鏊以文章领袖馆阁，文风极盛。徵明及蔡羽、黄省曾、袁袠、皇甫冲兄弟稍后出，而徵明主风雅数十年。

《袁永之集》陆师道《袁永之文集序》：吴自季札、言游而降，代多文士。其在前古，南镠东箭，地不绝产，家不乏珍。宗工巨人，盖更仆不能悉数也。至于我明受命，郡重扶冯，王化所先，英奇瑰杰之才，应运而出，尤特盛于天下。洪武初，高、杨四隽，领袖艺苑。永、宣间，王陈诸公矩矱词林。至于英、孝之际，徐武功、吴文定、王文恪三公者出，任当钧冶，主握文柄。天下操觚之士，向风景服，靡然而从之。时则有若李太仆贞伯、沈处士启南、祝通判希哲、杨仪制君谦、都少卿元敬、文待诏徵仲、唐解元伯虎、徐博士昌国、蔡孔目九逵，先后继起。声景比附，名实彰流；金玉相宜，黼黻并丽。吴下文献，于斯为盛，彬彬乎不可尚已。

《弇州山人四部稿》卷八十三《文先生传》：余自燥发时，则知吾吴中有文先生。今夫文先生者，即无论田畯妇孺裔夷，至

文先生啧啧不离口。然要间以其翰墨得之。而学士大夫自诡
能知文先生，则谓文先生负大节，笃行君子，其经纬足以自表
见，而惜其掩于艺。夫艺诚无所重文先生，然文先生能独废艺
哉！造物柄者，不以星辰之贵，而薄雨露；卒亦不以百谷之用，
而绝百卉，盖兼所重也。吴中人于诗述徐祯卿，书述祝允明，画
则唐寅伯虎，彼自以专技精诣哉，则皆文先生友也。而皆用前
死，故不能当文先生。人不可以无年，信乎！文先生盖兼之也。
先生晚而吴中人以朱恭靖公希周并称。夫朱公者，恂恂不见长
人也，何以得比声先生？亦可思矣。

《艺苑卮言附录》四：待诏归三十年，名益高，海内走候请
乞无虚日，所居重于卿相。

《王奉常集》卷七《陆符卿集序》：吾吴自高太史季迪以来，
彬彬称文薮矣。若沈启南、祝希哲、徐昌国、唐伯虎之伦，竞爽
代兴，皆被能事之目，而名播海内外，莫如文待诏徵仲者。以待
诏有高世行，兼综书画，不独倚诗文为重也。

《冯元成集》卷五十《文待诏徵明小传》：冯子曰：文先生于
词坛不称雕龙绣虎哉！乃其为谊，贯日垂天，抑何卓也！夫士
也凭势则辞溢，湛欲则义鄙，文先生漠然于斯二者，其心渊渊乎
道矣。淳擢之气，发为节概，吐为英华。犹金车玉辂，驰骤康
庄，和鸣鸾应，耸动听闻，其器重使然也。岂操偏长，擅独至，华
繁而寡实者哉可伦！

《续名贤小纪》：文文肃论次先贤行事，独不录家乘，谓疑
于自炫也。晟独托始于待诏者，盖百年来风雅人伦，以待诏为
嚆矢矣。

《列朝诗集》丙集《文待诏徵明》：其为人孝友恺悌，温温恭人。致身清华，未衰引退，当群公凋谢之后，以清名长德，主吴中风雅之盟者三十馀年。文人之休有誉处，寿考令终，未有如徵仲者也。

《牧斋有学集》卷十八《范长倩石公集序》：昔在休明之世，吾吴徐武功、吴文定、王文恪诸公，以馆阁巨公，操文章之柄。降及正、嘉，文徵仲以耆年长德，主盟词苑。王禄之、陆子传诸公，捄华落藻，前辉后光。

《横云山人稿·明史稿·列传》卷一百三十六《文苑》三：吴中自吴宽、王鏊以文章领袖馆阁，一时名士沈周、祝允明辈与并驰骋，文风极天下盛。徵明及蔡羽、黄省曾、袁裒、皇甫冲兄弟稍后出，而徵明主风雅数十年。

按：《明史》及《苏州府志》所载徵明传，皆据王氏此传。

遗著有《温州府君遗事》一卷，《甫田集》《书画见闻志》《汉隶韵要》《太湖新录》（徐祯卿同撰）《赓吟集》二卷（桑介同撰）。而集外散见诗、文、词、曲甚多。

《弇州山人四部稿》卷八十三《文先生传》：先生诗文集若干卷，有《甫田集》行于世。

《明史窃》第七十三《康杨桑顾朱刘文唐祝列传》：文徵明所著有《甫田集》。

《清秘藏·叙古今名论目》：……朱存理《铁网珊瑚》，都穆《寓意录》，文徵明《书画见闻志》，顾汝修《印薮》，文嘉《严氏书画记》等书，皆考古之士不可缺者也。

《万卷堂书目》：《甫田集》四卷，文徵明撰。

《脉望馆书目》：《甫田诗选》二本。

《明史》卷九十九《艺文》四:文徵明《甫田集》三十五卷。

乾隆本《苏州府志》卷七十五《艺文》:文徵明《书画见闻志》(《清秘藏》)、《甫田集》王宠序。《甫田集二集》三十五卷。一本三十六卷。

道光本《苏州府志》卷一百二十三《艺文》二:《赓吟集》桑介同文徵明。《书画见闻志》。《甫田初二集》三十五卷、附录一卷,王宠序;一本三十六卷,长洲文徵明。《太湖新录》,长洲文徵明同徐祯卿撰。《温州府君遗事》一卷,文徵明。

光绪本《苏州府志》卷一百三十七《艺文》:文徵明《温州府君遗事》一卷。《书画见闻志》。《甫田初二集》三十五卷附录一卷;王宠序一本三十六卷。《太湖新录》一卷,徐祯卿同撰。

《文氏族谱续集·历世载籍志》:待诏公徵明《甫田集》,王宠序。《甫田二集》三十五卷。未刻诗文稿甚多。

《四库全书简明目录》别集类五:《甫田集三十五卷附录一卷》:徵明与沈周均工于书画,亦均工诗。周诗自舒天趣,如云容水态,不可限以方圆。徵明诗则雅润之中,不失法度,与其书画略同。自谓少年从陆放翁入,核其所作,语殊不虚。

《书画书录解题》:《文待诏题跋》二卷,《学海类编》本,明文待诏撰。是编俱杂题书画及帖本之作。明人题跋,率多空泛。是编多所考证,且甚精当。在明代题识诸书中,实仅见者。

按:《书画见闻志》书名,初见于张应文《清秘藏》,其后乾隆本《苏州府志》录入《艺文》,继后道光、光绪两志因之。然此书未见刻本,亦未见他人提及。不知即是《学海类编》所收《文待诏题跋》否?

北京图书馆藏本《汉隶韵要》:吴苑衡山文徵明集韵。枝山祝允明校韵。文近陆士仁参阅。苕上藻生潘振订梓。吴兴潘藻生，束发娴文章。秀骨采采，而独好古文奇字特甚。每叹六书之法，学士先生束不观。此如喜见汉官威仪，而不知有三代礼乐也。近得衡山文先生《汉隶韵要》，与陆文近递相参阅，传之艺林。寄陈子曰："汝为我序之。"余暗于此道，顾尝与朱修能、赵凡夫父子游，颇得榘概。古者结绳既撤，文字乃兴。禹《岣嵝碑》，则科斗书。宣王《石鼓》，则籀书。其他如太□金尊、卢氏币、太公九府钱、黄帝刀布，皆小篆也。小篆变而为秦隶，秦隶变而为汉隶。小篆始于李斯。汉隶始于程邈。蔡中郎减程隶之八，取李篆之二，遂称八分。此蔡文姬所述，当不谬。而后人以汉隶即八分，又以唐隶之险怪者即汉隶，即八分，而名实皆莫辨矣。不知八分无挑剔者，乃秦隶，可以用之权量印章。八分有挑剔者，乃汉隶，不可用之印章，而但可用之碑版。此载在《宣和博古图》《集古录》及吾衍诸家所说；而惟文太史、祝京兆独得其神，此《隶韵》之所由辑也。文太史篆书刻本盛行，惟隶书少有珉镌，外无闻者。得名笔钩摹，而藻生又为寿梓以传。非特后学之导师，拟亦汉人之功臣也。故不辞而为之序。眉道人陈继儒题。　《汉隶韵要小引》：自六书之学不讲，真书源本，不复为世所通晓久矣。好古者探求于篆籀，不若取正于隶书。盖其去古未远，通今尤易。师其简质，则钟、王之神骨具存；究其点画，则正楷之从法不爽。岂必云鸟虫鱼，鼎钟铭款，骇人耳目，而不适于时，乃称书学哉？国朝隶书，祝、文二公究心最得，笔力遒劲，真足以存汉代典刑。藻生潘君检其所藏两先生《韵要》，不复秘为帐中珍异，入梓以公诸海内；诚艺林之伟观，嘉惠之盛举也。一展卷间，而酌古准今之矩度不远，先民汇辑之苦心不虚已。藻生博综多才,此其游戏翰墨之一斑耳,而凿凿可传如此。家学渊源,笃志好古,良不可数数见者。乐观厥成,僭题首简,以志欣赏之私。金陵友人朱之蕃。

(按:《隶韵》世罕传本,故备录两跋,以供参考。)

上海图书馆藏《甫田集》四卷:此集是文待诏手书付梓者,流传极少。辛酉春得于沪上。德鉴记(有"彭城伯子"方印)。

又藏《甫田集》三十五卷:余所藏文太史书画最多。阅此卷中诗而书之纸素者,不下数十首。太史与先伯高祖及先曾祖往返无间,故在舍中者为多耳。集中所未载者,余纪一小册,且为梓也。镇之书。

按:余所见徵明诗文集刻本列如下:

(一)《甫田集》四卷:写刻本。为弘治三年庚戌至正德甲戌(实为壬申)间所作诗。非徵明所写。见本谱四十三岁"编集"引证。

(二)《文翰林甫田诗选》上下两卷:详后万历二十二年甲午(1594)间。

(三)嘉靖间无锡俞宪所刻《盛明百家诗》中《文翰诏集》及《续文翰诏集》。

(四)万历间文元肇刻《文氏家藏集》中《文太史诗》,与前四卷本同,增王廷一跋。

(五)《甫田集》三十五卷附文嘉《先君行略》一卷(详后万历二十二年)。此集前十五卷为诗,诗中前四卷皆选自《甫田集》四卷本;后二十卷为文。此或即《苏州府志》所谓《甫田初二集》三十五卷本也。序者王充、王宠,实是王廷之误。因王廷序文款署"蜀南充王廷著",此王充所由来也。

（六）《四库全书》所收《文氏五家集》中《太史诗集》。至于《文瑞楼书目》及《涵芬楼原存善本书目》所谓钞本《外集》《别集》，曾于北京图书馆见抄本《甫田外集》四卷，即《集三十五卷本》前四卷于《集四卷本》中未收刻之诗。清光绪间，上海扫叶山房翻印《集三十五卷本》为《文徵明甫田集》，但所据是文然修补本。民国间上海广益书局又据扫叶山房本翻印为《文徵明全集》。

又按：《学海类编》及《书画书录解题》所云《文待诏题跋》二卷，《丛书集成》有印本。即《集三十五卷本》中卷廿一、廿二、廿三《题跋》三卷改编为两卷。《温州府君遗事》，至今未见传本。不知即指《瑯瑯漫抄》否？《太湖新录》见《顾氏四十家小说》，初刻本未见。《赓吟集》尚未见传本。

又按：所见钞本及徵明诗文墨迹册，有如下数种：

（一）北京图书馆藏本《文太史甫田集》，文嘉钞本，文元发、徐世章跋。存十卷，卷六到十五。

（二）上海图书馆藏《文徵明文稿三册》：大都未入集。"谨按此册三本，文中所载年月，大约为丁酉、戊戌、己亥三岁之作。先公以庚寅降，年九十乃终。此三岁，自六十八至七十时也。后四册有自书甲寅、乙卯、丙辰六字，乃八十六至八十八，三年所作。先公撰著，亹而不倦；九十时犹为侍御严公杰书其母夫人志铭，未竟，掷笔洒然而逝。则前后诗文稿甚夥，惜皆散佚。然世共知宝藏，亦不待子孙之什袭也。乾隆甲子元旦，六世孙含谨识。""衡山先生手稿真迹，多有《甫田集》中所未录，字句亦多有同异，洵墨宝也。吴云。"

（三）又《明文徵明诗文稿四册》："待诏公生平诗文稿甚

富。晚岁为赏鉴家购诸侍史,窃取殆尽。故今所传流者,百分不能及一。"右录文肃公笔记。己丑夏日,含书。

(四)又《文衡山诗稿残册》:按其原有小字记数,应有五十馀开。今存十三开。皆应酬之作,原纸已蠹蚀,重裱时前后颠倒。

又按:《大云山房文稿·文衡山先生诗册跋》:阳曲李巽宇同年,藏文衡山先生诗稿四册,揭阳郑总制家故物也。曾归真定梁蕉林相公,总制官直隶,故归总制。凡为古近体诗若干首,皆清浏隽上,书法则出入颜、褚,极率意处皆有法可寻,真迹也。古大家名家所作,自性情流出,故生气垒涌,大小高下如其人之生平。赝者支支节节为之,则索然矣。衡山先生托志高尚,而此册有不可遏如之势。朱子读陶诗而叹其凌厉,盖隐士胸中之气,皆如是也。

又按:徵明所制词,《文翰诏集》曾收刻九首,其馀各集均未收,陆时化所云"长于词,而《甫田集》不载。先生素行醇谨,嫌其香艳"而已。曲则散见《吴骚集》《吴骚合编》《词林逸响》《古今奏雅》等书。

其子孙后裔,颇多贤者。

《弇州山人四部稿》卷八十三《文先生传》:丈夫子三人:彭为国子博士,嘉为吉水训导,台先卒。诸孙曾中多贤者。

《续吴先贤赞》卷十一《文学·文壁》:二子彭、嘉。彭书类父,能肆于学。其人尤长者,仕为文学掌故檇李。而士大夫过必谒之。彭乃遣人持刺城门授之云:"掌故报谒。"令之前,则对云:"实未来也。"人以其负当世名,笑而已。迁大胥属,卒。而嘉亦博物君子,有父兄风。书学不坠,或谓过之。绘素犹擅至子及孙,皆蔚有其文。

《东山谈苑》卷四:衡山二子,寿承以书名,休承以画名。女嫁王子美者更好学,号博洽,亦能诗。尝作《明妃曲》有云:"当时只拟诛画工,谁诛娄敬黄泉道?"其持论如此。文氏一门风雅,岂让安石家耶?余读书金氏净绿轩,与停云馆比邻,缅想其高风,未尝不恨余生之晚也。

又卷五:文雁门为一郡风雅之冠,今且百馀年矣。最后有学博彦可先生,名从简。好奖誉人伦,书法绝佳。年逾六十丧母,犹依依孺子泣。遭烈皇帝崩,闻先生设香案于家,具衰经哭临百日。呜呼!人固以德行重哉!(今其子柟,字端文,亦有志操,负介节。徐晟附记。)

《三邕翠墨簏题跋》:待诏公子寿承,从子德承,名位虽不达,并以书画世其家学。其第三子允承名台,画师李龙眠。喜任侠,有国士风。寿承子元善(按:元善是文嘉子),字子长,为王伯榖女夫,年甫逾三十而卒。伯榖志其墓曰:"画品第一,书品第二。"从昌(按:伯仁孙)、从龙、从简,一门群从,并以书画擅名,不愧其世。至待诏曾孙震孟谥文肃,震亨谥节愍,又以勋业节烈名在太常,其遗泽远矣。至国初尚有柟、椒、定、点,并称高士,有待诏之风,何文氏之多贤耶!

《一亭考古杂记》:文氏自温州暨待诏,世有厚德。书画诗词,以及钩摹篆刻,无一不精。寿承、休承,能继家学。长孙元发(按:元发是次孙)最知名。曾孙初名从龙(按:从龙乃元肇子,读下文应是从鼎)早岁登科,后改名震孟。五十始文魁,赠公已不及见矣。世皆推仰衡山公之贻谋云。

《红雨楼集·文仲吉像赞》:君家自太史公以名德词翰,用垂不朽;其流风馀韵,百十载而犹存。君之工诗、工书、工画,克绍家学,称三绝而专其门。且豪于伯雅,能饮一石,又不让于淳于髡。予偶浪游于吴市,评闻月旦,莫不称君为长者,真不忝乎太史公之贤孙。

《文徵明汇稿》卷三《文氏支裔表》:文氏自待诏以后,绳绳弗替,艺苑蜚声,世济其美。盖不徒湛持相国以风节著于启、祯之际也。《画史》所载,摘录于次,以见君子之泽焉。

按:《文徵明汇稿》所载《文氏支裔表》,系据《画史汇传》所记,后另详。兹据《文氏族谱续集》所记苏州一支中徵明后裔,列表如下。惜乎自清乾隆以后,尚未发现文氏谱录。

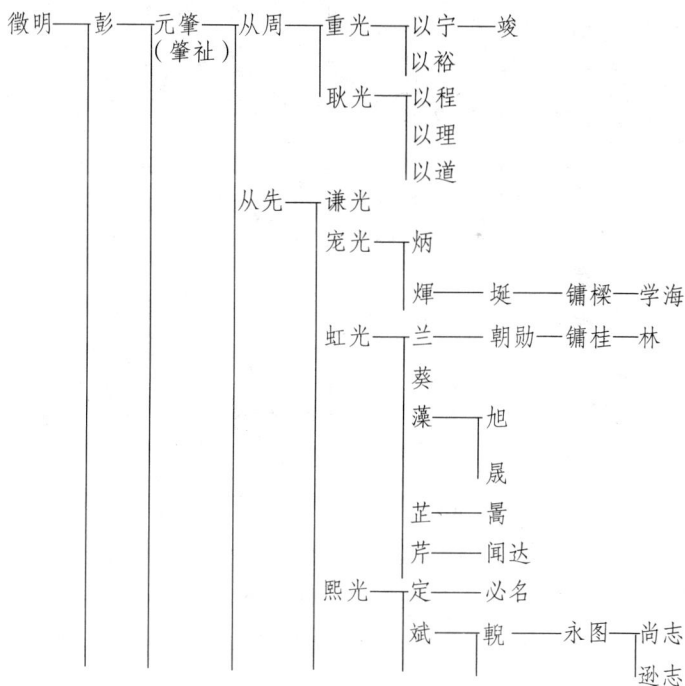

```
微明——彭——元肇——从周——重光——以宁——竣
           (肇祉)              以裕
                        耿光——以程
                              以理
                              以道
                  从先——谦光
                        宠光——炳
                              辉——埏——镛樏—学海
                        虹光——兰——朝勋—镛桂—林
                              葵
                              藻——旭
                                    晟
                              芷——暠
                              芹——闻达
                  熙光——定——必名
                        斌——軦——永图—尚志
                                      逊志
```

(续表)

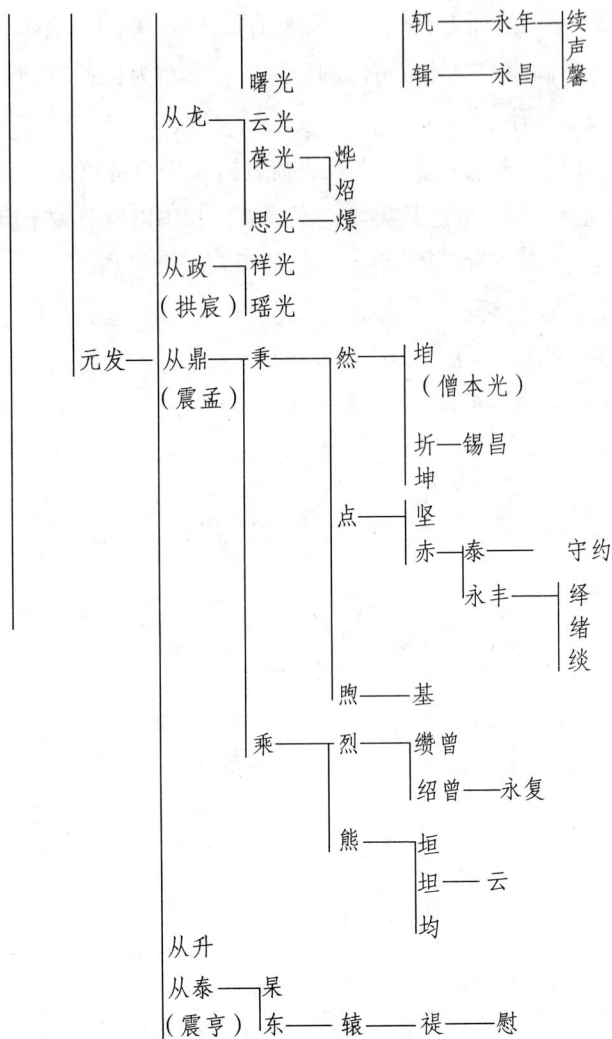

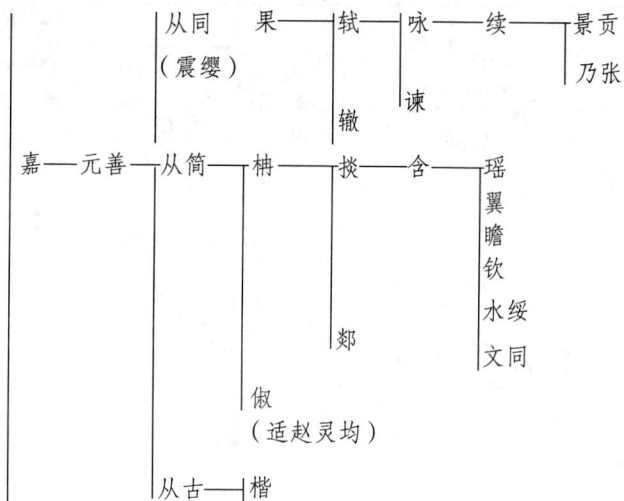

点⋯⋯⋯⋯二训—皋

⋯⋯鼎┬如球
　　　└如鳟

后裔表　徵明后裔中有文艺者。

世系	名	字	号	事　行	著　作
二世子	彭	寿承	三桥	以岁贡生廷试第一,仕终南京国子博士。善诗书画,尤工篆隶。镌刻图章,超卓今古。又善双钩临摹。	《文博士诗集》。《五经讲义》四卷。未刻诗文十六卷。
	嘉	休承	文水	岁贡生。仕终和州学正。能鉴古。工画。能诗书。善双钩临摹。佐父刻《停云馆帖》。	《文和州集》。
	台	允承	祝峰	能画。	
侄	伯仁	德承	五峰、葆生、摄山老农	能诗书文,工画。	《文五峰集》。
	仲义	道承		能书善画,书学徵明。	
三世孙	肇祉(元肇)	基圣	雁峰	彭长子。太学生。仕上林苑录事。	《文录事诗集》。《虎丘山志》。
	元发	子悱	湘南、清凉居士	彭次子。隆庆二年贡士,仕终卫辉府同知。家居以诗自娱,有高士风。谥端靖先生。	《兰雪斋诗集》。《清凉居士集》二十卷。《文奉议集》。《学圃斋随笔》五十卷。《续笔》十六卷。
	元善	子长	虎丘	嘉子。能诗书画。多艺能,善博物鉴古。修《停云馆帖》。	《虎丘诗存》。
	元辅	子左	文桥	台长子。庠生。	
	元弼	子右	少南	台次子。庠生。	

（续表）

世　系	名	字	号	事　行	著　作
四世曾孙	从周		东楚	肇祉长子。廪膳生。	
	从先	用之	岷阳	肇祉次子。邑庠生。能诗书画。	
	从龙	梦珠	三楚	肇祉三子。万历壬午举人。能诗书画。重刻《文翰林甫田诗选》。	
	震孟（从鼎）	文起	湛持	元发长子。天启二年状元。仕终礼部左侍郎兼东阁大学士。谥文肃。能诗文。工书。书迹遍天下。	《药圃集》。《奏疏》。《竺坞藏稿》。《姑苏名贤小纪》。
	从升	井从		元发次子。能文。识力兼诣。	《春秋说》三百首。
	震亨（从泰）	启美		元发三子,天启乙丑贡生。官武英殿中书舍人。国亡后,寓阳城湖,忧愤发病死,或曰绝粒死。乾隆四十一年赐谥节愍。能诗,善书画,咸有家风。	《香草诗选》。《岱宗琐录》。《武夷剩语》。《秣陵诗稿》。《金门集》。《一叶集》。《长物志》。《土室集》。《陶诗注》。《琴谱》。《前车野语》。《香草垞前后志》。
	从简	彦可	枕烟老人	元善长子。崇祯庚辰廷试贡士。事母至孝。四举乡饮大宾。工书画。	
	从古	彦复		元善次子。书画似文嘉。	

（续表）

世系	名	字	号	事　行	著　作
侄曾孙	从昌	顺之	南岳	伯仁长子元直子。山水得家法。亦能诗。	
	从忠		华岳	伯仁次子元方子,善画山水。	
五世玄孙	重光	雨田		从周长子。邑庠生。	
	耿光	公觐允昭		从周次子,书画俱学待诏。	
	谦光	去盈	朱陵居士	从先长子。庠生。善临池。行楷仿晋人,神骨俱肖。	
	宠光	仲吉		从先次子。庠生,能诗文,工书善画。	
	虹光	如虹		从先三子。武举人。亦能诗书。	
	熙光	季麟	穆如	从先四子。庠生。善行楷。	
	曙光	五曙		从先五子。庠生。	
	葆光		停云	从龙次子。诗书俱有名。	
	秉	苏符	大若山人	震孟长子。国子监生。明亡隐居竺坞之丙舍,杜门著书终其身。	《先拔志始》二卷。《烈皇小识》。《甲乙事案》。《先朝遗事》。《姑苏名贤续记》。
	乘	应符		震孟次子。吴庠廪膳生。能诗。善属文。明亡,隐山中,有诬其与吴江吴易通者,逮至官,不辨,徐曰:"不辱我父,愿就死。"清乾隆四十一年奉旨入忠义祠。	
	东	迎符		震亨次子。庠生。	

(续表)

世系	名	字	号	事行	著作
五世玄孙	果(僧超揆)	园公	轮庵	震亨三子。能诗文。善书画。初上京师,佐桑格得滇逆,得官不仕,弃而为僧。示寂后,赐塔玉泉山。谥文觉禅师。	《寒溪诗稿》。
	梿	曲辕端文	慨庵	从简子。邑庠生。能诗文。山水一禀祖法。甲申后奉亲入山,居赵凡夫别业。大江以南称文章节义士。私谥端文先生。	《青毡杂志》。《慨庵诗选》。《阅史》一编至六编。《天变录》。辑《雁门家乘》。《课馀手纂》。
	俶	端容		从简女,赵灵均妻。工写形画。幽花异草,小虫怪蝶,遇物成图,鲜妍生动。兼写仕女,精妙绝伦。	
侄玄孙	承光	象贤		从昌长子。能画。	
	世光	仲英		从昌次子。善画花鸟。	
六世孙	辉	德文		宠光次子。官长兴知县。	
	兰	若芬		虹光长子。庠生。能文。有气节,弘光时,疏纠马士英下狱。	
	定(一名止)	子豹	止庵	熙光长子,善花鸟,与王武齐名。	
	斌(一名份)	二允	絅庵	熙光次子,庠生。能诗。	《絅庵诗蜕》。
	然	弓云		秉长子。重修梓《甫田集》。	
	点	与也	南云山樵	秉次子。善书画。山水能传衡山家法。兼善人物,尤长松竹小品。工古文词。巡抚汤斌资访治河之道,多所采择。朱彝尊表其墓。	诗文集。
	熊	建周	卜庵	秉次子。行书学待诏。能诗。叶燮序其集。	《卜庵诗稿》。

（续表）

世系	名	字	号	事　　行	著作
六世孙	轼	眉长	铁庵	果长子。官山阴丞。能诗。后教习内廷。	《铁庵诗稿》。
	辙	仲合		果次子。监生。	
	掞	宾日	古香洗心子	枏长子。山水法倪、黄。居停云旧馆。好蓄古砚石。	《十二研斋诗》。
七世孙	必名	若虞		定子。能书。	
	坦(僧本光)	曾武	于宋	然子。善丹青，尤工写照，年廿二，出家为僧。	
	赤	周舄		点子。工花卉。	
	含(一名敬持)	书绅书深	西庄、晴云	掞子。长洲庠生。能书、文。续修《文氏族谱》。	《文氏族谱续集》。
八世孙	泰	万通		赤子。吴诸生。能画，善诗词。	
	永丰	鹿曹	东堂	赤次子。监生。武英殿纂修官。初任内丘知县，补任故城县知县。工八分书，能画。	
附	二训	命时		自称点后，仪征诸生。兰竹秀劲拔俗。效其派者号文兰。	
	皋	秋翎		二训子。画兰得父法。	
	鼎	学匡	后山	秀水人。精鉴别，富收藏。工诗及篆刻。善山水，能守衡山家法。嗜古好洁。所居停云旧筑，类倪瓒清閟。	
	如球	胥麓		鼎子。工花草。有临徵明《仙桂新枝图卷》。其兄弟皆能艺事。凡文房砚匣、印奁、扇骨，一经磨治，光滑可鉴。	
	如鏏(一名照)			鼎子。画山水承家学。	

按：以上据《文氏族谱续集》《近事丛残》《红雨楼集》《无声诗

史》《图绘宝鉴续编》《列朝诗集》《苏州府志》《桐桥倚棹录》
《佩文斋书画谱》《国朝画识》《桐阴论画》《国朝书画家笔录》
《历代画史汇传》《壮陶阁书画录》《湖海阁藏帖》等书汇编。
但事行有重复处。

**从之游者彭年、陈淳、朱朗、陆师道、钱穀、周天球、陆治、居
节之属其最著者。皆以节操、词翰、书画艺术名于世。**

《明史》卷二百八十七《文苑》三:文徵明……与之游者王
宠、陆师道、陈道复、王穀祥、彭年、周天球、钱穀之属,亦皆以词
翰名于世。

《明史拟稿》卷四《文苑传》:其从徵明游者:陆师道子传、
陈淳道复、彭年孔嘉、钱穀叔宝、居节士贞、周天球公瑕其著也。
吴门风雅,后先掩映。待诏之门,数子为彬彬矣。

《名山藏·高道记》:徵明所善后进吏部王穀祥、通判祝允
明、太学生王宠、秀才彭年、周天球。吴中与徵明同时同业者,
有周臣、谢时臣、陈淳、仇英、朱贞孚。而陈淳书画兼美。淳子
栝亦肖其父业。后来吴中又有鲁治、陆治、钱穀。治善花卉翎
毛。穀精山水,松石小景,更得神趣。

按:祝允明年长于徵明十一岁,非后进也。即王穀祥亦非
弟子列中人。

及门表:

姓　名	字	号	事　行
陈　淳	道复 复甫	白阳山人	以字行,别字复甫。长洲人,画以宋、元为法,花鸟有深趣。凡经学、古文、词章、书法篆籀皆善。有《白阳集》。
陈　栝		沱江	长于花鸟,有徐、黄遗意。早卒。

（续表）

姓　名	字	号	事　行
周　光	韬叔		吴人。书出陈道复。
张元举	懋贤	五湖	画得外祖陈淳之传，气韵生动。书法衡山，端逸有体。
彭　年	孔嘉	隆池	吴人，彭昉子。工古文诗词，书初法晋人，小楷宗欧，大者则颜，行草则苏。与顾德育、陆中行目为"吴中三高"。以贫死。有《隆池山樵集》。
朱　朗	子朗	清溪	苏州人。山水师待诏，称入室。又以写花卉擅名。
子　昌孙	庆馀		能画，有父风。
沈道祯			从朱朗学画。
陆师道	子传	元洲五湖	吴县人。嘉靖十七年进士。仕终尚宝少卿。九流、七略，稗官、黄老，无所不窥。工诗歌及古文辞。小楷以至古隶皆精绝。绘事骎骎逼宋、元。
子　士仁	文近	承湖	克传家学，有父风。画自荆、关以下，无不规仿。临摹待诏，得其心印，书亦如之。
孙　广明			书法精工，摹唐、宋名迹，几欲乱真，亦能画。
曾孙敏中			与父皆以书画世其家。
钱　穀	叔宝	磬室	苏人。画山水得文氏心法，继腾踔唐、宋间，称逸品。诗文俱得衡山亲授。行书法苏。篆法二李，小楷法欧、虞。手录古文金石书几万卷。编《续吴都文粹》五十八卷。著《三国类钞》《南北史摭言》《隐逸集》《长洲志》《三刺史诗》。手摹吴中历代名贤象，录志传缀后。有《悬磬室诗》。
子　允治	功甫		有书名，能世其家学。钞书至老不倦。
殳君素	质夫		吴人。钱穀、文嘉入室弟子。盘礴处有出蓝之美。
侯懋功	延赏	夷门	吴人。画师钱穀，受法于待诏。间仿黄公望、王叔明及宋、元名迹，骎骎入穀。
刘祚(原起)	子正	振之	吴人。山水师钱穀，诗亦似之。

（续表）

姓　名	字	号	事　行
张　复	元春	苓石	无锡人。少师钱毂,有出蓝之誉。写山水俱有条理。人物宗沈周,而工致过之。
袁　楷	雪隐		无锡人。张复入室弟子。
周天球	公瑕	幼海群玉山樵	太仓人,移居吴。从文待诏游。肆力诗文,兼善大小篆、古隶、行楷。画兰石颇佳;写兰尤得郑思肖标格。花卉颇佳。
强存仁	善良		吴人。写兰效周天球。学其书,独有深解。山水得黄公望笔意。
陆　治	叔平	包山	吴县人。岁贡生。游祝、文二先生门。工写生,能得徐、黄遗意。山水喜仿宋人,而时出己意。善行楷,诗秀雅可诵。有《包山遗稿》。
居　节	士贞	商谷	吴县人。画法简远清拔,有宋人之致,得衡山心传。字与诗亦自师门来;而诗以赵松雪、陆放翁,不失晚唐家数。尚气节,以穷死。著《牧豕集》。
华世祯	善卿	西楼湖桥生	无锡人。少从王鏊学经,补博士弟子,后游文门。能诗、书。
王穉登	百榖		武进人。移吴县。四岁能属对,六岁善擘窠大字,十岁能诗,有盛名。妙于书及篆隶。穉登尝及徵明门,遥接其风,主词翰之席者三十馀年。有《晋陵》《金昌》《燕市》《客越》等集。
张　本	斯植	五湖漫士	吴东洞庭山人。少从王鏊学文词,后游文门。生平探讨,悉以为诗。有《五湖漫稿》。
沈大谟	禹文		长洲人。游文门。能诗、书。书法得衡山手意。卒于浔州太守任。
黎民表	惟敬	瑶石	广东从化人。仕至南京兵部车驾司员外郎。善诗、书。其隶书得师门家法。
薛　晨	子熙	霞川	鄞县人。博雅好古,尤善书翰。游丰道生、文衡山间。楷师《黄庭》,行草出入二王。

（续表）

姓　名	字	号	事　行
陆中行	伯与		华亭人。慕阳羡山水,迁阳羡。寻迁姑苏,师事文太史。书法大令。与顾德育、彭年善,吴人目为"三高"。
邹之孟			太仓人。与周天球同为文门子弟。在隆、万两朝,画名并著。
钱　仲	子仲		慈溪人。善诗歌,精篆籀学。游陆深、文徵明门。官中书舍人。
张允孝（初）	太初		华亭诸生。初名允孝,更名初。少游文门。长于诗。书法宗孙过庭。
苏若川	君楳		休宁人。受笔法于文衡山、丰南禺,得南禺为多。径寸草书临二王。
杜子庸			姑苏人。善诗词,游文门。
梁　孜	思伯	浮山	广东顺德人。梁储孙。弃诸生,与梁有誉、黎民表等为诗文友。曾游文门。以荫补中书舍人,客部主事。
顾　亨	汝嘉		长洲人。曾受业文门,书学王、虞、欧、赵。官中书舍人。
冯子成	钟山		游文门,善行草。
王　恕	仁夫		慈溪人。来吴从蔡羽、杨循吉、文徵明游。
陆　旸	华甫	毕远	常熟人。少从文衡山游,书画得其遗意。尤工于诗。
程大伦	子明		书法全学衡山。（跋辛丑年文书《赤壁赋》款"门生程大伦"。）
朱治登胡师闵			并师文衡山书法。衡山遗迹,世所珍藏,大半二人之笔。
王复元	雅宾		幼为黄冠,曾事文衡山,稔其议论风旨,因精鉴古。山水类陈淳,写生仿陆治,书学米万锺。工诗。
释福懋	大林		竹堂寺僧。少有戒行。尝游文衡山门。画学倪迂,书学智永。不涉世好,专修静业。
释戒襄	平野		海盐天宁寺僧。体魁硕,状如布袋和尚。幼得事文衡山,又参请张靖之、许云村、陈句溪、朱西村,吟道不在雪江、冬溪下。能书画,亦善兰竹。

按:又有四明陆涛,其所书张寰《玄妙观重修真武殿假山记》,

行楷系文氏笔法,疑亦从游弟子。以上据《松筹堂集》《弇州山人四部稿》《王奉常集》《王穉登笔法》《书诀》《兰雪斋诗集》《周叔夜先生集》《味水轩日记》《紫桃轩又缀》《皇明词林人物考》《詹氏小辨》《姑苏名贤小纪》《冯元成集》《续吴先贤赞》《列朝诗集》《墨缘汇观录》《静志居诗话》《松江府志》《长洲志》《吴县志》《常熟县志》《历代画史汇传》等编写。事行与前或有重复。

杨慎卒于永昌,年七十二岁。

《明史》卷一百九十二《杨慎》:嘉靖三十八年己未七月卒,年七十有二。

《历代名人年谱》:嘉靖三十八年己未,杨用修六月卒于永昌,年七十二。

嘉靖三十九年庚申(1560)徵明卒后一年

四月,《停云馆帖》第十二卷成。所刻为徵明小楷《黄庭经》及行书《西苑诗十首》。

《停云馆帖》:停云馆帖卷十二

文徵明小楷《黄庭经》,行书《西苑诗十首》。

嘉靖三十九年夏四月长洲文氏停云馆摹勒上石。

按:《停云馆帖》初刻为十卷,后增为十二卷。有岁月可考者为卷一、卷二、卷四、卷六、卷七、卷九、卷十、卷十一、卷十二共九卷。兹将三、五、八共三卷所刻如下。

《停云馆帖》:唐人真迹卷第三

唐孙过庭《书谱》

《停云馆帖》:宋名人书卷第五

宋李西台书《许昌帖》

宋杜祁公书《致留守龙图帖》,《草圣帖》黄裳、陈旸、魏了翁跋

宋欧阳文忠公书《致谏院舍人书》

宋文潞公书《亲人帖》

宋王荆公书《致著作明府帖》《致颖叔帖》

宋蔡忠惠公书《澄心堂纸帖》《脚气帖》

宋苏文忠公书《致梦得秘校帖》《致子明通直帖》

宋苏文定公书《贵眷帖》

宋黄文节公书《致立之承奉帖》《沈睿达帖》魏泰识

宋米南宫书《致葛君德忱帖》《葛叔忱家计帖》《白老住院帖》《元日明窗帖》《吾友何不易草体帖》《中秋登海岱楼帖》《梅惇奉议帖》《两三日帖》。米友仁跋。

《停云馆帖》:元名人书卷第八

元赵文敏公书《致中峰和上》八帖,《致吉甫教授帖》,《致晋之帖》,《致叔和帖》,《致逸民山长帖》,《临王逸少服食帖》,《临十三行帖》,小楷《千字文》,小楷《常清静经》

赵彦徵书《奉酬廷璋博士诗》

《蕉窗九录》:《停云馆帖》,姑苏文待诏徵明得前人未刻真迹,勒之于石。

又:《小停云馆帖》,文徵明刻,内多本朝名人笔迹。

按:此二条亦见《考槃馀事》,但于第一条末多"翻本则不佳矣"一句。《小停云馆帖》,未见传本。他家亦未有及此帖者。

《集古求真》：章简甫曾自刻一本，亦无甚差异，今亦碎烂。

《学书迩言》：《停云馆帖》十二册，明文徵明所集刻。前一卷小楷，根源宋拓。以下则多以墨迹上石。当时其门下即重刻一部，故有文刻、章刻之分。今皆残缺，有补刊者，不足观矣。

按：章翻与文氏原刻，大有差异。原刻古厚，章翻略瘦。章翻于第一卷增薛稷拓本《兰亭》；第十二卷增加文徵明行书《山居篇》。此其大者，馀不备述。

全帖共一百二十石。万历四十二年（1614）归赵宧光。清顺治十五年（1658）为常熟钱朝鼎所得。乾隆间（1736—1796），半鬻于武进刘氏，半鬻于太仓毕氏。其鬻于刘氏者，道光十八年（1838）为无锡窦承焜及赵伯仁合购得之，咸丰十年（1860）兵燹后残毁，民国三年（1914）尚存二十五石。其鬻于毕氏者，嵌置于灵岩山馆。至嘉庆八年（1803），为桐乡冯集梧所有，逐渐修补。同治十年（1871）为秀水郭照所得，石已有残缺，卷三《书谱》缺九百十二字；四月，郭照跋。至光绪四年（1878）为孙家桢所得，存石六十有四，厘为六卷，名曰：《停云馆法帖选本》，后亦散失。现存嘉兴博物馆残石大小十五块。宧光，隐士，字凡夫，太仓人。亲墓在吴县寒山，偕配陆卿子庐于旁。卿子，陆师道女，博雅工诗。

《六艺之一录》卷一百六十六《书家藏法帖贞珉后·寒山金石林》：自昔外家流传他所，皆成和璞。岁之甲寅，乃归寒山。凡翰墨亲知，咸叹希有。

《寒山金石林部目·碑石目录》:凡十四种,共二百四十六石。《停云馆》碑石一百二十。

又《集帖部》:《停云馆帖》,此系家藏。晋唐四册,宋三册,元二册,明三册

《吴郡名贤图传赞》卷十一《赵高士》:公姓赵,讳宧光,字凡夫,太仓人。少为国子生,豪华自喜。中岁折节读书,不肯蹈常袭古。亲墓吴县寒山,偕其配陆卿子庐于旁。手辟荒秽,疏泉架壑,构小宛堂,俨如图画。一时名流争造。

《无声诗史》卷二《陆师道》:女陆卿子,适隐士赵宧光凡夫,博雅工诗,有《玄芝》《考槃》二集行世。子妇文俶,写草虫花卉,为世所珍。

道光本《苏州府志》卷四《山》:寒山,即天平支山。石壁峭立。明赵宧光凿山引泉,缘石壁而下,飞瀑如雪。

按:宧光子均,字灵均。娶文从简女俶。俶生万历二十二年,至万历四十二年甲寅,文俶年廿一岁。赵、文当已联姻。《停云馆帖》石后归文嘉,故嘉子元善修之。元善子从简或于俶归赵均时,以帖石为赠。

《停云馆帖》:吴门文氏,世以书法著。此刻为衡山先生父子手摹,历百馀年,后学咸取法焉。戊戌之岁,余谢浙臬归,从其子姓购得之,而未载与俱来。旋绹系都门,忽忽又廿五年矣。休官无事,稍葺湖庄,弄置斯石其间。残缺者十馀幅,以为恨事。门人顾雪坡,精志书法;因命瓆儿广求初本,属其是正,双钩摹勒完好,顿还旧观。天假余年,摩挲卷帙,余乐以此老矣。康熙廿四年五月朔,钱朝鼎识。

康熙本《常熟县志》卷十八《人物·邑人》:钱朝鼎,字禹

九，号黍谷，邑西徐墅人。少而补邑博士弟子员。以文见知凌忠清公义渠。忠清终于大廷尉，朝鼎亦如其官。中丁亥吕宫榜进士，授刑部主事。奏当平允。出为广东提学道。厘饬学政，作兴人才。崇祀本省名宦。升浙江按察司按察使。斋笔誓神，持宪平允。以谢绝竿牍，屏绝苞苴，为本省不肖绅一二辈所衔。幸章皇帝知朝鼎广东学政第一，按察精明，臬事办治，召入为都察院左副都御史。重违先入者言，俾赴所司廷辩，三年而事白。起补鸿胪寺卿，旋升大理寺左少卿。至是凡三任刑官，平反尤允。然卒坐忌者意，京察镌级五品京朝官。朝鼎曰："我受凌公知，顾幸不辱天下之平。公为忠臣，吾为良臣。生不愧于死者，可以挂冠去矣。"归田之后，筑室湖滨，读书种花，奉母课子。又十三年而卒。所著有《山满楼》等集。

《慧山记续编》卷二《古迹书翰》：《停云馆帖》，文氏藏之百年，后归虞山钱氏。至乾隆间，半鬻于太仓毕弇山制府沅，嵌置灵岩山馆，以钞没入官，而毁于胥吏之手。半鬻于毗陵刘氏，道光初年，窦俊三承焯、赵南湖汉侯同购于刘氏而分之。俊三所购，嵌置城内窦祠；南湖所购嵌置惠山赵祠。拓者厘为上下两册，不全者另为存残。汉侯子稼宝移嵌享殿后廊，余颜其额曰"留云轩"。咸丰十年，城陷被毁。

《寄沤文钞·停云馆孙过庭书谱跋》：后归武进刘氏。道光戊戌，吾乡窦丈俊三同赵君伯仁购得之。咸丰、庚申兵燹残毁。《书谱》原有一十三石，今仅存五石。缺第二、三、七、九至十三共八石，馀皆莫可踪迹矣。

《国朝书画家笔录》卷三《窦承焯》：先大父俊三公讳承焯，金匮恩贡生，候选直隶州州判。少孤，笃行嗜学，于书无所不读。蔬食布衣,自奉节俭;而于古帖及名人书画,则收藏甚富。工书法,深得颜、苏两家三昧。晚年更精草书,翰墨酬应,无间寒暑,辄喜书格言。

拓本《停云馆残刻》:《停云馆》早经散佚,留此残石三十馀片,文氏售于吾邑窦、赵两姓。又遭红羊火厄,未免断蚀。同治间开拓十套。直至民国三年冬季,祖复从中说合窦、赵两家,重拓十馀部,祖复亦得一册,装潢成本,留与儿孙临池之助。藏欧石室沈祖复识。

无锡图书馆藏本《停云馆残拓》:无锡窦氏藏石,共大小十四方。无锡赵氏藏石,共大小十一方。另补刻各帖所缺合一石。

按:无锡东林书院壁间另有帖石两方。

张廷济旧藏本《停云馆帖》:冯太史家拓本,嘉庆八年癸亥,庄竹溪徵君售来,值银钱四枚。此拓有补添重摹者十馀石,其馀都是原石。叔未。

《清仪阁题跋·停云馆原刻本黄庭经》:原石文归常熟钱氏,后入毕秋帆尚书灵岩山馆。近在桐乡冯鹭庭太史集梧家,逐渐修补,楷帖率非其旧,藏者益日加珍惜矣。壬午十月廿三日。

道光本《嘉兴府志·金石》:《停云馆帖》十二卷,石今藏桐乡冯氏。

光绪本《嘉兴府志》卷六十一《桐乡·列传》:冯集梧,号鹭庭,乾隆辛丑进士,授编修,出典云南乡试,得士最盛。丁母艰回籍。主安定、云间书院,奖励后进,孜孜不倦。注樊川诗集行于世。

拓本《停云馆石刻》：余今得此残石，计"敬乃内惭"下缺六十七字。"缄秘已深遂"下缺三百十六字。"有乖有合合"下缺二百四十七字。"书画赞则"下缺二百五十九字。并点去共缺九百十三字。比遭兵燹散失，无从访求。若重摹补刻，必致两手之异，不如缺之为是。故余珍而藏之。附记梗概，慎勿弃焉。同治辛未夏四月，晓罍逸史郭照识于凤溪。

按：此郭照跋《停云馆帖》"唐人真迹卷三"孙过庭《书谱》，时已将隶书"唐人真迹卷三"六字磨去，改刻篆书"停云馆石刻"五字。

光绪本《嘉兴府志》卷八十七《丛谈》：秀水郭照藏有《停云馆帖》石，原十二卷，今有残缺。

《停云馆法帖选本》：三百年来，石已屡易其主。兵燹后，流传我禾。光绪丁丑，许雪门郡侯修辑府曹志，曾载石藏郭氏。越一年，为余所得，计石六十有四，厘为六卷，归之蓬莱，以公同好。朱兰第主政出资置之壁间，许羹梅明经营之。予为补刊目录，以备浏览云。秀水孙家桢识。

按：嘉兴博物馆先后搜觅，至一九八五年止，得残石大小十五块。四百余年，《停云馆帖》石刻流传情况，列表如后：

```
文氏—寒山赵氏—常熟钱氏┬太仓毕氏—桐乡冯氏—秀水
                         │      郭氏—孙氏—嘉兴博物馆
                         └武进刘氏┬无锡窦氏
                                  ├无锡赵氏
                                  └东林书院
```

十月二十五日，厝徵明枢于虎丘花泾桥之新阡。

《集三十五卷本》附文嘉《先君行略》：某等以卒之明年庚

申十月廿五日,举公枢权厝于花泾桥之原,卜吉乃葬。

是年,王世贞增益十年前所撰《咏乡哲》自明高代迄今二十七人为四十一人,共四十章。内有《文待诏徵明》一章。

《弇州山人四部稿》卷十四:"庚戌之春,余以病休曹假,伏枕不怿。臆数乡哲,彬彬多巨公异人。龙质凤章,云蒸霞烂。虽潜见异则,托就大小,然亦盛矣。因抽绎所闻,自我明始高代迄今,共成二十六章,凡二十七人。后十年,而益之为四十章,凡四十一人。匪辞挂漏之惭,聊见仰止之私耳。"高太史启 黄给事钺 王逸人宾 姚少师广孝 杨尚书翥 陈僖敏镒 陈金事祚 俞司寇士悦 徐武功有贞 刘文恭铉 张提学和 韩襄毅雍 叶文庄盛 鱼开封侃 刘参政昌 孔侍郎镛 吴文定宽 王文恪鏊 陆太常钺、张修撰泰合一诗 先祖司马讳 李少卿应祯 陆太宰完 杨仪部循吉 毛文简澄 顾太保鼎臣 徐迪功祯卿 魏恭简校 朱尚书希周 周恭肃用 沈居士周 祝京兆允明 方太常鹏 文待诏徵明 周寺丞凤鸣 朱中丞纨 陆太常粲 王选部榖祥 先御史大夫讳 王太学宠 黄征士省曾 《文待诏徵明》:文翁负耿介,至巧亦天性。髫年却金赙,中岁辞藩聘。既三郑氏绝,仍齿伏生境。遥裔播休华,千秋犹辉映。

华云卒于九月廿三日,年七十三。

拓本《华补庵墓志铭》:以庚申九月二十有三日卒,其生弘治戊申□月十有□日,寿七十有三。

按:此石新在无锡南郊出土,今藏苏州博物馆。字已漫漶,仅可辨知为彭年所书。

嘉靖四十年辛酉(1561)徵明卒后二年

张献翼摹刻徵明所与诗帖尺牍于石,文嘉、王世贞、黄姬水、归有光皆有题。有光字熙甫,昆山人,徙居嘉定。弱冠通经史,蔚为大儒;海内称震川先生。嘉靖四十四年进士,仕至南京太仆寺丞。

拓本《张幼于衷刻文太史帖》:右诗帖尺牍,皆先君与张君幼于者。幼于与其兄伯起,俱以高才驰誉,先君雅爱重之。故幼于衷集其所得,摹刻斋中;其感今怀昔之意,固将与坚珉共存不朽耳,岂特以词翰之美而已哉?刻成,因志其末。嘉靖辛酉花朝,嘉谨书。

《弇州山人四部稿》卷一百六十九《文待诏诗帖》:待诏公长幼于可一甲子。薄虞之岁,诗卷酬和,几无隙月,噫!亦奇矣。孔文举髫龀时,抵掌龙门,既屈年正平,交游之懿,晖映前史。待诏公少游沈徵君、王太傅称重客;晚得幼于为小友,殆庶几乎!公既没,幼于不胜西州之感,石其遗作,贻余读之。前辈风流,故宛然照人也。余遂拈其事,为词林一段致语。公有时名,其诗若书,吴中人雅已能言之。

《黄淳父先生全集》二十二卷《题张幼于刻文太史帖后》:此衡山太史与幼于孝廉札子也。太史既没,孝廉勒之石,以永流传。嗟乎!缅思题几之人,忽沾开箧之泪。一日之紫纸,为异时之黄绢;太史忘年之雅,孝廉叹逝之情,在残行遗墨间矣。

按:归有光跋,见八十二岁"张献翼以诗来贽"条。

《明史》卷二百八十七《文苑》三:归有光,字熙甫,昆山人。

徙居嘉定安亭江上，读书谈道。学徒常数百人，称为震川先生。为古文原本经术，好太史公书，得其神理。仕至南京太仆丞。

《列朝诗集》丁集《震川先生归有光》：有光字熙甫，昆山人。九岁能属文，弱冠尽通六经、三史、六大家之书。浸渍演迤，蔚为大儒。嘉靖庚子，举南京第二人，为茶陵张文隐公所知。其后八上春官不第。读书谈道，居嘉定之安亭江上。四方之来学者，常数十百人，海内称震川先生，不以名氏。乙丑举进士，除长兴知县，量移通判顺德。隆庆庚午入贺，引为南京太仆寺丞，留掌制敕。修《世庙实录》。以病卒。

南京盛时泰亦受知徵明。时泰字仲交，号云浦。博学多闻，工古诗文，善隶书。画枯木竹石，苍然映人。家有小轩，徵明题曰"苍润"。然仅尺牍相通，卒未晤面。亦以尺牍刻石，王世懋跋。

《金陵琐事》上卷《画品》：云浦盛仲交有逸才，有妙赏，博学多闻。落笔成诗文，不烦点定。家有小轩，文徵仲题曰"苍润"。以仲交爱临摹倪元镇竹石，取沈启南诗"笔踪要是存苍润，墨法应须入有无"之句。杨用修与之作记。枯木竹石，可乱元镇真迹。

《静志居诗话·盛时泰》：沈启南题倪元镇画云："笔踪要是存苍润，墨法还须入有无"。盛仲交画师元镇，文徵仲遂以"苍润"题其西冶城之小轩。

《王奉常集》卷四十九《跋盛仲交文太史尺牍后》：文先生以耆德绝艺，龙门一代。白下盛君仲交，洄里人张君幼于，咸少年力学，受知先生，每勤尺牍。至仲交仅一书自通耳；迄先生殁，不面也，其事尤异云。尝忆余龆年，曾侍先生，懵若童蒙。

顾先生所与奖训之辞，动盈卷轴，若以为异日可望者。今二君俱为先生勒石，而余独藏其箧笥中，恒恐见者以为先生知人累。然则余视二君，诚负先生哉！诚负先生哉！

《无声诗史》卷三：盛时泰，字仲交，号云浦，金陵人。天才敏捷，自幼好读书。为古诗文下笔辄数千百言，声名大振。然为诸生，竟屡试不第。尝游吴，王元美与相见，大奇之，赠之诗云："能令陆平原，不敢赋《三都》。"一时海内文士，无不知有盛仲交者。善隶书。画山水竹石效倪云林笔法。

毛锡畴亦以所得诗帖尺牍，摹刻于石。锡畴，锡朋弟，字九畴，号石壁。祝允明曾为书《月赋》，徵明为跋。

《寒山金石林部目·国朝四十家杂帖部八册》：第四册，文徵明《重午诗》一首，与毛石壁尺牍五帖。

按：曾于秦清曾先生处见明拓《停云馆帖》末附此帖。末《瑞香》诗一首，识云："九畴分赠瑞香两本，春来着花甚盛。晚坐有作，书寄九畴，用酬雅意。徵明。"

《珊瑚网书录》卷十五《祝希哲草书月赋卷》：九畴酒次，铺宋经笺索书，烂漫为此。试庄氏笔，甚佳。然而旧笺有尽，书学此正矣！九畴谓何？乙酉七月，枝山居士六十六岁书。　昔人评张长史书：惊蛇入草，飞鸟出林。而《郎官壁记》，乃极严整。世固无有能草书而不能正书者。因观九畴所藏枝山《月赋》，为拈出之。徵明题。

按：《集三十五卷本》卷二十六《右副都御史毛公行状》云："子男三人：长锡朋，次锡嘏，次锡畴。"锡朋号石峰，锡嘏号石屋，见七十二岁"作《溪堂燕别图》"条。石壁乃锡畴号，九畴其字。

刘麟卒于四月二日,年八十八岁。

《刘清惠公集》附录《部札》:于四十年四月初二日身故。

嘉靖四十二年癸亥(1563)徵明卒后四年

七月,王穉登撰《吴郡丹青志》,列徵明于"妙品"。陈继儒因刘珏及陈淳父子皆在"逸品",以为称量不平。继儒字仲醇,华亭人。工书画,善鉴赏,为董其昌所推与。

《吴郡丹青志》:《神品志》一人。附三人:沈周先生。二沈处士(沈恒、沈贞),杜徵君(杜琼)。《妙品志》四人,附四人:宋南宫先生(宋克),唐解元,文待诏先生,文嘉。伯仁、张灵、朱生、周官。《能品志》四人:两夏太常(昺),中书(泉),周臣,仇英。《逸品志》三人:刘金宪(珏),两陈君道复(淳),子正(栝)。《遗耆志》三人:黄子久(公望)、赵善长(原)、陈惟允。《栖旅志》二人:徐先生(贲)、张先生(羽)。《闺秀志》一氏:仇氏。总二十四人、一氏。

按:王穉登于嘉靖癸亥七月有序。

《妮古录》卷四:文待诏自元四大家以至子昂、伯驹、董源、巨然及马、夏间三出入。而百穀《丹青志》言先生画师李唐、吴仲圭,此言似绝不知画者。且亦何以称待诏里客也。王以刘廷美、陈道复、子正置逸品,而以文先生置妙品,称量不平,待诏未肯心死。

《明诗纪事》庚签卷七下:陈继儒,字仲醇,华亭人。有《眉公集》六十卷。眉公小诗,颇有别趣。鉴赏亦是当家。至其虚名，倾动市朝，孔稚圭所谓"林惭涧愧"者也。

《列朝诗集》丁集下《陈征士继儒》：少为高才生，与董玄宰、王辰玉齐名。年未三十，取儒衣冠焚弃之。与徐生益孙结隐于小昆山。仲醇为人，重然诺，饶智略，精心深衷，妙得《老子》《阴符》之学。娄东四王公雅重仲醇。两家子弟如云，争与仲醇为友，惟恐不得当也。玄宰久居词馆，书画妙天下，推仲醇不去口。海内以为董公所推也，咸归仲醇。仲醇通明俊迈，短章小词，皆有风致。智如炙輠，用之不穷。交游显贵，接引穷约，茹吐轩轾，具有条理。

《无声诗史》卷四《陈继儒》：其书法在苏、米二公之间。间作山水奇石梅竹，点染皆出人意志。

嘉靖四十三甲子（1564）徵明卒后五年

闰二月廿七日，葬于花泾新阡。黄佐撰墓志铭，吴子孝撰墓表。墓志，子彭书。

《文氏族谱续集·历世生卒配葬志》：待诏府君讳徵明。嘉靖四十三年甲子闰二月廿七日，葬花泾新阡。

按：今吴县陆墓李家浜西

《虎阜志》：翰林院待诏贞献先生文徵明墓，在花泾祖茔西。黄佐志铭，吴子孝表。子和州学正嘉，孙元善祔。王穉登志。

《古今碑帖考·国朝碑》：《衡山文先生墓志》，黄佐撰，子彭书。在苏州。

公卿以下，吊祭赠赙者相继。子彭、嘉辑为《葬录》。

《尧峰文钞·跋文氏葬录》：文先生之殁也，一时名公巨卿吊祭赠赙者相继。二承所辑手书祭文至于如此之多，夫亦盛矣。先生当承平右文之日，能以文章德望，倾动海内。同邑后进若陆少卿子传、王吏部禄之，以讫陈道复、王伯榖之流，皆及其门。其流风馀绪，吴人至今传道不绝。非如一艺之士，仅以笔精墨妙见推者比也。

《金昌集》卷四《祭文待诏先生文》：呜呼！神剑在狱，青霓白虹；既出于匣，复化为龙。明星在汉，玉衡紫极；既殒于地，复化为石。昔公结发，流声艺苑；凤雏英英，南州冠冕。金马清风，花落莺啼。仙人方朔，辞客王维。飞章解组，抗疏为农。避人鹦鹉，辞弋冥鸿。公之一身，山河灵淑；海胡之肆，县黎结绿。发为文章，日星光焰；东南之美，宁独竹箭？发为篇什，开元、大历；咀翠含香，冰霜齿颊。发为丹青，蓬莱云气；千龄并秀，虎头之技。昌邑怀金，虚橐东还；譬彼杨震，公尚无官。楚国设置，扁舟烟水，譬彼穆生，公非为醴。既文亦行，乃才而德；天赋不偏，齿角足翼。镜中鹤发，灯下蝇头；四朝耆旧，千古风流。援毫摘藻，挟侍燕乐；紫气东来，化为白鹤。长松峨峨，虬枝亿岁；风雷忽摧，林谷失翠。厦屋渠渠，广榭崇廊，栋桡以凶，寒士彷徨。某等蓬籔，生于麻中；夹持以长，实公之功。清酒名香，肃肃堂几；歌声无欢，士为知己。呜呼！霜螯萧森，风泉哽咽；至人不死，化为蝴蝶。

《俞仲蔚先生集》卷十一《祭文内翰文》：邈矣季子！清风肃然。谁其绍之？先生之贤。独视千古，笃行自专。研综典籍，含腴以鲜。发为文章，相如马迁。乃与时忤，亦复迍遭。虽以荐闻，非心所便。临组乍继，旋憩丘园。隐迹矫时，秉操弥坚。闭心静居,心耽其玄。籀篆邈隶,草稿楷法。至于善画,随意所宜。上自王公,下逮穷阎。争识宫墙,肩摩踵骈。往往四裔,碑版摹镌。于惟先生,立德立言。遐迩景附,犹海纳川。登享寿考,九十三年。子孙彬彬,禧祉实绵。资始守终,德茂山渊。今所追悼,位与德愆。邦失守范,士失师传。胡不慭遗,归神下泉。某忝姻末,夙奉光颜。心欷目泫,瞻望灵筵。申奠告哀,以展薄处。尚飨!

按:《文氏葬录》未见,仅于王、俞两集中录得两文。

《盛明百家诗·高光州集·挽文衡山太史》:风流文太史,高蹈古人群。招隐独先我,幽情深感君。只怜吴越隔,讵意死生分!辽海归玄鹤,江山空白云。百年还造化,绝代仰人文。捡画思摩诘,翻书忆右军。石湖期再往,流水不堪闻。

按:高应冕,字文中,仁和人。嘉靖十三年进士。官光州知州。著有《白云山房集》。

吴子孝卒于七月,年六十九岁。

王庭《龙峰吴少参先生墓志铭》:癸亥七月八日,避暑虎丘。归,疾作。凝坐不言语。诸子进药,却去。至十有四日而逝。春秋六十有九。

嘉靖四十五年丙寅(1566)徵明卒后七年

无锡俞宪刻《文翰诏集》及《续文翰诏集》于《盛明百家诗》中。

《盛明百家诗·文翰诏集》:予因补庵华丈识衡山文翁,往来交好三十年。每仕路出入,必赠予书画。或千里寄遗。及余归,而翁逝矣。翁擅名艺苑,素称多能。或曰:"字胜画,画胜诗。"或又曰:"人品胜诗、字、画。"要之,行高于艺,吾吴梁伯鸾之徒,古所谓一节士也。以岁贡行膺荐,除授翰林待诏。不久乞归。惟沉冥文墨,游戏山水而已。父尝为温州太守,卒于官。能辞千金之赂,自是名日益起,而进取之念日以隳。然自庠校至致仕家居,四方之人以艺事请者门如市,竟亦坐勒碑过勚顷刻亡,悲夫! 先名壁,字徵明,长洲人。以先世楚产,号衡山。后更名徵明,字徵仲。又自号文仲子,年九十而卒。其诗似晚唐,参以元调。惜散亡无纪。予从昔所赠遗予者,择存其概,览者或可因其言而知人也。嘉靖丙寅春,是堂俞宪识。

又《续文翰诏集》:文翰诏诗刻成,客有遗余《甫田集》者,起自弘治庚戌,终于正德甲戌,乃四十年前旧物也。然亦足探其志矣。其次序当在《怀归诗》之前。业已不可更置,故又于集中取其声之成文者刻如左。嘉靖丙寅秋,俞宪氏并识。

彭年卒,年六十二岁。

《弇州山人四部稿》卷九十一《明故征士彭先生及配朱硕人合葬墓志铭》:彭先生生弘治乙丑正月十三日,卒嘉靖丙寅十二月初十日,寿六十有二。

明穆宗隆庆二年戊辰(1568)徵明卒后九年

王世贞应文元发请,撰《文先生传》。又撰《吴中往哲像赞》,赞语中以徵明"不以文事受役平原"为尤胜于宋之陆游。

《艺苑卮言》卷六:文徵仲太史有戒不为人作书画者三:一

诸王国、一中贵人、一外夷。生平不近女色，不干谒公府，不通
宰执书。诚吾吴杰出者。吾少年时不经事，意轻其诗文；虽与
酬酢，而甚卤莽。年来从其次孙请，为作传，亦足称忏悔文耳。

《弇州山人四部稿》卷八十三《文先生传》：余向者东还时，
一再侍文先生，然不能以貌尽先生。而今可十五载，度所取天
下士，折衷无如文先生者，乃大悔。与先生之子彭及孙元发撰
次其遗事。

按：王世贞于嘉靖三十一年旋里，三十二年以倭寇之警，挈
家吴中，即世贞"东还时"也。至此约十五年，故撰传系于
本年。

《弇州山人四部稿》卷一百四十《吴中往哲像赞》：文衡山
先生者，初名壁，字徵明……余故尝识先生，今像最逼真。赞
曰："先生之才，以迨书绘，庶几吴兴；所独胜者，高蹈早引，卒
完厥名。先生之诗，以逮寿考，小逾务观；所尤胜者，不以文事，
受役平原。能使吴雅，能使吴敦，能使吴重。谁言不用？不用
之用，斯其为重。

王穀祥卒于九月九日，年六十八岁

《皇甫司勋集·明吏部文选清吏司员外郎王君墓表》：隆
庆戊辰九月九日卒，七十稀年，未跻二年耳。

按：《姑苏名贤小纪》《皇明词林人物考》皆作六十七，兹从
墓表更正。

隆庆三年己巳（1569）徵明卒后十年

文嘉以手抄《甫田集》付文元发。

北京图书馆藏本《文太史甫田集》：先太史遗稿三册，学谕叔父亲书。隆庆己巳八月三日，手授发，□俾收贮。尚有钞本《甫田集》六册，并是日付下。（卫辉公笔）

叔殁道兄近得文休承手写《甫田集》十五卷，出示属题。且为余言："数年前初见此诗集时，第一册封面有休承孙彦可题字一行云：'诗稿自六卷始，文集不载'等语。是前五卷之散佚已久。传至彦可曾孙建源，即以卷六为第一册。全书共十册，惜当时未能购致。嗣后不知其流落何所。不意近复从罗山陈氏得此书，益觉机缘巧遇，使此昔年欣赏之品，今仍获归置斋中，良用忻幸。"余思天壤间事事物物，得失聚散，莫不有数存焉。故物之有主，如应属于其人所有，终必归之。叔兄之得此书，已兆于初观之时，信非偶然。叔兄又言："第一册彦可题字之封面，购时已遗落，不知何时为人劈去。"若不于册中补叙彦可之题记，将无以信今而传后也。甲申重阳，仪园居士徐世章题于长春书屋松窗下。

按：《集三十五卷本》中自卷六至卷十五，共十卷中诸诗，皆自此十卷中选出。至三十五卷有而此无者，以此书已有缺页。十卷所录诗为：

《甫田集》卷之六：正德九年甲戌三十一首。十年乙亥三十一首。十一年丙子二十六首。

《甫田集》卷之七：正德十二年丁丑诗六十二首，词一首。十三年戊寅三十六首。

《甫田集》卷之八：正德十四年己卯四十首。十五年庚辰三十六首。十六年辛巳二十六首。（后有缺页，存《病起西斋见月》诗题）

《甫田集》卷之九:嘉靖元年壬午四十三首。词十二首。二年癸未五十五首。

《甫田集》卷之十:嘉靖二年四月入京起一百另三首。

《甫田集》卷之十一:嘉靖二年起京中诗出京诗八十九首。六年丁亥归家诗九首。

《甫田集》卷之十二:嘉靖六年丁亥抵家后诗二十三首。

七年戊子诗二十三首。八年己丑诗十一首。九年庚寅诗十八首。十年辛卯诗五十三首。

《甫田集》卷之十三:后人补录诗十首并识云:"以上见于刻本者共十首,其空白处当有未刻诗衔接。癸亥三月,晓霞甫识。"

按:此十诗,乃嘉靖八年己丑作。嘉靖十年辛卯诗十一首。

按:嘉靖十一年壬辰起无诗。共缺十三年。

嘉靖二十四年乙巳诗二十五首。二十五年丙午诗十四首。二十六年丁未诗二十一首。后人补录诗二首并识云:"右二首亦据刻本补入,晓霞又识。"二十八年己酉诗四首。

按:前补诗二首亦己酉作。

《甫田集》卷之十四:嘉靖三十年辛亥诗四十二首。三十一年壬子诗二十四首。三十二年癸丑诗二十九首。

《甫田集》卷之十五:嘉靖三十三年甲寅诗二十五首。词一首。另删去二首。三十四年乙卯诗三十五首。三十五年丙辰诗十四首。三十六年丁巳诗二十三首。三十七年戊午诗二十五首。

按:文嘉钞本《甫田集》十卷中,卷八末正德十六年辛巳诗后已有缺页,仅存诗题一行。卷十三,首有缺页,虽经晓霞抄录诗十首于卷首,考之,乃已丑年诗也。其后"起视天汉"诗题前有缺页。自此诗起,乃嘉靖十年辛卯八月起所作诗。是秋,汤珍、王宠、文彭兄弟皆赴乡试,均不售。此后至嘉靖廿四年乙巳始有诗,去嘉靖十年辛卯,共缺十三年。更后又缺嘉靖廿七年及廿九年庚戌诗。廿八年已酉仅诗六首,卅八年已未又缺。《集三十五卷本》有《已未元旦》七律一首。

明神宗万历元年癸酉(1573)
徵明卒后十四年

周天球重建景贤祠于苏州尧峰山。祠初祀吴宽,至是以徵明为配。天球工诗文,善大小篆、古隶、行楷。一时丰碑大碣,皆出其手。感徵明接引之谊,设像中堂,岁时奉祀之。

光绪本《苏州府志》卷三十六《坛庙祠宇》:申时行《景贤祠记》:吴城西三十里许,峰峦林壑,幽奇瑰丽之观,不可胜数,吴山最胜。从吴山折而南,横冈叠巘,蜿蜒崒嵂者不可胜数,尧峰最胜。有寺曰资庆,在晋时为免水院,故尧时民避水处云。寺据山颠,俯瞰笠泽、缥缈、莫厘诸峰在襟带间。悬崖仄径,清泉秀石,盖尧峰之胜,尽在于是。然岁久荒落,去城闉绝远,冠盖屐履之游罕至。余友周公瑕憩息山中,睹一像庑间。问寺僧,僧曰:"此故宗伯吴文定公像也。往公读书于此,登朝乃去。寺圮,赖公而新,故肖貌为祠以报。而祠竟毁,独遗像存焉。"公瑕慨然曰:"嘻!有是哉!曩吾师衡山先生尝及公门,其言论风旨相似。推本言之,而公吾师也。且夫复废宇,还旧观,以景先哲,报德举义,庶其在此。"乃出资贸财,涓辰庀役。既成,则奉文定公像居中,以衡山先生配。买田畀僧掌之,令世世香火毋绝。昔文定公以耆宿任公卿至贵重,然恭谨无与比。与人言,未尝不推毂当世贤士。衡山先生声满天下,儿童妇女,莫不知名,而退焉若无能者。其奖誉后进,游扬荐达,惟恐不及。盖先辈之典型如是。自二先生往,而吴俗凡几变。垂绅侧弁之士,断断如也。由斯以观,二先生之系世道,岂浅鲜哉! 余颜其祠曰"景贤",且记其事。

又卷三十六《坛庙祠宇》:景贤祠,在尧峰山资庆寺。祀明礼部尚书吴文定公宽。嘉靖建,寻毁,万历初,周天球重建。以翰林待诏文徵明配。今废。

《涌幢小品》卷一:吴中周天球,字公瑕。善大书。少为文徵仲奖赏,感之甚,设像中堂。岁时祀,如祀先。

《吴郡名贤图传赞》卷八《周贡士》:年四十,患奇疾,遇神医得愈。即弃诸生,肆力诗文。兼大小篆古隶行楷。海内慕其名者辐辏。一时丰碑大碣,皆出其手。都中贵人争相延致,公以为惭,辞归;求书翰者益多。

文彭卒于正月二十日,年七十七岁。

《姑苏名贤后记》:许毂《明两京国子博士致仕赠文林郎文公墓志铭》:先生居京既久,酬应太劳,乃乞归。始得谕旨,即欲挈舟南下,缘冰合不果。入新正。一日晨起,问伯子曰:"日上窗未?"且曰:"吾夜甘寝,梦皆仙境,吾殆归乎?"有顷,披衣端坐,翛然而逝。呀! 兹亦甚异矣! 时万历癸酉正月二十日也。距生弘治丁巳四月十三日,享年七十有七。

《六砚斋笔记》卷三:文衡山先生《洗儿诗》,年二十有八时所作也。为弘治丁巳，第不知所举儿是寿承否？人谓："寿承前生，乃一绘士。在宜兴绘一土神庙壁，未竟而卒。托生文家，前所未了之壁，耿耿在念。后偶过庙，遂为了之。"顾寿承自擅书名，世不见其画。寿承临终时呓语作衡老状云："天曹发下许多诰轴，征书甚急，须大郎去一助。"藉令果有之，则翰墨文人，断然自为一流，出入瑶阶宝池。为玉霄侍书之职，不浪随五浊辘轳也。

按：《历代名人年谱》：明穆宗隆庆六年壬申，文寿承卒，年七十六。兹从墓志更正。

陆师道卒，年六十四岁。子士谦、士仁，皆有名士风。

《姑苏名贤小纪》卷十《陆尚宝五湖先生》：尝一奉使秦，遍历关中形胜。秦王习闻先生名，馈以厚币，谢弗纳。还署司篆。复请告归。寻病痹，病六年，年六十四而卒。居平不妄交游，监司守相莫识其面。自奉诏起，始通宾客。将赴阙，久之，不能治装，鬻其居以往。归遂无一椽。先生少尝受经王禄之吏部，仕俱非久，俱云卧林中，俱以清风高节称，仪鸿威风于当世。呜呼休哉！

《弇州山人续稿》卷七十六《陆子传先生传》：先生初号元洲，寻更曰五湖，以表寓也。卒之年六十四。所著文集《左史子汉镌》若干卷。二子士谦、士仁，皆有名士风。

《列朝诗集》丁集《陆少卿师道》：吴门前辈，自子传、道复以迄于王伯毂、居士贞之流，皆及文待诏之门。上下其论议，师承其风范，风流儒雅，彬彬可观。遗风馀绪，至今犹在人间，不可谓五世而斩也。

何良俊卒。

许初卒。

《弇州山人四部稿》卷十五《悲七子篇》：隆庆壬申初冬，梁礼部思伯以使事访我还南海。明年万历改元六月，余之楚臬，过吴门。文博士寿承丧归自燕。余往吊。传云间何翰林元朗物故。寻访陆少卿子传，以疾不能出见。许太仆元复送余圕门，王茂才君载至枫桥，沈山人道祯抵金山乃别。未几，得家信，君载别余之次日暴卒。寻马宪副某以元复、子传讣来。余迁岭藩，还抵九江，遇张生，复以思伯讣来。冯参议某以道祯讣来。盖四月馀，而六人者次第逝，并寿承七矣！

按：王元美本年起湖广按察，八月抵任。十月擢广西布政使司右布政，七人之卒，皆本年事也。

万历十年壬午(1582)徵明卒后二十三年

文嘉卒，年八十四岁。

《文氏族谱续集·历世生卒配葬志》：和州府君讳嘉，待诏次子。岁贡生。初任吉水县学训导，升乌程县学教谕。仕终和州学正。生于弘治十二年己未，卒于万历十年壬午，年八十四。妣张氏，侧翁氏。葬待诏公墓昭穴。子一人，翁出。女一人，张出。

按：《历代名人年谱》：明神宗万历十一年癸未，文休承卒。年八十三。兹据族谱更正。

《弇州山人续稿》卷三《八哀篇》：八哀者，吾郡八人也。皆长于吾，皆屈年而与吾善。初以不尽同调，故略之。今先后逝矣。当时亦不觉有异，屈指眼底，渐鲜其伦，不胜山阳酒垆之感。因次第咏之，共八篇。《文学正嘉》：休承名家后，无所不具体。既衍子墨流，复工丹青理。晚节始挂冠，馀映被桑梓。客携问奇酒，门多乞言轨。八十而委化，翕然称趾美。

按：八人为陆征士治、彭征士年、文学正嘉、陈方伯鎏、陆尚宝师道、黄山人姬水、顾山人圣之、钱布衣榖。

又：卷九《赠休承八十》：我昔避地吴间居，是时太史八十馀。何人不爱虎头画？若个能轻龙爪书？两郎亭亭两玉立，无论箕裘世谁及？倏忽流光一弹指，仲君最少今八十。停云馆头谡谡风，见君再见太史公。墨池流出天地派，彩笔补尽烟霞功。衰劣惭余比蒲柳，辱君父子呼小友。拟向洪崖借一瓢，君当满贮长春酒。

又：卷一百四十九《吴中往哲像赞》：和州学正文文水先生讳嘉，字休承，彭之介弟也。其书不能如兄工，而画得待诏一体，鉴赏古迹亦相埒。卒年八十三。先生不能如兄浑然天真，然有分辨，不苟取。赞曰：维名与寿，以及技艺；宦薄家贫，各足于志。拟父则子，视兄则弟。

《文氏族谱续集·历世第宅坊表志》：和州公仍居停云馆。后筑荫日堂。自乌程分教归，虎丘公构归来堂以奉养。又《历世载籍志》：和州公，《文和州集》，张凤翼、张献翼序。

万历十一年癸未（1583）徵明卒后二十四年

八月朔，文元善以《停云馆帖》家刻本与赝本校阅，刊正谬讹。尝以帖有残泐而修之。

《丛帖目》卷三《停云馆帖·十二卷·停云馆帖目录》：余

家《停云馆帖》,盖出自先祖太史公之所指授,先国博及学正二父之所临摹,而温君恕、章君简甫之所手勒。由晋唐小字而下,大半以唐宋胜国诸名流遗墨对刻,无纤微不惬,下真迹一等者也。自顷赝本相仍,市鬻肆售,不免有混珠之惜。夫脱鳌贻讥,聚讼取诮。欧阳率更望《华岳碑》,下马踟蹰,十日始知其妙。金石审订,抑自古难之矣。余以苫庐之暇,取家本与赝本校阅。刊其谬妄,正其伪讹。铢黍毫丝,莫敢缺漏。用以俟真赏之士,毋惑鲁人谗鼎耳。万历癸未八月朔日,文元善志。

一卷

《黄庭经》:第一行,"黄"字有剥蚀贯第三、四、五行,第三十行"来"字模糊。第四十行"长"字有纹,穿四行至"通"字止。第四十八行"离"字有斜纹,穿五行。第五十行"合"字斜纹穿七行。第五十六行"见"字有斜纹,穿四行至末行"年"字。此首尾六十行,首行廿一字有"命门嘘",末行二十字,"永和十二年"与末行第八"皆"字相齐。

《乐毅论》:第二十七行,斜纹穿三行。

《东方朔画像赞》:第五行"谏"字有横纹贯十二行。

《多心经》:第五行,"想"字有剥蚀,第十行"无"字斜纹穿七行。

第二《黄庭经》,首行缺五字。自"有关"二字起,至"入日是吾道此"共二十三行,原有剥蚀。后有倪瓒题跋五行。

《黄庭经》二种,《乐毅论》二种,《东方朔》一种,《孝女曹娥碑》一种,羲之临钟繇帖,《丙舍》,王子敬《十三行》柳公权柳璨跋,《华阳隐居真迹帖》,《破邪论序》,《般若波罗蜜多心经》,《佛说尊胜陀罗尼经咒》,草书《黄帝阴符经》,小字《阴符经》,《灵宝度人经》后附元祐戊辰仲冬韩城范正思跋。《有唐南城麻姑仙坛记》,《获命经》一卷,共十七种。

二卷

右军《初月帖》第五行、第六行"不"字、"书"字剥蚀。

《绝交书》,第四十行"志气所"三字傍有剥蚀,第六十六行有细石纹,贯一行。第一百另七行"之"字有剥蚀。

三卷

《书谱》,第三、四、五、六、七、九、十、十一、十五、十六、十七、十八、二十一、二十七、二十八、三十一、七十七、九十六等行多缺文,张本以他本补足。第一百九十三、四行破损三半行,缺七字,张本以他本补足。

四卷

颜鲁公书《朱巨川诰》第四行石断碎,横伤十五行。

怀素《千字文》第五十八行"辨"字剥蚀。

五卷

黄文节公帖第三、四行,多剥蚀纹。

六卷

贺方回帖第六行"宁"字剥蚀。

七卷

陆放翁帖第七八行"之""不"字有横裂纹。

范文穆公帖第二行"惠"字有剥蚀。

韩子苍帖第十四行"见"字有剥蚀。

张樗寮帖第九行"免"字有剥蚀。

八卷

赵子昂第一帖第十二行"寄"字上有剥蚀纹。第二帖第九行"敢"字傍有剥蚀。第四帖第二行"三十年"字中有剥蚀处。第五帖第二行"峰"字有剥蚀。第八帖第二行"千江入城"字傍有剥蚀纹。

《千字文》第五行"周"字、第十四行"箴"字,第三十二行"手"字有剥蚀纹。

《清静经》第六行"清"字、"归"字、第七行"牵"字、"遣"字、第八行"欲"字、"以"字、第九行"无"字、第十行"既"字,皆有剥蚀。

九卷

邓文肃公帖第五行"雅意"以下四字有剥蚀。

陈敬初帖第十一、第十二、第十三,上石碎径二寸许。

张贞居帖第五行"阴"字、第六行"阅尽世人"四字剥蚀。

王叔明帖第十二行"愚可"字破碎,斜穿"耳"字。

十卷

解祯期帖末行"期书"二字有剥蚀。

十一卷

祝枝山帖,"生年不满百"诗,"岁"字有剥蚀。

按:第十二卷未论及。文元善此校记,已在修补《停云馆帖》之后。所见文氏赠王正叔帖卷一二两册,卷一《曹娥碑》后李商隐、杨汉公等跋已破损。卷二则《通天进帖》中王徽之、王献之、王慈等帖石已碎为四五块,稍后拓者,均补刻完整。故备录文元善此记,可借以考证拓本年岁。

《历代画史汇传》卷十九:文元善,字子长,号虎丘,嘉子。书画逼真于父。曲尽孝养,筑归来堂以娱亲,故嘉有《归来堂帖》及修《停云馆》旧石,皆其力也。性坦率好施,或以急难告,探囊不足,则举几榻盘盂衣褥济之无吝色。卒年三十有六。妇翁王穉登铭其墓曰:画品第一、书品第二。

万历十六年戊子(1588)
徵明卒后二十九年

文肇祉刻《文氏家藏集》。其中徵明诗四卷。

《丛书大辞典·文氏家藏集》:明万历戊子,文肇祉刻本。《文涞水诗一卷》《遗文一卷》。《文温州诗集一卷》《附录一卷》。《文太史诗四卷》。《文博士诗集二卷》。《文和州诗集一卷》。《文录事诗集一卷》。

按:于上海图书馆见《文氏家藏集》残本另有文森《文中丞诗》文元发《兰雪斋诗集》。

又按:《文太史诗四卷》,即《集四卷本》,但前增王廷一序。《文录事诗集》,王穉登序。

又按:肇祉筑有海涌山庄。《桐桥倚棹录》卷八《第宅》:海涌山庄,在便山桥南。上林苑录事文肇祉所筑。碧梧修竹,清泉白石,极园林之胜。因凿地及泉,池成而塔影见,故又名塔影园。文和州嘉有图。居节曾僦居焉。

万历二十二年甲午(1594)
徵明卒后三十五年

文从龙重刻《文翰林甫田诗选》于承天寺重云精舍。长洲知县江盈科撰引,周天球录徵明旧题,文元发撰

记。是年天球年八十一,明年卒。

万历本《文翰林甫田诗选》:《文翰林甫田诗叙》,蜀南充王廷著。(文见前七十四岁)《文翰林甫田诗引》:文太史氏,其先自楚徙吴,世有文献。太史鹊起世宗朝,能诗与字与画,称三绝。用召入,待诏金马门凡三岁,以病请归,九十龄而终。所为诗凡若干首,镂板者再。后四世而有孙孝廉梦珠,以词翰屈其曹偶,恢张祖烈。不佞承乏茂苑,自况临邛,而长卿梦珠。君取太史诗手校重锓;谓不佞有志风雅,宜叙。夫余则安能叙?即叙,亦安能重太史?虽然,愿效一言,窃附阐幽之谊。夫太史之字与画,无论真鼎,即其厮养赝为者,人争重值购之。海内好事家无太史之字与画以为缺典。若夫诗,必深于风雅者知慕太史,而俗流不与焉。太史诗以超旷为神,妍秀为泽。高者足敌王、岑,下驷亦不减子瞻、鲁直,大较在唐、宋之间。不佞何敢谬为扬诩,失太史之实。乃余所愿执鞭太史,抑有进于诗者。夫少陵、青莲,一代伟人,其诗直千古无两。然亦未免依严节度、永王璘以自托。终唐之世,号词宗失身权珰宫倖者,又不知凡几。太史淡于嗜欲,恬于仕进,即奉召为博士,如千仞凤凰,偶投弥天之矰,非其好也。宸濠以皇叔称显诸侯,天子自为。四方豪杰,赴者如蚁走膻,而独不能致太史。太史之行谊,顾不加少陵、青莲二公一等耶?而世不尽知。昔人谓王休徵以德掩言;若太史者,可谓以字与画掩其诗,以诗掩其人矣。不佞于郡人谬忝师帅,故因序诗而及太史之为人。使夫知太史之可传以彼不以此。廉顽立懦,庶几风化一助云。梦珠加额曰:"微令君之言,先子直诗人尔。今而后论先子之世者,不专以诗。而况夫字与画也。"万历甲午仲夏月,长洲令江盈科题。通家子张凤翼书。

　　按：徵明旧题，见二十九岁"整理旧作诗稿"后引证。此末加"命曰《甫田》，盖取劳而无功之义也。嘉靖戊午岁除日，衡山居士题于玉磬山房。"万历甲午夏，门下士周天球书。

　　先待诏诗，凡三付劂氏矣。顾尚以搜罗未尽，不能无遗珠之叹。盖当时稿本，皆公手书，故多为人持去，所存不得什一。后藏和州府君所，乃又逸去大半。今则所锓梓者，仅什一中之什一耳。偫龙有志搜辑，顾方业公车，未暇也。间从人间觅得逸诗若干首，又旧梓未能精缮，因取原三刻并今所得者送周公瑕氏，俾之订选，复庄刻焉。公瑕云："太史诗即一字一句，皆入风雅，信自一代大家。近有刻《昭代诗纪》，而不入太史诗；亦犹《河岳英灵集》之不入李杜诗；正谓大家全集，非可摘取耳。今世方以不得见太史大全集为恨，而此仅仅者，乃欲复为选损耶？"因为书先公原自题小引于前而归之。且曰："老人耄矣！欲书数语以效述赞，恐不免为浑沌书眉，不敢也。"刻竣，小子发疏其事由，并述公瑕氏之语于编末云。万历甲午季夏，仲孙元发拜手谨书。

　　万历甲午仲夏重校锓于承天寺重云精舍。曾孙从龙谨识。

　　按：江盈科，字进之，号绿萝山人。湖广桃源人。万历二十年进士。除长洲知县，擢吏部主事，历官四川提学佥事。有《雪涛阁集》。

　　《冯元成集》卷五十八《处士周公瑕先生墓志铭》：先生卒万历乙未九月十七日，享年八十二岁。

其后元发亦以叔父嘉所付手抄《甫田集》选刻为《甫田集》三十五卷，以嘉所撰《先君行略》附于末。

按：《增订四库简明目录标注》于《集三十五卷本》仅云："明文徵明撰，明刊本；康熙间文氏重刊本。"未言及刻自何人。考之，应为文元发所刻。徵明在世时，早有《集四卷本》，晚有《文翰林甫田诗选》。所知二子彭、嘉，均未为父刻集。彭二子肇祉、元发，嘉子元善。肇祉于万历十六年刻《文氏家藏集》，后四年前后卒(《文氏族谱》云：年七十馀卒)，子从龙重刻《文翰林甫田诗选》。元善则修《停云馆帖》。方从龙重刻《甫田诗选》时，仅以人间逸诗数首补入；元发未从二十二年前叔父文嘉所授抄本《甫田集》中选诗刻入者，以有志刻徵明诗文集也。元发所刻《集三十五卷本》，初亦仿肇祉、从龙所刻。以王廷序、徵明小引刻于卷首。其后文震孟以楷书王世贞《文先生传》易之。至康熙间，木版间有损缺，震孟孙然略事修辑，补书"六世孙然重梓"于震孟书传款后。文然生于崇祯元年，卒于康熙四十一年，故世传康熙间重刻。实则修补草率，且有未补者。

上海图书馆藏本《甫田集三十五卷附一卷》：《文太史诗叙》。南充王廷。《自叙》：戊午岁除日，衡山居士书。（文皆略，乃另写刻者。）

按：上海图书馆藏有数种刻本。初刻者有古隶书"文翰林甫田集"标签。第三十一卷末《盛公墓志铭》后多《乡贡进士赠承德郎尚宝司丞顾君安人梁氏合葬铭有序》一文。文然修补时，此文未补。更后本卷二十七《企斋先生传》一文亦未补而删除。至民国二十五年上海广益书局翻印《文徵明全集》时，上述两文皆缺。又《集三十五卷本》初刻以至后来补刻各本，卷十五第四页后皆缺第五页。考之，所缺为《戊午元旦》诗七律一首，《初春书事三首》《南楼》《肇孙北行》（皆七律）及《己未元旦》诗题一行。

万历四十二年甲寅（1614）
徵明卒后四十五年

文嘉孙从简以《停云馆帖》刻石归其女文傲之公赵宦光。

明熹宗天启六年丙寅（1626）
徵明卒后六十七年

杨大滐于准提庵浚池得唐寅《桃花庵歌》碑及祝允明书桃花庵额，因肖唐、祝及徵明像于庵中。庵故桃花庵旧址也。

　　道光本《苏州府志》卷四十《僧寺》一：准提庵，在西北隅桃花坞廖家巷，即唐解元桃花庵。明万历十年僧旭山构。天启丙寅，杨大滐奉准提像于此，改今名。时浚地得唐解元《桃花庵歌》碑，又得祝京兆允明庵额，因肖唐、祝二公像及文待诏像于庵中。

　　《鸡窗丛话》：近闻苏城建唐伯虎祠，复增塑文衡山、祝枝山二像，并坐其旁。不知文乃唐之师，祝亦唐之前辈。伯虎有知，其能安乎？（按：此条失实，录供参考）

清康熙二十四年乙丑（1685）
徵明卒后一百二十六年

巡抚汤斌以徵明及徵明曾孙震孟祔祀忠烈祠。祠祀宋

丞相信国公文天祥。

道光本《苏州府志》卷三十五《坛庙》四:忠烈祠,在乘鲤坊正一图,即旧县学基,祀宋丞相信国公文天祥。旧在吴县永丰仓西北。明正德十年,巡按谢琛奏建赐额。嘉靖二十年,巡按饶天民改建今所。万历间修。本朝康熙九年重建。二十四年,巡抚汤斌以公裔孙明翰林待诏徵明、大学士文肃公震孟祔。雍正七年,乾隆二年先后给帑修。 王鏊《文丞相庙碑》:公既死,燕京、庐陵皆有祠,而吴独缺。太仆少卿文君森,其先自庐陵徙衡山,自衡来吴,盖公之裔胄也。子斗愿以其地作庙,世守其祀。巡按御史谢君琛以闻,诏可,赐其庙曰忠烈,有司春秋享祀如礼。正德十年夏,庙成,请余记其事于石,以昭来裔。
清郑敷教《文信国公忠烈祠记》:其敕建于吴中也,自正德六年辛未始。其奉敕改建于学宫,自嘉靖二十年辛丑长洲县学既迁之后也。公后人待诏公徵明书《正气歌》于堂之壁,生气凛然。自辛丑至万历乙卯历七十馀年,而祠日圮。邑宰胡公士容谋于公后人孝廉震孟重修。之后孝廉亦以状元位至相国,风义节概,能绳其武云。自乙卯至今庚戌,又五十馀年,而倾圮者鞠为草莽矣。其裔孙世光谋助于一时好义之人,则顾考功子咸实首倡之。滨死,以属其后人,而堂宇重新焉。 杨绳武《敕修文信国公祠记》:明正德中,巡抚御史谢公琛题请建祠;嘉靖中,御史饶公天民移公祠于长洲旧学,即今祠也。本朝来,巡抚睢阳汤公斌复以公裔孙明待诏衡山先生、大学士文肃公配享。(以上皆录自《府志》)

《文氏族谱续集·历世祀典志》:待诏、文肃两公配享忠烈祠,康熙二十五年,巡抚汤公斌送主入祠,配享两庑。每岁春秋分给编银，本府致祭。

按：徵明配享忠烈祠，文含所记岁月与《苏州府志》不同，兹据《府志》。

又按：徵明曾戒子孙：勿为之求入乡贤祠。至清代，苏州府及长洲县乡贤祠均祀之。

《四友斋丛说》卷十六《史》十二：衡山先生，凡我辈在坐，辄戒其子孙曰："吾死后若有人举我进乡贤祠，必当严拒绝之。这是要与孔夫子相见的，我没这副厚面皮也。"

《续见闻札记》：苏州文衡山先生徵明戒子孙曰："吾殁，若等慎勿为我求入乡贤祠。"子孙问故，曰："吴泰伯，孔子所称'至德'；季札才近伯夷，公子中之最贤者。二公俨然在上，吾安敢滥厕其中耶？"先生不居己于贤而贤，卒为人所称，其可重也已！

光绪本《苏州府志》卷二十五《学校》：乡贤祠，明成化二十三年，提学司马壂分立，在礼门东南，即今地。祀……直隶涞水县教谕赠南京太仆寺丞文洪。浙江温州府知府文林。翰林院待诏私谥贞献先生文徵明。国子监博士文彭。直隶和州学正文嘉。河南卫辉府同知文元发。礼部左侍郎兼东阁大学士赠礼部尚书谥文肃文震孟。……

又卷二十六《学校·长洲县》：乡贤祠，在文庙西。明嘉靖四年，知县杨叔器建。今仍其地。祀……文林、文徵明、文彭、文嘉、文元发、文震孟。……

《耳新》卷一《令德》：文太史震孟，长洲人。至性孝友。登壬戌科一甲第一，闻者相庆，以为纯孝之报。居翰苑，未逾年，遂以抗疏忤旨，罢官家居。时人为之语曰："求忠臣，须孝子；

系为谁？文文起。"

《吴郡名贤图传赞》卷十三《文文肃》：公姓文，讳震孟，字文起，长洲人。家宝林寺前。待诏徵明曾孙。天启二年廷对第一。时逆珰渐用事，正人以次窜逐。公入翰林未几，降级调外。寻以顾同寅狱牵连削秩。及周忠介之逮，吴民颜佩韦等击杀缇骑，东林诸君子骈首就戮，公自分必及于难，仅获免。崇祯改元，起谕德，充纂修日讲官，校对《光宗实录》，因"三案"是非颠倒，疏请改定。其在讲筵，尤多启沃。超拜礼部左侍郎，兼东阁大学士。而同列疾之，入直仅两月，与何吾驺俱见逐。襆被出都，行李萧然。卒年六十三。福王时谥文肃。

按：汤斌，字孔伯，一字荆岘，号潜庵。睢州人，顺治进士。入翰林，竟日读书，不妄交游。沉潜《易》理，究心圣贤之学。累擢江宁巡抚，澄清吏治。江南北无一物不得其所。官至工部尚书。卒谥文正。

清乾隆十九年甲戌(1754)
徵明卒后一百九十五年

七月，苏州建文待诏祠成，沈德潜撰记。祠后堂祀祝允明、唐寅。九月朔，徵明裔孙含刻徵明像于祠内亭中，清高宗题诗。

道光本《苏州府志》卷三十四《坛庙》三：文待诏祠，在郡学东，祀明翰林院待诏文徵明。乾隆十九年建。

乾隆本《长洲县志》卷六《坛祠》：文待诏祠，在学宫东，祀翰林院待诏徵明。内建亭供奉御制题像诗，"德艺清标"扁额。

乾隆十七年建。

　　沈德潜《文待诏祠记》:辛未冬十一月,天子赐明待诏文徵明扁额曰"德艺清标"。且制七言律句以赐。甲戌七月,祠宇落成,裔孙诸生含乞为碑记。窃惟待诏文公一生,不外"德艺"两言,虽千百言不能易者。弱岁却温人赠金,恐累先人清节,此孝德也。伯兄遘难,百计脱之,至两阅月忘寝食,此弟德也。中丞俞悯其贫,欲遗以金,闻其言论之介,乃止,此廉德也。终身不彰人短,遇有所长,必称扬之,使之成名,此厚德也。天潢与寺人以书画请,婉言谢之,必不应;于外国使者亦然,此德之见于守者。宁藩以礼聘之,知其有跋扈心,却其聘,后不及难,此德之见于知者。而天子以德之一言该之。公学古文于吴文定宽,学书于李太仆应祯,画则讲论于沈处士周,诗则承厥考温州公林遗法,而并能由师友家法以上窥古人。故谈艺者,于有明吴中如沈、唐、祝、仇诸家,各有所长;然或长于此者缺于彼,惟公有兼擅者。而天子以艺之一言该之。至生平清节,于德艺中随处可征。至今二百馀年,犹清风披拂也。昔蔡京当国时,禁止苏文忠轼文籍,几于湮灭。后高宗作序赐谥,得以流传千古,称为美谈。然犹当代臣工,为时未远。今相隔两朝,文氏之后,清门零落,几同于孙叔氏之被褐矣。乃异代君臣,特加旷典,俾将熸之焰,复照耀而光明。则待诏之流风馀韵,得以常新;而士君子之修德游艺者,不因圣人之品藻,而益以自坚也耶? 先是,辛未春,德潜接驾清、淮。上谓"吴中能诗文多寿者惟文徵明。汝今正复相似,而遭遇过之。"德潜奏:"臣际圣明之朝,屡蒙拔擢,胜徵明远甚。若其文章德行,万万不能及也。"时诸生含知天语及其先世,故于德潜祝慈宁万寿时,属以待诏遗照进呈,而上特宠赉之。前事如此,故追叙于记。祠近苏郡学,于吴城为巽隅。前为韩襄毅雍祠。一功烈,一德艺,适相称云。(录自《苏州府志》)

　　拓本《苏州沧浪亭石刻文衡山先生像》:像作山人装,立像。旁楷书款识云:"乾隆十九年九月朔,长洲学生员臣文含恭立。"像上端清高宗行书题云:"沈德潜持文徵明小像乞题句。徵明故正士也,怡然允之。飘然巾垫识吴侬,文物名邦风雅宗。乞我四言作章表,较他前辈庆遭逢(德潜更为徵明祠乞额,因以'德艺清标'四字赐之。德潜额手称庆。且自谓'若非遭际之恩,将同徵明沉滞终身'云)。生平德艺人中玉,老去操持雪里松。故里遗祠瞻企近,勖哉多士善希踪。乾隆辛未长至月,御题。"

　　《花坞联吟·次唐陶山重修六如居士祠墓落成纪事》:岂徒生世本艰奇,才大难期流俗知。一代甲科遗此客,千场花月供新词。曾从洗砚寻荒沼(碧凤坊南有居士洗砚池,今不可复迹矣),还怅停云废旧祠(文待诏祠后向设唐、祝二先生木主)。绝似樊川春二月,美人争吊杜分司(墓在准提庵侧,春时士女踏青,多至其地)。长洲蔡兆奎。　儒冠穷厄数成奇,弗替流风旷代知。畴昔中丞曾枉骑,同时宗伯亦摛词。樵歌几下仪曹墓(杨仪部南峰墓在南濠,乾隆己巳,雅大中丞葺而新之),絮酒空陈待诏祠(文待诏祠在沧浪亭)。何如准提才子地,寺僧香火有专司。吴县叶振青。

　　《如画楼诗钞·谒文待诏祠》:待诏荒祠一径偏,沧浪亭畔绿阴连。品高俊杰留终古,名重华夷溯往年。自有文章归馆阁,不徒碑版护云烟。遗容想象应如昨,风雅还从德艺传。

按:沈德潜,字确士,号归愚,长洲人。乾隆间,举博学鸿词未遇。及成进士,年已将七十,高宗称为"老名士";召对,论历代诗源流升降,大赏之,命值上书房,擢礼部侍郎。以年力就衰,许告归,原衔食俸。入都祝嘏,与钱陈群并与香山九老会,称大老。卒年九十七,赠太子太保,谥文慤。有《五朝诗别裁》《古诗源》《竹啸轩诗钞》《归愚诗文钞》《西湖志纂》。

清乾隆四十五年庚子(1780)
徵明卒后二百二十一年

五月,校录《文氏五家集》入《四库全书》。其中徵明诗集四卷。

《四库全书·文氏五家集》:《文氏五家集》十四卷,明长洲文氏四世五人之诗也。文洪字功大,成化乙酉举人,官涞水教谕。著《括囊稿》诗一卷、文一卷。其孙徵明……著《甫田集》诗四卷。徵明长子彭,字寿承,官南京国子监博士,著《博士诗》二卷。次子嘉,字休承,官和州学正,著《和州诗》一卷。彭之子肇祉,字基圣,官上林苑录事,亦著诗五卷。中惟徵明名最盛。其家学之渊源,则自洪始之。……乾隆四十五年五月恭校上。

按:《四库全书》中《文氏五家集》所收徵明诗集四卷,其中有非《集四卷本》及《集三十五卷本》中所有者,岂另有所本欤?

清嘉庆六年辛酉(1801)
徵明卒后二百四十二年

吴县知县唐仲冕重建唐解元祠于苏州桃花坞,以祀唐寅,仍以祝允明、文徵明为配,颜其室曰桃花仙馆。

　　光绪本《苏州府志》卷三十六《坛庙祠宇》:唐解元祠,在桃花坞准提庵内。祀明解元唐寅。国朝嘉庆六年,吴县知县唐仲冕建,以祝允明、文徵明配。咸丰十年圮。同治中重修,乃复以江苏巡抚宋荦及仲冕祔。

　　《两般秋雨庵随笔》卷六《唐公韵事》:吴县城西北有桃花坞,旧志称为宋章粢别业,唐解元寅筑居于此,有梦墨亭。有祠祀六如居士及祝京兆、文待诏。天启中,杨端孝大滁改为准提庵。国初,宋中丞荦重加修葺,增建才子亭。百年以来,隳废糜遗。嘉庆六年,善化唐陶山仲冕知吴县事,因拓庵东别室,移祀唐、祝、文三君像,颜其室曰桃花仙馆。

　　按:唐仲冕修建唐寅祠后,赋《重修六如居士祠墓落成纪事四首》,和者颇多,刻为《花坞联吟》。唐仲冕,字六枳,号陶山。善化人。乾隆进士,知荆溪县,累官陕西布政使,权巡抚。所至有惠政。尤喜修治古迹,接礼贤俊,以疾归。侨居金陵。卒年七十有五。有《岱览》《陶山》文集。

清道光七年丁亥(1827)
徵明卒后二百六十八年

顾沅绘《吴郡名贤像》共五百七十人。既刻石于苏州

沧浪亭名贤祠壁间，又刻为书本，并系以传赞。中皆有徵明像。

拓本《沧浪亭五百名贤像》：图像自"天"字至"平"字，共一百十一幅，又补二幅，每幅五像，共五百六十五像。前有湘浦松筠题"景行维贤"四大字。后有梁章钜、汤金钊、韩崧、石韫玉、朱方增题跋。

《吴郡名贤图传赞·例言》：吾郡名贤画像，创于《会稽先贤像赞》。名宦始于《瞻仪堂图像》，今已久佚。王世贞《吴中往哲像赞》，只画明代诸贤，仅中叶而止。至钱榖所绘，增益无多。国朝张墉，补入隆、万、天、崇诸贤，兼及寓公。是册合而绘之。远溯周、汉，近益昭代以来先贤，共得五百七十人，名曰《吴郡名贤图传赞》。吾郡先贤传赞，前明则有杨循吉《往哲记》，王世贞《往哲赞》，刘凤《续先贤赞》，文震孟《名贤小纪》，文秉《续记》。玉峰则有方鹏、张大复《人物志传》。虞山则有管一德、冯复京《文献志》《先贤事略》。松陵则有史元《耆旧传》，潘柽章《文献志》。娄东程穆衡《耆旧传》。练川则有朱子素《吴嚛文献》。今是书阳页画像，阴有书传。复蒙大中丞表彰潜德，勒石汇祀沧浪亭，永馨俎豆，尤为吴中盛事云。长洲顾沅湘舟氏识。

又《后序》：考吴中名贤之作，昔有《会稽先贤像》，其名宦则有《瞻仪堂图像》，今岁久皆不可考。其近而可征者，明王世贞有《吴中往哲像》。其后钱榖、张墉迭有增补。今顾子沅并前所存，合而为册。又广搜博采，自周末以至本朝，凡得五百七十人。其像或临自古册，或访得之于各家后裔。其冠服悉仍其旧，均有征信，无一凭虚造者。道光七年，司寇韩公暨予告在籍,以其事闻之中丞陶公澍。公命寿诸石,建祠于沧浪亭西,春秋享祀,洵盛举矣。方伯梁公章钜复虑椎拓之亵,又议改作书本,并系以小传,以广其传。工既竣,顾子乞余记其缘起于后。吴人石韫玉序。

又《沧浪亭名贤祠图》:沧浪亭在郡学东,吴越时广陵王钱元璙池馆。宋庆历间,苏舜钦得之。傍水作亭曰沧浪。南渡后,归韩蕲王,旋废为僧居。明嘉靖间,郡守胡缵宗于其址之妙隐庵建韩蕲王祠。释文瑛于大云庵旁复建沧浪亭。国朝康熙间,中丞王公新命建苏公祠。宋公荦复构亭山之巅,得文徵明沧浪亭隶书揭之楣。岁久圮坏。道光七年,方伯梁公句宣来吴,重加修辑,悉还旧观。大中丞陶公于其西购隙地,建祠楼屋五楹。其下则以沅向所辑吴郡名贤像五百七十,勒石陷壁,春秋致祭,俾后之人有所矜式。其上即以贮诸先贤所著书籍,为征文考献者之助。方伯题其额曰藏书阁,并为之记。今是书既成,爰绘是图于简端。

光绪本《苏州府志》卷三十九《坛庙祠宇》:五百名贤祠,在沧浪亭西,国朝道光八年巡抚陶澍建。(自周至国朝,凡五百七十馀人,皆求遗像刻石祀之。)咸丰十年毁。同治十二年巡抚张树声重建。

按:顾沅跋为五百七十人。《苏州府志》云有五百七十馀人。岂咸丰十年毁后有残缺未补,故拓本仅存五百六十五人,识此待考。

清光绪二十年甲午（1894）
徵明卒后三百三十五年

吴县张履谦得沈周及徵明像，构拜文揖沈之斋于补园，勒石斋壁。

拓本《文待诏楷书拙政园记》：……曩得徵仲、石田两先生遗像，为构一椽，勒石奉之。光绪二十年岁在甲午除夕前三日，吴县张履谦月阶甫识，嘱古娄俞宗海粟庐氏书于拜文揖沈之斋。

又：徵明像作山人装。有周天球印记。后有崇祯七年薛益小楷王世贞《文先生传》。

附　记

　　余幼时,侍膳大父母于谦吉堂东侧小轩。大父莘农公年逾七十,犹勤翰墨。以余能承老人心意,特喜爱之。然余逸于嬉,大父即有所授,未能学也。迨大父弃养,余犹懵然。年十四,始知学。每篝灯夜课,大母袁太孺人辄呴呴勉之。时余母荣孺人以多病卧床,大母年已八十,犹架暖魋,为缀补旧衣。大父贾而儒行,嗜文史,喜蓄书,构惜分阴轩藏之。余每就箱箧翻阅,见松雪翁书而好之。先公小农府君,幼患足疾,禀祖命,从毗陵张聿青先生学医术,时方勤于诊治,未遑教诲。但谓"余幼遭家难,无力得字帖,每取聿青先生所书临仿,先生书法,正从松雪入手;然衡山志洁行方,书法清劲,自有高致。"余兄逢儒先生乃命改临衡山书。余兄初从先公及沈凤冈先生学。时国民政府于医术扶西抑中,中医备受歧视,乃弃而就商沪上。间得点石斋本衡山《怀归出京诗六十四首》以授。后有余秋室跋,谓其诗有《甫田集》所未载。因觅《甫田集》,得三十五卷本读之。尝以所附载传记及诗文书画有岁月者,试为排编,知衡山高风亮节,诚如先公所言。然《甫田集》三十五卷本自六十而后,三十年中,诗仅百馀首,集外散佚必多,乃萌编年谱纂拾遗之志。

　　寻抗日军兴,余奉亲走避乡僻;既而只身间道来沪上,欲谋枝栖以减家困。时故家所藏,流散市肆,衡山字帖,时有所得。又于各书画展览,获睹衡山书画墨迹,录其题识。久之,渐识真伪。又得近人所撰《文徵明汇稿》，有《传略》《年表》《文氏支裔表》《集外诗》《题跋》等九类。搜罗虽广，憾有未尽。既又见日本《书菀》中《文氏父子集》，于《汇稿》中《支裔表》《题跋》皆加采录，另于衡山书画等皆有论述。因念衡山品节，无愧贤者，我国人岂不能自为探讨？于是《甫田集拾遗》及《年谱》初稿始为编纂。亲友知其所嗜，每有所见，辄为录示。解放后，第三侄邦任在南京农业大学工作。每因公外出，辄就当地博物馆求阅所藏衡山书画，录题识以寄。

方解放初，于旧书肆识武进张君学曾，介谒吴县顾起潜（廷龙）先生于上海历史文献图书馆，先生见余所撰年谱初稿，即加谬赏。翻查书目，有衡山年谱书名，而未见传本，因有绍介梓行之意。时草稿芜杂，所读尚狭，谢未敢。一九五八年下放农村劳动锻炼，亦坐业馀纂写年谱之愆，以为非所宜为。在农村年馀，每休沐返家，仍积习未改。一九六一年得读于北山《陆游年谱》，每年均有时事。或劝应效法于君，庶合时代，从之，修改为第二稿。

"文化大革命"起，举国惶惶，不知所措。藏书者争毁弃旧籍，祈免于祸。余适自嘉定外冈工业学校调申，虽未罹难，申锡两地所藏，亦悚于视听，潜自处理。大父所遗，经抗战、"文革"两劫，所失逾半。有劝之毁年谱稿以求安者，终不忍。

一九七〇年，顾起潜先生于上海图书馆函告有《文徵明先生年谱》抄本，则段栻先生仅就《文徵明汇稿》一书而成。疏于考证，遂多失实。时余稿已三易，以放翁、衡山，时代遭际不同，"时事"之设，与衡山有关者较少；而衡山交往者，其事行颇难考知。因删芟"时事"，于涉及时始为详之。其交往亲友，事行能知者,于谱文述之,庶免读者另查资料之劳。或讥其非古,或以为不合潮流,不顾也。时张君孝贤为介谒名公,谋付印,则以文衡山非"法家"而止。

一九七九年退休后,再于上海图书馆古籍组读明清善本数月,起潜先生既特加奖借,古籍组王翠兰、陈君辉等诸君皆乐为之助,谱稿得四易矣。

后四年,余甥荣文珂向北京图书馆复印得所藏文休承手抄《甫田集》残本十卷。与《甫田集》三十五卷本对勘,知第六卷至第十五卷即据以选刻。但手录本原缺十馀年诗。且四百年中,屡易其主,又有缺页。故有刻集已见而手录本阙如者。乃就年谱第四稿再加增改。余兄逢儒先生年已八十有二,矍铄如少壮,为之校核修删。同邑张观教先生,博学富才,里称孝贤,余稿数易,皆为斧削。迨问询武进张君学曾,则以癌疾去世将二十年。吁!深可叹已!

余妻张月尊,初名月娥,邑胡埭镇张公承烈长女。居家婉淑,校推翘楚,且喜运动,田径冠全邑。来归后,知余所好,节衣食以助其成。工作及家务馀隙,为之商酌誊钞。一九八七年春,余兄以病卒。明年初夏,余妻又以中风骤卒。两年中叠遭丧乱,万念皆灰。一九九三年冬于上海图书馆偶见流传海外书画影本,益以近十年中所见资料,于一九九四年作第六次修改。孤灯寒窗,影单形只,凡一年始毕。

始余负笈邑校,即就无锡图书馆阅读衡山资料。及就业离家,每省亲返家,仍赴馆阅读古籍。其后无锡博物馆馆长顾文璧先生每助之搜集资料,绍介出版机遇,深表感激。

此谱,稿经六易,历时六十馀年。祖、父、兄三世,音容久逝。儿时情景,依稀如昨。回首前尘,几经沧桑。余亦齿豁头童,垂垂老朽。自顾见闻寡陋,涉猎未广,引证推论,不能无误,深所憾也。

一九九五年元月六日,无锡周道振记。

此谱前此送上海、北京出版家,先后十许年,淹留未能付梓。今春方君锡敬闻之,一再登门,慨然愿为筹印资。溯自三十年前以尹君作艺之介相识,然邂逅数面,踪故疏,不谓高义如此! 一再愧谢,而君意弥坚。谨记于后,以识经过。

一九九五年三月十六日,周道振再识。

引证文献

文　洪　淶水文集（《四库全书·文氏五家集》本）

文　林　文温州集

文　林　琅琊漫钞

文　森　文中丞诗（《文氏家藏集》本）

文徵明　甫田集四卷本

文徵明　文翰林甫田诗选

文徵明　文衡山诗稿墨迹　上海图书馆藏本

文徵明　文稿三册　又

文徵明　诗文稿四册　又

文徵明　文太史甫集（文嘉钞本）北京图书馆藏本

文徵明　文翰诏集（《盛明百家诗》本）

文徵明　续文翰诏集（又）

文徵明　甫田集三十五卷附录一卷

文徵明　甫田外集　北京图书馆藏本

文徵明　汉隶韵要　又

文徵明　文太史诗四卷（《文氏家藏集》本）

文徵明　太史诗集（《四库全书·文氏五家集》本）

文徵明　文待诏题跋（《学海类编》本，《丛书集成》本）

文徵明　文徵明甫田集（扫叶山房本）

文徵明　文徵明全集（广益书局本）

文徵明、徐祯卿　太湖新录（《顾氏四十家小说》本）

缺　名　文徵明汇稿

文　彭　文三桥诗稿墨迹　上海图书馆藏本

文　彭　博士诗集（《四库全书·文氏五家集》本）

文　嘉　和州诗集（又）

文　嘉　钤山堂书画记

文　嘉　先君行略

文肇祉　文录事诗集（《文氏家藏集》本）

文肇祉　文氏家藏集

文元发　兰雪斋诗集（《文氏家藏集》本）

文元发　清凉居士自叙

文震孟　姑苏名贤小纪

文　秉　姑苏名贤续记

文　含　文氏族谱续集

张廷玉等　明史

何乔远　名山藏

尹守衡　明史窃

傅维麟　明书

尤　侗　明史拟稿

王鸿绪　明史稿(《横云山人集》本)

缺　名　明武宗实录(陈麦青抄示)

清高宗敕撰　钦定续通志

清高宗敕撰　续文献通考

清高宗敕撰　通鉴辑览

清高宗敕撰　资治通鉴纲目三编

谷应泰　明史纪事本末

陈　鹤　明纪

吴乘权　纲鉴易知录·明鉴易知录

吴荣光　历代名人年谱

钱大昕　疑年录

吴　修　续疑年录

张惟骧　疑年录汇编

梁廷燦　历代名人生卒年表

清圣祖敕撰　佩文斋书画谱

郭味蕖　宋元明清书画家年表

张慧剑　明清江苏文人年表

傅抱石　中国美术年表

徐邦达　历代流传书画作品编年表

谭正璧　中国文学家大辞典

臧励龢　中国人名大辞典

杨静盦　唐寅年谱

段　栻　文徵明先生年谱

张传元、余梅年　归震川年谱

顾师轼　吴梅村先生年谱

温肇桐　明代四大画家

张安治　中国画家丛书——文徵明

斋藤谦　支那画家落款印谱(日本东

京大仓书店印本)

阎秀卿　吴郡二科志

顾　璘　国宝新编

徐祯卿　新倩籍

钱　榖　吴中人物志(上海图书馆藏本)

张　泉　吴中人物志(上海图书馆藏本)

唐　枢　国琛集

黄姬水　贫士传

王穉登　吴郡丹青志

耿定向　先进遗风

刘　凤　续吴先贤赞

王兆云　皇明词林人物考

高　兆　续高士传

焦　竑　皇明人物考

韩　昂　图绘宝鉴续编

徐　晟　续名贤小纪

姜绍书　无声诗史

徐象梅　两浙名贤录

钱谦益　列朝诗集小传

周亮工　印人传

查慎行　人海记

徐开任　明名臣言行录

陶贞一　虞邑先民传略

彭蕴璨　历代画史汇传

顾　沅　吴郡名贤图传赞

窦　镇　国朝书画家笔录

褚亨奭　姑苏名贤后记

蒋镜寰　吴中藏书先哲考略

引得编纂处编　八十九种明代传记综
　　　　合引得

华渚等　句吴华氏本书

失　名　句吴华氏本书补编

华孳亨　华氏传芳集

安如山　安氏旧家谱

沈德潜　文待诏祠记（录自《苏州府
志》)

许　毅　明两京国子博士致仕赠文林
　　　　郎文公墓志铭

张　寰　白阳先生墓志铭（录自《白阳
集》)

朱睦㮮　万卷堂书目

赵琦美　脉望馆书目

永瑢等　四库全书总目

永瑢等　四库全书简明目录

邵懿辰等　增订四库简明目录标注

金　檀　文瑞楼书目

张元济　涵芬楼原存善本书目

容　庚　丛帖目

北京图书馆善本书目

上海图书馆善本书目

丛书大辞典

中国美术辞典

辞海艺术分册

姑苏志　正德元年本

苏州府志　乾隆十三年本

苏州府志　道光四年本

苏州府志　光绪七年本

温州府志　同治四年本

湖州府志　万历本

松江府志　康熙二年本

常州府志　康熙本

常州府志　光绪十二年本

太仓州志　嘉庆三年本

太仓州志　民国七年本

嘉兴府志　道光二十年本

嘉兴府志　光绪四年本

南宁府志　嘉靖本

江宁府志　光绪六年本

滁州志　康熙十二年本

滁州志　光绪二十二年本

长洲县志　隆庆本

长洲县志　康熙二十三年本

长洲县志　乾隆十八年本

吴县志　民国二十二年本

吴江县志　嘉靖四十年本

常熟县志　康熙十六年本

昆山县志　嘉靖十七年本

昆山新阳合志　乾隆十六年本

震泽县志　康熙本

崇明县志　乾隆本

嘉定县志　乾隆四年本

嘉定县志　光绪八年本

常昭合志　嘉庆二年本

宜兴荆溪县志　嘉庆二年本

江阴县志　乾隆本

江阴县志	光绪四年本	苏南区文物管理委员会	拙政园
无锡县志	乾隆十八年本	沈 周	石田先生诗文集
无锡金匮县志	光绪七年本	沈 周	沈石田先生集
溧阳县志	乾隆八年本	吴 宽	匏翁家藏集
句容县志	乾隆本	李东阳	怀麓堂集
六合县志	光绪十年本	赵 宽	半江赵先生文集
南昌县志	同治九年本	史 鉴	西村集
鄞县志	康熙本	庄 昶	定山先生集
鄞县志	咸丰五年本	林 俊	见素集
正德兴宁县志	正德本	王 锜、于慎行	寓圃杂记
兴化府莆田县志	乾隆二十二年本	王 鏊	王文恪公集
华亭县志	光绪本	王 鏊	震泽长语
上元县志	万历本	刘 昌	悬笥琐探
上元县志	康熙六十年本	朱存理	珊瑚木难
上江两县志	同治本	朱存理	铁网珊瑚
钱思元	吴门补乘	陈良谟	见闻纪训
顾诒禄	虎丘山志	陈洪谟	治世馀闻
陆肇域、任兆麟	虎阜志	陈洪谟	继世纪闻
徐达源	黎里志	薛章宪	薛浮休集（《盛明百家诗》本）
张郁文	木渎小志	薛章宪	鸿泥堂小稿
施兆麟	相城小志	薛章宪	鸿泥堂续稿
翁澍	具区志	杨循吉	松筹堂集
吴熙	泰伯梅里志	杨循吉	蓬轩吴记
王永积	锡山景物略	皇甫录等	皇明纪略
邵涵初	慧山记续编	何孟春	馀冬序录摘抄内外篇
卢见曾	金山志	祝 肇	金石契
顾 禄	桐桥倚棹录	祝允明	怀星堂集
黄 卬	锡金识小录	祝允明	祝枝山诗文集
李根源	吴郡西山访古记	杭 淮	双溪集

都　穆	南濠诗话	柯维骐	续莆阳文献志
都　穆	寓意编	沈　敕	荆溪外纪
陈　沂	拘虚集	柴　奇	黼庵遗稿
陈　沂	拘虚后集	顾鼎臣	顾文康公集
唐　寅	唐伯虎集(袁褧刻本)	顾梦圭	疣赘录
唐　寅	解元唐伯虎汇集(曹元亮刻)	方　鹏	矫亭存稿
唐　寅	唐伯虎先生集(何大成刻)	方　鹏	矫亭续稿
唐　寅	六如居士全集(唐仲冕刻)	许相卿	黄门集
蔡　羽	林屋集	徐　缙	徐文敏公集
蔡　羽	蔡翰目集(《盛明百家诗》本)	胡缵宗	鸟鼠山人集
刘　麟	刘清惠公集	孙　凤	孙氏书画抄
顾　璘	浮湘集	郎　瑛	七修类稿
顾　璘	山中集	俞　弁	山樵暇语
顾　璘	凭几集	陆　深	玉堂漫笔
顾　璘	凭几续集	陆　深	俨山集
顾　璘	息园存稿	陆　深	俨山续集
顾　璘	息园文稿	陈　淳	白阳集
徐祯卿	徐昌毅全集	陆师道	陆尚宝遗文
蒋山卿	蒋南泠集(《盛明百家诗》本)	钱　毅	吴都文粹续集
王廷相	内台集	王　宠	雅宜集
伍馀福	苹野纂闻	王　宠	雅宜山人集
孙一元	太白山人漫稿	袁　褧	袁永之集
杨　慎	杨升庵集	杨　仪	明良记
黄　佐	翰林记	朱承爵	存馀堂诗话
黄　佐	泰泉集	聂　豹	双江聂先生文集
马汝骥	西玄集	唐顺之	荆川文集
郑　晓	今言	张　含	张禺山集(《盛明百家诗》本)
薛　蕙	薛考功集	徐　咸	西园杂记
薛　蕙	西原遗集	张　衮	水南集

陆 粲　陆子馀集

陆 粲　庚巳编

陆延枝　说听

徐 阶　世经堂集

施 渐　施武陵集

田汝成　西湖游览志馀

湛若水　甘泉先生文集外编

皇甫汸　皇甫司勋集(《盛明百家诗》本)

董 毅　碧里杂存

白 悦　白洛原遗稿

黄省曾　五岳山人集

俞允文　俞仲蔚先生集

高应冕　高光州集(《盛明百家诗》本)

周思兼　周叔夜先生集

吴承恩　射阳先生存稿选(故宫周刊)

丰 坊　万卷楼遗集

丰 坊　书诀

何良俊　何翰林集

何良俊　何氏语林

何良俊　四友斋丛说

何良俊　书画铭心录

何良傅　何礼部集

归有光　归震川先生集

王穉登　晋陵集

王穉登　金昌集

王穉登　吴骚集

王穉登　吴骚合编

俞 宪　盛明百家诗

范大澈　碑帖纪证

孙继芳　矶园稗史

张 瀚　松窗梦语

王世贞　弇州山人四部稿

王世贞　弇州山人续稿

王世贞　读书后

王世贞　艺苑卮言

王世贞　艺苑卮言附录

王世懋　王奉常集

孙 鑛　书画跋跋

陆 楫　蒹葭堂杂著摘抄

无名氏　天水冰山录

黄姬水　黄淳父先生全集

袁尊尼　袁鲁望集

顾起纶　泽秀集(所见仅残本一册)

顾起纶　国雅品

顾元庆　夷白斋诗话

顾元庆　顾氏四十家小说

周漫士　金陵琐事

王兆云　乌衣佳话

钱希言　戏瑕

张应文　清秘藏

沈 瓒　近事丛残

王士性　广志绎

秦西岩　游石湖纪事

冯时可　冯元成集

陈仁锡　无梦园初集

赵善政　宾退录

李 诩　戒庵老人漫笔

屠　隆	考槃馀事	杨梦衮	岱宗小稿
张　萱	西园题跋	陈继儒	太平清话
茅一相	绘妙	陈继儒	妮古录
失　名	皇明诗评	陈继儒	眉公见闻录
王崇简	谈助	陈继儒	宝颜堂秘笈
项元汴	蕉窗九录	项　穆	书法雅言
詹景凤	玄览编	蒋一葵	长安客话
詹景凤	詹氏小辨	蒋一葵	尧山堂外纪
刘元卿	贤奕编	董其昌	筠轩清秘录
谢肇淛	五杂组	董其昌	容台别集
甘　旸	印章集说	董其昌	画禅室随笔
李日华	味水轩日记	缺　名	我川寓赏编
李日华	六砚斋笔记	胡文焕	古今碑帖考
李日华	六砚斋二笔	范　濂	云间据目钞
李日华	六砚斋三笔	姚士粦	见只编
李日华	紫桃轩杂缀	汪砢玉	珊瑚网书录
张　丑	真迹日录	汪砢玉	珊瑚网画录
张　丑	清河书画舫	曹荩之	舌华录
张　丑	清河秘笈书画表	余　怀	东山谈苑
张大复	梅花草堂笔谈	朱之赤	朱卧庵藏书画目
沈德符	飞凫语略	赵宧光	寒山金石林
沈德符	敝帚轩剩语	赵宧光	寒山金石林部目
邢　侗	来禽馆集	田艺蘅	留青日札
徐　𤊹	红雨楼集	许　宇	词林逸响
徐　𤊹	红雨楼题跋	顾　复	平生壮观
朱国祯	涌幢小品	樵　史	品三吴书
焦　竑	玉堂丛话	李　乐	续见闻札记
丁元荐	西山日记	朱孟震	玉笥诗谈
徐复祚	花当阁丛谈	张泰阶	宝绘录

郁逢庆	郁氏书画题跋记	毛奇龄	西河文集
郁逢庆	续书画题跋记	孔尚任	享金簿
姜绍书	韵石斋笔谈	王 弘	山志
谈 迁	枣林杂俎	卞永誉	式古堂书画汇考
郑仲夔	耳新	薛 熙	明文在
周之士	游鹤堂墨薮	高士奇	江村销夏录
吴长公	古今奏雅	高士奇	天禄识馀
缺 名	无名氏笔记	姚际恒	好古堂家藏书画记
徐树丕	识小录	姚际恒	好古堂续收书画奇物记
黄宗羲	明儒学案	朱彝尊	明诗综
王夫之	姜斋诗话	朱彝尊	静志居诗话
陈贞慧	秋园杂佩	曹 溶	学海类编
万寿祺	印说	吴 升	大观录
钱谦益	列朝诗集	陈 撰	玉几山房画外录
钱谦益	牧斋初学集	朱象贤	印典
钱谦益	牧斋有学集	杨 宾	铁函斋书跋
孙承泽	闲者轩帖考	厉 鹗	南宋院画录
孙承泽	春明梦馀录	厉 鹗	南宋院画录补遗
王士祯	居易录	王应奎	柳南随笔
王士祯	分甘馀话	缺 名	书法秘诀
蔡 澄	鸡窗丛话	黄文燮	倪氏杂记笔法
尤 侗	明史乐府	周二学	一角编
汪 琬	尧峰文钞	缪曰藻	寓意录
宋 荦	漫堂书画跋	张 庚	图画精意识
梁维枢	玉剑尊闻	金 埴	不下带编
清圣祖敕撰	古今图书集成	吴长元	宸垣识略
徐 釚	词苑丛谈	王 澍	古今法帖考
冯 武	书法正传	王 澍	虚舟题跋
陈弘绪	寒夜录	金 农	冬心先生题画记

倪　涛	六艺之一录		王　昶	明词综
安　岐	墨缘汇观录		胡　敬	西清札记
何　焯	何义门家书		胡尔荣	破铁网
龚　炜	巢林笔谈		张霞房	红兰逸乘
清高宗敕撰	石渠宝笈		毛庆臻	一亭考古杂记
清高宗敕撰	石渠宝笈三编目录		梁绍壬	两般秋雨庵随笔
清高宗敕撰	秘殿珠林		赵　翼	檐曝杂记
清高宗敕撰	西清砚谱		钱　泳	履园丛话
全祖望	鲒埼亭诗集		唐仲冕	六如居士外集
张　照	天瓶斋书画跋		唐仲冕	花坞联吟
恽　敬	大云山房文稿		吴　修	青霞馆论画绝句
钱大昕	潜研堂文集		吴德璇	初月楼论书随笔
沈德潜、周准	明诗别裁		叶　镰	散花庵丛语
邹炳泰	午风堂丛谈		孙庆增	藏书纪要
桂　馥	续三十五举		张培敦	如画楼诗钞
李调元	制义科琐记		姚承绪	吴趋访古录
陈　焯	湘管斋寓赏编		钱　杜	松壶画忆
沈　初	西清笔记		谢希曾	契兰堂名人书画评
陆时化	吴越所见书画录		张大镛	自怡悦斋书画录
马曰琯	沙河逸老小稿		陶　樑	红豆树馆书画记
梁　巘	承晋斋积闻录		吴荣光	辛丑销夏记
梁　巘	评书帖		冯金伯	国朝画识
阮　元	石渠随笔		严有禧	漱华随笔
唐　岱	画山水诀		陈　澧	摹印述
方　薰	山静居画论		张廷济	清仪阁题跋
翁方纲	苏斋题跋		潘正炜	听帆楼书画记
翁方纲	天际乌云帖考		潘正炜	听帆楼续刻书画记
丁　敬	论印集句		梁章钜	浪迹丛谈
吴衡照	莲子居词话		梁章钜	退庵金石书画跋

杜荫棠	明人诗品	叶昌炽	藏书纪事诗
陈日霁	珊网一隅	叶德辉	书林清话
郑　珍	巢经巢文集	邵松年	古缘萃录
郑　珍	巢经巢诗集	魏锡曾	绩语堂论印汇录
郑　珍	巢经巢诗后集	缺　名	燕京杂记
李兆洛	养一斋集	朱　栋	砚小史
吴兰修	端溪砚史	潘榕皋	潘氏三松堂书画记
秦祖永	桐阴论画	鲍　鋐	禅勺
蒋超伯	南漘楛语	胡积堂	笔啸轩书画录
韩泰华	玉雨堂书画记	黄式权	锄经书舍零墨
叶廷琯	鸥陂渔话	金凤清	桐园卧游录
梁廷枏	藤花亭书画跋	金凤清	澹复虚斋画缘录
陈骥德	吉云居书画续录	搏沙拙老	闲处光阴
葛金烺	爱日吟庐书画录	杜瑞联	古芬阁书画记
潘遵祈	须静斋云烟过眼录	杨恩寿	眼福编初集
孔广陶	岳雪楼书画录	杨恩寿	眼福编二集
刘继增	寄沤文钞	端　方	壬寅销夏录　上海图书馆藏
蒋光煦	别下斋书画录		抄本(残本)
李佐贤	书画鉴影	端　方	陶风楼藏书画目
赵彦俪	三愿堂遗墨	李葆恂	旧学庵笔记
方浚颐	梦园书画录	李葆恂	三邕翠墨簃题跋
顾文彬	过云楼书画记	庞莱臣	虚斋名画录
徐　康	前尘梦影录	陈夔麟	宝迂阁书画录
陆心源	穰梨馆云烟过眼录	黄书霖	人范
陆心源	穰梨馆过眼续录	裴景福	壮陶阁书画录
陆心源	仪顾堂续跋	葛嗣浵	爱日吟庐书画别录
缪荃孙	云自在龛笔记	宋伯鲁	知唐桑艾
陈　田	明诗纪事	杨守敬	学书迩言
叶昌炽	语石	徐世昌	归云楼砚谱

邓之诚　骨董琐记

关冕钧　三秋阁书画录

崇　彝　选学斋书画寓目记续编

陈去病　五石脂

郭葆昌　觯斋书画录

吴景洲　烟云宝笈成扇目录

欧阳辅　集古求真

何　煜　内务部古物陈列所书画目录

余绍宋　书画书录解题

张大千　大风堂书画录

容　庚　伏庐书画录（燕京大学考古
　　　　学社印本）

钱南扬　汉上宦文存

徐邦达　心远堂偶拾

潘伯鹰　艺海夕尝录

启　功　坚净居题跋

瞿良士　铁琴铜剑楼藏书题跋集录

文徵明人日书画卷　1961 年上海博物
　　馆四家画展

文徵明花游图卷　又

文徵明江南春图卷　又

文徵明句曲山房图卷　又

文徵明真赏斋图卷　上海博物馆展出

文徵明大行书诗卷　又

文徵明楷书顾春潜传轴　又

文徵明松阴高士图轴　又

文徵明写生十幅册　又

文徵明劝农图卷　南京博物馆展出

文徵明虎山桥纪游诗卷　又

文徵明蕉石鸣琴图卷　无锡博物馆
　　展出

文徵明洛原草堂图卷　北京故宫博物
　　院展出

明文衡山游东庄赠吴嗣业图　广州越
　　秀山美术览展展出

文衡山存菊图轴　上海书画展览会
　　展出

文衡山寄石民望画轴　又

文徵明水墨山水轴　又（江阴道中遇
　　雨）

文衡山行书桃花源记卷　1947 年见于
　　上海荣宝斋

文衡山临东坡洋州园池诗卷　1939 年
　　见于上海古玩市场

文衡山书牍　1950 年见于上海古玩
　　市场

明文衡山仿石田画行书诗合卷　1948
　　年见于上海墨林

文徵明竹林高士图卷　1969 年荣宝斋
　　展出

文衡山赠沈禹文书画卷　郑州刘稚珊
　　旧藏

文衡山梦樟图卷　赵冷月旧藏

文衡山摇城访旧图轴　钱景塘旧藏

文衡山小行书早朝诗卷　又

文衡山书文信公事诗卷　又

文衡山行书新燕诗轴　武进张学曾
　　旧藏

明贤翰墨册　上海徐氏旧藏

文徵明行书诗卷　张謇等跋　武进冯氏旧藏

文徵明长林销夏图轴　虚白斋藏书画展

明文待诏自书诗册　编者旧藏

文衡山怀归诗册　又

文待诏书赤壁赋真迹　又

文衡山尺牍墨宝　又

文衡山山居篇轴　又

文徵明金精砖砚　武进冯氏旧藏

文徵明端砚丁巳年铭　上海博物馆古代文具展览

元朱德润浑沦图卷　上海博物馆展出

王冕墨梅图立轴　又

吴仲仁春游诗卷　苏州博物馆展出

祁守端画竹轴　上海书画会主办宋元明清书画展览

唐寅黄茆小景卷　上海博物馆展出

陈白阳墨花卷　编者旧藏

明拓停云馆帖

章文翻刻本停云馆帖

停云馆帖　秦清曾藏本

停云馆帖　钱朝鼎藏石本

停云馆帖　张廷济藏冯氏藏石拓本

停云馆法帖选本

停云馆石刻　郭藏书谱

停云馆残刻　沈凤冈藏无锡窦赵氏藏石本

停云馆残刻　无锡图书馆无锡窦赵氏

藏石本

真赏斋帖　文嘉小楷录衡山三跋本

真赏斋帖

含晖堂帖

宝翰斋帖

翰香馆帖

靖山堂帖

玉涵堂刻帖

萤照堂刻明人法书

蔬香馆法帖

太虚斋珍藏法帖

环香堂法帖

明书汇石

澹虑堂墨刻

三希堂石渠宝笈法帖

滋蕙堂墨宝

听雨楼法帖

寄畅园法帖

经训堂法书

墨缘堂藏真

玉虹楼鉴真帖

澄观楼法帖

平远山房法帖

松雪斋法书墨刻

天香楼藏帖

湘管斋帖

湖海阁藏帖

敬和堂帖（所见残本）

清啸阁藏帖

白云居米帖

兰言室藏帖

安素轩石刻

褉兰堂法帖

海山仙馆藏真三刻

过云楼帖

吟香仙馆明人帖

南有堂帖

海昌朱氏康肇簠斋刻帖

岳雪楼鉴真法帖

壮陶阁帖

（文徵明书碑帖）

张幼于袤刻文太史帖

文衡山致毛石壁五帖

停云馆真迹四册

康肇簠斋刻文徵明拙政园诗文帖

石田先生墓志铭

明故嘉议大夫河南等处承宣布政使右
　　参政吴公墓志铭

明故都察院右副都御史进阶中奉大夫
　　砺庵毛公墓志铭

太子少保南京吏部尚书赠太子太保谥
　　文端吴公墓志铭

大明江陵知县朱公墓志铭

凌溪先生墓志铭

薛文时甫墓志铭

杨府君墓志铭

明故邻溪朱公墓志铭

朱效莲墓志铭

明故光禄大夫太子太保吏部尚书赠少
　　保谥文襄渔石唐公墓志铭

明故资政大夫南京刑部尚书顾公墓
　　志铭

明故资政大夫南京工部尚书赠太子太
　　保石湖何公墓志铭　路工藏本

明太学生松坡丁公墓志铭

蕉鹿倪君墓志铭

明待选国子生华君时祯配张孺人墓
　　志铭

顾西溪墓志铭

明故拙翁陈君暨配沈孺人墓志铭

明故户部主事石庵段公墓志铭

明故中顺大夫镇远府知府严公墓志铭
　　北京路工藏

赠太子少保资德大夫正治上卿南京刑
　　部尚书致仕立斋吴公墓志铭　　又

明故倪孺人陶氏墓志铭　上海博物馆
　　藏石

太子少保资善大夫南京吏部尚书赠太
　　子太保谥文端吴公神道碑铭

明故资善大夫南京工部尚书赠太子少
　　保何公神道碑

有明华都事碑

明故梅溪府君张公墓表

吴邑宋侯去思碑

刘家河把总邵公去思碑

宫保白楼先生吴公传

琴鹤先生朱公楚琦传

重修杨将军墓庙碑

香山潘氏新建祠堂记

滁阳卢氏祠堂记

于契玄先生祠堂记

乡饮酒碑

重建常熟县城记　常熟石本

重建常熟县城记　苏州石本

镇江丹徒县州田碑记

重修苏州府学记　苏州博物馆藏本

苏州府学义田记

长洲县重修儒学记

嘉定新建思贤堂碑

常熟县思政乡重建真武祠记　苏州碑
　　刻博物馆藏本

苏郡开元寺重建万善戒坛记

兴福寺重建慧云堂记

跋重建震泽书院记

游华山寺记

春草轩辞

春草轩记

李文忠八角石记

辞金记

两桥记

拙政园记　苏州拙政园石本

真赏斋铭　顾苓本

金陵诗帖　甫里殷氏本

癸酉诗帖　济阳蔡氏本

读书、对酒、煮茶、晏起四诗帖（原伪作
　　黄庭坚书）

太湖诗

涵村道中诗

大字西苑诗一首（原伪作黄庭坚书）

上巳诗二首

登高诗二首

满江红词

前山十四咏

后山十六咏

苍山十咏

南山十咏

金山寺诗

孝经

小楷前后出师表

玉版十三行

桃花源记

小楷北山移文

行书千字文　嘉靖甲午、王同祖跋本

行书千字文　嘉靖甲午、醉墨轩本

千字文　嘉靖丙申

金阊小楷千字文　嘉靖戊申八月

千字文　嘉靖己酉

千字文　嘉靖庚戌

四体千字文

金刚般若波罗蜜经　嘉靖五年

金刚般若波罗蜜经　嘉靖壬辰

金刚般若波罗蜜经　嘉靖戊甲

金刚般若波罗蜜经　嘉靖丁巳

金刚般若波罗蜜经　嘉靖丁巳阙里鉴
　　真帖本

枫桥夜泊诗补本　无锡周道振、张月尊
　集家藏帖补全　一九九四年
五岳真形图
醉白堂记
前后赤壁赋
黄州竹楼记
隶书碧山吟社额
纺绩督课图
卢砚溪画老子像文衡山书孔子世家
文衡山文文水文昌帝君像传
唐文江南春合册
沧浪五百名贤像
苏州沧浪亭石刻文衡山先生像
苏州拙政园拜文揖沈之斋石刻石田衡
　山两先生像
宋拓十七帖文徵明跋并释文　一九五
　□年冬见于今古村姜老
怀素自叙　章文刻本
颜鲁公祭侄文　聂双江本
宋苏文忠楚颂种橘乞居三帖石刻
拓本蜀素帖残本
宋米南宫临褉帖
赵松雪天冠山诗廿八首本
赵松雪天冠山诗廿四首本
张芸窗诗帖
唐子畏墨霞寒翠砚拓本
薛子熙草书千字文
张之象书明故大理寺少卿董公继室唐
　夫人墓志铭

彭年书华补庵墓志铭
（以上皆石刻拓本）
文徵明墨宝　平泉书屋印本
文徵明怀归出京诗六十四首　点石斋
　印本
文徵明扇面双绝神品　美周社印
文衡山九龙山居图
文衡山拙政园书画册　文明书局印本
文衡山草书离骚经　又
文衡山自书诗稿　又
文衡山先生三绝卷　商务印书馆印本
文衡山先生高士传真迹　又
文徵明行书怀归诗　有正书局印本
沈文墨迹合册　又
文徵明小楷墓志墨迹两种　西泠印社
　印本
竹林高士图卷　又
文待诏小楷草书真迹　又
明文徵明画竹谱　故宫博物院印本
明文待诏为张伯起写古柏图卷
明文徵明诗稿真迹　上海艺苑真赏社
　印本
明文徵明书赤壁赋　上海书画社印本
文徵明书潘半岩传　巴蜀书社印本
文徵明草堂高士图　印本
文衡山竹石　印本
文衡山画东坡诗意　印本
文徵明墨笔山水　印本
文衡山关山积雪图　北京延光室摄

影本

文衡山致吴遁庵十札留真册　摄影本

文衡山临东坡洋州园池诗　摄影本

文衡山诗帖手札合册　摄影本

文徵明书千字文　日本孔固亭真迹法

　书刊行会

书菀——文氏父子集　日本博文堂本

书谱——文徵明专辑　香港书谱出

　版社

唐摹王右军家书集　北京文物出版社

衡山朱释宋拓十七帖　有正书局印本

宋拓智永真草千字文　又

唐颜鲁公刘中使帖　摄影本

怀素自叙帖真迹　文物出版社

唐释怀素小草千字文　徐小圃印本

苏东坡书怀素自叙　商务印书馆本

苏东坡墨迹选　上海古籍书店本

宋黄山谷书经伏波神祠诗　上海艺苑

　真赏社本　上海书画出版社印本

宋朱熹书翰文稿　文物出版社本

宋张即之书报本庵记　又

元赵孟頫书烟江叠嶂诗　又

赵文敏书汲黯传真迹　文明书局印本

吴仲圭渔父图卷　商务印书馆印本

明祝允明草书前后赤壁赋　上海古籍

　书店本

明仇实父画六家细楷册　中华书局本

明居士贞九龙山居图册　卿云书局本

神州大观续编　神州国光社印本

历朝名画共赏集　世界社印本

艺苑真赏集　上海艺苑真赏社印本

古画大观　上海国华书局印本

唐宋元明名画大观

韫辉斋藏唐宋以来名画集

艺剩　广仓学宭印本

中国名画　有正书局印本

明代名贤手札墨迹　又

扇面　有正书局印本

明代名画集锦册　又

名人书画扇集　文明书局印本

名人书画　商务印书馆印本

明贤墨迹　又

名贤手翰真迹　西泠印社本

天绘阁画粹　天绘阁印本

元明人书集册　故宫博物院印本

元明人山水集景　北京延光室摄影本

袁氏册

域外所藏中国名画集

明清画苑尺牍　潘博山印本

明清藏书家尺牍　又

南京市美术展览书画册

宋元明清画选　上海人民出版社

明代吴门绘画　紫禁城出版社、商务印

　书馆合作出版

百爵斋藏历代名人法书

书菀众芳　日本博文堂本

书菀——祝枝山集　日本博文堂本

书菀　康里子山号　又

支那南画大成　日本兴文社本

宝绘集　杜柏秋印

古萃今承——虚白斋藏中国书画选

明代沈周唐寅文徵明仇英四大家书画
　集　台北历史博物馆本

吴派画九十年展　台北故宫博物院本

故宫历代法书全集　日本东京堂本

中国绘画总合图录　日本东京大学出
　版会本

中国古代书画图目一

中国古代书画图目二

中国古代书画图目九

神州国光集　神州国光社

艺林月刊

美周汇刊　美周出版社

美术生活　美术出版社

故宫周刊　北京故宫博物院本

故宫旬刊　又

故宫书画集　又

故宫名扇集　又

故宫日历　又

国光艺刊

文物

书法　上海书画出版社

朵云　又

艺苑掇英　上海人民美术出版社

文博通讯

书法丛刊　文物出版社